P9-CAM-445

中国古筝考级曲集

上海筝会 编

上海音乐出版社出版

目　录

前 言

上海音乐家协会古筝专业委员会(简称上海筝会)成立以来,先后举办了"92上海少儿古筝交流演奏会"、"93上海少儿古筝邀请赛"等,从而为1994年7月上海筝会首次举行的古筝业余定级考试奠定了基础,并取得了可喜的成绩。考生不仅限于上海,还有来自无锡、常州、温州、宁波等地区共三百余人参加,其中既有四岁的幼儿,也有四十岁左右的成人。通过循序的考级活动,考生的演奏水平有了相对衡量的标准,提高了他们学习古筝的兴趣和信心,同时也检验了教师的教学质量和教学水平。

为了配合考级活动的深入进行,上海筝会的全体编委结合考级实践,在原有考级资料的基础上,按照由易到难、由浅入深、循序渐进的教学规律,经过反复探讨、斟酌、筛选,共选用了八十首优秀的传统乐曲和现代创编乐曲汇编成集。

本曲集分初、中、高三个档次,共十个级别,每个级别由相应程度的不同风格的四首传统乐曲和四首创编乐曲组成,为考生提供了较为宽松的选择余地。当然,考生可不限此版本,教师也可因材施教。

本曲集的出版得到了郭鹰、胡登跳、阎黎雯等前辈们和各界的关心与支持,在此表示衷心地感谢,并期待同仁志士的批评与指正。

艺无止境,上海筝会的全体同仁将为普及与繁荣古筝艺术作出进一步的努力。

上海筝会

1995.5.

凤 翔 歌

1=D $\frac{2}{4}$

♩=66

山东民间乐曲

3 2 1 1 | 5 56 1 1 | 1 3 2 6 | 5·5 5 5 | 6 3 5 5 |

3 6 5 5 | 5 6 653 | 2 2 2 2 | 6 3 5 5 | 3 6 5 32 |

1 3 2 6 | 5·5 5 5 | 1156 1 1 | 3 33 3 33 | 2 5/3 2 1 |

6·6 6 6 | 6 6 5 5 | 2 3 5 5 | 1 11 1 3 | 2321 6 1 |

5·5 5 5 | 3 2 1 1 | 5 56 1 1 | 1 3 2 6 | 5·5 5 5 |

6 3 5 5 | 3 6 5 5 | 5 6 653 | 2 2 2 2 | 6 3 5 5 |

3 6 5 32 | 1 3 2 6 | 5·5 5 5 | 1156 1 1 | 3 33 3 33 | 2 5/3 2 1 |

6 6 6 6 | 6 6 5 5 | 2 3 5 5 | 1 11 1 3 | 渐慢 2321 6 1 | 5 5 – ||

老　六　板

1=D $\frac{2}{4}$　　江南民间乐曲

♩=72　　潘 妙 兴订谱

〔一〕

3 3 6 2 | 1/1 1 5 6 | 1/1 6 1 | 1 3 2 2 | 3 3 6 2 |

1/1 0 5 6 | 1/1 3 2 | 1 6 5/5 | 5555 3 3 | 5555 2 2 |

3 2 1 1 | 6 1 2/2 | 3 2 2 3 | 5555 5566 | 1111 6 2 |

2 6 5 5 | 5 6 5 3 | 2 2 2233 | 5 5 5566 | 5 3 2 2 |

2 3 5 2 | 3 32 1/1 1 | 6 2 5 6 | 1·3 2 2 | 2 3 5 2 |

3 2 1/1 | 3 3 6 2 | 1/1 1 5 6 | 1/1 3 2 | 1 6 5·/5 ‖

〔二〕

3333 6 2 | 1/1 1 5156 | 1 1 6 1 | 1 3 2 2 | 3333 6 2 |

1/1 1 5156 | 1 1 3523 | 1261 5 5 | 5555 3333 | 5555 2 2 |

3532 1 1 | 6361 2 2 | 5522 2233 | 5/5 0 5566 | 1111 6622 |

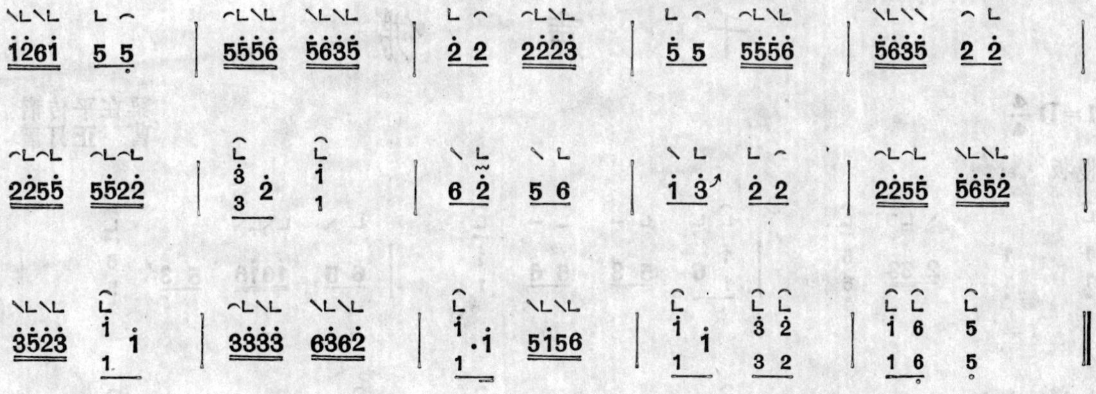

龙船谣

1=D $\frac{2}{4}$

♩=72

潮州传统乐曲

郭雪君订谱

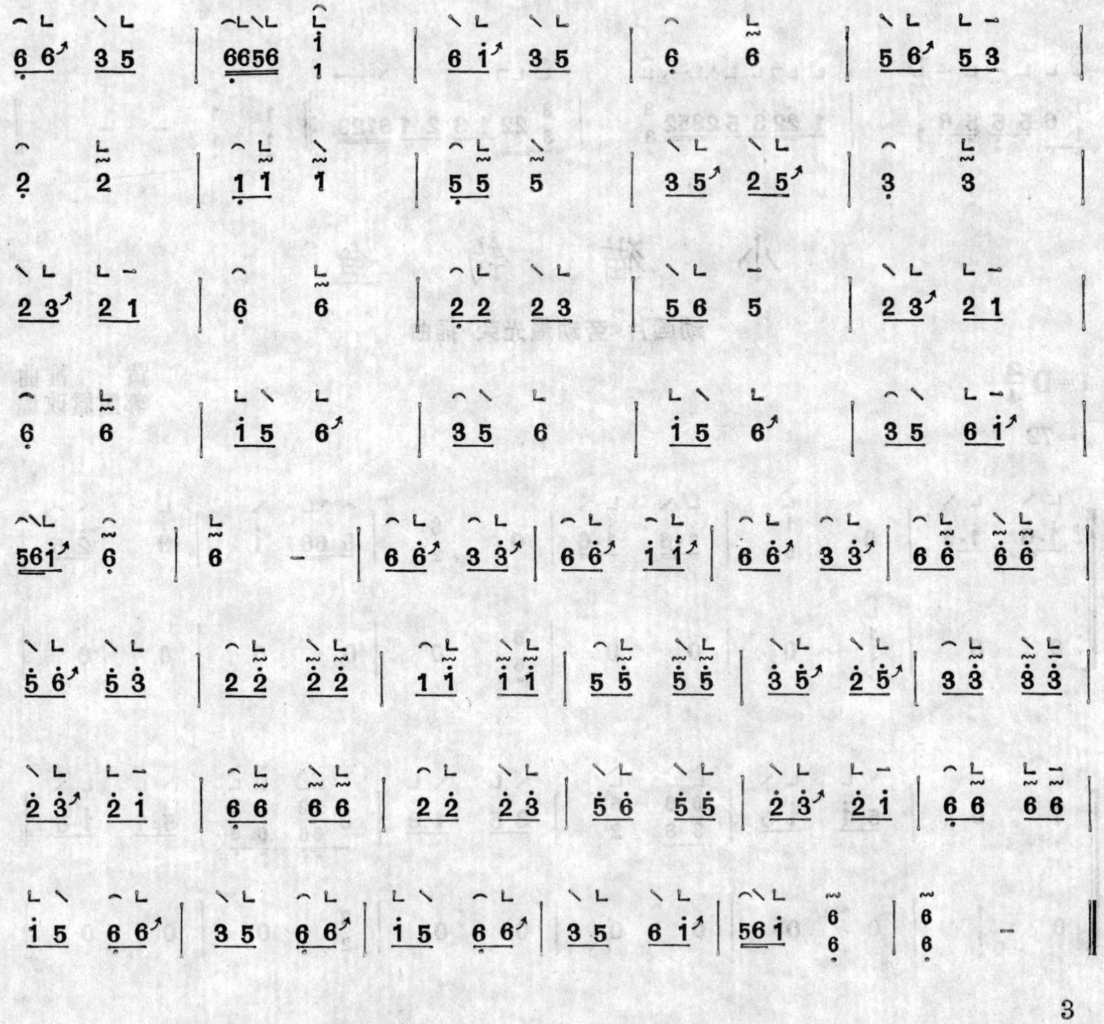

千 声 佛

1=D $\frac{4}{4}$

梁在平传谱
曹　正订谱

慢板

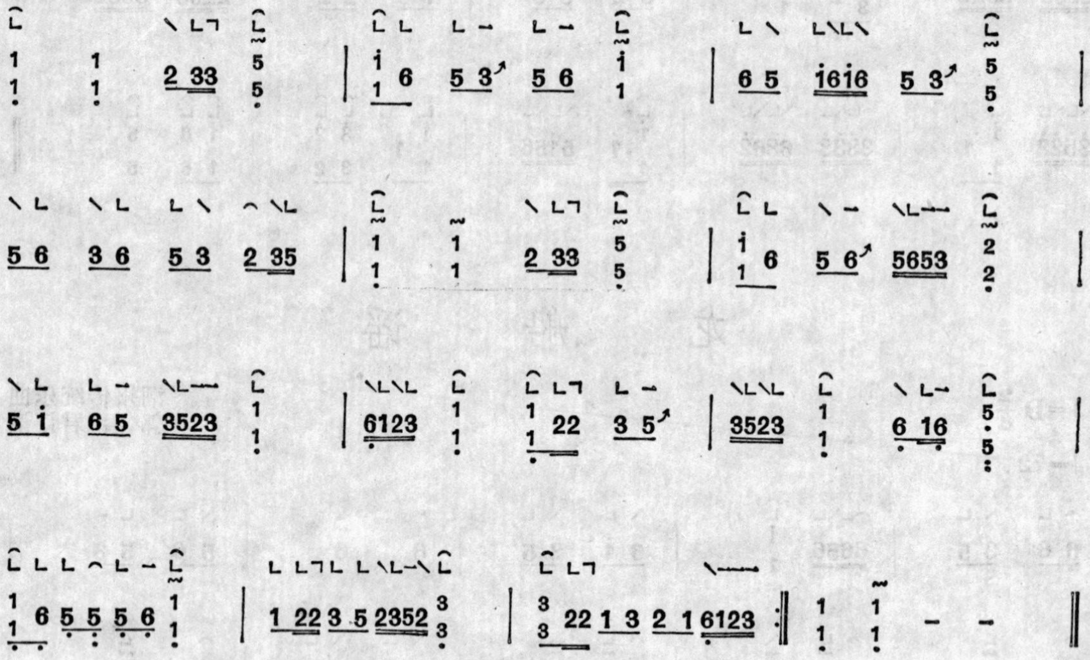

小 猫 钓 鱼

动画片《劳动最光荣》插曲

1=D $\frac{2}{4}$

♩=72

黄　准曲
郭雪君改编

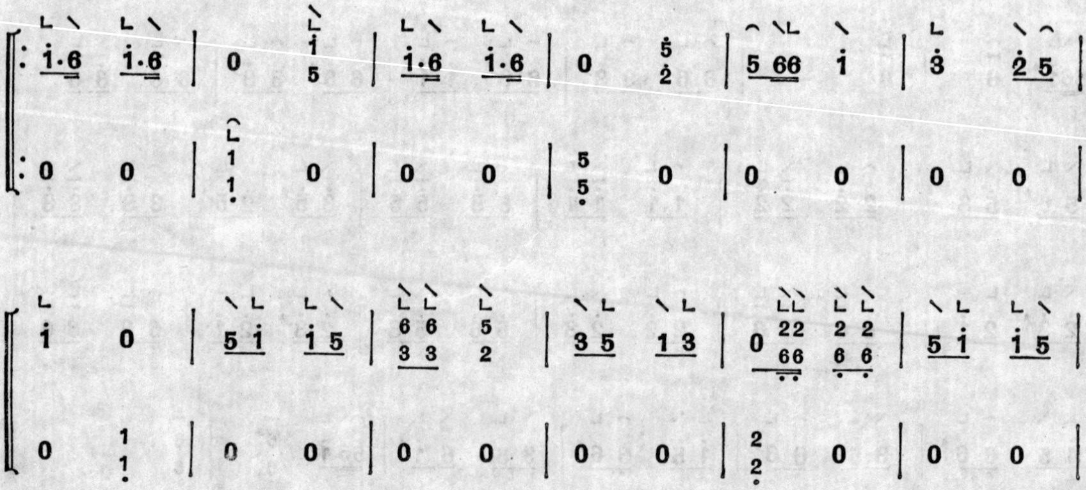

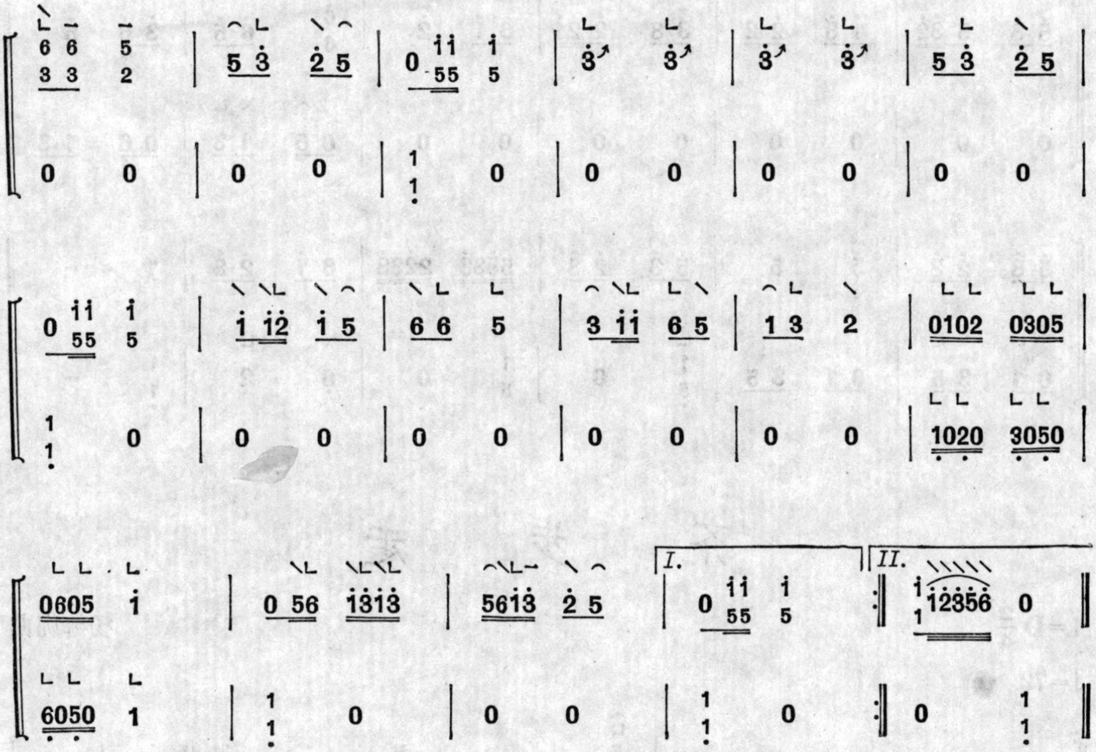

卖报歌

1=D $\frac{2}{4}$

♩=80

聂　耳曲
郭雪君改编

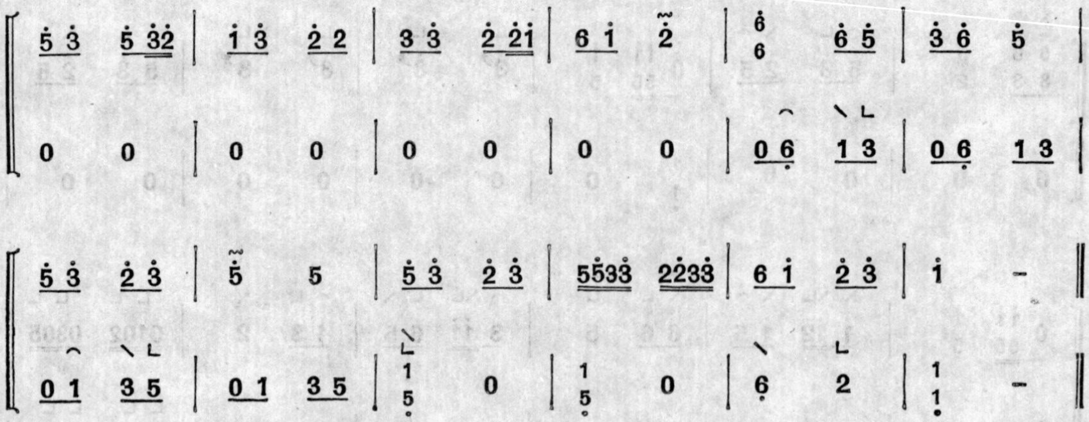

齐 步 走

1=D $\frac{2}{4}$

♩=72

杨娜妮曲

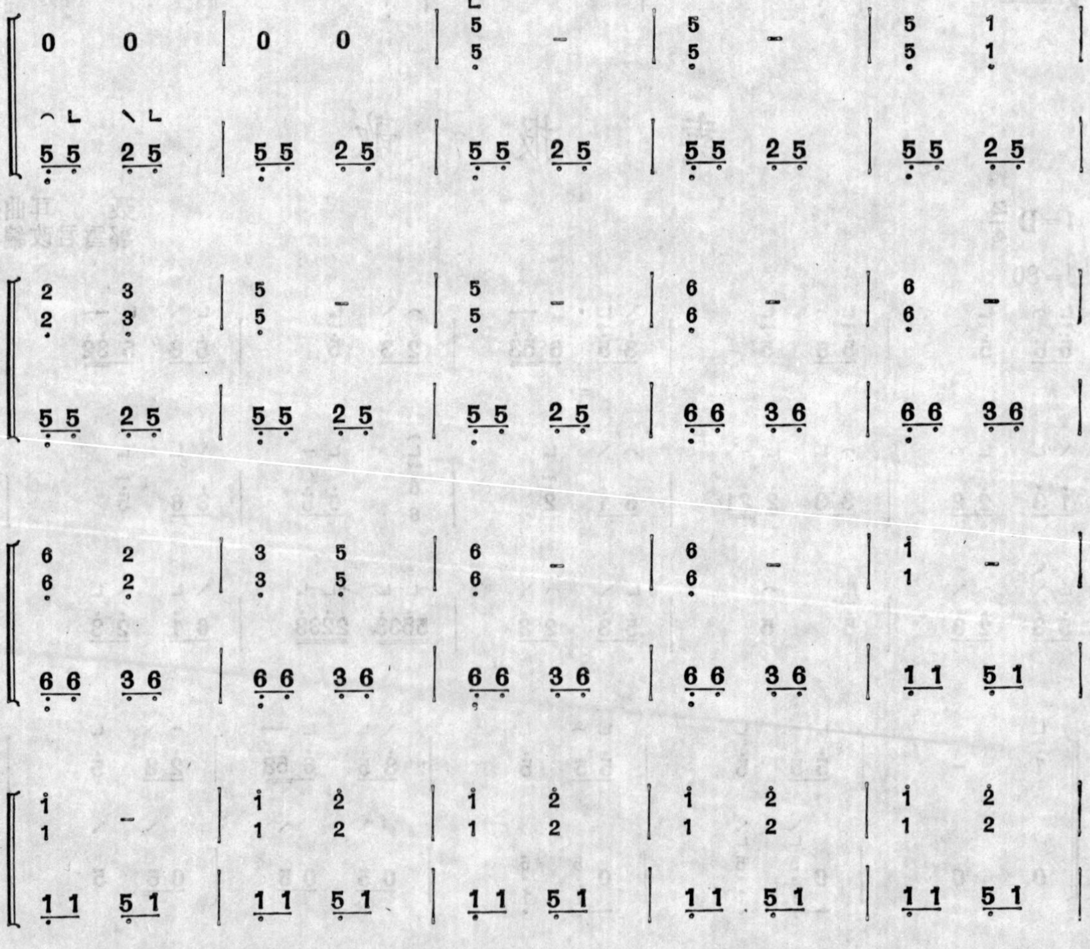

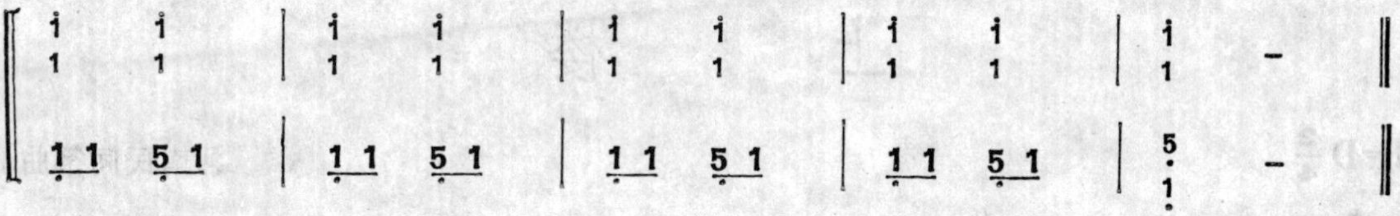

采茶歌

1=D $\frac{2}{4}$

♩=80

福建民歌
郭雪君改编

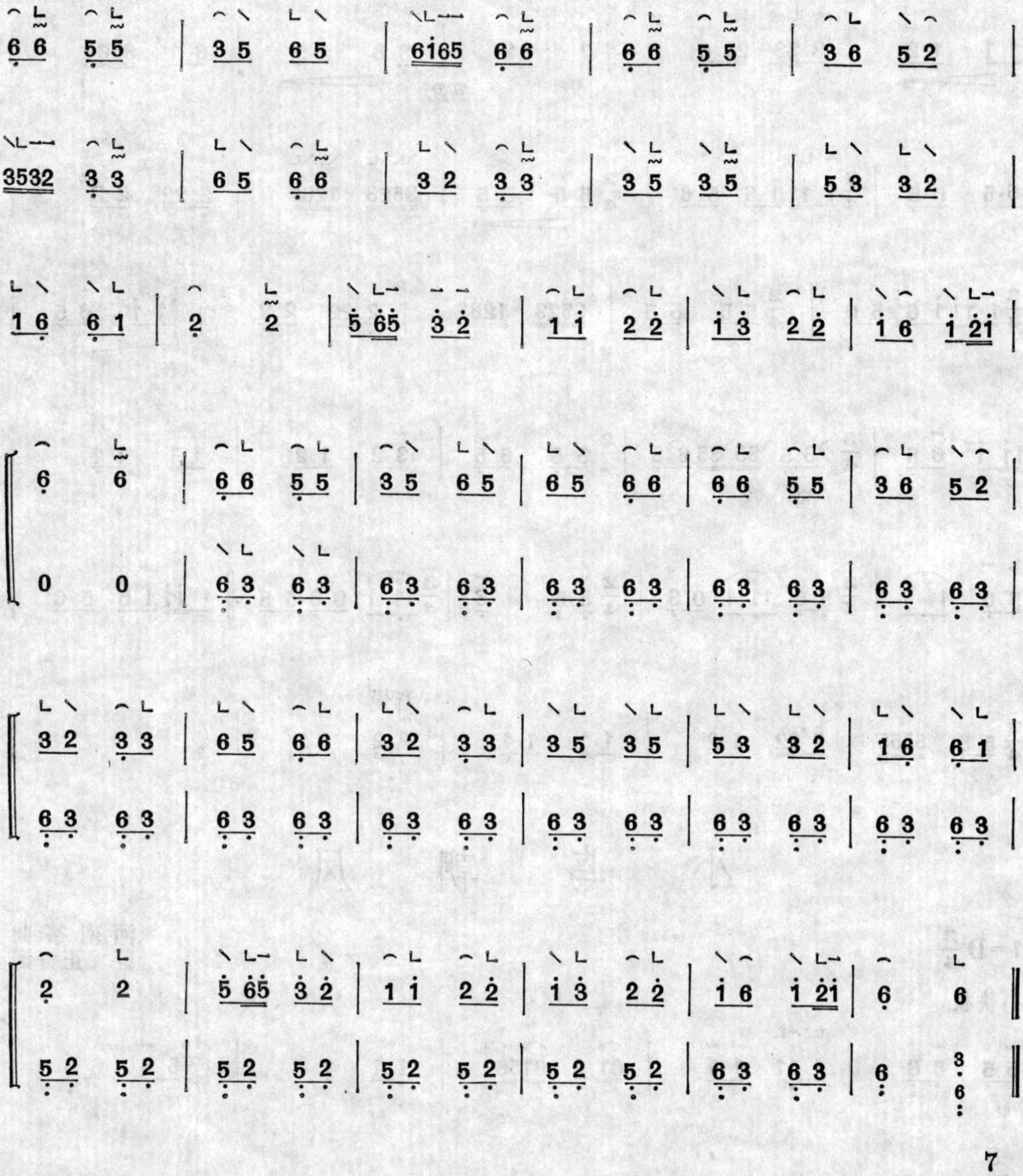

6 6 5 5 | 3 5 6 5 | 6165 6 6 | 6 6 5 5 | 3 6 5 2 |

3532 3 3 | 6 5 6 6 | 3 2 3 3 | 3 5 3 5 | 5 3 3 2 |

1 6 6 1 | 2 2 | 5 65 3 2 | 1 1 2 2 | 1 3 2 2 | 1 6 1 21 |

6 6 | 6 6 5 5 | 3 5 6 5 | 6 5 6 6 | 6 6 5 5 | 3 6 5 2 |

0 0 | 6 3 6 3 | 6 3 6 3 | 6 3 6 3 | 6 3 6 3 | 6 3 6 3 |

3 2 3 3 | 6 5 6 6 | 3 2 3 3 | 3 5 3 5 | 5 3 3 2 | 1 6 6 1 |

6 3 6 3 | 6 3 6 3 | 6 3 6 3 | 6 3 6 3 | 6 3 6 3 | 6 3 6 3 |

2 2 | 5 65 3 2 | 1 1 2 2 | 1 3 2 2 | 1 6 1 21 | 6 6 ‖

5 2 5 2 | 5 2 5 2 | 5 2 5 2 | 5 2 5 2 | 6 3 6 3 | 6 3/6 ‖

上楼

1=D $\frac{2}{4}$

河南民间筝曲

中速

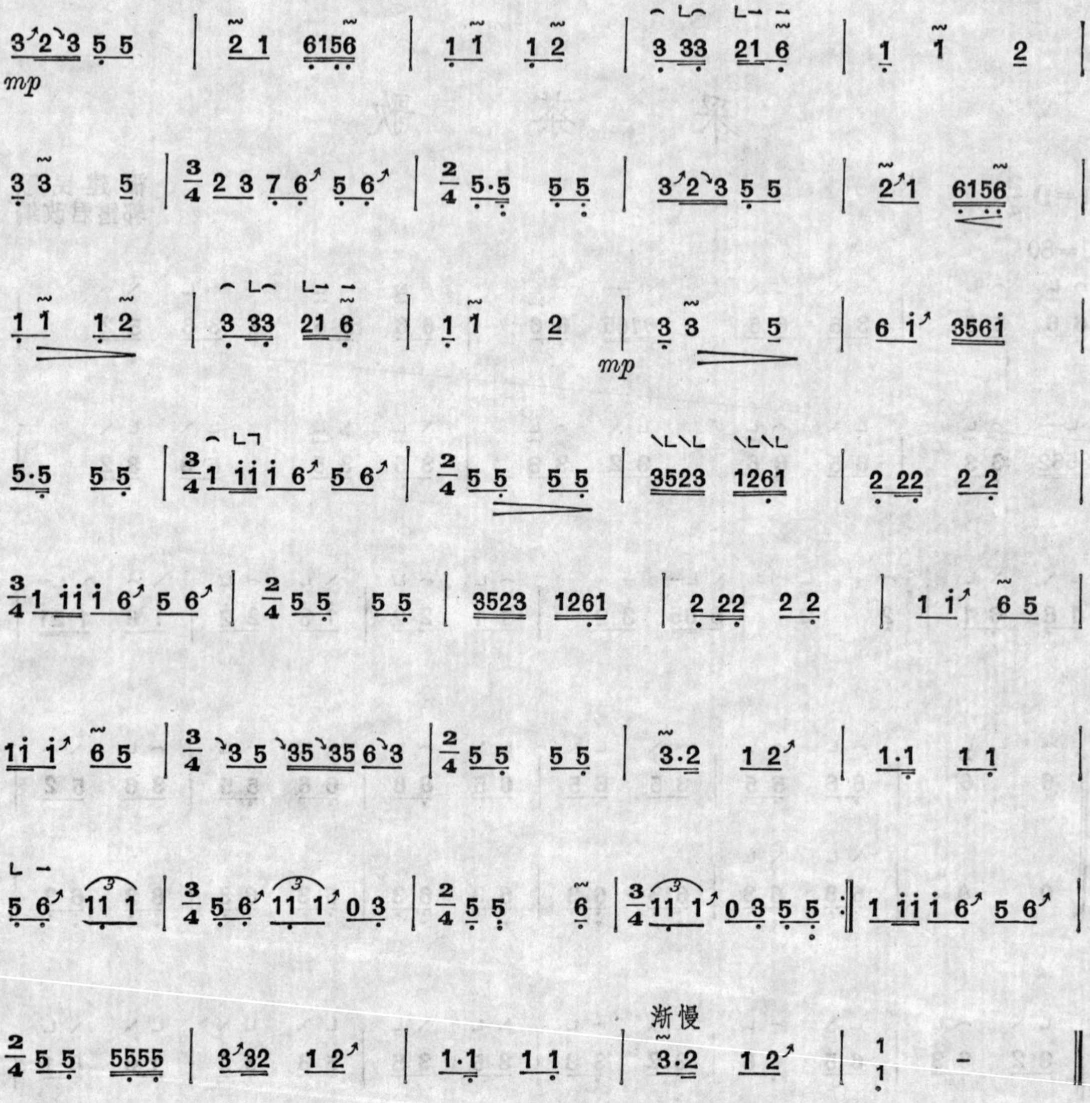

3 2 3 5 5 | 2 1 6156 | 1 1 1 2 | 3 33 21 6 | 1 1 2 |
mp

3 3 5 | $\frac{3}{4}$ 2 3 7 6 5 6 | $\frac{2}{4}$ 5·5 5 5 | 3 2 3 5 5 | 2 1 6156 |

1 1 1 2 | 3 33 21 6 | 1 1 2 | 3 3 5 | 6 i 3561 |
mp

5·5 5 5 | $\frac{3}{4}$ 1 ii i 6 5 6 | $\frac{2}{4}$ 5 5 5 5 | 3523 1261 | 2 22 2 2 |

$\frac{3}{4}$ 1 ii i 6 5 6 | $\frac{2}{4}$ 5 5 5 5 | 3523 1261 | 2 22 2 2 | 1 i 6 5 |

1i i 6 5 | $\frac{3}{4}$ 3 5 35 35 6 3 | $\frac{2}{4}$ 5 5 5 5 | 3·2 1 2 | 1·1 1 1 |

5 6 11 1 | $\frac{3}{4}$ 5 6 11 1 0 3 | $\frac{2}{4}$ 5 5 6 | $\frac{3}{4}$ 11 1 0 3 5 5 :‖ 1 ii i 6 5 6 |

渐慢

$\frac{2}{4}$ 5 5 5555 | 3 32 1 2 | 1·1 1 1 | 3·2 1 2 | 1 - ‖

小鸟朝凤

1=D $\frac{2}{4}$

河南筝曲
曹　正订谱

小快板

5 5 6 6 | 1 11 1 1 | 61 5 61561 | 1 1 1 | 5 5 6 6 |
mf

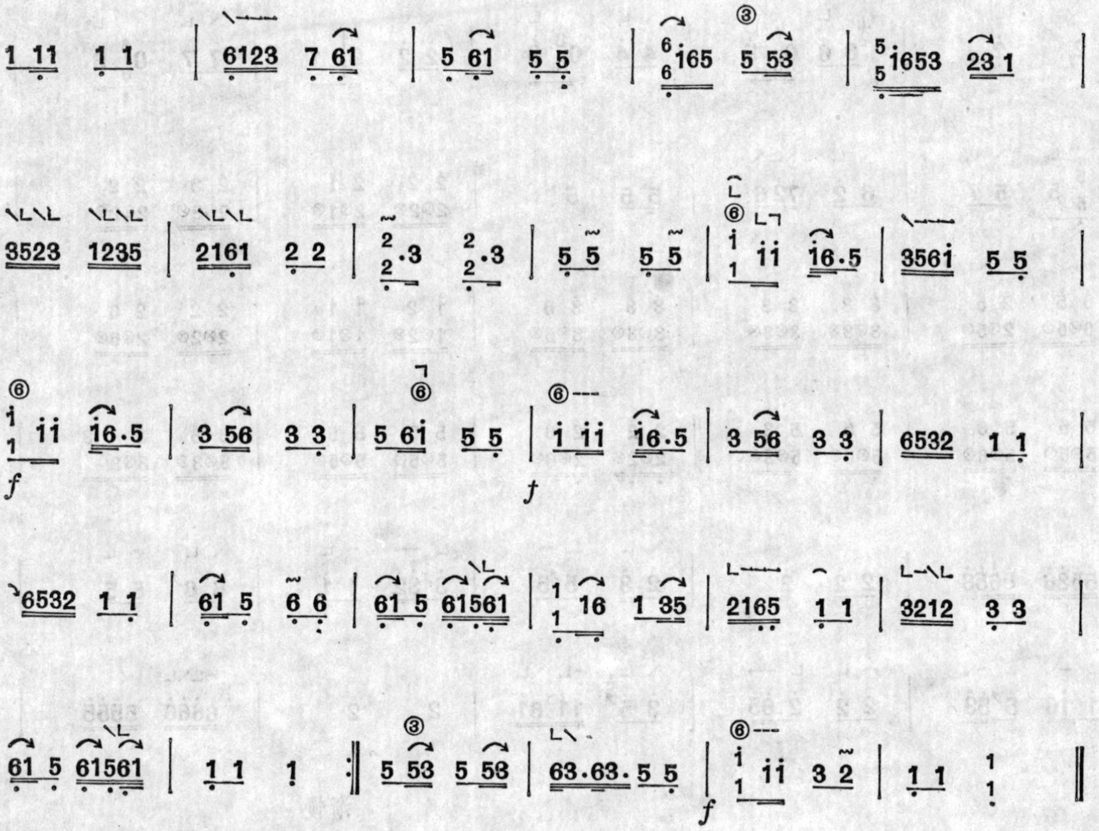

1 11 1 1 | 6123 7 61 | 5 61 5 5 | 6 6165 5 53 | 5 51653 23 1 |

3523 1235 | 2161 2 2 | 2 2·3 2 2·3 | 5 5 5 5 | i 1 ii 16·5 | 3561 5 5 |

i 1 ii 16·5 | 3 56 3 3 | 5 61 5 5 | i ii 16·5 | 3 56 3 3 | 6532 1 1 |
f f

6532 1 1 | 61 5 6 6 | 61 5 61561 | 1 1 16 1 35 | 2165 1 1 | 3212 3 3 |

61 5 61561 | 1 1 1 :‖ 5 53 5 56 | 63·63·5 5 | i 1 ii 3 2 | 1 1 1 ‖
f

一 点 红

1=D $\frac{2}{4}$

♩=72

潮州民间乐曲
郭 鹰传谱

2 2 1 | 2235 2 2 | 6 665 2 5 | 323 3 | 3 3 6 |

1123 1 1 | 7 6 2 6 | 5 5 5 61 | 5 5 5 35 | 2 2 2 61 |

5 5 5 45 | 3 3 3 23 | 5536 5653 | 2 2 2 | 2·3 5 5 |

3 32 1 1 | 5 6 5 5 | 1 16 5 53 | 2 2 2 65 | 3 5 11 61 |

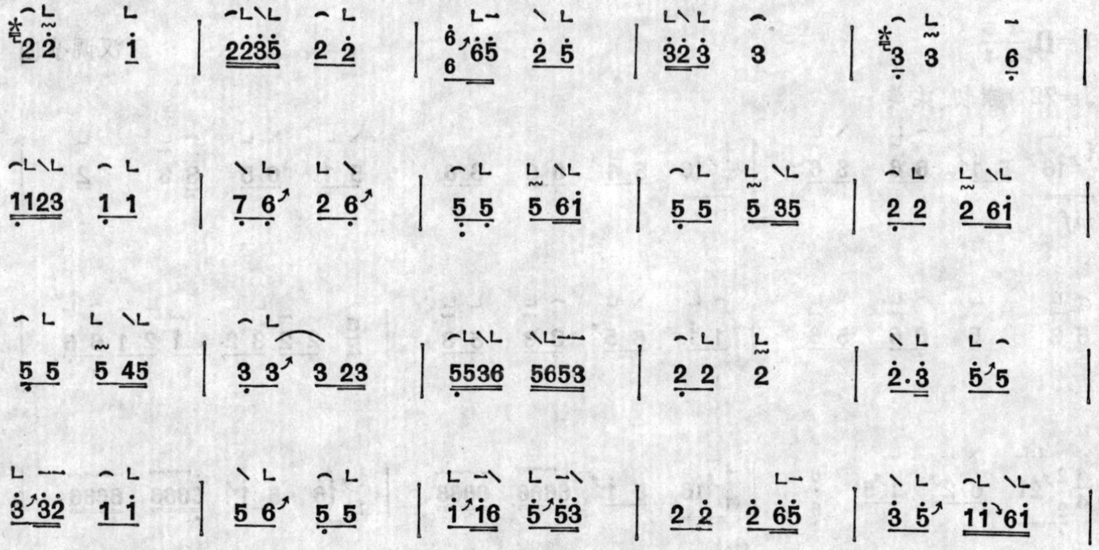

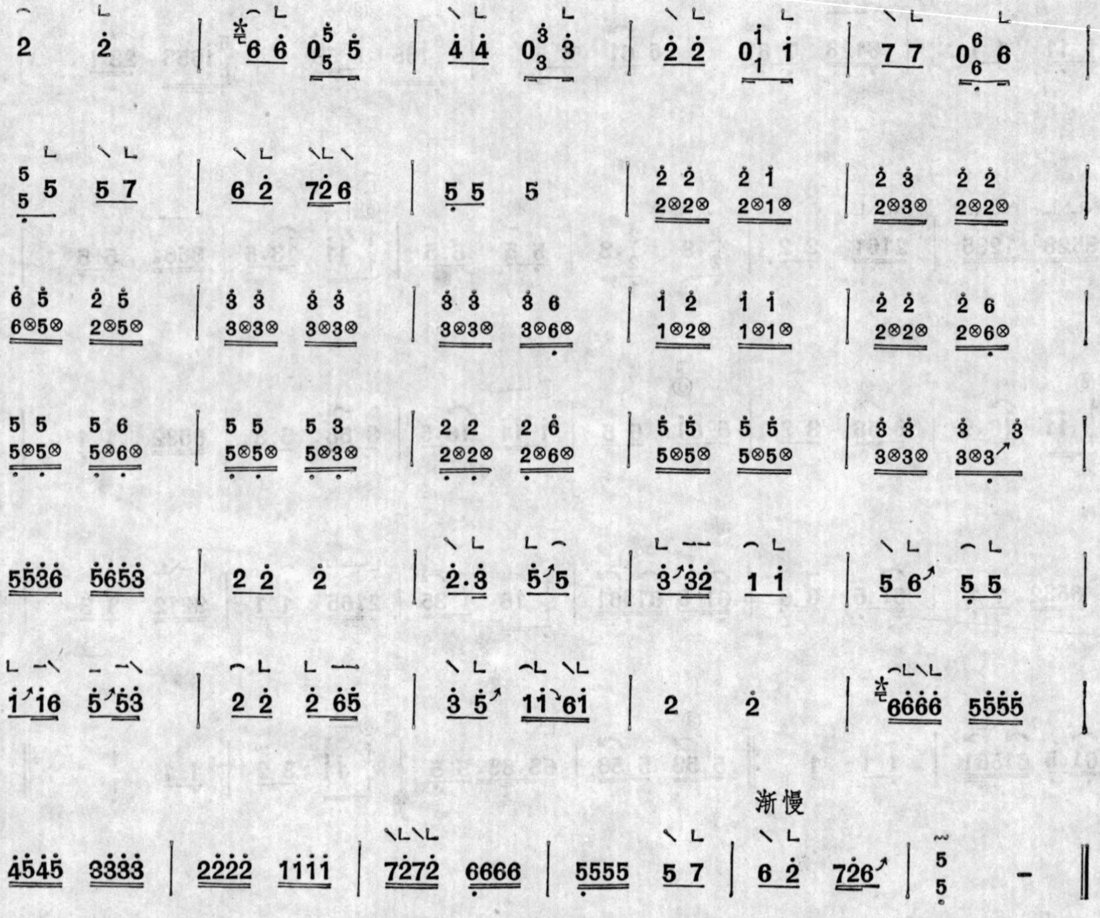

2 2 | 6 6 0 5 5 | 4 4 0 3 3 | 2 2 0 1 1 | 7 7 0 6 6 |

5 5 5 7 | 6 2 726 | 5 5 5 | 2⊗2⊗ 2⊗1⊗ | 2⊗3⊗ 2⊗2⊗ |

6⊗5⊗ 2⊗5⊗ | 3⊗3⊗ 3⊗3⊗ | 3⊗3⊗ 3⊗6⊗ | 1⊗2⊗ 1⊗1⊗ | 2⊗2⊗ 2⊗6⊗ |

5⊗5⊗ 5⊗6⊗ | 5⊗5⊗ 5⊗3⊗ | 2⊗2⊗ 2⊗6⊗ | 5⊗5⊗ 5⊗5⊗ | 3⊗3⊗ 3⊗3 |

5536 5653 | 2 2 2 | 2·3 5 5 | 3 32 1 1 | 5 6 5 5 |

1 16 5 53 | 2 2 2 65 | 3 5 11 61 | 2 2 | 6666 5555 |

渐慢

4545 3333 | 2222 1111 | 7272 6666 | 5555 5 7 | 6 2 726 | 5 5 – ‖

注：⊗ 指右手弹弦后，随即用右手掌或左手掌捂住琴马处，即得煞音效果。

浪 淘 沙

1=D $\frac{4}{4}$ $\frac{5}{4}$

汉调筝曲

♩=72 亲切、柔美

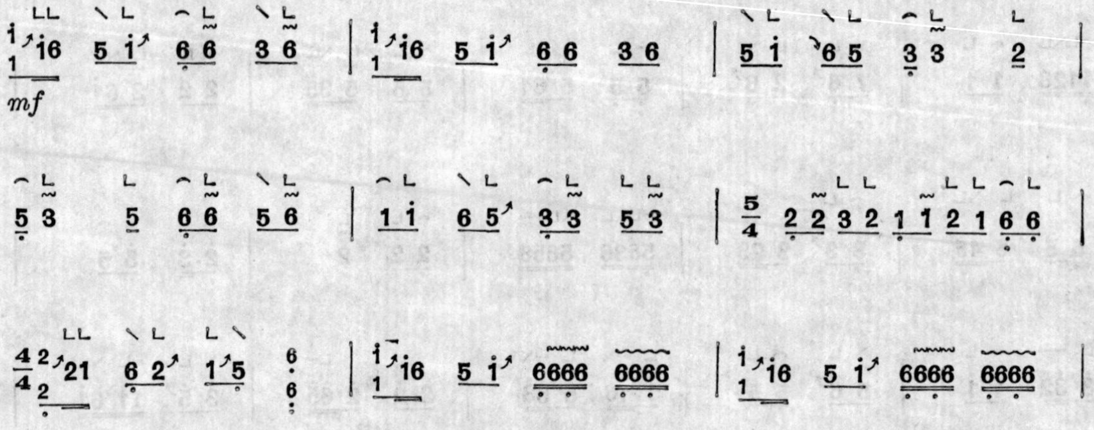

1 16 5 1 6 6 3 6 | 1 16 5 1 6 6 3 6 | 5 1 65 3 3 2 |

mf

5 3 5 6 6 5 6 | 1 1 6 5 3 3 5 3 | $\frac{5}{4}$ 2 2 3 2 1 1 2 1 6 6 |

$\frac{4}{4}$ 2 21 6 2 1 5 6 | 1 16 5 1 6666 6666 | 1 16 5 1 6666 6666 |

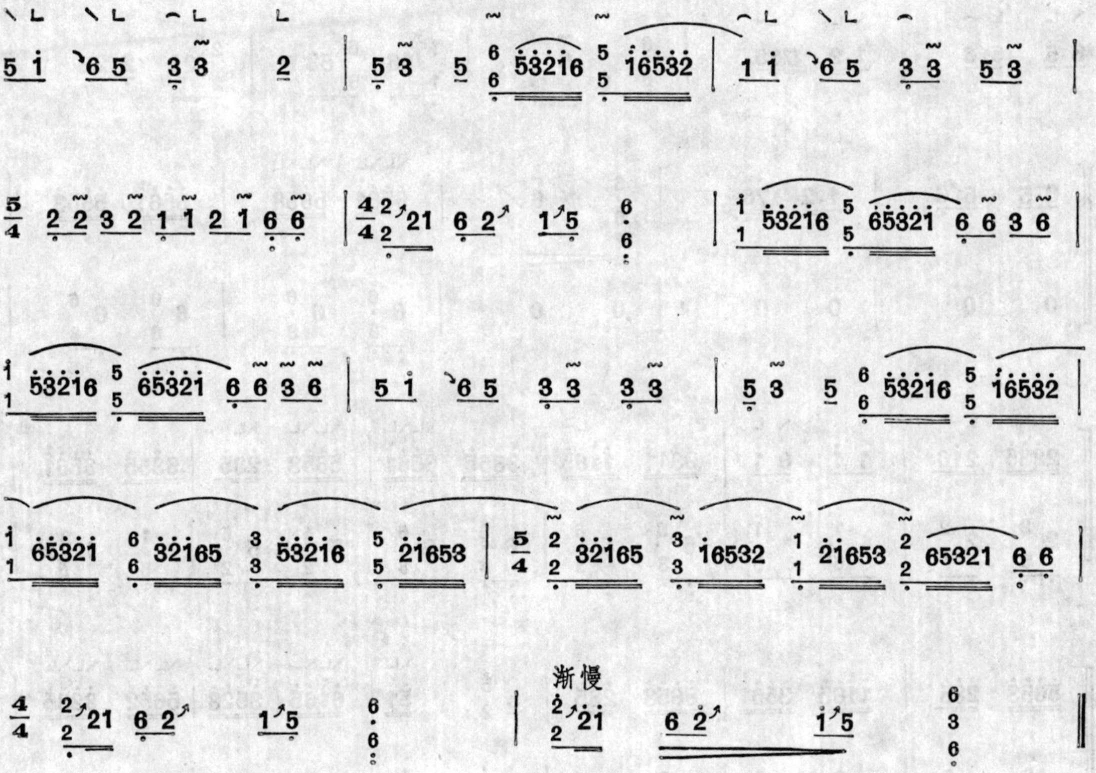

5 1̇ 6 5 3 3 | 2 | 5 3 5 6/6 5̇3̇2̇1̇6 5/5 1̇6̇5̇3̇2̇ | 1 1̇ 6 5 3 3 5 3 |

5/4 2 2 3 2 1 1 2 1 6 6 | 4/4 2/2 21 6 2 1 5 6/6/6 | 1̇/1 5̇3̇2̇1̇6 5/5 6̇5̇3̇2̇1̇ 6 6 3 6 |

1̇/1 5̇3̇2̇1̇6 5/5 6̇5̇3̇2̇1̇ 6 6 3 6 | 5 1̇ 6 5 3 3 3 3 | 5 3 5 6/6 5̇3̇2̇1̇6 5/5 1̇6̇5̇3̇2̇ |

1̇/1 6̇5̇3̇2̇1̇ 6/6 3̇2̇1̇6 5 3/3 5̇3̇2̇1̇6 5/5 2̇1̇6 5 3 | 5/4 2/2 3̇2̇1̇6 5 3/3 1̇6 5 3 2 1/1 2̇1̇6 5 3 2/2 6 5 3 2 1 6 6 |

渐慢

4/4 2/2 21 6 2 1 5 6/6/6 | 2/2 21 6 2 1 5 6/3/6 ‖

紫竹调

1=D 2/4

沪剧曲调
郭雪君改编

6/6 56 1̇2̇1̇7 | 6765 3235 | 6/6 6 | 6 6 5 3 | 6 6 5 3 |

mf

2/2 ·3 21 6 | 1 1/1 5 1 1/5 5 | 3 1̇/3 6 6 65 | 3·5 656 | 5 5/5 2 5 5/2 2 |

mp *mp*

3·5 656 | 5 5 | 1̇/1 65 356 | 5 5 | 5 5/2 1̇ |

6/6 65 3 23 | 5/5 2 3 5 | 1165 352 | 1/1 16 5/5 53 | 2/2 21 2 2 |

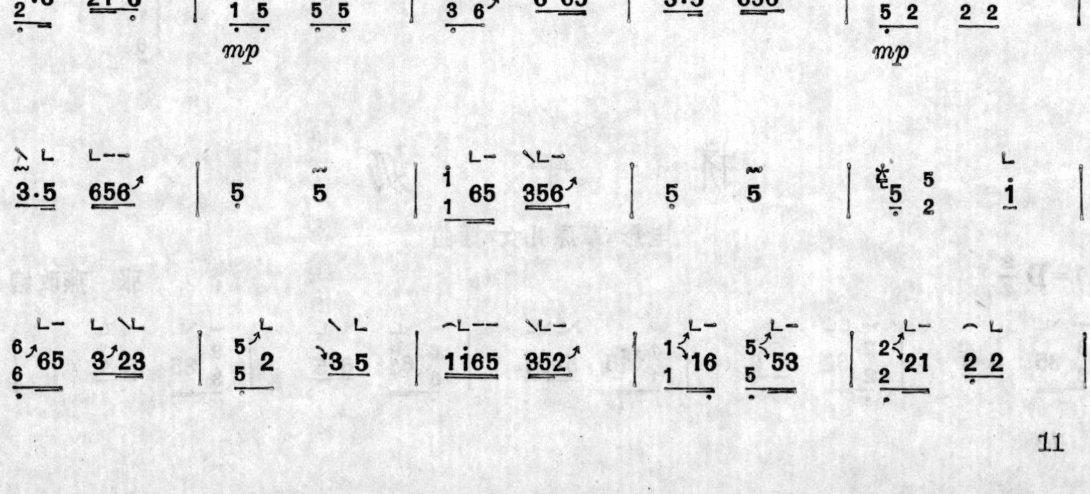

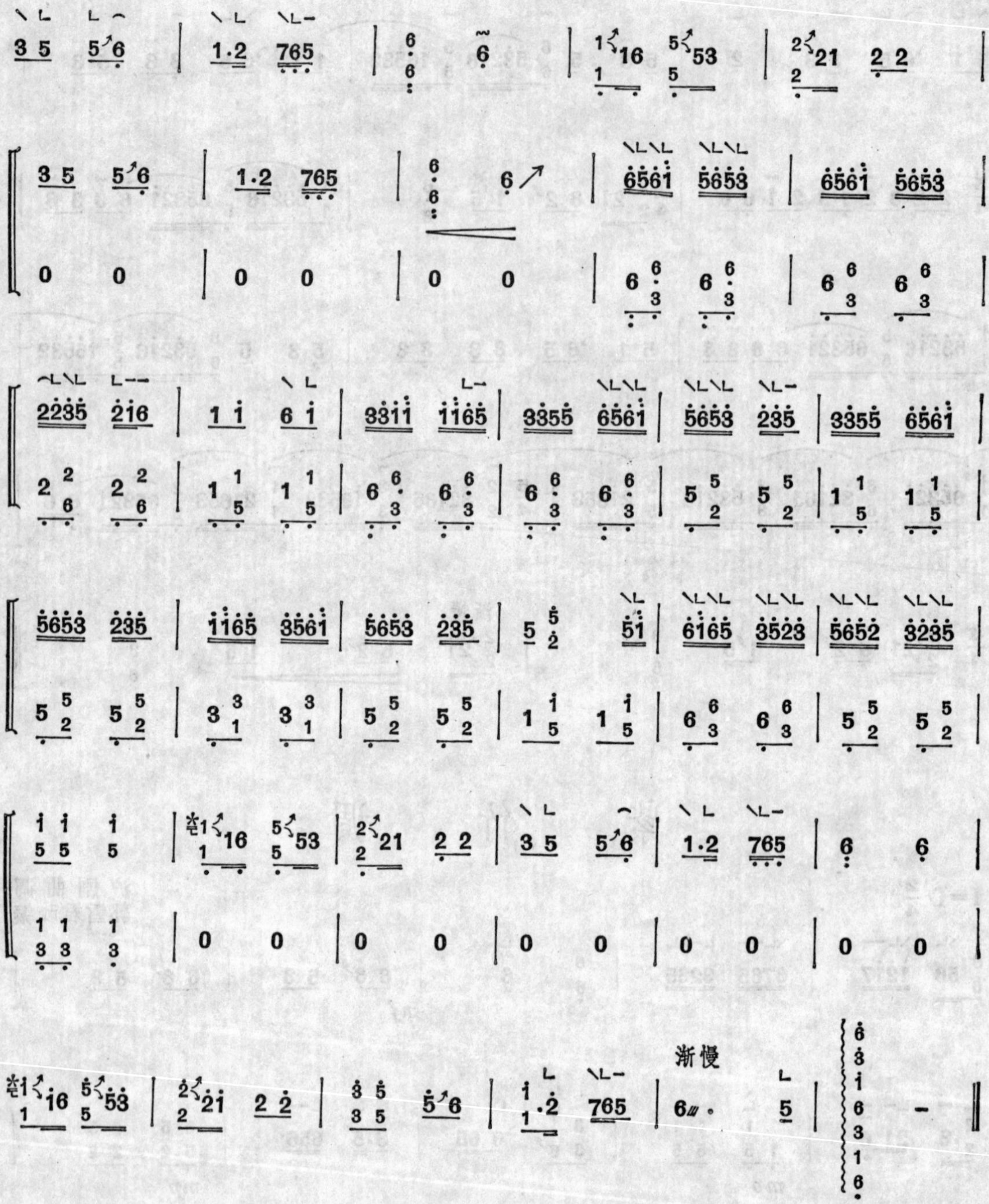

渐慢

挤牛奶

电影《草原儿女》插曲

1=D $\frac{2}{4}$

张　燕改编

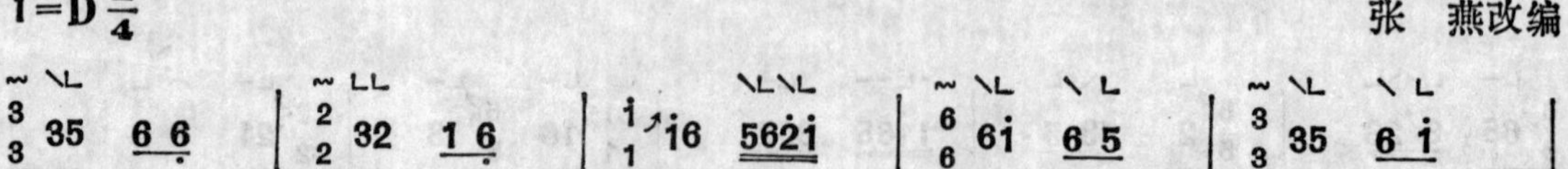

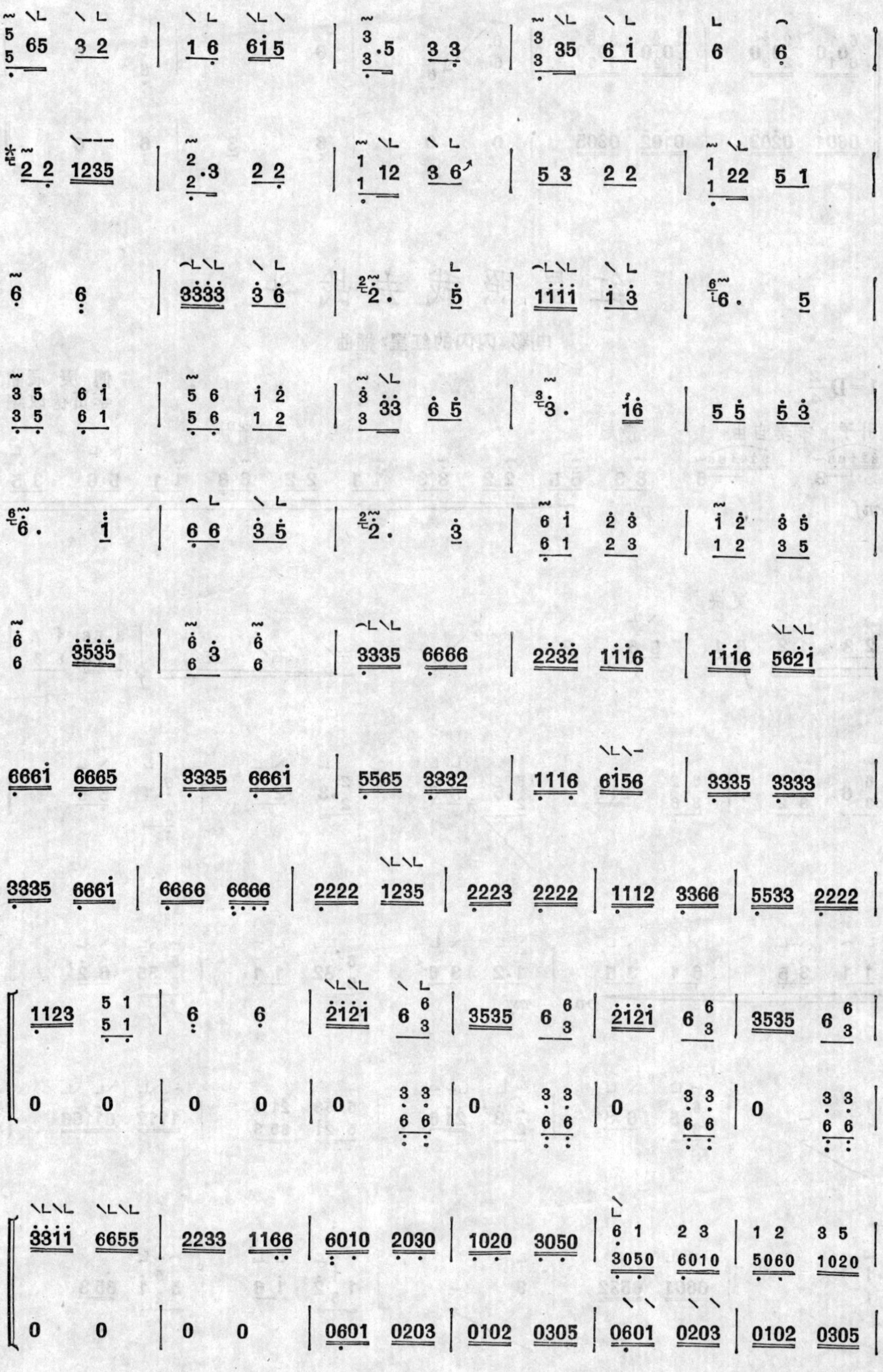

5 65 3 2 | 1 6 615 | 3.5 3 3 | 3 35 6 1 | 6 6 |

2 2 1235 | 2.3 2 2 | 1 12 3 6 | 5 3 2 2 | 1 22 5 1 |

6 6 | 3333 3 6 | 2. 5 | 1111 1 3 | 6. 5 |

3 5 6 1 | 5 6 1 2 | 3 33 6 5 | 3. 16 | 5 5 5 3 |

6. 1 | 6 6 3 5 | 2. 3 | 6 1 2 3 | 1 2 3 5 |

6 3535 | 6 3 6 | 3335 6666 | 2232 1116 | 1116 5621 |

6661 6665 | 3335 6661 | 5565 3332 | 1116 6156 | 3335 3333 |

3335 6661 | 6666 6666 | 2222 1235 | 2223 2222 | 1112 3366 | 5533 2222 |

1123 5 1 | 6 6 | 2121 6 6 3 | 3535 6 6 3 | 2121 6 6 3 | 3535 6 6 3 |

0 0 | 0 0 | 0 3 3 6 6 | 0 3 3 6 6 | 0 3 3 6 6 | 0 3 3 6 6 |

3311 6655 | 2233 1166 | 6010 2030 | 1020 3050 | 6 1 2 3 3050 6010 | 1 2 3 5 5060 1020 |

0 0 | 0 0 | 0601 0203 | 0102 0305 | 0601 0203 | 0102 0305 |

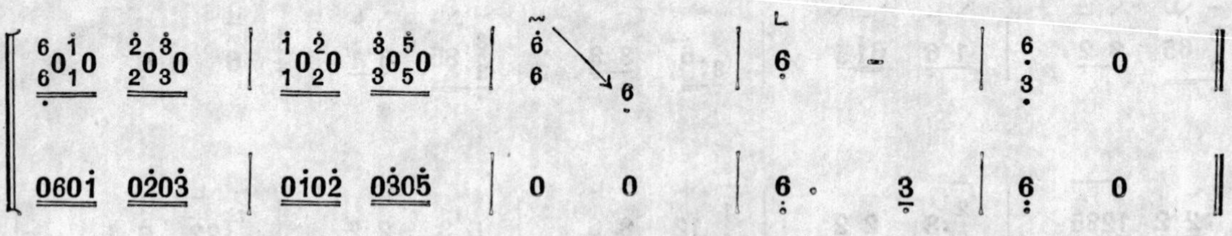

红星照我去战斗

电影《闪闪的红星》插曲

1=D $\frac{2}{4}$

傅庚辰曲
李贤德改编

引子 节奏自由　慢起　渐快

更快

左　右　左

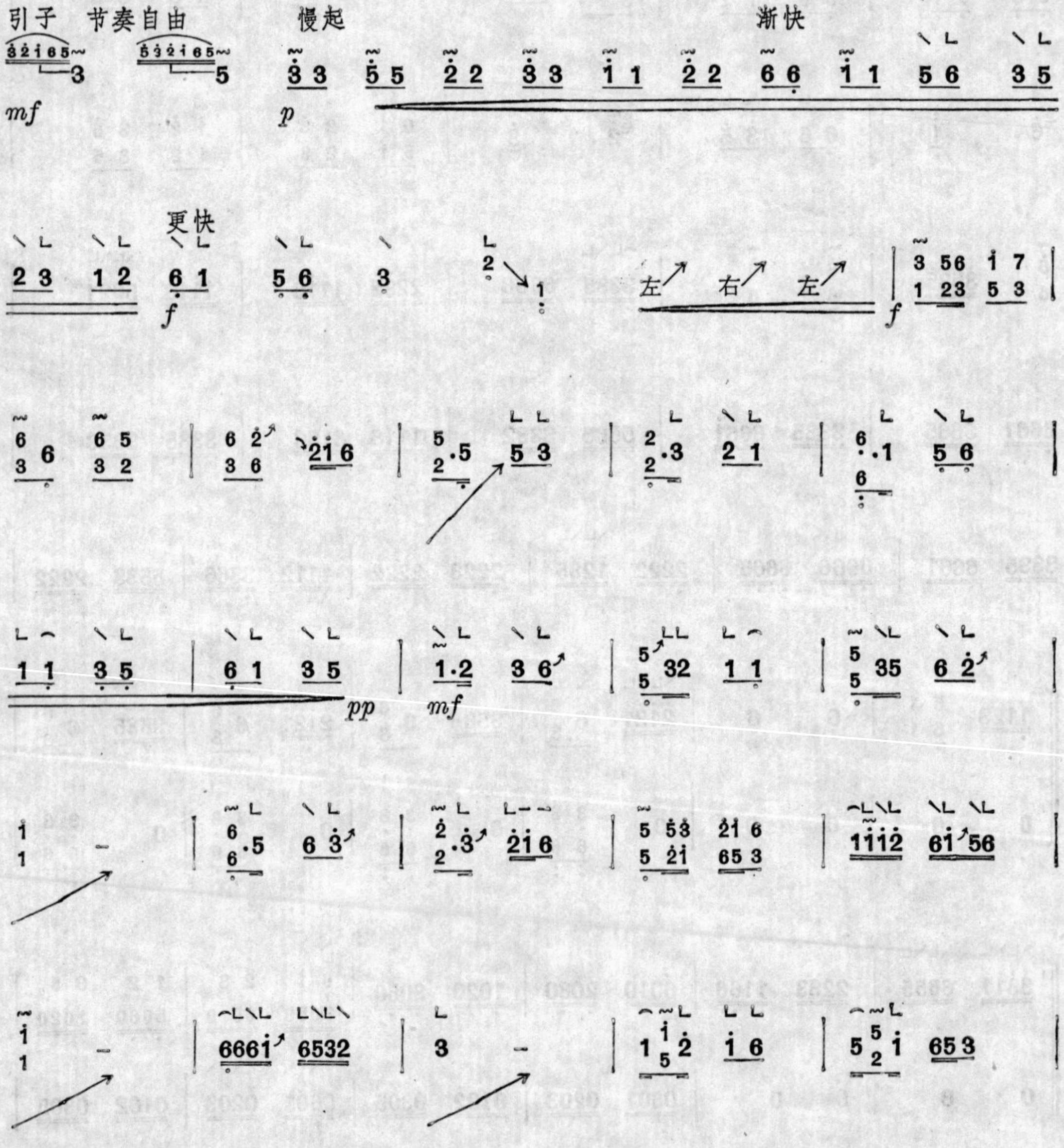

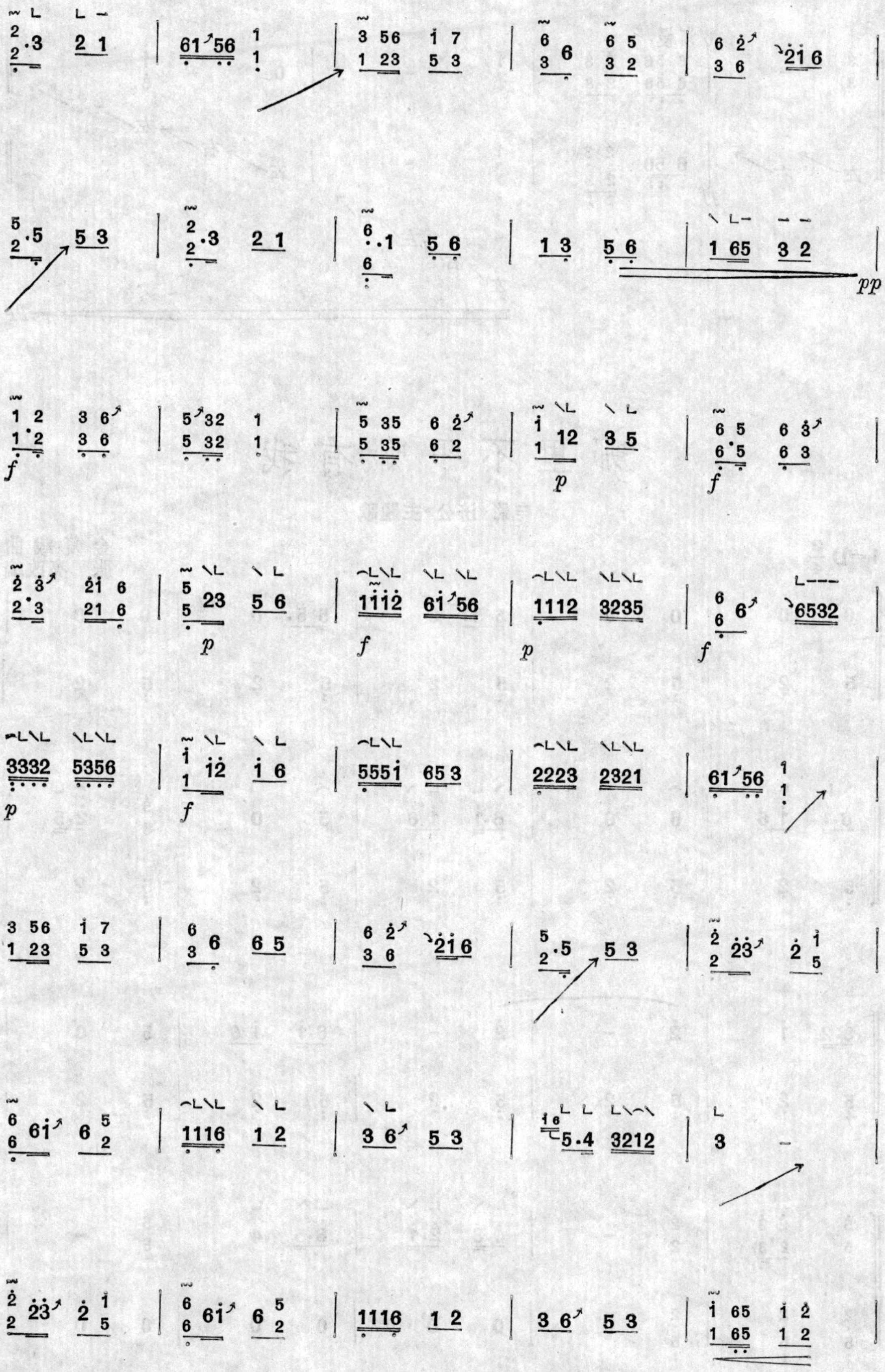

2 2·3 2 1 | 61 56 1 1 | 3 56 1 7 1 23 5 3 | 6 3 6 6 5 3 2 | 6 2 3 6 21 6 |

5 2·5 5 3 | 2 2·3 2 1 | 6 ·1 6 5 6 | 1 3 5 6 | 1 65 3 2 | pp

f 1 2 1·2 3 6 3 6 | 5 32 5 32 1 1 | 5 35 5 35 6 2 6 2 | p 1 1 12 3 5 | f 6 5 6·5 6 3 6 3 |

2 3 2·3 21 6 21 6 | p 5 5 23 5 6 | f 1112 61 56 | p 1112 3235 | f 6 6 6 6532 |

p 3332 5356 | f 1 1 12 1 6 | 5551 653 | 2223 2321 | 61 56 1 1 |

3 56 1 23 1 7 5 3 | 6 3 6 6 5 | 6 2 3 6 21 6 | 5 2·5 5 3 | 2 2 23 2 1 5 |

6 6 61 6 5 2 | 1116 1 2 | 3 6 5 3 | 16 5·4 3212 | 3 – |

2 2 23 2 1 5 | 6 6 61 6 5 2 | 1116 1 2 | 3 6 5 3 | 1 65 1 65 1 2 1 2 |

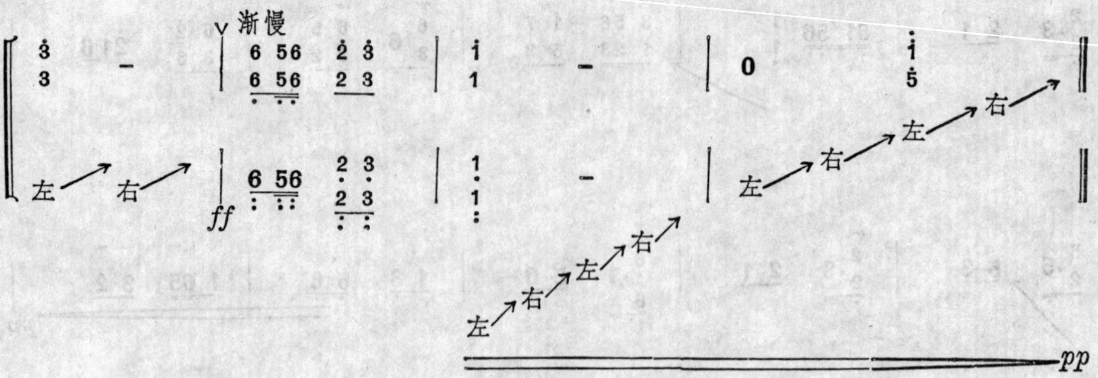

渐慢

左 右

ff

左 右 左 右

左 右 左 右

pp

哪里不平哪有我

电影《济公》主题歌

1=D 2/4

金复载曲
张 亮改编

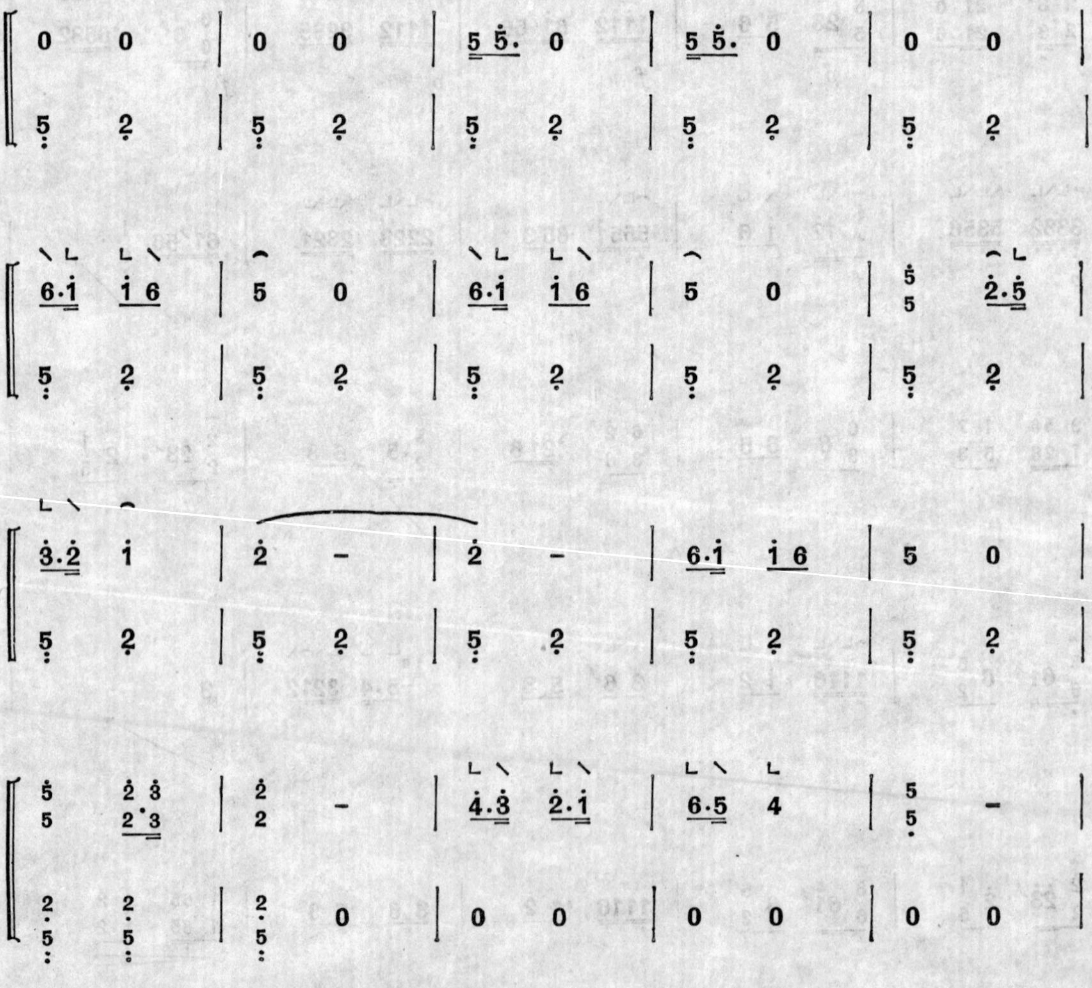

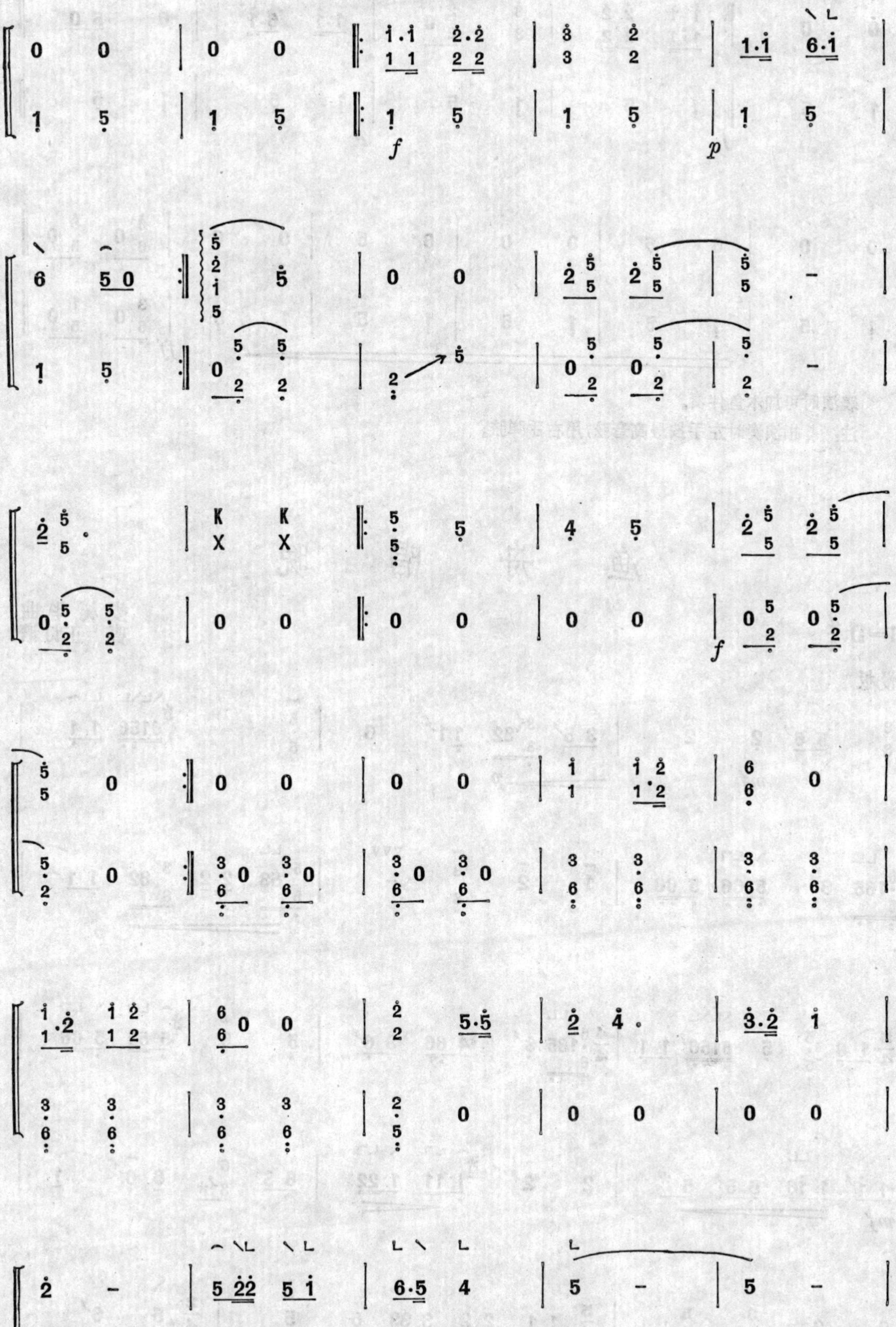

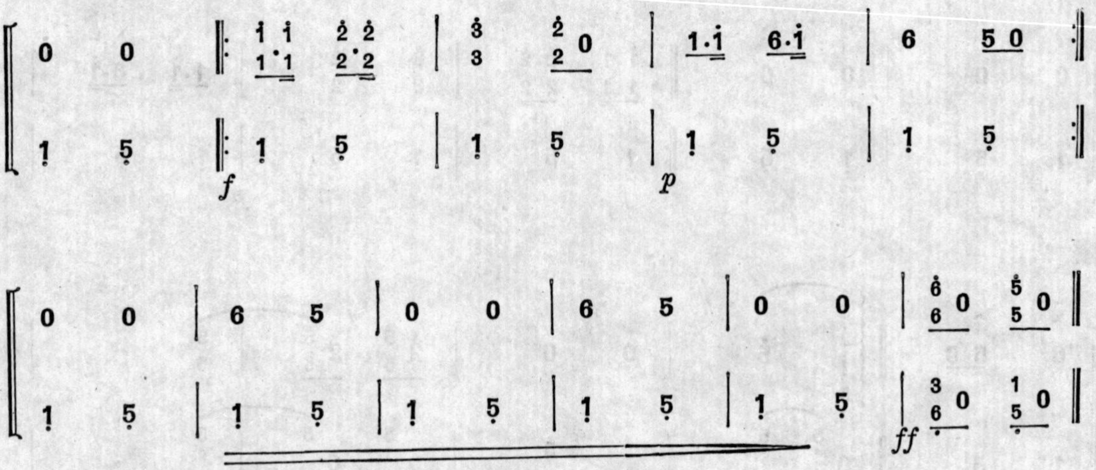

表演时可加木鱼伴奏。

注：ꭗ 指演奏时左手按最高音弦，用右手弹弦。

渔舟唱晚

娄树华曲
曹 正订谱

1=D $\frac{4}{4}$

慢板

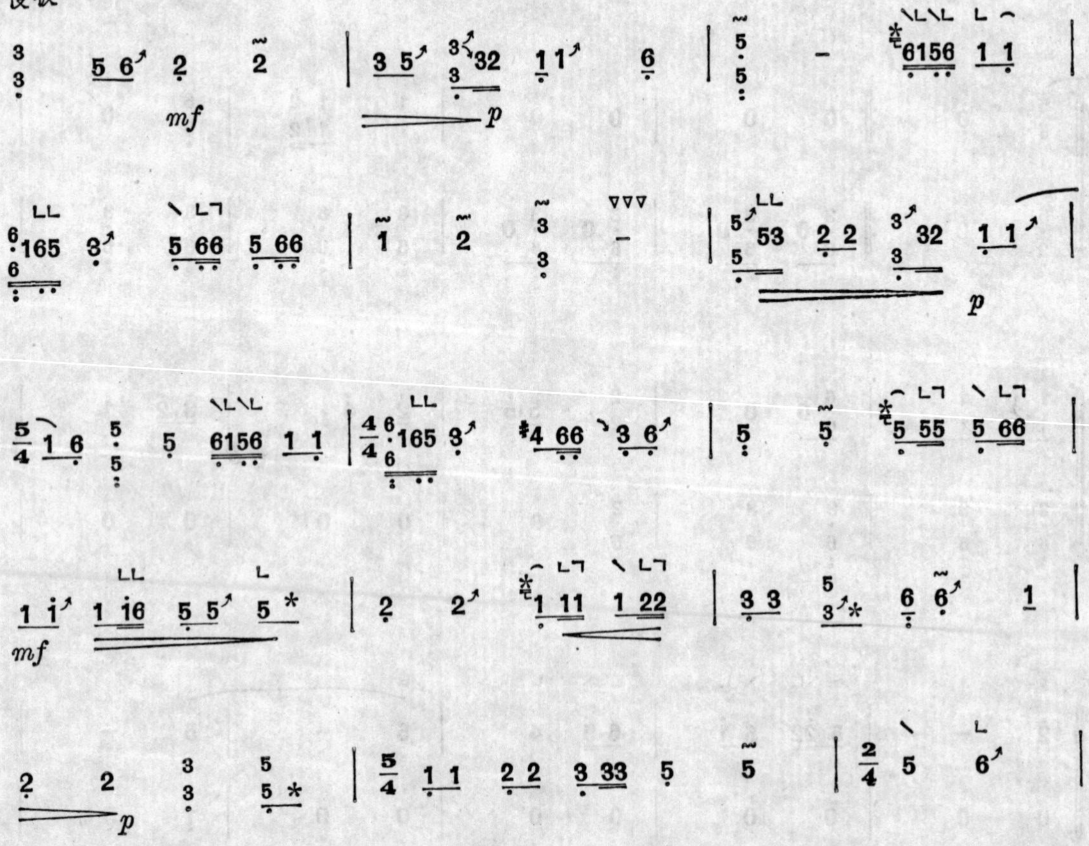

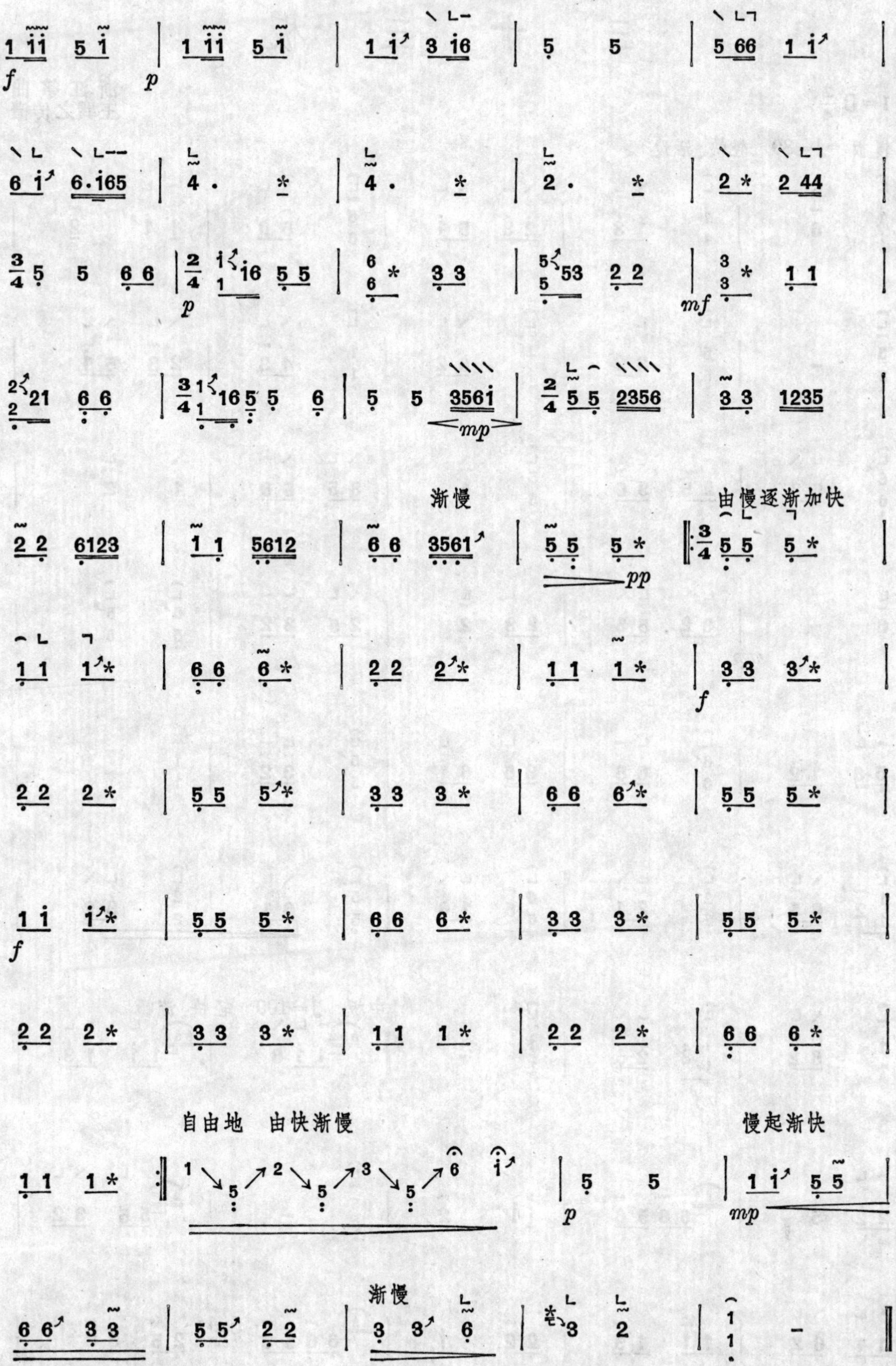

1 11 5 1 | 1 11 5 1 | 1 1 3 16 | 5 5 | 5 66 1 1 |
f p

6 1 6.165 | 4 . * | 4 . * | 2 . * | 2 * 2 44 |

3/4 5 5 6 6 | 2/4 1 1 16 5 5 | 6 6 * 3 3 | 5 5 53 2 2 | 3 3 * 1 1 |
p mf

2 2 21 6 6 | 3/4 1 1 16 5 5 6 | 5 5 3561 | 2/4 5 5 2356 | 3 3 1235 |
mp

渐慢 由慢逐渐加快

2 2 6123 | 1 1 5612 | 6 6 3561 | 5 5 5 * ‖: 3/4 5 5 5 * |
pp

1 1 1 * | 6 6 6 * | 2 2 2 * | 1 1 1 * | 3 3 3 * |
f

2 2 2 * | 5 5 5 * | 3 3 3 * | 6 6 6 * | 5 5 5 * |

1 1 1 * | 5 5 5 * | 6 6 6 * | 3 3 3 * | 5 5 5 * |
f

2 2 2 * | 3 3 3 * | 1 1 1 * | 2 2 2 * | 6 6 6 * |

自由地 由快渐慢 慢起渐快

1 1 1 * :‖ 1 5 2 5 3 5 6 1 | 5 5 | 1 1 5 5 |
p mp

渐慢

6 6 3 3 | 5 5 2 2 | 3 3 6 | 3 2 | 1 1 – ‖

三 十 三 板

浙江筝曲
王巽之传谱

1=D $\frac{2}{4}$

慢板 ♩=80 轻快、活泼

mp

mf

中板 ♩=100 轻快、流畅

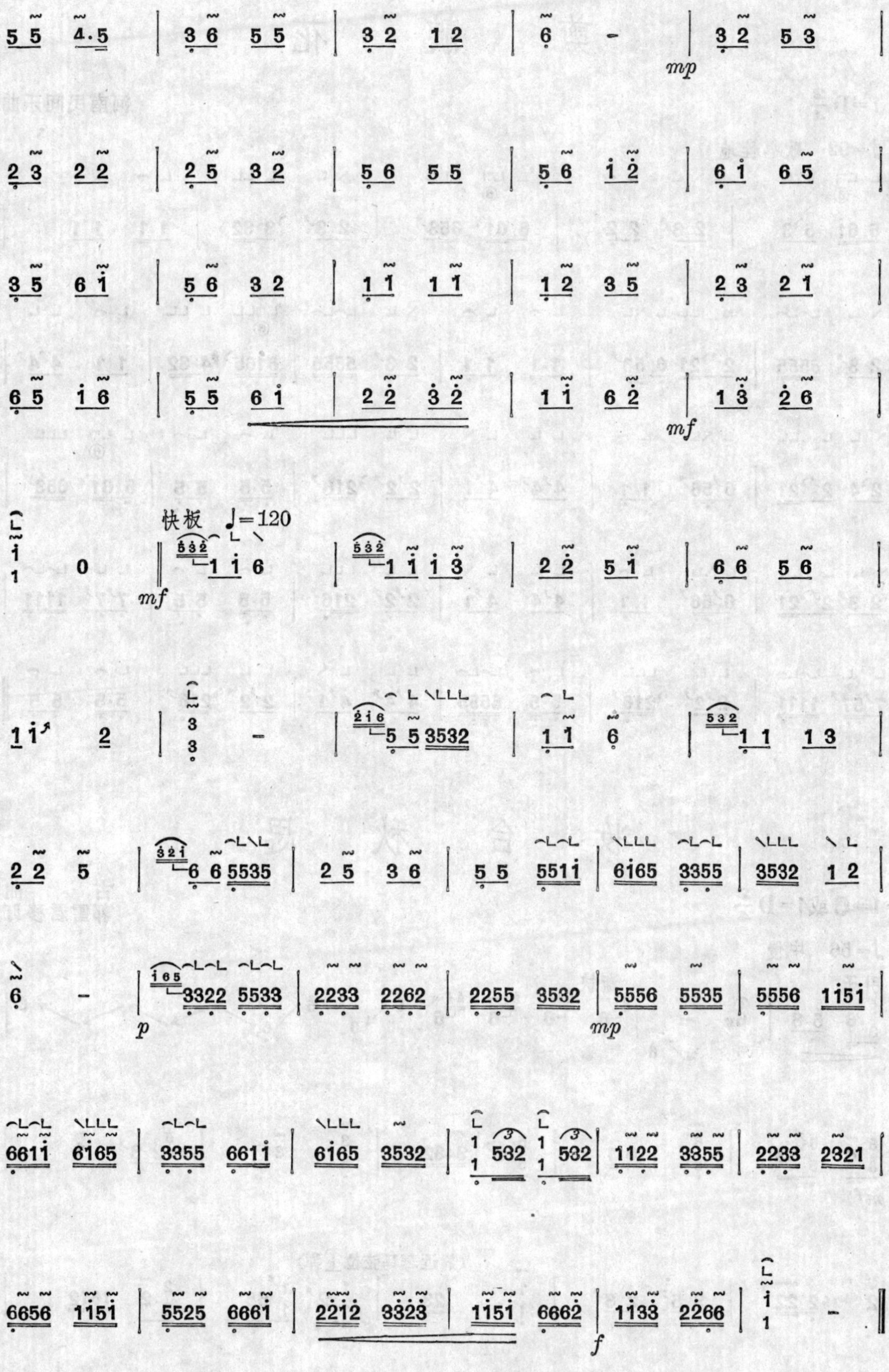

5 5 4.5 | 3 6 5 5 | 3 2 1 2 | 6 - | 3 2 5 3 |

mp

2 3 2 2 | 2 5 3 2 | 5 6 5 5 | 5 6 i 2 | 6 i 6 5 |

3 5 6 i | 5 6 3 2 | 1 i 1 i | 1 2 3 5 | 2 3 2 i |

6 5 i 6 | 5 5 6 i | 2 2 3 2 | 1 i 6 2 | 1 3 2 6 |

mf

快板 ♩=120

i 1 0 ‖ 532 1 i 6 | 532 1 i i 3 | 2 2 5 i | 6 6 5 6 |

mf

1 i 2 | 3 3 - | 2i6 5 5 3532 | 1 i 6 | 532 1 1 1 3 |

2 2 5 | 32i 6 6 5535 | 2 5 3 6 | 5 5 551i | 6i65 3355 | 3532 1 2 |

6 - | i65 3322 5533 | 2233 2262 | 2255 3532 | 5556 5535 | 5556 1i5i |

p mp

66i1 6i65 | 3355 66i1 | 6i65 3532 | 1 1 532 1 1 532 | 1122 3355 | 2233 2321 |

6656 1151 | 5525 6661 | 2212 3323 | 1151 6662 | 1133 2266 | i 1 - ‖

f

剪靛花

1=D $\frac{2}{4}$

河南民间乐曲

♩=92 歌唱性地

5 61 5 3 | 2 3 2 2 | 5 61 653 | 2 3 3 32 | 1·1 1 1 |

2 3 5555 | 2 21 6 56 | 1·1 1 1 | 2 3 5555 | 6165 #4 32 | 1 1 4 4 |

2 4 2 21 | 6 56 1 1 | 4 4 4 1 | 2 2 216 | 5·5 5 5 | 5 61 653 |

2 3 2 21 | 6 56 1 1 | 4 4 4 1 | 2 2 216 | 5·5 5 5 | 7 7 1111 |

7 57 1111 | 2 2 216 | 5·5 5555 | 4 4 4 1 | 2 2 216 | 5·5 5 5 ‖

妆台秋思

1=C或1=D $\frac{2}{4}$

古曲

郭雪君移订

♩=56 中慢

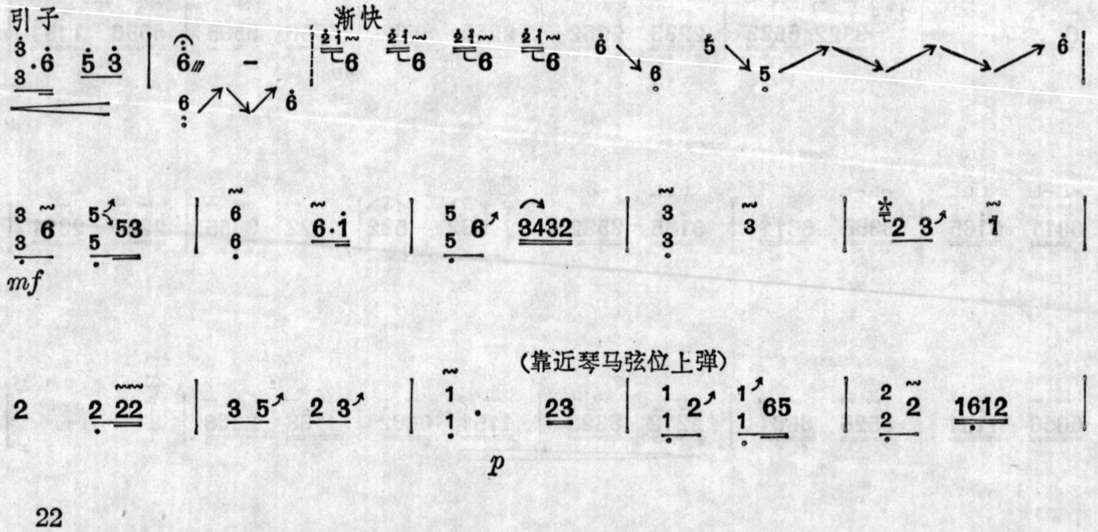

引子

3·6 5 3 | 6 – | 渐快 21 6 21 6 21 6 21 6 6 6 5 5 6 |

3 6 5 53 | 6 6·1 | 5 6 3432 | 3 3 | 2 3 1 |

mf

(靠近琴马弦位上弹)

2 2 22 | 3 5 2 3 | 1 · 23 | 1 2 1 65 | 2 2 1612 |

p

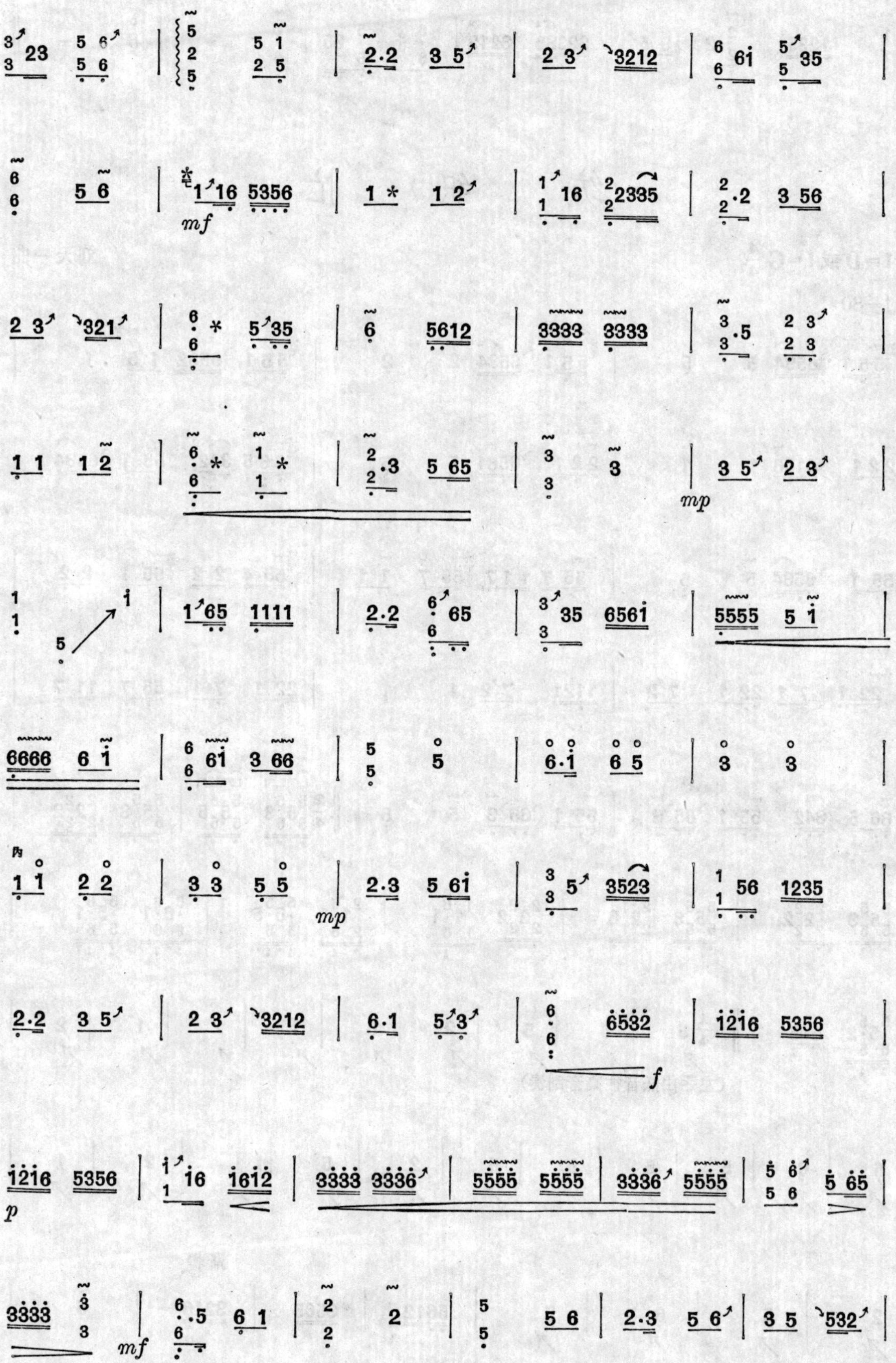

3 23 5 6 | 5 2 5 5 1 2 5 | 2·2 3 5 | 2 3 3212 | 6 61 5 35 |

6 6 5 6 | 1 16 5356 | 1 * 1 2 | 1 16 2335 | 2·2 3 56 |

mf

2 3 321 | 6 * 5 35 | 6 5612 | 3333 3333 | 3·5 2 3 |

1 1 1 2 | 6 * 1 * | 2·3 5 65 | 3 3 | 3 5 2 3 |

mp

1 5 1 | 1 65 1111 | 2·2 6 65 | 3 35 6561 | 5555 5 1 |

6666 6 1 | 6 61 3 66 | 5 5 | 6·1 6 5 | 3 3 |

1 1 2 2 | 3 3 5 5 | 2·3 5 61 | 3 5 3523 | 1 56 1235 |

mp

2·2 3 5 | 2 3 3212 | 6·1 5 3 | 6 6532 | 1216 5356 |

f

1216 5356 | 1 16 1612 | 3333 3336 | 5555 5555 | 3336 5555 | 5 6 5 65 |

p

3333 3 | 6·5 6 1 | 2 2 | 5 5 6 | 2·3 5 6 | 3 5 532 |

mf

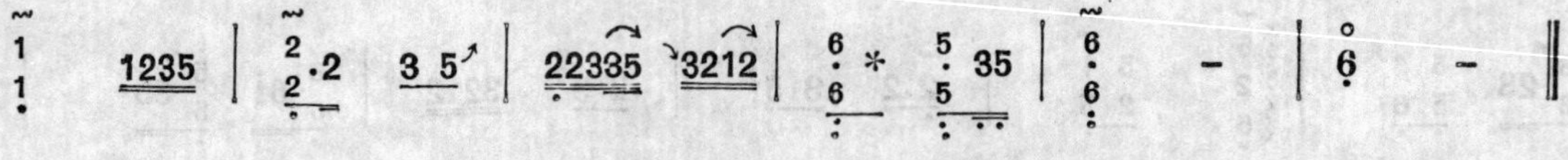

1 1235 | 2 2·2 3 5 | 22335 3212 | 6 6 ＊ 5 5 35 | 6 6 - | 6 - ‖

纺 织 忙

1=D或1=G $\frac{4}{4}$

刘天一曲

♩=80

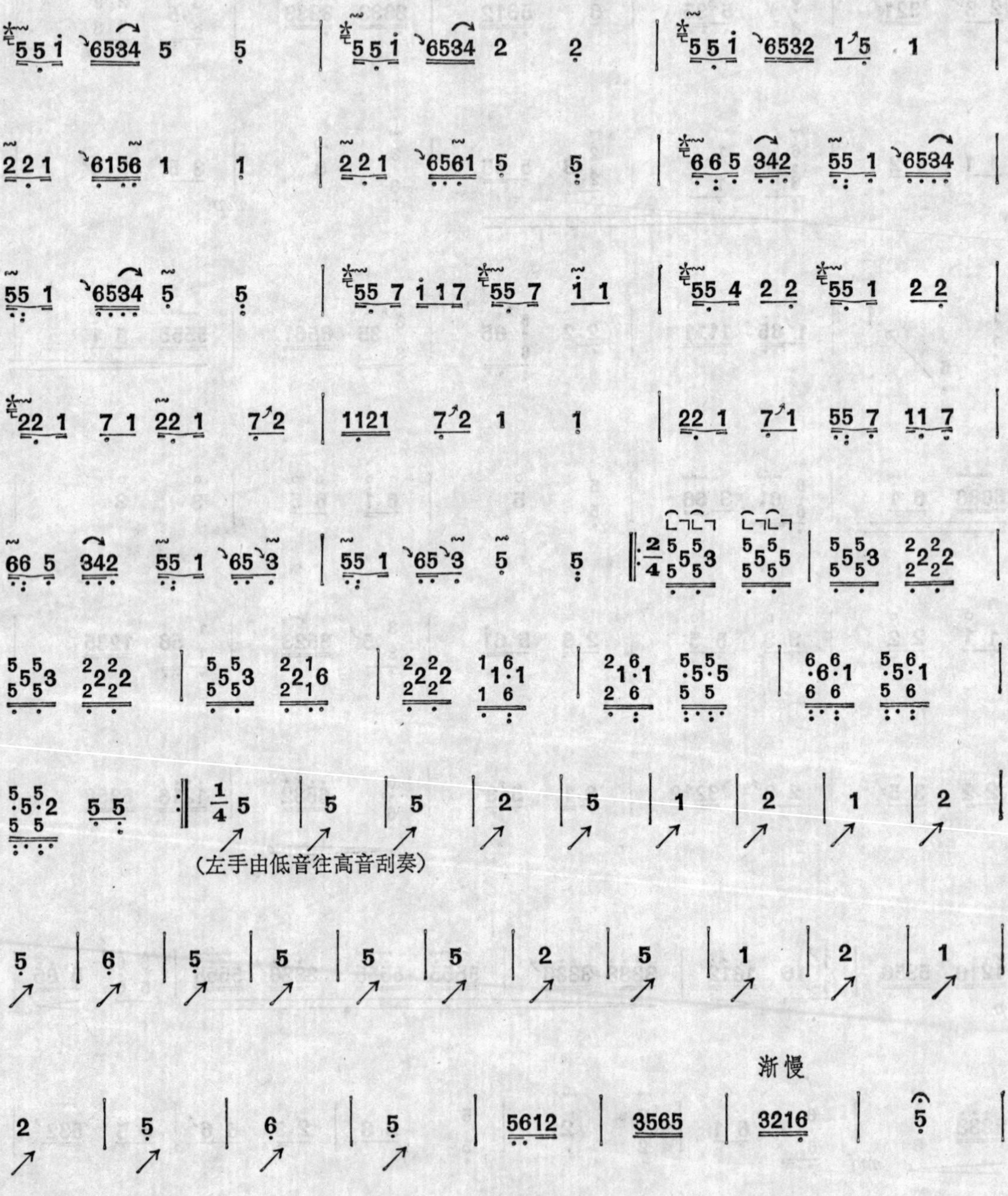

551 6534 5 5 | 551 6534 2 2 | 551 6532 1 5 1 |

221 6156 1 1 | 221 6561 5 5 | 665 342 55 1 6534 |

55 1 6534 5 5 | 55 7 117 55 7 1 1 | 55 4 2 2 55 1 2 2 |

22 1 7 1 22 1 7 2 | 1121 7 2 1 1 | 22 1 7 1 55 7 11 7 |

66 5 342 55 1 65 3 | 55 1 65 3 5 5 ‖: $\frac{2}{4}$ 5553 5555 | 5553 2222 |

5553 2222 | 5553 2216 | 2222 1611 | 2611 5555 | 6661 5651 |

5552 5 5 :‖ $\frac{1}{4}$ 5 | 5 | 5 | 2 | 5 | 1 | 2 | 1 | 2 |

（左手由低音往高音刮奏）

5 | 6 | 5 | 5 | 5 | 5 | 2 | 5 | 1 | 2 | 1 |

渐慢

2 | 5 | 6 | 5 | 5612 | 3565 | 3216 | 5 |

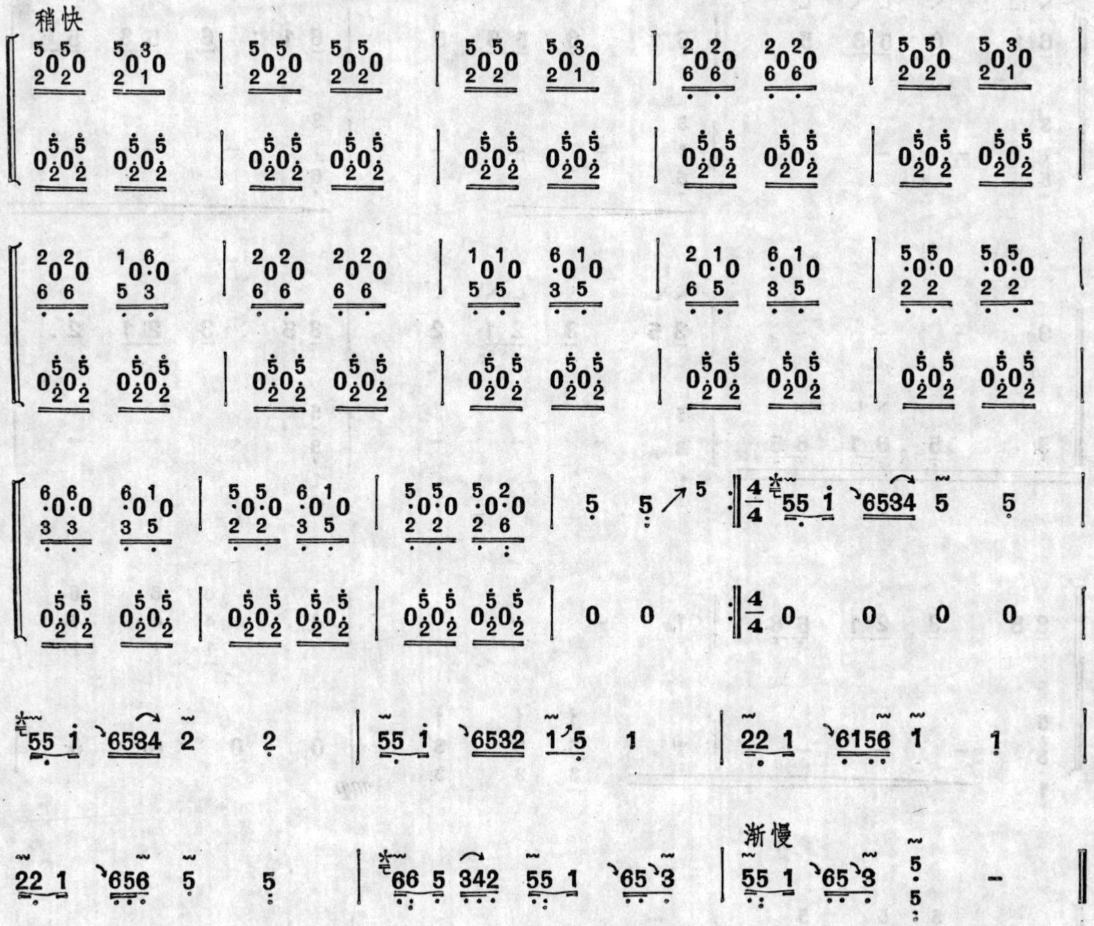

稍快

渐慢

彩云追月

1=D或1=G $\frac{4}{4}$

任　光曲
郭雪君订谱

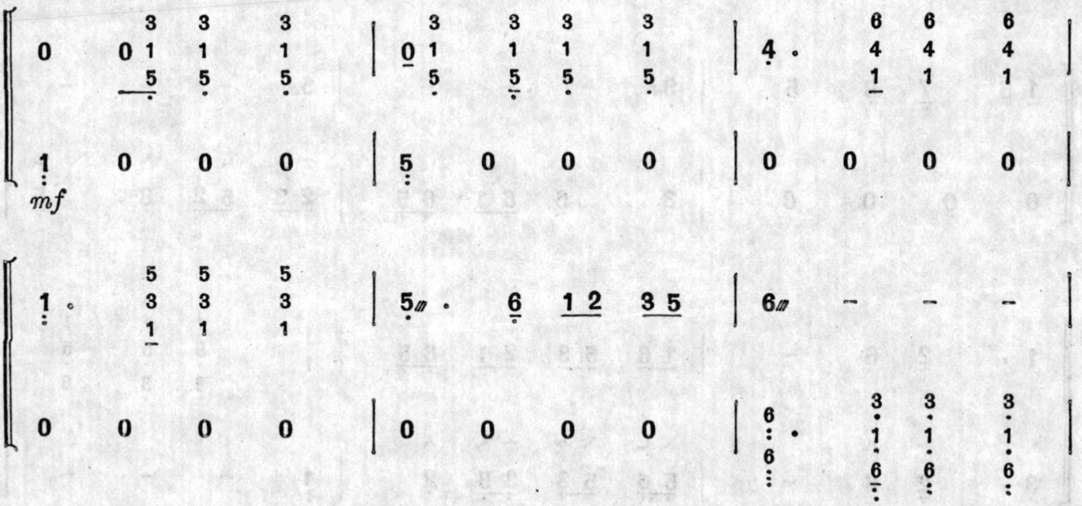

mf

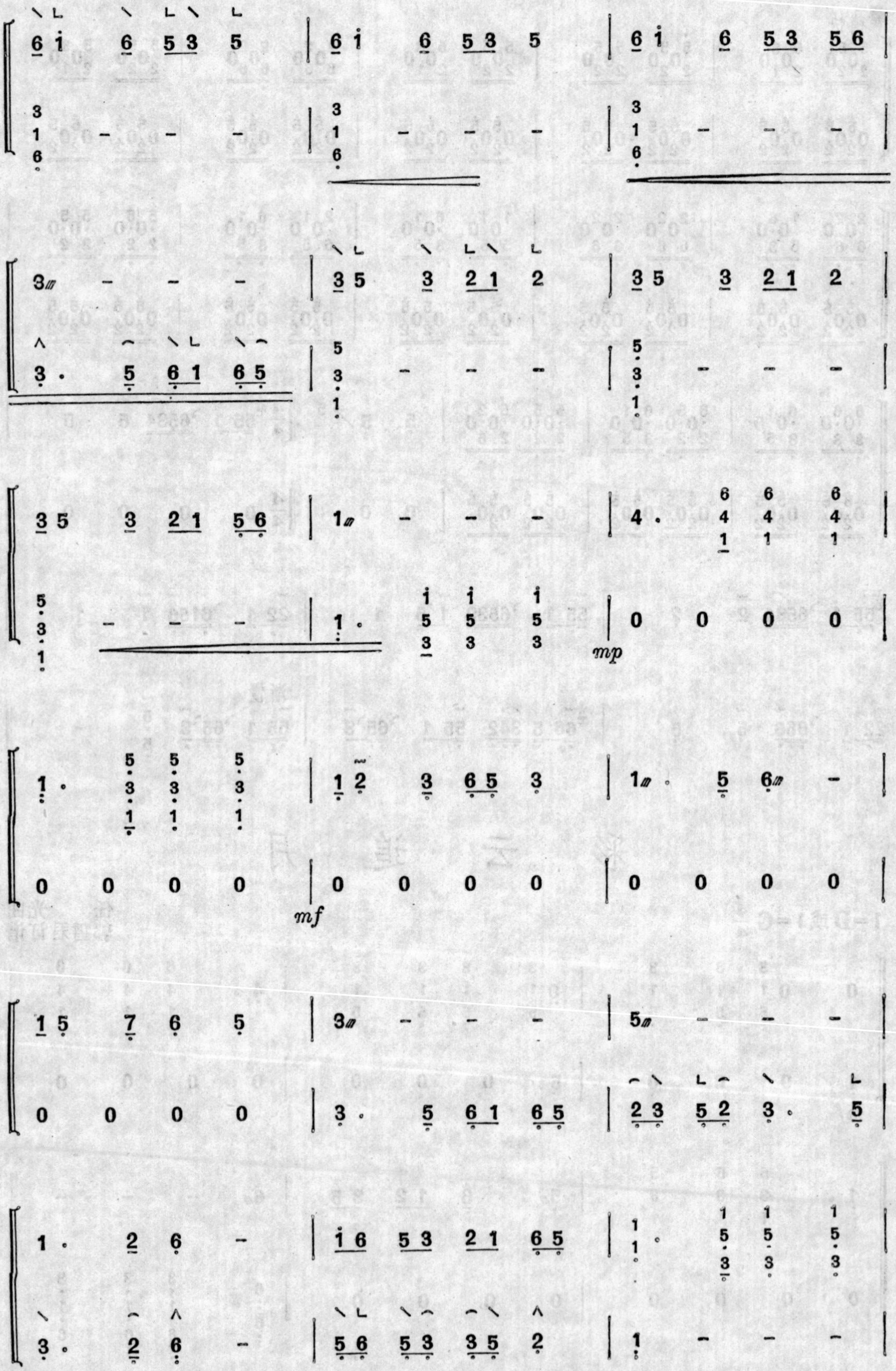

| 6 i̇ 6 5 3 5 | 6 i̇ 6 5 3 5 | 6 i̇ 6 5 3 5 6 |
| 3 1 6 – – – | 3 1 6 – – – | 3 1 6 – – – |

| 3 – – – | 3 5 3 2 1 2 | 3 5 3 2 1 2 |
| 3 · 5 6 1 6 5 | 5 3 1 – – – | 5 3 1 – – – |

| 3 5 3 2 1 5 6 | 1 – – – | 4 · 6 4 1 6 4 1 6 4 1 |
| 5 3 1 – – – | 1 · i̇ 5 3 i̇ 5 3 i̇ 5 3 | 0 0 0 0 |

mp

| 1 · 5 3 1 5 3 1 5 3 1 | 1 2 3 6 5 3 | 1 · 5 6 – |
| 0 0 0 0 | 0 0 0 0 | 0 0 0 0 |

mf

| 1 5 7 6 5 | 3 – – – | 5 – – – |
| 0 0 0 0 | 3 · 5 6 1 6 5 | 2 3 5 2 3 · 5 |

| 1 · 2 6 – | i̇ 6 5 3 2 1 6 5 | 1 1 · 1 5 3 1 5 3 1 5 3 |
| 3 · 2 6 – | 5 6 5 3 3 5 2 | 1 – – – |

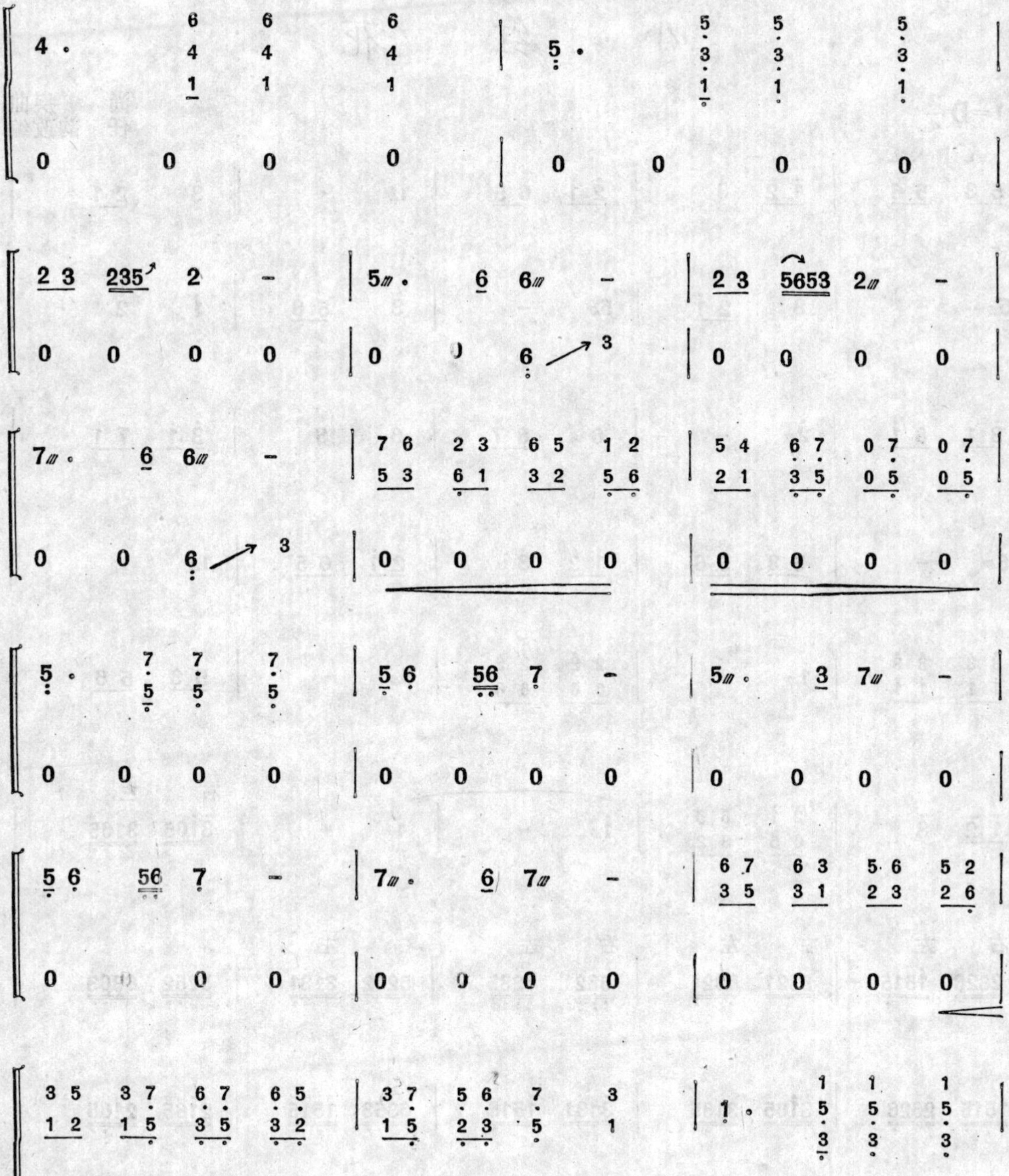

4 · 6 4 1 6 4 1 6 4 1 | 5 · 5 3 1 5 3 1 5 3 1 |
0 0 0 0 | 0 0 0 0 |

2 3 235 2 – | 5 · 6 6 – | 2 3 5653 2 – |
0 0 0 0 | 0 6 3 | 0 0 0 0 |

7 · 6 6 – | 7 6 5 3 2 3 6 1 6 5 3 2 1 2 5 6 | 5 4 2 1 6 7 3 5 0 7 0 5 0 7 0 5 |
0 0 6 3 | 0 0 0 0 | 0 0 0 0 |

5 · 7 5 7 5 7 5 | 5 6 56 7 – | 5 · 3 7 – |
0 0 0 0 | 0 0 0 0 | 0 0 0 0 |

5 6 56 7 – | 7 · 6 7 – | 6 7 3 5 6 3 3 1 5 6 2 3 5 2 2 6 |
0 0 0 0 | 0 0 0 0 | 0 0 0 0 |

3 5 1 2 3 7 1 5 6 7 3 5 6 5 3 2 | 3 7 1 5 5 6 2 3 7 5 3 1 | 1 · 1 5 3 1 5 3 1 5 3 |
0 0 0 0 | 0 0 0 0 | 0 0 0 0 |

0 3 1 3 1 3 1 3 1 | 4 · 6 4 6 4 6 4 | 5 · 5 3 1 5 3 1 5 3 1 | 1 5 1 – 0 0 ‖
5 0 0 0 | 0 0 0 0 | 0 0 0 0 | 0 0 0 0 ‖

mp *p* *pp*

小 红 花

1=D 2/4

尚　疾曲
任　韵改编

53 56 | i2 3 | 2i 65 | i - |: 3 2i |

5 - | 3 2i | 5 - | 3 56 | i 2 |

3i 6i | 2 - | 6 67 | 6 6 | 3i 7i |

6 - | 53 56 | i2 3 | 2i 65 | i - :|

33/ii 33/ii | i - | 22/66 22/66 | 5 - | 53 56 |

i2 3 | 2i/65 65/32 | i - | i - |: 右 3165 左 3165 |

右 2626 左 1515 | 右 5321 左 5321 | 右 5321 左 1235 :|| 右 5252 左 3131 | 5252 6363 |

1515 2626 | 3165 3165 | 3131 1515 | 6363 1515 | 2165 2165 |

2165 2561 | 3131 1515 | 6363 1515 | 6321 6321 | 6321 1236 |

3131 1515 | 6363 1515 | 6321 6321 | 6321 1236 | 5252 3131 |

5252 6363 | 1515 2626 | 3165 3165 | 2626 1515 | 6363 5252 |

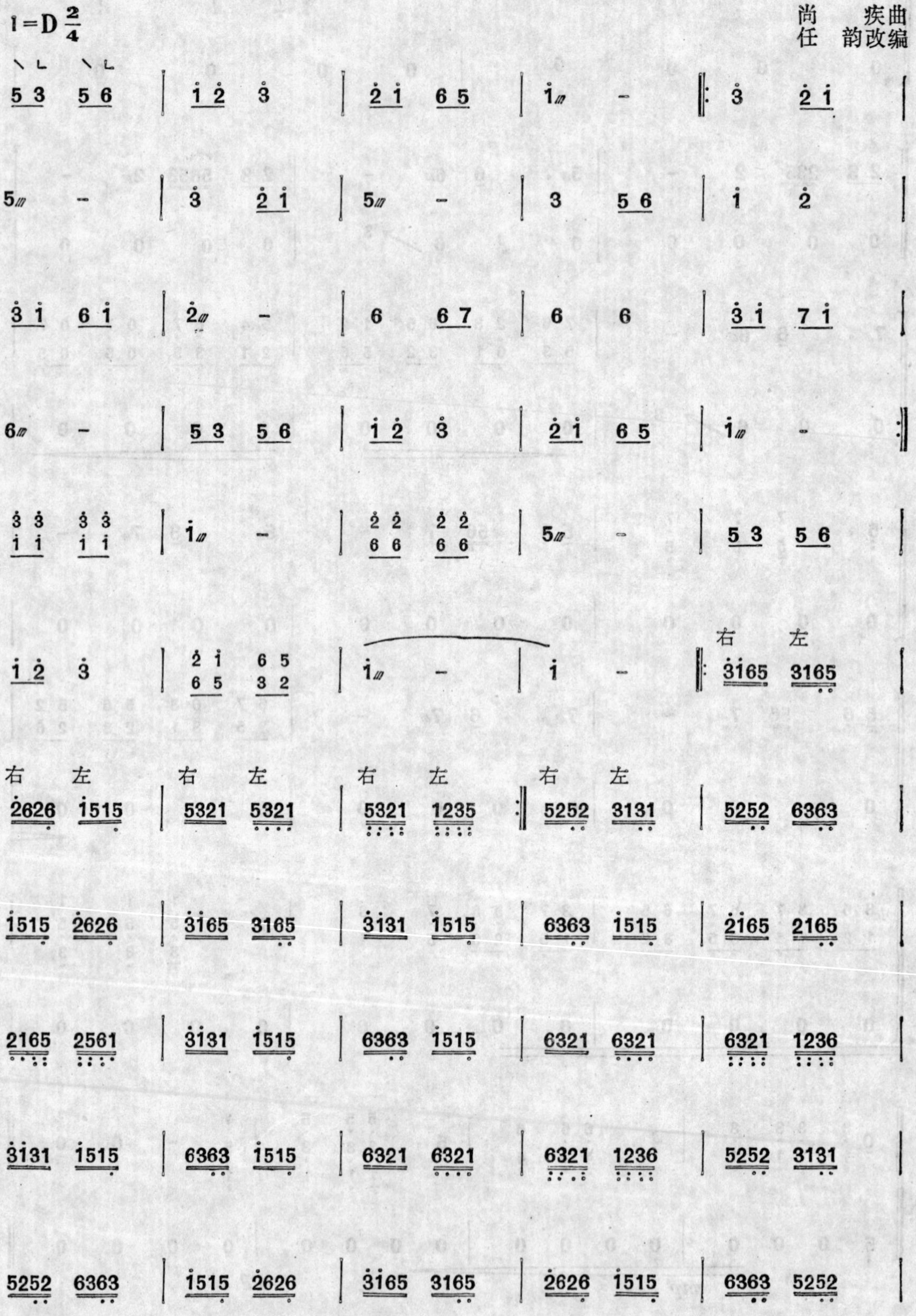

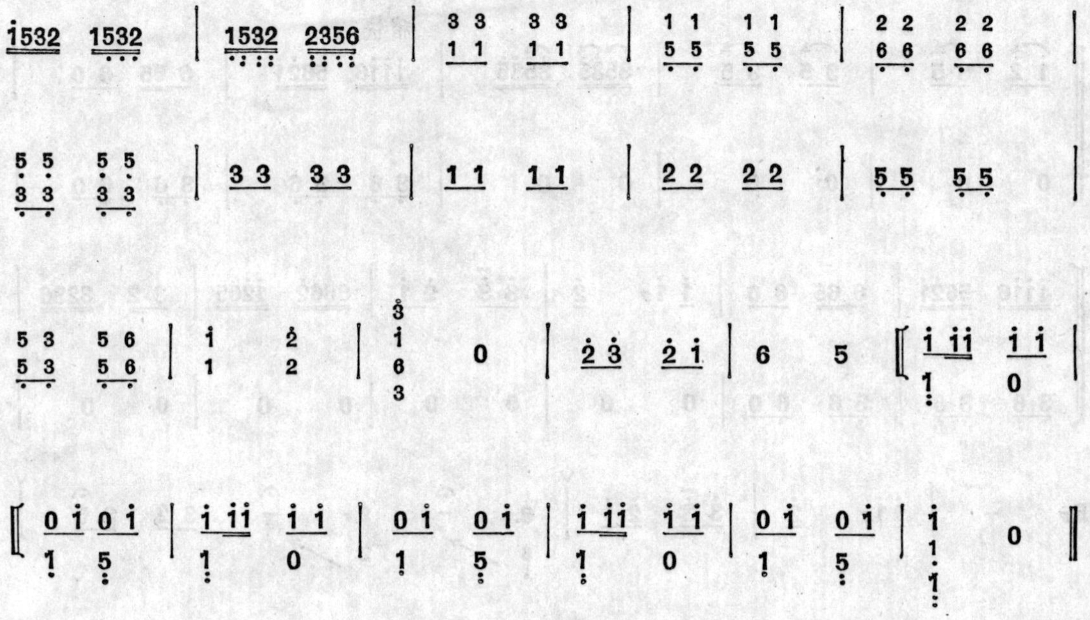

i532 1532 | 1532 2356 | 3 3 3 3 / 1 1 1 1 | 1 1 1 1 / 5 5 5 5 | 2 2 2 2 / 6 6 6 6 |

5 5 5 5 / 3 3 3 3 | 3 3 3 3 | 1 1 1 1 | 2 2 2 2 | 5 5 5 5 |

5 3 5 6 / 5 3 5 6 | i 2 / 1 2 | 3 i 6 3 0 | 2 3 2 i | 6 5 | i ii i i / 1 0 |

0 i 0 i / 1 5 | i ii i i / 1 0 | 0 i 0 i / 1 5 | i ii i i / 1 0 | 0 i 0 i / 1 5 | i 1 1 0 ‖

小 斑 鸠

1=D

江西民歌
周仲康改编

サ i6 5 0 0 | 5 5 0 | i6 5 0 0 | 5 5 0 | i 3 0 | 23 3 0 | 23 3

5533 2211 6655 3 0 | 5 – / 5 | i – / 1 | 2 – / 2 | 5 – / 5 |

中速 ♩=96

2/4 i i6 562i | 6 65 6 0 | i i6 562i | 6 65 6 0 | i i 2 |

2/4 3 6 3 6 | 3 6 6 0 | 3 6 3 6 | 3 6 6 0 | 1 0 |

3 3 2 i | 6662 i265 | 3·2 3236 | 5 – / 5 | iii6 562i |

6 65 6 0 | 1 16 5621 | 6 65 6 0 | i i 2i | 3 3 2 0 |

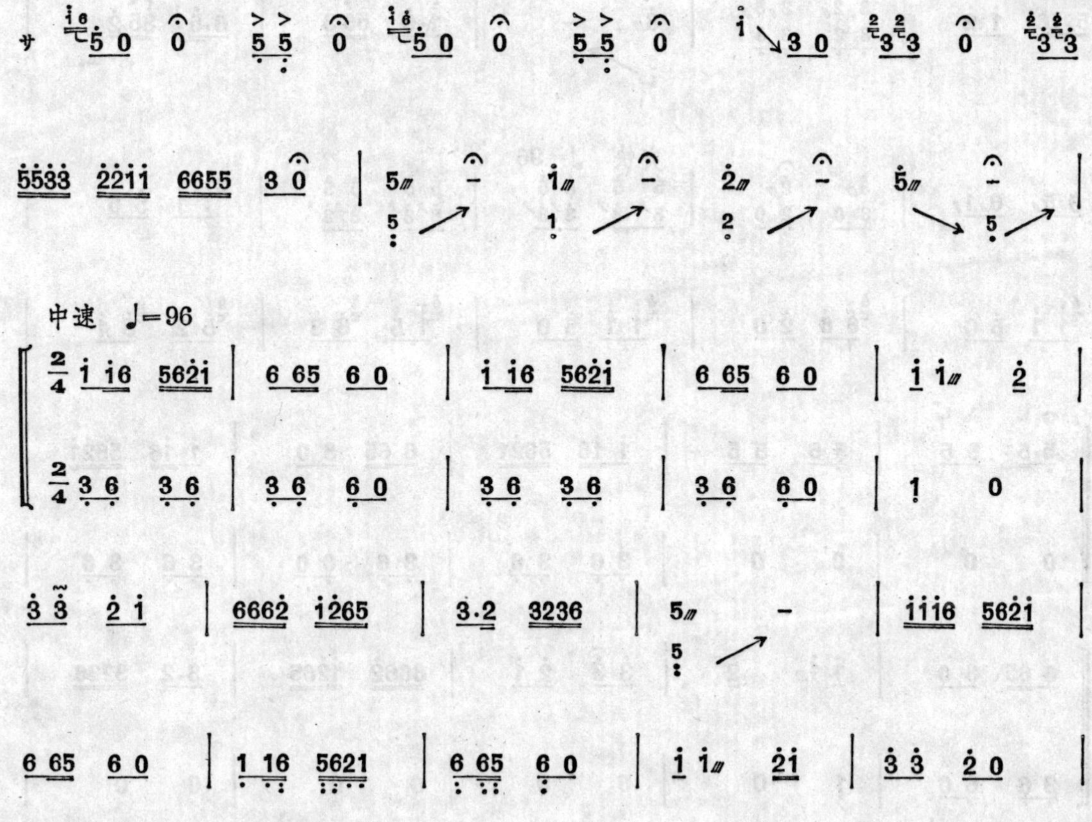

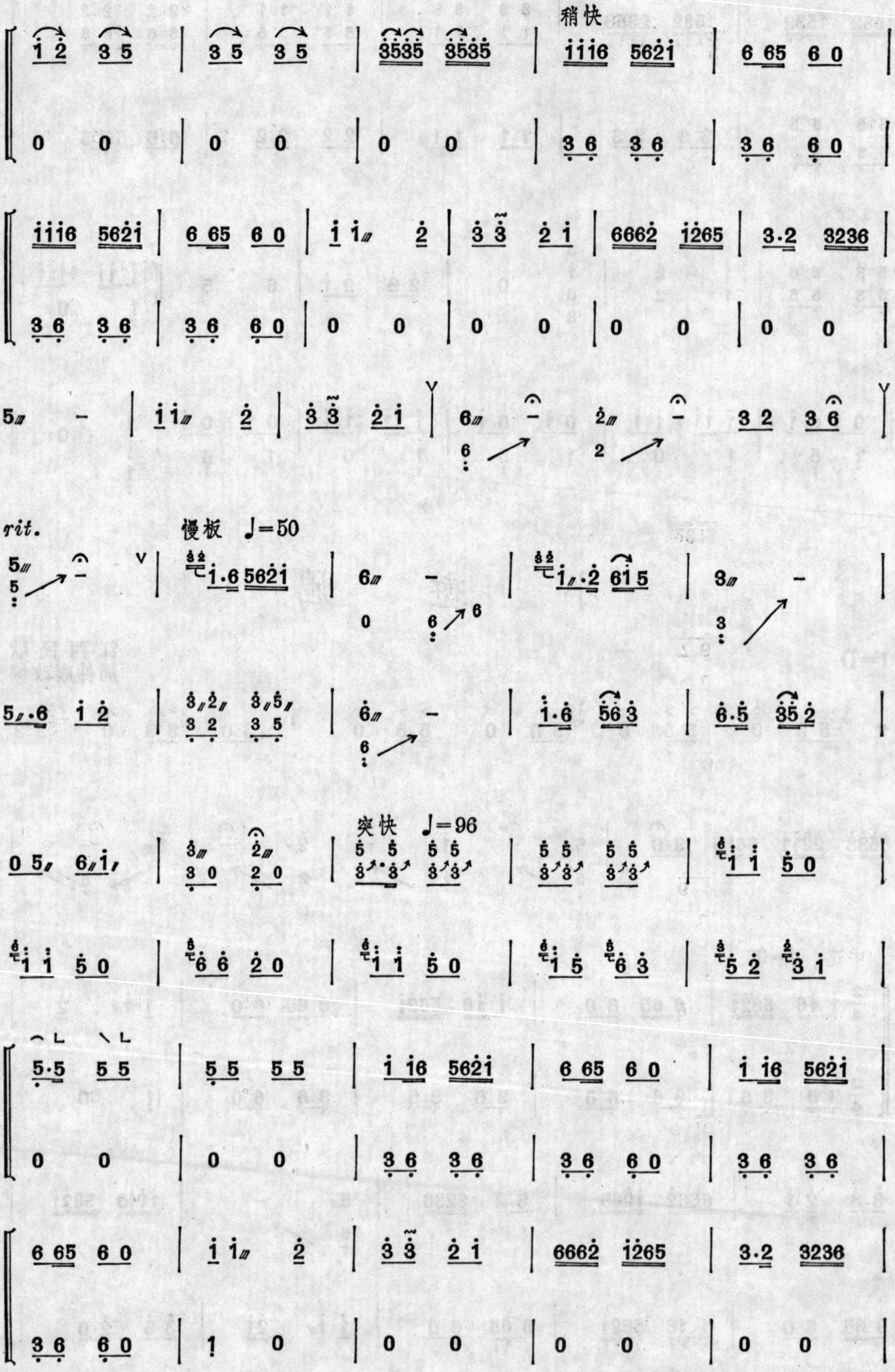

稍快

| 1̇ 2̇ 3̇ 5̇ | 3̇ 5̇ 3̇ 5̇ | 3̇5̇3̇5̇ 3̇5̇3̇5̇ | 1̇1̇1̇6 562̇1̇ | 6 65 6 0 |
| 0 0 | 0 0 | 0 0 | 3 6 3 6 | 3 6 6 0 |

| 1̇1̇1̇6 562̇1̇ | 6 65 6 0 | 1̇ 1̇ 2̇ | 3̇ 3̇ 2̇ 1̇ | 6662̇ 1̇265 | 3·2 3236 |
| 3 6 3 6 | 3 6 6 0 | 0 0 | 0 0 | 0 0 | 0 0 |

5 – | 1̇ 1̇ 2̇ | 3̇ 3̇ 2̇ 1̇ | 6 – 2̇ – 3 2 3 6̇ |
6 2

rit. 慢板 ♩=50

5 – | 1̇·6 562̇1̇ | 6 – | 1̇·2̇ 61̇5 | 3 – |
5 0 6 6 3

5·6 1̇ 2̇ | 3̇ 2̇ 3̇ 5̇ / 3 2 3 5 | 6̇ – | 1̇·6 5̇6̇3̇ | 6̇·5̇ 3̇5̇2̇ |
6

突快 ♩=96

0 5 6 1̇ | 3̇ 2̇ / 3 0 2 0 | 5̇ 5̇ 5̇ 5̇ / 3̇·3̇ 3̇3̇ | 5̇ 5̇ 5̇ 5̇ / 3̇3̇ 3̇3̇ | 1̇ 1̇ 5̇ 0 |

1̇ 1̇ 5̇ 0 | 6̇ 6̇ 2̇ 0 | 1̇ 1̇ 5̇ 0 | 1̇ 5̇ 6̇ 3̇ | 5̇ 2̇ 3̇ 1̇ |

| 5·5 5 5 | 5 5 5 5 | 1̇ 1̇6 562̇1̇ | 6 65 6 0 | 1̇ 1̇6 562̇1̇ |
| 0 0 | 0 0 | 3 6 3 6 | 3 6 6 0 | 3 6 3 6 |

| 6 65 6 0 | 1̇ 1̇ 2̇ | 3̇ 3̇ 2̇ 1̇ | 6662̇ 1̇265 | 3·2 3236 |
| 3 6 6 0 | 1 0 | 0 0 | 0 0 | 0 0 |

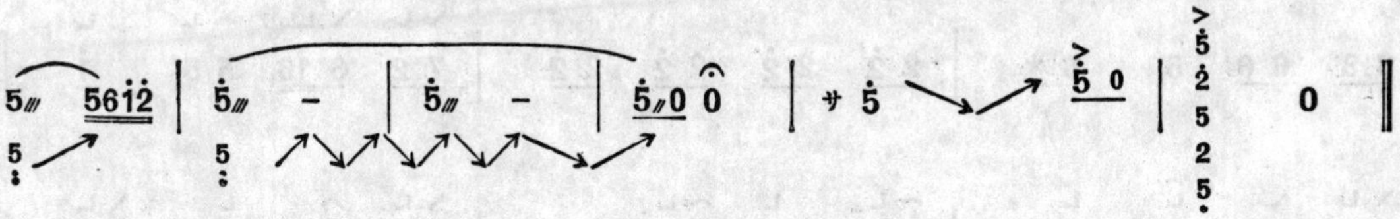

一 点 金

（轻六调）

潮州筝曲
郭 鹰传谱

1=G $\frac{4}{4}$

中速

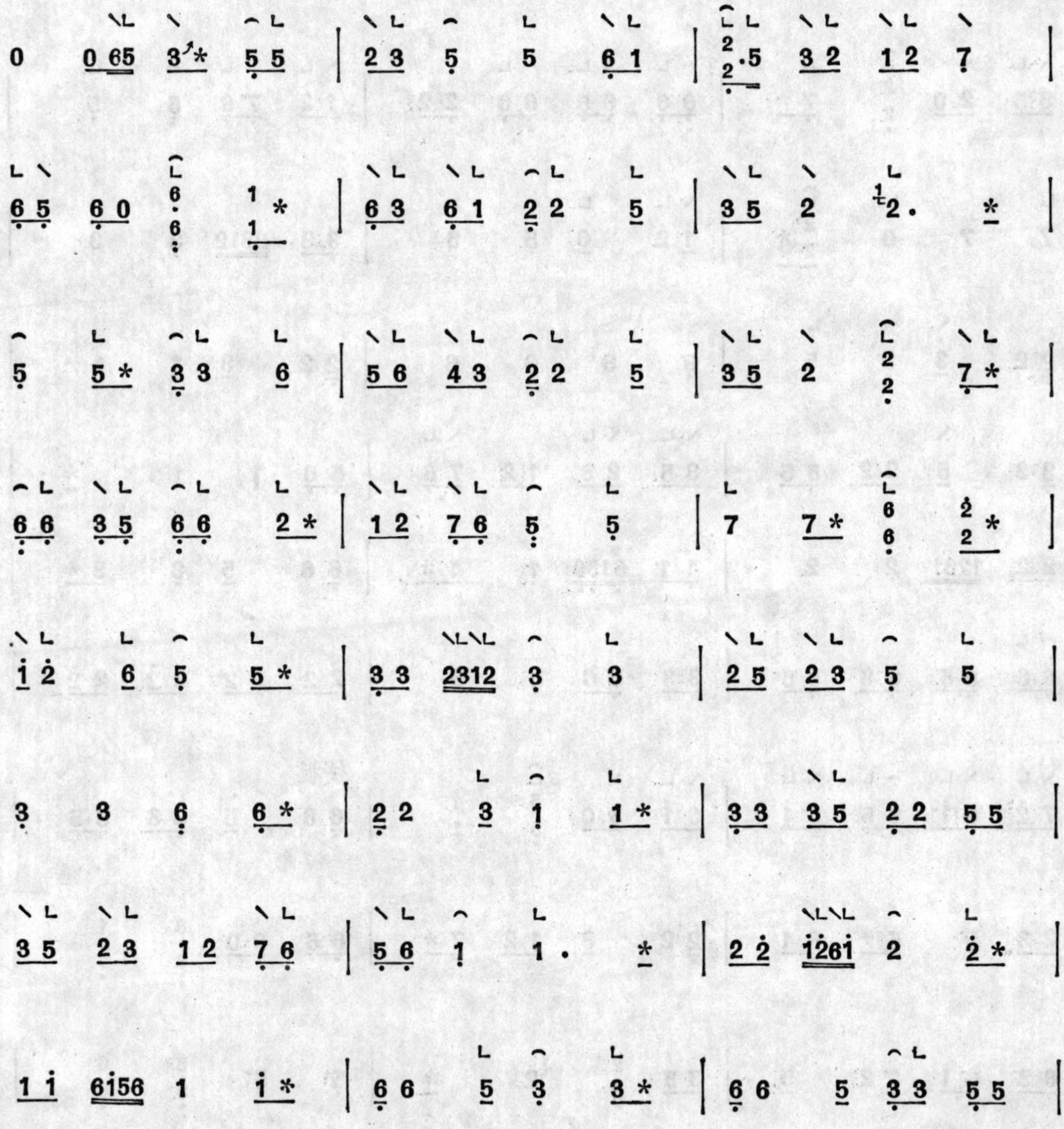

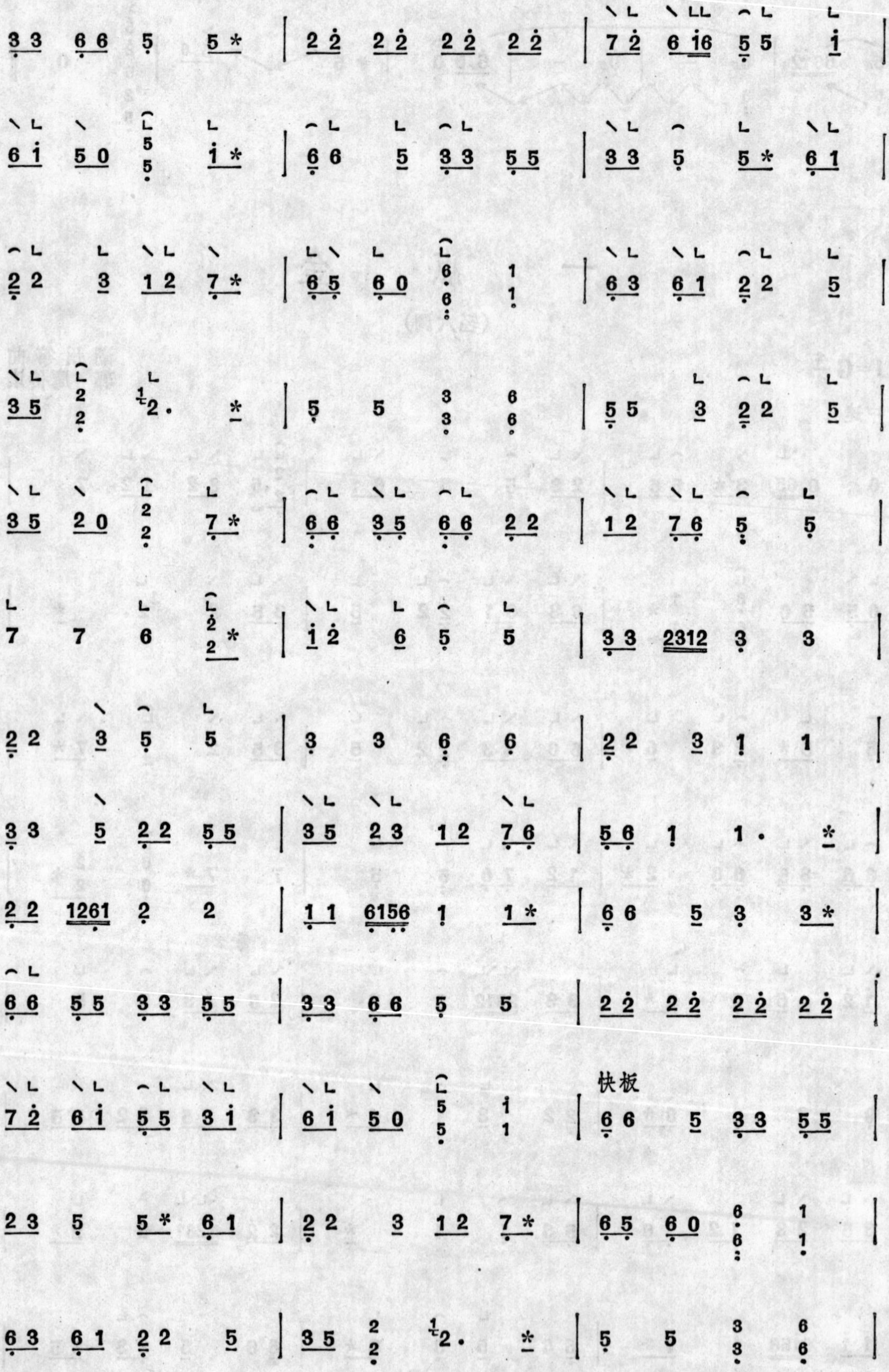

3 3 6 6 5 5 * | 2 2 2 2 2 2 2 2 | 7 2 6 16 5 5 1 |

6 1 5 0 5 5 1 * | 6 6 5 3 3 5 5 | 3 3 5 5 * 6 1 |

2 2 3 1 2 7 * | 6 5 6 0 6 6 1 1 | 6 3 6 1 2 2 5 |

3 5 2 2 2. * | 5 5 3 3 6 6 | 5 5 3 2 2 5 |

3 5 2 0 2 2 7 * | 6 6 3 5 6 6 2 2 | 1 2 7 6 5 5 |

7 7 6 2 2 * | 1 2 6 5 5 | 3 3 2312 3 3 |

2 2 3 5 5 | 3 3 6 6 | 2 2 3 1 1 |

3 3 5 2 2 5 5 | 3 5 2 3 1 2 7 6 | 5 6 1 1. * |

2 2 1261 2 2 | 1 1 6156 1 1 * | 6 6 5 3 3 * |

6 6 5 5 3 3 5 5 | 3 3 6 6 5 5 | 2 2 2 2 2 2 2 2 |

快板

7 2 6 1 5 5 3 1 | 6 1 5 0 5 5 1 1 | 6 6 5 3 3 5 5 |

2 3 5 5 * 6 1 | 2 2 3 1 2 7 * | 6 5 6 0 6 6 1 1 |

6 3 6 1 2 2 5 | 3 5 2 2 2. * | 5 5 3 3 6 6 |

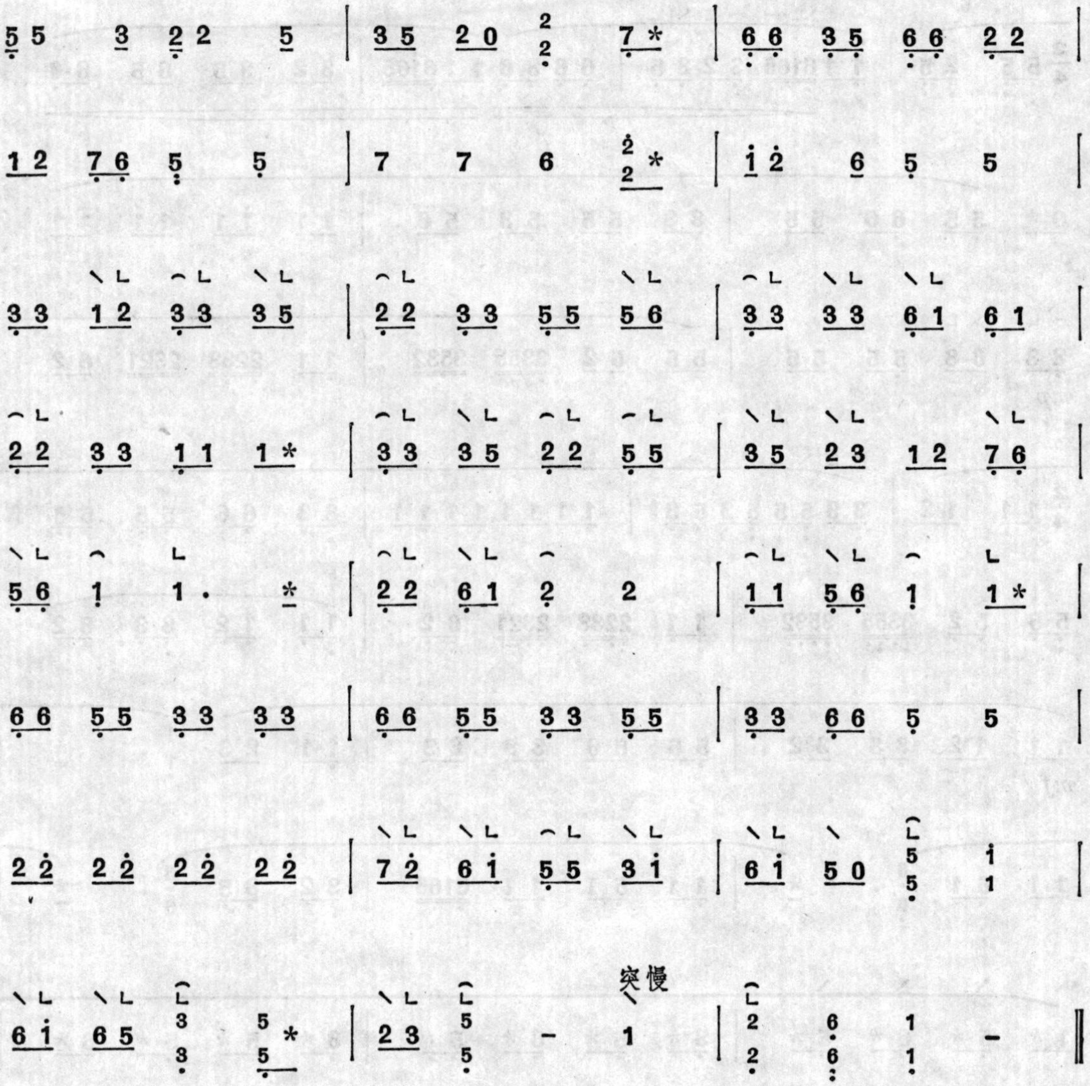

5 5 3 2 2 5 | 3 5 2 0 2/2 7 * | 6 6 3 5 6 6 2 2 |

1 2 7 6 5 5 | 7 7 6 2/2 * | 1 2 6 5 5 |

3 3 1 2 3 3 3 5 | 2 2 3 3 5 5 5 6 | 3 3 3 3 6 1 6 1 |

2 2 3 3 1 1 1 * | 3 3 3 5 2 2 5 5 | 3 5 2 3 1 2 7 6 |

5 6 1 1 · * | 2 2 6 1 2 2 | 1 1 5 6 1 1 * |

6 6 5 5 3 3 3 3 | 6 6 5 5 3 3 5 5 | 3 3 6 6 5 5 |

2 2 2 2 2 2 2 2 | 7 2 6 1 5 5 3 1 | 6 1 5 0 5/5 1/1 |

突慢

6 1 6 5 3/3 5/5 * | 2 3 5/5 - 1 | 2/2 6/6 1/1 - ‖

灯月交辉

浙江民间乐曲
王巽之整理传谱

1=G $\frac{4}{4}$

♩=84 轻快、活泼

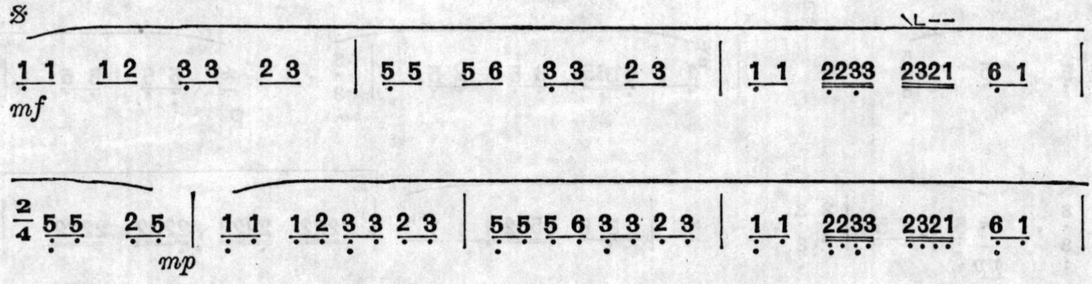

𝄋

1 1 1 2 3 3 2 3 | 5 5 5 6 3 3 2 3 | 1 1 2233 2321 6 1 |

mf

$\frac{2}{4}$ 5 5 2 5 | 1 1 1 2 3 3 2 3 | 5 5 5 6 3 3 2 3 | 1 1 2233 2321 6 1 |

mp

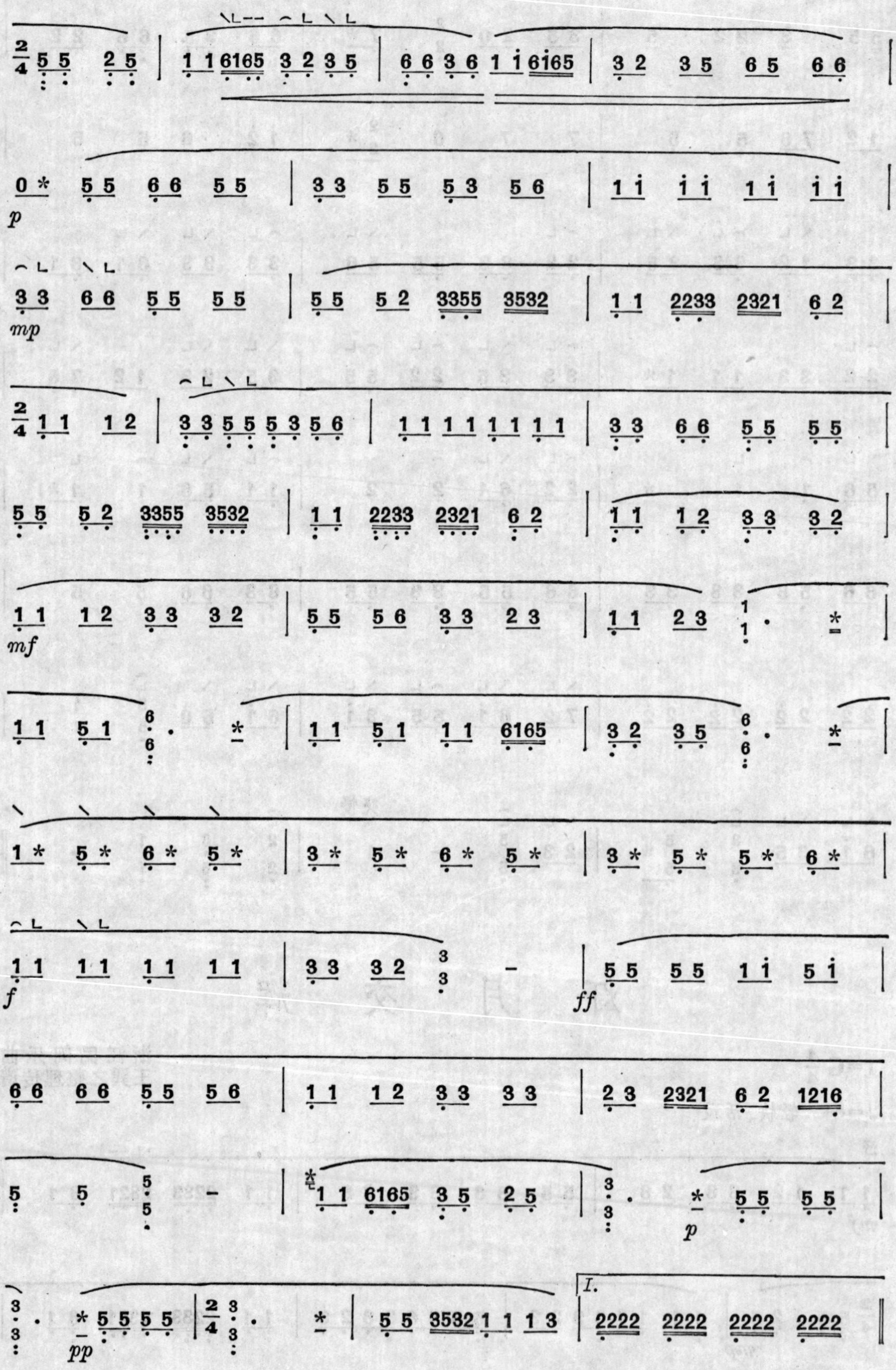

2/4 5 5 2 5 | 1 1 6165 3 2 3 5 | 6 6 3 6 1 i 6i65 | 3 2 3 5 6 5 6 6 |

0 * 5 5 6 6 5 5 | 3 3 5 5 5 3 5 6 | 1 i i i 1 i i i |
p

3 3 6 6 5 5 5 5 | 5 5 5 2 3355 3532 | 1 1 2233 2321 6 2 |
mp

2/4 1 1 1 2 | 3 3 5 5 5 3 5 6 | 1 1 1 1 1 1 1 1 | 3 3 6 6 5 5 5 5 |

5 5 5 2 3355 3532 | 1 1 2233 2321 6 2 | 1 1 1 2 3 3 3 2 |

1 1 1 2 3 3 3 2 | 5 5 5 6 3 3 2 3 | 1 1 2 3 1/1 · * |
mf

1 1 5 1 6/6 · * | 1 1 5 1 1 1 6165 | 3 2 3 5 6/6 · * |

1 * 5 * 6 * 5 * | 3 * 5 * 6 * 5 * | 3 * 5 * 5 * 6 * |

1 1 1 1 1 1 1 1 | 3 3 3 2 3/3 - | 5 5 5 5 1 i 5 i |
f *ff*

6 6 6 6 5 5 5 6 | 1 1 1 2 3 3 3 3 | 2 3 2321 6 2 1216 |

5 5 5/5 - | * 1 1 6165 3 5 2 5 | 3/3 · * 5 5 5 5 |
p

3/3 · * 5 5 5 5 | 2/4 3/3 · * | 5 5 3532 1 1 1 3 | I. 2222 2222 2222 2222 ||
pp

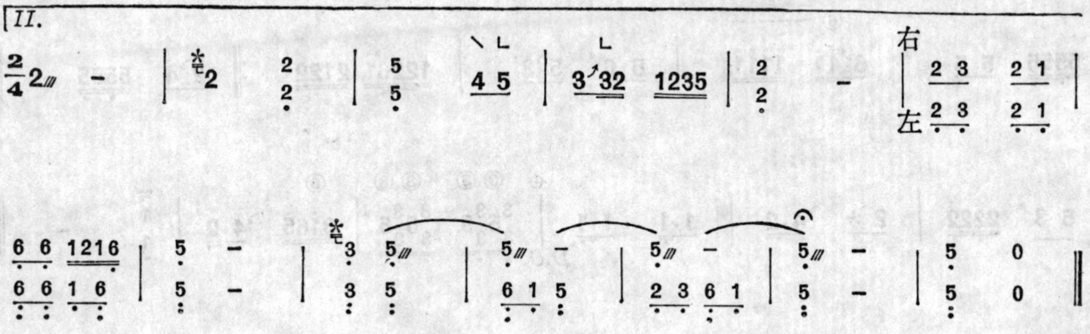

II.

2/4 2 – | 2 2 2 | 5 5 | 4 5 | 3 32 1235 | 2 2 – | 右 2 3 2 1 左 2 3 2 1 |

6 6 1216 | 5 – | 3 5 | 5 – | 5 – | 5 – | 5 0 ‖
6 6 1 6 | 5 – | 3 5 | 6 1 5 | 2 3 6 1 | 5 – | 5 0 ‖

天　下　同

1=D 2/4

山东琴书小板曲牌
高　自　成订谱

3535 3535 | 6165 4·2 | 1 3 22 6 | 5·5 5 5 | * 55 2321 |

61156 1111 | 1 2 2 5 4 3 | 12261 2222 | 5 4 5555 | 1 6 * 4·2 |

1 3 2·6 | 5·5 5 5 | * 55 2321 | 61156 1111 | * 55 2321 |

5·6 654 6 | 5·5 5 5 | 6 1 1 111 6 | 5555 3212 | 3·3 3 3 |

5 3 * 5 3 * | 4 3 2222 | 2 5 3 3·2 | 1·1 1 1 | 1 6 1 6 1 6 6 1 6 |

2222 2 2 | 5 3 * 4 3 | 2222 2 2 | 2 5 3 2 5 3 | 5555 5 5 |

反复时低八度

6666 5555 | 5 1 6 5 1 6 | 1111 1 1 ‖: 3532 1111 :‖ 2 5 3 2 5 3 |

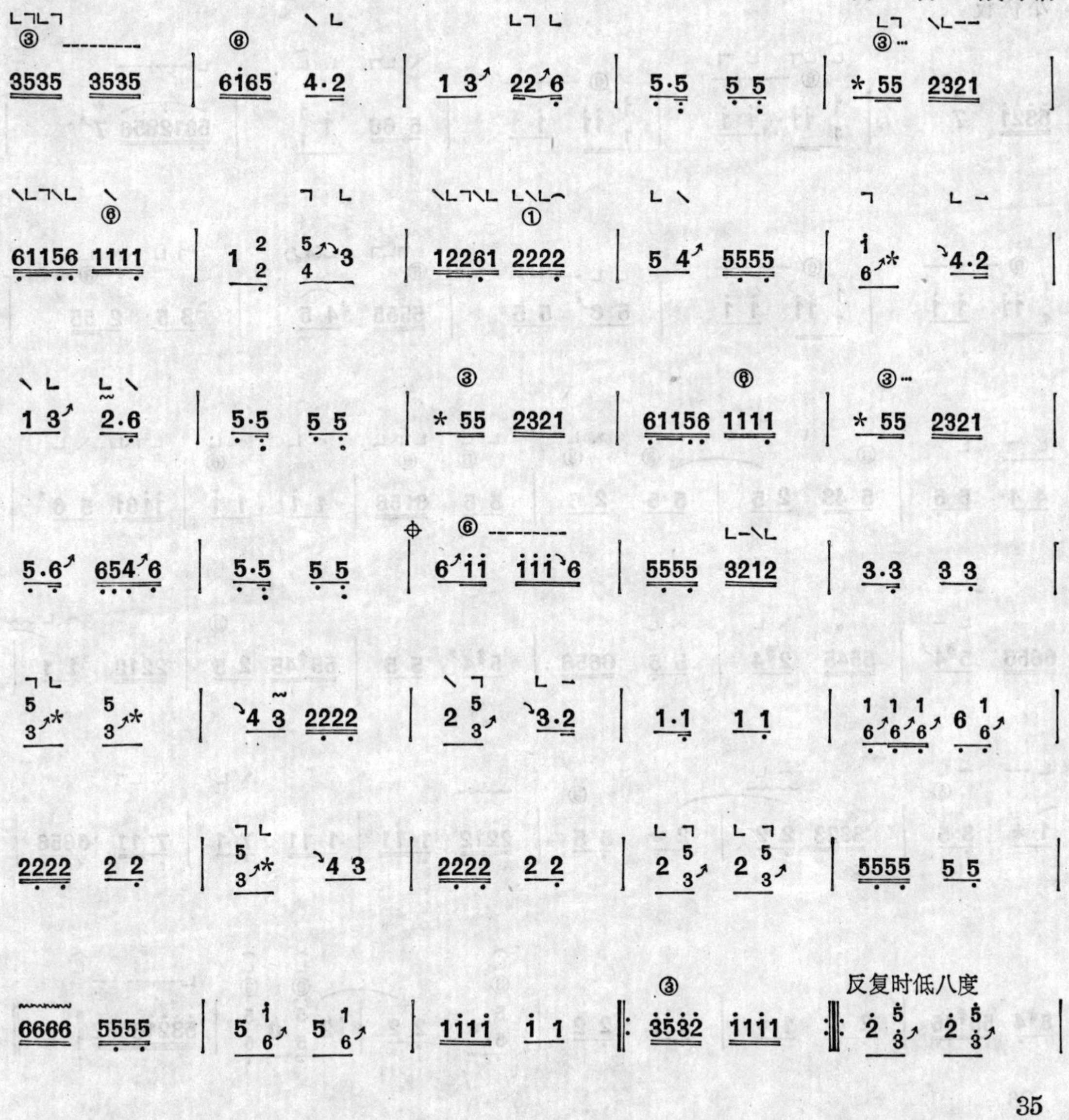

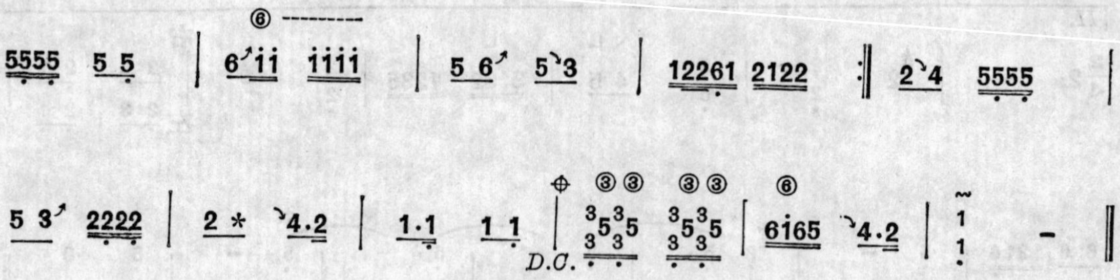

风摆翠竹

1=D $\frac{2}{4}$

小快板

山东筝曲
黎连俊传谱

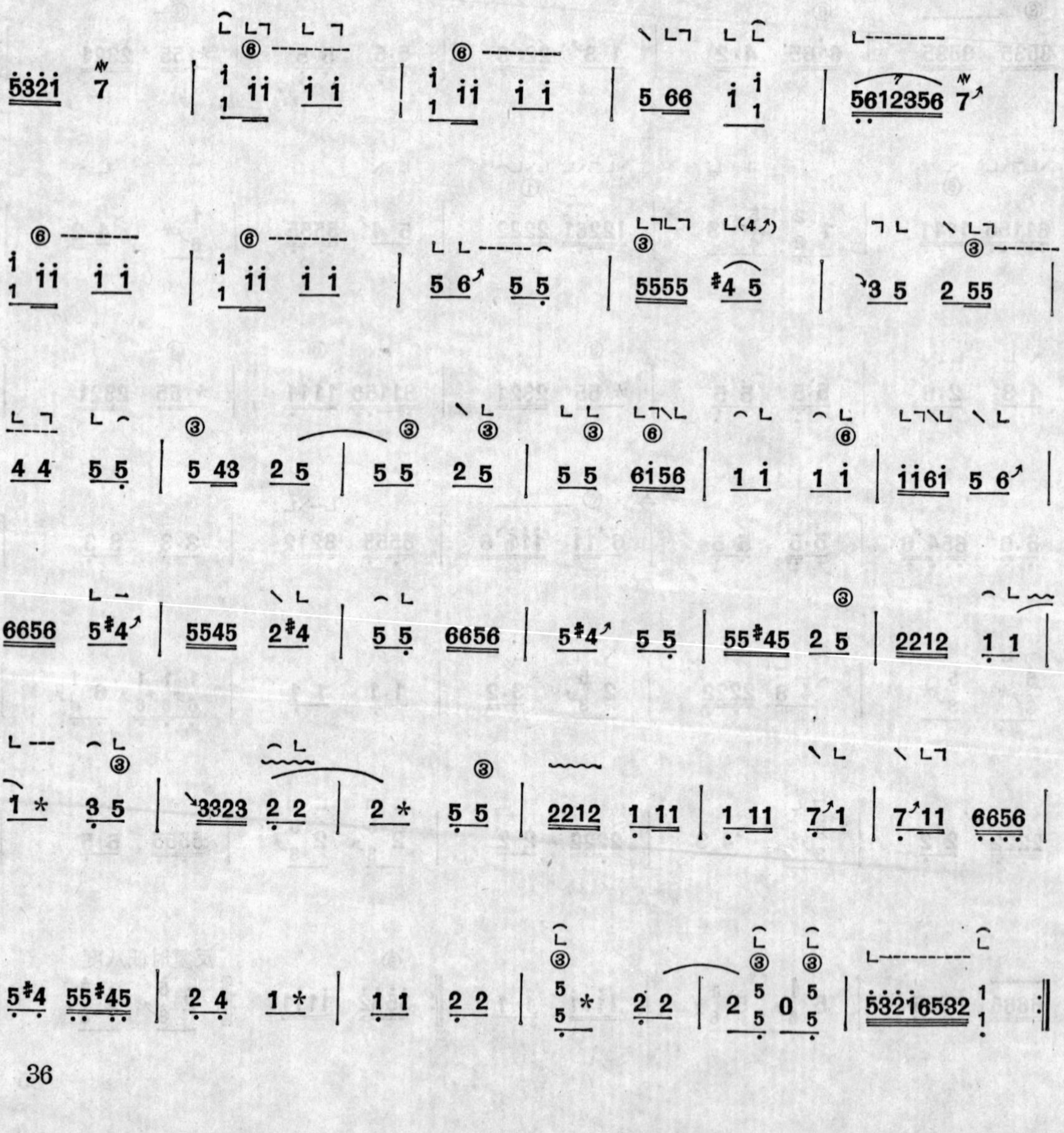

浏 阳 河

1=C或1=D $\frac{2}{4}$

唐璧光原曲
张 燕改编

rit.

渐快

热烈欢快

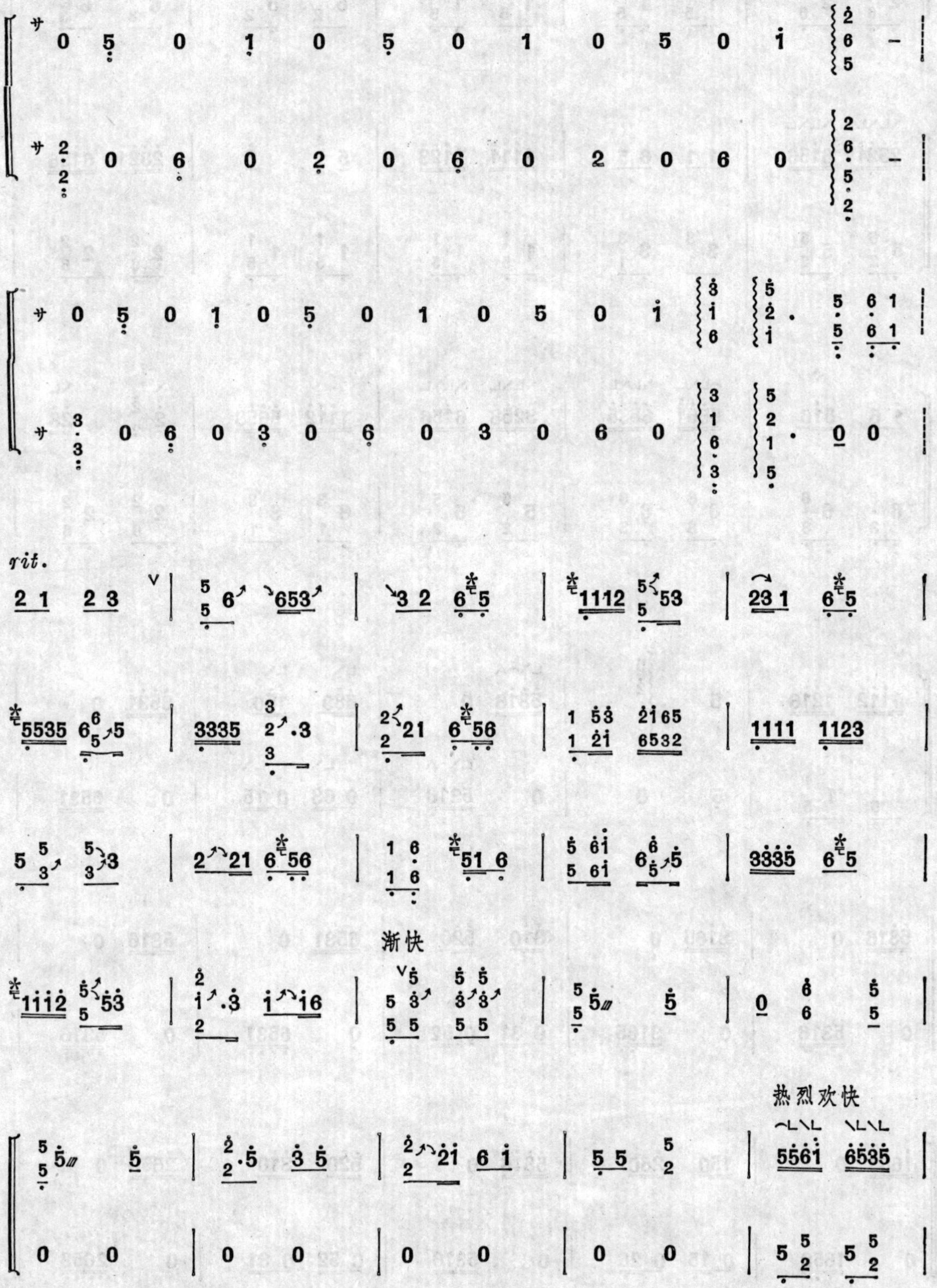

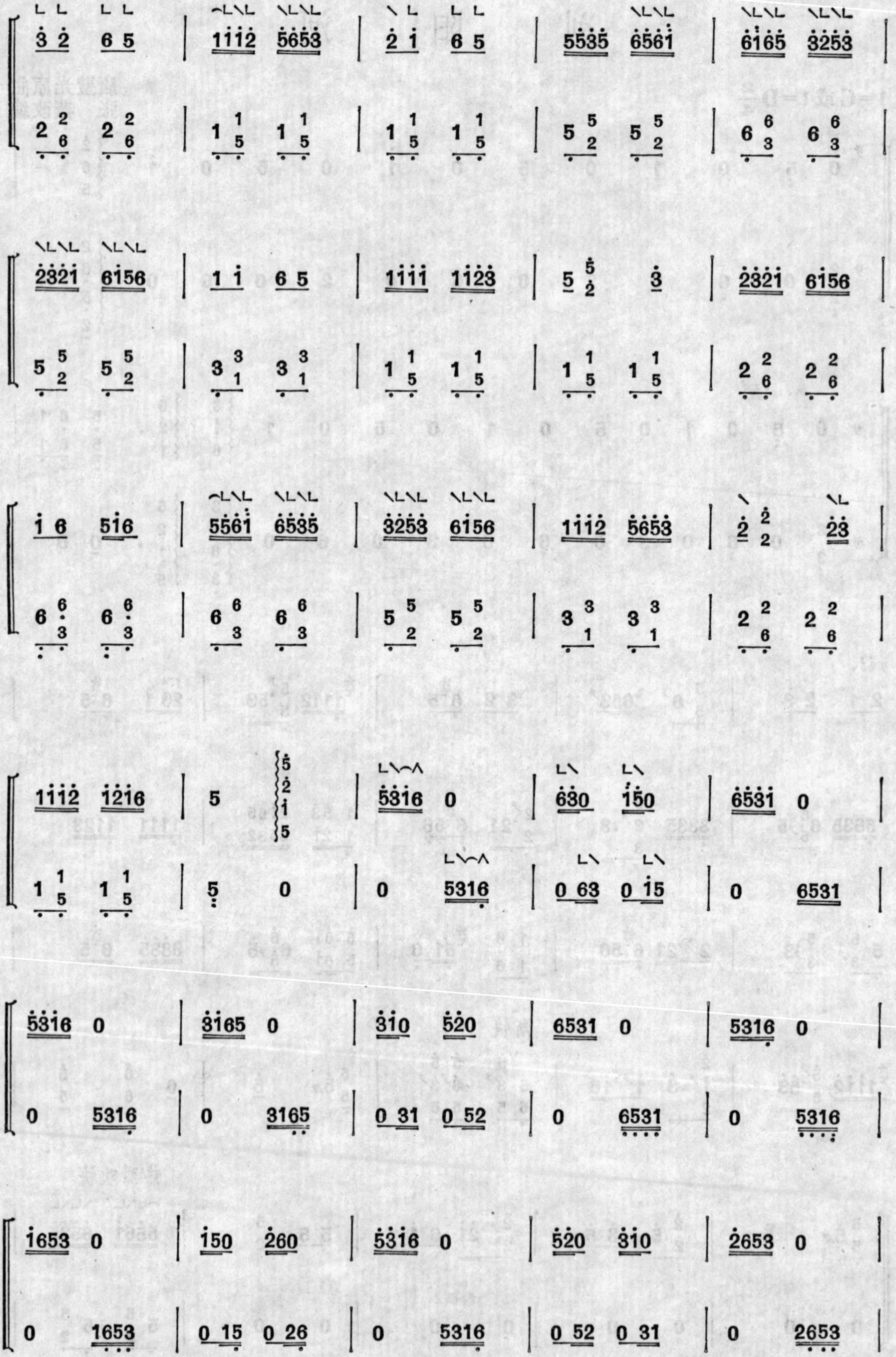

3 2 6 5 | 1112 5653 | 2 1 6 5 | 5535 6561 | 6165 3253 |
2 2/6 2 2/6 | 1 1/5 1 1/5 | 1 1/5 1 1/5 | 5 5/2 5 5/2 | 6 6/3 6 6/3 |

2321 6156 | 1 1 6 5 | 1111 1123 | 5 5/2 3 | 2321 6156 |
5 5/2 5 5/2 | 3 3/1 3 3/1 | 1 1/5 1 1/5 | 1 1/5 1 1/5 | 2 2/6 2 2/6 |

1 6 516 | 5561 6535 | 3253 6156 | 1112 5653 | 2 2/2 23 |
6 6/3 6 6/3 | 6 6/3 6 6/3 | 5 5/2 5 5/2 | 3 3/1 3 3/1 | 2 2/6 2 2/6 |

1112 1216 | 5 5/2/1/5 | 5316 0 | 630 150 | 6531 0 |
1 1/5 1 1/5 | 5 0 | 0 5316 | 0 63 0 15 | 0 6531 |

5316 0 | 3165 0 | 310 520 | 6531 0 | 5316 0 |
0 5316 | 0 3165 | 0 31 0 52 | 0 6531 | 0 5316 |

1653 0 | 150 260 | 5316 0 | 520 310 | 2653 0 |
0 1653 | 0 15 0 26 | 0 5316 | 0 52 0 31 | 0 2653 |

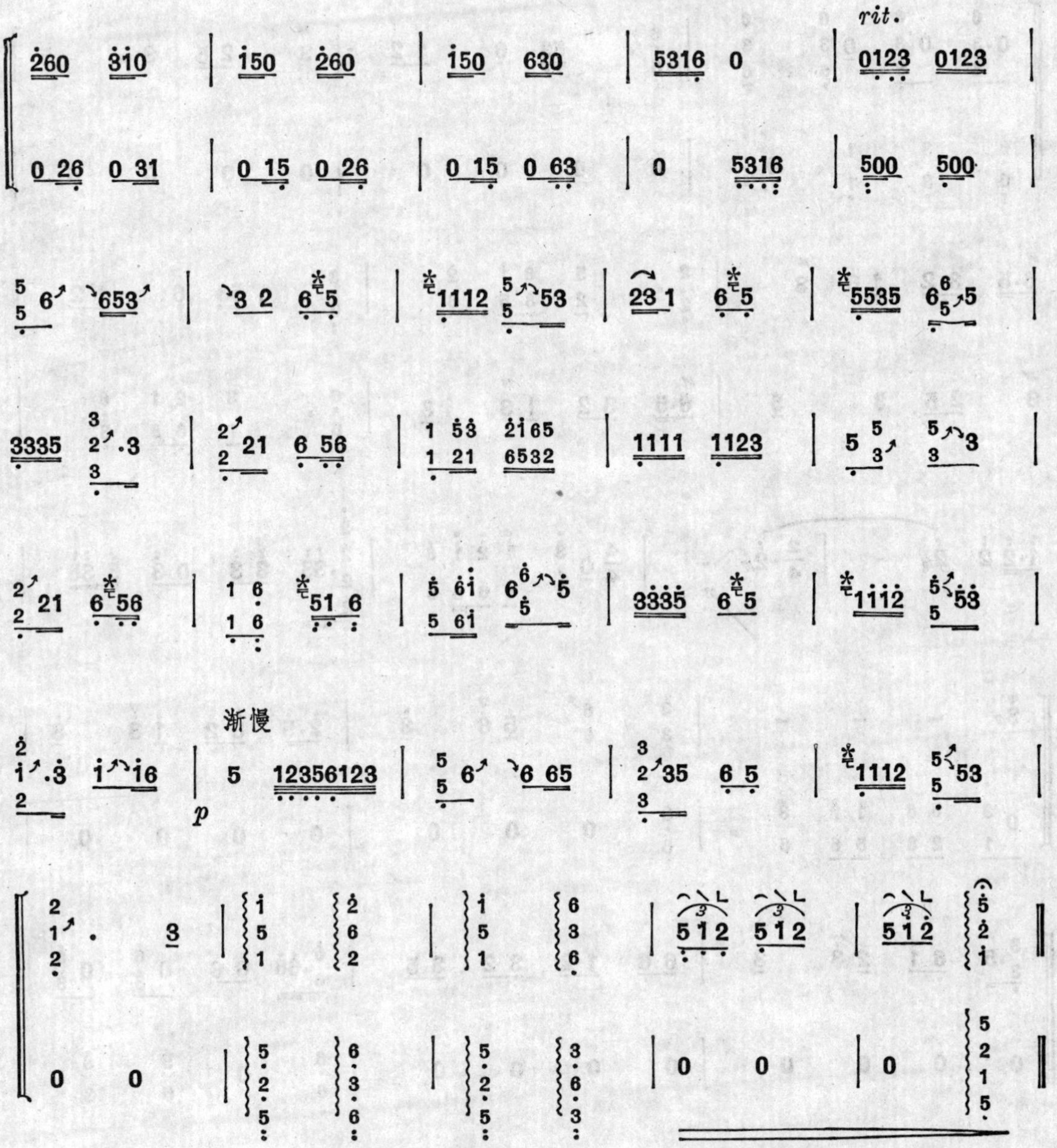

rit.

渐慢

p

延边之歌

1=G $\frac{4}{4}$

金　风　浩原曲
浦奇璋、王昌元改编

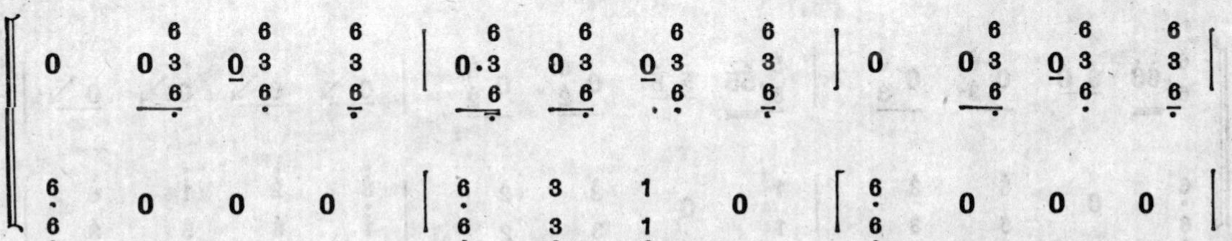

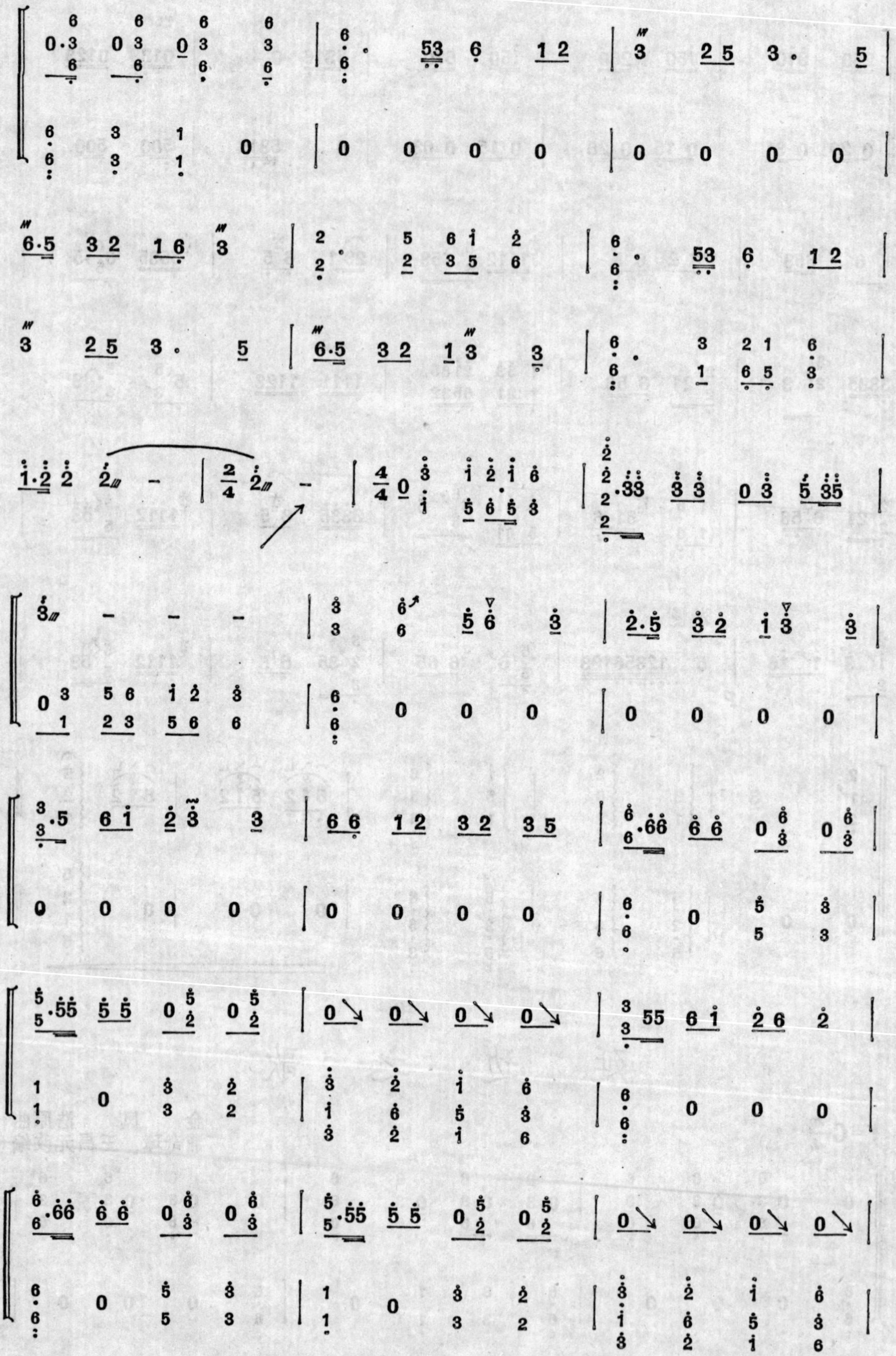

0·3 0 3 0 3 3 | 6· 53 6 1 2 | 3 2 5 3· 5 |

6 3 1 0 | 0 0 0 0 | 0 0 0 0 |

6·5 3 2 1 6 3 | 2· 5 6 1 2 | 6· 53 6 1 2 |

3 2 5 3· 5 | 6·5 3 2 1 3 3 | 6· 3 2 1 6 |

1·2 2 2 – | 2/4 2 – | 4/4 0 3 1 2 1 6 | 2·33 3 3 0 3 5 35 |

3 – – – | 3 6 5 6 3 | 2·5 3 2 1 3 3 |

0 3 5 6 1 2 3 | 6 0 0 0 | 0 0 0 0 |

3·5 6 1 2 3 3 | 6 6 1 2 3 2 3 5 | 6·66 6 6 0 6 0 6 |

0 0 0 0 | 0 0 0 0 | 6 0 5 3 |

5·55 5 5 0 5 0 5 | 0 0 0 0 | 3 55 6 1 2 6 2 |

1 0 3 2 | 3 2 1 6 | 6 0 0 0 |

6·66 6 6 0 6 0 6 | 5·55 5 5 0 5 0 5 | 0 0 0 0 |

6 0 5 3 | 1 0 3 2 | 3 2 1 6 |

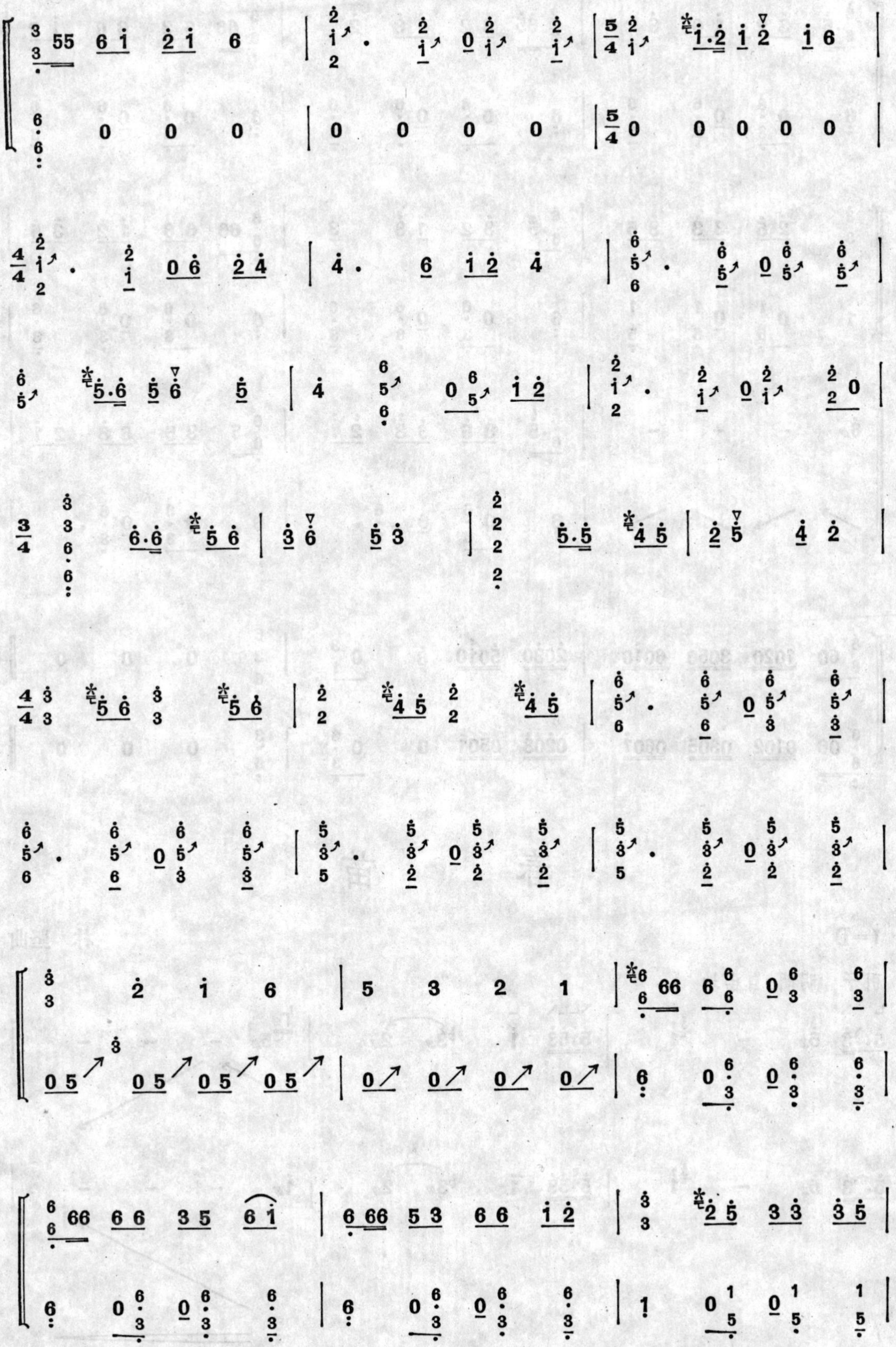

3 55 6 1 2 1 6 | 2 1 . 2 1 0 2 1 2 1 | 5/4 2 1 1.2 1 2 1 6 |

6 0 0 0 | 0 0 0 0 | 5/4 0 0 0 0 0 |

4/4 2 1 . 2 1 0 6 2 4 | 4 . 6 1 2 4 | 6 5 . 6 5 0 6 5 6 5 |

6 5 5.6 5 6 5 | 4 6 5 0 6 5 1 2 | 2 1 . 2 1 0 2 1 2 0 |

3/4 3 3 6 6 6.6 5 6 | 3 6 5 3 | 2 2 2 2 5.5 4 5 | 2 5 4 2 |

4/4 3 3 5 6 3 3 5 6 | 2 2 4 5 2 2 4 5 | 6 5 . 6 5 0 6 5 6 5 |

6 5 . 6 5 0 6 5 6 5 | 5 3 . 5 3 0 5 3 5 3 | 5 3 . 5 3 0 5 3 5 3 |

3 3 2 1 6 | 5 3 2 1 | 6 6 66 6 6 0 6 3 6 3 |

0 5 0 5 0 5 0 5 | 0 0 0 0 | 6 0 6 3 0 6 3 6 3 |

6 66 6 6 3 5 6 1 | 6 66 5 3 6 6 1 2 | 3 3 2 5 3 3 3 5 |

6 0 6 3 0 6 3 6 3 | 6 0 6 3 0 6 3 6 3 | 1 0 1 5 0 1 5 1 5 |

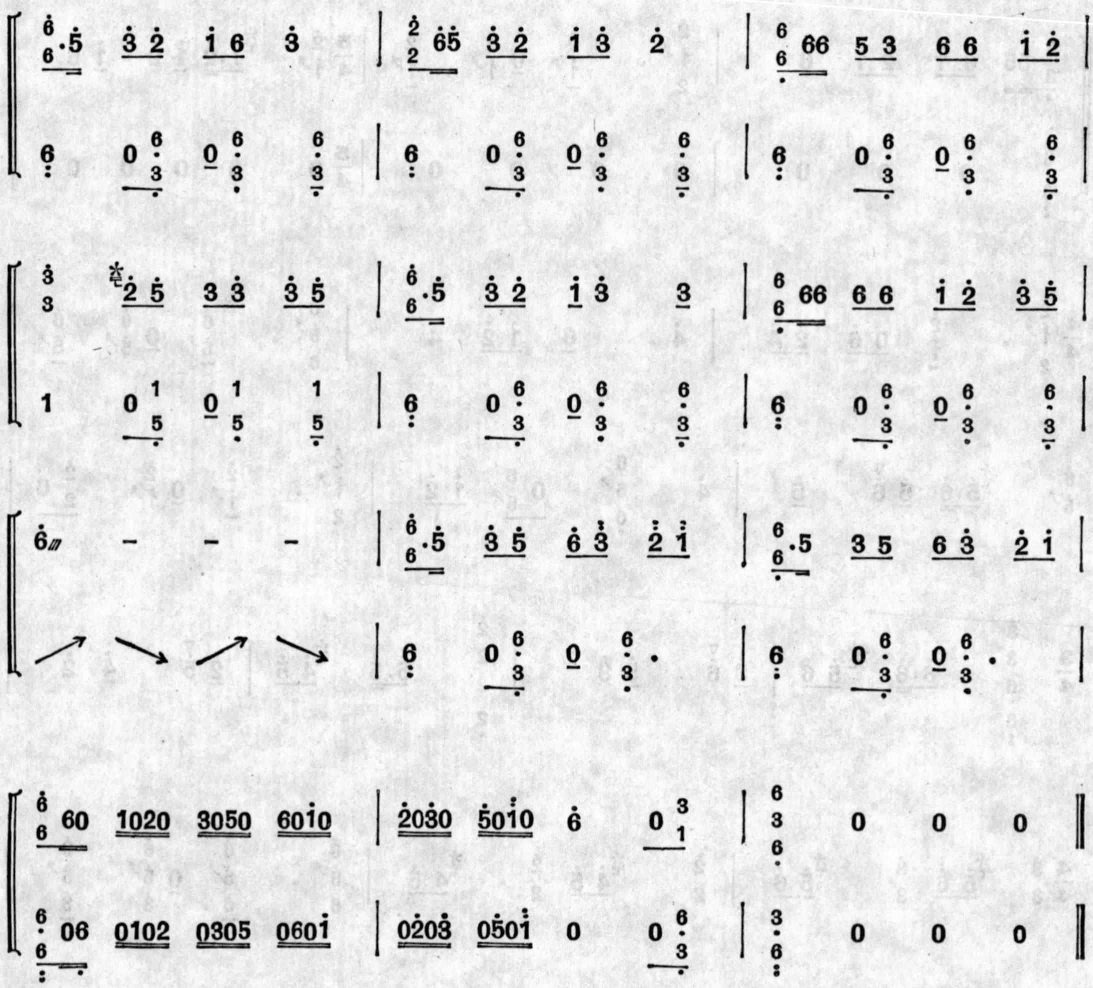

春　苗

1=D

林　坚曲

引子　明朗、自由地

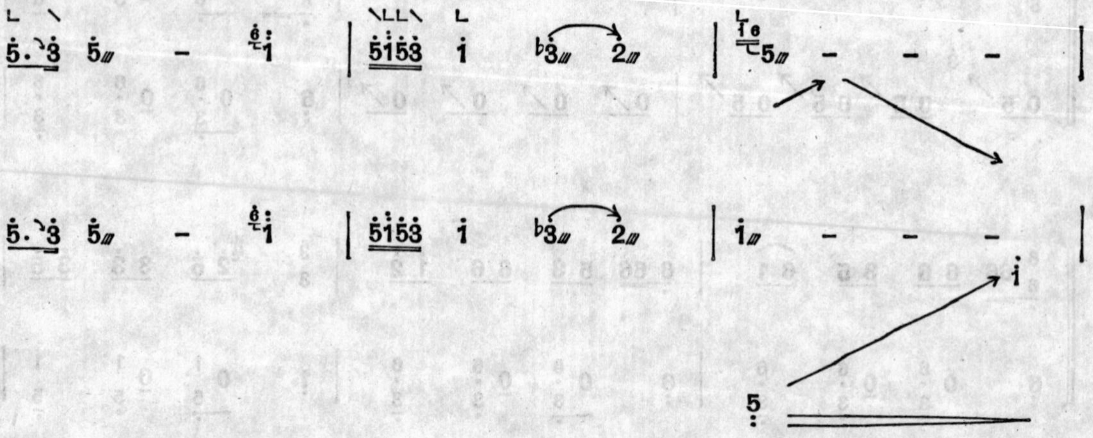

42

〔一〕 中板、抒情、优美地

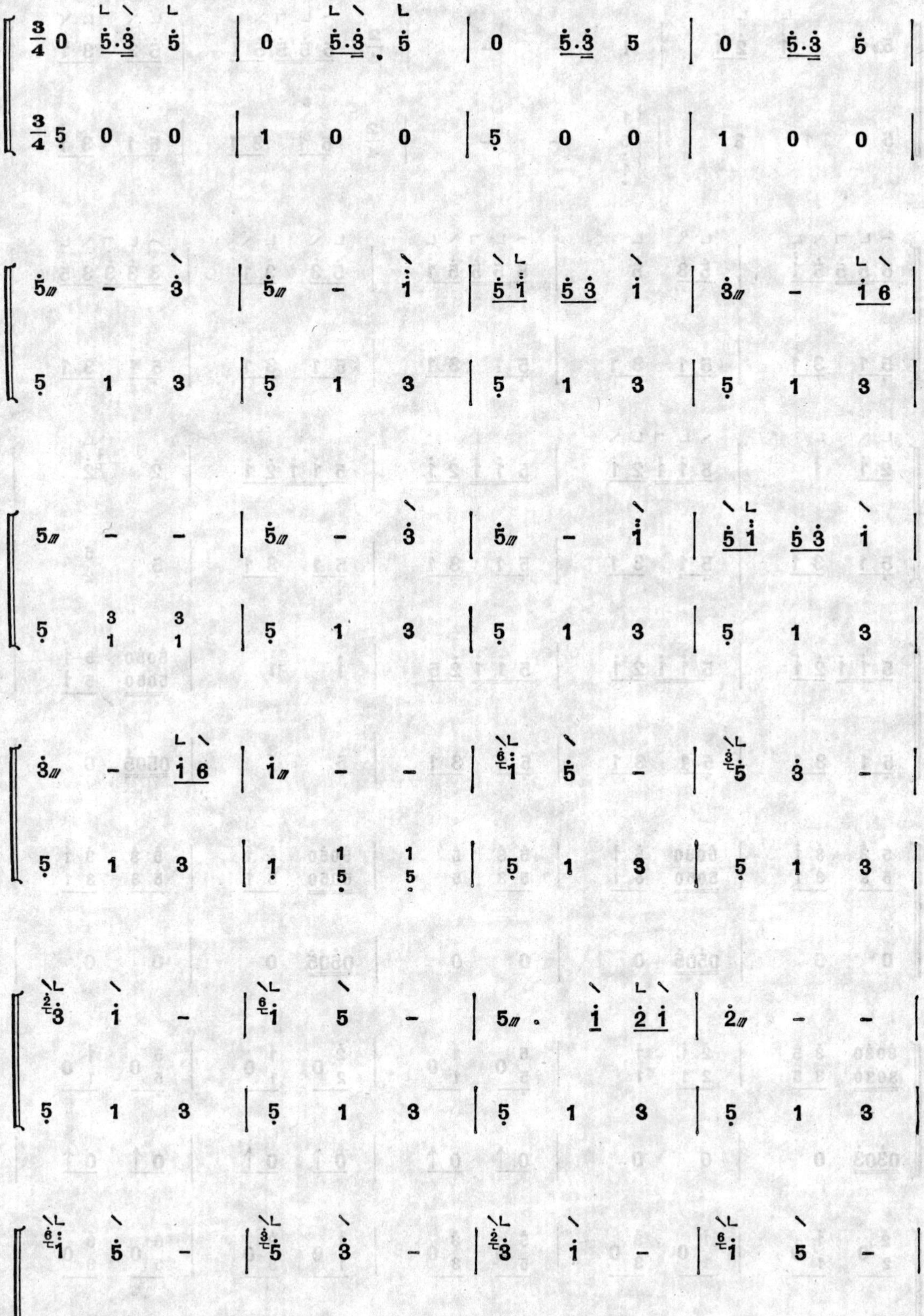

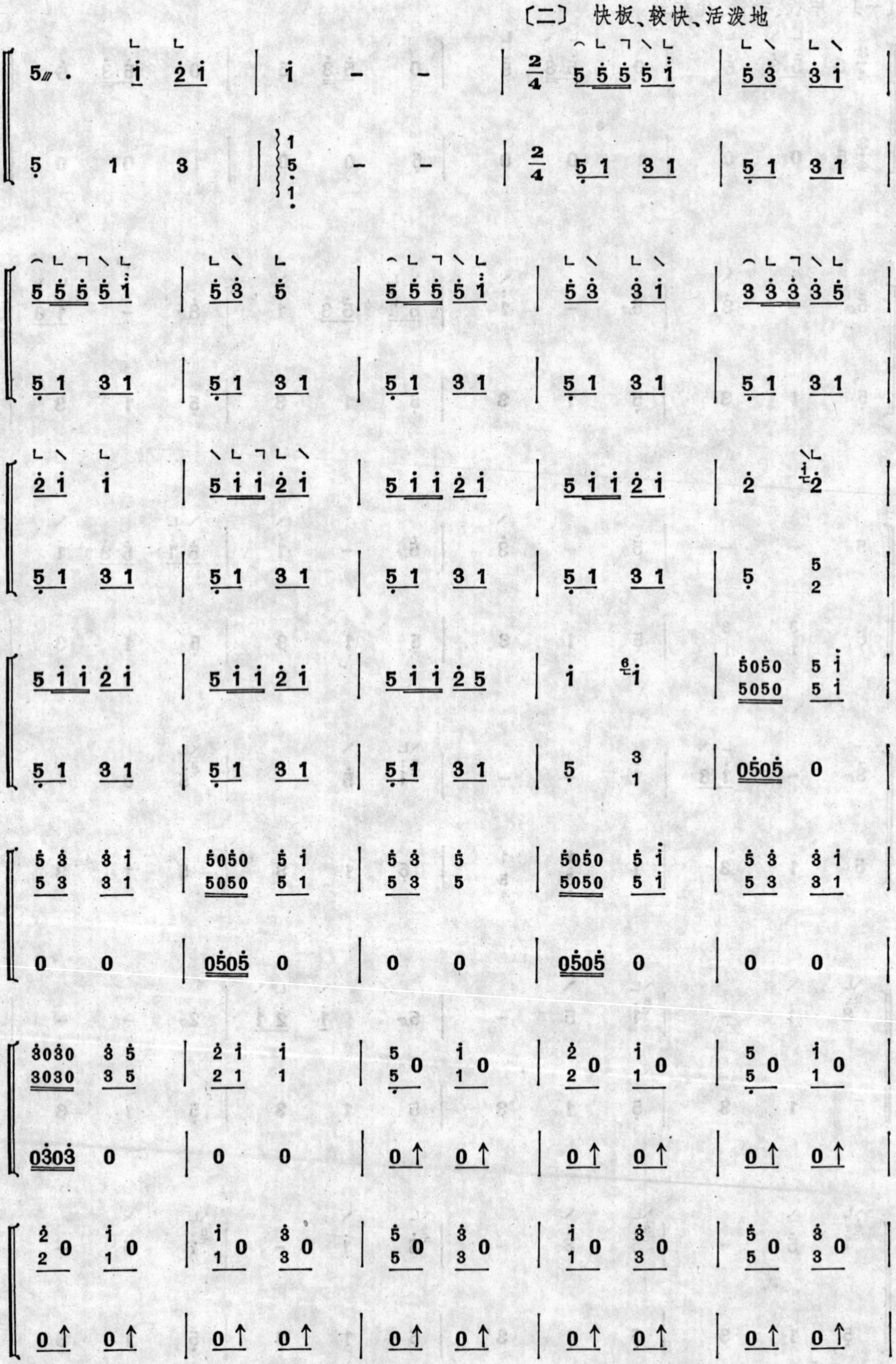

〔二〕 快板、较快、活泼地

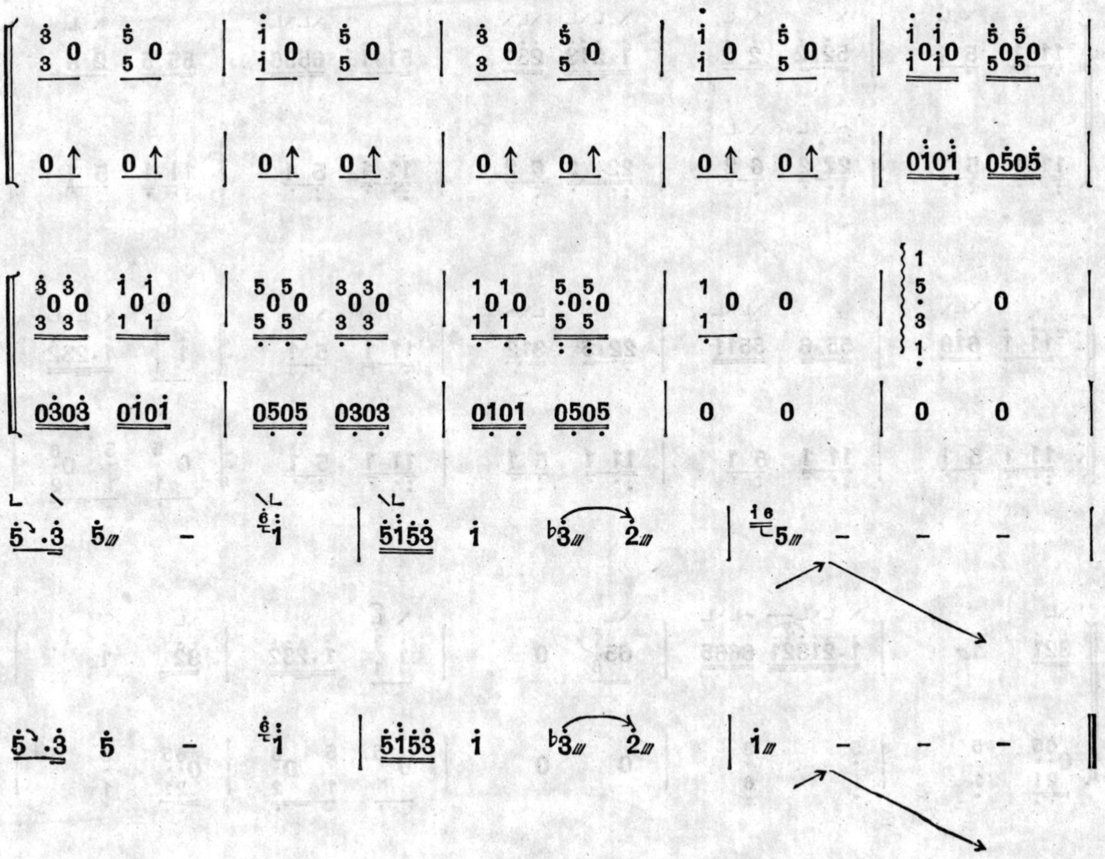

迎春舞曲

新疆民歌
王巽之改编

1=D $\frac{2}{4}$

♩=80

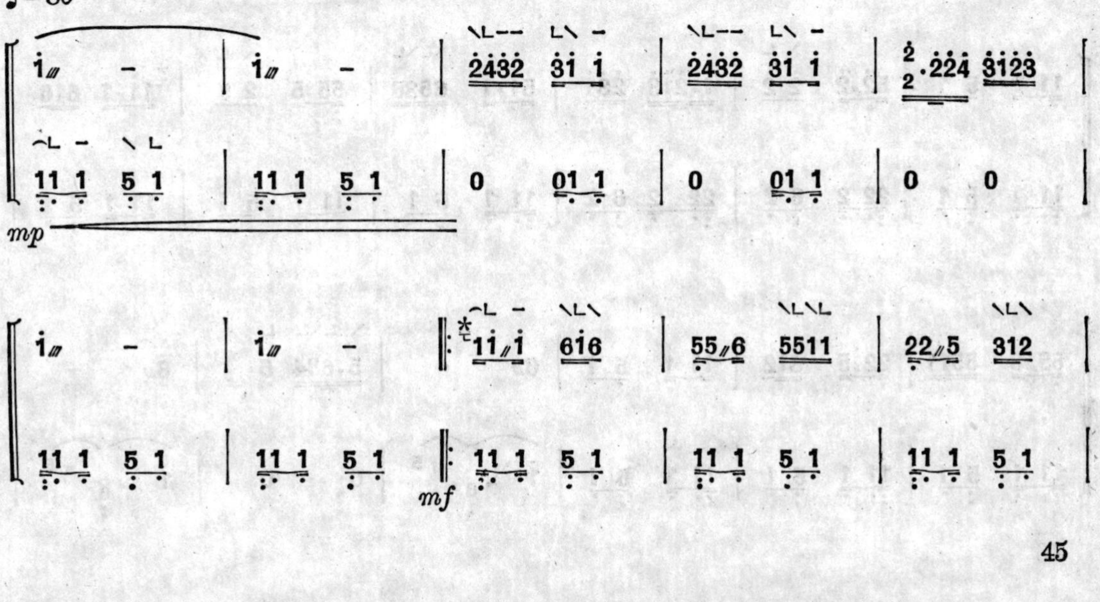

mp

mf

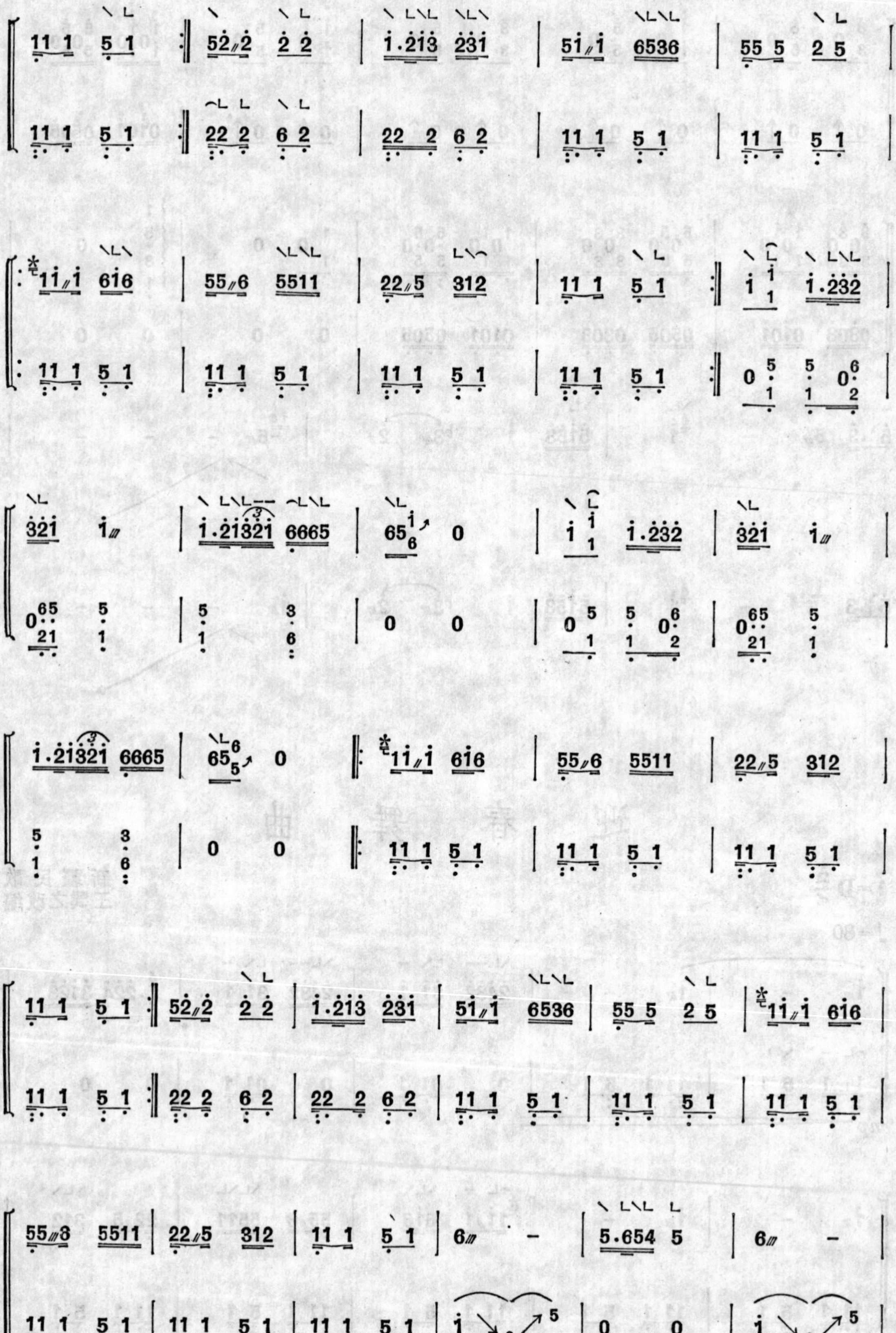

11 1 5 1 :‖ 52〃2 2 2 | 1·213 231 | 51〃1 6536 | 55 5 2 5 |

11 1 5 1 :‖ 22 2 6 2 | 22 2 6 2 | 11 1 5 1 | 11 1 5 1 |

‖: 11〃1 616 | 55〃6 5511 | 22〃5 312 | 11 1 5 1 :‖ 1/1 1·232 |

‖: 11 1 5 1 | 11 1 5 1 | 11 1 5 1 | 11 1 5 1 :‖ 0 5/1 5/1 0 6/2 |

321 1/// | 1·21321 6665 | 65 1/6 ↗ 0 | 1/1 1·232 | 321 1/// |

0 65/21 5/1 | 5/1 3/6 | 0 0 | 0 5/1 5/1 0 6/2 | 0 65/21 5/1 |

1·21321 6665 | 65 6/5 ↗ 0 ‖: 11〃1 616 | 55〃6 5511 | 22〃5 312 |

5/1 3/6 | 0 0 ‖: 11 1 5 1 | 11 1 5 1 | 11 1 5 1 |

11 1 5 1 :‖ 52〃2 2 2 | 1·213 231 | 51〃1 6536 | 55 5 2 5 | 11〃1 616 |

11 1 5 1 :‖ 22 2 6 2 | 22 2 6 2 | 11 1 5 1 | 11 1 5 1 | 11 1 5 1 |

55///3 5511 | 22〃5 312 | 11 1 5 1 | 6/// - | 5·654 5 | 6/// - |

11 1 5 1 | 11 1 5 1 | 11 1 5 1 | 1 ↘6 ↗5 | 0 0 | 1 ↘6 ↗5 |

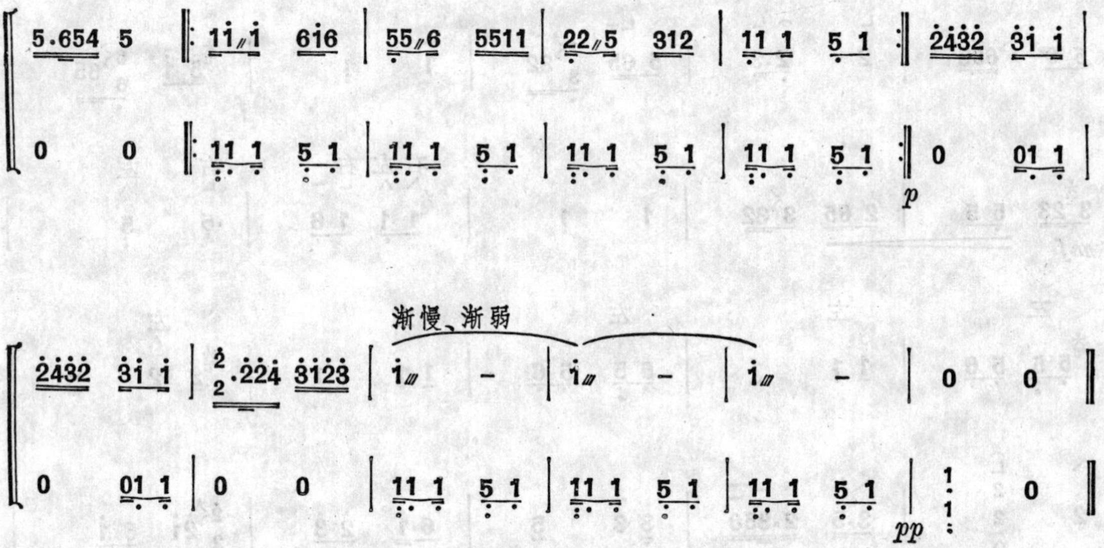

渐慢、渐弱

p

pp

高山流水

1=D $\frac{2}{4}$

浙江筝曲
王巽之传谱

慢板　典雅、舒展

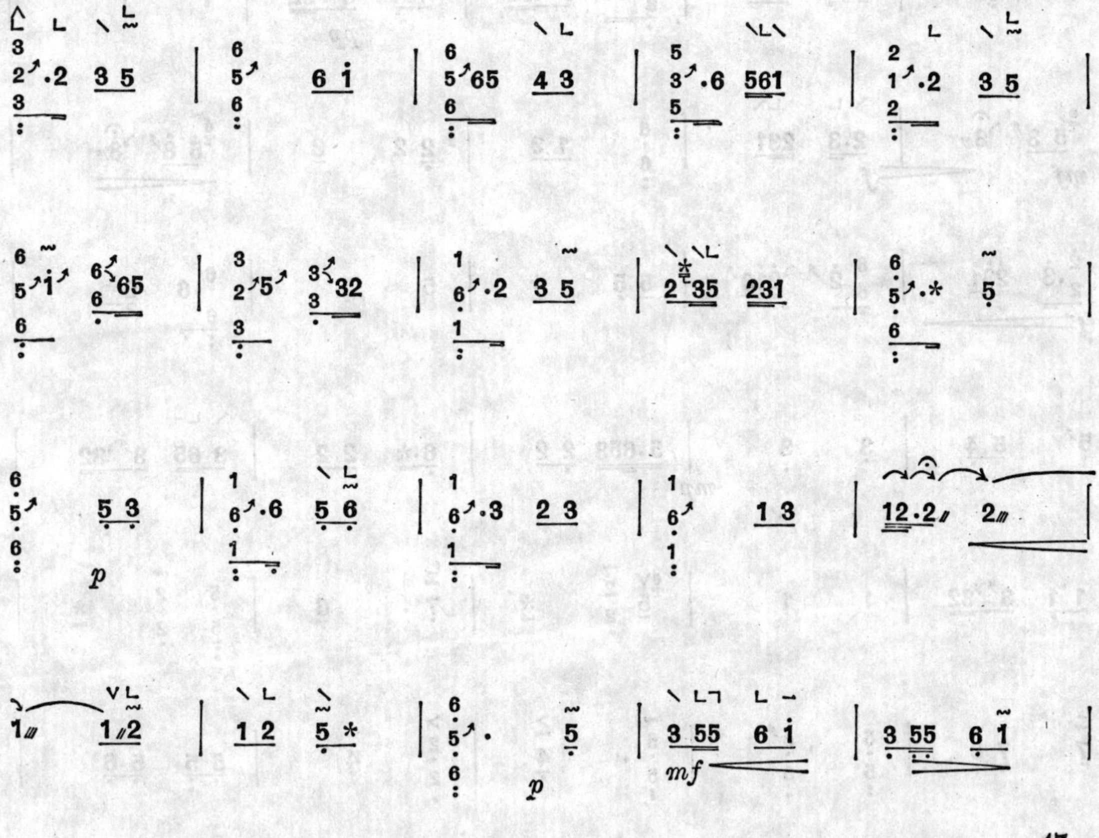

p

p

mf

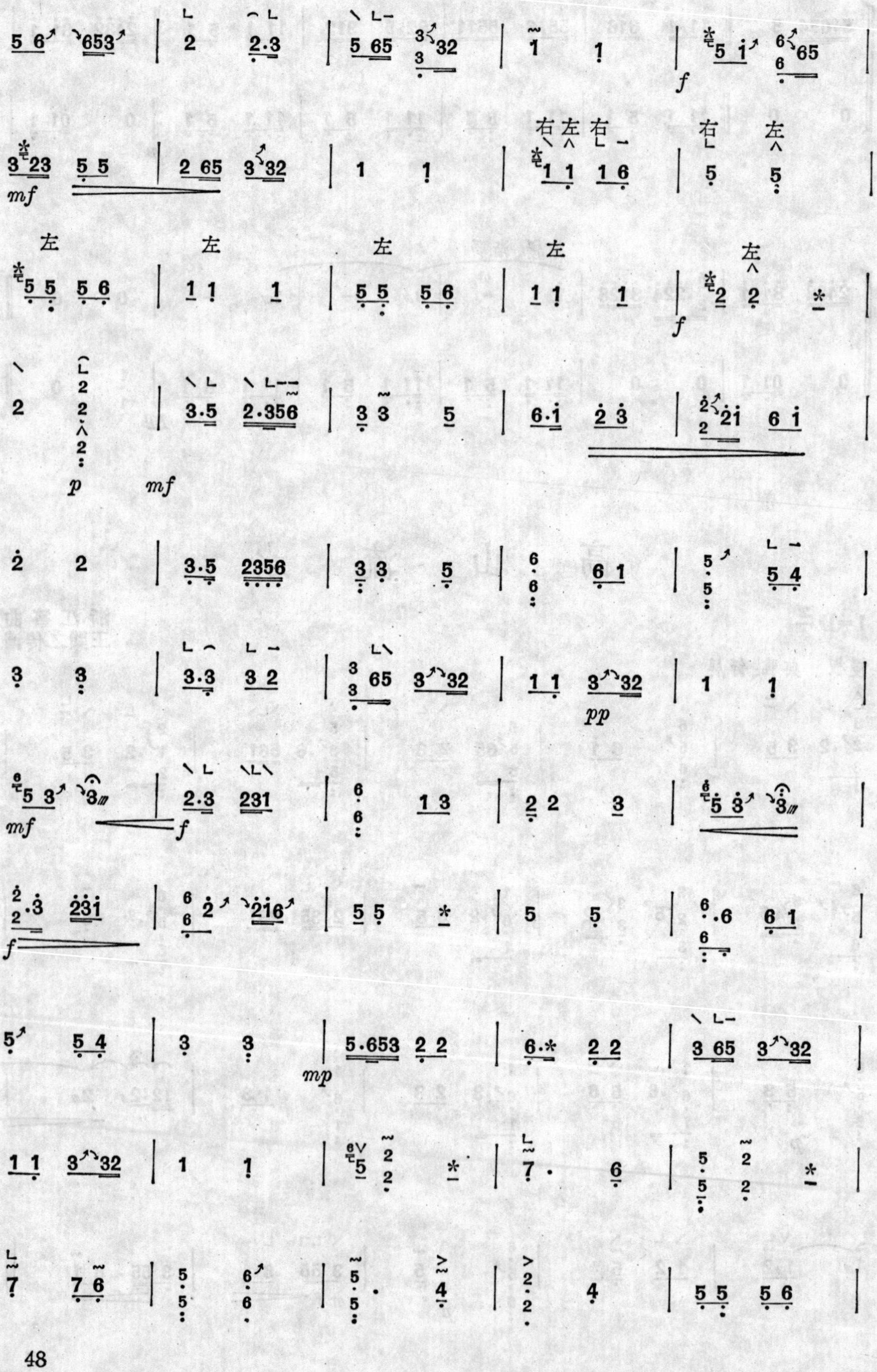

5 6 653 | 2 2.3 | 5 65 3 32 | 1 1 | 5 1 6 65 |

f

3 23 5 5 | 2 65 3 32 | 1 1 | 1 1 1 6 | 5 5 |

mf

右 左 右 右 左

左 左 左 左 左

5 5 5 6 | 1 1 1 | 5 5 5 6 | 1 1 1 | 2 2 * |

f

2 2 2 2 | 3.5 2.356 | 3 3 5 | 6.1 2 3 | 2 21 6 1 |

p *mf*

2 2 | 3.5 2356 | 3 3 5 | 6 6 6 1 | 5 5 5 4 |

3 3 | 3.3 3 2 | 3 65 3 32 | 1 1 3 32 | 1 1 |

pp

5 3 3 | 2.3 231 | 6 6 1 3 | 2 2 3 | 5 3 3 |

mf *f*

2 2.3 231 | 6 2 216 | 5 5 * | 5 5 | 6.6 6 1 |

f

5 5 4 | 3 3 | 5.653 2 2 | 6.* 2 2 | 3 65 3 32 |

mp

1 1 3 32 | 1 1 | 5 2 2 * | 7. 6 | 5 5 2 2 * |

7 7 6 | 5 5 6 6 | 5 5. 4 | 2 2 4 | 5 5 5 6 |

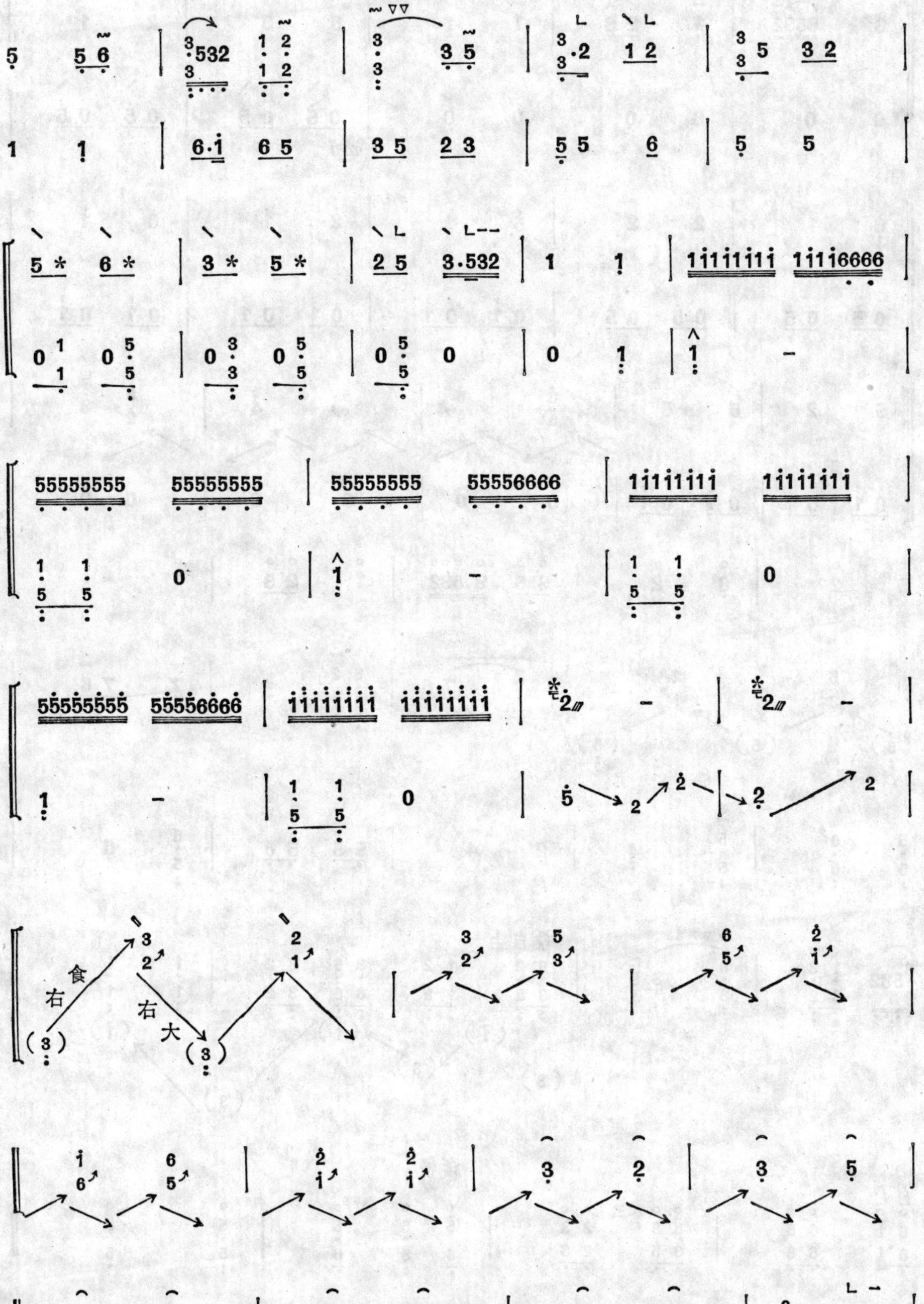

5 5 6 | 3·532 1 2 | 3 3 5 | 3·2 1 2 | 3 5 3 2 |

1 1 | 6·1 6 5 | 3 5 2 3 | 5 5 6 | 5 5 |

5 * 6 * | 3 * 5 * | 2 5 3·532 | 1 1 | 1111111 11116666 |

0 1 0 5 | 0 3 0 5 | 0 5 0 | 0 1 | 1 – |

55555555 55555555 | 55555555 55556666 | 11111111 1111111 |

1 1 0 | 1 – | 1 1 0 |

55555555 55556666 | 11111111 11111111 | 2 – | 2 – |

1 – | 1 1 0 | 5 2 2 | 2 2 |

右食 右大

(3) 3 2 (3) 2 1 | 3 2 5 3 | 6 5 2 1 |

1 6 6 5 | 2 1 2 1 | 3 2 | 3 5 |

6 6 | 5 4 | 3 3 | 3 2 3 2 |

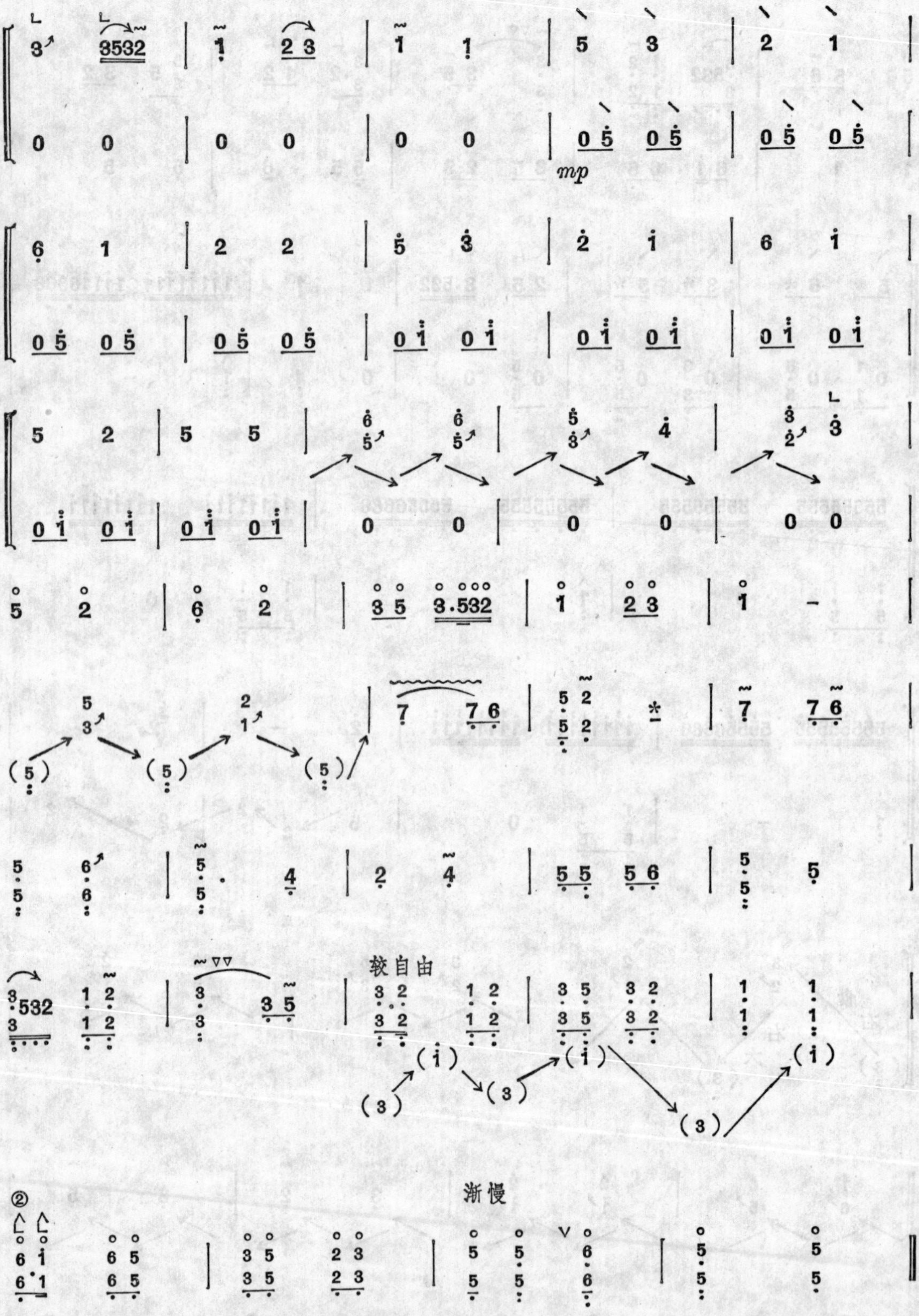

mp

较自由

渐慢

注: ① 左手按旋律音，右手用食指由低音往高音历弦，大指由高音往低音连托，即得此效果。

② 大指弹泛音，无名指用肉音弹低八度音。

莺啭黄鹂

山东筝曲
黎连俊传谱

1=D $\frac{2}{4}$

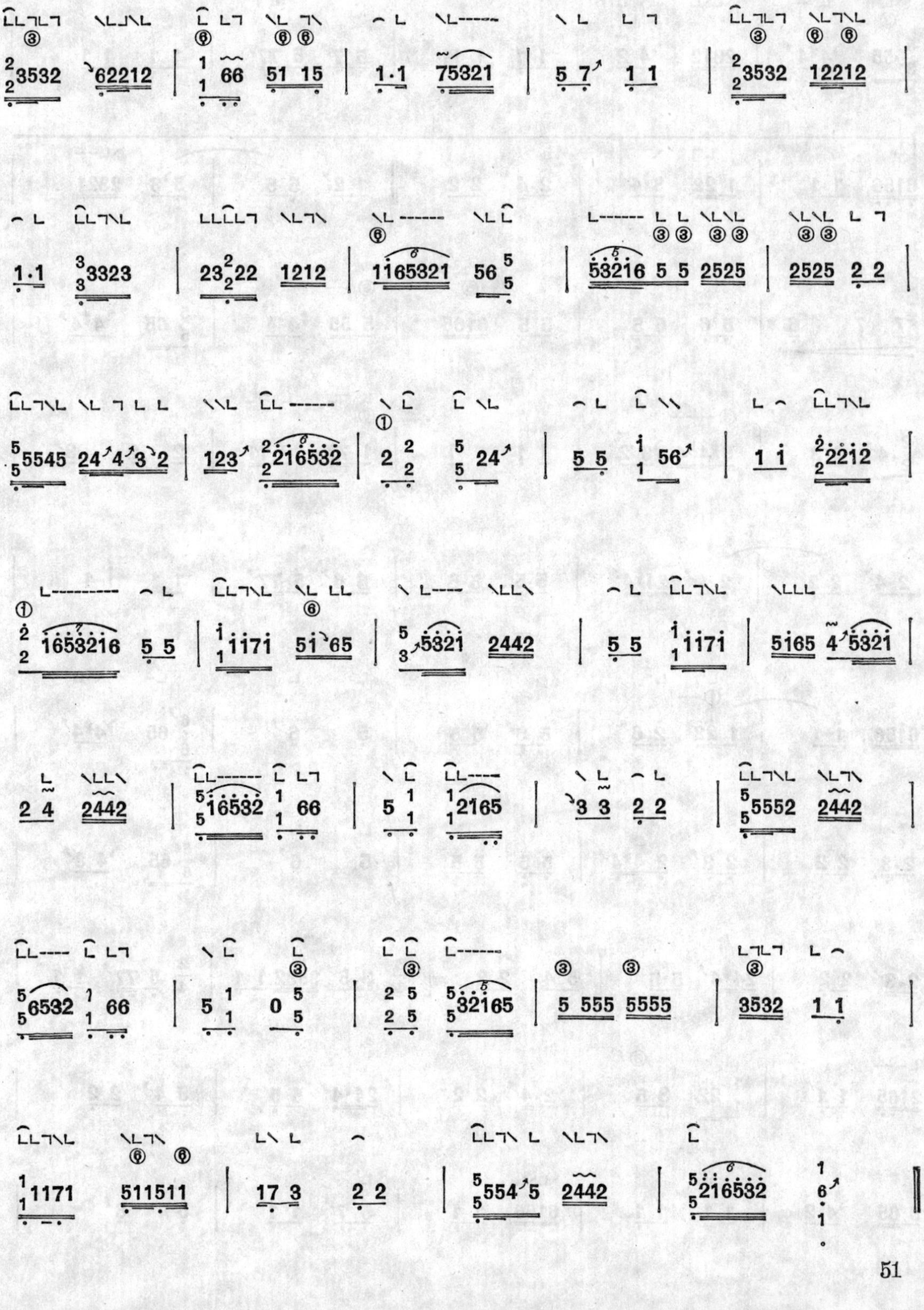

河　南　八　板

1=D或1=G $\frac{2}{4}$

河南筝曲
曹　正订谱

③
5 3 55 4♯4 | 2312 4 2 | 1 1 1 11 | 5 7 5 77 | 1 1 1 1 |

I.
6156 1 1 | 1 22 3♯4 | 2.4 2 2 :‖ 1 2 5 5 | 5 3 2321 |

⑥ ③
7 7 6 | 5 6 5 5 | 5 5 6165 | 5 55 ♯4 4 | 5 65 4♯4 |

③ ⑥
2.4 2 2 | 5♯4♮4 3 2 | 1 1 1 | *mp* 1 77 6 11 | 2 2 3 |

2 4 2 2 | 2 4 24♯4 | 5.5 5 5 | *f* 5 6 5 77 | 1 1 1 1 |

①
6156 1 1 | 1 22 2 6 | 5 6 5 5 | 5 6 | 6 65 4♯4 |

2.3 2 2 | 2 3 2 4♯4 | 5 5 5 5 | *f* 5 6 | 6 65 4 3 |

2.3 2 2 | 24♯4 5 5 | 5 4 2 2 | $\frac{3}{4}$ 3 5 3532 1 1 | $\frac{2}{4}$ 5 77 1 1 |

③
2165 1 1 | 1 22 3 5 | 2.4 2 2 | 24♯4 5 5 | 5 4 2 2 |

3 65 4 2 | 1.1 1 1 | 6156 1 1 | 5 7 1 1 | 5 6 |

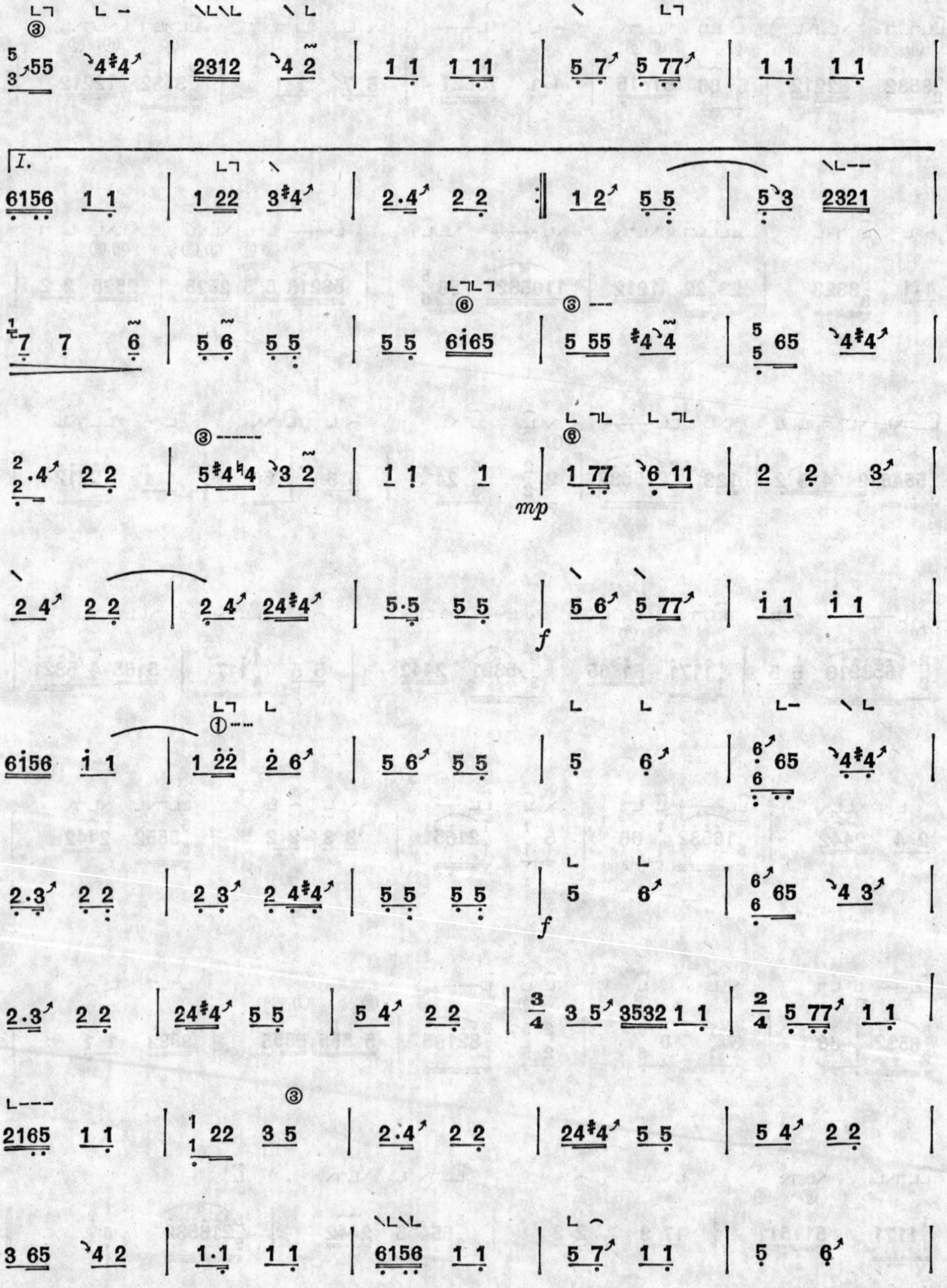

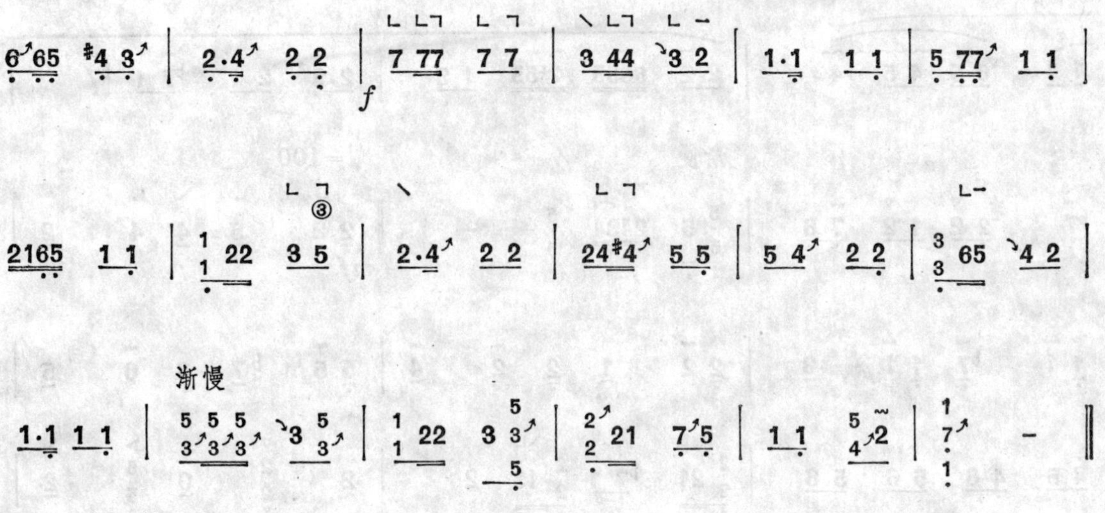

6 65 #4 3 | 2·4 2 2 | 7 77 7 7 | 3 44 3 2 | 1·1 1 1 | 5 77 1 1 |

f

2165 1 1 | 1 1 22 3 5 | 2·4 2 2 | 24#4 5 5 | 5 4 2 2 | 3 3 65 4 2 |

渐慢

1·1 1 1 | 5 5 5 3 3 3 3 5 3 | 1 1 22 3 5 3 5 | 2 2 21 7 5 | 1 1 5 4 2 | 1 7 1 - ‖

秋思曲

1=G $\frac{4}{4}$

潮州筝曲
郭鹰传谱

感慨地 慢板 ♩=52

2 2 6 5 4·5 3·532 | 1 1 22 5 b7 1 1 1 3 | 2 2 21 b7 1 2255 4 61 |

mp

5 5 5 b7 6 6 6156 | 4·5 4561 5 5·6 4 3 | 2 2 21 b7 1 2 2 13 2 0 |

mf

2 2 6655 4*55 26 52 | 4 4 4 4 5 | 6666 6661 5*66 56 25 |

mf *p*

4 4 2255 2546 | 5 5 4 3 3·5 3 2 | 1 1 | 1·2 1 3 |

mp

2 0 2 2 2·4 2 1 | b7 1 7 2·4 23 21 | b7·1 7 22 1 2 5 7 |

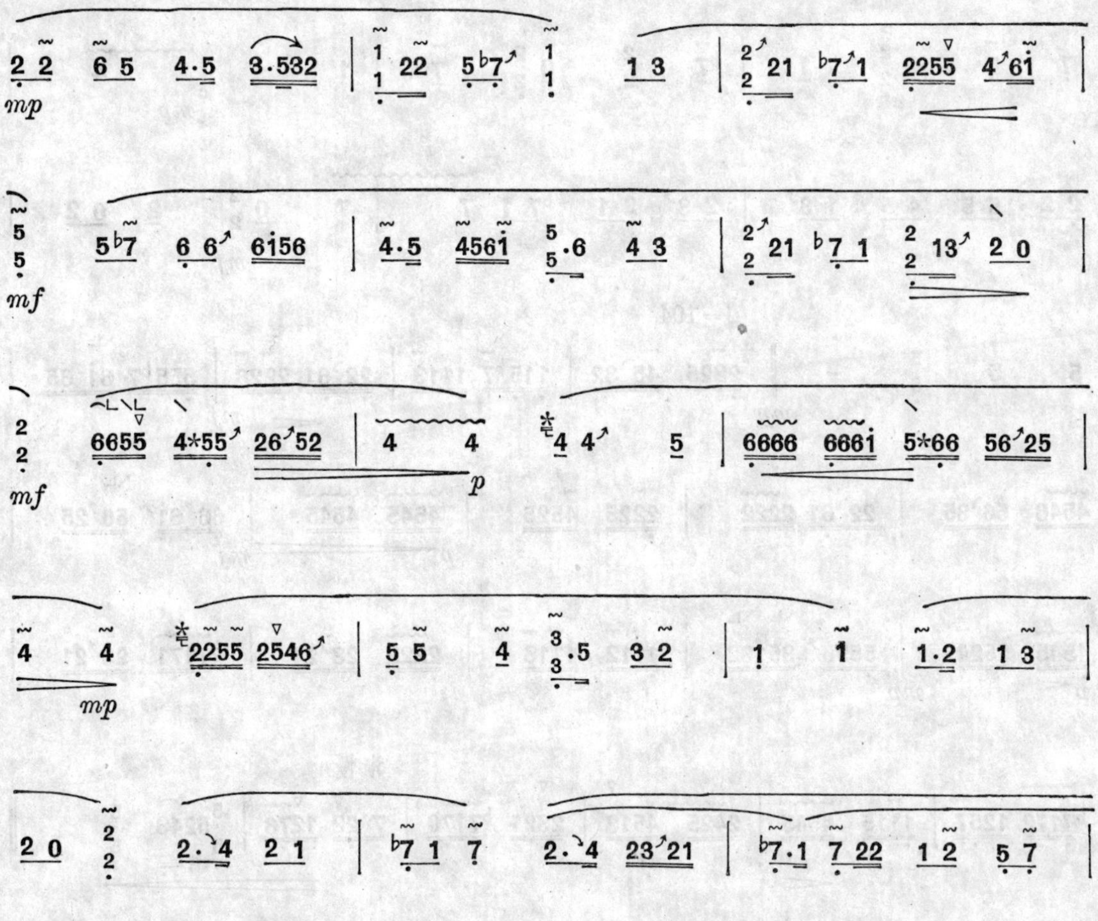

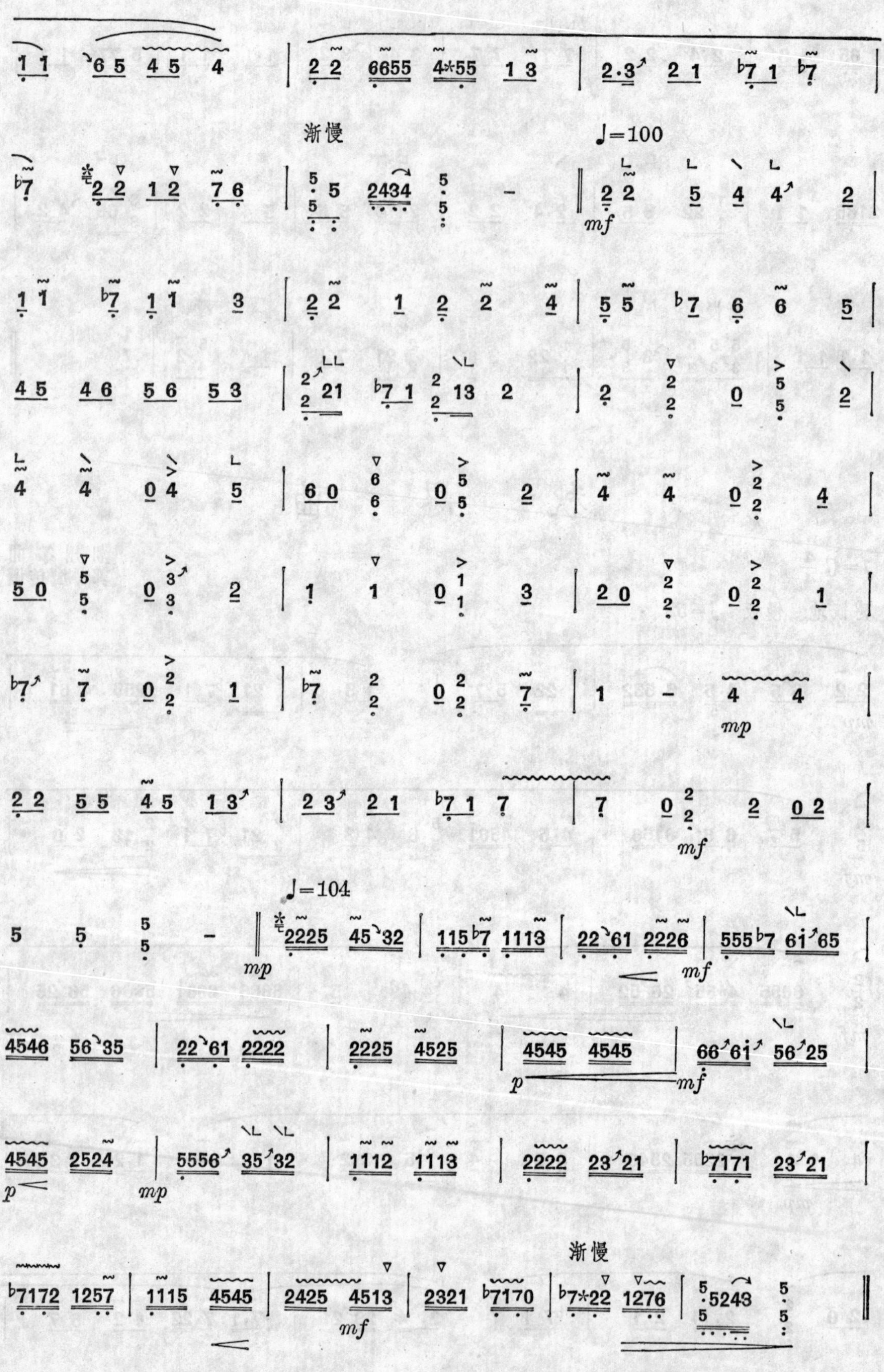

1 1 6 5 4 5 4 | 2 2 6655 4*55 1 3 | 2·3 2 1 ♭7 1 ♭7 |

渐慢 ♩=100

♭7 2 2 1 2 7 6 | 5 2434 5 – ‖ 2 2 5 4 4 2 |

mf

1 1 ♭7 1 1 3 | 2 2 1 2 2 4 | 5 5 ♭7 6 6 5 |

4 5 4 6 5 6 5 3 | 2 21 ♭7 1 13 2 | 2 2 0 5 2 |

4 4 0 4 5 | 6 0 6 0 5 2 | 4 4 0 2 4 |

5 0 5 0 3 2 | 1 1 0 1 3 | 2 0 2 0 2 1 |

♭7 7 0 2 1 | ♭7 2 0 2 7 | 1 – 4 4 |

mp

2 2 5 5 4 5 1 3 | 2 3 2 1 ♭7 1 7 | 7 0 2 2 0 2 |

mf

♩=104

5 5 5 – ‖ 2225 45 32 | 115♭7 1113 | 22 61 2226 | 555♭7 61 65 |

mp *mf*

4546 56 35 | 22 61 2222 | 2225 4525 | 4545 4545 | 66 61 56 25 |

p *mf*

4545 2524 | 5556 35 32 | 1112 1113 | 2222 23 21 | ♭7171 23 21 |

p *mp*

渐慢

♭7172 1257 | 1115 4545 | 2425 4513 | 2321 ♭7170 | ♭7*22 1276 | 5243 5 ‖

mf

山丹丹开花红艳艳

陕北民歌
焦金海改编

1=D

宽广、热情地

mp mf f

慢起渐快

慢起渐快

渐慢

慢速

mf

中速 优美、喜悦地

渐慢

mp

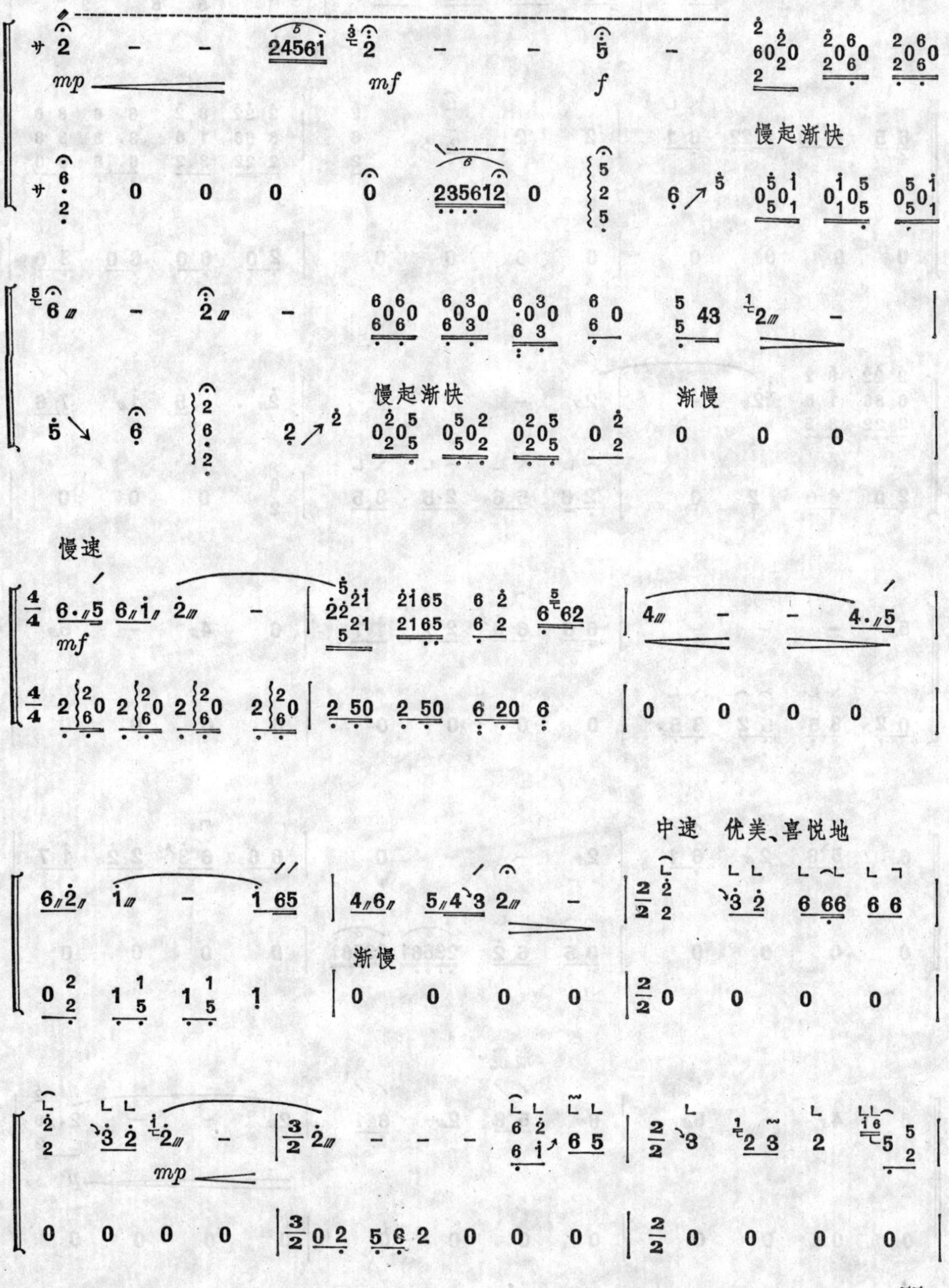

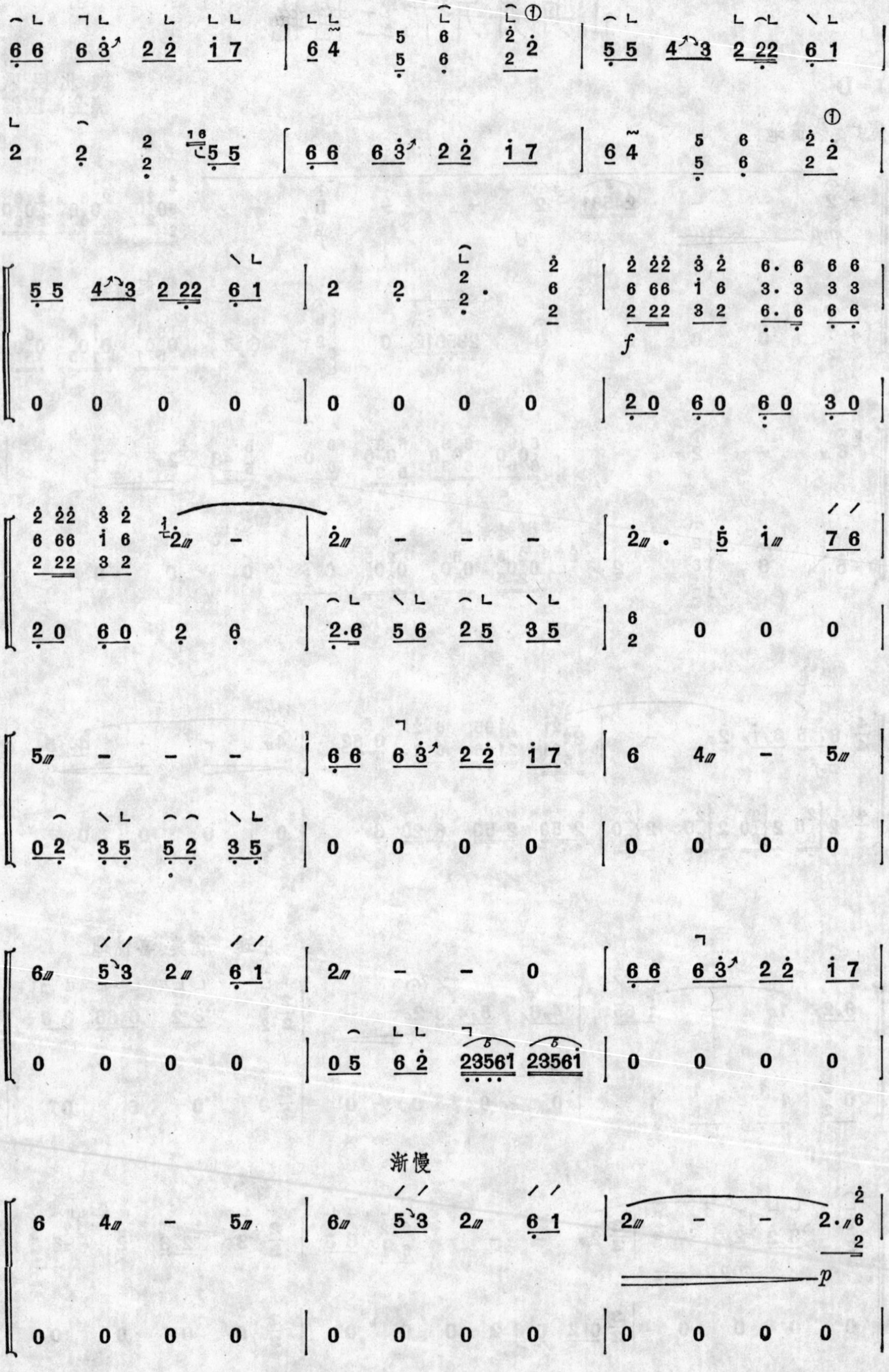

f

渐慢

p

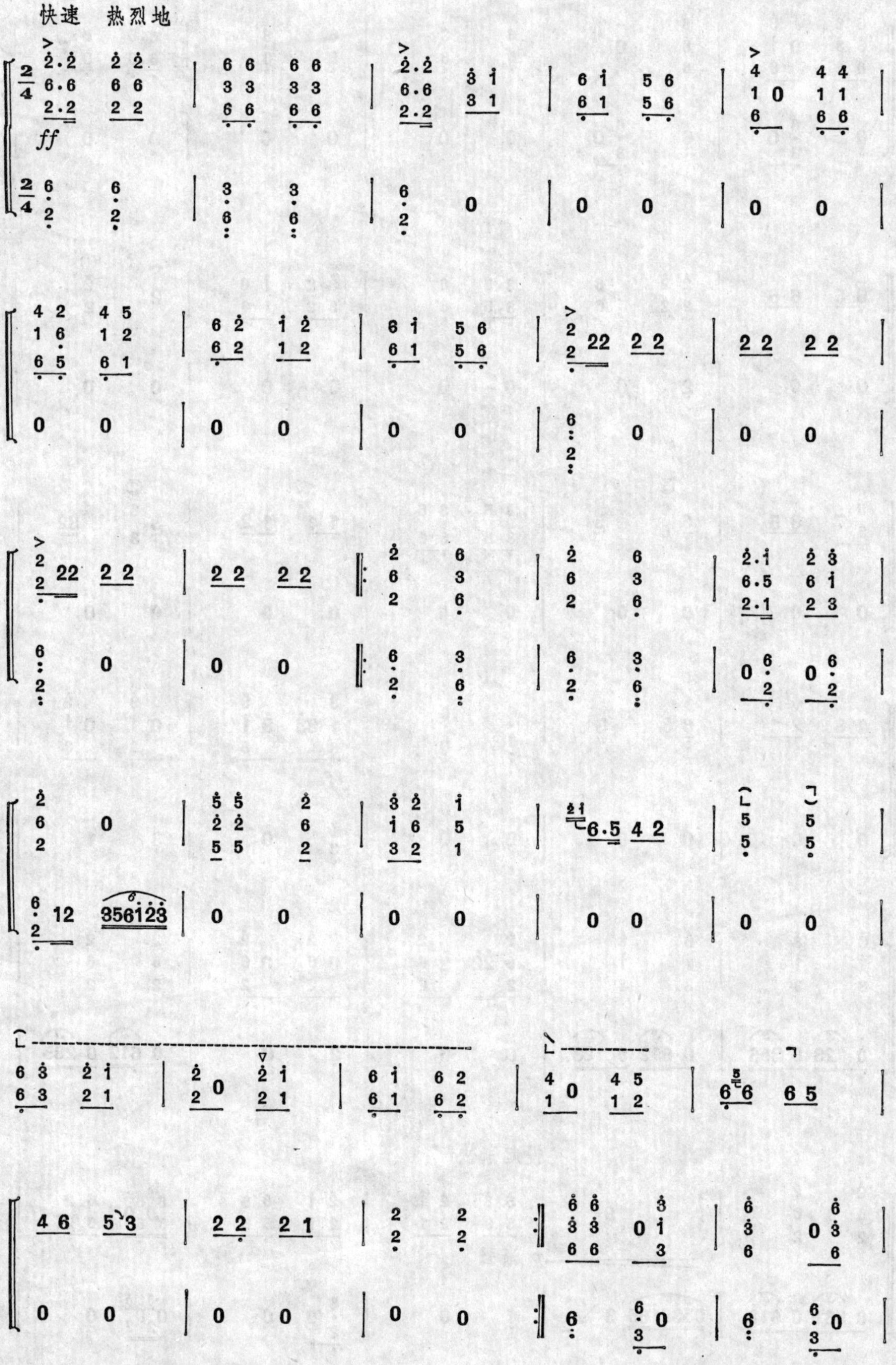

快速　热烈地

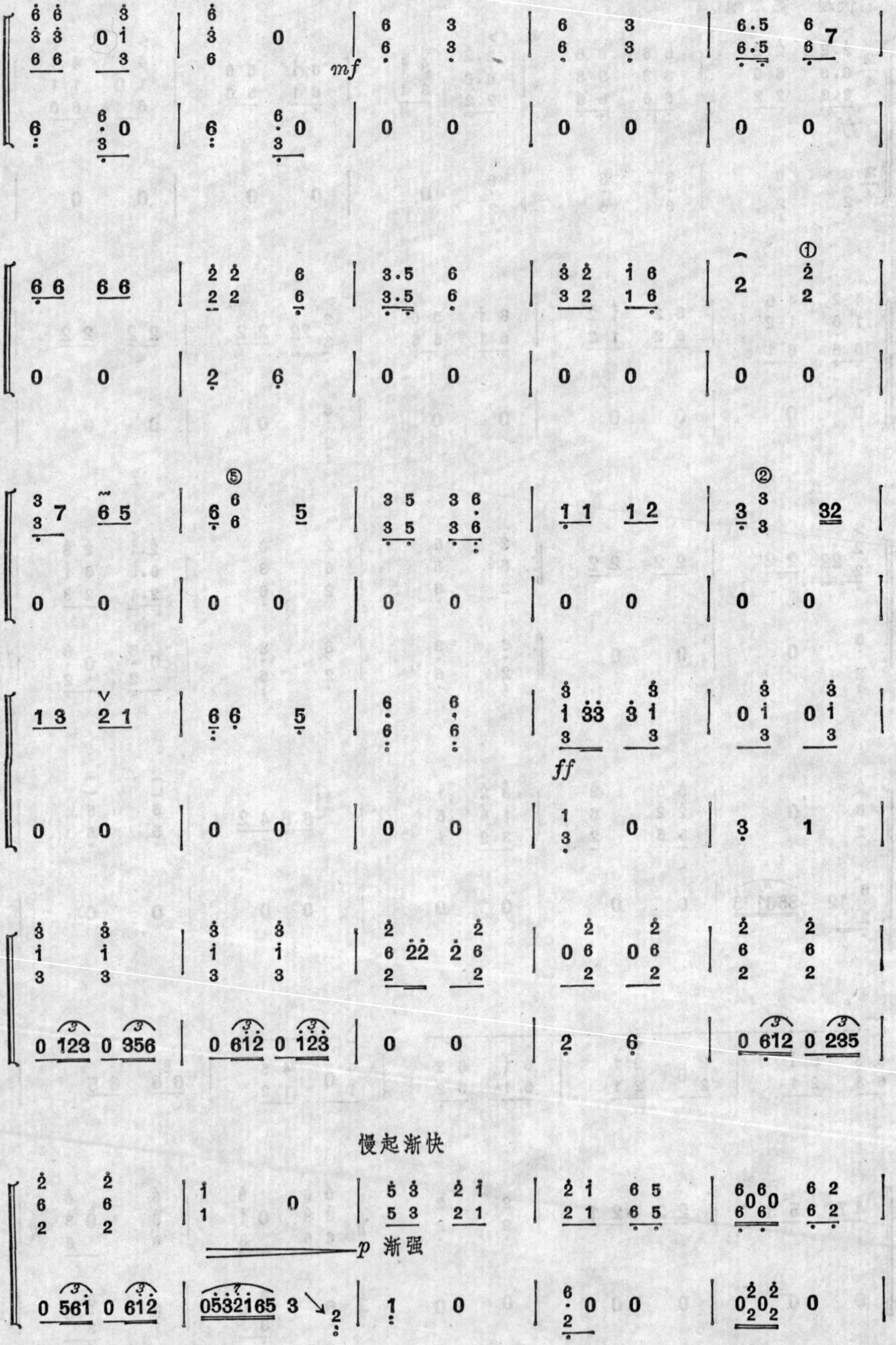

mf

ff

慢起渐快

p 渐强

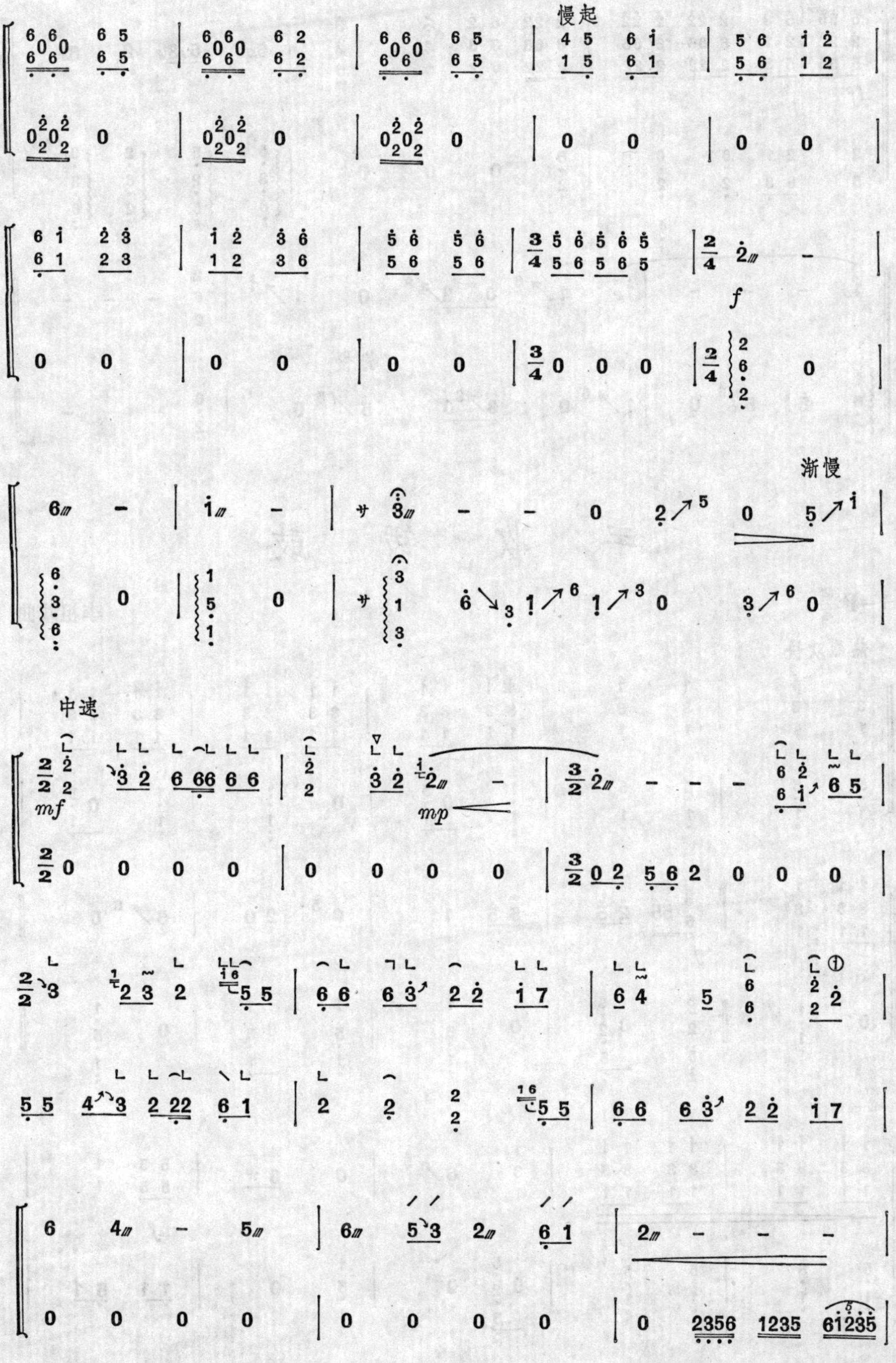

慢起

f

渐慢

中速

mf

mp

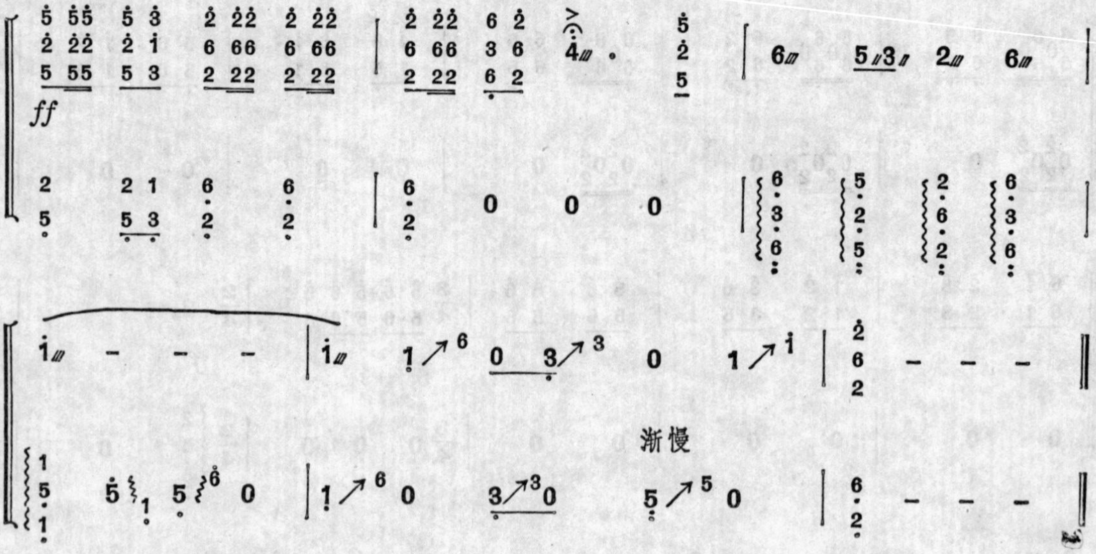

ff

渐慢

丰收锣鼓

1=F $\frac{2}{4}$

李祖基曲

热烈欢快

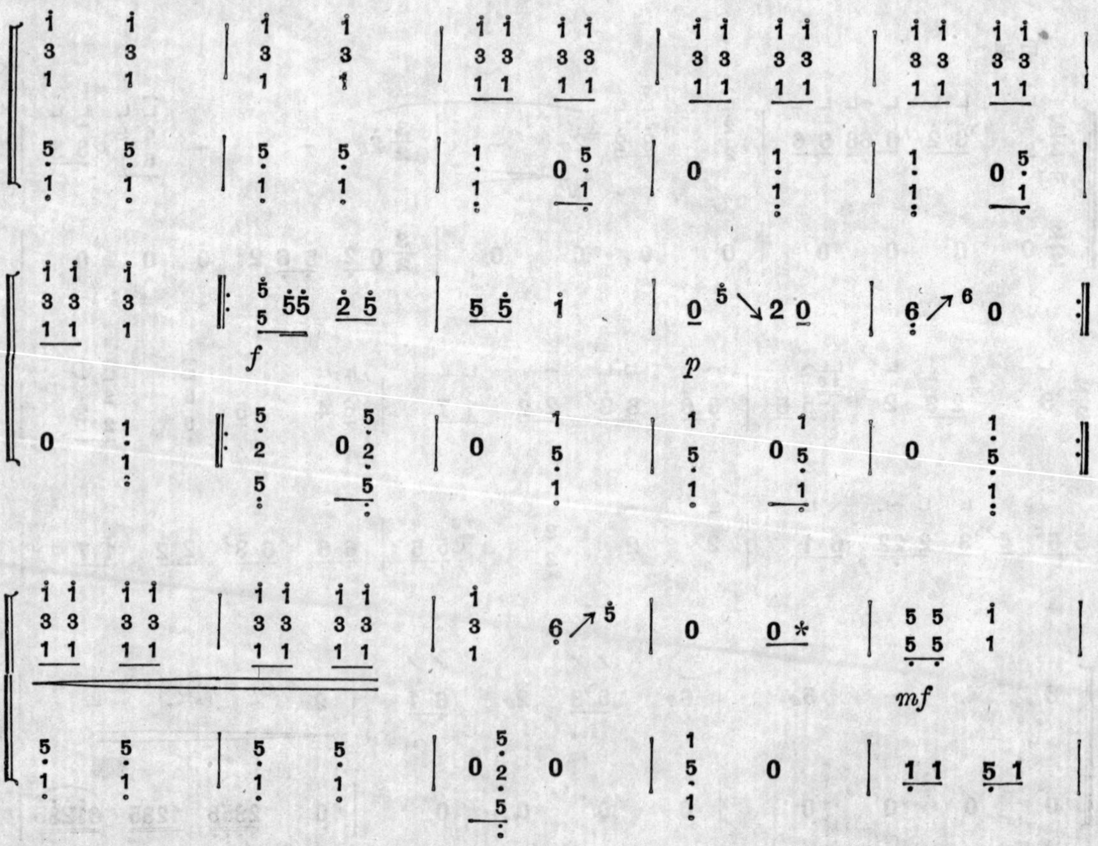

f

p

mf

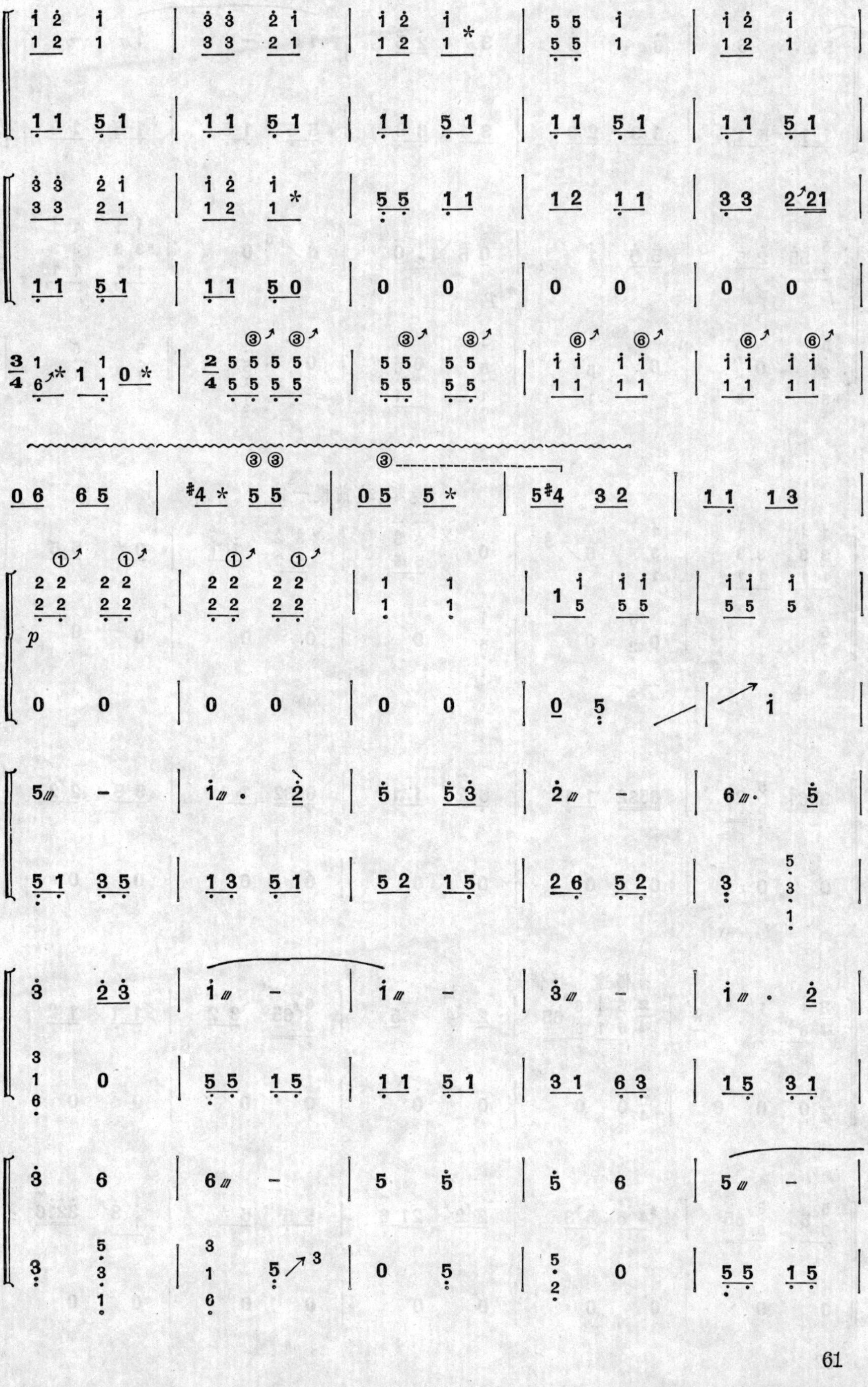

| i 2 i | 3 3 2 i | i 2 i | 5 5 i | i 2 i |
| 1 2 1 | 3 3 2 1 | 1 2 1 * | 5 5 1 | 1 2 1 |

| 1 1 5 1 | 1 1 5 1 | 1 1 5 1 | 1 1 5 1 | 1 1 5 1 |

| 3 3 2 i | i 2 i | 5 5 1 1 | 1 2 1 1 | 3 3 2↗21 |
| 3 3 2 1 | 1 2 1 * | | | |

| 1 1 5 1 | 1 1 5 0 | 0 0 | 0 0 | 0 0 |

③↗ ③↗ ③↗ ③↗ ⑥↗ ⑥↗ ⑥↗ ⑥↗

| 3/4 1 6↗* 1 1 1 0 * | 2/4 5 5 5 5 5 5 5 5 | 5 5 5 5 5 5 5 5 | i i i i 1 1 1 1 | i i i i 1 1 1 1 |

③③ ③

| 0 6 6 5 | #4 * 5 5 | 0 5 5 * | 5 #4 3 2 | 1 1 1 3 |

①↗ ①↗ ①↗ ①↗

| 2 2 2 2 2 2 2 2 | 2 2 2 2 2 2 2 2 | 1 1 1 1 | 1 i 5 i i 5 5 | i i i 5 5 5 |

p

| 0 0 | 0 0 | 0 0 | 0 5 ↗ | i |

| 5 – | i · 2 | 5 5 3 | 2 – | 6 · 5 |

| 5 1 3 5 | 1 3 5 1 | 5 2 1 5 | 2 6 5 2 | 3 5 3 1 |

| 3 2 3 | i – | i – | 3 – | i · 2 |

| 3 1 6 0 | 5 5 1 5 | 1 1 5 1 | 3 1 6 3 | 1 5 3 1 |

| 3 6 | 6 – | 5 5 | 5 6 | 5 – |

| 3 5 3 1 | 3 1 6 5 ↗ 3 | 0 5 | 5 2 0 | 5 5 1 5 |

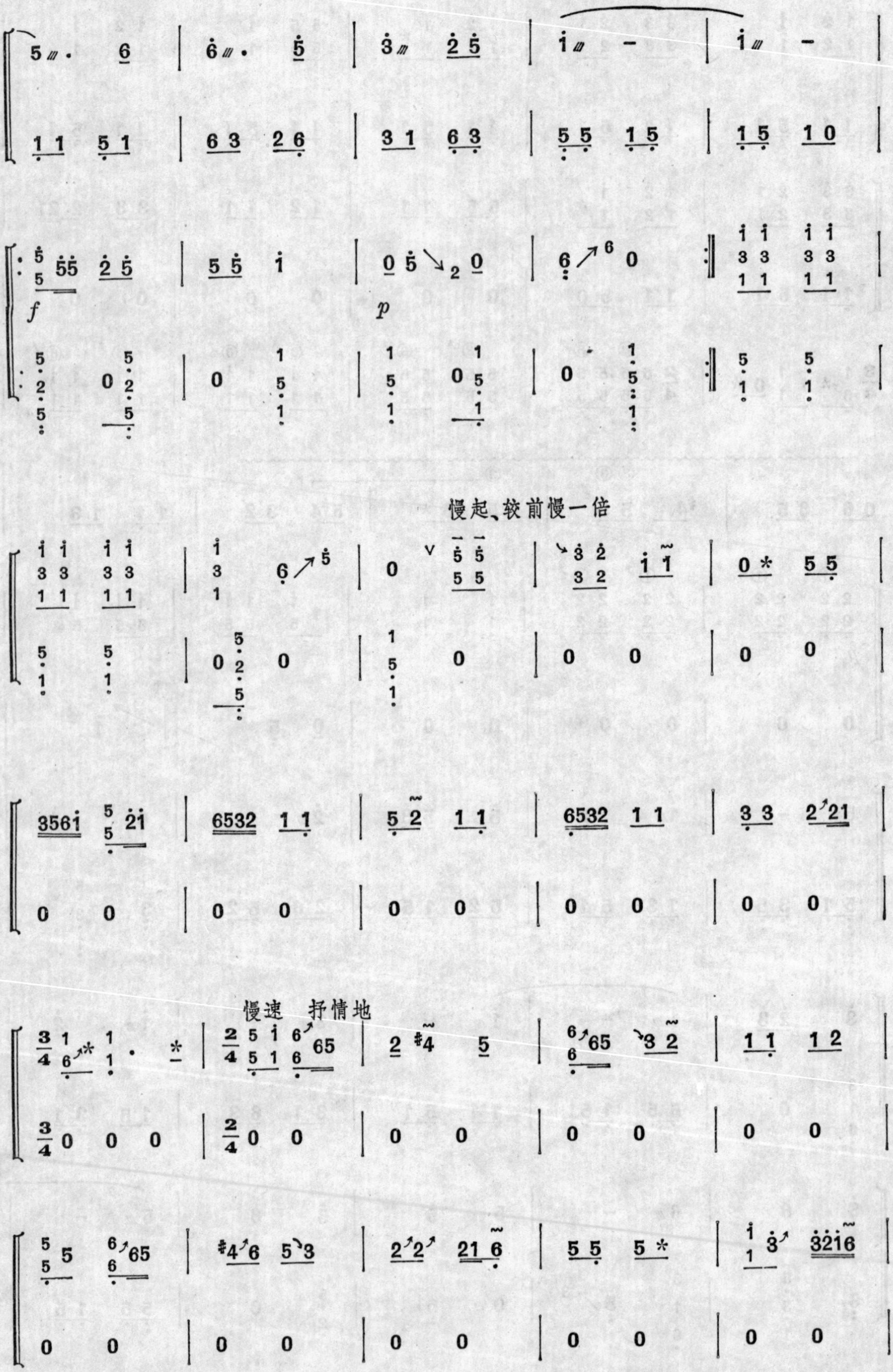

f

p

慢起、较前慢一倍

慢速　抒情地

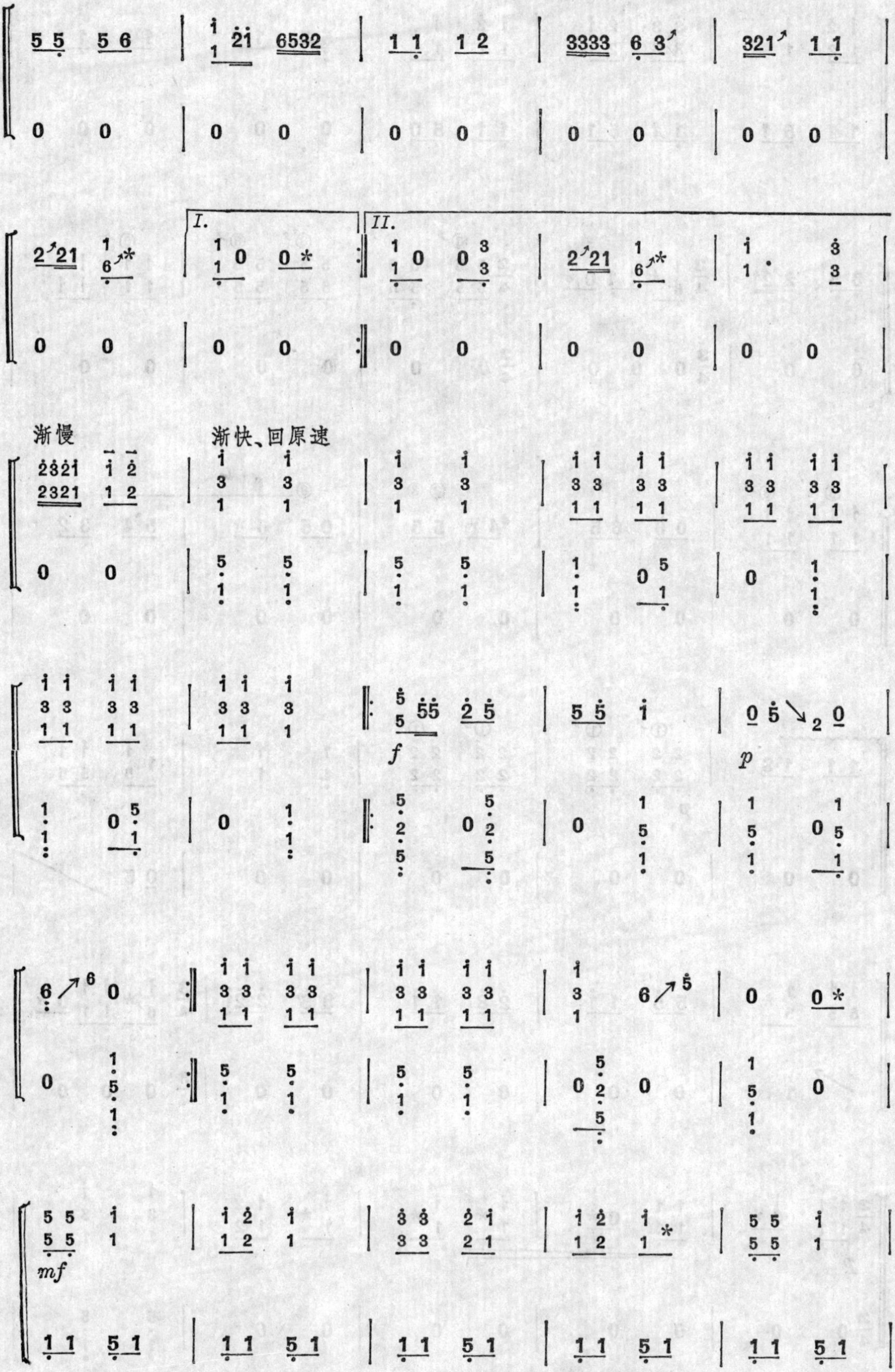

I.

II.

渐慢

渐快、回原速

f

p

mf

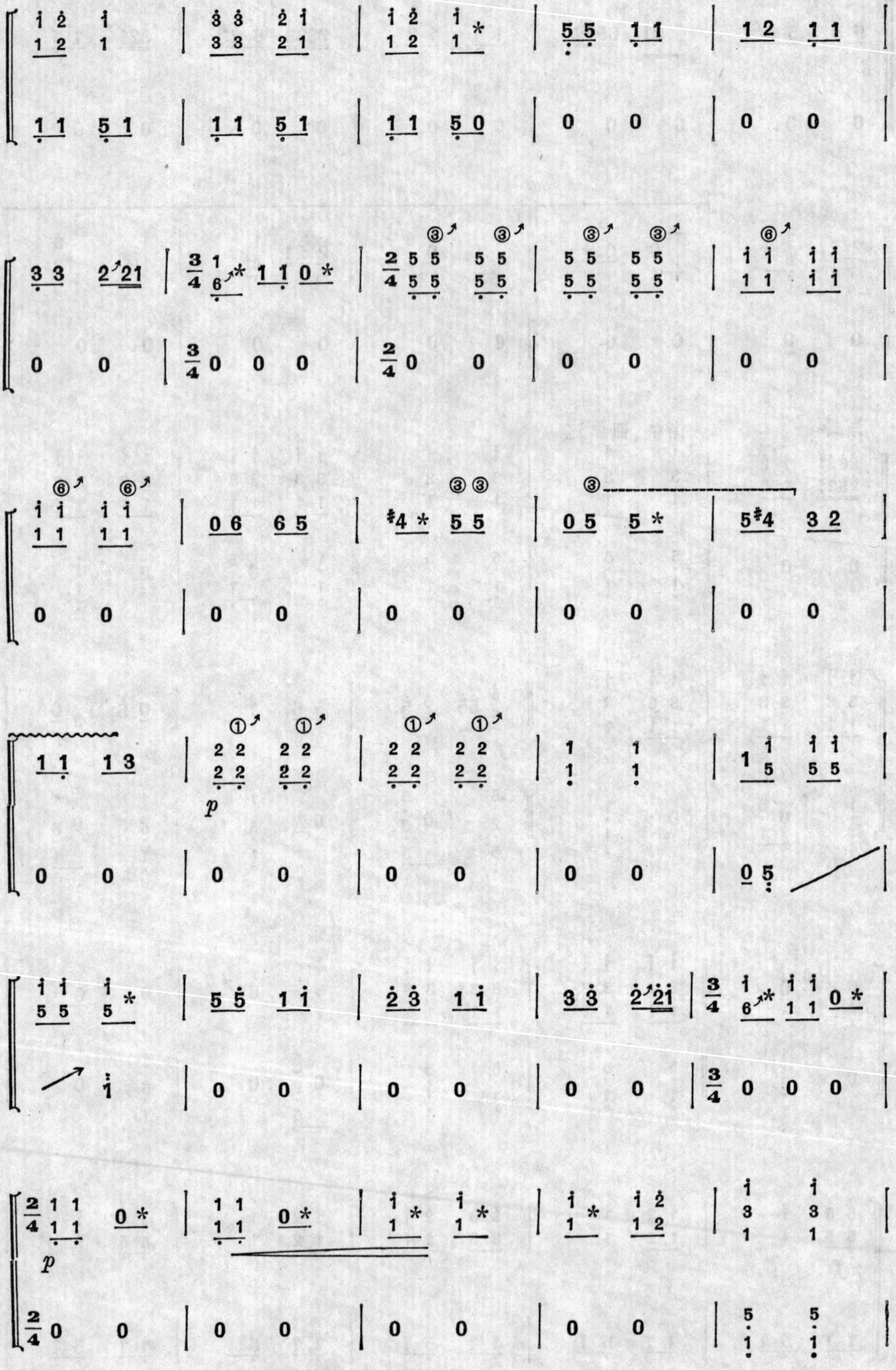

| i 2̇ i | 3̇ 3̇ 2̇ i | i 2̇ i | 5 5 1 1 | 1 2 1 1 |
| 1 2 1 | 3 3 2 1 | 1 2 1 * | | |

| 1 1 5 1 | 1 1 5 1 | 1 1 5 0 | 0 0 | 0 0 |

		③↗ ③↗	③↗ ③↗	⑥↗
3 3 2↗21	3/4 1 6↗* 1 1 0 *	2/4 5 5 5 5	5 5 5 5	i i i i
		5 5 5 5	5 5 5 5	1 1 i i

| 0 0 | 3/4 0 0 0 | 2/4 0 0 | 0 0 | 0 0 |

⑥↗ ⑥↗		③ ③	③	
i i i i	0 6 6 5	#4 * 5 5	0 5 5 *	5 #4 3 2
1 1 1 1				

| 0 0 | 0 0 | 0 0 | 0 0 | 0 0 |

	①↗ ①↗	①↗ ①↗		
1 1 1 3	2 2 2 2	2 2 2 2	1 1	1 i i i
	2 2 2 2	2 2 2 2	1 1	5 5 5
	p			

| 0 0 | 0 0 | 0 0 | 0 0 | 0 5 |

| i i i | 5 5̇ 1 i | 2̇ 3̇ 1 i | 3 3̇ 2̇↗2̇1 | 3/4 i i i |
| 5 5 5 * | | | | 6↗* 1 1 0 * |

| i | 0 0 | 0 0 | 0 0 | 3/4 0 0 0 |

2/4 1 1 0 *	1 1 0 *	i i	i i 2̇	i i
1 1	1 1	1 * 1 *	1 * 1 2	3 3
p				1 1

| 2/4 0 0 | 0 0 | 0 0 | 0 0 | 5 5 |
| | | | | 1 1 |

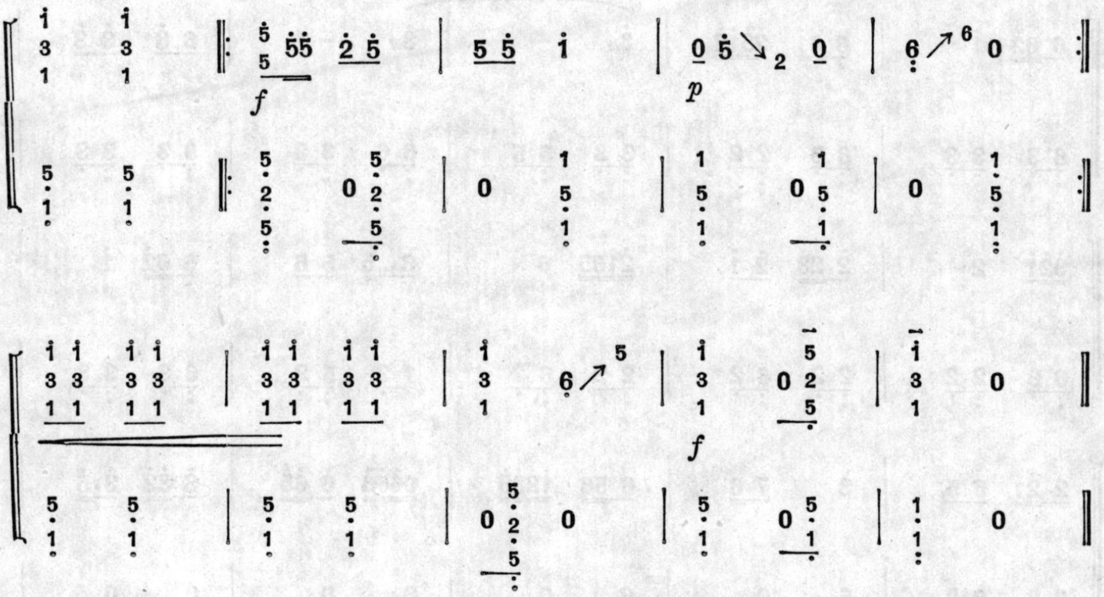

采磨菇的小姑娘

1=D $\frac{2}{4}$

谷建芬曲
马圣龙改编

引子、自由地

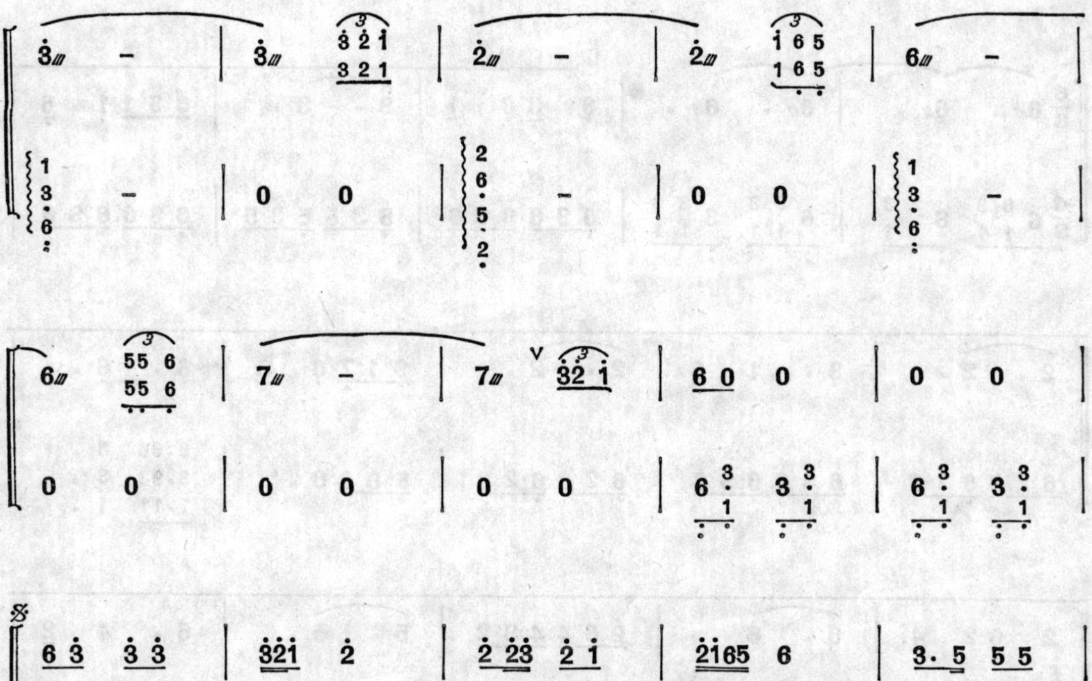

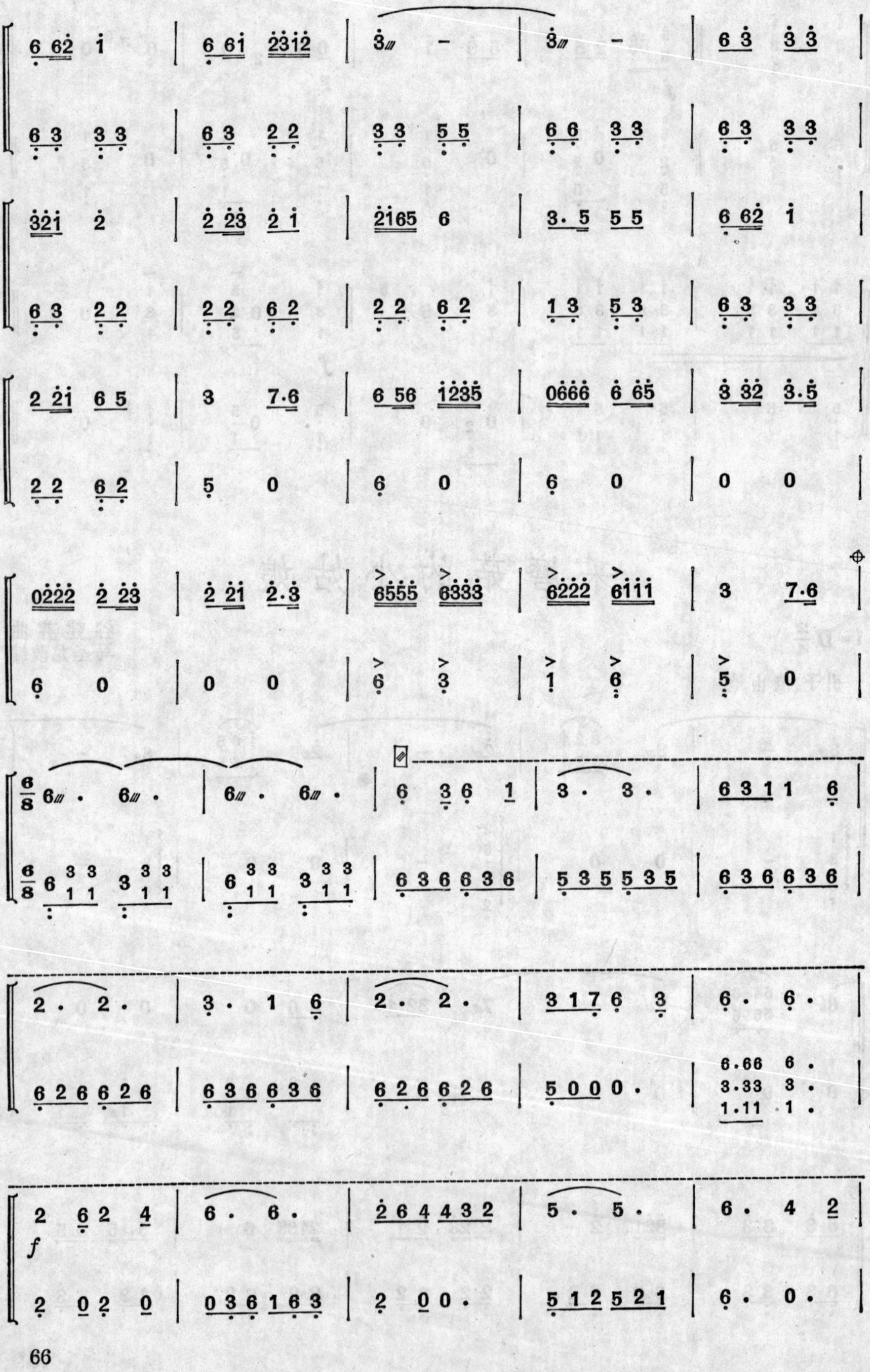

| 6 62 1 | 6 61 2312 | 3 - | 3 - | 6 3 3 3 |
| 6 3 3 3 | 6 3 2 2 | 3 3 5 5 | 6 6 3 3 | 6 3 3 3 |

| 321 2 | 2 23 2 1 | 2165 6 | 3. 5 5 5 | 6 62 1 |
| 6 3 2 2 | 2 2 6 2 | 2 2 6 2 | 1 3 5 3 | 6 3 3 3 |

| 2 21 6 5 | 3 7·6 | 6 56 1235 | 0666 6 65 | 3 32 3·5 |
| 2 2 6 2 | 5 0 | 6 0 | 6 0 | 0 0 |

| 0222 2 23 | 2 21 2·3 | 6555 6333 | 6222 6111 | 3 7·6 |
| 6 0 | 0 0 | 6 3 | 1 6 | 5 0 |

| 6/8 6 . 6 . | 6 . 6 . | 6 3 6 1 | 3 . 3 . | 6 3 1 1 6 |
| 6/8 6 3/1 3/1 3 3/1 3/1 | 6 3/1 3/1 3 3/1 3/1 | 6 3 6 6 3 6 | 5 3 5 5 3 5 | 6 3 6 6 3 6 |

| 2 . 2 . | 3 . 1 6 | 2 . 2 . | 3 1 7 6 3 | 6 . 6 . |
| 6 2 6 6 2 6 | 6 3 6 6 3 6 | 6 2 6 6 2 6 | 5 0 0 0 . | 6·66 6 . / 3·33 3 . / 1·11 1 . |

| 2 6 2 4 | 6 . 6 . | 2 6 4 4 3 2 | 5 . 5 . | 6 . 4 2 |
f
| 2 0 2 0 | 0 3 6 1 6 3 | 2 0 0 . | 5 1 2 5 2 1 | 6 . 0 . |

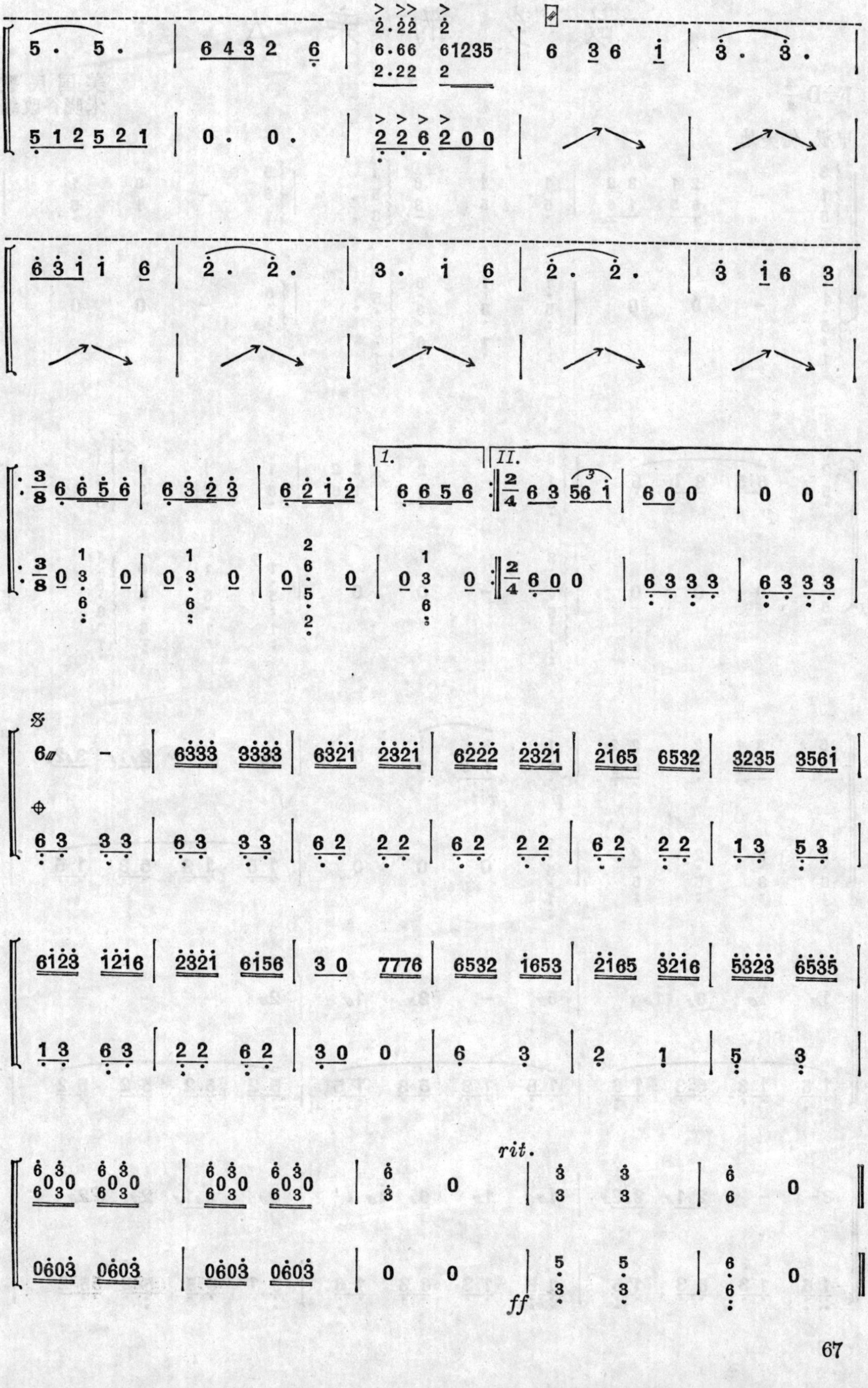

1.

II.

rit.

ff

故乡的亲人

美国民歌
朱晓谷改编

1=D $\frac{4}{4}$

中板、优美地

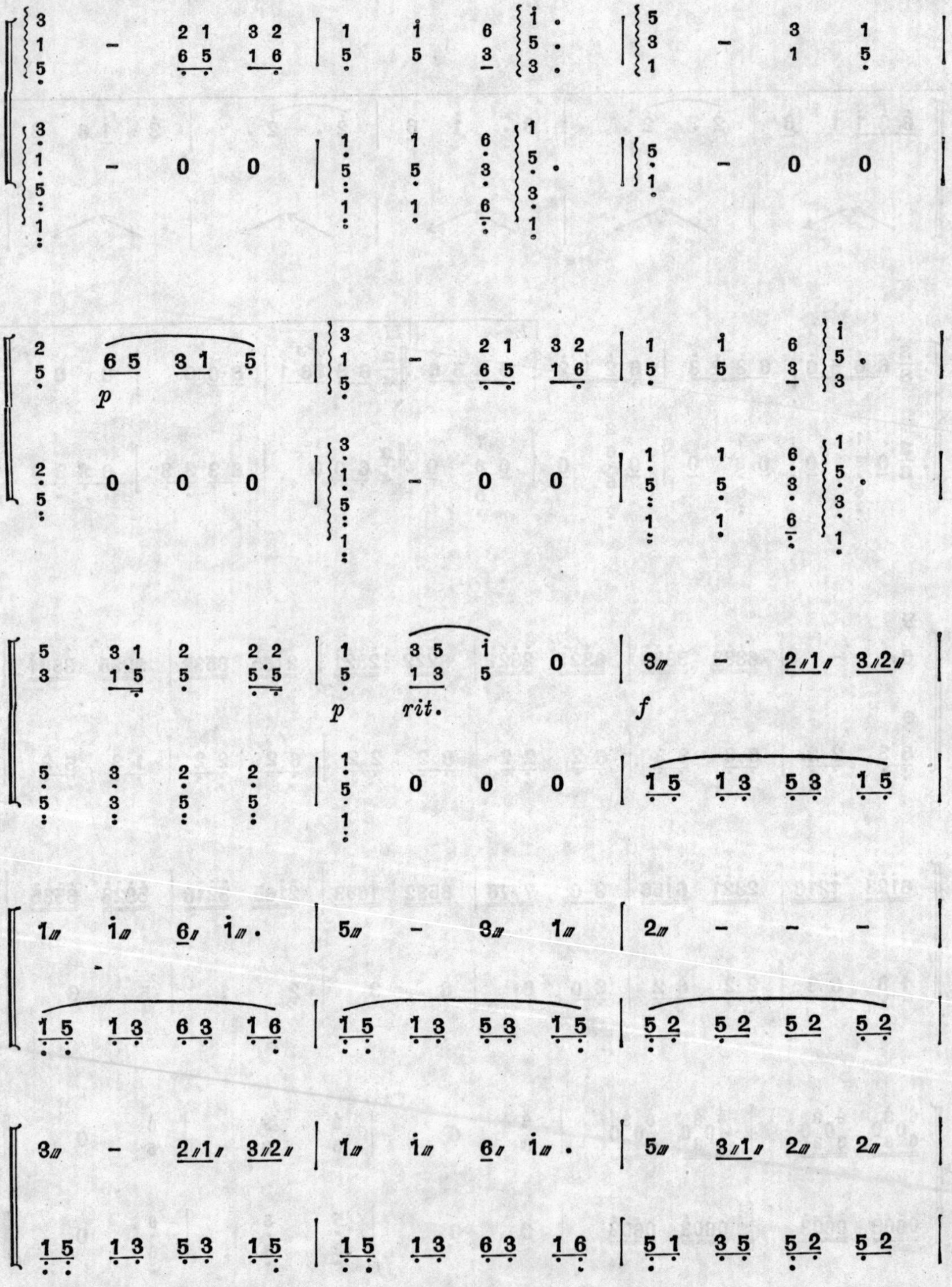

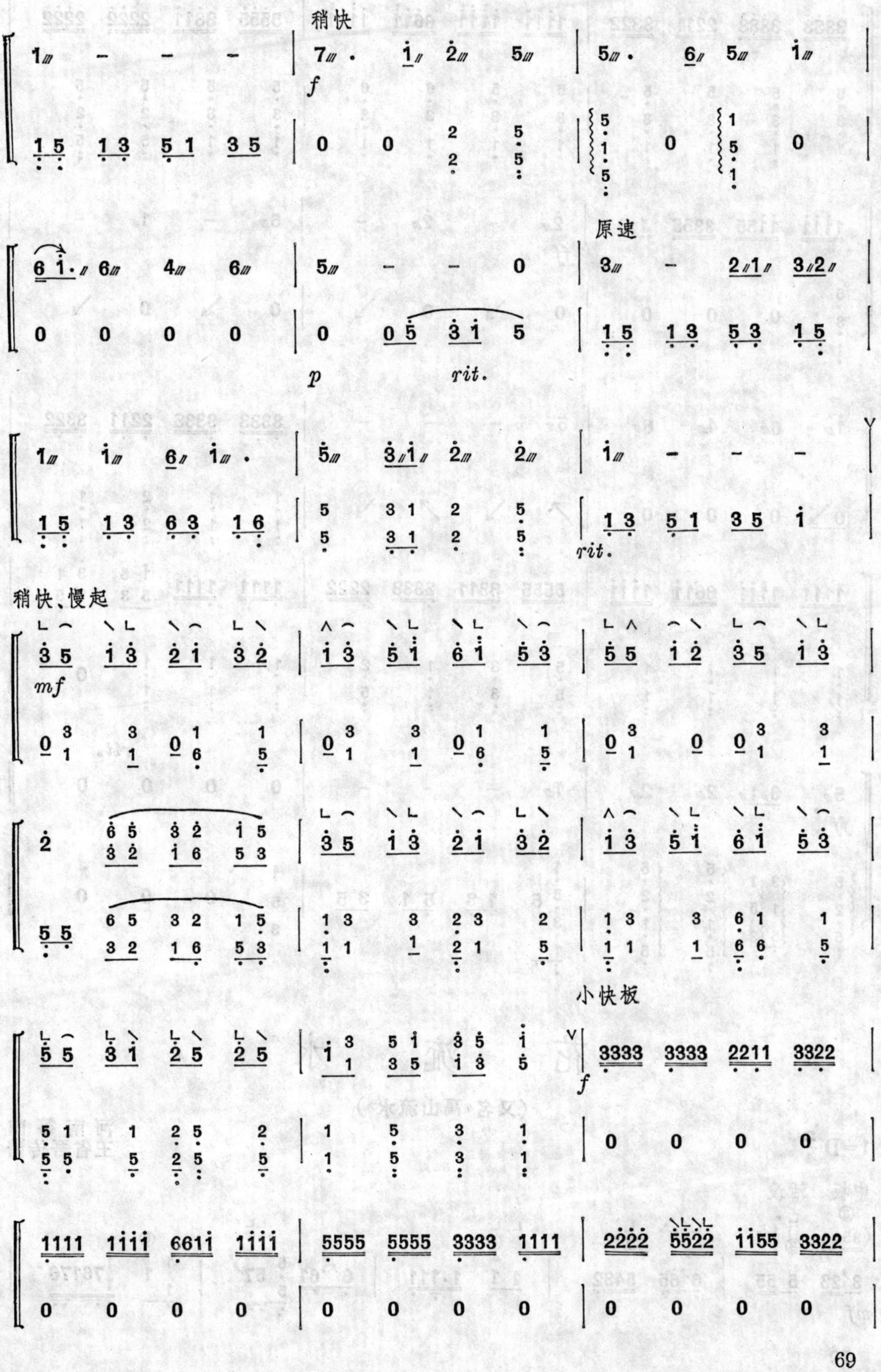

稍快

f

原速

p

rit.

rit.

稍快、慢起

mf

小快板

f

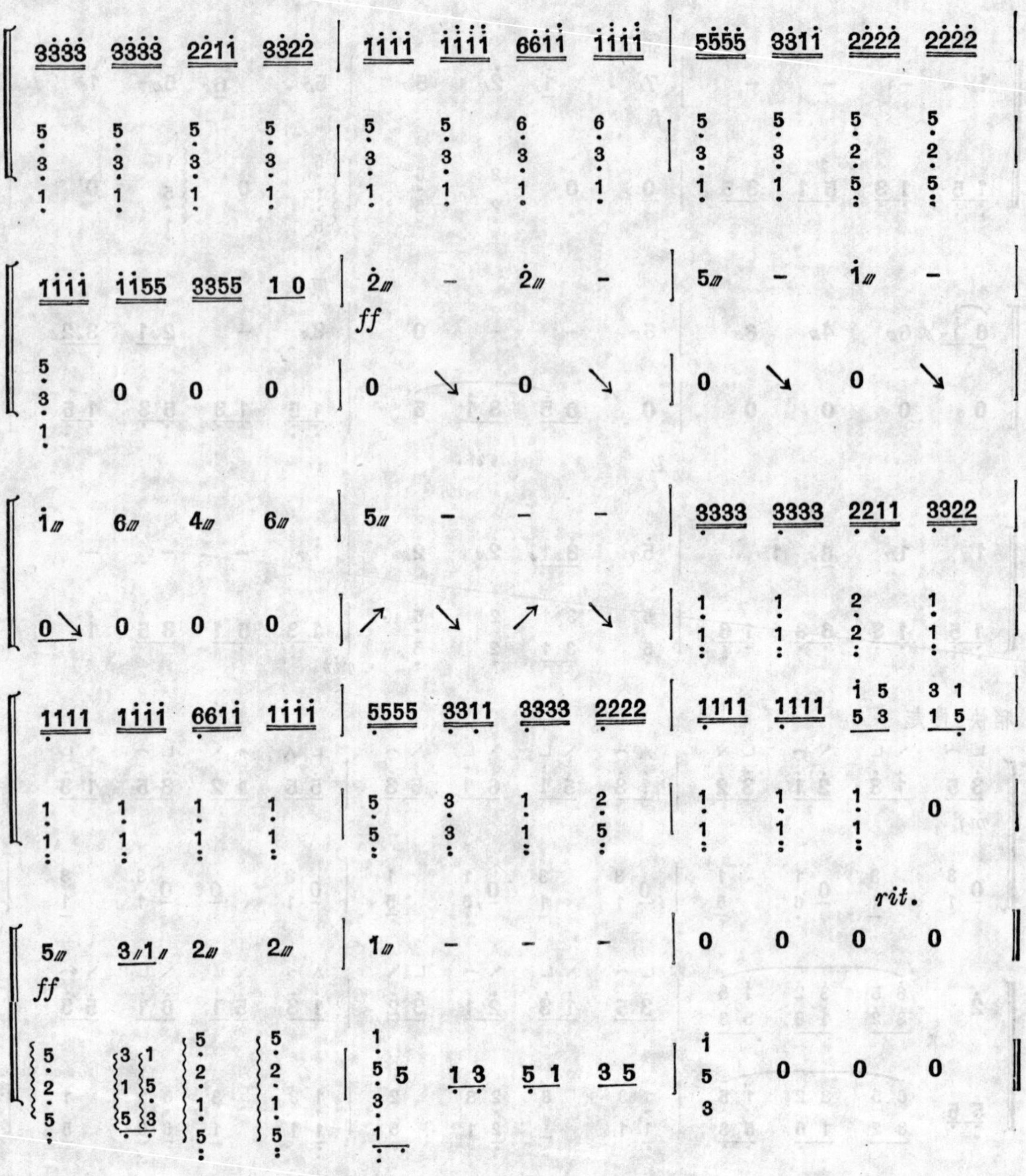

3333 3333 2211 3322 | 1111 1111 6611 1111 | 5555 3311 2222 2222 |

1111 1155 3355 1 0 | 2 – 2 – | 5 – 1 – |

ff

1 6 4 6 | 5 – – – | 3333 3333 2211 3322 |

1111 1111 6611 1111 | 5555 3311 3333 2222 | 1111 1111 15/53 31/15 |

rit.

5 3 1 2 2 | 1 – – – | 0 0 0 0 ‖

ff

花流水

（又名《高山流水》）

河南筝曲
王省吾传谱

1=D $\frac{2}{4}$

中板　活泼

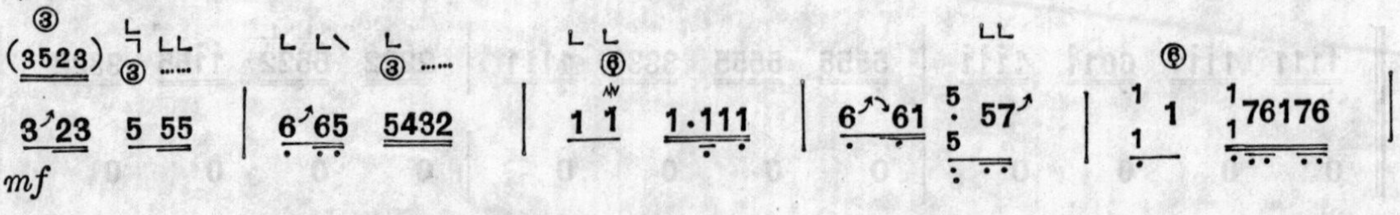

(3523)

3 23 5 55 | 6 65 5432 | 1 1 1·111 | 6 61 5 57 | 1 1 76176 |

mf

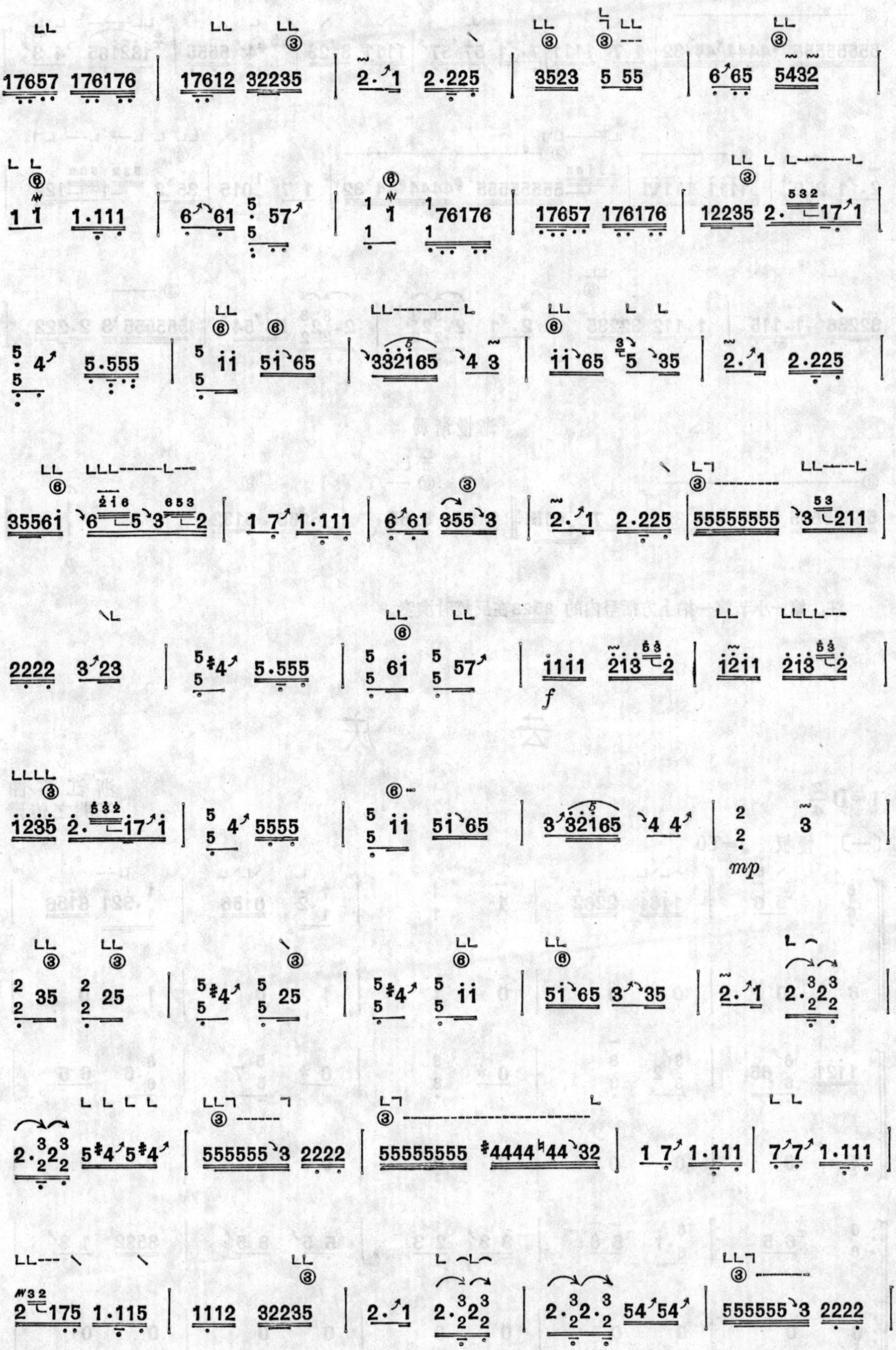

17657 176176 | 17612 32235 | 2· 1 2·225 | 3523 5 55 | 6 65 5432 |

1 1 1·111 | 6 61 5 57 | 1 1 76176 | 17657 176176 | 12235 2· 17 1 |

5 4 5·555 | 5 i i 5i 65 | 332165 4 3 | i i 65 5 35 | 2· 1 2·225 |

35561 6 5 3 2 | 1 7 1·111 | 6 61 355 3 | 2· 1 2·225 | 55555555 3 211 |

2222 3 23 | 5 #4 5·555 | 5 61 5 57 | 1111 213 2 | 1211 213 2 |

f

1235 2· 17 1 | 5 4 5555 | 5 i i 5i 65 | 3 32165 4 4 | 2 3 |

mp

2 35 2 25 | 5 #4 5 25 | 5 #4 5 i i | 5i 65 3 35 | 2· 1 2·2 2 |

2·2 2 5 #4 5 #4 | 555555 3 2222 | 55555555 #4444 ♮44 32 | 1 7 1·111 | 7 7 1·111 |

2 175 1·115 | 1112 32235 | 2· 1 2·2 2 | 2·2·2 54 54 | 555555 3 2222 |

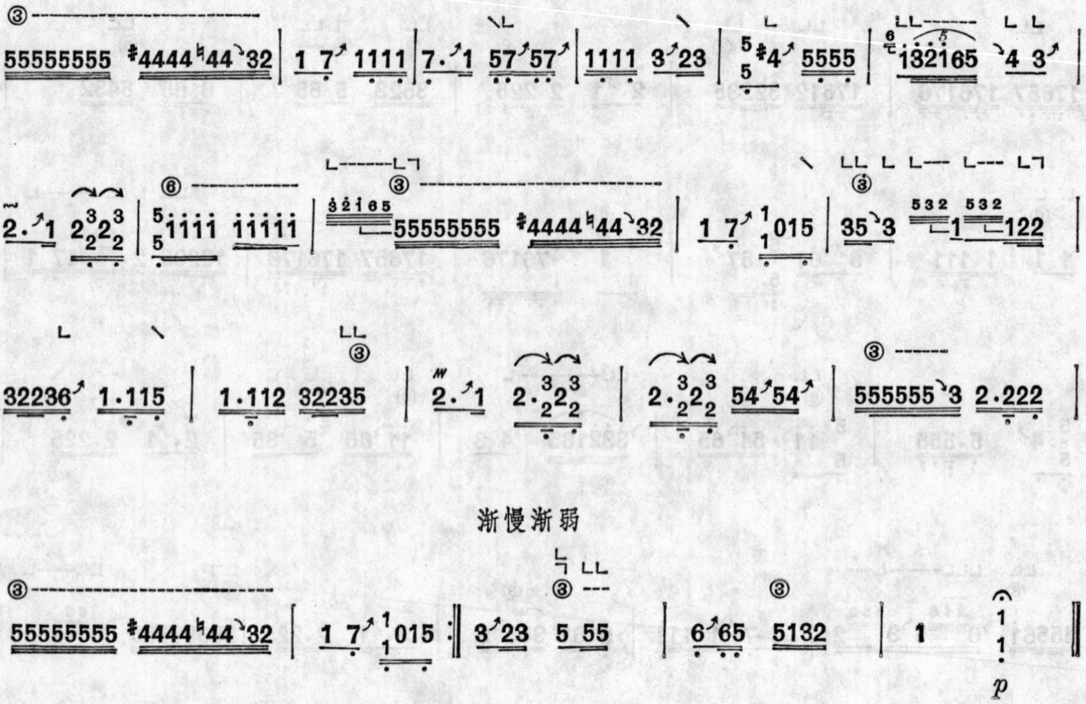

③

55555555 #4444♮44 32 | 1 7 1111 | 7· 1 57 57 | 1111 3 23 | 5/5 #4 5555 | 132165 4 3 |

2· 1 2 3/2 2 3/2 | ⑥ 5/5 1111 11111 | 32165 ③ 55555555 #4444♮44 32 | 1 7 1/1 015 | ③ 35 3 532 1 532 122 |

32236 1·115 | 1·112 32235 ③ | 2· 1 2· 3/2 2 3/2 | 2· 3/2 2 3/2 54 54 | ③ 555555 3 2·222 |

渐慢渐弱

③ 55555555 #4444♮44 32 | 1 7 1/1 015 :‖ 3 23 ③ 5 55 | 6 65 ③ 5132 | 1 1/1 ‖

p

注：第一小节第一拍上方括号内的 3523在反复时演奏。

云 庆

浙江筝曲

王巽之传谱

1=D $\frac{2}{4}$

〔一〕 慢板 ♩=60

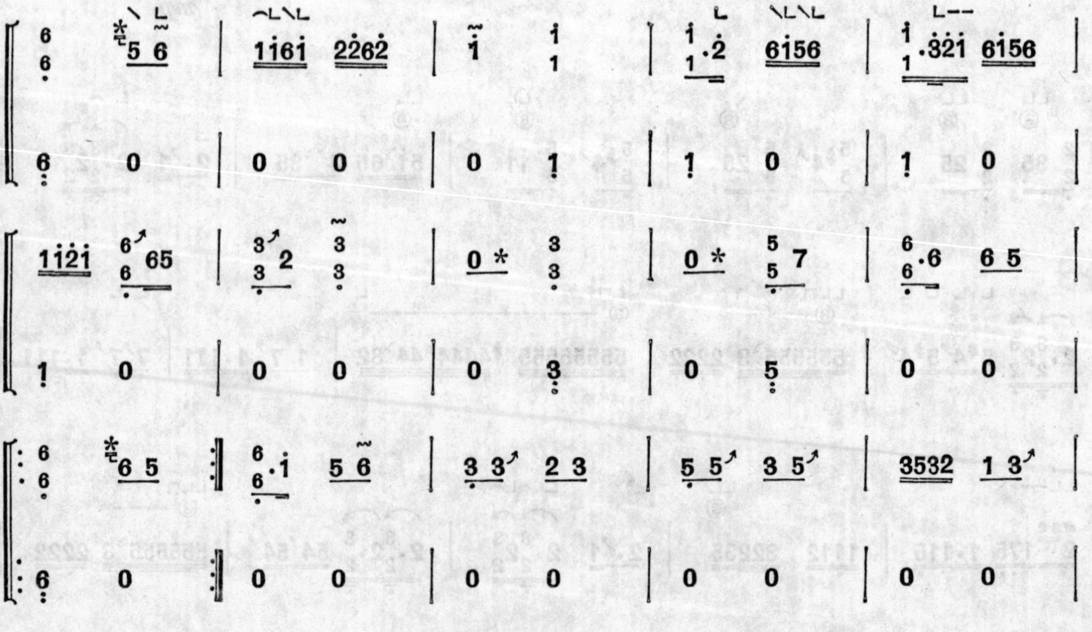

| 6/6 5 6 | 1161 2262 | 1 1/1 | 1/1 ·2 6156 | 1/1 ·321 6156 |
| 6 0 | 0 0 | 0 1 | 1 0 | 1 0 |

| 1121 6/6 65 | 3/3 2 3/3 | 0 * 3/3 | 0 * 5/5 7 | 6/6 ·6 6 5 |
| 1 0 | 0 0 | 0 3 | 0 5 | 0 0 |

| :6/6 6 5 :‖ 6/6 ·1 5 6 | 3 3 2 3 | 5 5 3 5 | 3532 1 3 |
| :6 0 :‖ 0 0 | 0 0 | 0 0 | 0 0 |

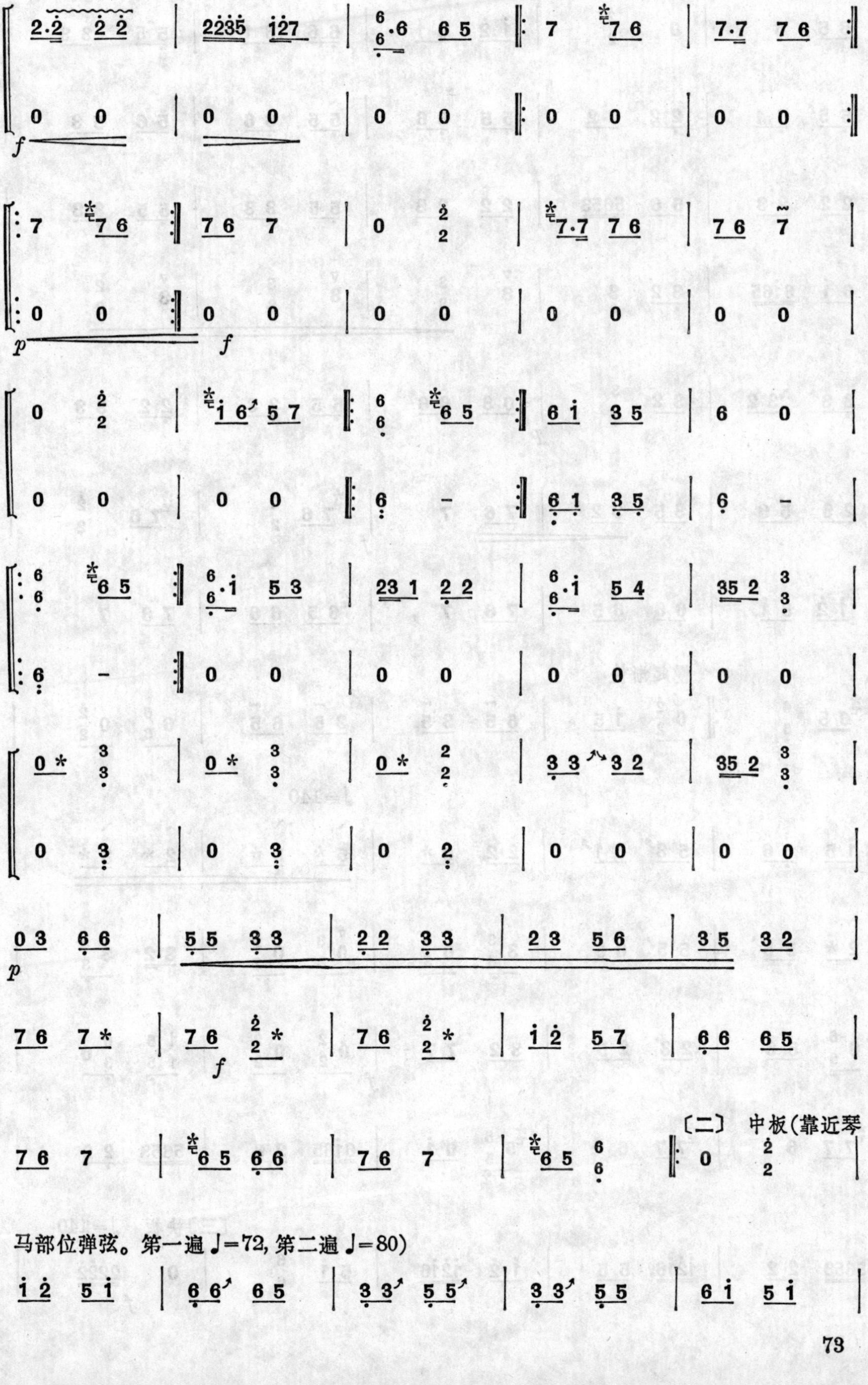

2·2 2 2 | 2235 127 | 6/6·6 6 5 |: 7 7 6 | 7·7 7 6 :|

0 0 | 0 0 | 0 0 |: 0 0 | 0 0 :|

f

|: 7 7 6 :| 7 6 7 | 0 2/2 | 7·7 7 6 | 7 6 7 |

|: 0 0 :| 0 0 | 0 0 | 0 0 | 0 0 |

p *f*

0 2/2 | 1 6 5 7 |: 6/6 6 5 :| 6 1 3 5 | 6 0 |

0 0 | 0 0 |: 6 – :| 6 1 3 5 | 6 – |

|: 6/6 6 5 :| 6/6·1 5 3 | 23 1 2 2 | 6/6·1 5 4 | 35 2 3/3 |

|: 6 – :| 0 0 | 0 0 | 0 0 | 0 0 |

0 * 3/3 | 0 * 3/3 | 0 * 2/2 | 3 3 3 2 | 35 2 3/3 |

0 3 | 0 3 | 0 2 | 0 0 | 0 0 |

0 3 6 6 | 5 5 3 3 | 2 2 3 3 | 2 3 5 6 | 3 5 3 2 |

p

7 6 7 * | 7 6 2/2 * | 7 6 2/2 * | 1 2 5 7 | 6 6 6 5 |

f

〔二〕 中板(靠近琴

7 6 7 | 6 5 6 6 | 7 6 7 | 6 5 6/6 |: 0 2/2 |

马部位弹弦。第一遍♩=72，第二遍♩=80)

1 2 5 1 | 6 6 6 5 | 3 3 5 5 | 3 3 5 5 | 6 1 5 1 |

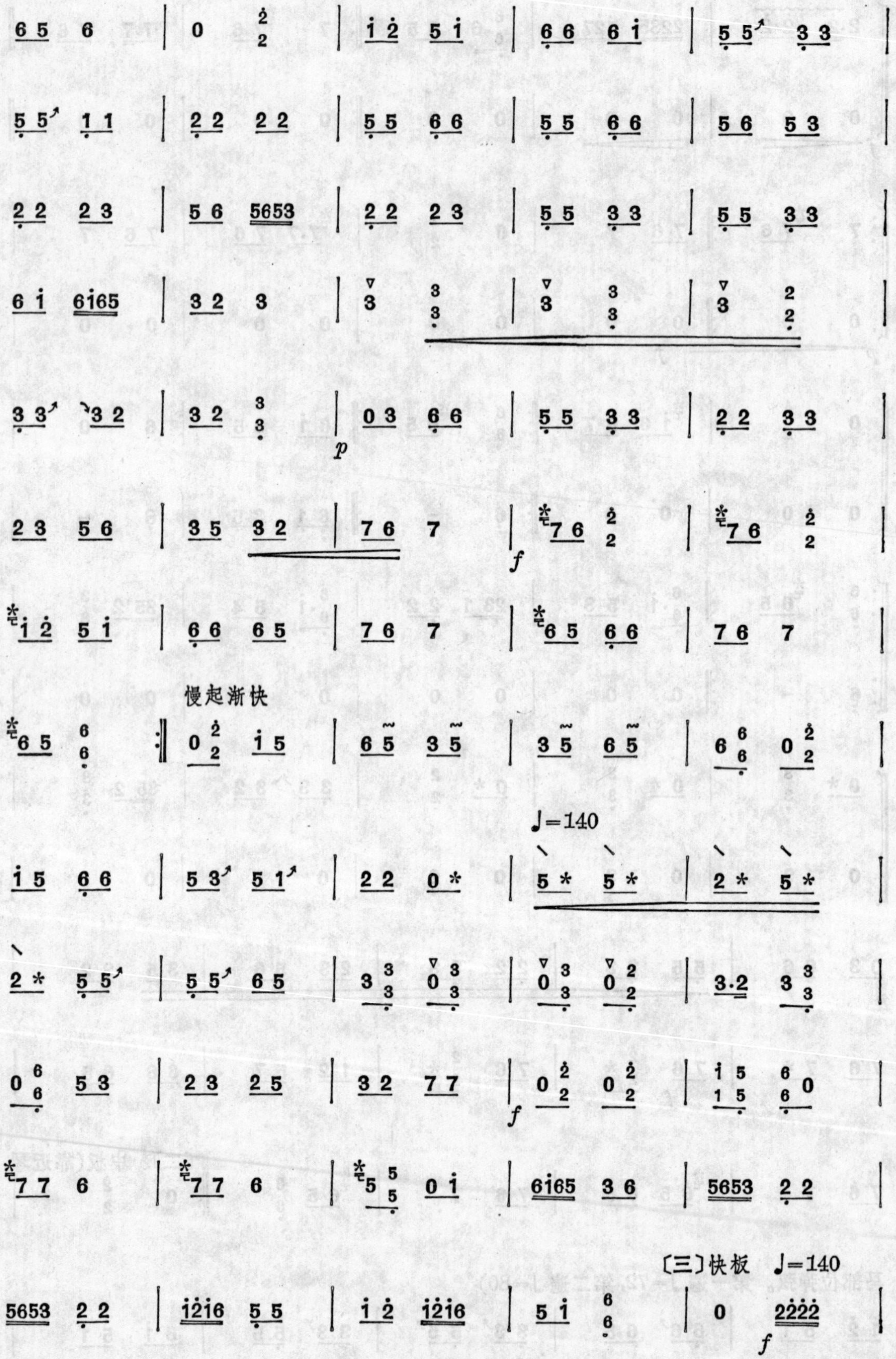

6 5 6 | 0 2/2 | 1 2 5 1 | 6 6 6 1 | 5 5 3 3 |

5 5 1 1 | 2 2 2 2 | 5 5 6 6 | 5 5 6 6 | 5 6 5 3 |

2 2 2 3 | 5 6 5653 | 2 2 2 3 | 5 5 3 3 | 5 5 3 3 |

6 1 6165 | 3 2 3 | 3 3/3 | 3 3/3 | 3 2/2 |

3 3 3 2 | 3 2 3/3 | 0 3 6 6 | 5 5 3 3 | 2 2 3 3 |

p

2 3 5 6 | 3 5 3 2 | 7 6 7 | 7 6 2/2 | 7 6 2/2 |

f

1 2 5 1 | 6 6 6 5 | 7 6 7 | 6 5 6 6 | 7 6 7 |

慢起渐快

6 5 6/6 :|| 0 2/2 1 5 | 6 5 3 5 | 3 5 6 5 | 6 6/6 0 2/2 |

♩=140

1 5 6 6 | 5 3 5 1 | 2 2 0 * | 5 * 5 * | 2 * 5 * |

2 * 5 5 | 5 5 6 5 | 3 3/3 0 3/3 | 0 3/3 0 2/2 | 3·2 3 3/3 |

0 6/6 5 3 | 2 3 2 5 | 3 2 7 7 | 0 2/2 0 2/2 | 1 5/1 5 6/6 0 |

f

7 7 6 | 7 7 6 | 5 5/5 0 1 | 6165 3 6 | 5653 2 2 |

〔三〕快板 ♩=140

5653 2 2 | 1216 5 5 | 1 2 1216 | 5 1 6/6 | 0 2222 |

f

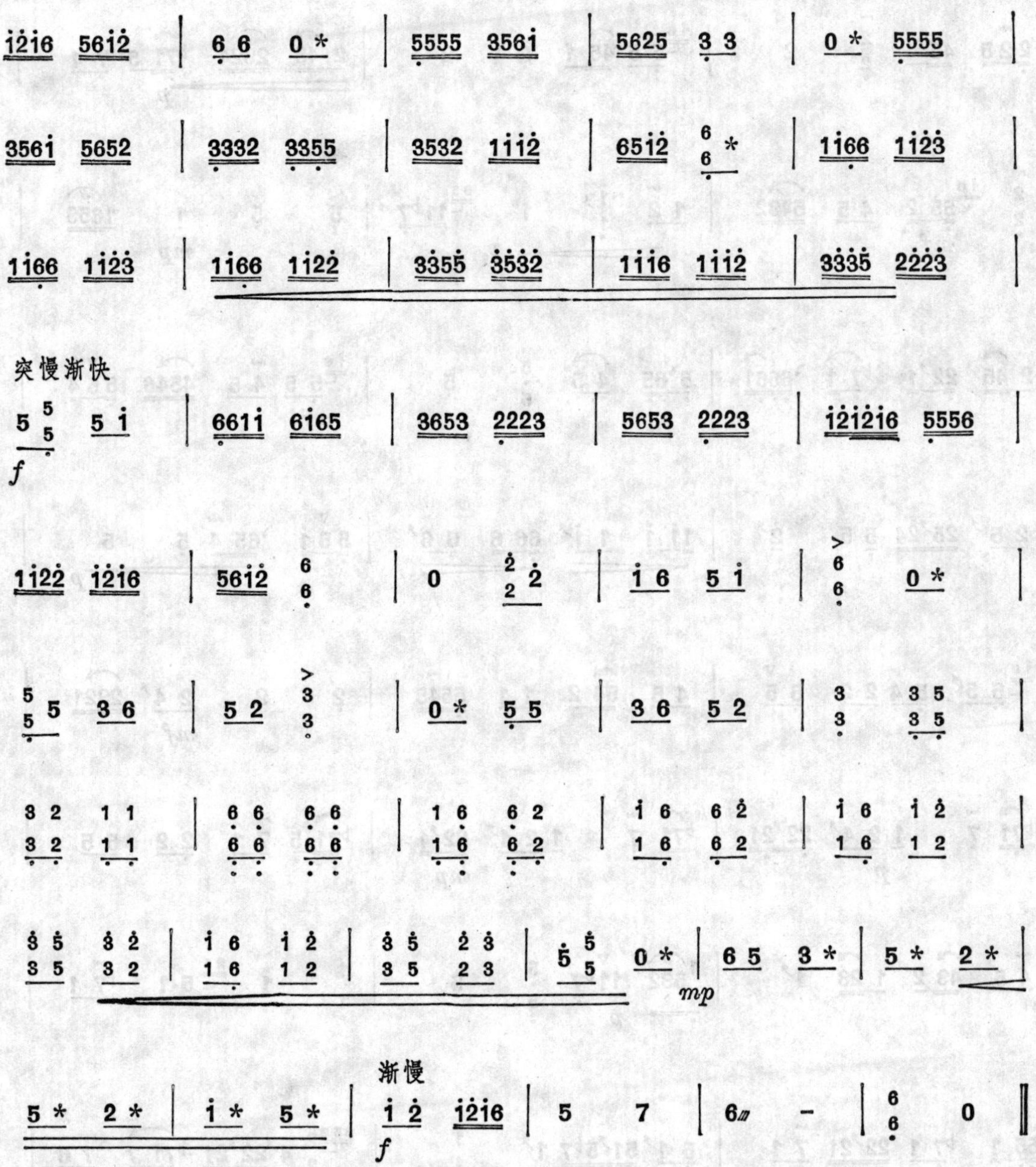

1216 5612 | 6 6 0 * | 5555 3561 | 5625 3 3 | 0 * 5555 |

3561 5652 | 3332 3355 | 3532 1112 | 6512 6 6 * | 1166 1123 |

1166 1123 | 1166 1122 | 3355 3532 | 1116 1112 | 3335 2223 |

突慢渐快

5 5 5 5 1 | 6611 6165 | 3653 2223 | 5653 2223 | 121216 5556 |

f

1122 1216 | 5612 6 6 | 0 2 2 2 | 1 6 5 1 | 6 6 0 * |

5 5 5 3 6 | 5 2 3 3 | 0 * 5 5 | 3 6 5 2 | 3 3 3 5 3 5 |

3 2 3 2 1 1 1 1 | 6 6 6 6 6 6 6 6 | 1 6 1 6 6 2 6 2 | 1 6 1 6 6 2 6 2 | 1 6 1 6 1 2 1 2 |

3 5 3 5 3 2 3 2 | 1 6 1 6 1 2 1 2 | 3 5 3 5 2 3 2 3 | 5 5 5 5 0 * | 6 5 3 * | 5 * 2 * |

mp

渐慢

5 * 2 * | 1 * 5 * | 1 2 1216 | 5 7 | 6 – | 6 6 0 ‖

f

出水莲

客家筝曲
罗九香传谱

1=G 4/4

慢板 ♩=48

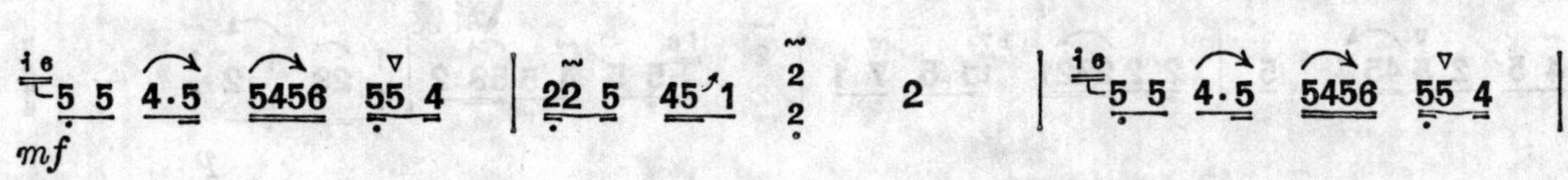

16 5 5 4·5 5456 55 4 | 22 5 45 1 2 2 2 | 16 5 5 4·5 5456 55 4 |

mf

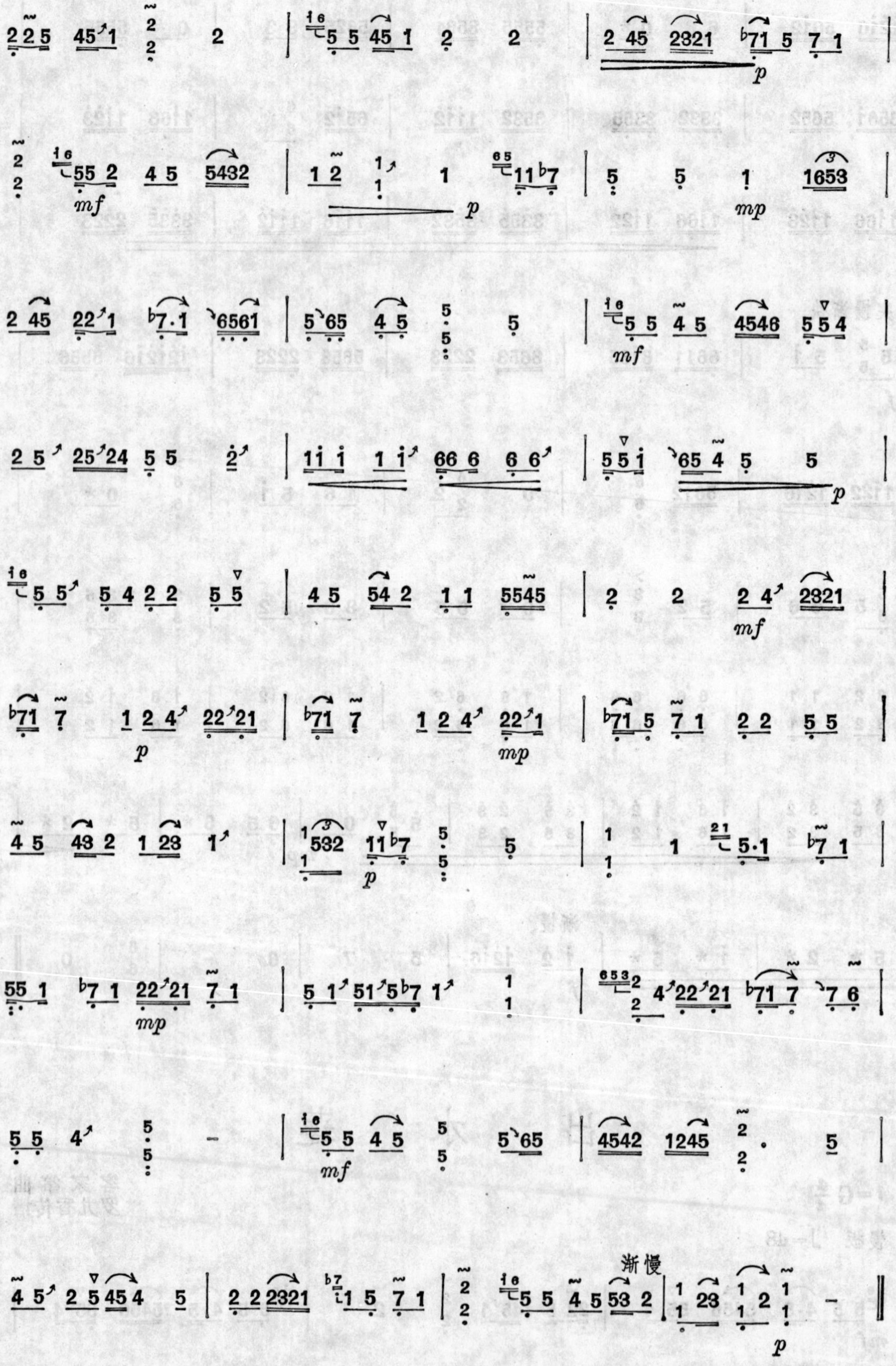

2 2 5 45 1 2/2 2 | 5 5 45 1 2 2 | 2 45 2321 ♭71 5 7 1 |
p

2/2 55 2 4 5 5432 | 1 2 1/1 1 11 ♭7 | 5 5 1 1653 |
mf p mp

2 45 22 1 ♭7·1 6561 | 5 65 4 5 5/5 5 | 5 5 4 5 4546 5 5 4 |
mf

2 5 25 24 5 5 2 | 11 1 1 1 66 6 6 6 | 5 5 1 65 4 5 5 |
p

5 5 5 4 2 2 5 5 | 4 5 54 2 1 1 5545 | 2 2 2 4 2821 |
mf

♭71 7 1 2 4 22 21 | ♭71 7 1 2 4 22 1 | ♭71 5 7 1 2 2 5 5 |
p mp

4 5 43 2 1 23 1 | 532/1 11 ♭7 5/5 5 | 1/1 1 5·1 ♭7 1 |
p

55 1 ♭7 1 22 21 7 1 | 5 1 51 5 ♭7 1 1/1 | 2/2 4 22 21 ♭71 7 7 6 |
mp

5 5 4 5/5 – | 5 5 4 5 5/5 5 65 | 4542 1245 2/2· 5 |
mf

渐慢

4 5 2 5 45 4 5 | 2 2 2321 1 5 7 1 | 2/2 5 5 4 5 53 2 | 1/1 23 1/1 2 1/1 – ‖
p

梅花三弄

1=D $\frac{2}{4}\frac{3}{4}\frac{4}{4}$

古　　琴曲
郭雪君移订

♩=44　较自由

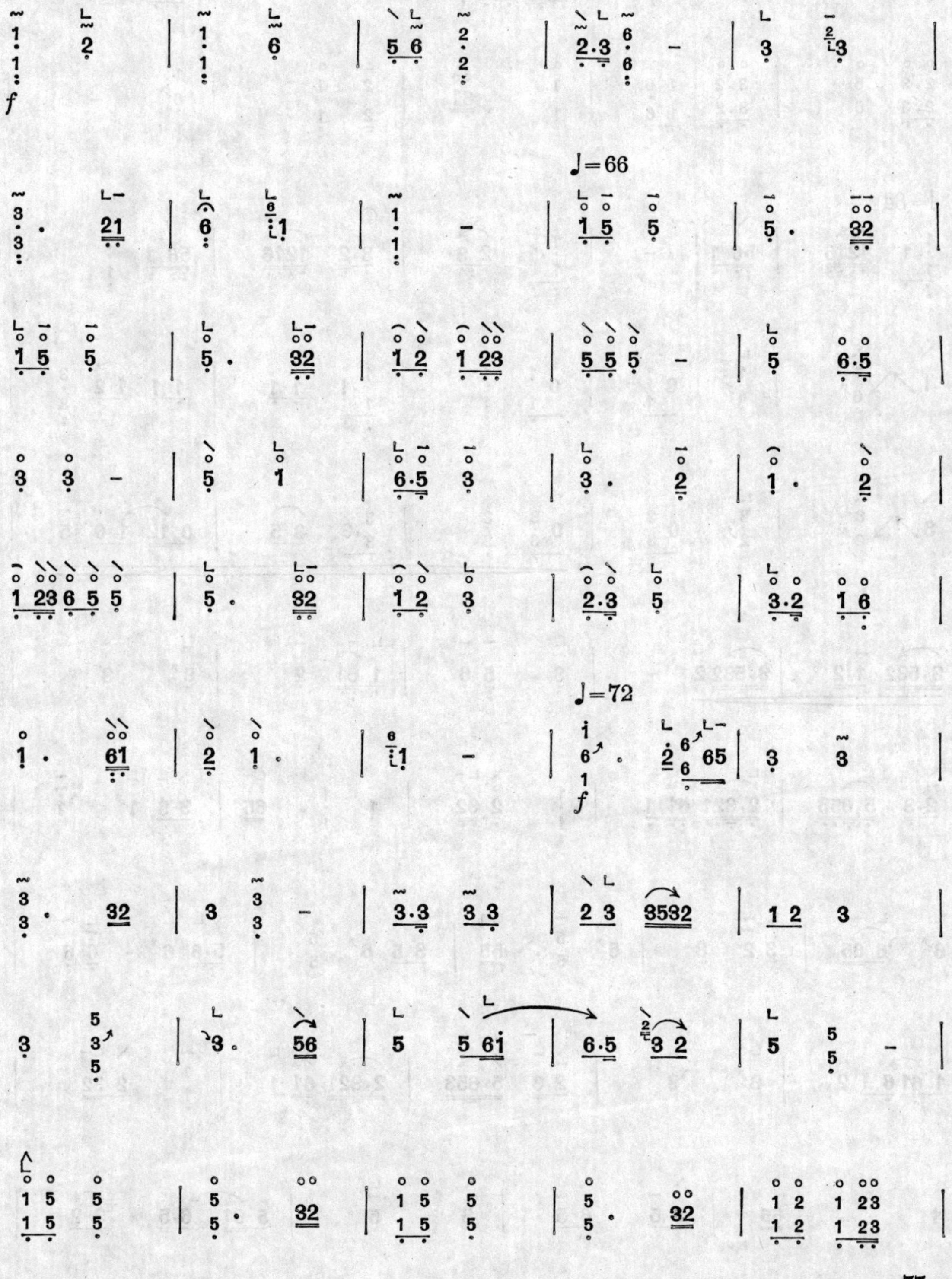

1 2 | 1 6 | 5 6 2 | 2·3 6 - | 3 3 |
f

3 · 21 | 6 1 | 1 - | ♩=66 1 5 5 | 5 · 32 |

1 5 5 | 5 · 32 | 1 2 1 23 | 5 5 5 - | 5 6·5 |

3 3 - | 5 1 | 6·5 3 | 3 · 2 | 1 · 2 |

1 23 6 5 5 | 5 · 32 | 1 2 3 | 2·3 5 | 3·2 1 6 |

1 · 61 | 2 1 | 1 - | ♩=72 6 2 6 65 | 3 3 |
f

3 · 32 | 3 3 - | 3·3 3 3 | 2 3 3532 | 1 2 3 |

3 3 | 3 56 | 5 5 61 | 6·5 3 2 | 5 5 - |

1 5 5 | 5 · 32 | 1 5 5 | 5 · 32 | 1 2 1 23 |

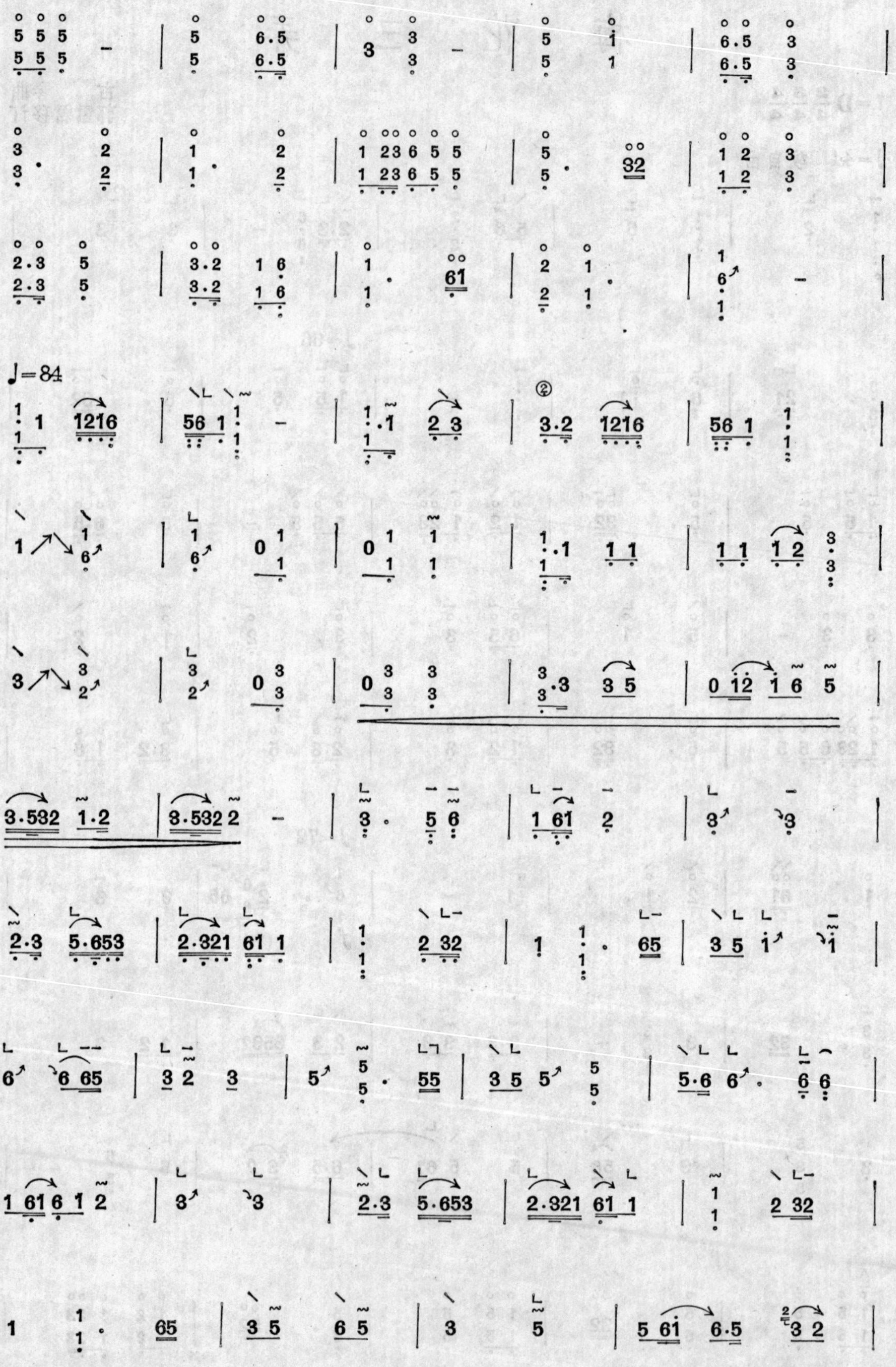

5 5 5 5 5 5 - | 5 5 6.5 6.5 | 3 3 3 - | 5 5 1 1 | 6.5 6.5 3 3 |

3 3 · 2 2 | 1 1 · 2 2 | 1 23 6 5 5 1 23 6 5 5 | 5 5 · 32 | 1 2 1 2 3 3 |

2.3 2.3 5 5 | 3.2 3.2 1 6 1 6 | 1 1 · 61 | 2 2 1 1 · | 1 6 1 - |

♩=84

1 1 1 1216 | 56 1 1 1 - | 1 ·1 1 2 3 | ② 3·2 1216 | 56 1 1 1 |

1 ↗↘ 1 6 | 1 6 0 1 1 | 0 1 1 1 1 | 1 ·1 1 1 1 | 1 1 1 2 3 3 |

3 ↗↘ 3 2 | 3 2 0 3 3 | 0 3 3 3 3 | 3 3·3 3 5 | 0 12 1 6 5 |

3·532 1·2 | 3·532 2 - | 3 · 5 6 | 1 61 2 | 3 3 |

2·3 5·653 | 2·321 61 1 | 1 1 2 32 | 1 1 1 · 65 | 3 5 1 1 |

6 6 65 | 3 2 3 | 5 5 5 · 55 | 3 5 5 5 5 | 5·6 6 · 6 6 |

1 61 6 1 2 | 3 3 | 2·3 5·653 | 2·321 61 1 | 1 1 2 32 |

1 1 1 · 65 | 3 5 6 5 | 3 5 | 5 61 6·5 3 2 |

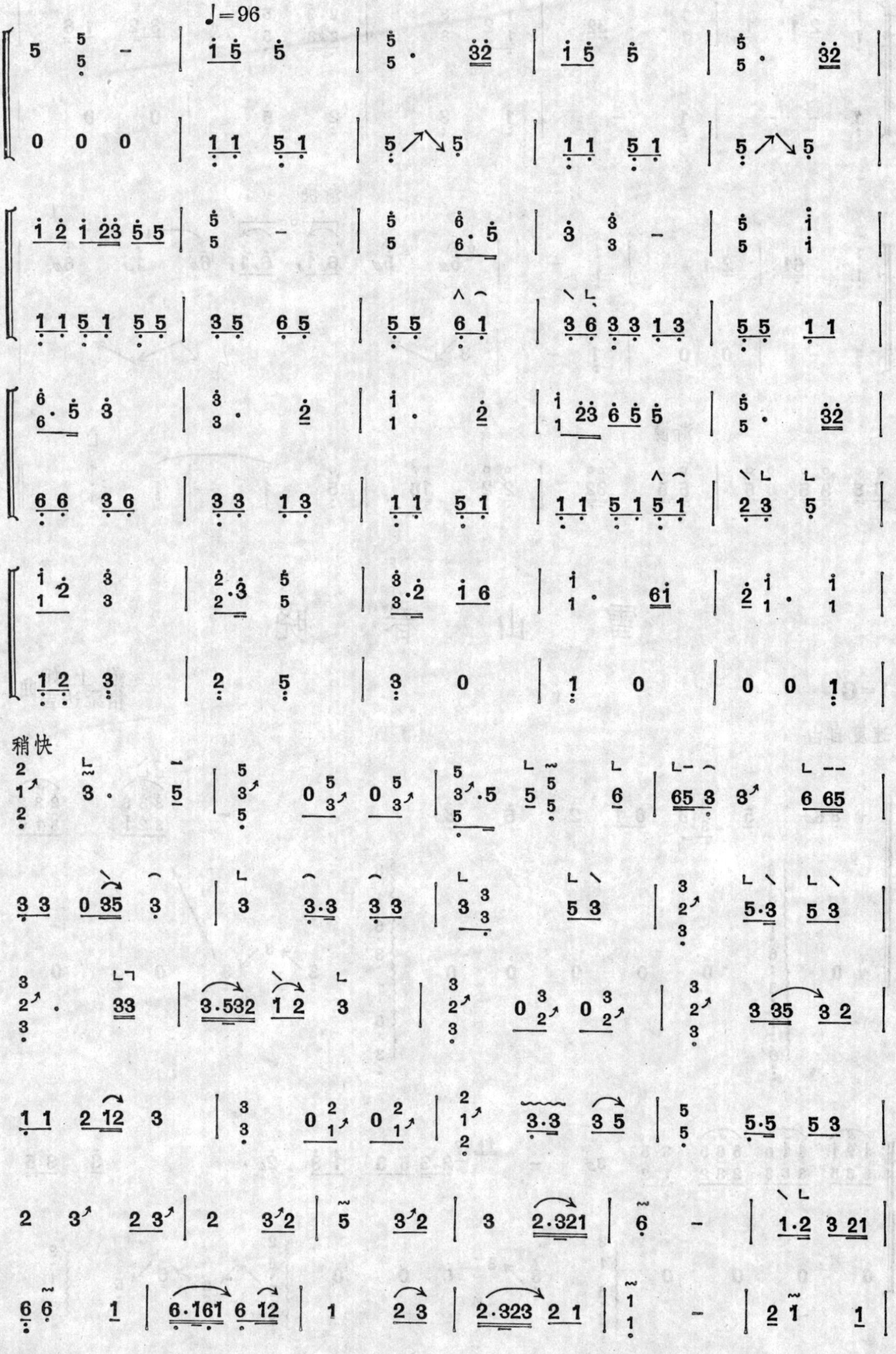

♩=96

| 5 5 5 – | 1 5 5 | 5 5 · 3 2 | 1 5 5 | 5 5 · 3 2 |
| 0 0 0 | 1 1 5 1 | 5 ↗↘ 5 | 1 1 5 1 | 5 ↗↘ 5 |

| 1 2 1 2 3 5 5 | 5 5 – | 5 5 6 6 · 5 | 3 3 3 – | 5 5 1 1 |
| 1 1 5 1 5 5 | 3 5 6 5 | 5 5 6 1 | 3 6 3 3 1 3 | 5 5 1 1 |

| 6 6 · 5 3 | 3 3 · 2 | 1 1 · 2 | 1 1 2 3 6 5 5 | 5 5 · 3 2 |
| 6 6 3 6 | 3 3 1 3 | 1 1 5 1 | 1 1 5 1 5 1 | 2 3 5 |

| 1 1 2 3 3 | 2 2 · 3 5 5 | 3 3 · 2 1 6 | 1 1 · 6 1 | 2 1 1 · 1 1 |
| 1 2 3 | 2 5 | 3 0 | 1 0 | 0 0 1 |

稍快

2 1 2 3 · 5 | 5 3 5 0 5 3 0 5 3 | 5 3 ·5 5 5 5 5 6 | 6 5 3 3 6 6 5 |

3 3 0 3 5 3 | 3 3·3 3 3 | 3 3 3 5 3 | 3 2 3 5·3 5 3 |

3 2 3 · 3 3 | 3·5 3 2 1 2 3 | 3 2 3 0 3 2 0 3 2 | 3 2 3 3 3 5 3 2 |

1 1 2 1 2 3 | 3 3 0 2 1 0 2 1 | 2 1 2 3·3 3 5 | 5 5 5·5 5 3 |

2 3 2 3 | 2 3 2 | 5 3 2 | 3 2·3 2 1 | 6 – | 1·2 3 2 1 |

6 6 1 | 6·1 6 1 6 1 2 | 1 2 3 | 2·3 2 3 2 1 | 1 1 – | 2 1 1 |

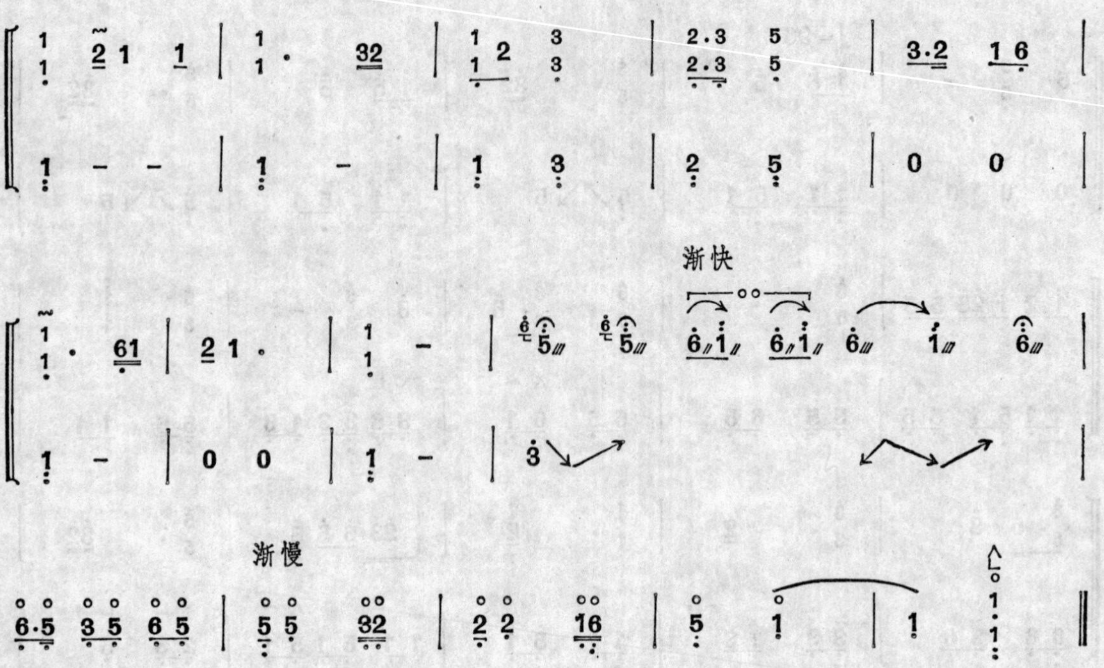

渐快

渐慢

雪山春晓

范上娥
格桑达吉 曲

1=G

速度自由

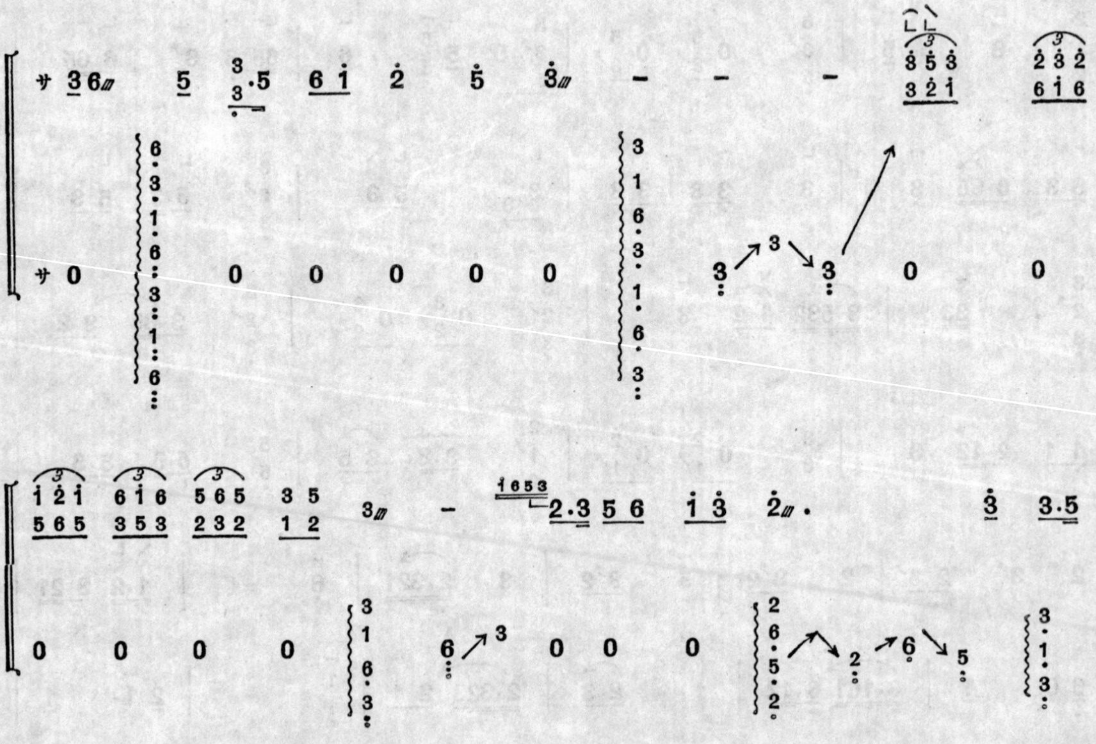

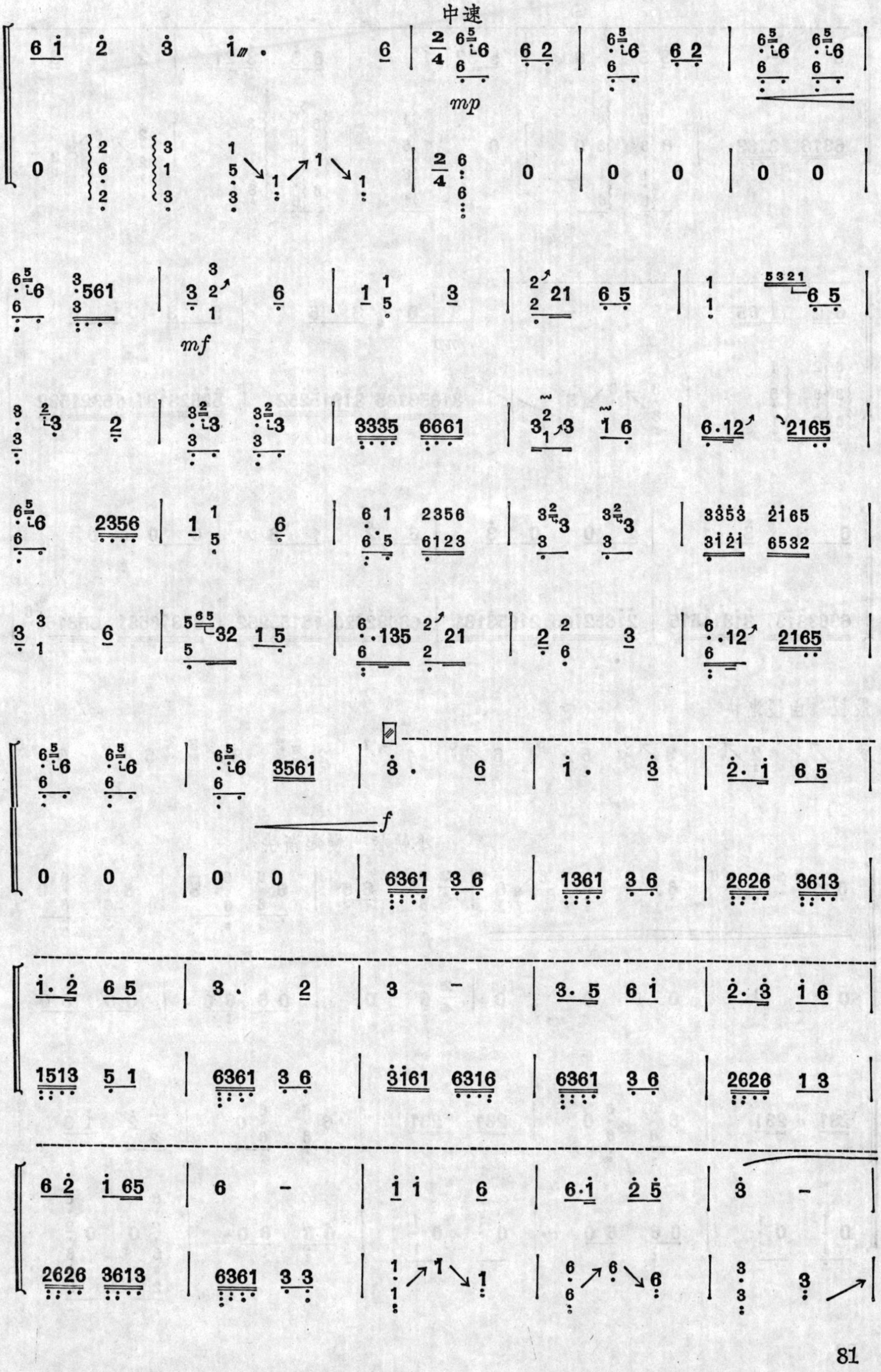

中速

mp

mf

f

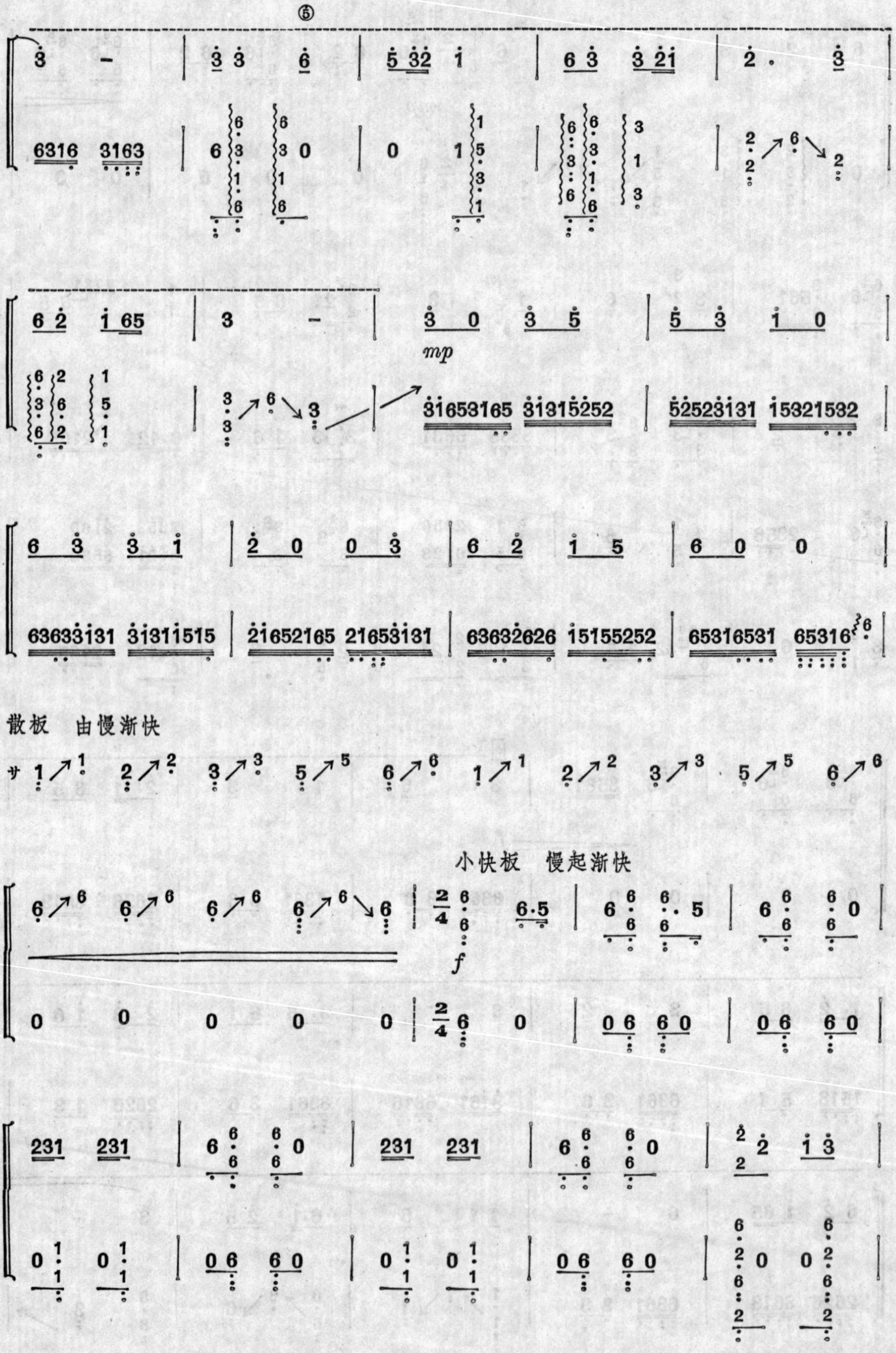

⑤

3 - | 3 3 6 | 5 32 1 | 6 3 3 21 | 2 . 3 |

6316 3163 | 6 0 | 0 1 | | 2 ↗ 6 ↘ 2 |

6 2 1 65 | 3 - | 3 0 3 5 | 5 3 1 0 |

mp

| 3 ↗ 6 ↘ 3 ↗ | 31653165 31315252 | 52523131 15321532 |

6 3 3 1 | 2 0 0 3 | 6 2 1 5 | 6 0 0 |

63633131 31311515 | 21652165 21653131 | 63632626 15155252 | 65316531 65316 6 |

散板　由慢渐快

サ 1 ↗ 1 2 ↗ 2 3 ↗ 3 5 ↗ 5 6 ↗ 6 1 ↗ 1 2 ↗ 2 3 ↗ 3 5 ↗ 5 6 ↗ 6

小快板　慢起渐快

6 ↗ 6 6 ↗ 6 6 ↗ 6 6 ↗ 6 ↘ 6 | 2/4 6 6·5 | 6 6 6·5 | 6 6 6 0 |

f

0 0 0 0 0 | 2/4 6 0 | 0 6 6 0 | 0 6 6 0 |

231 231 | 6 6 6 0 | 231 231 | 6 6 6 0 | 2 2 1 3 |

0 1 0 1 | 0 6 6 0 | 0 1 0 1 | 0 6 6 0 | 6 0 0 6 |

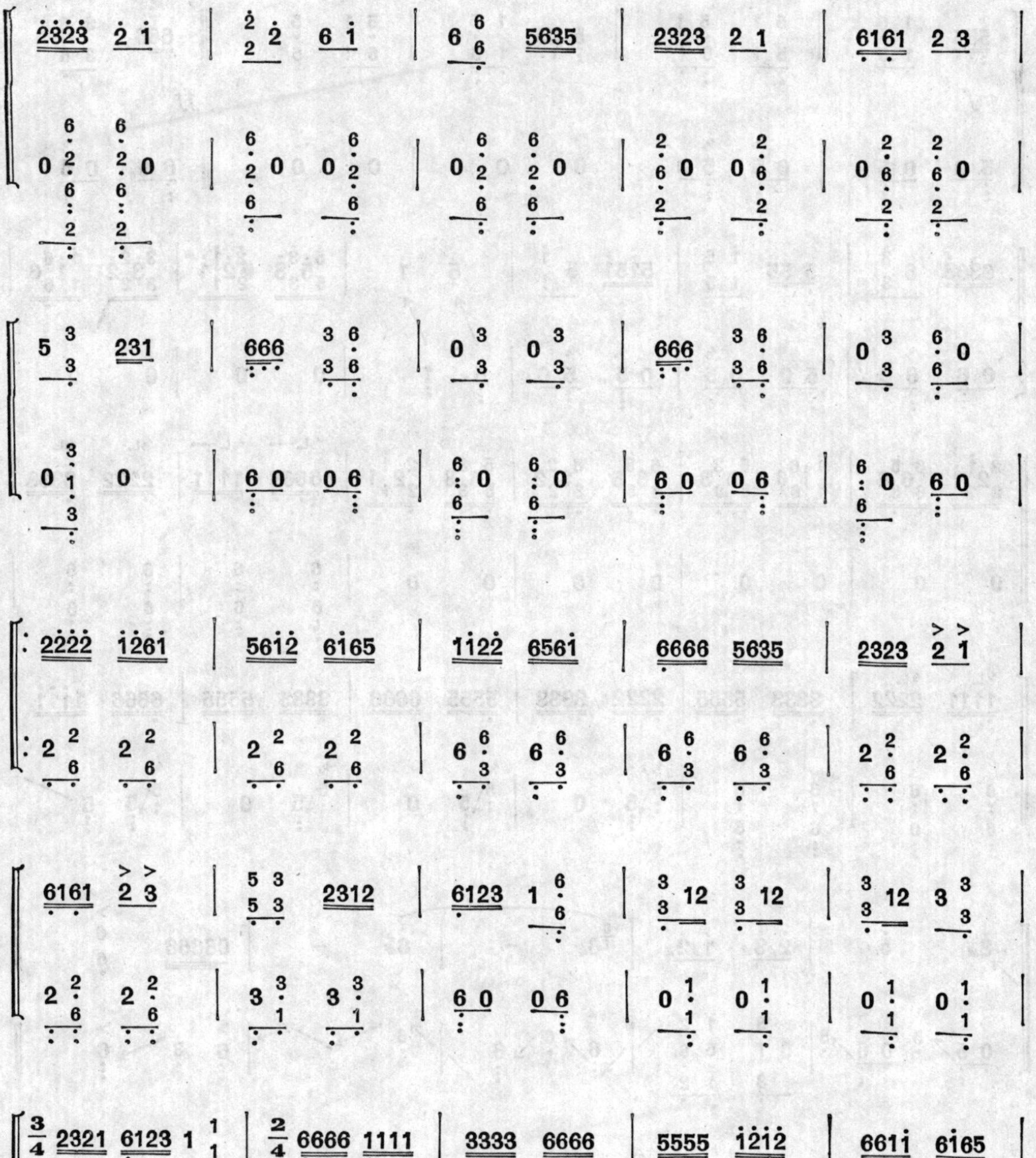

2323 2 1 | 2 2 6 1 | 6 6 6 5635 | 2323 2 1 | 6161 2 3 |

0 6 2 6 2 6 2 6 2 0 | 6 2 6 0 0 6 2 6 | 0 6 2 6 6 2 6 0 | 2 6 2 0 0 2 6 2 | 0 2 6 2 2 6 2 0 |

5 3 3 231 | 666 3 6 3 6 | 0 3 3 0 3 3 | 666 3 6 3 6 | 0 3 3 6 6 0 |

0 3 1 3 0 | 6 0 0 6 | 6 6 0 6 6 0 | 6 0 0 6 | 6 6 0 6 0 |

2222 1261 | 5612 6165 | 1122 6561 | 6666 5635 | 2323 2 1 |

2 2 6 2 2 6 | 2 2 6 2 2 6 | 6 6 3 6 6 3 | 6 6 3 6 6 3 | 2 2 6 2 2 6 |

6161 2 3 | 5 3 5 3 2312 | 6123 1 6 6 | 3 3 12 3 3 12 | 3 3 12 3 3 3 |

2 2 6 2 2 6 | 3 3 1 3 3 1 | 6 0 0 6 | 0 1 1 0 1 1 | 0 1 1 0 1 1 |

3/4 2321 6123 1 1 1 | 2/4 6666 1111 | 3333 6666 | 5555 1212 | 6611 6165 |

3/4 2 2 0 0 2 2 0 1 1 | 2/4 6 6 3 1 1 5 | 3 3 1 6 6 3 | 5 5 2 5 2 | 3 3 1 3 1 |

1235 2321 | 666 3 6 3 6 | 6 3 6 3 6 3 6 3 | 666 3 6 3 6 | 6 3 6 3 6 6 |

1 1 5 1 5 | 6 0 0 6 | 0 6 6 0 | 6 0 0 6 | 0 6 6 0 |

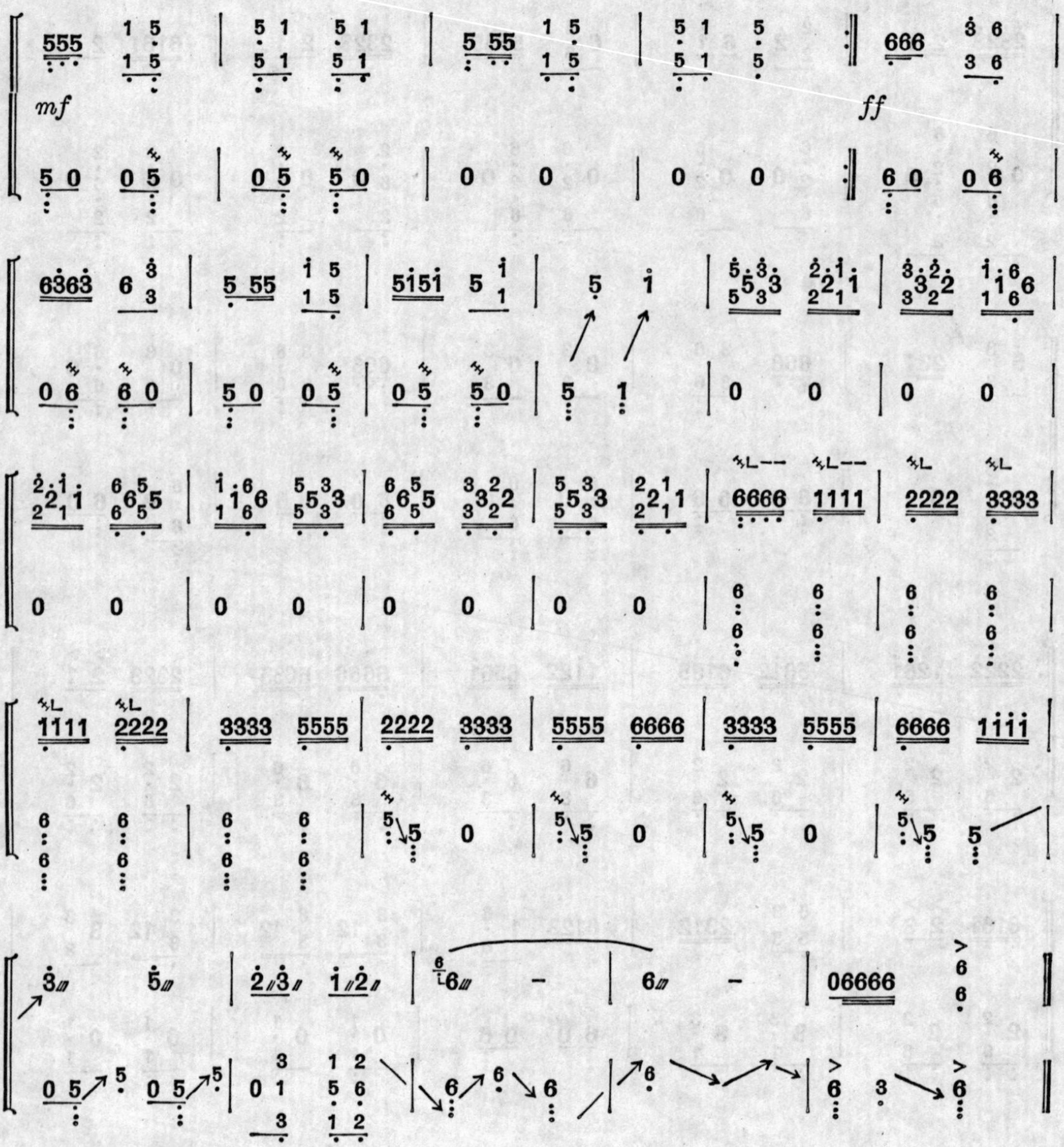

mf

ff

香山射鼓

1=D

曲 云曲

幽雅、古朴地

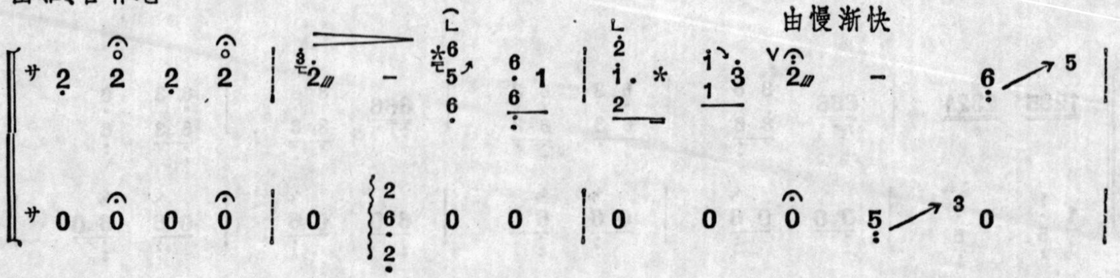

由慢渐快

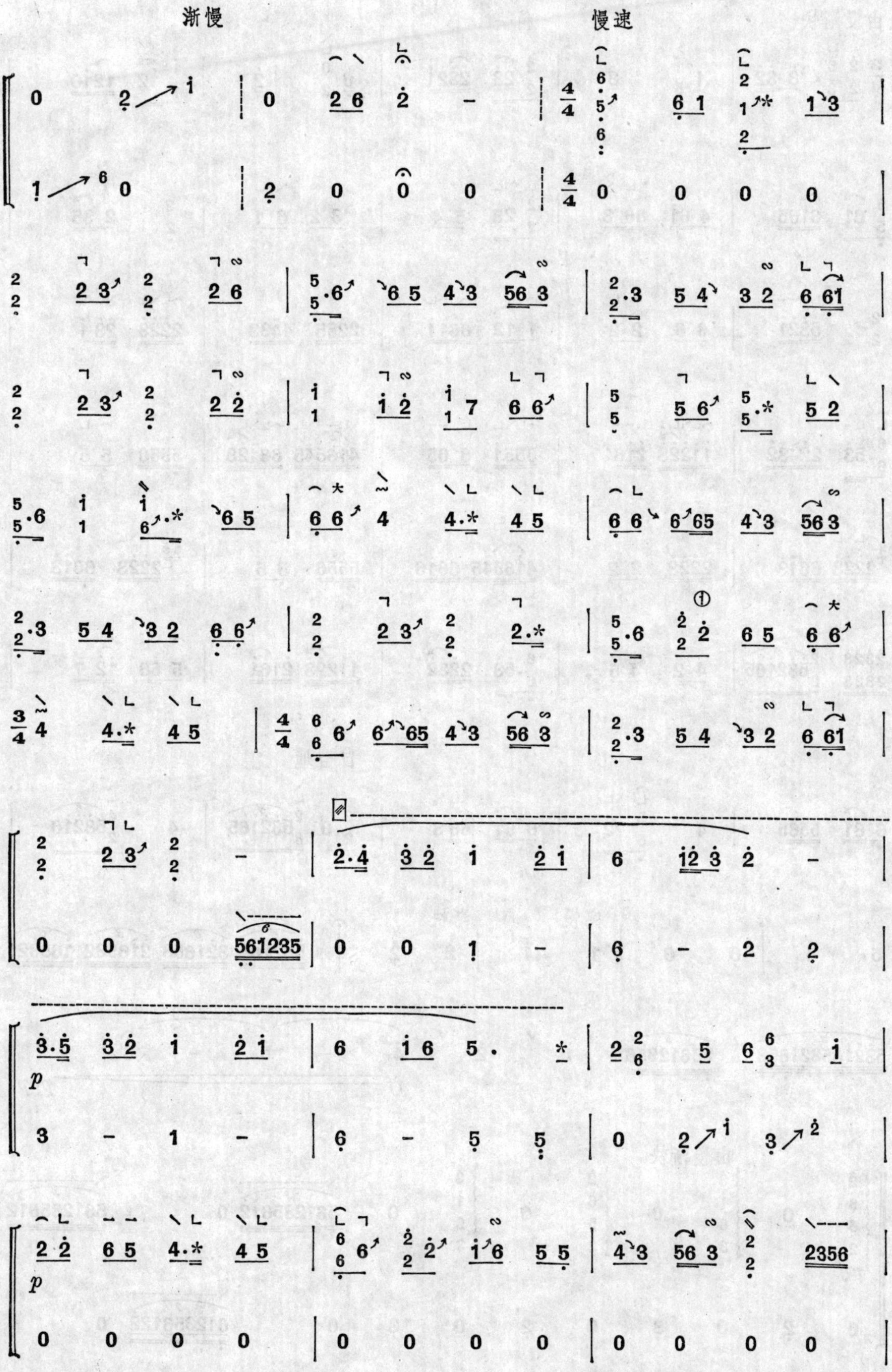

渐慢　　　　　　　　　　慢速

| 0 2 ↗ 1 | 0 2 6 2 – | 4/4 6 5 6 6 1 2 1 2 1 3 |
| 1 ↗ 6 0 | 2 0 0 0 | 4/4 0 0 0 0 |

| 2 2 2 3 2 2 2 6 | 5 5·6 6 5 4 3 56 3 | 2 2·3 5 4 3 2 6 61 |

| 2 2 2 3 2 2 2 2 | 1 1 1 2 1 1 7 6 6 | 5 5 5 6 5 5·* 5 2 |

| 5 5·6 1 1 1 6·* 6 5 | 6 6 4 4·* 4 5 | 6 6 6 65 4 3 56 3 |

| 2 2·3 5 4 3 2 6 6 | 2 2 2 3 2 2 2·* | 5 5·6 ① 2 2 2 6 5 6 6 |

| 3/4 4 4·* 4 5 | 4/4 6 6 6 6 65 4 3 56 3 | 2 2·3 5 4 3 2 6 61 |

| 2 2 2 3 2 2 – | 2·4 3 2 1 2 1 | 6 12 3 2 – |
| 0 0 0 561235 | 0 0 1 – | 6 – 2 2 |

| 3·5 3 2 1 2 1 | 6 1 6 5· * | 2 2 6 5 6 6 3 1 |
p
| 3 – 1 – | 6 – 5 5 | 0 2 ↗ 1 3 ↗ 2 |

| 2 2 6 5 4·* 4 5 | 6 6 6 2 2 2 1 6 5 5 | 4 3 56 3 2 2 2356 |
p
| 0 0 0 0 | 0 0 0 0 | 0 0 0 0 |

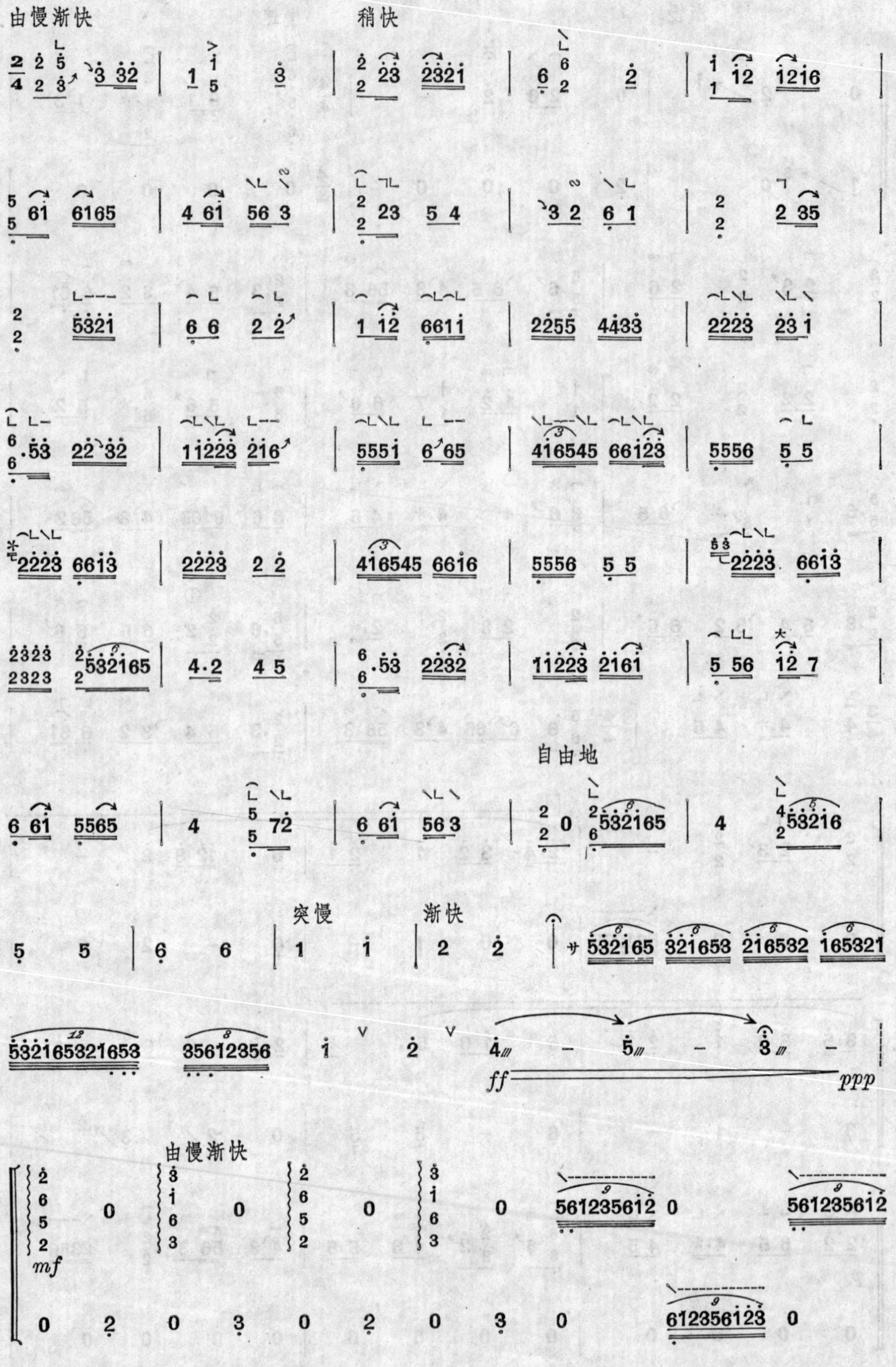

由慢渐快　　　　　　　　稍快

2/4 2 5 2 3 3 32 | 1 1 5 3 | 2 2 23 2321 | 6 6 2 2 | 1 1 12 1216 |

5 5 61 6165 | 4 61 56 3 | 2 2 23 5 4 | 3 2 6 1 | 2 2 2 35 |

2 2 5321 | 6 6 2 2 | 1 12 6611 | 2255 4433 | 2223 23 1 |

6 6 .53 22 32 | 11223 216 | 5551 6 65 | 416545 66123 | 5556 5 5 |

2223 6613 | 2223 2 2 | 416545 6616 | 5556 5 5 | 2223 6613 |

2323 2323 2 532165 | 4·2 4 5 | 6 6 .53 2232 | 11223 2161 | 5 56 12 7 |

自由地

6 61 5565 | 4 5 5 72 | 6 61 563 | 2 2 0 2 6 532165 | 4 4 2 53216 |

突慢　　渐快

5 5 | 6 6 | 1 1 | 2 2 | サ 532165 321653 216532 165321

532165321653 35612356 1 V 2 V 4 — 5 — 3 — |

ff ——— *ppp*

由慢渐快

2 6 5 2 0 3 1 6 3 0 2 6 5 2 0 3 1 6 3 0 561235612 0 561235612

mf

0 2 0 3 0 2 0 3 0 612356123 0

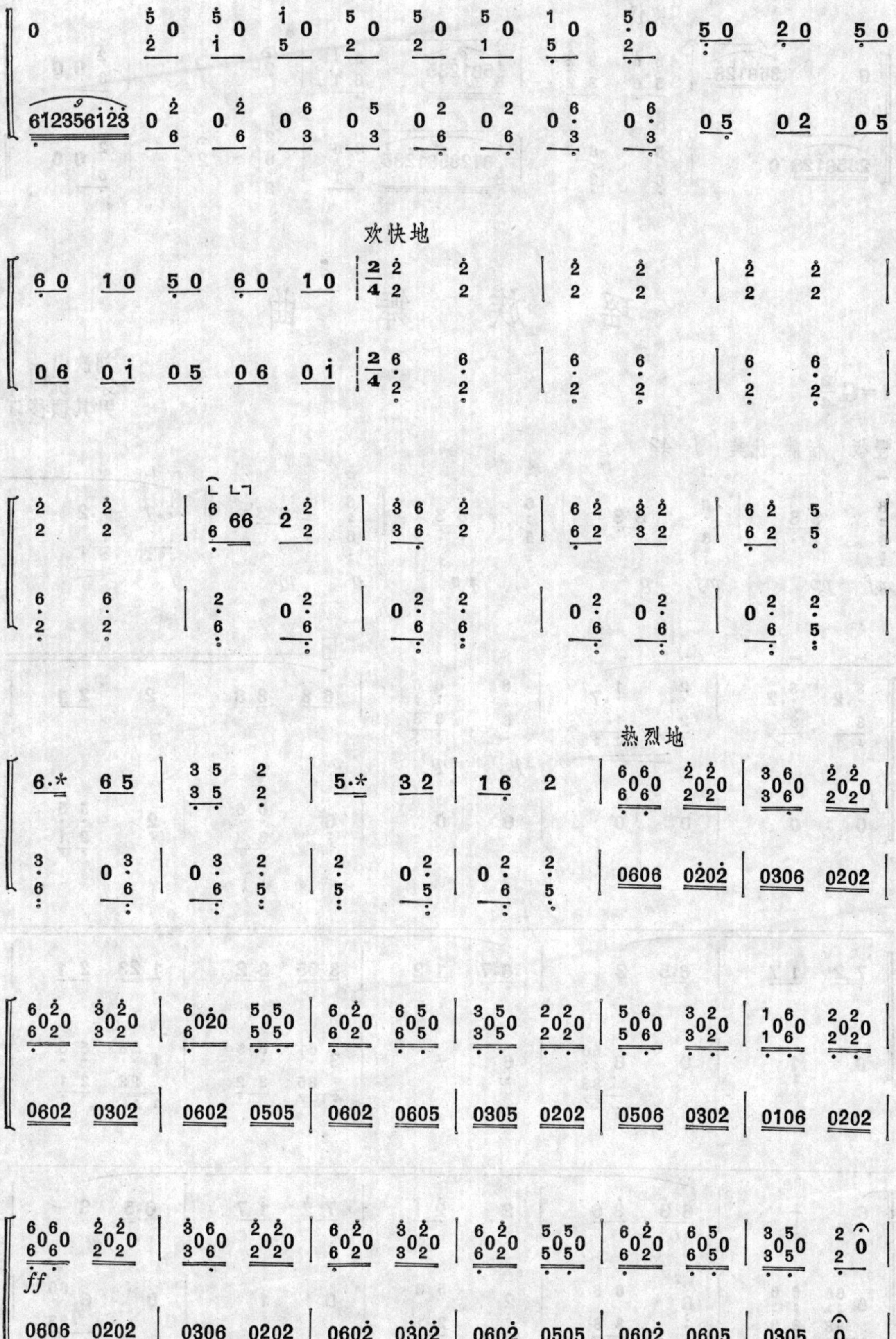

欢快地

热烈地

ff

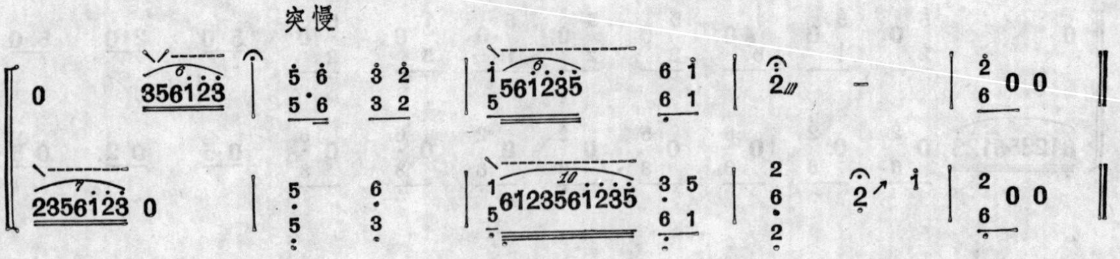

突慢

瑶族舞曲

刘铁山
茅　沅曲
尹其颖移订

1=G $\frac{2}{4}$

慢板　恬静、优美　♩=42

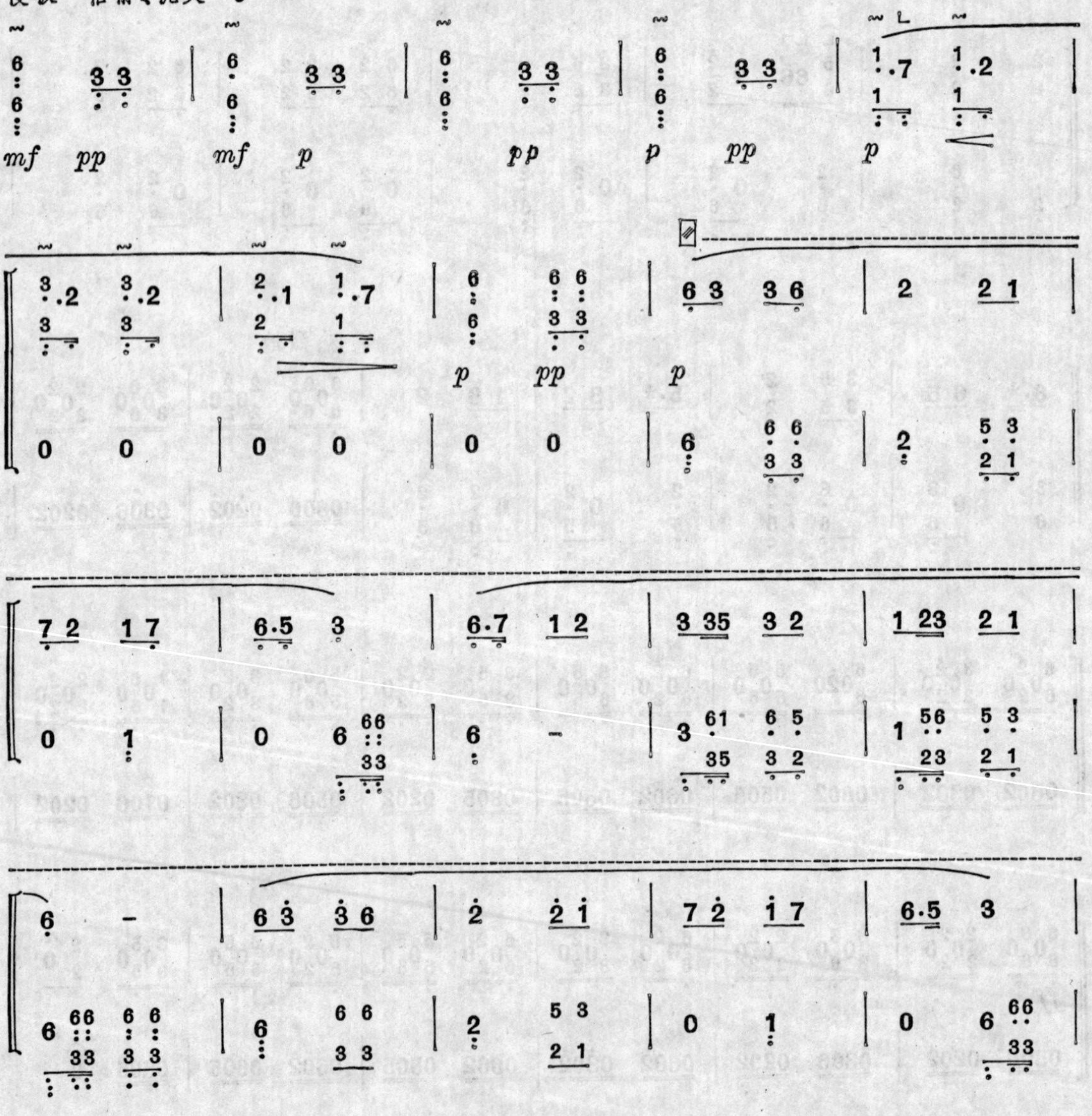

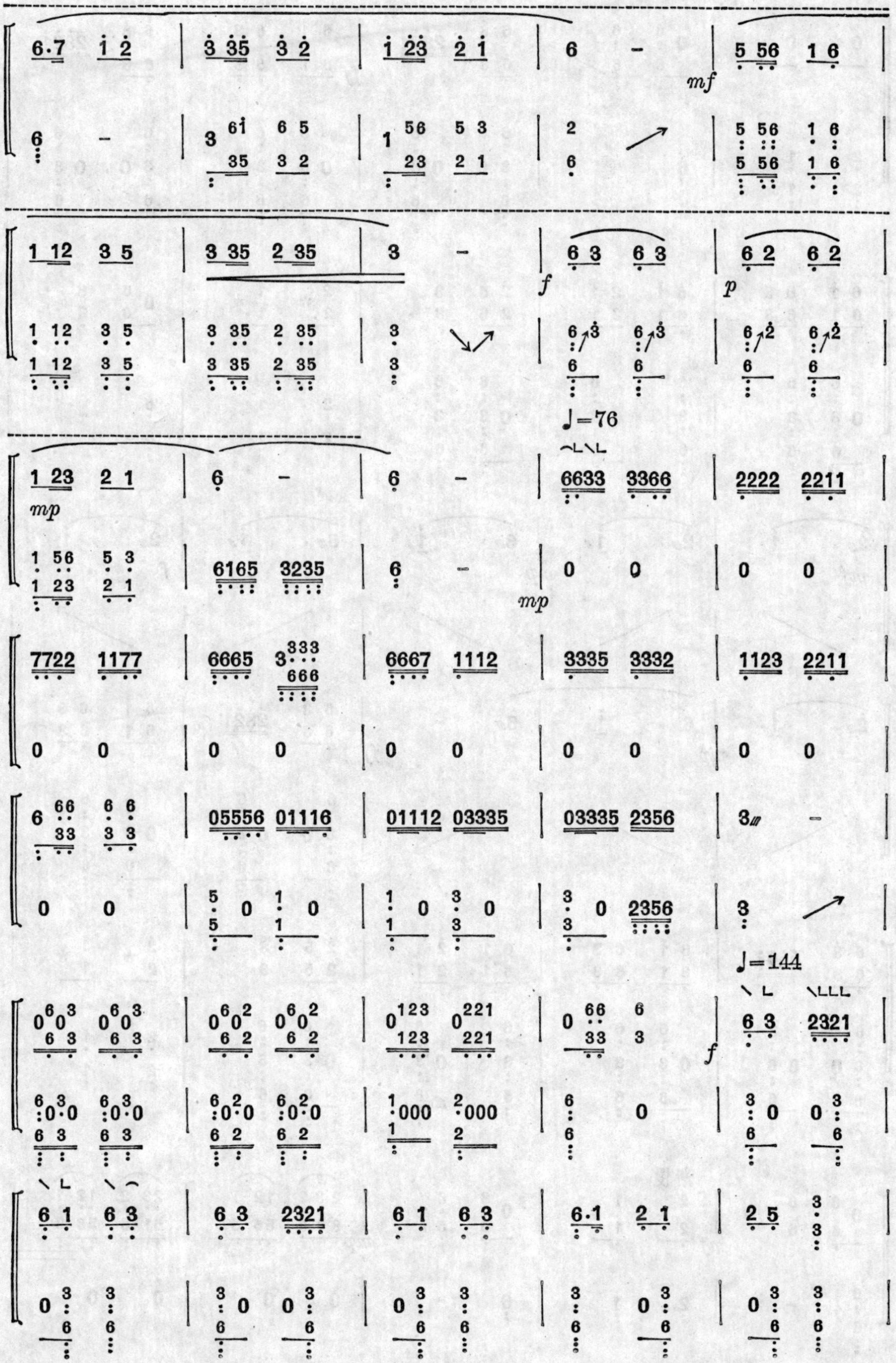

| 6·7 1 2 | 3 35 3 2 | 1 23 2 1 | 6 - | 5 56 1 6 |
mf

| 6 - | 3 61 35 6 5 3 2 | 1 56 23 5 3 2 1 | 2 6 | 5 56 5 56 1 6 1 6 |

| 1 12 3 5 | 3 35 2 35 | 3 - | 6 3 6 3 | 6 2 6 2 |
f p

| 1 12 1 12 3 5 3 5 | 3 35 3 35 2 35 2 35 | 3 3 | 6 3 6 6 3 6 | 6 2 6 6 2 6 |

♩=76

| 1 23 2 1 | 6 - | 6 - | 6633 3366 | 2222 2211 |
mp

| 1 56 1 23 5 3 2 1 | 6165 3235 | 6 - | 0 0 | 0 0 |
mp

| 7722 1177 | 6665 3 333 666 | 6667 1112 | 3335 3332 | 1123 2211 |

| 0 0 | 0 0 | 0 0 | 0 0 | 0 0 |

| 6 66 33 6 6 3 3 | 05556 01116 | 01112 03335 | 03335 2356 | 3 - |

| 0 0 | 5 5 0 1 1 0 | 1 1 0 3 3 0 | 3 3 0 2356 | 3 |

♩=144

| 0 6 0 3 6 3 0 6 0 3 6 3 | 0 6 0 2 6 2 0 6 0 2 6 2 | 0 123 123 0 221 221 | 0 66 33 6 3 | 6 3 2321 |
f

| 6 0 3 0 6 3 6 0 3 0 6 3 | 6 0 2 0 6 2 6 0 2 0 6 2 | 1 000 1 2 000 2 | 6 6 0 | 3 0 6 0 3 6 |

| 6 1 6 3 | 6 3 2321 | 6 1 6 3 | 6·1 2 1 | 2 5 3 3 |

| 0 3 6 3 6 | 3 6 0 0 3 6 | 0 3 6 3 6 | 3 6 0 3 6 | 0 3 6 3 6 |

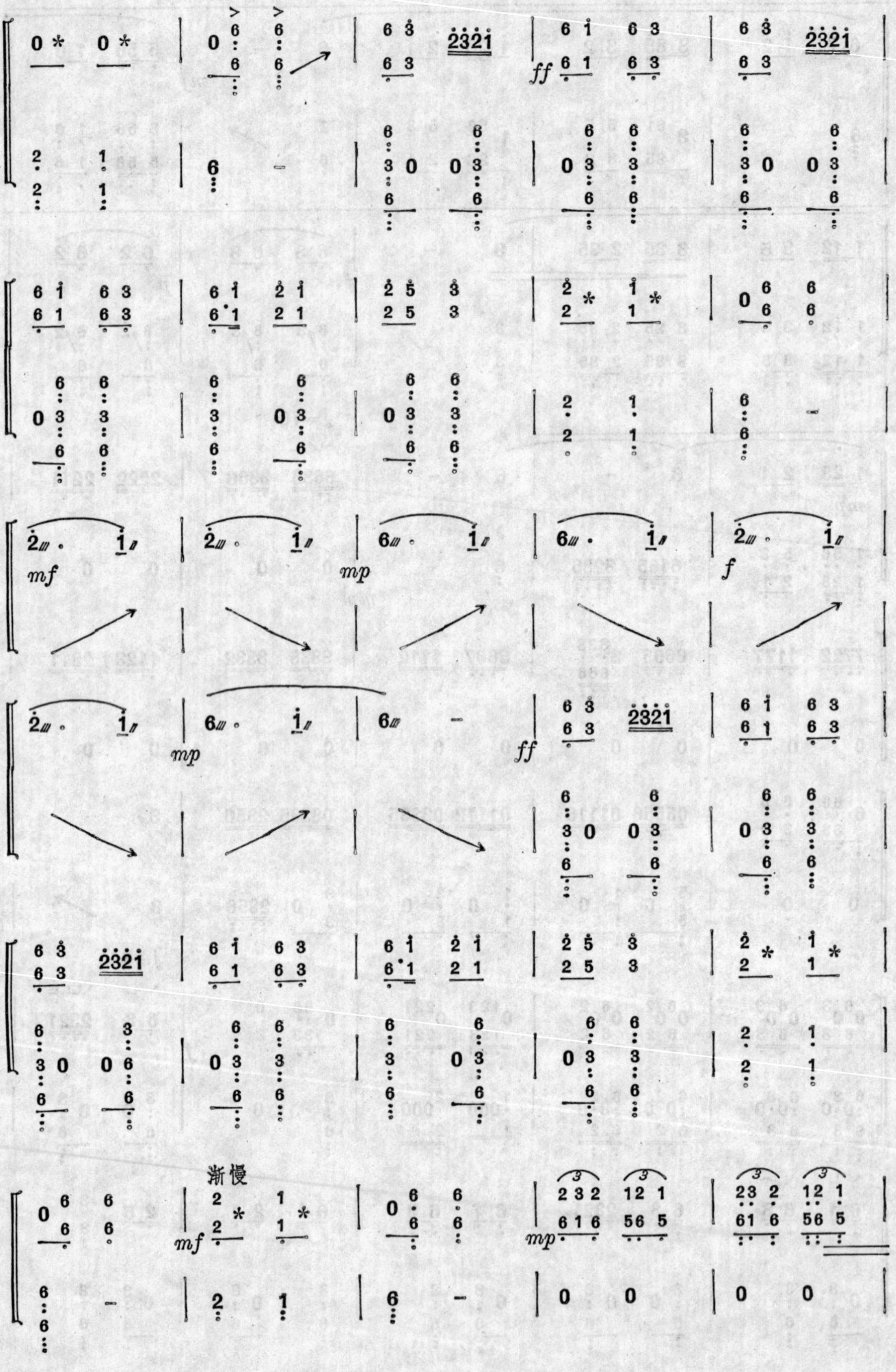

ff

mf *mp* *f*

mp *ff*

渐慢

mf *mp*

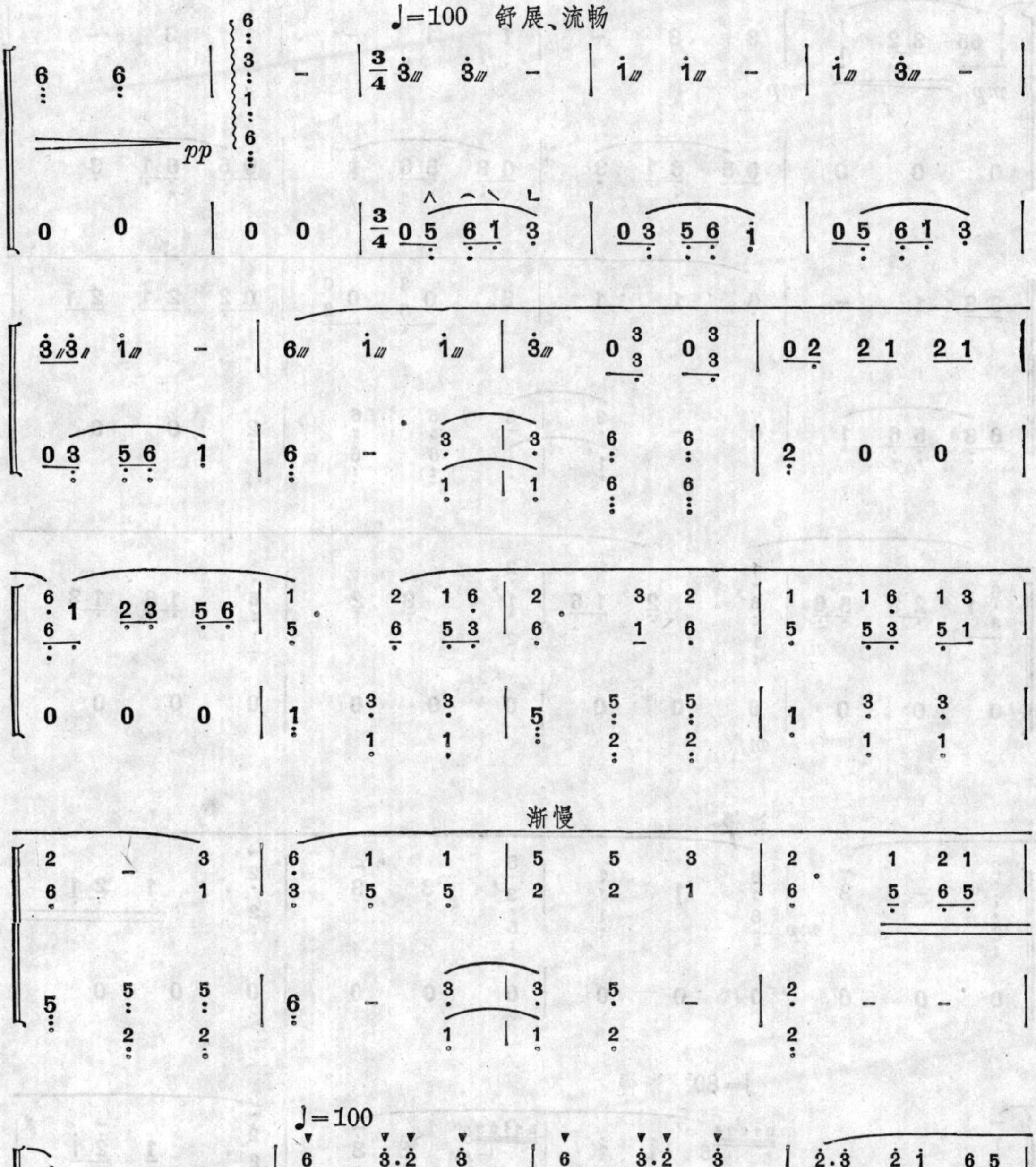

♩=100 舒展、流畅

pp

渐慢

♩=100

mf

mp *mf* *mp* *mf*

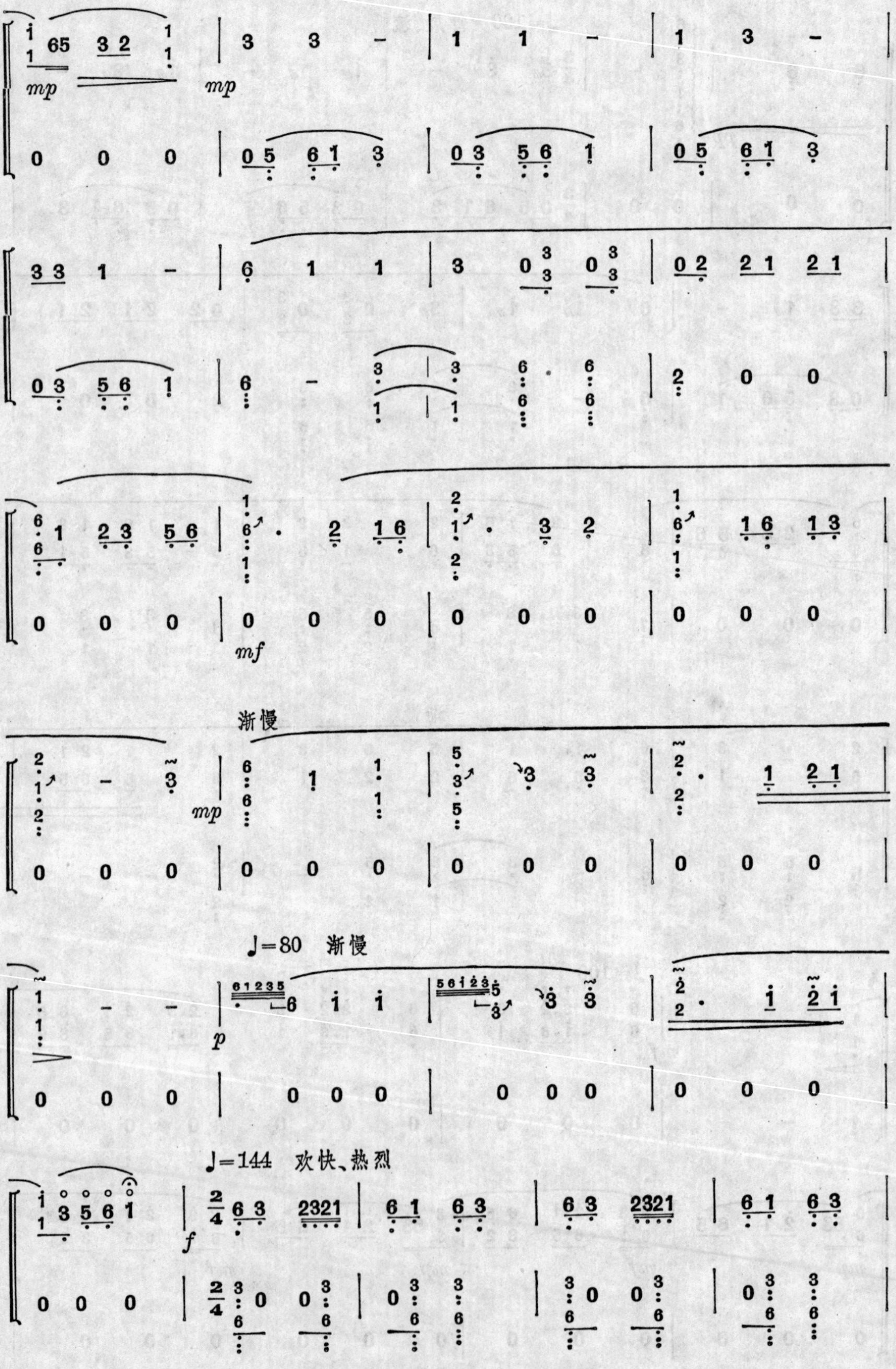

mp *mp*

mf

渐慢

mp

♩=80 渐慢

p

♩=144 欢快、热烈

f

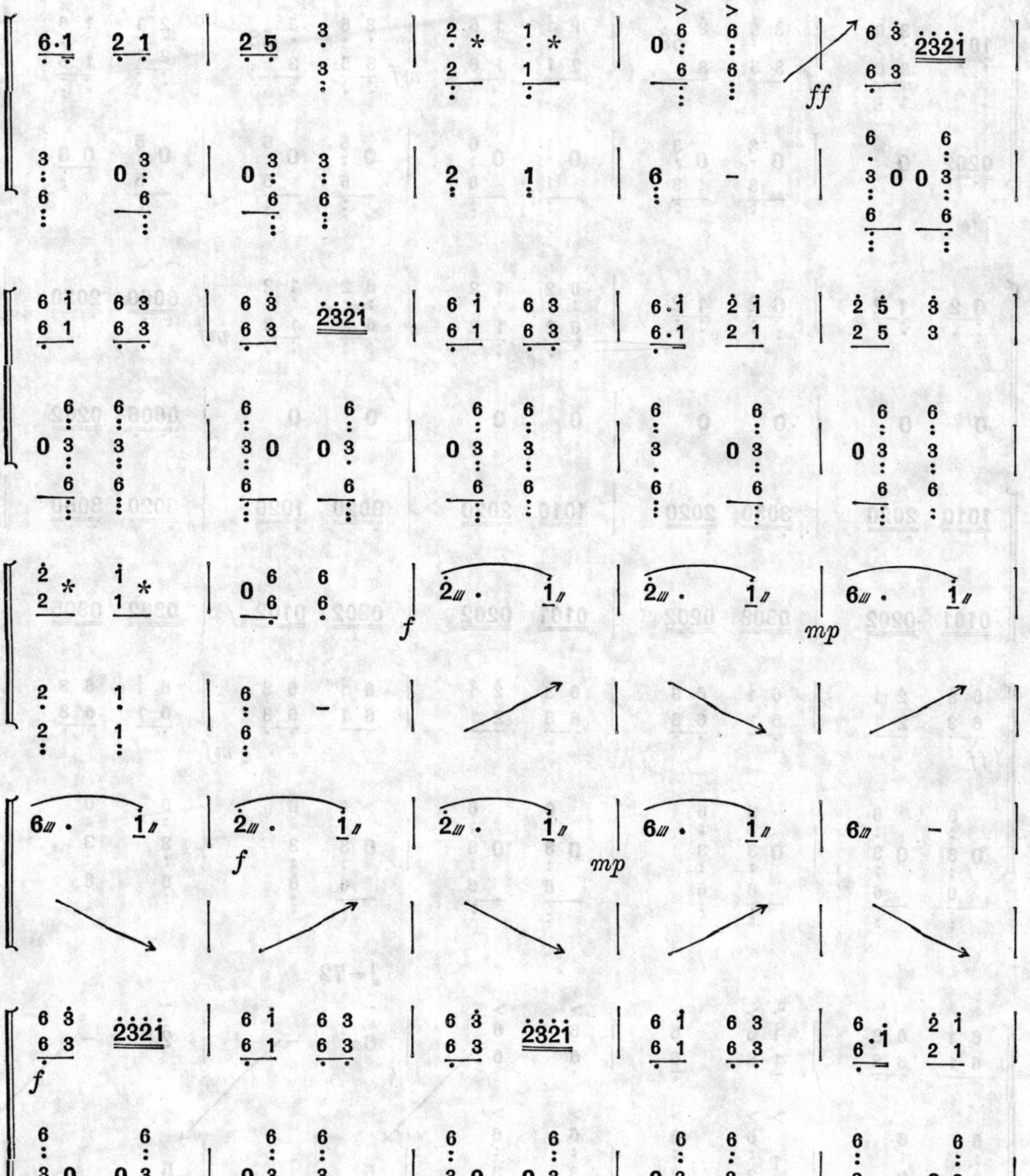

| 6·1 2 1 | 2 5 3 3 | 2 * 1 * 2 1 | 0 6 6 6 6 | *ff* 6 3 6 3 2321 |
| 3 6 0 3 6 | 0 3 6 3 6 | 2 1 | 6 – | 6 3 6 0 0 6 3 6 |

| 6 1 6 1 6 3 6 3 | 6 3 6 3 2321 | 6 1 6 1 6 3 6 3 | 6·1 6·1 2 1 2 1 | 2 5 2 5 3 3 |
| 0 6 3 6 6 3 6 | 6 3 6 0 0 6 3 6 | 0 6 3 6 6 3 6 | 6 3 6 0 6 3 6 | 0 6 3 6 6 3 6 |

| 2 2 * 1 1 * | 0 6 6 6 6 | *f* 2 · 1 | 2 · 1 | *mp* 6 · 1 |
| 2 2 1 1 | 6 6 – | | | |

| 6 · 1 | *f* 2 · 1 | 2 · 1 | *mp* 6 · 1 | 6 – |
| | | | | |

| *f* 6 3 6 3 2321 | 6 1 6 1 6 3 6 3 | 6 3 6 3 2321 | 6 1 6 1 6 3 6 3 | 6·1 6·1 2 1 2 1 |
| 6 3 6 0 0 6 3 6 | 0 6 3 6 6 3 6 | 6 3 6 0 0 6 3 6 | 0 6 3 6 6 3 6 | 6 3 6 0 6 3 6 |

| *f* 2 5 2 5 3 3 | 2 * 1 * 2 1 | 6 3 6 3 | 1010 3 6 3 6 | *mf* 6 3 6 3 |
| 0 6 3 6 6 3 6 | 2 2 1 1 | 6 6 6 6 | 0202 0 | 6 6 |

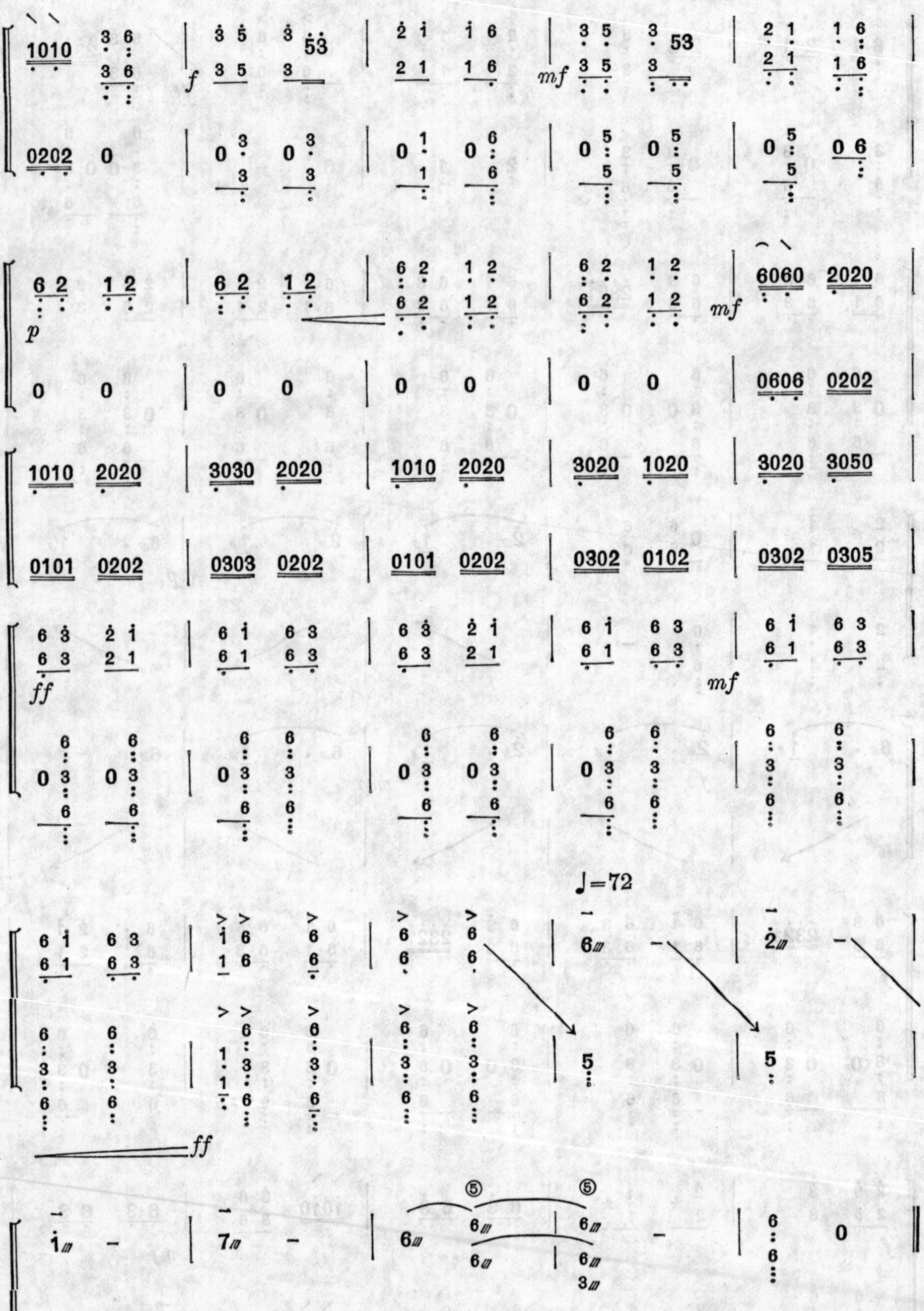

1010 3 6 | 3 5 3 53 | 2 1 1 6 | 3 5 3 53 | 2 1 1 6 |
3 6 | *f* 3 5 3 | 2 1 1 6 | *mf* 3 5 3 | 2 1 1 6 |

0202 0 | 0 3 0 3 | 0 1 0 6 | 0 5 0 5 | 0 5 0 6 |
3 3 | 1 6 | 5 5 | 5 |

6 2 1 2 | 6 2 1 2 | 6 2 1 2 | 6 2 1 2 | 6060 2020 |
p | | 6 2 1 2 | 6 2 1 2 *mf* |

0 0 | 0 0 | 0 0 | 0 0 | 0606 0202 |

1010 2020 | 3030 2020 | 1010 2020 | 3020 1020 | 3020 3050 |

0101 0202 | 0303 0202 | 0101 0202 | 0302 0102 | 0302 0305 |

6 3 2 1 | 6 1 6 3 | 6 3 2 1 | 6 1 6 3 | 6 1 6 3 |
6 3 2 1 | 6 1 6 3 | 6 3 2 1 | 6 1 6 3 | *mf* 6 1 6 3 |
ff

0 6 3 6 0 6 3 6 | 0 6 3 6 6 3 6 | 0 6 3 6 0 6 3 6 | 0 6 3 6 6 3 6 | 6 3 6 6 3 6 |

♩=72

6 1 6 3 | 1 6 6 | 6 6 | 6 – | 2 – |
6 1 6 3 | 1 6 6 | 6 6 |

6 3 6 6 3 6 | 1 1 6 3 6 6 3 6 | 6 3 6 6 3 6 | 5 | 5 |
——*ff*

1 – | 7 – | 6 ⑤6 | ⑤6 – | 6 6 0 ‖
| | 6 | 6 3 | ‖

5 | 0 0 | 0 0 | 0 0 | 0 0 ‖
pp —— *ff*

樱 花

日本民谣
谢天吉 李贤德 改编

1＝♭B $\frac{4}{4}$

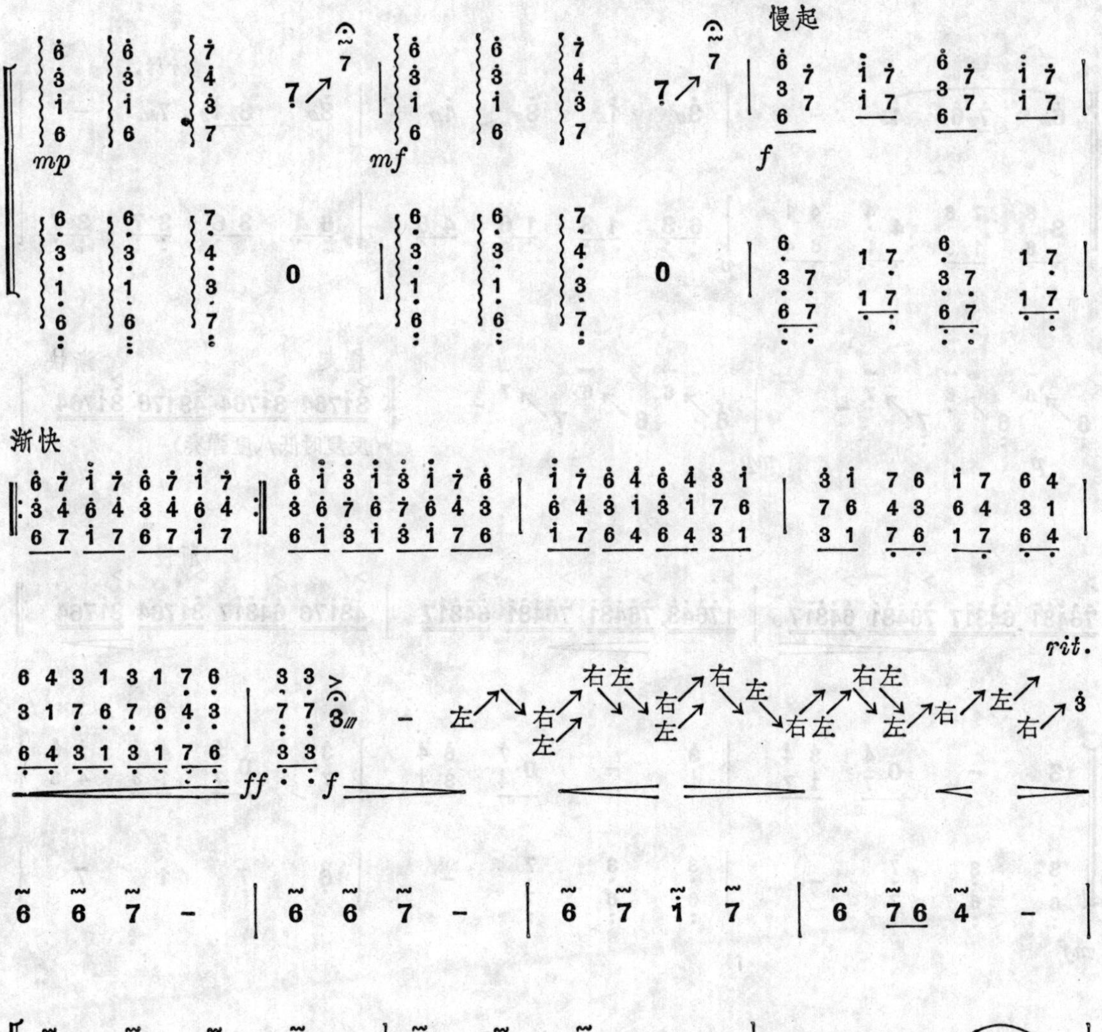

mp *mf*

慢起

f

渐快

ff *f*

左 右 左 右 左 右 左 右 左 右 右 左 右 左 左 右 右 左 右 左 右

rit.

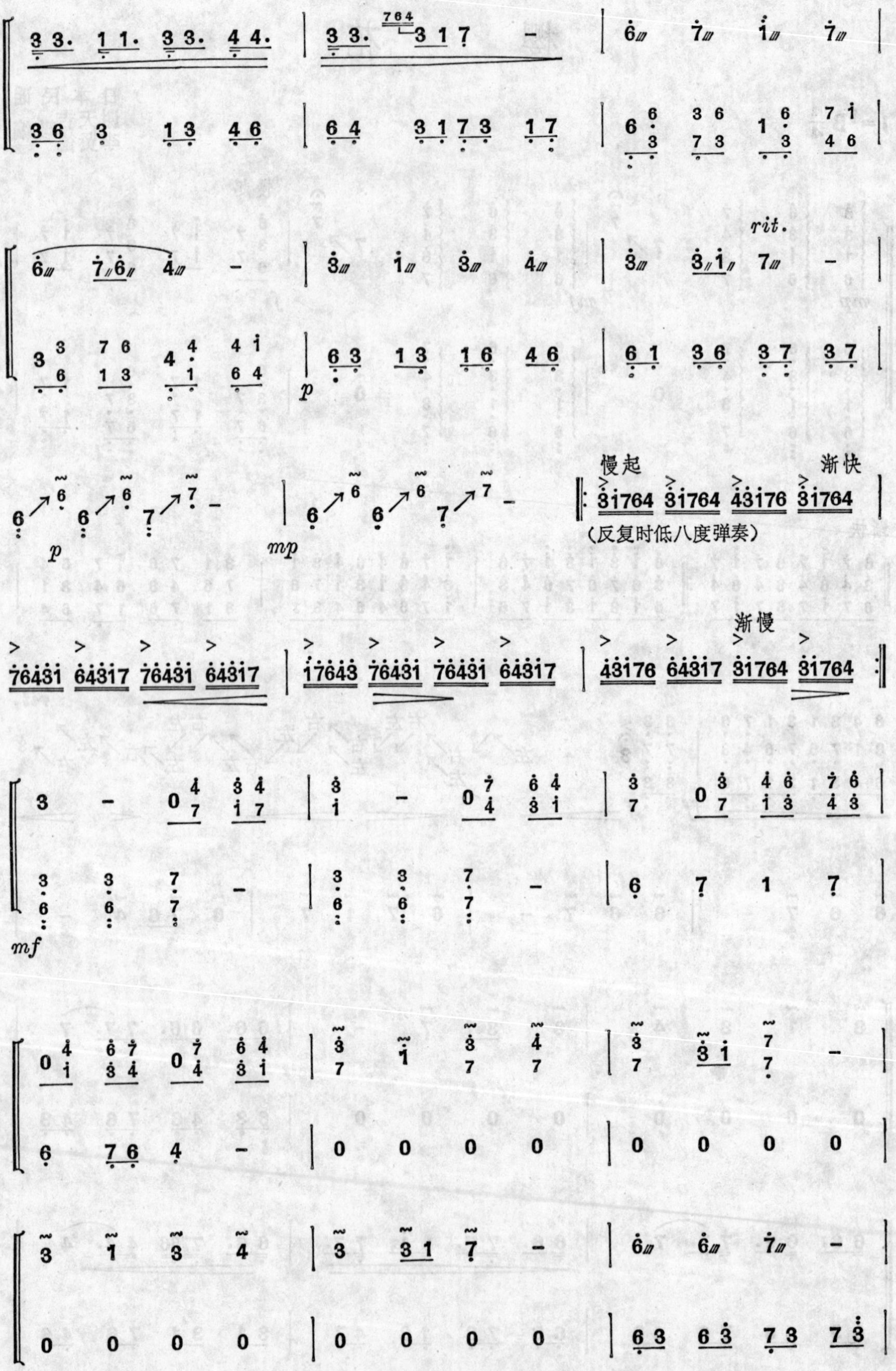

3 3. 1 1. 3 3. 4 4. | 3 3. 764 3 1 7 – | 6 7 1 7 |

3 6 3 1 3 4 6 | 6 4 3 1 7 3 1 7 | 6 6/3 3 6/7 3 1 6/3 7 1/4 6 |

rit.

6 7 6 4 – | 3 1 3 4 | 3 3 1 7 – |

3 3/6 7 6/1 3 4 4/1 4 1/6 4 | *p* 6 3 1 3 1 6 4 6 | 6 1 3 6 3 7 3 7 |

6 ↗ 6 6 ↗ 6 7 ↗ 7 – | 6 ↗ 6 6 ↗ 6 7 ↗ 7 – |

p *mp*

慢起 渐快

‖: 31764 31764 43176 31764 |

（反复时低八度弹奏）

76431 64317 76431 64317 | 17643 76431 76431 64317 |

渐慢

43176 64317 31764 31764 :‖

3 – 0 4/7 3 4/1 7 | 3/1 – 0 7/4 6 4/3 1 | 3/7 0 3/7 4 6/1 3 7 6/4 3 |

mf

3/6 3/6 7/7 – | 3/6 3/6 7/7 – | 6 7 1 7 |

0 4/1 6 7/3 4 0 7/4 6 4/3 1 | 3/7 1 3/7 4/7 | 3/7 3 1 7/7 – |

6 7 6 4 – | 0 0 0 0 | 0 0 0 0 |

3 1 3 4 | 3 3 1 7 – | 6 6 7 – |

0 0 0 0 | 0 0 0 0 | 6 3 6 3 7 3 7 3 |

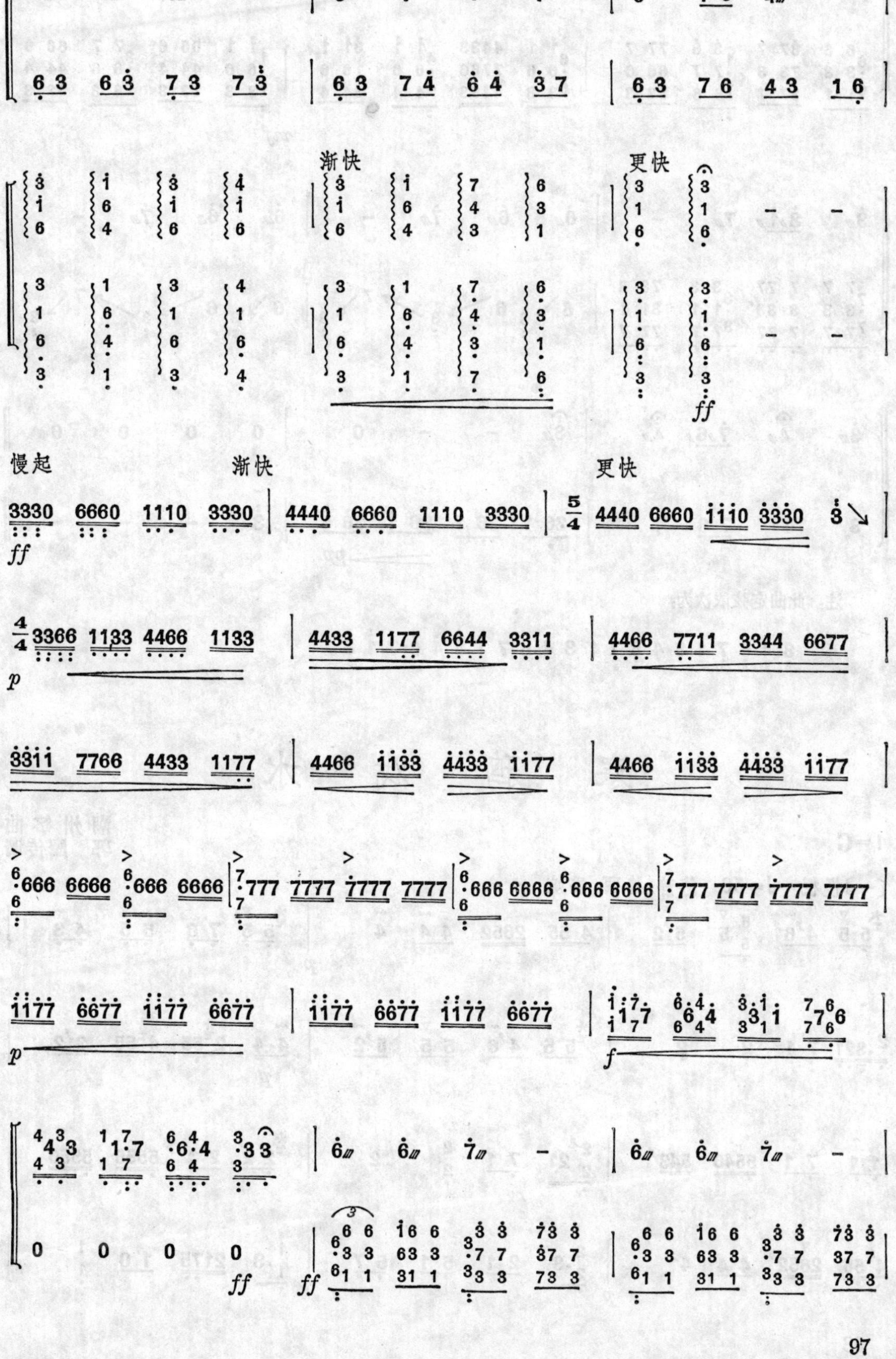

6 6 7 - | 6 7 1 7 | 6 76 4 - |

63 63 73 73 | 63 74 64 37 | 63 76 43 16 |

渐快　　　　更快

631 461 631 641 | 631 461 347 136 | 631 631 - - |

3613 1461 3613 4614 | 3613 1461 7347 6316 | 3613 3613 - - |

ff

慢起　　　　渐快　　　　更快

3330 6660 1110 3330 | 4440 6660 1110 3330 | 5/4 4440 6660 1110 3330 3 |

ff

4/4 3366 1133 4466 1133 | 4433 1177 6644 3311 | 4466 7711 3344 6677 |

p

3311 7766 4433 1177 | 4466 1133 4433 1177 | 4466 1133 4433 1177 |

6666 6666 6666 6666 | 7777 7777 7777 7777 | 6666 6666 6666 6666 | 7777 7777 7777 7777 |

1177 6677 1177 6677 | 1177 6677 1177 6677 | 1177 6644 3311 7766 |

p　　　　f

4433 1177 6644 333 | 6 6 7 - | 6 6 7 - |

0 0 0 0 |

ff　　　　ff

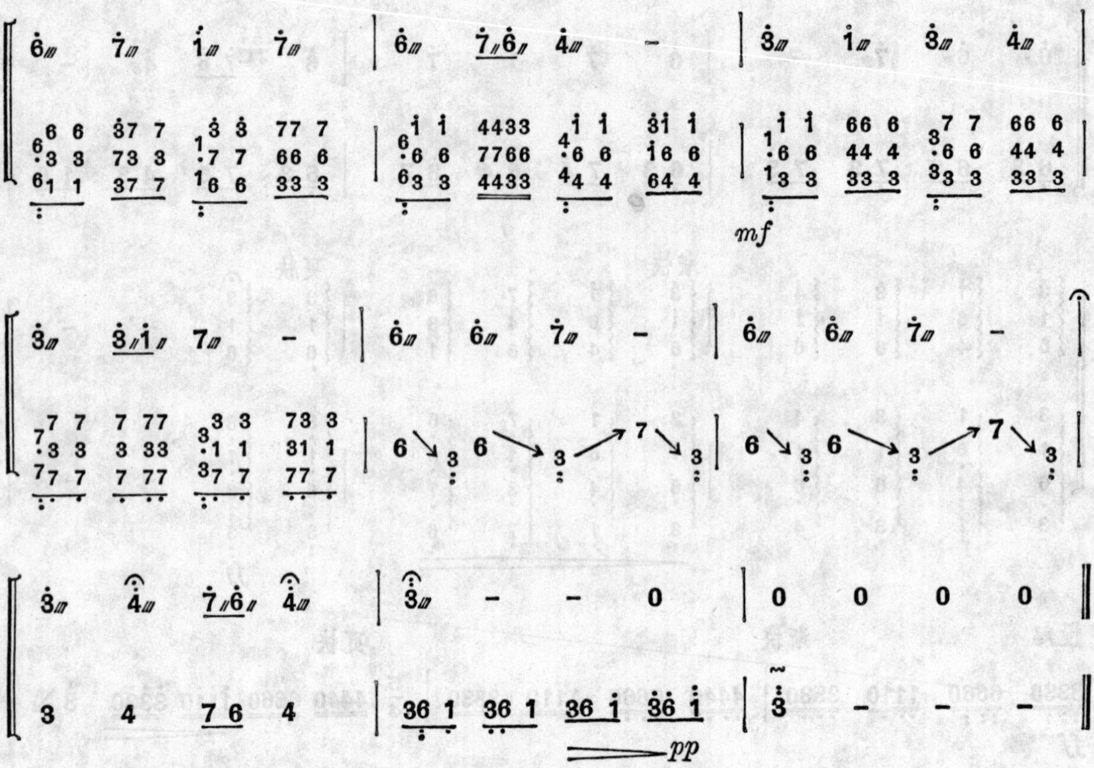

6 7 1 7 | 6 7 6 4 - | 3 1 3 4 |

mf

3 3 1 7 - | 6 6 7 - | 6 6 7 - |

3 4 7 6 4 | 3 - - 0 | 0 0 0 0 ‖

3 4 76 4 | 36 1 36 1 36 1 36 1 | 3 - - - ‖

pp

注：此曲定弦依次为：

3 4 6 7 1 3 4 6 7 1 3 4 6 7 1 3 4 6 7 1 3。

寒鸦戏水

潮州筝曲
郭　鹰传谱

1＝G

〔一〕慢板　♩＝50　悠静、清丽、委婉

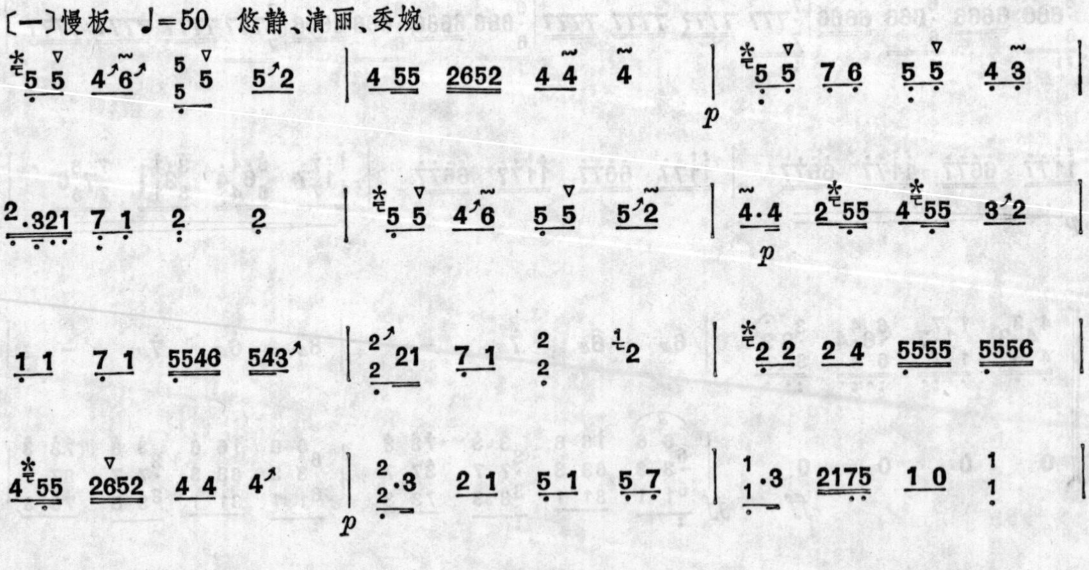

5 5 4 6 5 5 5 2 | 4 55 2652 4 4 4 | 5 5 7 6 5 5 4 3 |

p

2.321 7 1 2 2 | 5 5 4 6 5 5 5 2 | 4·4 2 55 4 55 3 2 |

p

1 1 7 1 5546 543 | 2 21 7 1 2 2 | 2 2 2 4 5555 5556 |

4 55 2652 4 4 4 | 2·3 2 1 5 1 5 7 | 1·3 2175 1 0 1 |

p

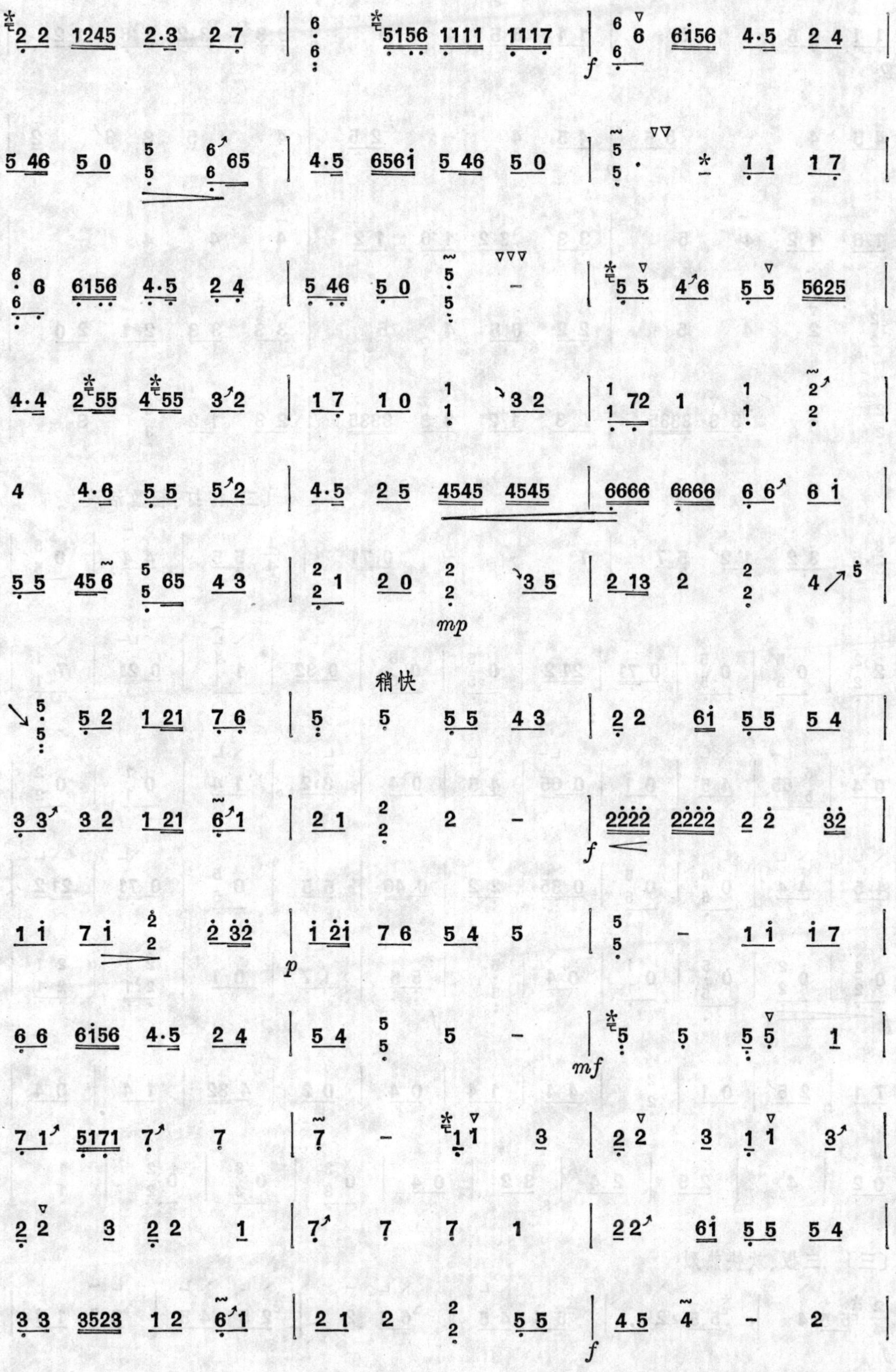

2 2 1245 2·3 2 7 | 6 6 5156 1111 1117 | *f* 6 6 6156 4·5 2 4 |

5 46 5 0 5 5 6 65 | 4·5 6561 5 46 5 0 | 5 5 · 1 1 1 7 |

6 6 6156 4·5 2 4 | 5 46 5 0 5 5 – | 5 5 4 6 5 5 5625 |

4·4 2 55 4 55 3 2 | 1 7 1 0 1 1 3 2 | 1 72 1 1 2 |

4 4·6 5 5 5 2 | 4·5 2 5 4545 4545 | 6666 6666 6 6 6 1 |

5 5 456 5 65 4 3 | 2 1 2 0 *mp* 2 3 5 | 2 13 2 2 4 5 |

稍快

5 5 5 2 1 21 7 6 | 5 5 5 5 4 3 | 2 2 6i 5 5 5 4 |

3 3 3 2 1 21 6 1 | 2 1 2 2 – | *f* 2222 2222 2 2 32 |

1 1 7 1 2 2 2 32 | *p* 1 21 7 6 5 4 5 | 5 5 – 1 1 1 7 |

6 6 6156 4·5 2 4 | 5 4 5 5 – | *mf* 5 5 5 5 1 |

7 1 5171 7 7 | 7 – 1 1 3 | 2 2 3 1 1 3 |

2 2 3 2 2 1 | 7 7 7 1 | 2 2 6i 5 5 5 4 |

3 3 3523 1 2 6 1 | 2 1 2 2 5 5 | *f* 4 5 4 – 2 |

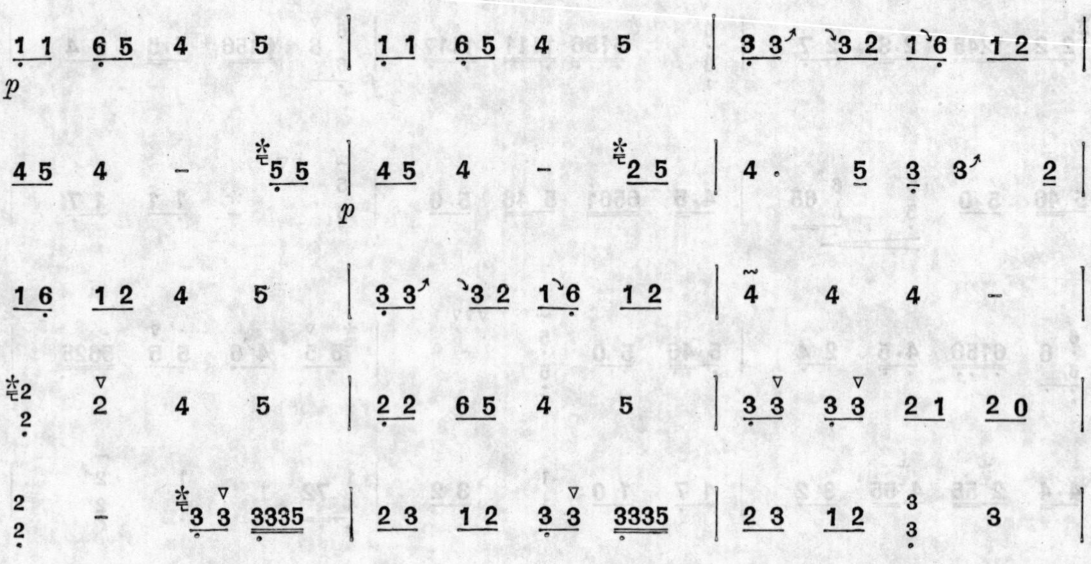

1 1 6 5 4 5 | 1 1 6 5 4 5 | 3 3 3 2 1 6 1 2 |

4 5 4 – 5 5 | 4 5 4 – 2 5 | 4 ○ 5 3 3 2 |

1 6 1 2 4 5 | 3 3 3 2 1 6 1 2 | 4 4 4 – |

2 2 2 4 5 | 2 2 6 5 4 5 | 3 3 3 3 2 1 2 0 |

2 2 – 3 3 3335 | 2 3 1 2 3 3 3335 | 2 3 1 2 3 3 3 |

〔二〕拷打、轻盈活泼

3 3·5 3 2 1 2 5 7 | 1 – – 0 71 | 1/4 5 5 | 4 4 | 0 5 5 |

2 2 2 | 0 5 5 | 0 5 5 | 0 71 | 212 | 0 5 5 | 0 5 5 | 0 32 | 1 1 1 | 0 21 | 7 1 1 |

0 4 | 5 5 65 | 4 5 | 0 1 | 0 65 | 4 5 | 0 4 | 3·2 | 1 4 | 0 1 1 | 0 2 2 |

4·5 | 4 4 | 0 6 6 | 0 5 5 | 0 35 | 2 2 | 0 46 | 5 5 | 0 5 5 | 0 71 | 212 |

0 2 2 | 0 2 2 | 0 5 5 | 0 1 1 | 0 4 | 5 5 | 5 5 | 1 7 | 0 1 | 2 1 2·1 | 2 1 2 1 |

7 1 | 2 5 | 0 1 | 2 2 | 4 4 | 1 4 | 0 4 | 0 2 | 4 32 | 1 4 | 0 4 |

0 2 | 4 | 2 3 | 2 4 | 3 2 | 0 4 | 0 3 3 | 0 3 3 | 0 2 2 | 1 1 |

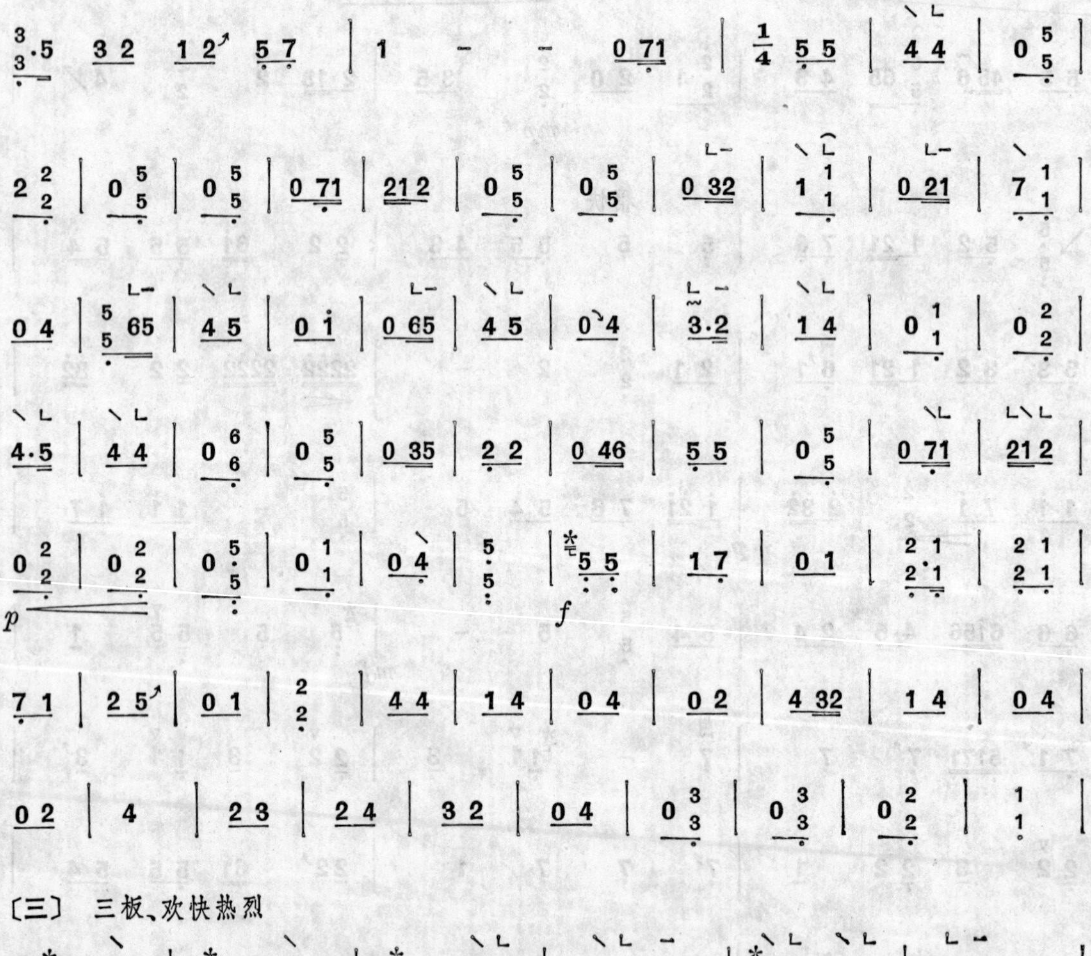

〔三〕 三板、欢快热烈

2/4 5 5 4 | 5 5 2 | 5 5 4 5 | 6 1 2 | 2 5 4 5 | 3 2 1 1 |

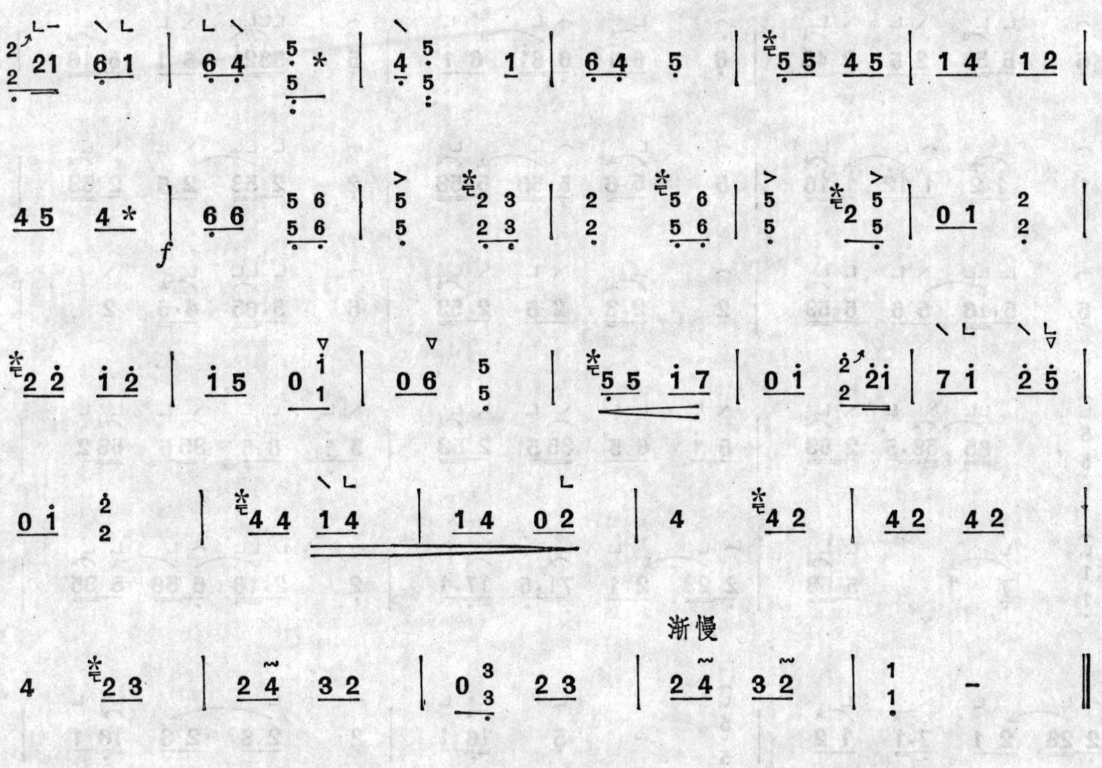

2 21 6 1 | 6 4 5 * | 4 5 1 | 6 4 5 | 5 5 4 5 | 1 4 1 2 |

4 5 4 * | *f* 6 6 5 6 | 5 2 3 | 2 5 6 | 5 2 5 | 0 1 2 |

2 2 1 2 | 1 5 0 1 | 0 6 5 | 5 5 1 7 | 0 1 2 21 | 7 1 2 5 |

0 1 2 | 4 4 1 4 | 1 4 0 2 | 4 4 2 | 4 2 4 2 |

渐慢

4 2 3 | 2 4 3 2 | 0 3 2 3 | 2 4 3 2 | 1 – ‖

蕉　窗　夜　雨

1=D $\frac{4}{4}$

客家筝曲

罗九香传谱

慢起 ♩=52

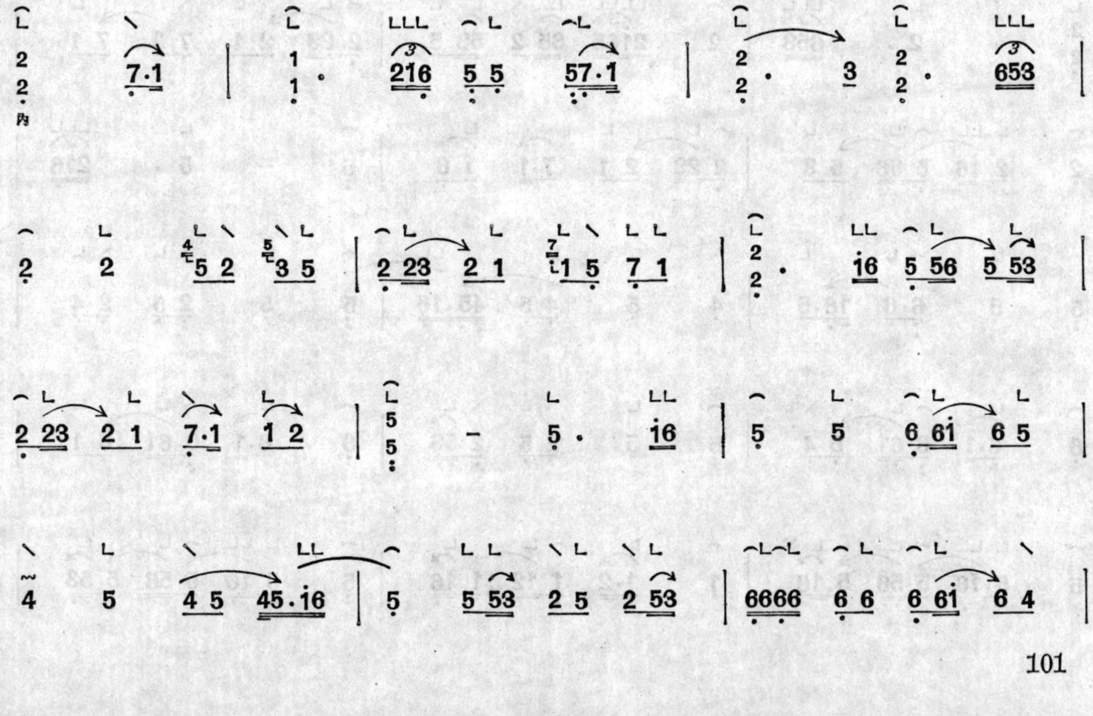

2 7·1 | 1 · 216 5 5 57·1 | 2 · 3 2 · 653 |

2 2 5 2 3 5 | 2 23 2 1 1 5 7 1 | 2 · 16 5 56 5 53 |

2 23 2 1 7·1 1 2 | 5 – 5 · 16 | 5 5 6 61 6 5 |

4 5 4 5 45·16 | 5 5 53 2 5 2 53 | 6666 6 6 6 61 6 4 |

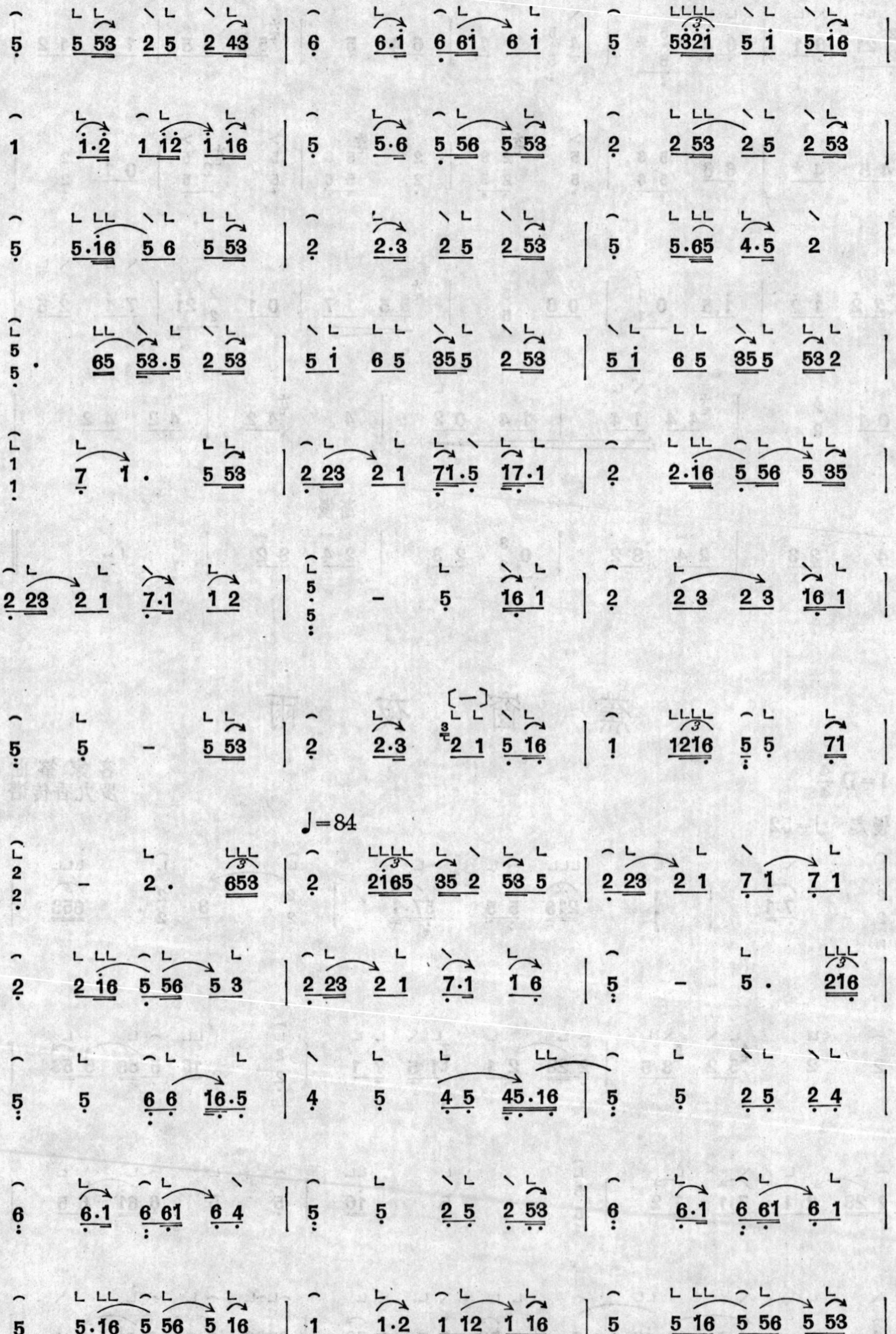

5 5 53 2 5 2 43 | 6 6·1 6 61 6 1 | 5 5321 5 1 5 16 |

1 1·2 1 12 1 16 | 5 5·6 5 56 5 53 | 2 2 53 2 5 2 53 |

5 5·16 5 6 5 53 | 2 2·3 2 5 2 53 | 5 5·65 4·5 2 |

5 5 · 65 53·5 2 53 | 5 1 6 5 35 5 2 53 | 5 1 6 5 35 5 53 2 |

1 1 7 1 · 5 53 | 2 23 2 1 71·5 17·1 | 2 2·16 5 56 5 35 |

2 23 2 1 7·1 1 2 | 5 5 - 5 16 1 | 2 2 3 2 3 16 1 |

5 5 - 5 53 | 2 2·3 〔一〕 2 1 5 16 | 1 1216 5 5 71 |

♩=84

2 2 - 2 · 653 | 2 2165 35 2 53 5 | 2 23 2 1 7 1 7 1 |

2 2 16 5 56 5 3 | 2 23 2 1 7·1 1 6 | 5 - 5 · 216 |

5 5 6 6 16·5 | 4 5 4 5 45·16 | 5 5 2 5 2 4 |

6 6·1 6 61 6 4 | 5 5 2 5 2 53 | 6 6·1 6 61 6 1 |

5 5·16 5 56 5 16 | 1 1·2 1 12 1 16 | 5 5 16 5 56 5 53 |

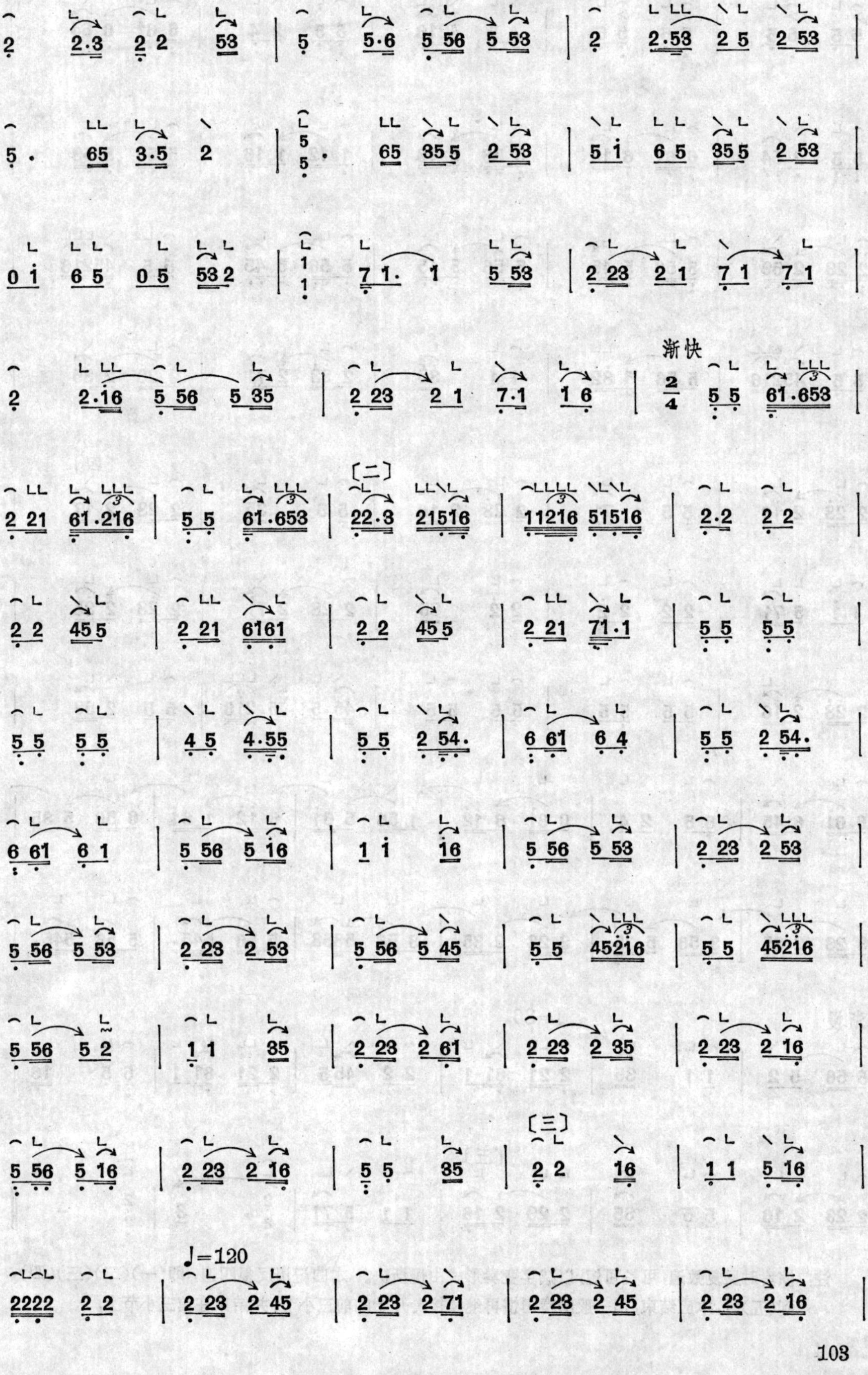

2 2.3 2 2 53 | 5 5.6 5 56 5 53 | 2 2.53 2 5 2 53 |

5 · 65 3.5 2 | 5/5 · 65 35 5 2 53 | 5 1̇ 6 5 35 5 2 53 |

0 1̇ 6 5 0 5 53 2 | 1/1 7 1· 1 5 53 | 2 23 2 1 7 1 7 1 |

渐快

2 2.16 5 56 5 35 | 2 23 2 1 7.1 1 6 | 2/4 5 5 61.653 |

〔二〕

2 21 61.216 | 5 5 61.653 | 22.3 21516 | 11216 51516 | 2.2 2 2 |

2 2 45 5 | 2 21 6161 | 2 2 45 5 | 2 21 71.1 | 5 5 5 5 |

5 5 5 5 | 4 5 4.55 | 5 5 2 54. | 6 61 6 4 | 5 5 2 54. |

6 61 6 1 | 5 56 5 16 | 1 1̇ 16 | 5 56 5 53 | 2 23 2 53 |

5 56 5 53 | 2 23 2 53 | 5 56 5 45 | 5 5 45216 | 5 5 45216 |

5 56 5 2 | 1 1 35 | 2 23 2 61 | 2 23 2 35 | 2 23 2 16 |

〔三〕

5 56 5 16 | 2 23 2 16 | 5 5 35 | 2 2 16 | 1 1 5 16 |

♩=120

2222 2 2 | 2 23 2 45 | 2 23 2 71 | 2 23 2 45 | 2 23 2 16 |

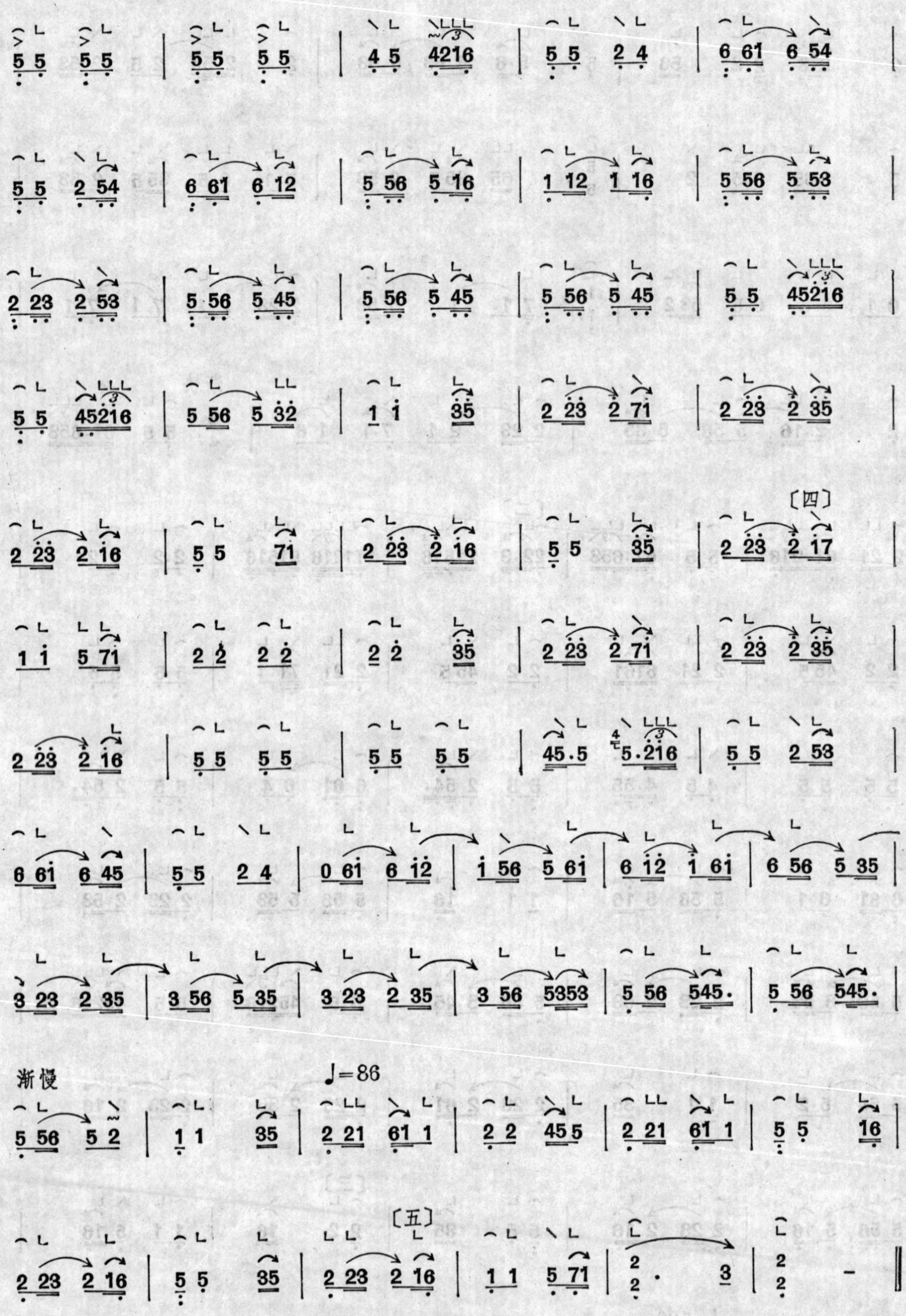

〔四〕

渐慢

♩=86

〔五〕

注：演奏时反复数遍，可长可短，以减字变奏形式由慢渐快。本曲记谱反复四遍，即(一)(二)(三)(四)，到(五)时，本应结束，但一般演奏习惯再继续接奏开始的前三小节，并结束在第三小节上。

陈杏元落院

1=D $\frac{2}{4}$

河南 筝曲
曹东扶传谱

慢板

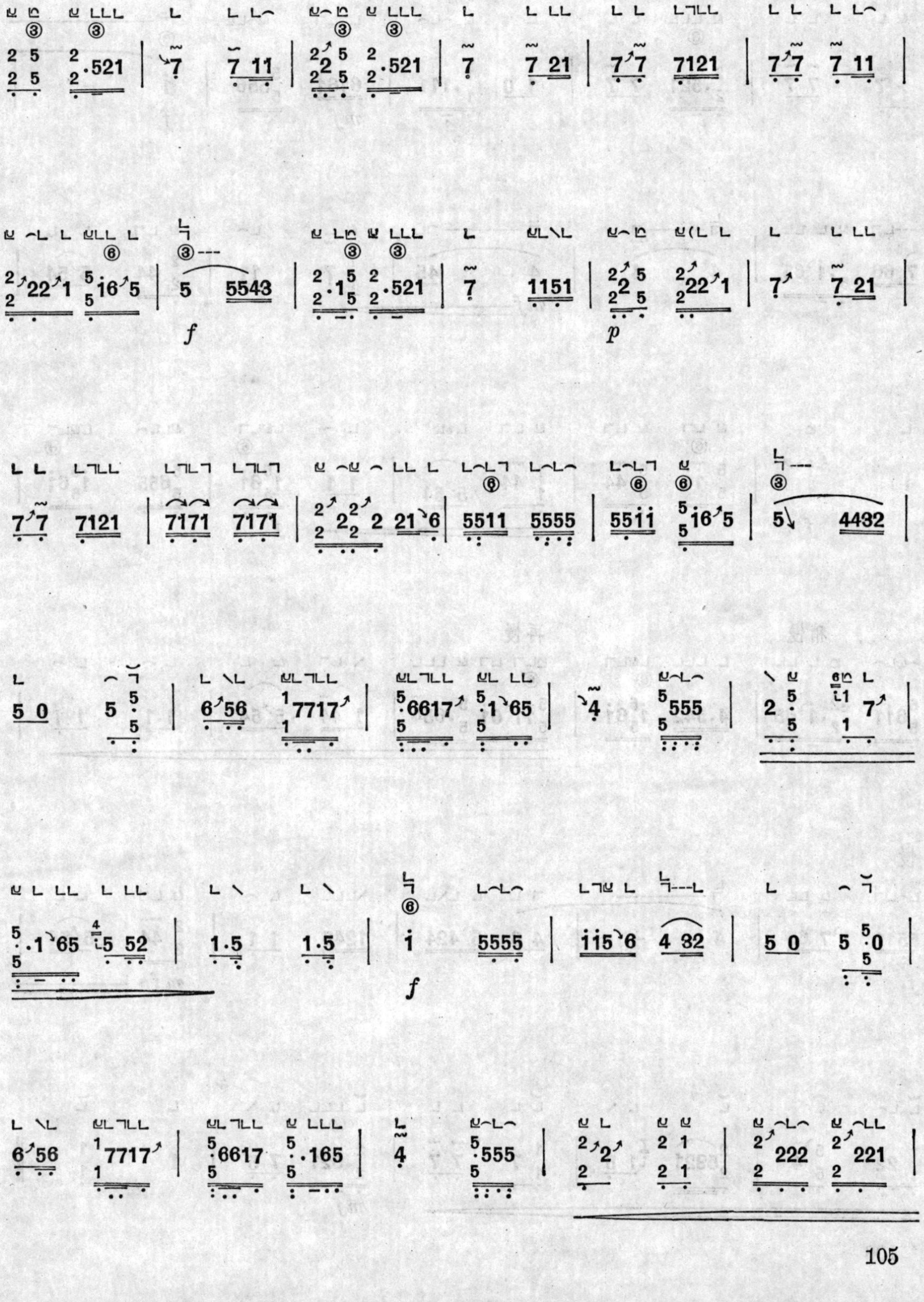

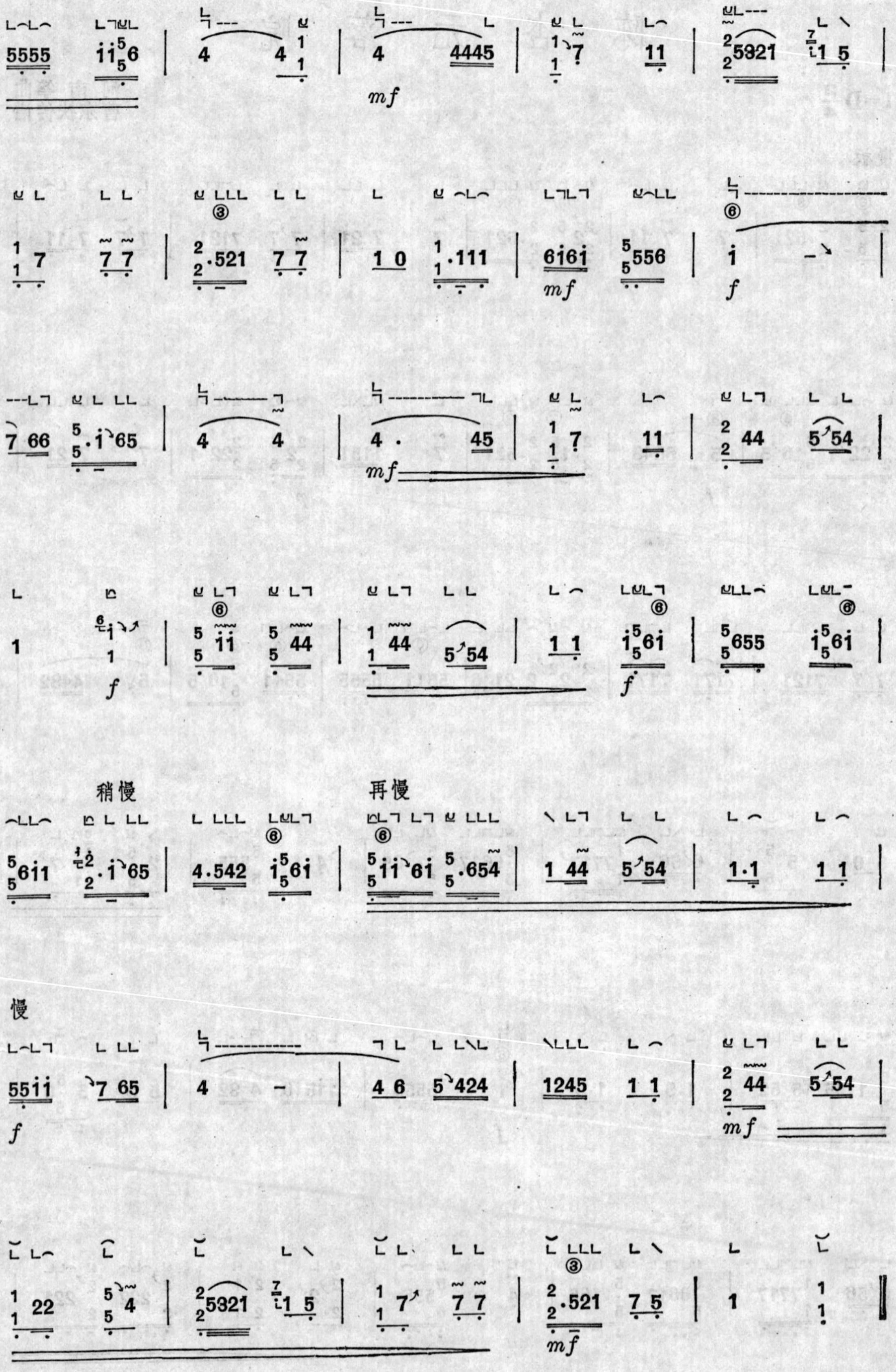

mf

mf *f*

mf

f *f*

稍慢 再慢

慢

f *mf*

mf

大　八　板

1=D $\frac{2}{4}$

樊西雨传谱

〔一〕♩=100

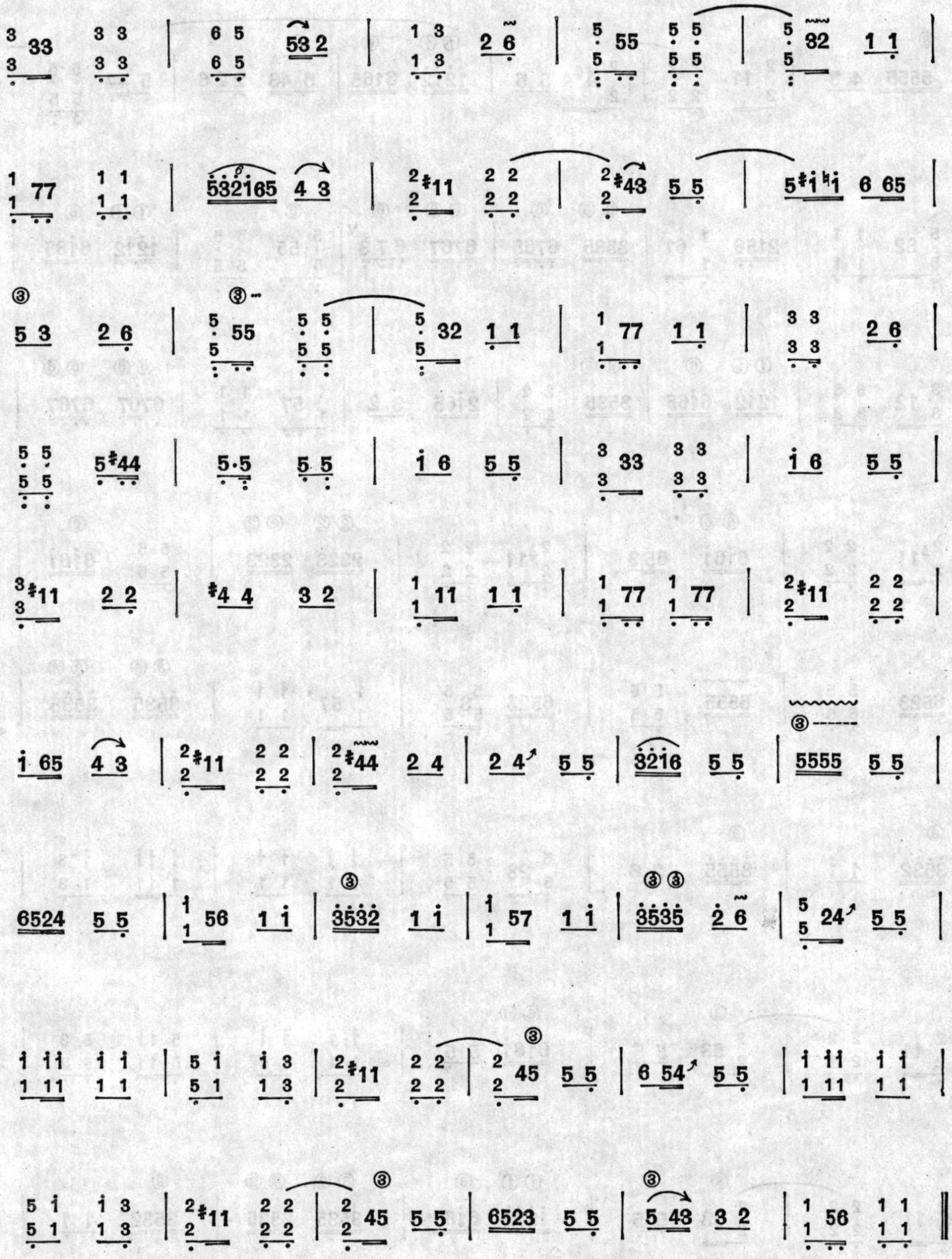

〔二〕♩=120

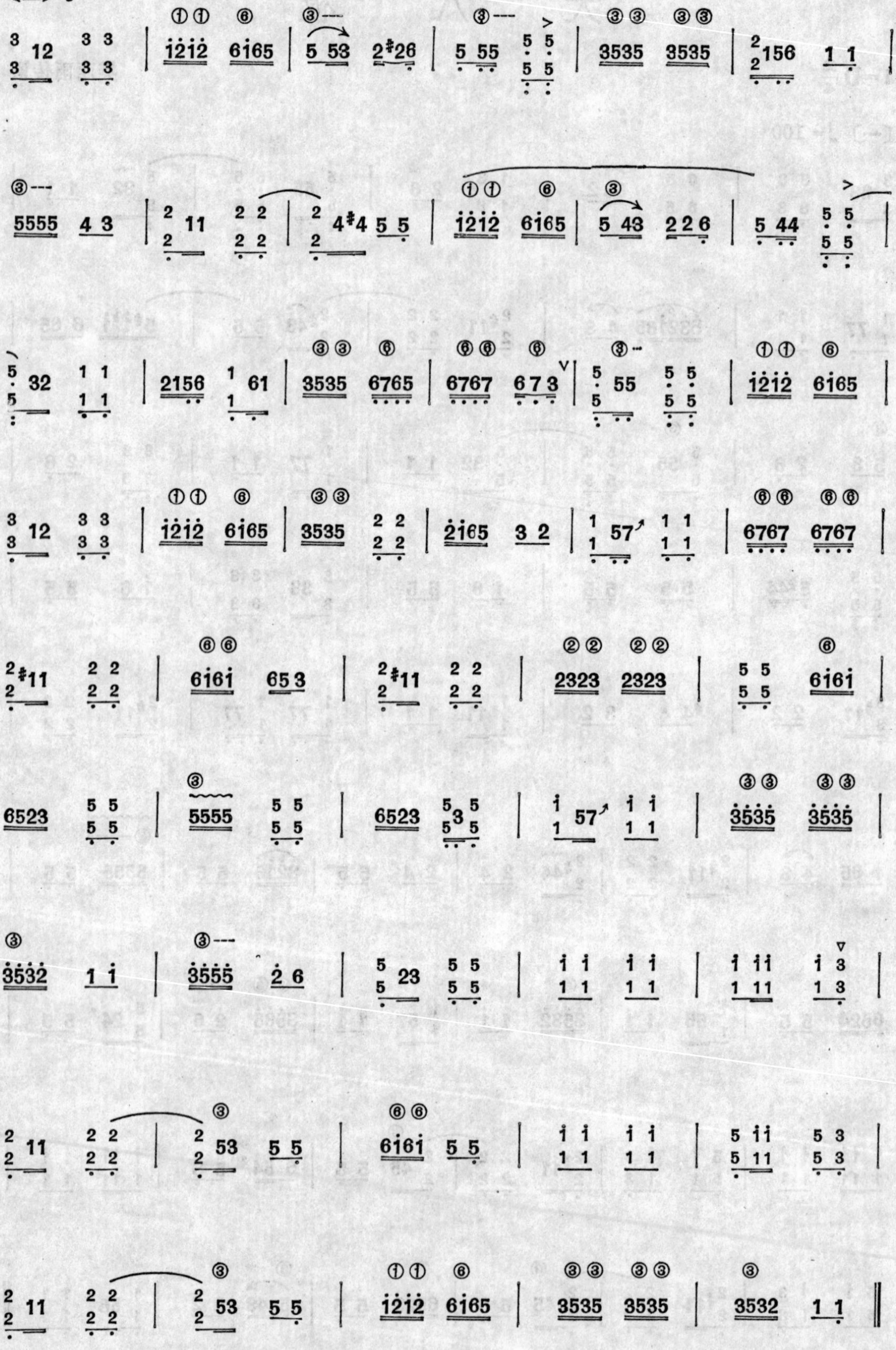

3/3 12 3 3/3 3 | 1212 6165 | 5 53 2#26 | 5 55 5 5/5 5 | 3535 3535 | 2/2 156 1 1 |

5555 4 3 | 2/2 11 2 2/2 2 | 2/2 4#4 5 5 | 1212 6165 | 5 43 2 2 6 | 5 44 5 5/5 5 |

5/5 32 1 1/1 1 | 2156 1/1 61 | 3535 6765 | 6767 6 7 3 | 5/5 55 5 5/5 5 | 1212 6165 |

3/3 12 3 3/3 3 | 1212 6165 | 3535 2 2/2 2 | 2165 3 2 | 1/1 57 1 1/1 1 | 6767 6767 |

2/2 #11 2 2/2 2 | 6161 653 | 2/2 #11 2 2/2 2 | 2323 2323 | 5 5/5 5 6161 |

6523 5 5/5 5 | 5555 5 5/5 5 | 6523 5/5 3 5/5 | 1/1 57 1 1/1 1 | 3535 3535 |

3532 1 1 | 3555 2 6 | 5/5 23 5 5/5 5 | 1 1/1 1 1 1/1 1 | 1 11/1 11 1 3/1 3 |

2/2 11 2 2/2 2 | 2/2 53 5 5 | 6161 5 5 | 1 1/1 1 1 1/1 1 | 5 11/5 11 5 3/5 3 |

2/2 11 2 2/2 2 | 2/2 53 5 5 | 1212 6165 | 3535 3535 | 3532 1 1 ‖

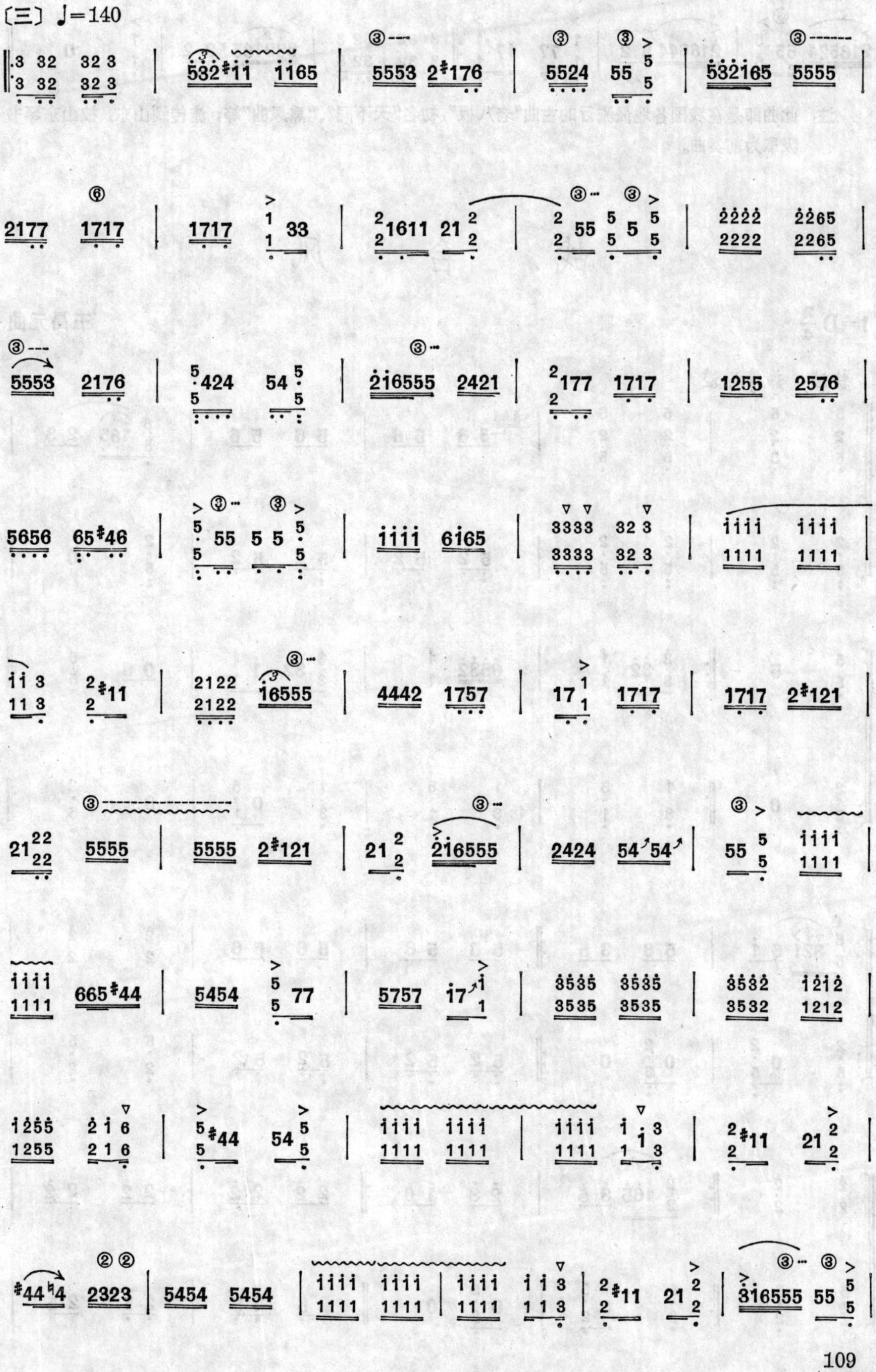

〔三〕 ♩=140

‖: 3 32 / 3 32 32 3 / 32 3 | 532♯11 1165 | ③ 5553 2♯176 | ③ 5524 ③ 55 5/5 | 532165 ③ 5555 |

2177 ⑥ 1717 | 1717 1/1 33 | 2/2 1611 21 2/2 | 2/2 ③ 55 5/5 ③ 5 5/5 | 2222 / 2222 2265 / 2265 |

③ 5553 2176 | 5/5 424 54 5/5 | ③ 216555 2421 | 2/2 177 1717 | 1255 2576 |

5656 65♯46 | 5/5 ③ 55 ③ 5 5 5/5 | 1111 6165 | 3333 / 3333 32 3 / 32 3 | 1111 / 1111 1111 / 1111 |

11 3 / 11 3 2/2 ♯11 | 2122 / 2122 ③ 16555 | 4442 1757 | 17 1/1 1717 | 1717 2♯121 |

21 22/22 ③ 5555 | 5555 2♯121 | 21 2/2 ③ 216555 | 2424 54 54 | ③ 55 5/5 1111 / 1111 |

1111 / 1111 665♯44 | 5454 5/5 77 | 5757 17 1/1 | 3535 / 3535 3535 / 3535 | 3532 / 3532 1212 / 1212 |

1255 / 1255 2 1 6 / 2 1 6 | 5/5 ♯44 54 5/5 | 1111 / 1111 1111 / 1111 | 1111 / 1111 1 1 3 / 1 1 3 | 2/2 ♯11 21 2/2 |

♯44♮4 ② ② 2323 | 5454 5454 | 1111 / 1111 1111 / 1111 | 1111 / 1111 1 1 3 / 1 1 3 | 2/2 ♯11 21 2/2 | ③ 316555 ③ 55 5/5 |

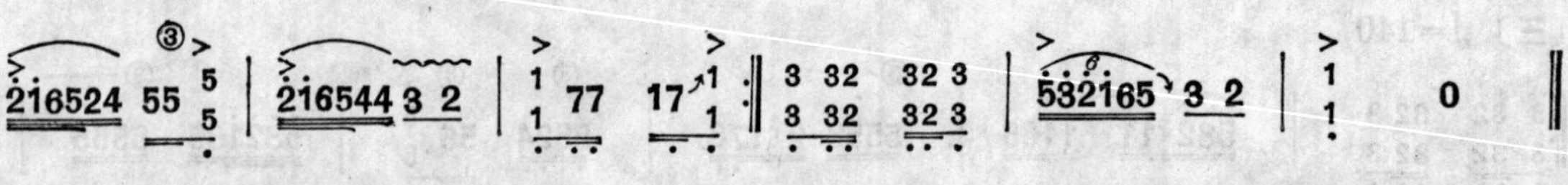

注：此曲即是在我国各地最流行的古曲"老八板"，初名"天下同"、"熏风曲"等，流传到山东，被山东琴书吸取为前奏曲。

战 台 风

1=D $\frac{2}{4}$

王昌元曲

快速 热情洋溢

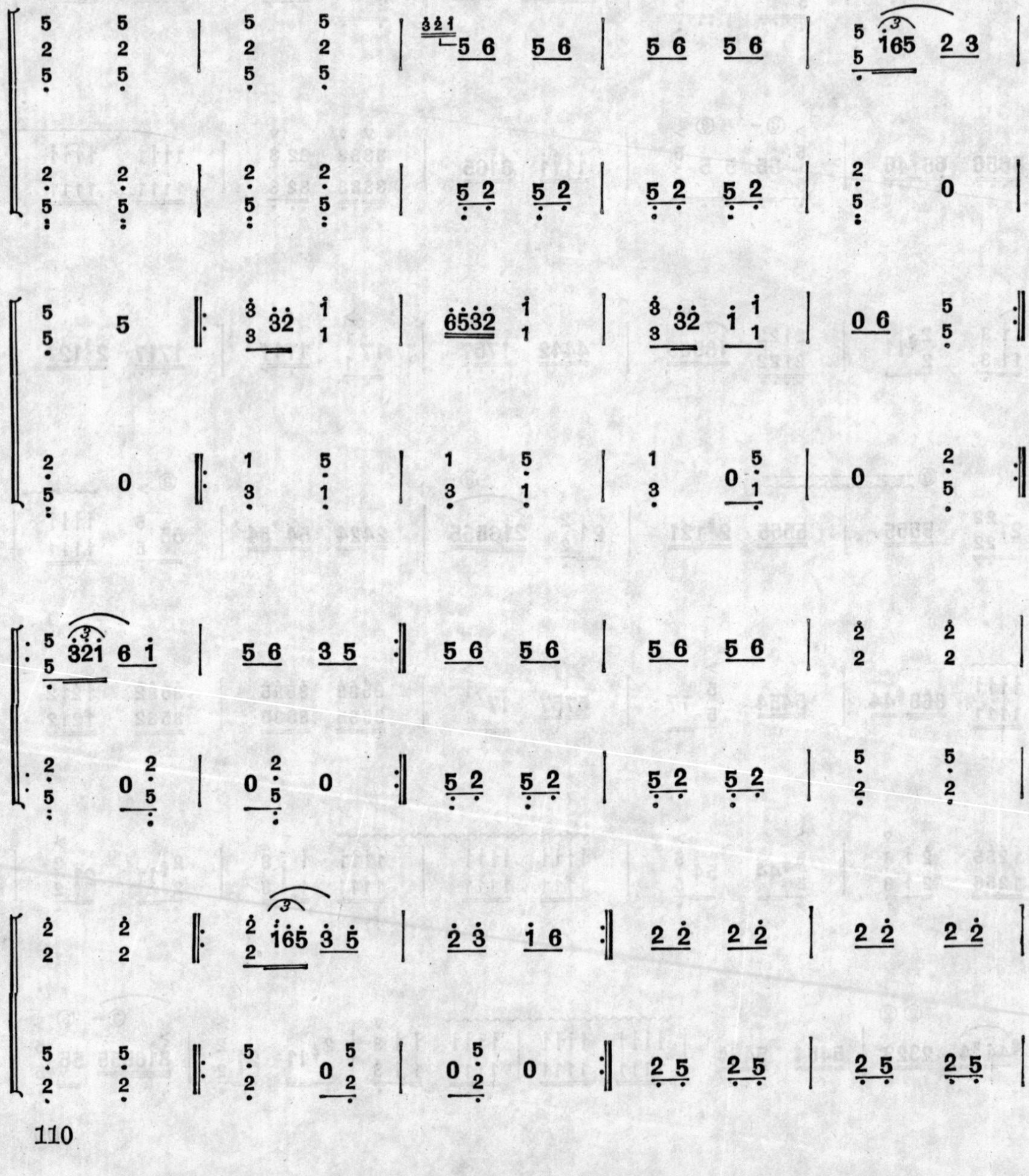

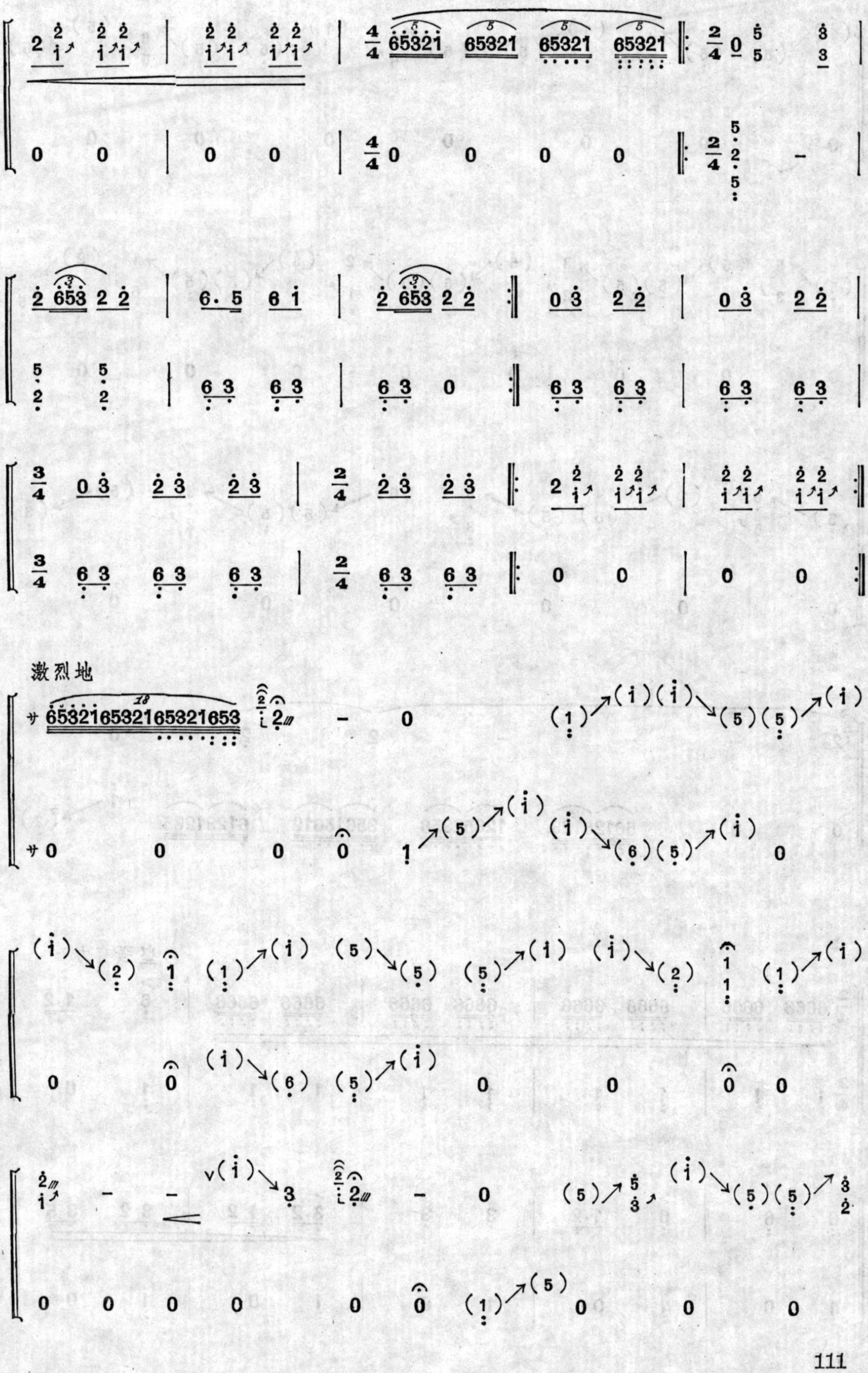

激烈地

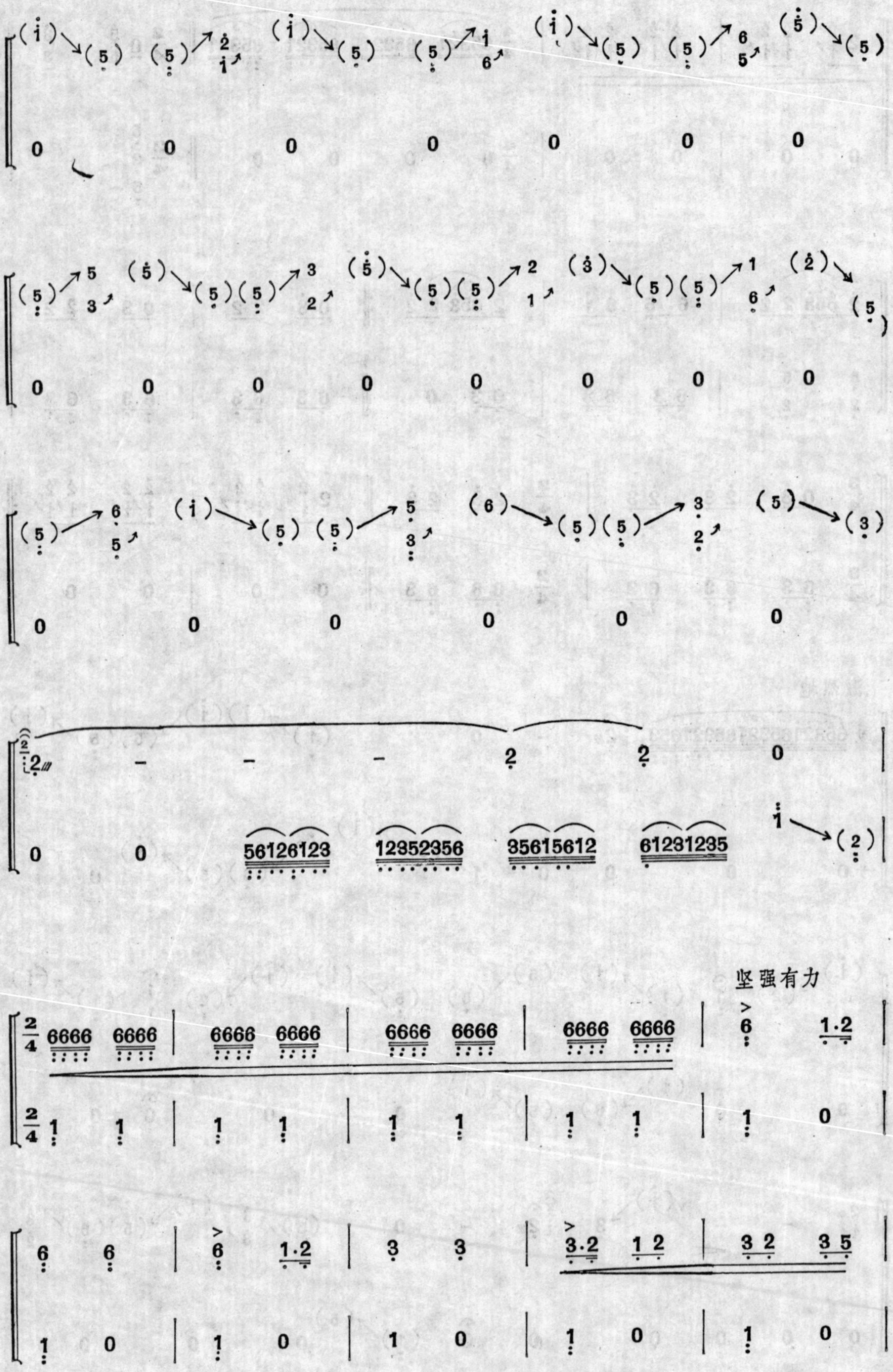

(i) ↘ (5) (5) ↗ 2 1 (i) ↘ (5) (5) ↗ i 6 (i) ↘ (5) (5) ↗ 6 5 (5) ↘ (5)

0 0 0 0 0 0 0

(5) ↗ 5 3 (5) ↘ (5) (5) ↗ 3 2 (5) ↘ (5) (5) ↗ 2 1 (3) ↘ (5) (5) ↗ 1 6 (2) ↘ (5)

0 0 0 0 0 0 0 0

(5) ↗ 6 5 (i) ↘ (5) (5) ↗ 5 3 (6) ↘ (5) (5) ↗ 3 2 (5) ↘ (3)

0 0 0 0 0 0

2 – – – 2 2 0

0 0 56126123 12352356 35615612 61231235 i ↘ (2)

坚强有力

2/4 6666 6666 | 6666 6666 | 6666 6666 | 6666 6666 | 6 1·2 |

2/4 1 1 | 1 1 | 1 1 | 1 1 | 1 0 |

6 6 | 6 1·2 | 3 3 | 3·2 1 2 | 3 2 3 5 |

1 0 | 1 0 | 1 0 | 1 0 | 1 0 |

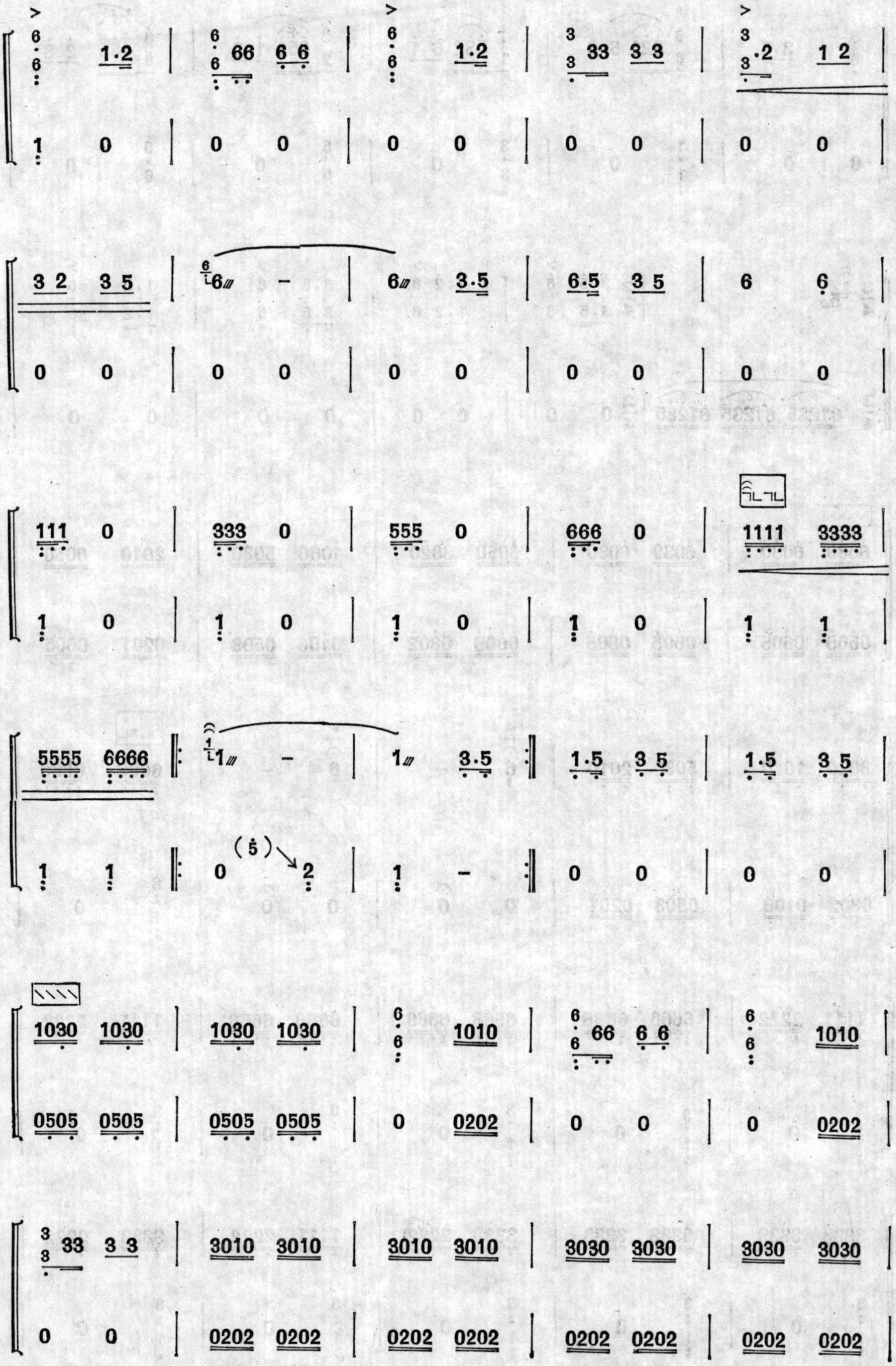

| 6 6 1·2 | 6 66 6 6 | 6 6 1·2 | 3 33 3 3 | 3·2 1 2 |
| 1 0 | 0 0 | 0 0 | 0 0 | 0 0 |

| 3 2 3 5 | 6 - | 6 3·5 | 6·5 3 5 | 6 6 |
| 0 0 | 0 0 | 0 0 | 0 0 | 0 0 |

| 111 0 | 333 0 | 555 0 | 666 0 | 1111 3333 |
| 1 0 | 1 0 | 1 0 | 1 0 | 1 1 |

| 5555 6666 ‖: 1 - | 1 3·5 :‖ 1·5 3 5 | 1·5 3 5 |
| 1 1 ‖: 0 (5)↘2 | 1 - :‖ 0 0 | 0 0 |

| 1030 1030 | 1030 1030 | 6 6 1010 | 6 66 6 6 | 6 6 1010 |
| 0505 0505 | 0505 0505 | 0 0202 | 0 0 | 0 0202 |

| 3 33 3 3 | 3010 3010 | 3010 3010 | 3030 3030 | 3030 3030 |
| 0 0 | 0202 0202 | 0202 0202 | 0202 0202 | 0202 0202 |

| 5 5 3.5 | 6 6 321 5 6 | 1 1 532 6 1 | 2 2 653 1 2 | 3 3 165 2 3 |
| 0 0 | 1 1 0 | 3 3 0 | 5 5 0 | 6 6 0 |

| 3/4 5 - - | 2/4 3.5 6 3.5 6 | 1.2 6 1.2 6 | 3.5 6 3.5 6 | 1.2 6 1.2 6 |
| 3/4 61235 61235 61235 | 2/4 0 0 | 0 0 | 0 0 | 0 0 |

| 6030 6030 | 6030 6030 | 6050 3020 | 1060 5030 | 2010 6050 |
| 0505 0505 | 0505 0505 | 0605 0302 | 0106 0503 | 0201 0605 |

| 3020 1060 | 5030 2010 | 6 - | 6 - | 6666 6666 |
| 0302 0106 | 0503 0201 | 0 0 | 0 0 | 3 1 0 |

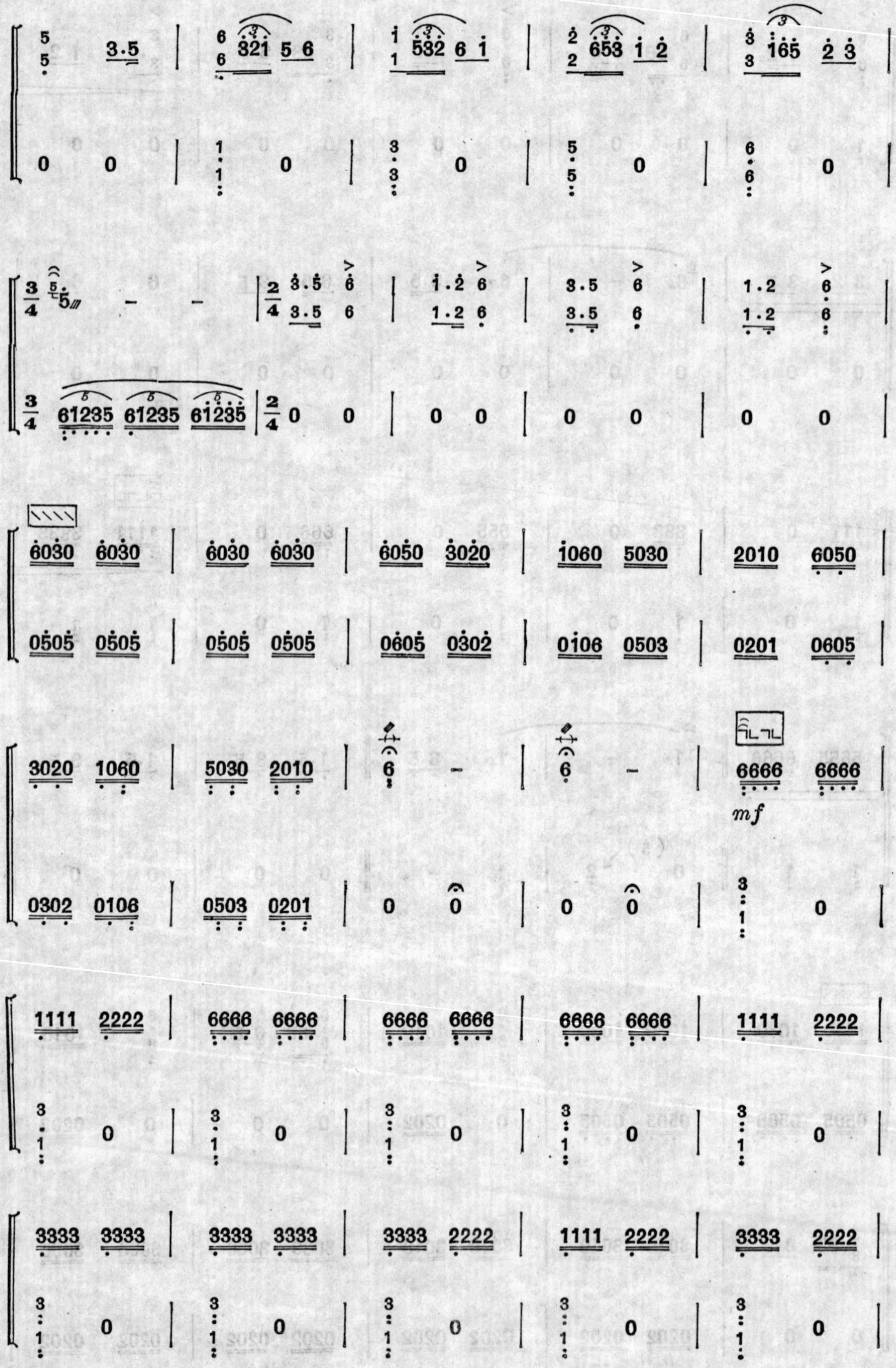

mf

| 1111 2222 | 6666 6666 | 6666 6666 | 6666 6666 | 1111 2222 |
| 3 1 0 | 3 1 0 | 3 1 0 | 3 1 0 | 3 1 0 |

| 3333 3333 | 3333 3333 | 3333 2222 | 1111 2222 | 3333 2222 |
| 3 1 0 | 3 1 0 | 3 1 0 | 3 1 0 | 3 1 0 |

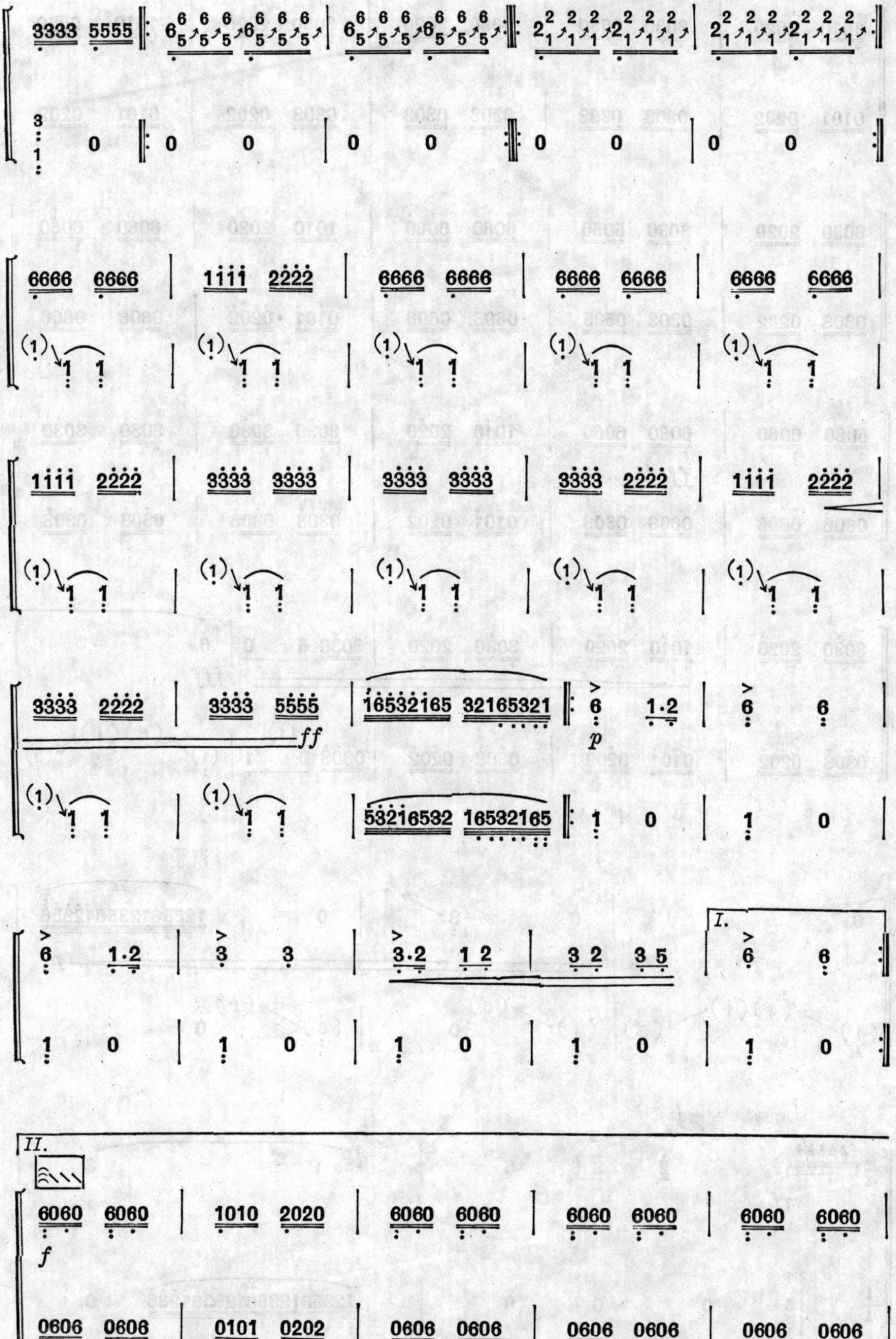

3333 5555 ‖: 6 5 6 5 6 5 6 5 6 5 6 5 6 5 6 5 | 6 5 6 5 6 5 6 5 6 5 6 5 6 5 6 5 :‖: 2 1 2 1 2 1 2 1 2 1 2 1 2 1 2 1 | 2 1 2 1 2 1 2 1 2 1 2 1 2 1 2 1 :‖

3 1 0 ‖: 0 0 | 0 0 :‖: 0 0 | 0 0 :‖

6666 6666 | 1111 2222 | 6666 6666 | 6666 6666 | 6666 6666 |

(1) 1 1 | (1) 1 1 | (1) 1 1 | (1) 1 1 | (1) 1 1 |

1111 2222 | 3333 3333 | 3333 3333 | 3333 2222 | 1111 2222 |

(1) 1 1 | (1) 1 1 | (1) 1 1 | (1) 1 1 | (1) 1 1 |

3333 2222 | 3333 5555 | 16532165 32165321 ‖: 6 1·2 | 6 6 |

ff *p*

(1) 1 1 | (1) 1 1 | 53216532 16532165 ‖: 1 0 | 1 0 |

6 1·2 | 3 3 | 3·2 1 2 | 3 2 3 5 | I. 6 6 :‖

1 0 | 1 0 | 1 0 | 1 0 | 1 0 :‖

II.

6060 6060 | 1010 2020 | 6060 6060 | 6060 6060 | 6060 6060 |

f

0606 0606 | 0101 0202 | 0606 0606 | 0606 0606 | 0606 0606 |

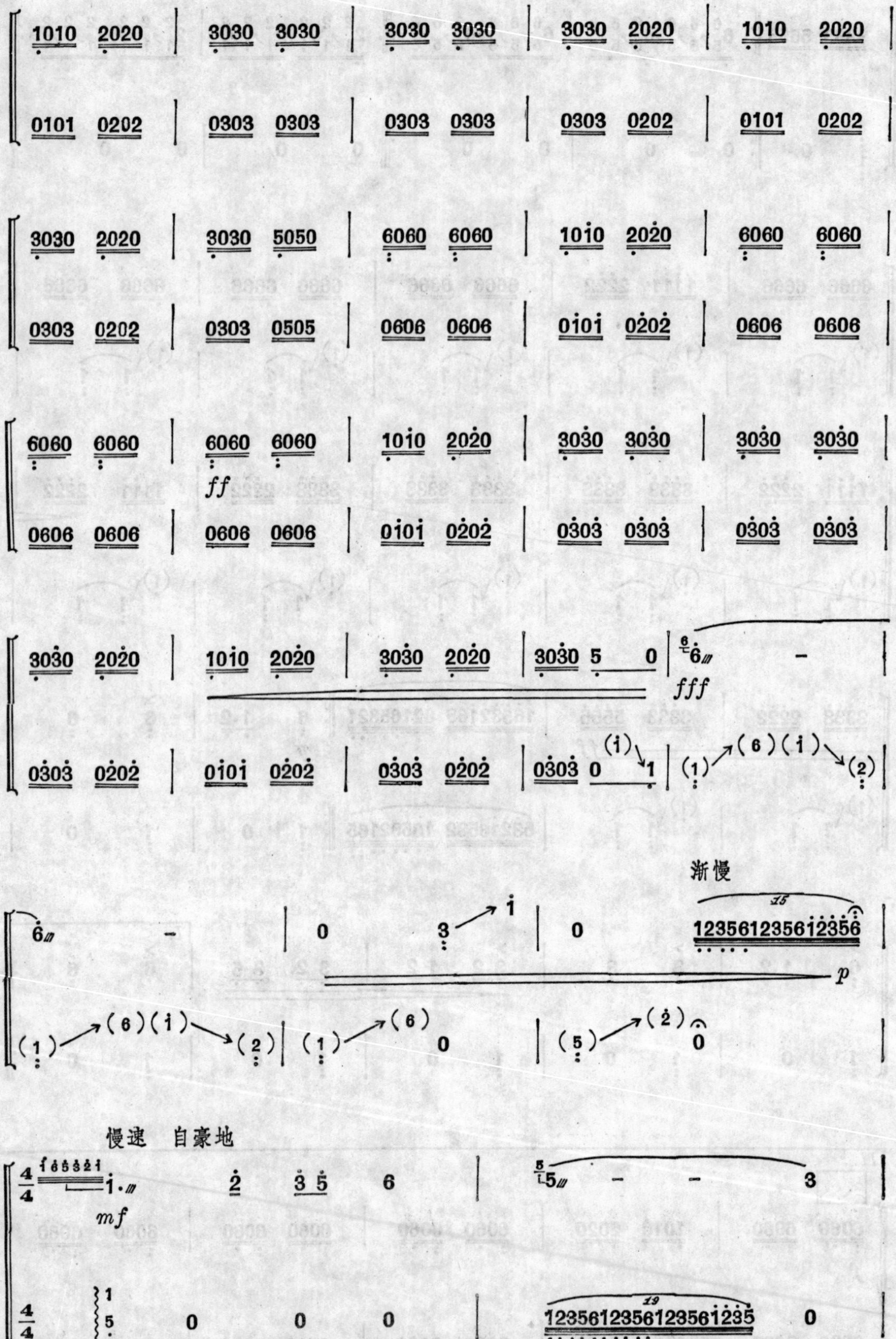

| 1010 2020 | 3030 3030 | 3030 3030 | 3030 2020 | 1010 2020 |
| 0101 0202 | 0303 0303 | 0303 0303 | 0303 0202 | 0101 0202 |

| 3030 2020 | 3030 5050 | 6060 6060 | 1010 2020 | 6060 6060 |
| 0303 0202 | 0303 0505 | 0606 0606 | 0101 0202 | 0606 0606 |

| 6060 6060 | 6060 6060 *ff* | 1010 2020 | 3030 3030 | 3030 3030 |
| 0606 0606 | 0606 0606 | 0101 0202 | 0303 0303 | 0303 0303 |

| 3030 2020 | 1010 2020 | 3030 2020 | 3030 5 0 | 6 – *fff* |
| 0303 0202 | 0101 0202 | 0303 0202 | 0303 0 (1) 1 | (1) (6) (1) (2) |

渐慢

| 6 – | 0 3 1 | 0 123561235612356 *p* |
| (1) (6) (1) (2) | (1) (6) 0 | (5) (2) 0 |

慢速 自豪地

| 4/4 1 6 5 3 2 1 1· *mf* 2 3 5 6 | 5 – – 3 |
| 4/4 1 5 1 0 0 0 | 1235612356123561235 0 |

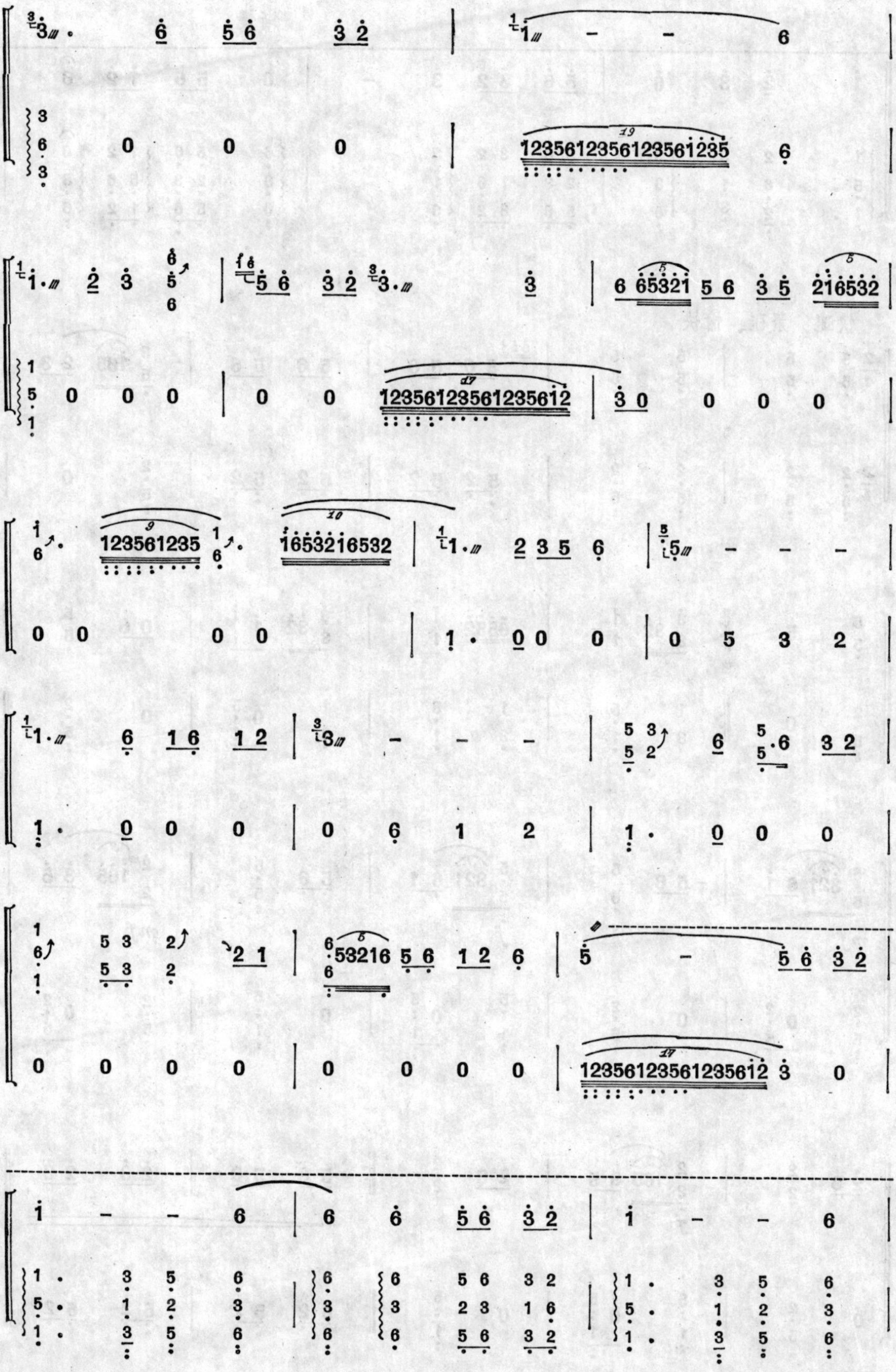

3 3 · 6 5 6 3 2 | 1 – – 6 |
3 6 3 0 0 0 | 12356123561235612 35 6 |

1 1 · 2 3 6 5 6 | 6 5 6 3 2 3 3 · 3 | 6 65321 5 6 3 5 216532 |
1 5 1 0 0 0 | 0 0 1235612356123561 2 | 3 0 0 0 0 |

1 6 · 123561235 1 6 · 1653216532 | 1 1 · 2 3 5 6 | 5 5 – – – |
0 0 0 0 | 1 · 0 0 0 | 0 5 3 2 |

1 1 · 6 1 6 1 2 | 3 3 – – – | 5 3 5 2 6 5 5 · 6 3 2 |
1 · 0 0 0 | 0 6 1 2 | 1 · 0 0 0 |

1 6 1 5 3 5 3 2 2 2 1 | 6 53216 6 5 6 1 2 6 | 5 – 5 6 3 2 |
0 0 0 0 | 0 0 0 0 | 1235612356123561 2 3 0 |

1 – – 6 | 6 6 5 6 3 2 | 1 – – 6 |
1 5 1 · 3 1 3 5 2 5 6 3 6 | 6 3 6 6 3 6 5 6 2 3 5 6 3 2 1 6 3 2 | 1 5 1 · 3 1 3 5 2 5 6 3 6 |

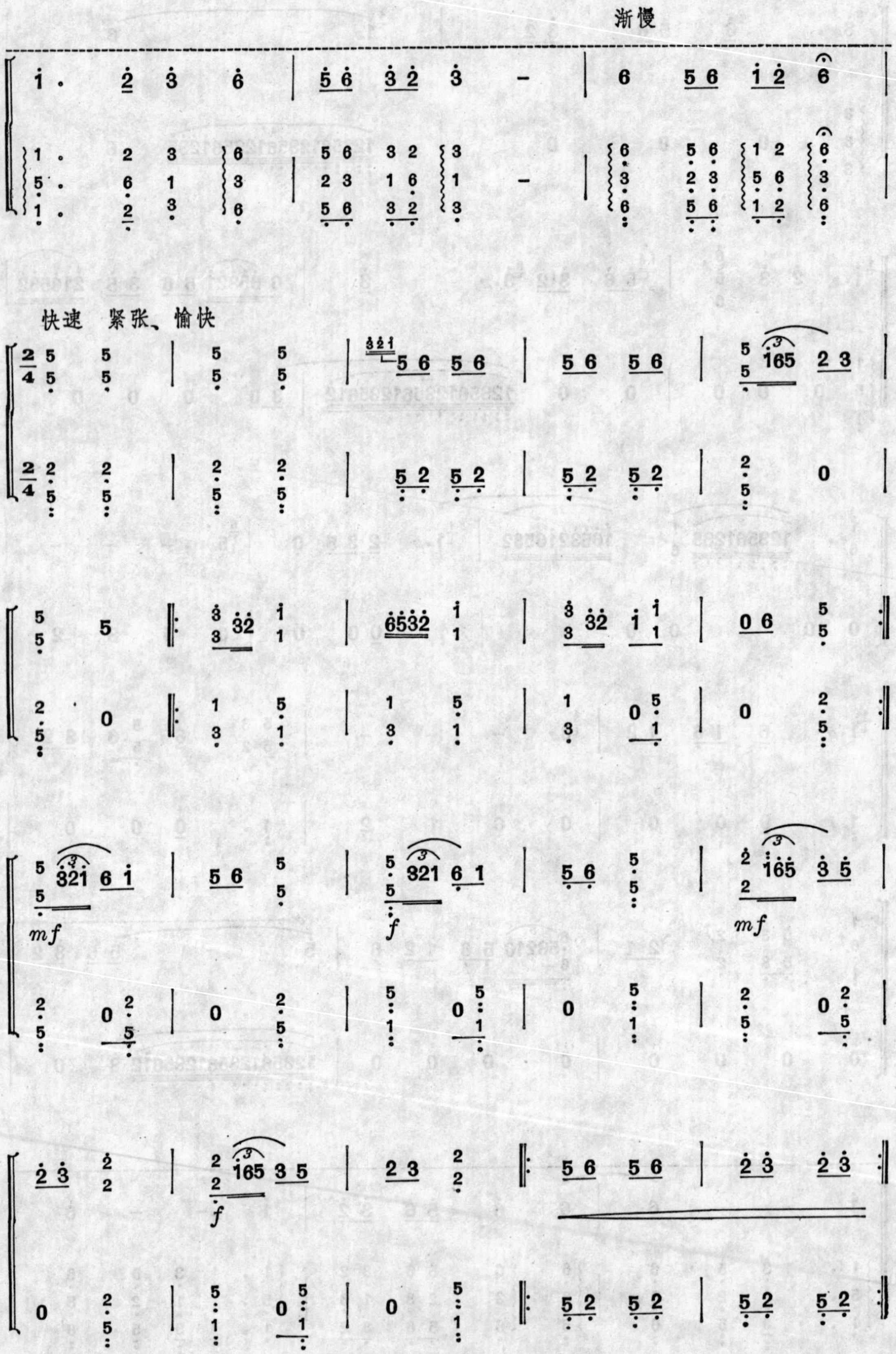

渐慢

快速　紧张、愉快

mf　*f*　*mf*

f

注：1. ⇔ 扣摇，即左手拇、食两指紧扣弦，在琴马与右手触弦处之间，先由左向右，而后由右向左捋动，同时右手作拇指摇。

2. (i̇)↘(5) 无固定起、落音的自由刮奏，括号"（ ）"内的音符表示划弦的大致起、落音。

3. (5)↗(i̇) 柱外刮奏，即左手在琴马左侧划弦，括号"〔 〕"内的音符表示同弦在琴马右侧的音高。

秦桑曲

1=D $\frac{4}{4}$

周延甲曲

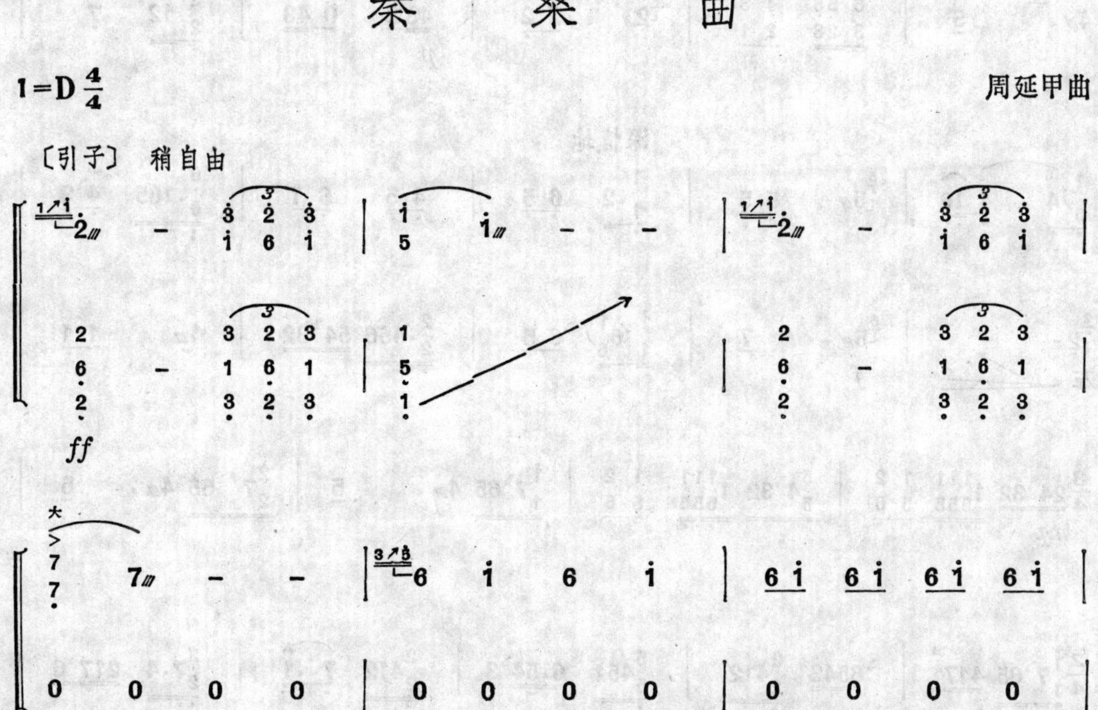

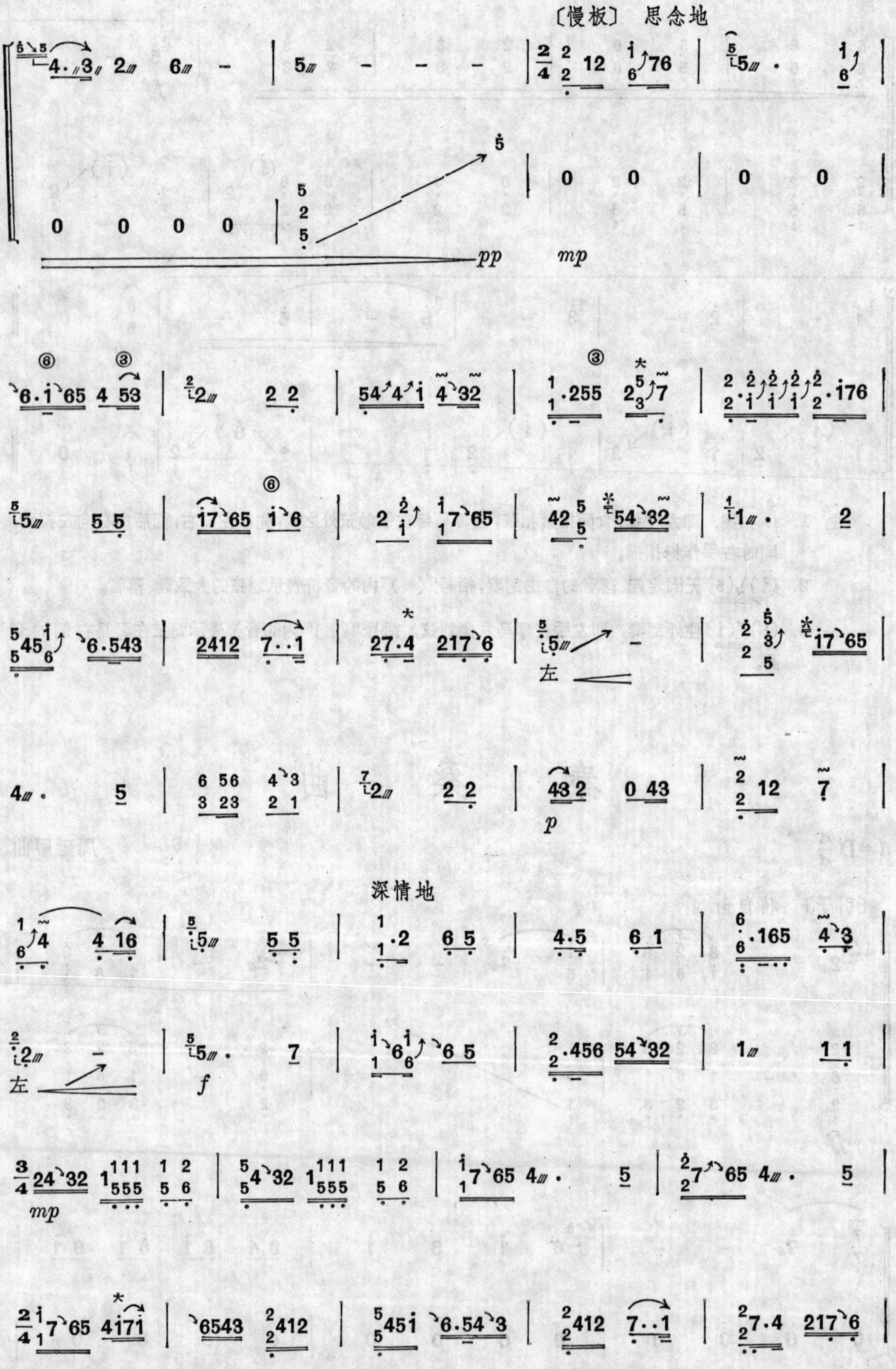

〔慢板〕 思念地

| 4·3 2 6 – | 5 – – – | $\frac{2}{4}$ 2 12 i 76 | 5 · i 6 |
| 0 0 0 0 | 5 2 5 ↗ 5 | 0 0 | 0 0 |

pp mp

⑥ ③

6·i 65 4 53 | 2 2 2 | 54 4 i 4 32 | 1 ·255 2 3 7 | 2·i i i 2·i76 |

⑥

5 5 5 | i7 65 i 6 | 2 i i 7 65 | 42 5 54 32 | 1 · 2 |

45 6 6·543 | 2412 7··1 | 27·4 217 6 | 5 – 左 | 2 3 5 i7 65 |

4 · 5 | 6 56 3 23 4 3 2 1 | 2 2 2 | 43 2 0 43 | 2 12 7 |

p

深情地

6 4 4 16 | 5 5 5 | 1·2 6 5 | 4·5 6 1 | 6·165 4 3 |

2 – 左 | 5 · 7 | i 6 i 6 6 5 | 2·456 54 32 | 1 1 1 |

f

$\frac{3}{4}$ 24 32 1 555 1 2 5 6 | 54 32 1 555 1 2 5 6 | 17 65 4 · 5 | 27 65 4 · 5 |

mp

$\frac{2}{4}$ i7 65 4i7i | 6543 2412 | 5451 6·54 3 | 2412 7··1 | 27·4 217 6 |

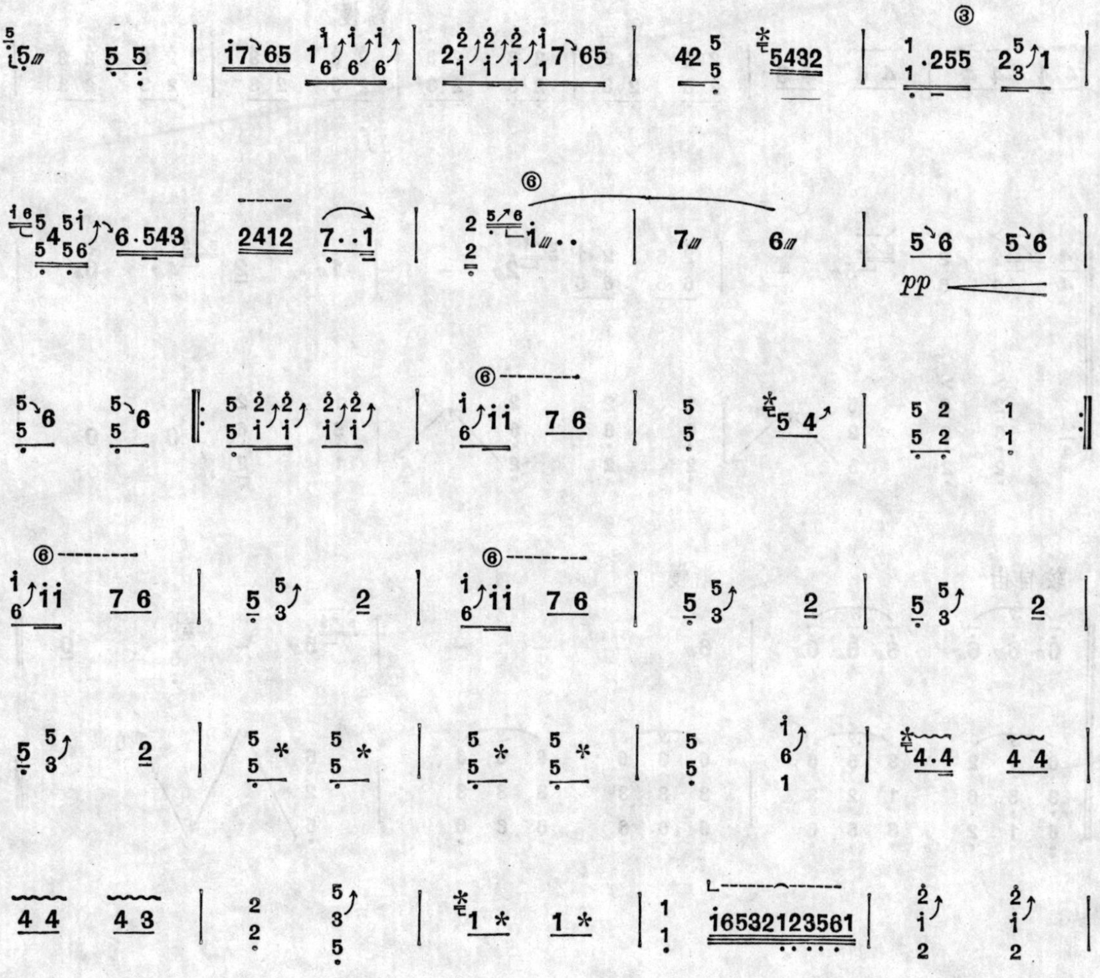

5 5 5 | 17 65 1 6 6 6 | 2 1 1 1 1 7 65 | 42 5 5 5432 | 1 1·255 2 3 1 |

5 4 5 6 6·543 | 2412 7··1 | 2 2 1·· | 7 6 | 5 6 5 6 |

pp

5 6 5 6 ‖: 5 2 1 1 2 1 1 | 1 6 11 7 6 | 5 5 5 4 | 5 2 1 5 2 1 :‖

1 6 11 7 6 | 5 5 3 2 | 1 6 11 7 6 | 5 5 3 2 | 5 5 3 2 |

5 5 3 2 | 5 5 * 5 5 * | 5 5 * 5 5 * | 5 5 1 6 1 | 4·4 4 4 |

4 4 4 3 | 2 2 5 3 5 | 1 * 1 * | 1 1 16532123561 | 2 1 2 2 1 2 |

1 1 11 1 7 | 6 5 4 | 1 1 11 1 7 | 6 5 4 | 532165 4 |

532165 4 | 532165 4 2 | 5 3 7 | 2 2 4 | 5 3 7 |

5 5 4 | 5 5 1 1 | 6 5 4 3 | 2 2 5 3 | 2/4 2 5 1 2 5 1 2 5 1 2 3 1 |

2 5 1 2 5 1 2 5 1 2 3 1 | 2/4 2 2 5 3 5 | 7·7 7 7 | 7 7 7 6 | 5 5 1 6 1 |

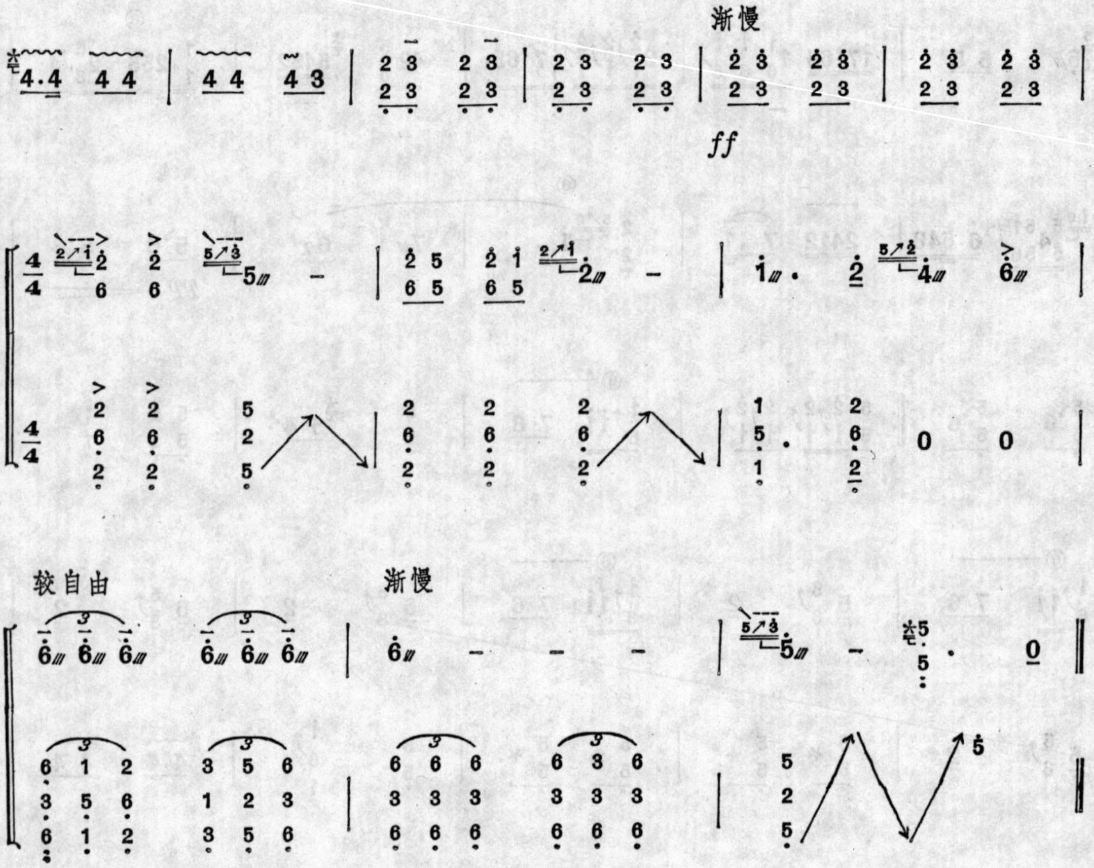

渐慢

4·4 44 | 44 43 | 23 23 23 23 | 23 23 23 23 | 23 23 23 23 | 23 23 23 23 |

ff

较自由　　渐慢

彝 族 舞 曲

1=D

王 惠 然曲
潘妙兴整理

(一)景色如画

自由地、慢起渐快

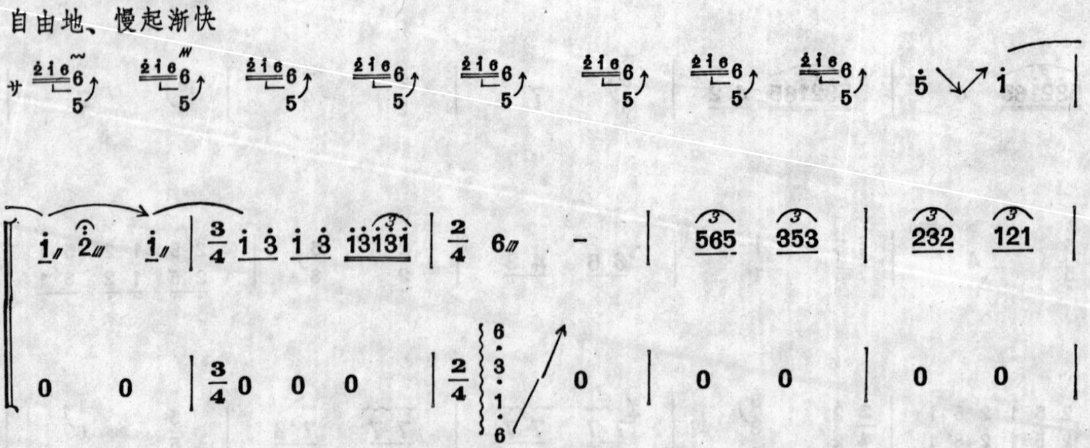

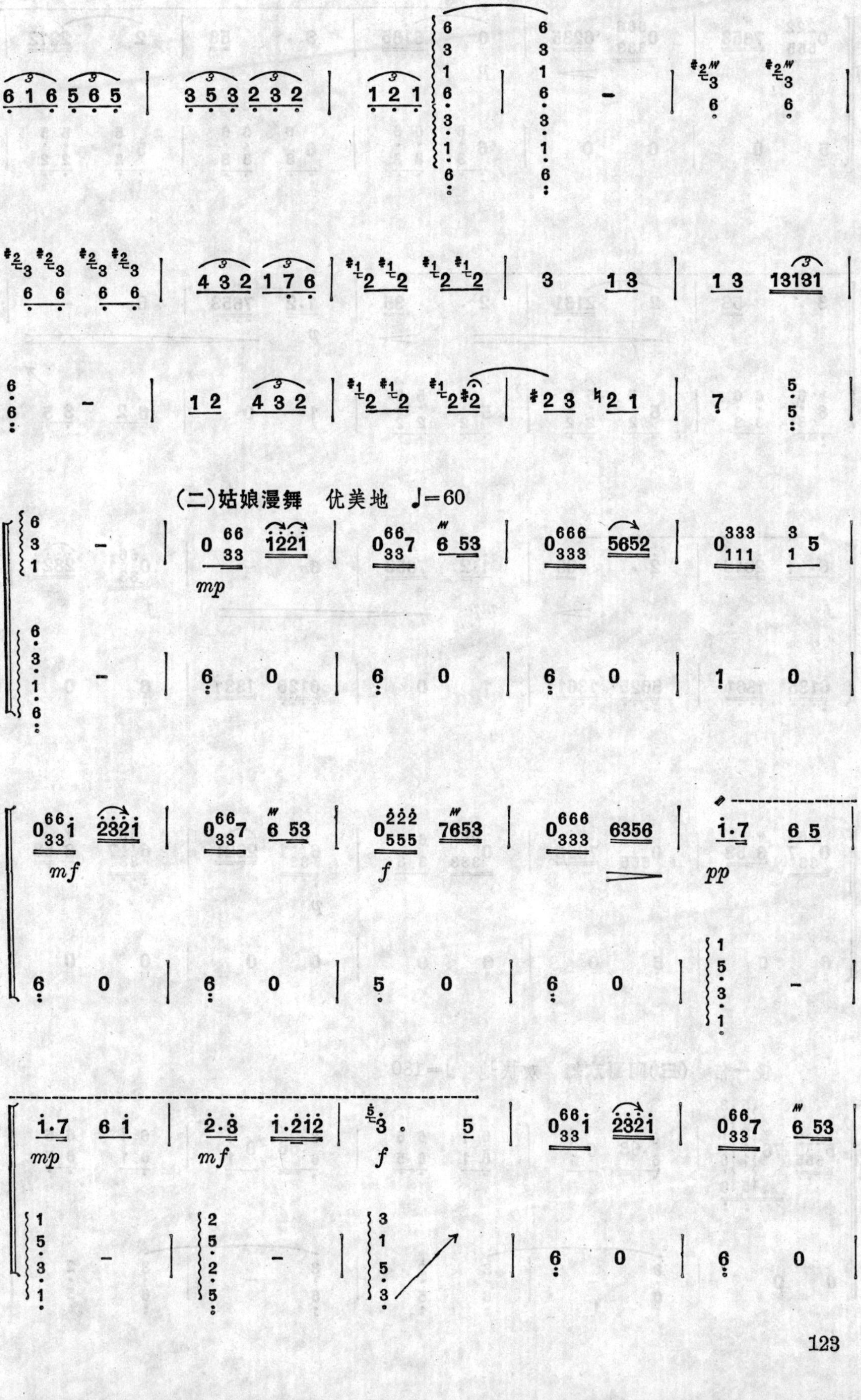

(二)姑娘漫舞　优美地　♩=60

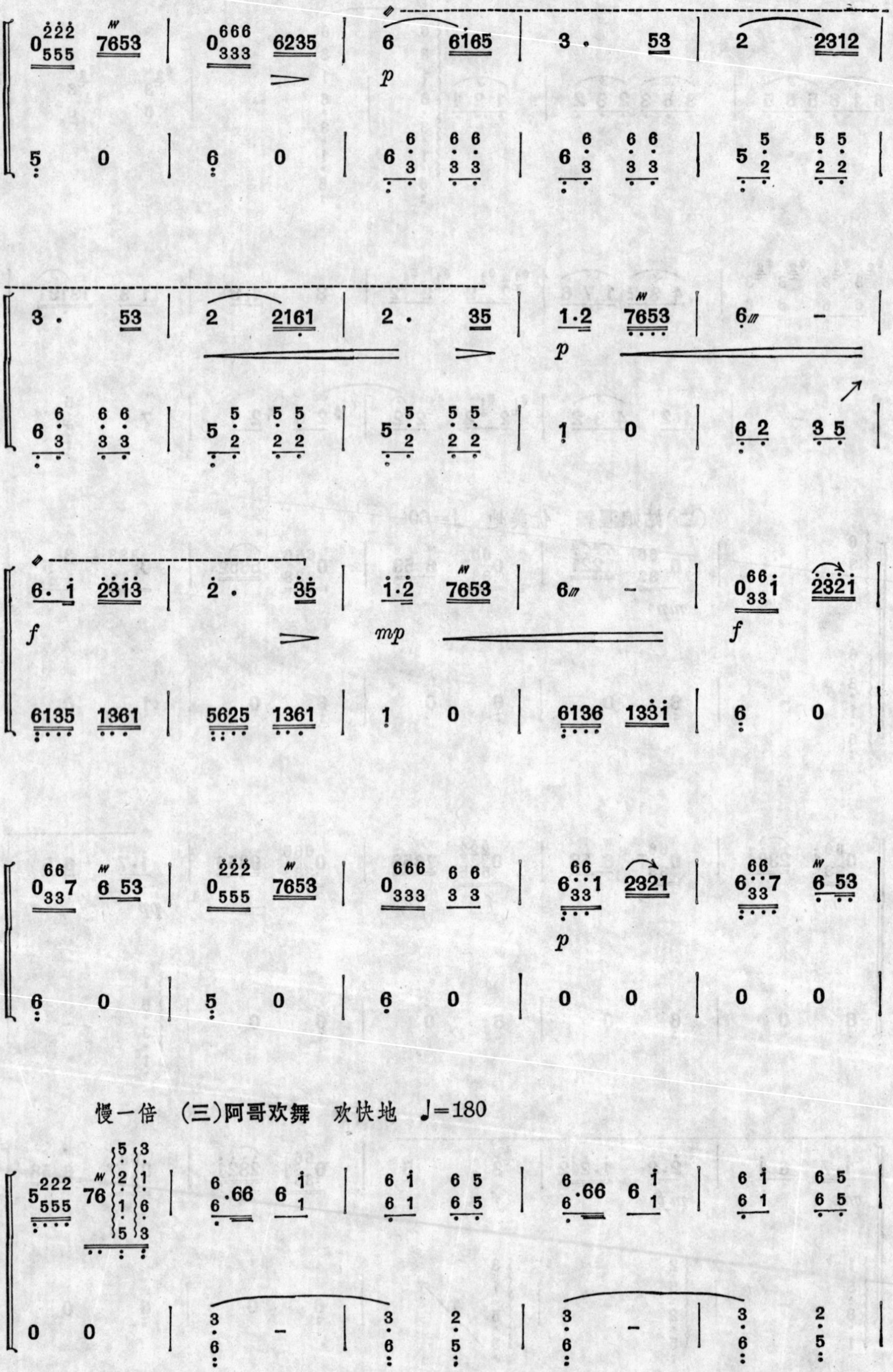

慢一倍　(三)阿哥欢舞　欢快地　♩=180

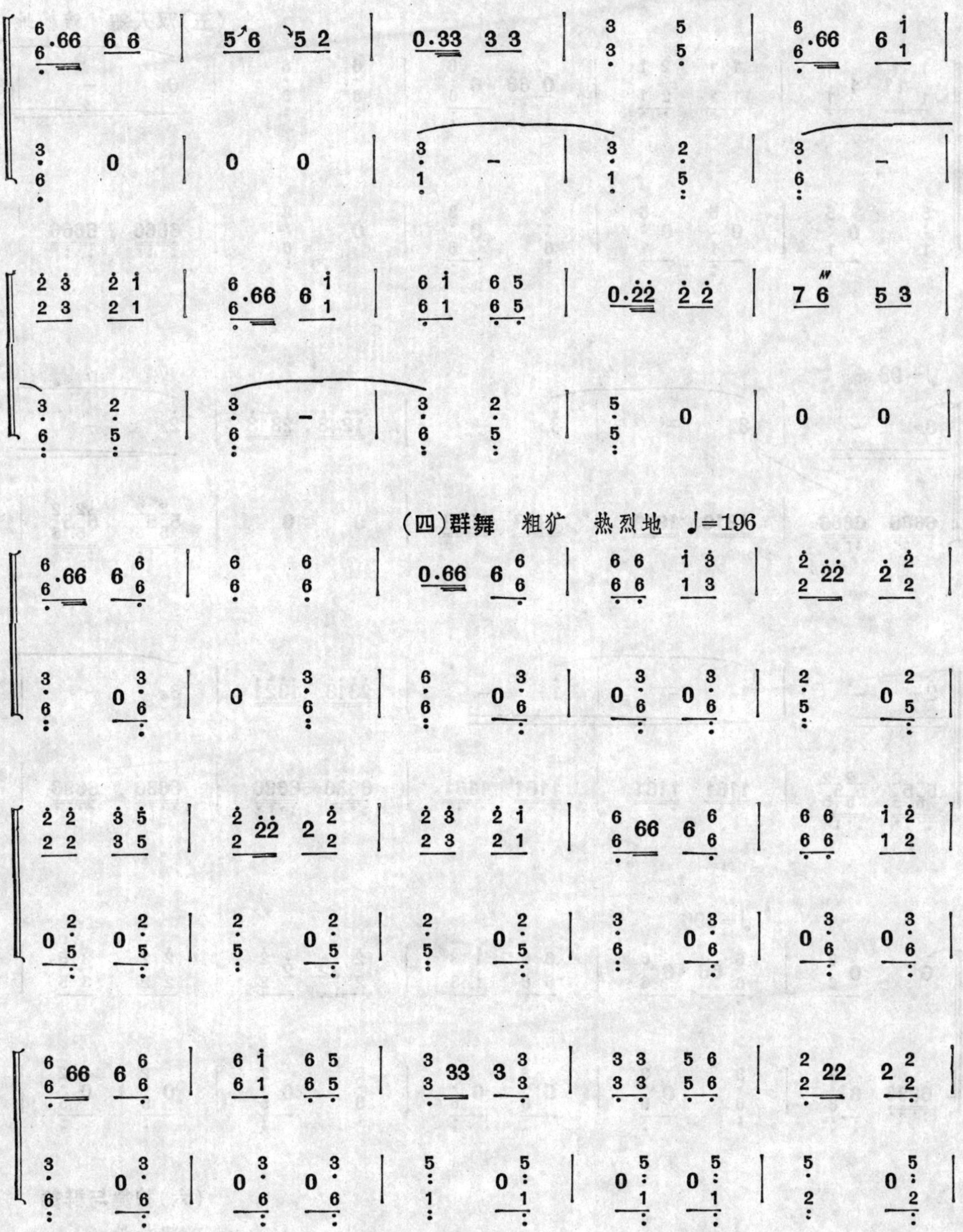

(四)群舞　粗犷　热烈地　♩=196

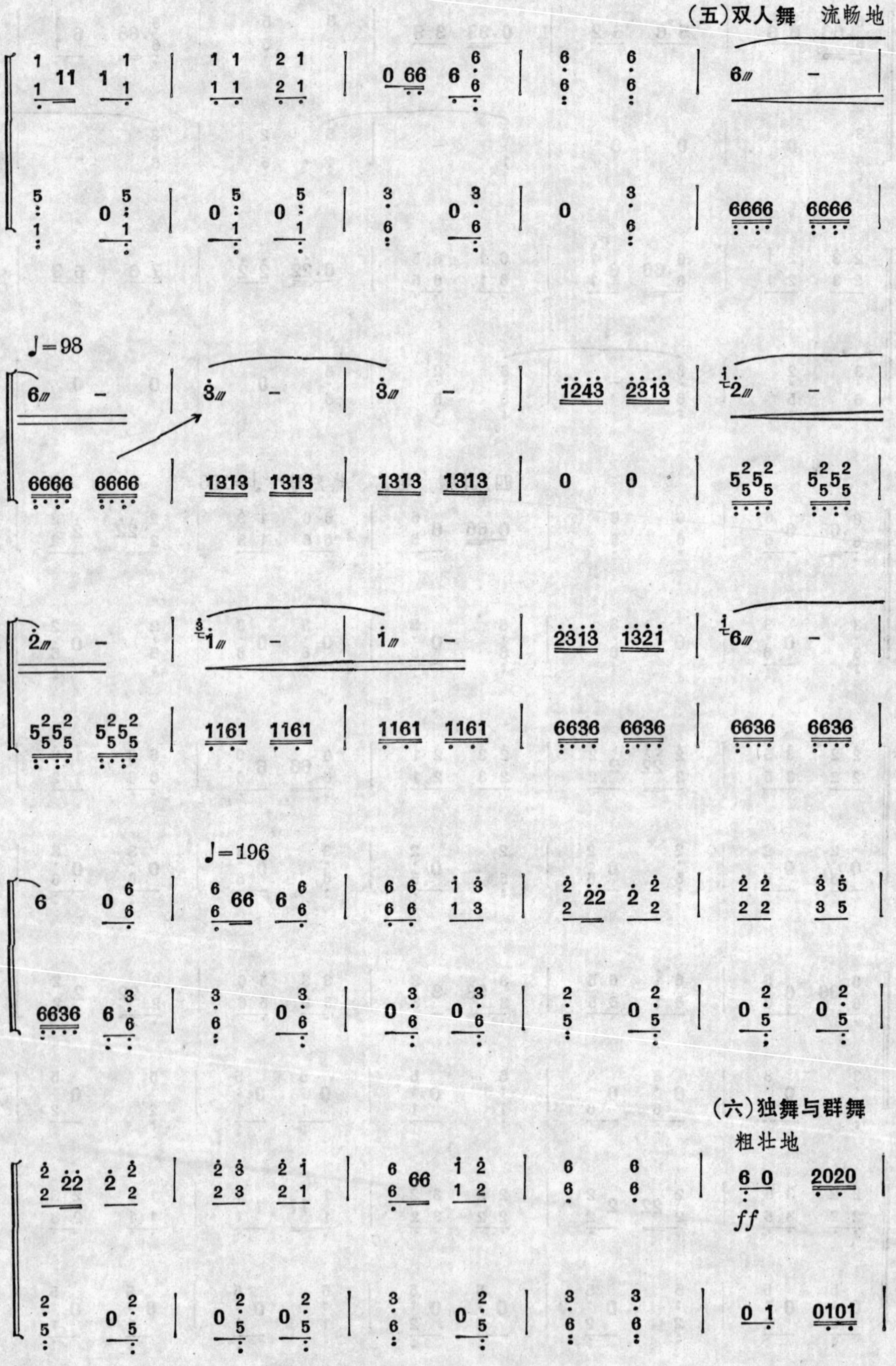

（五）双人舞　流畅地

♩=98

♩=196

（六）独舞与群舞

粗壮地

ff

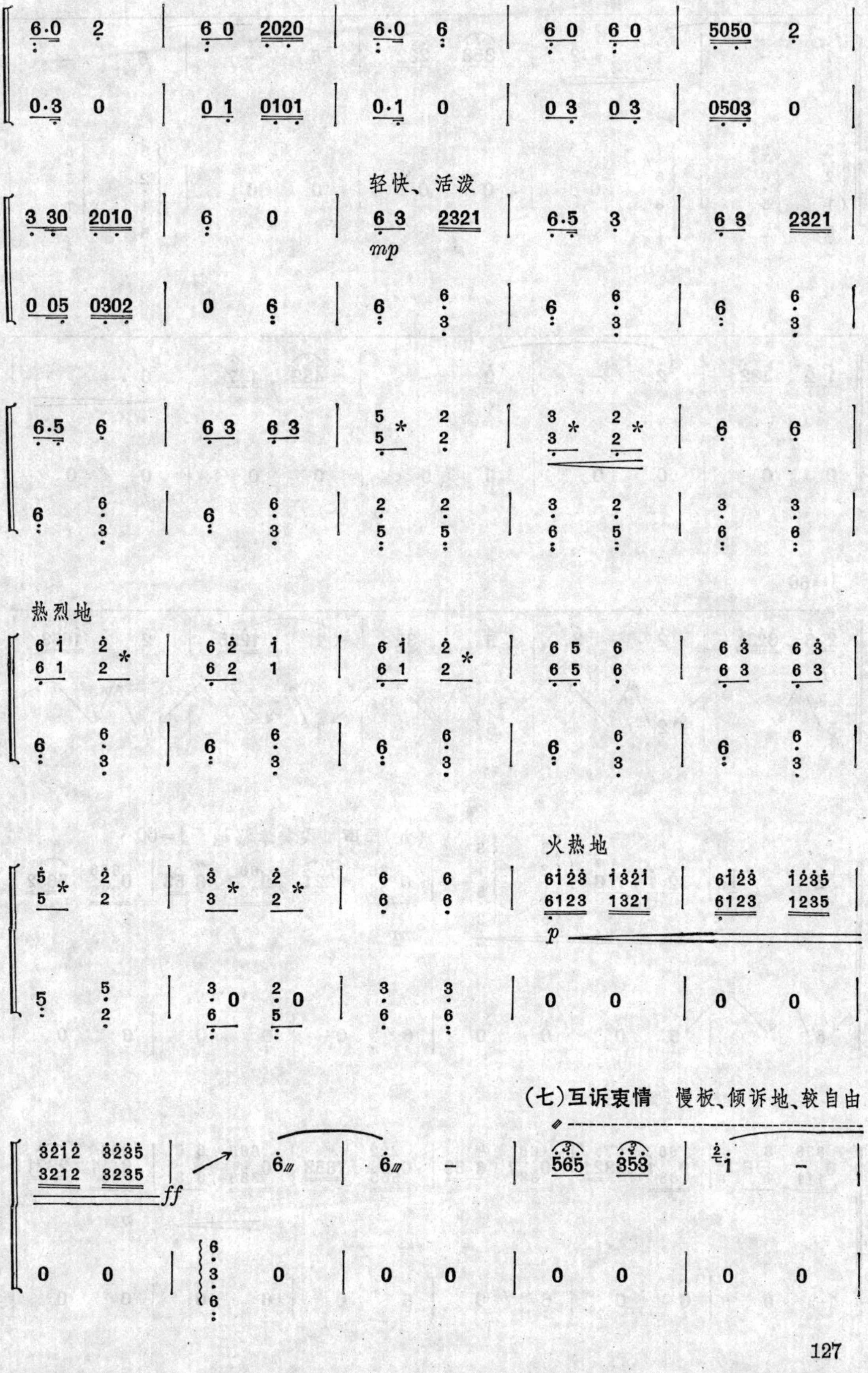

| 6·0 2 | 6 0 2020 | 6·0 6 | 6 0 6 0 | 5050 2 |
| 0·3 0 | 0 1 0101 | 0·1 0 | 0 3 0 3 | 0503 0 |

轻快、活泼

| 3 30 2010 | 6 0 | 6 3 2321 | 6·5 3 | 6 3 2321 |
mp
| 0 05 0302 | 0 6 | 6 6/3 | 6 6/3 | 6 6/3 |

| 6·5 6 | 6 3 6 3 | 5/5 * 2/2 | 3/3 * 2/2 * | 6 6 |
| 6 6/3 | 6 6/3 | 2/5 2/5 | 3/6 2/5 | 3/6 3/6 |

热烈地

| 6 1/6 1 2/2 * | 6 2/6 2 1/1 | 6 1/6 1 2/2 * | 6 5/6 5 6/6 | 6 3/6 3 6 3/6 3 |
| 6 6/3 | 6 6/3 | 6 6/3 | 6 6/3 | 6 6/3 |

火热地

| 5/5 * 2/2 | 3/3 * 2/2 * | 6/6 6/6 | 6123/6123 1321/1321 | 6123/6123 1235/1235 |
p
| 5 5/2 | 3/6 0 2/5 0 | 3/6 3/6 | 0 0 | 0 0 |

（七）互诉衷情　慢板、倾诉地、较自由

| 3212/3212 3235/3235 | 6 | 6 – | 565 353 | 1 – |
ff
| 0 0 | 6/3/6 0 | 0 0 | 0 0 | 0 0 |

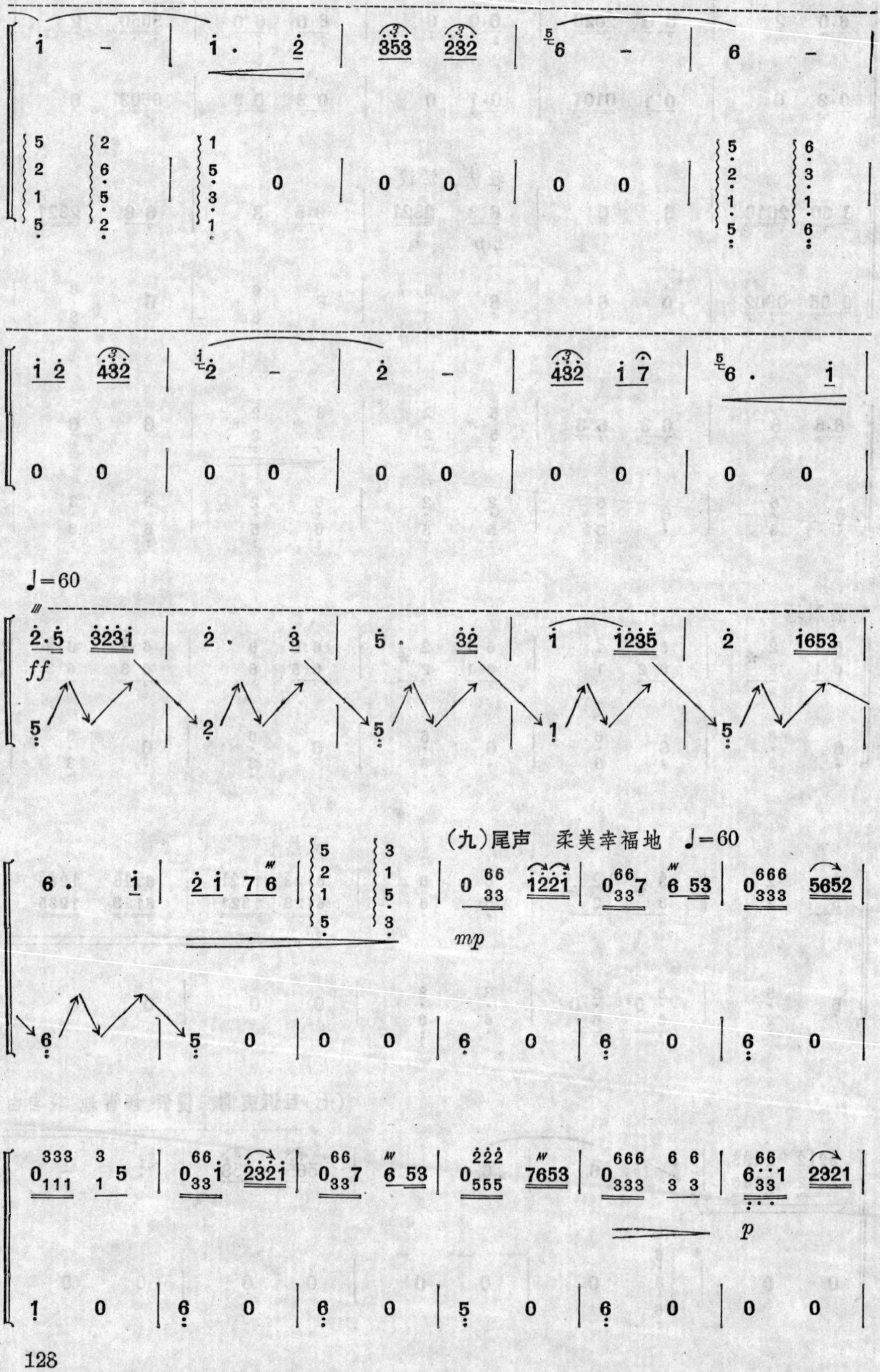

♩=60

(九)尾声　柔美幸福地　♩=60

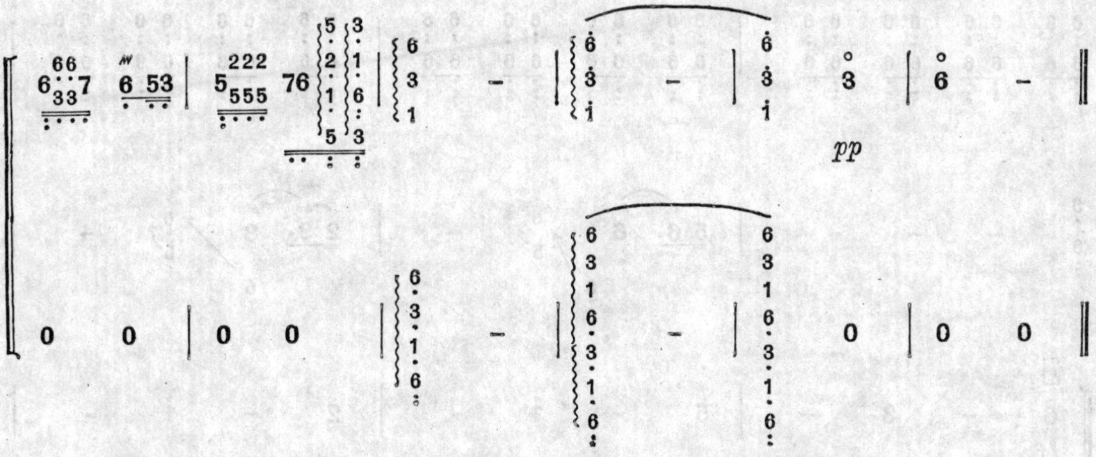

孔雀东南飞

1=F $\frac{4}{4}$ $\frac{3}{4}$

郑德渊曲
邱大成改编

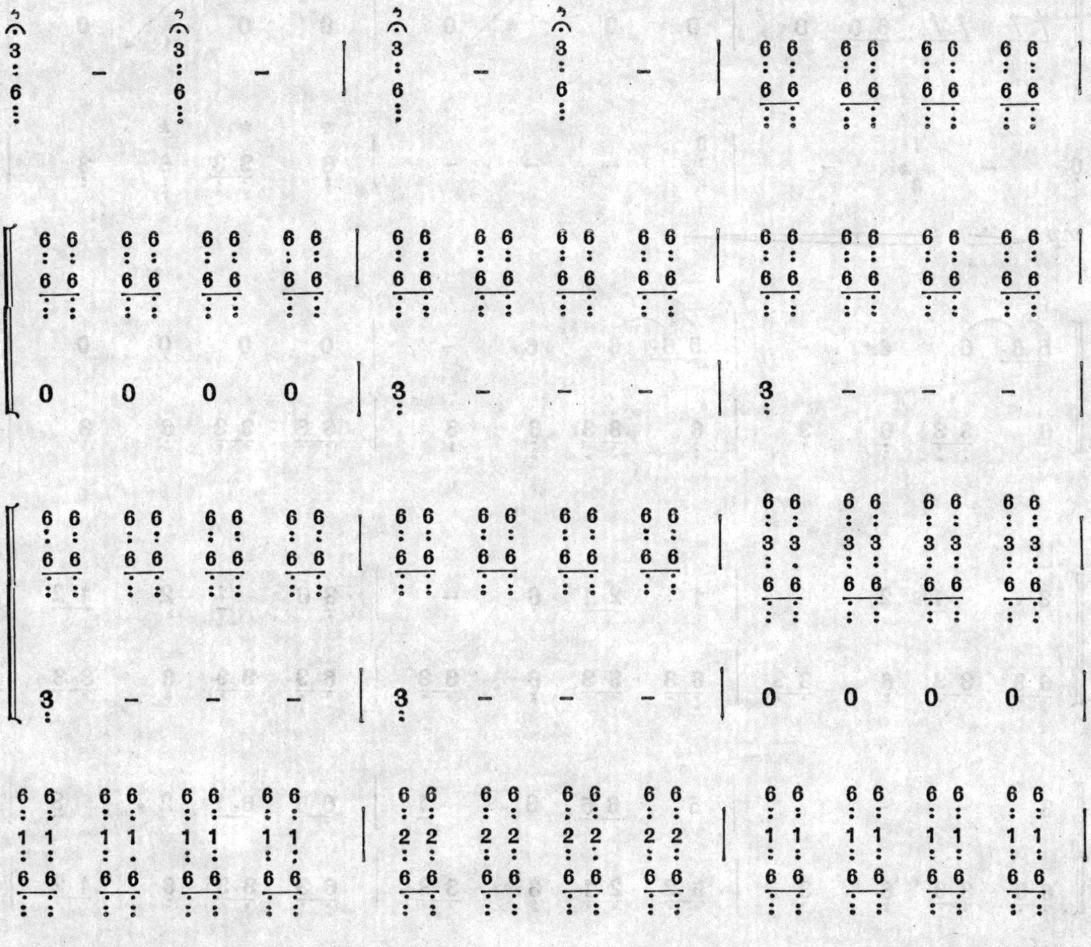

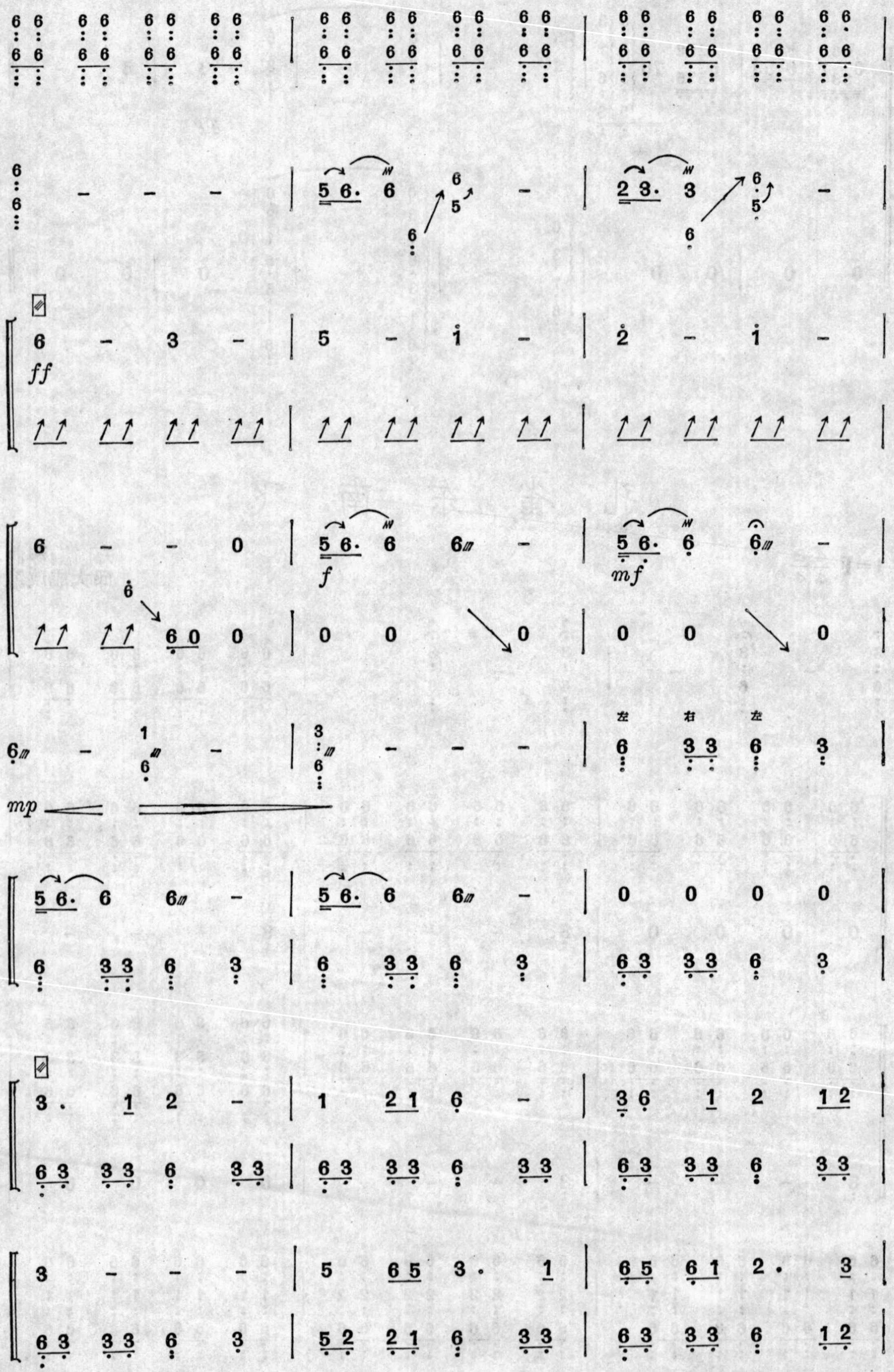

6 6 6 6 6 6 6 6 | 6 6 6 6 6 6 6 6 | 6 6 6 6 6 6 6 6 |

6 6 – – – | 5 6· 6 6 5 6 – | 2 3· 3 6 5 6 – |

6 – 3 – | 5 – i – | 2 – i – |
ff

6 – – 0 | 5 6· 6 6 – | 5 6· 6 6 – |
f mf
6 6 0 0 | 0 0 0 | 0 0 0 |

左 右 左
6 – 1 6 – | 3 6 – – – | 6 3 3 6 3 |
mp

5 6· 6 6 – | 5 6· 6 6 – | 0 0 0 0 |
6 3 3 6 3 | 6 3 3 6 3 | 6 3 3 3 6 3 |

3· 1 2 – | 1 2 1 6 – | 3 6 1 2 1 2 |
6 3 3 3 6 3 3 | 6 3 3 3 6 3 3 | 6 3 3 3 6 3 3 |

3 – – – | 5 6 5 3· 1 | 6 5 6 1 2· 3 |
6 3 3 3 6 3 | 5 2 2 1 6 3 3 | 6 3 3 3 6 1 2 |

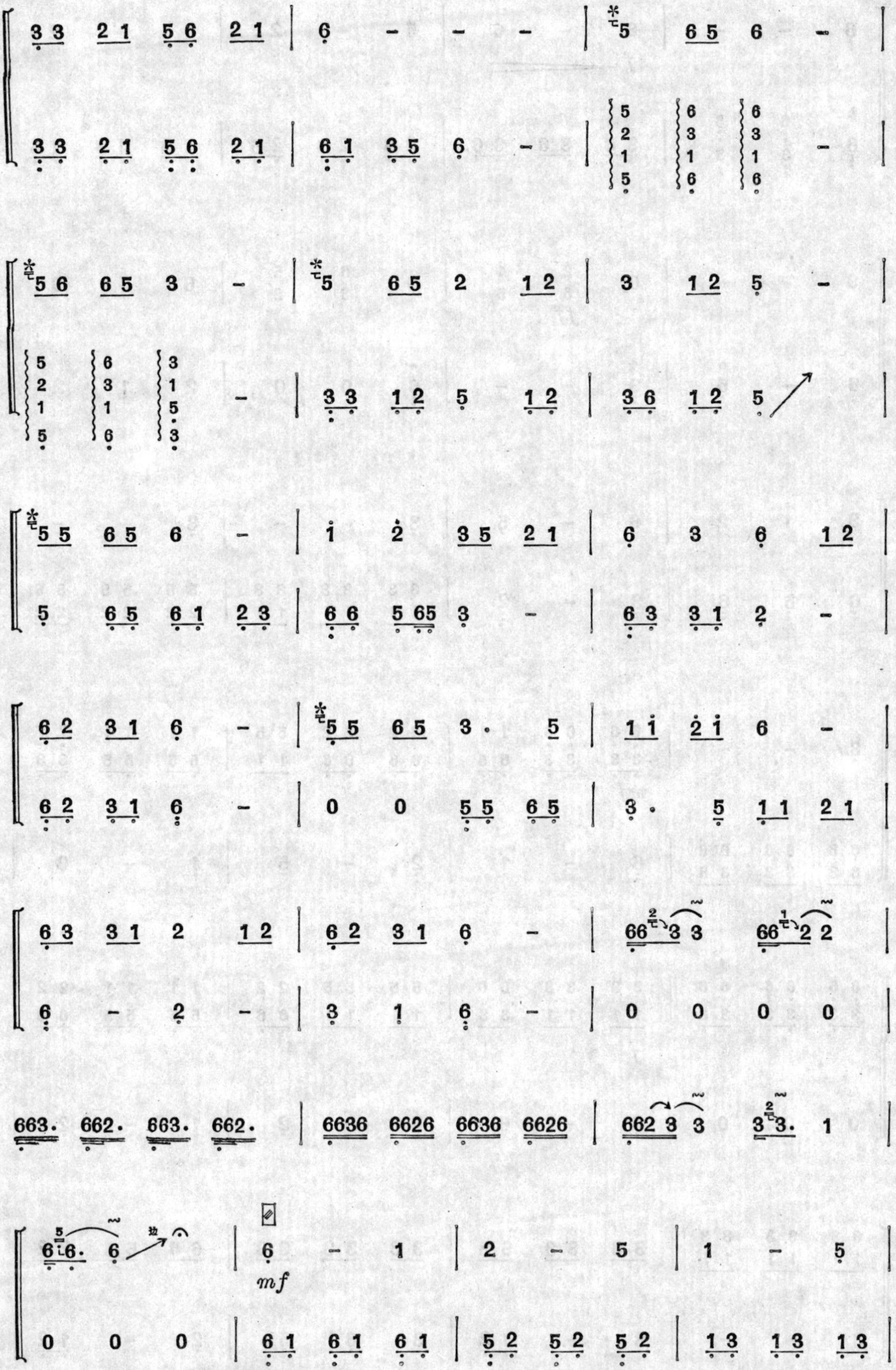

3 3 2 1 5 6 2 1 | 6 - - - | 5 | 6 5 6 - |
3 3 2 1 5 6 2 1 | 6 1 3 5 6 - | 5 2 1 5 | 6 3 1 6 6 3 1 6 - |

5 6 6 5 3 - | 5 6 5 2 1 2 | 3 1 2 5 - |
5 2 1 5 6 3 1 6 3 1 5 3 - | 3 3 1 2 5 1 2 | 3 6 1 2 5 ↗ |

5 5 6 5 6 - | 1 2 3 5 2 1 | 6 3 6 1 2 |
5 6 5 6 1 2 3 | 6 6 5 65 3 - | 6 3 3 1 2 - |

6 2 3 1 6 - | 5 5 6 5 3 . 5 | 1 1 2 1 6 - |
6 2 3 1 6 - | 0 0 5 5 6 5 | 3 . 5 1 1 2 1 |

6 3 3 1 2 1 2 | 6 2 3 1 6 - | 66 3 3 66 2 2 |
6 - 2 - | 3 1 6 - | 0 0 0 0 |

663. 662. 663. 662. | 6636 6626 6636 6626 | 662 3 3 3 3. 1 |

6 6. 6 ↗ 𝄐 | 6 - 1 | 2 - 5 | 1 - 5 |
mf
0 0 0 | 6 1 6 1 6 1 | 5 2 5 2 5 2 | 1 3 1 3 1 3 |

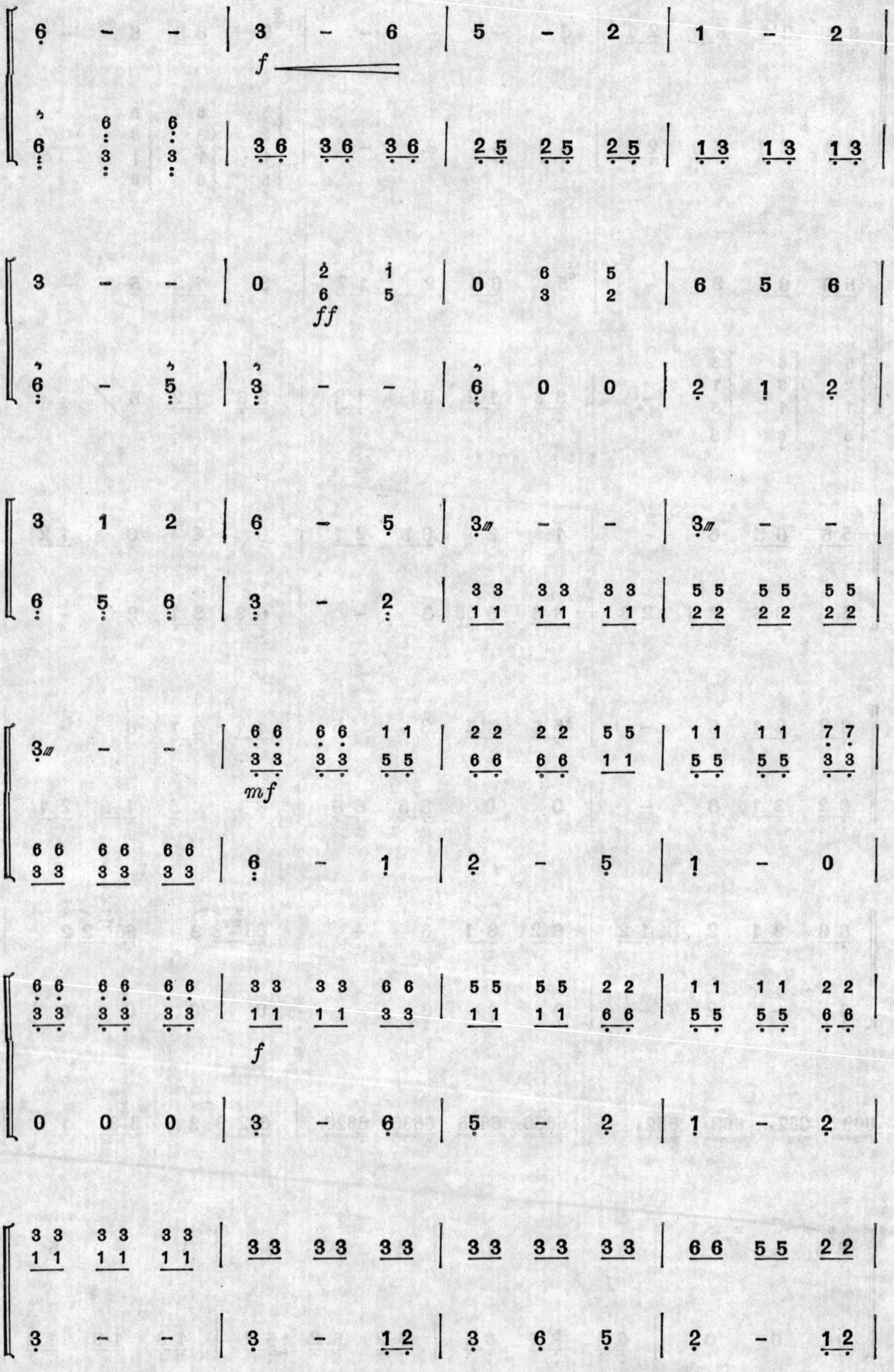

6 - - | 3 - 6 | 5 - 2 | 1 - 2 |

f

6 6/3 6/3 | 3 6 3 6 3 6 | 2 5 2 5 2 5 | 1 3 1 3 1 3 |

3 - - | 0 2/6 1/5 | 0 6/3 5/2 | 6 5 6 |

ff

6 - 5 | 3 - - | 6 0 0 | 2 1 2 |

3 1 2 | 6 - 5 | 3 - - | 3 - - |

6 5 6 | 3 - 2 | 3 3/1 1 3 3/1 1 3 3/1 1 | 5 5/2 2 5 5/2 2 5 5/2 2 |

3 - - | 6 6/3 3 6 6/3 3 1 1/5 5 | 2 2/6 6 2 2/6 6 5 5/1 1 | 1 1/5 5 1 1/5 5 7 7/3 3 |

mf

6 6/3 3 6 6/3 3 6 6/3 3 | 6 - 1 | 2 - 5 | 1 - 0 |

6 6/3 3 6 6/3 3 6 6/3 3 | 3 3/1 1 3 3/1 1 6 6/3 3 | 5 5/1 1 5 5/1 1 2 2/6 6 | 1 1/5 5 1 1/5 5 2 2/6 6 |

f

0 0 0 | 3 - 6 | 5 - 2 | 1 - 2 |

3 3/1 1 3 3/1 1 3 3/1 1 | 3 3 3 3 3 3 | 3 3 3 3 3 3 | 6 6 5 5 2 2 |

3 - - | 3 - 1 2 | 3 6 5 | 2 - 1 2 |

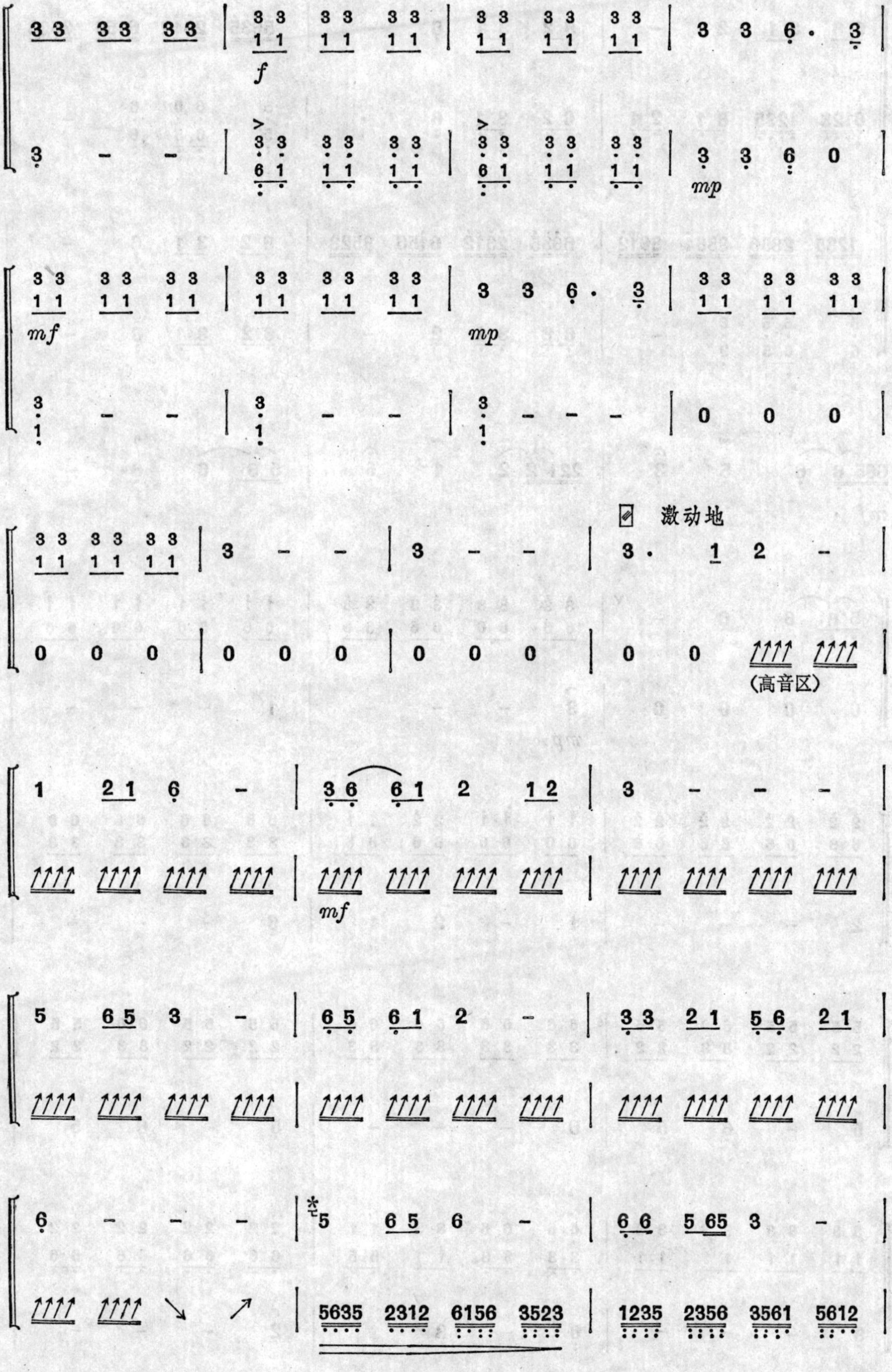

33 33 33 | 33/11 33/11 33/11 | 33/11 33/11 33/11 | 3 3 6 · 3 |
f

3 – – | 33/61 33/11 33/11 | 33/61 33/11 33/11 | 3 3 6 0 |
mp

33/11 33/11 33/11 | 33/11 33/11 33/11 | 3 3 6 · 3 | 33/11 33/11 33/11 |
mf mp

3/1 – – | 3/1 – – | 3/1 – – – | 0 0 0 |

33/11 33/11 33/11 | 3 – – | 3 – – | 激动地 3 · 1 2 – |

0 0 0 | 0 0 0 | 0 0 0 | 0 0 (高音区) |

1 21 6 – | 36 61 2 12 | 3 – – – |
mf

5 65 3 – | 65 61 2 – | 33 21 56 21 |

6 – – – | 5 65 6 – | 66 565 3 – |

5635 2312 6156 3523 | 1235 2356 3561 5612 |

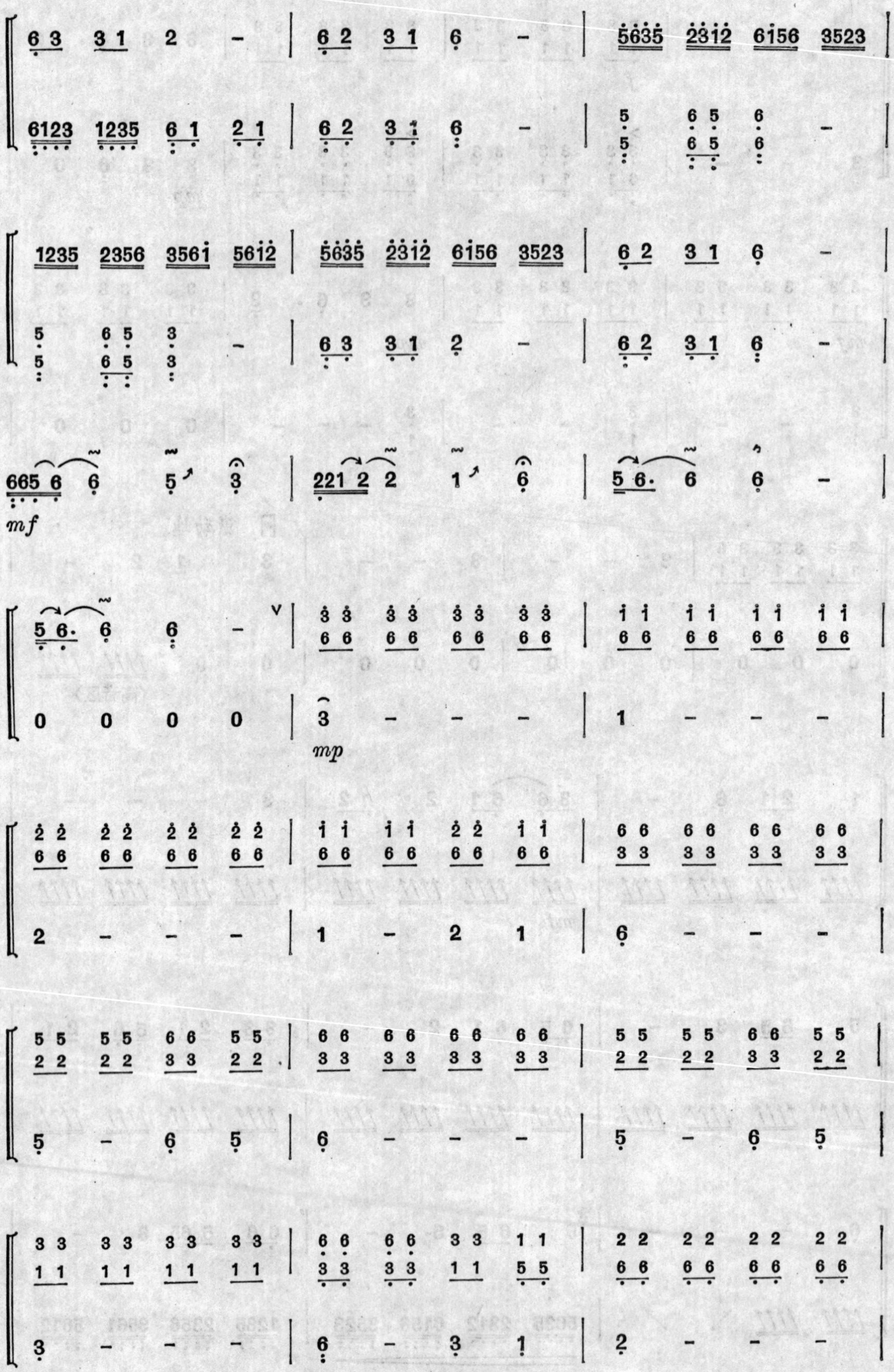

6 3 3 1 2 – | 6 2 3 1 6 – | 5635 2312 6156 3523 |

6123 1235 6 1 2 1 | 6 2 3 1 6 – | 5 6 5 6 – |

1235 2356 3561 5612 | 5635 2312 6156 3523 | 6 2 3 1 6 – |

5 6 5 3 – | 6 3 3 1 2 – | 6 2 3 1 6 – |

665 6 6 5 3 | 221 2 2 1 6 | 5 6· 6 6 – |

mf

5 6· 6 6 – | 3 3 3 3 3 3 3 3 / 6 6 6 6 6 6 6 6 | 1 1 1 1 1 1 1 1 / 6 6 6 6 6 6 6 6 |

0 0 0 0 | 3 – – – | 1 – – – |

mp

2 2 2 2 2 2 2 2 / 6 6 6 6 6 6 6 6 | 1 1 1 1 2 2 1 1 / 6 6 6 6 6 6 6 6 | 6 6 6 6 6 6 6 6 / 3 3 3 3 3 3 3 3 |

2 – – – | 1 – 2 1 | 6 – – – |

5 5 5 5 6 6 5 5 / 2 2 2 2 3 3 2 2 | 6 6 6 6 6 6 6 6 / 3 3 3 3 3 3 3 3 | 5 5 5 5 6 6 5 5 / 2 2 2 2 3 3 2 2 |

5 – 6 5 | 6 – – – | 5 – 6 5 |

3 3 3 3 3 3 3 3 / 1 1 1 1 1 1 1 1 | 6 6 6 6 3 3 1 1 / 3 3 3 3 1 1 5 5 | 2 2 2 2 2 2 2 2 / 6 6 6 6 6 6 6 6 |

3 – – – | 6 – 3 1 | 2 – – – |

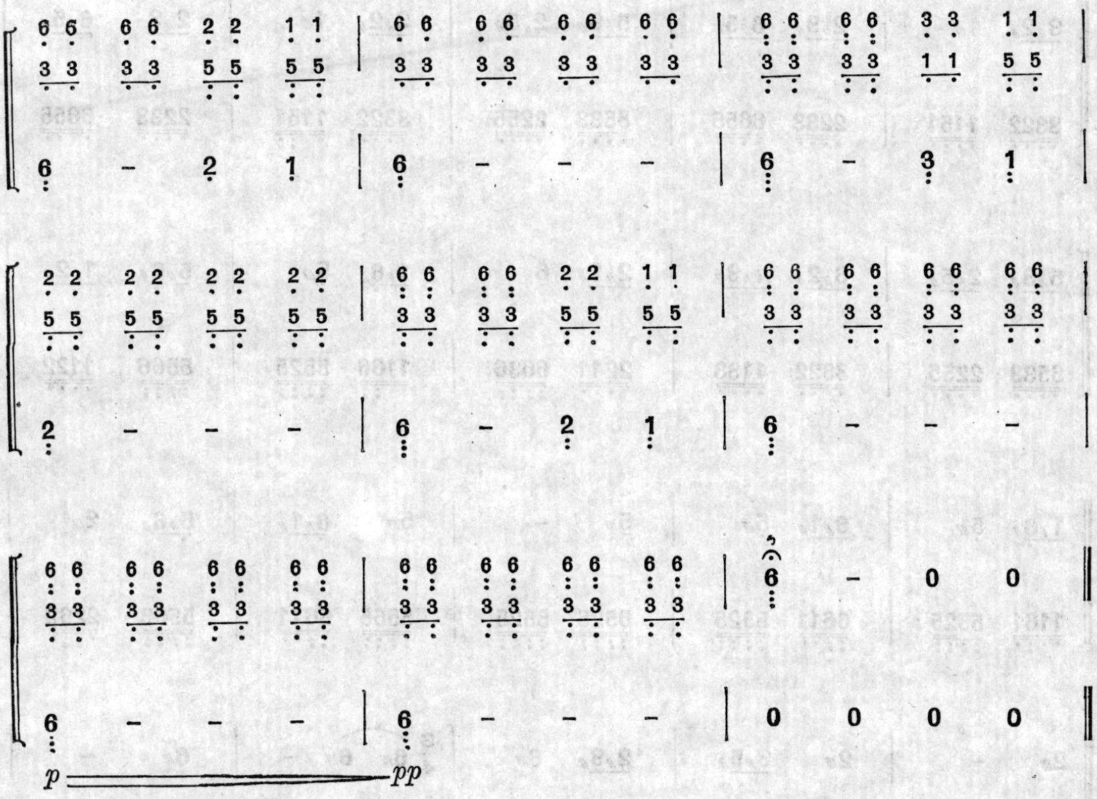

注："边"指在岳山边括奏。

"ﾞ"指用肉音演奏。

将 军 令

1=G $\frac{2}{4}$

浙 江 筝曲

王巽之传谱

〔一〕有气势地 ♩=92

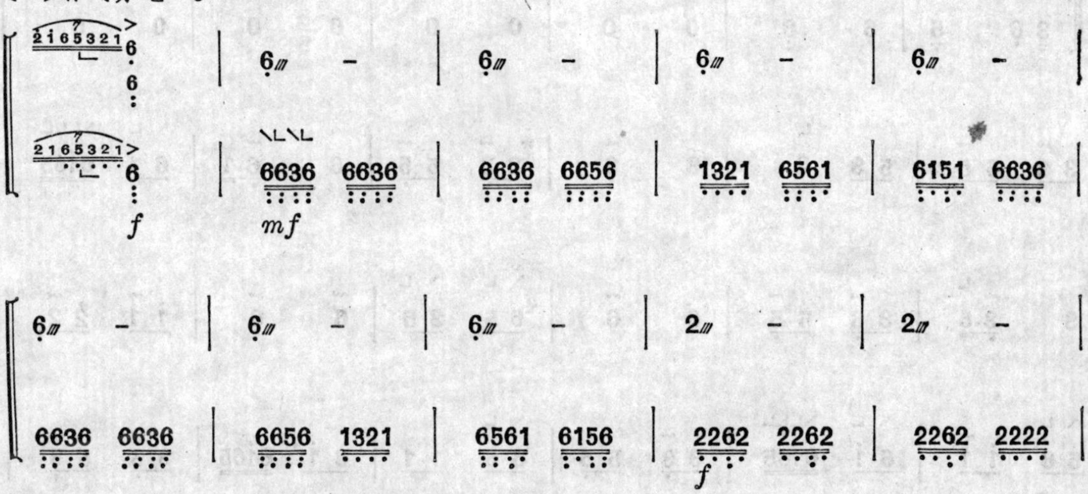

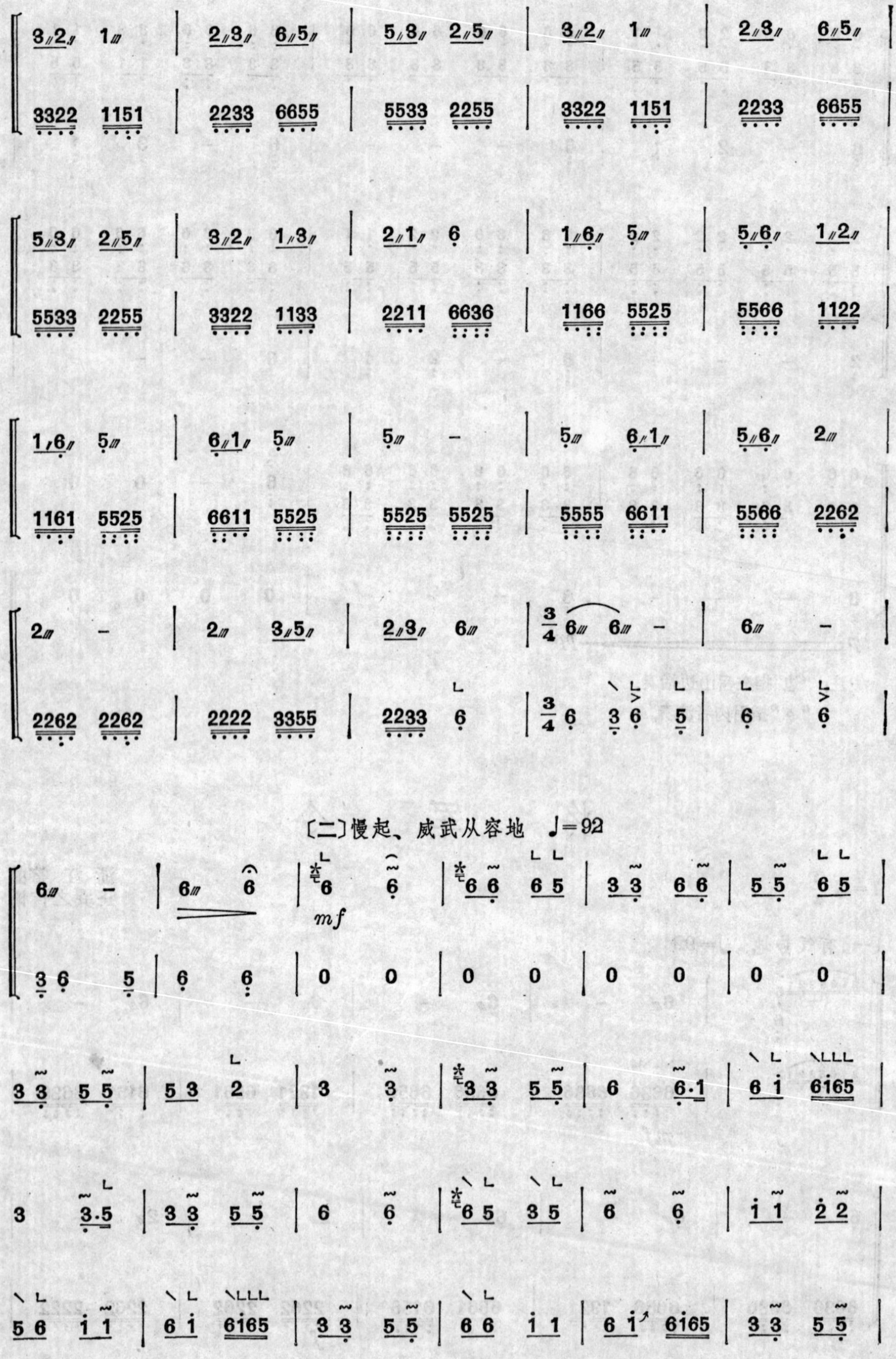

| 3 2 1 | 2 3 6 5 | 5 3 2 5 | 3 2 1 | 2 3 6 5 |
| 3322 1151 | 2233 6655 | 5533 2255 | 3322 1151 | 2233 6655 |

| 5 3 2 5 | 3 2 1 3 | 2 1 6 | 1 6 5 | 5 6 1 2 |
| 5533 2255 | 3322 1133 | 2211 6636 | 1166 5525 | 5566 1122 |

| 1 6 5 | 6 1 5 | 5 – | 5 6 1 | 5 6 2 |
| 1161 5525 | 6611 5525 | 5525 5525 | 5555 6611 | 5566 2262 |

| 2 – | 2 3 5 | 2 3 6 | 3/4 6 6 – | 6 – |
| 2262 2262 | 2222 3355 | 2233 6 | 3/4 6 3 6 5 | 6 6 |

〔二〕慢起、威武从容地 ♩=92

| 6 – | 6 6 | 6 6 | 6 6 6 5 | 3 3 6 6 | 5 5 6 5 |
mf
| 3 6 5 | 6 6 | 0 0 | 0 0 | 0 0 | 0 0 |

3 3 5 5 | 5 3 2 | 3 3 | 3 3 5 5 | 6 6·1 | 6 1 6165 |

3 3·5 | 3 3 5 5 | 6 6 | 6 5 3 5 | 6 6 | 1 1 2 2 |

5 6 1 1 | 6 1 6165 | 3 3 5 5 | 6 6 1 1 | 6 1 6165 | 3 3 5 5 |

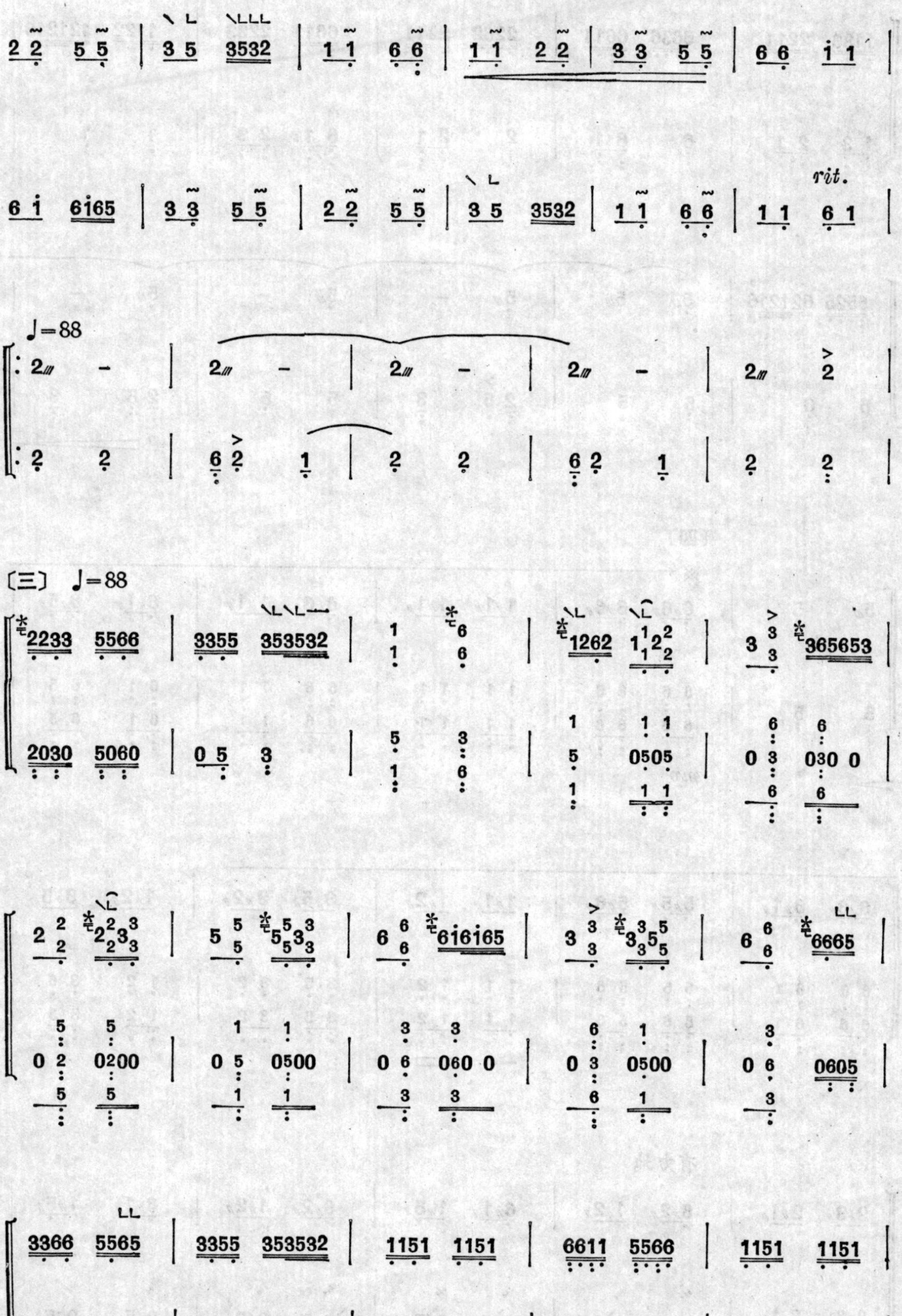

2 2 5 5 | 3 5 3532 | 1 1 6 6 | 1 1 2 2 | 3 3 5 5 | 6 6 i 1 |

rit.

6 i 6i65 | 3 3 5 5 | 2 2 5 5 | 3 5 3532 | 1 1 6 6 | 1 1 6 1 |

♩=88

: 2 – | 2 – | 2 – | 2 – | 2 2 |

: 2 2 | 6 2 1 | 2 2 | 6 2 1 | 2 2 |

〔三〕 ♩=88

2233 5566 | 3355 353532 | 1 6 | 1262 1 2 | 3 3 365653 |

2030 5060 | 0 5 3 | 5 3 | 5 0505 | 0 3 030 0 |

2 2 2 3 | 5 5 5 3 | 6 6 6i6i65 | 3 3 3 5 | 6 6 6665 |

0 2 0200 | 0 5 0500 | 0 6 060 0 | 0 3 0500 | 0 6 0605 |

3366 5565 | 3355 353532 | 1151 1151 | 6611 5566 | 1151 1151 |

0306 0500 | 0305 050 0 | 1 1 | 6 1 5 6 | 1 1 |

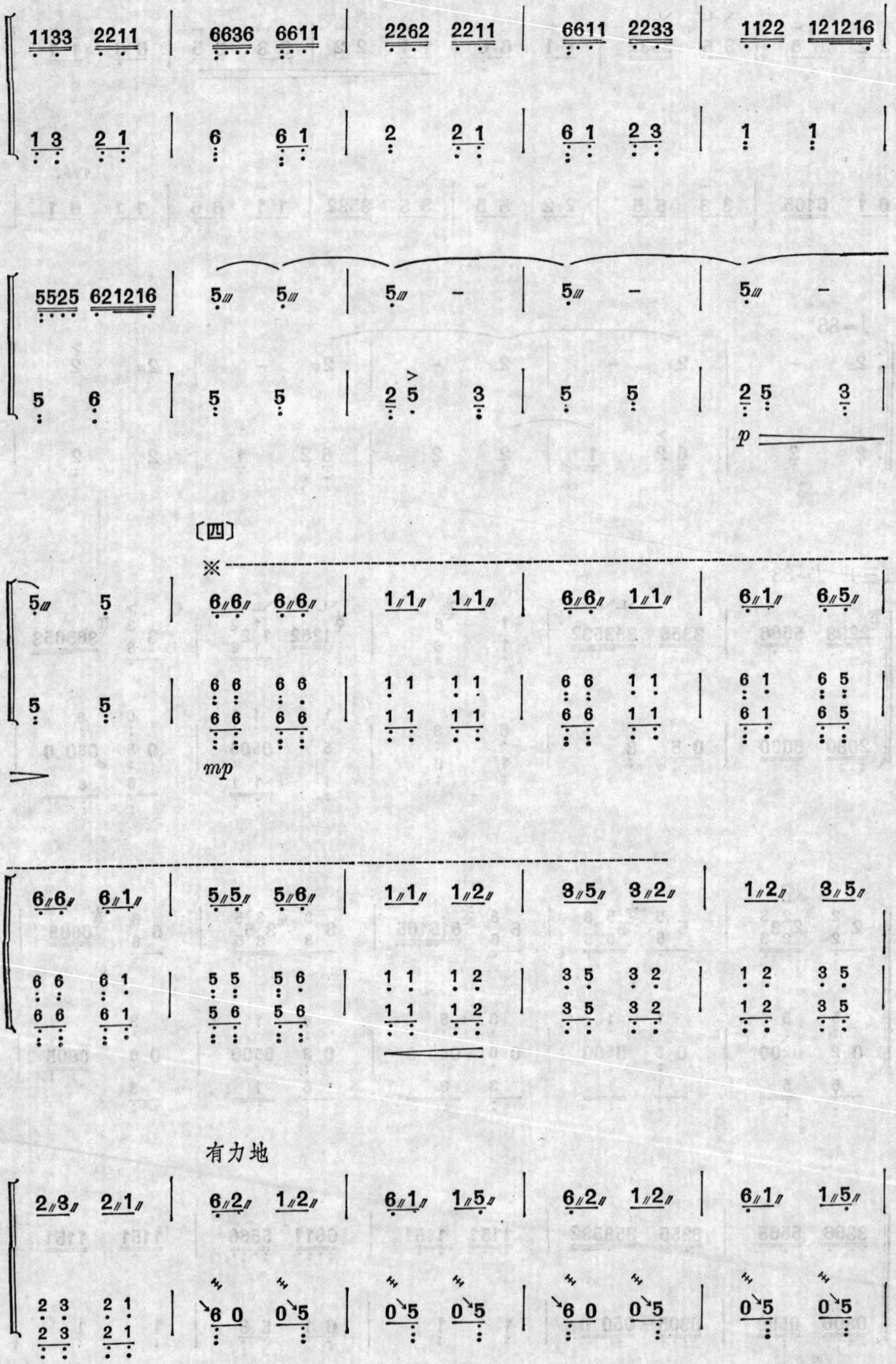

1133 2211 | 6636 6611 | 2262 2211 | 6611 2233 | 1122 121216 |

1 3 2 1 | 6 6 1 | 2 2 1 | 6 1 2 3 | 1 1 |

5525 621216 | 5 5 | 5 – | 5 – | 5 – |

5 6 | 5 5 | 2 5 3 | 5 5 | 2 5 3 |

p

〔四〕

※

5 5 | 6 6 6 6 | 1 1 1 1 | 6 6 1 1 | 6 1 6 5 |

5 5 | 66/66 66/66 | 11/11 11/11 | 66/66 11/11 | 61/61 65/65 |

mp

6 6 6 1 | 5 5 5 6 | 1 1 1 2 | 3 5 3 2 | 1 2 3 5 |

66/66 61/61 | 55/56 56/56 | 11/11 12/12 | 35/35 32/32 | 12/12 35/35 |

有力地

2 3 2 1 | 6 2 1 2 | 6 1 1 5 | 6 2 1 2 | 6 1 1 5 |

23/23 21/21 | 6 0 0 5 | 0 5 0 5 | 6 0 0 5 | 0 5 0 5 |

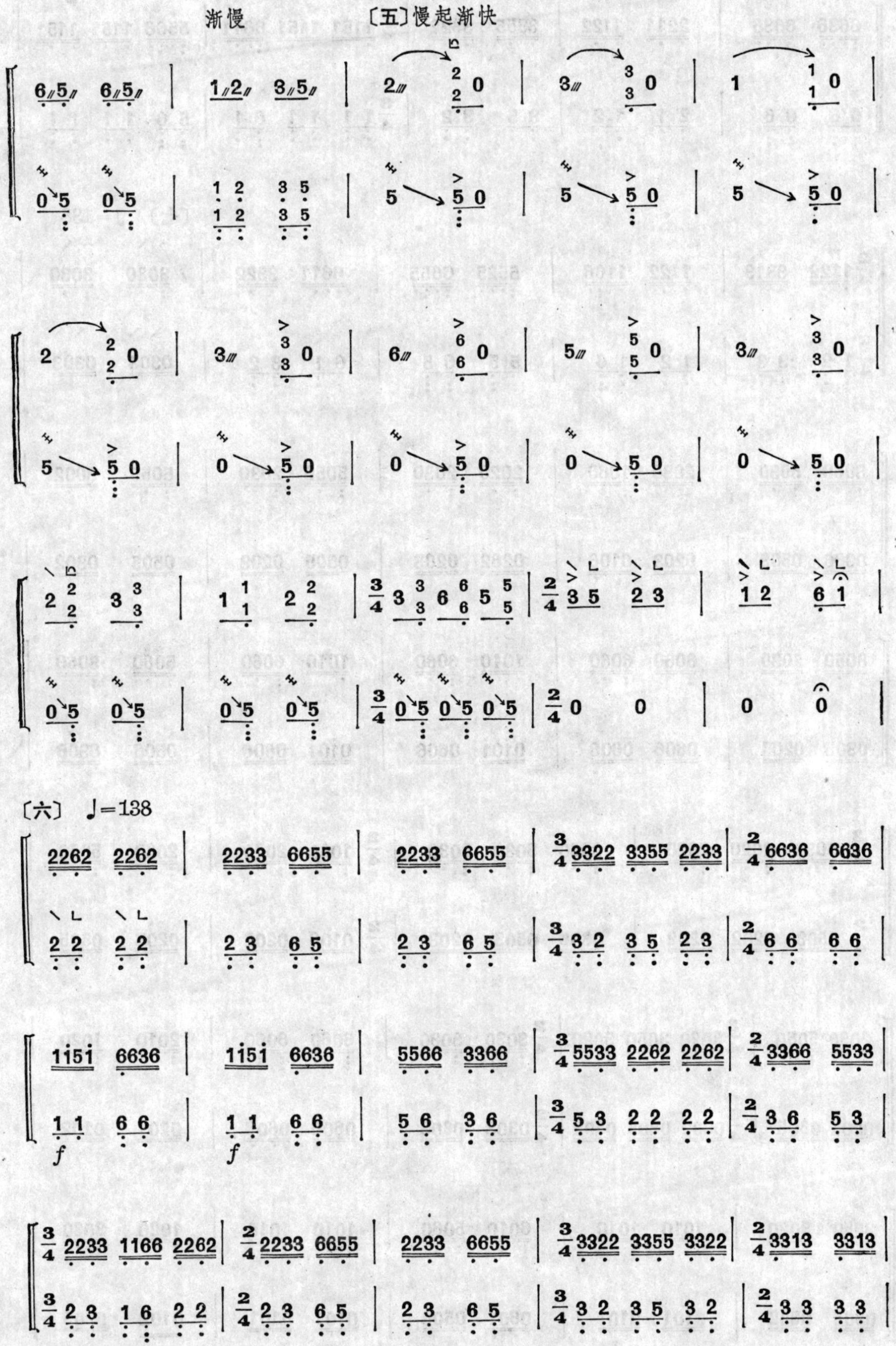

渐慢　　〔五〕慢起渐快

| 6〃5〃 6〃5〃 | 1〃2〃 3〃5〃 | 2〃〃 2 2 0 | 3〃〃 3 3 0 | 1 1 1 0 |
| 0 5 0 5 | 1 2 1 2 3 5 3 5 | 5 5 0 | 5 5 0 | 5 5 0 |

| 2 2 2 0 | 3〃〃 3 3 0 | 6〃〃 6 6 0 | 5〃〃 5 5 0 | 3〃〃 3 3 0 |
| 5 5 0 | 0 5 0 | 0 5 0 | 0 5 0 | 0 5 0 |

| 2 2 2 3 3 3 | 1 1 1 2 2 2 | 3/4 3 3 3 6 6 6 5 5 5 | 2/4 3 5 2 3 | 1 2 6 1 |
| 0 5 0 5 | 0 5 0 5 | 3/4 0 5 0 5 0 5 | 2/4 0 0 | 0 0 |

〔六〕 ♩=138

| 2262 2262 | 2233 6655 | 2233 6655 | 3/4 3322 3355 2233 | 2/4 6636 6636 |
| 2 2 2 2 | 2 3 6 5 | 2 3 6 5 | 3/4 3 2 3 5 2 3 | 2/4 6 6 6 6 |

1151 6636	1151 6636	5566 3366	3/4 5533 2262 2262	2/4 3366 5533
1 1 6 6	1 1 6 6	5 6 3 6	3/4 5 3 2 2 2 2	2/4 3 6 5 3
f	*f*			

| 3/4 2233 1166 2262 | 2/4 2233 6655 | 2233 6655 | 3/4 3322 3355 3322 | 2/4 3313 3313 |
| 3/4 2 3 1 6 2 2 | 2/4 2 3 6 5 | 2 3 6 5 | 3/4 3 2 3 5 3 2 | 2/4 3 3 3 3 |

| 6636 6636 | 2211 1122 | 3355 3322 | 3/4 1151 1151 6611 | 5566 1151 1151 |
| 6 6 6 6 | 2 1 1 2 | 3 5 3 2 | 3/4 1 1 1 1 6 1 | 5 6 1 1 1 1 |

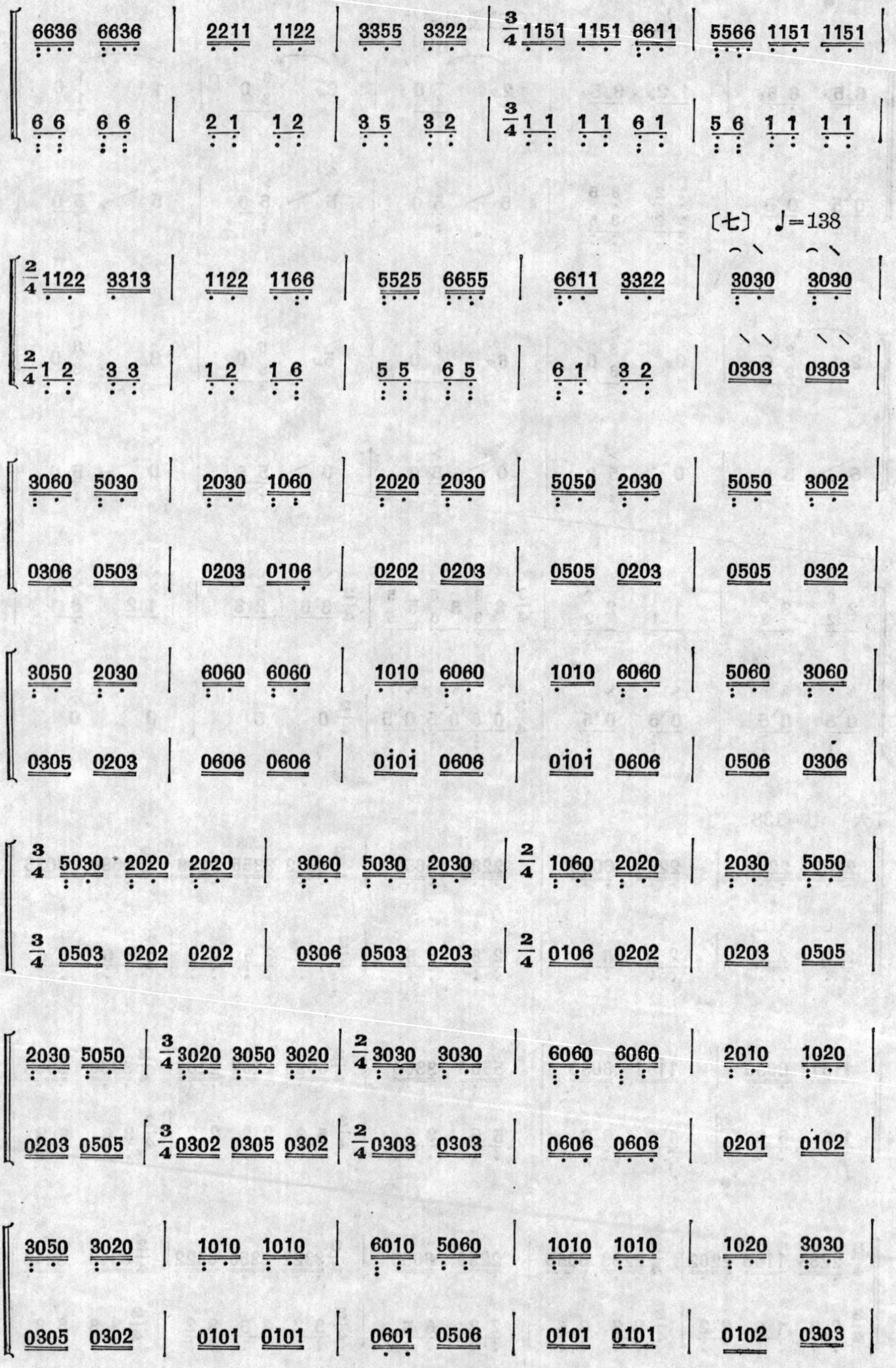

〔七〕 ♩=138

| 2/4 1122 3313 | 1122 1166 | 5525 6655 | 6611 3322 | 3030 3030 |
| 2/4 1 2 3 3 | 1 2 1 6 | 5 5 6 5 | 6 1 3 2 | 0303 0303 |

| 3060 5030 | 2030 1060 | 2020 2030 | 5050 2030 | 5050 3002 |
| 0306 0503 | 0203 0106 | 0202 0203 | 0505 0203 | 0505 0302 |

| 3050 2030 | 6060 6060 | 1010 6060 | 1010 6060 | 5060 3060 |
| 0305 0203 | 0606 0606 | 0101 0606 | 0101 0606 | 0506 0306 |

| 3/4 5030 2020 2020 | 3060 5030 2030 | 2/4 1060 2020 | 2030 5050 |
| 3/4 0503 0202 0202 | 0306 0503 0203 | 2/4 0106 0202 | 0203 0505 |

| 2030 5050 | 3/4 3020 3050 3020 | 2/4 3030 3030 | 6060 6060 | 2010 1020 |
| 0203 0505 | 3/4 0302 0305 0302 | 2/4 0303 0303 | 0606 0606 | 0201 0102 |

| 3050 3020 | 1010 1010 | 6010 5060 | 1010 1010 | 1020 3030 |
| 0305 0302 | 0101 0101 | 0601 0506 | 0101 0101 | 0102 0303 |

悲壮有力、稍自由

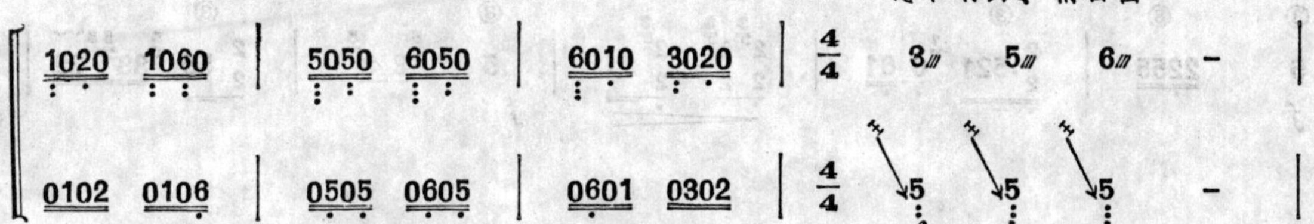

| 1020 1060 | 5050 6050 | 6010 3020 | 4/4 3 5 6 - |
| 0102 0106 | 0505 0605 | 0601 0302 | 4/4 5 5 5 - |

f

渐慢

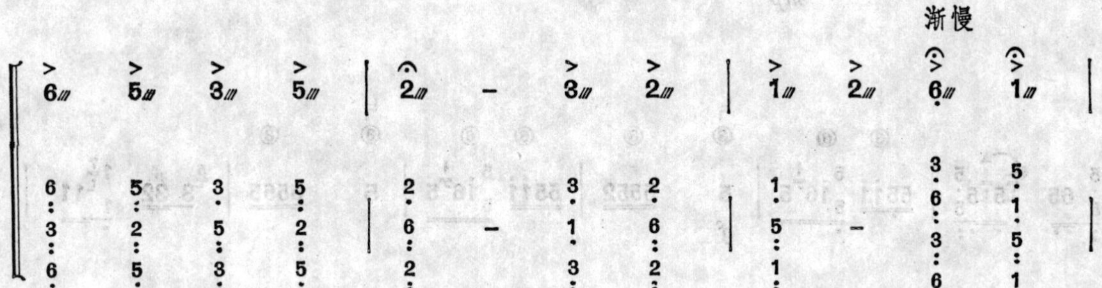

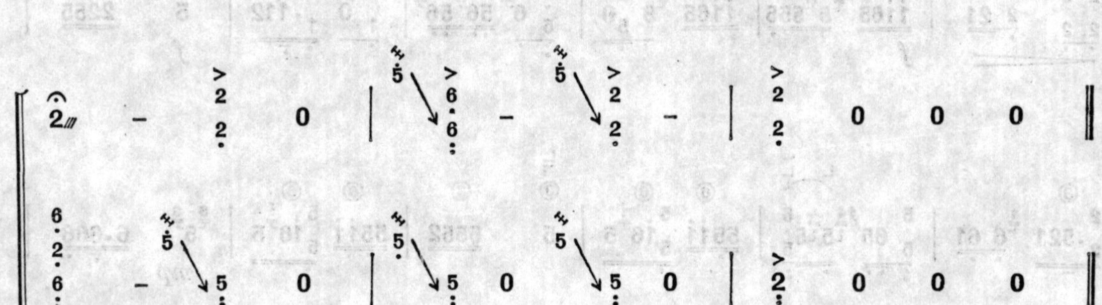

| 6 5 3 5 | 2 - 3 2 | 1 2 6 1 |

| 2 - 2 0 | 5 6 - 5 2 - | 2 0 0 0 ‖
| 6 - 5 0 | 5 0 5 0 | 2 0 0 0 ‖

注："※"指在靠近琴马的部位摇指。

打　雁

1=G 2/4

河南筝曲
曹东扶传谱

中板　明快、流畅地　♩=72

| 5 3 3 | 55 33 32 | 1 0 1.21 6 | 5 0 6.15 6 | 1 0 1.112 |

f *mp*

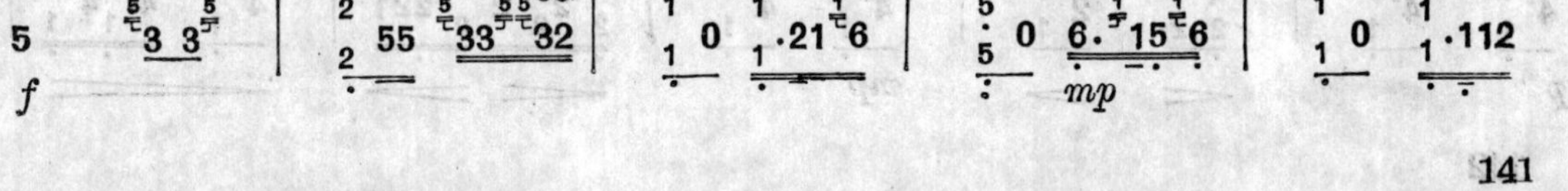

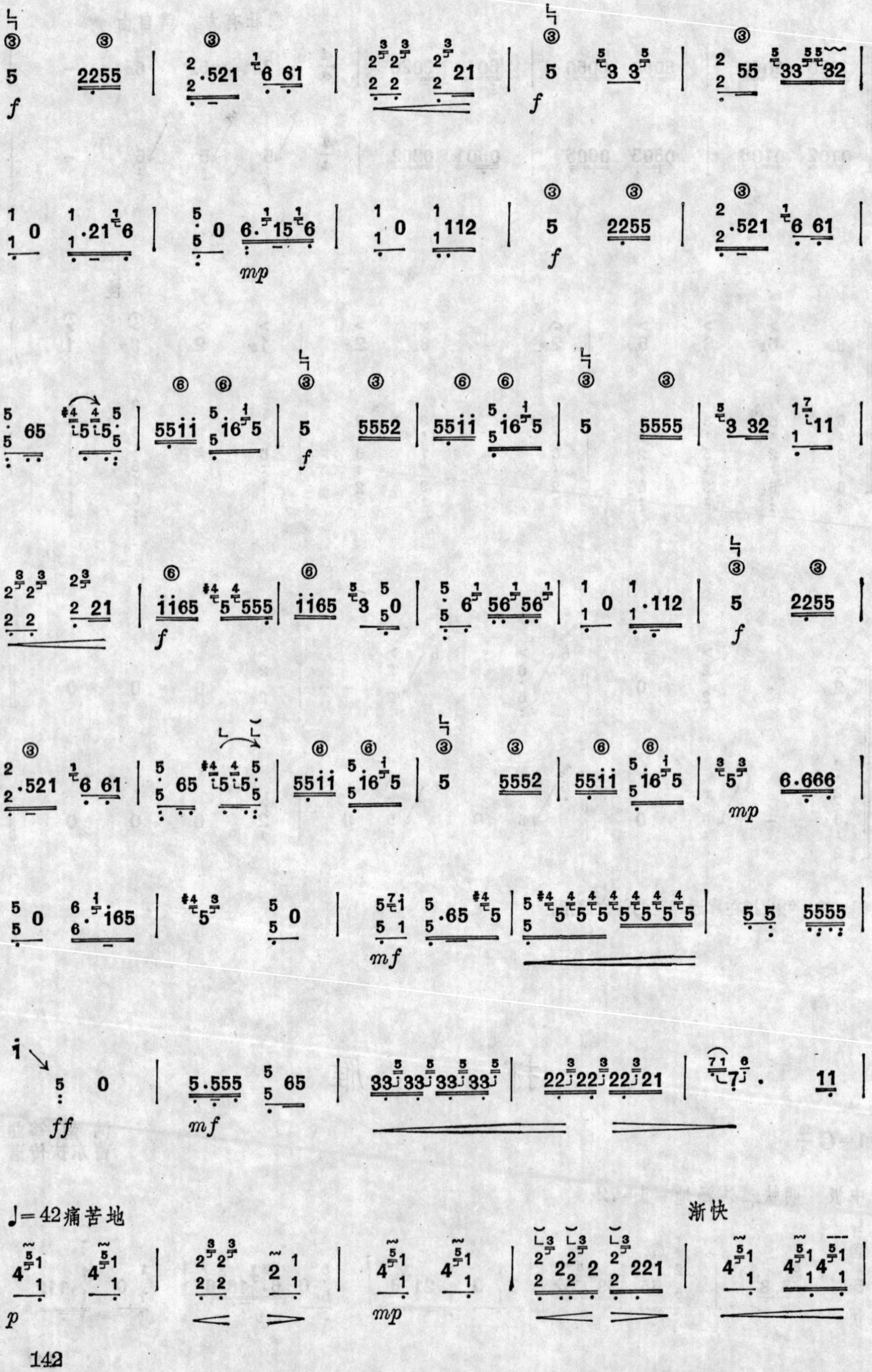

♩=42痛苦地

渐快

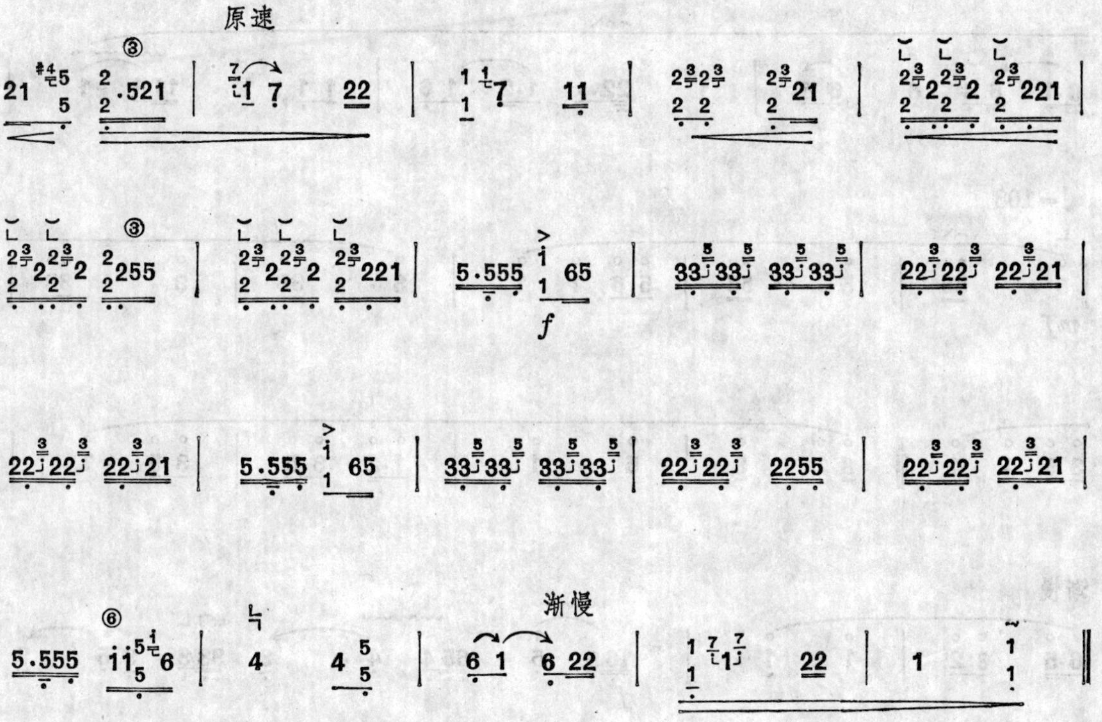

原速

渐慢

广陵散

1=D $\frac{5}{4}$ $\frac{4}{4}$ $\frac{3}{4}$ $\frac{2}{4}$

古琴曲
王昌元移植

铿锵有力、节奏稍自由

♩=66

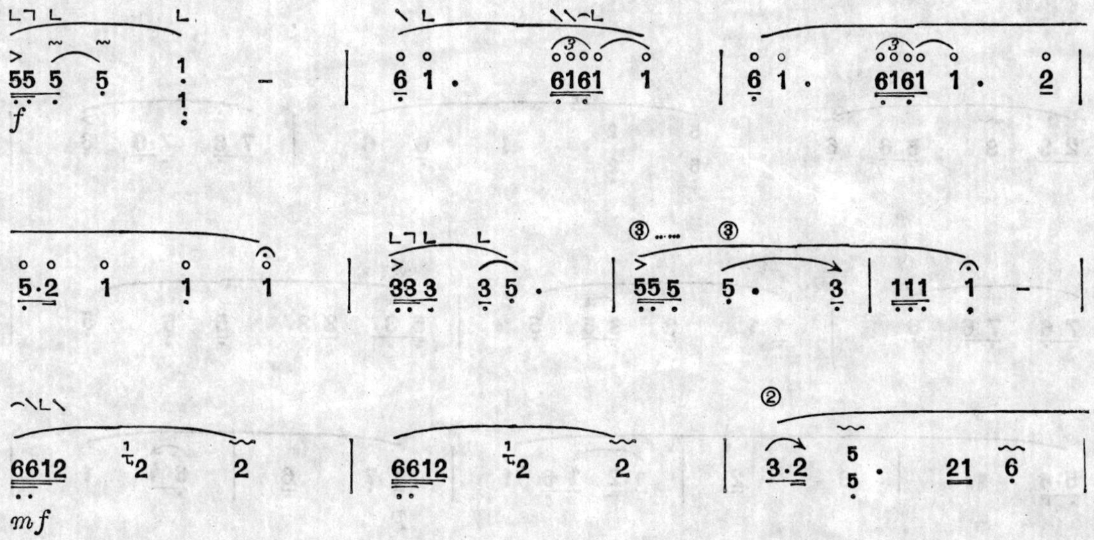

f

mf

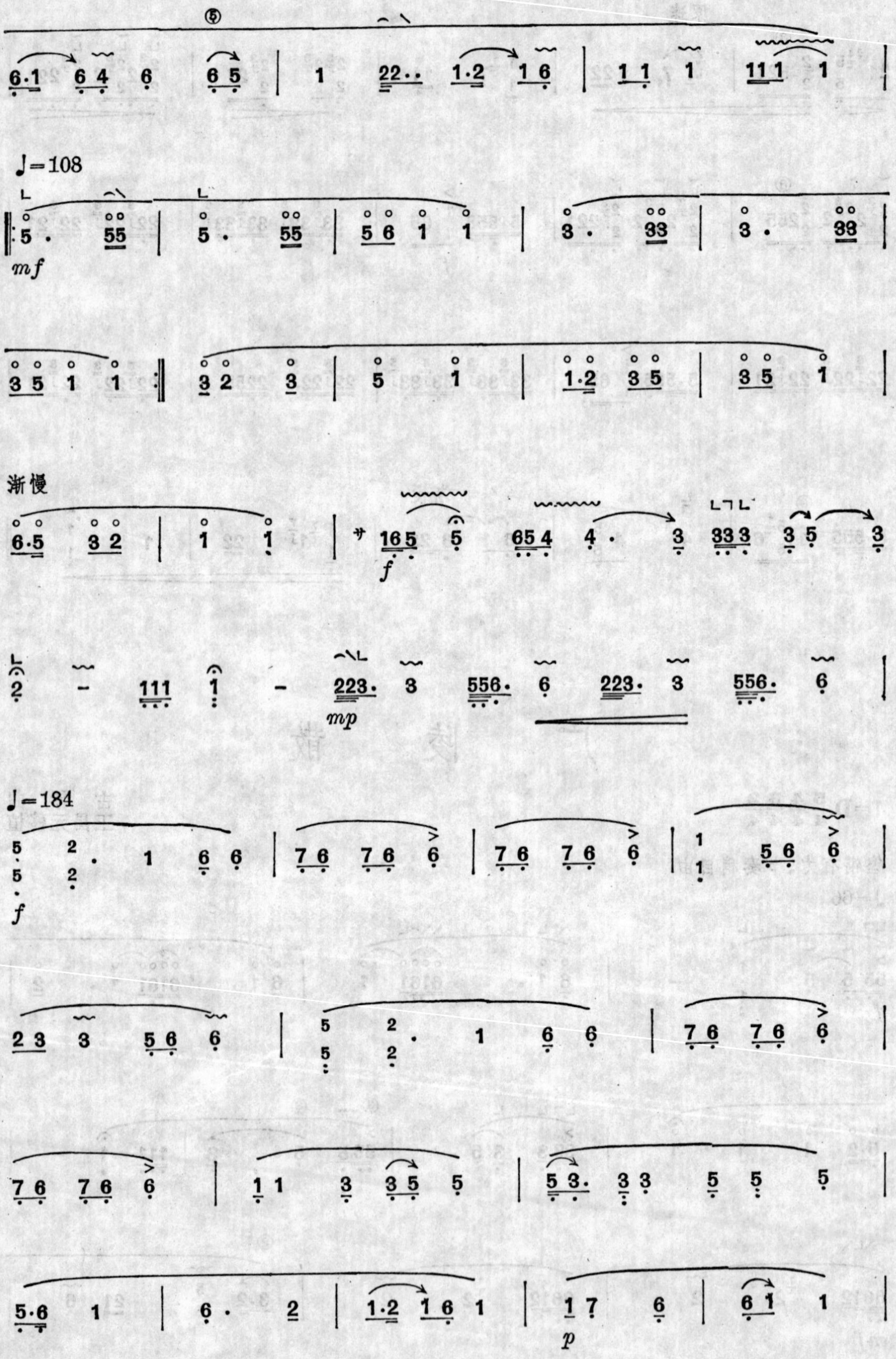

⑤

6·1 6 4 6 6 5 | 1 22.. 1·2 1 6 | 1 1 1 | 111 1 |

♩=108

‖: 5 . 55 | 5 . 55 | 5 6 1 1 | 3 . 33 | 3 . 33 |

mf

3 5 1 1 :‖ 3 2 3 | 5 1 | 1·2 3 5 | 3 5 1 |

渐慢

6·5 3 2 | 1 1 | サ 165 5 654 4 . 3 333 3 5 3

f

2 - 111 1 - 223. 3 556. 6 223. 3 556. 6 |

mp

♩=184

5 2 . 1 6 6 | 7 6 7 6 6 | 7 6 7 6 6 | 1 5 6 6 |

f

2 3 3 5 6 6 | 5 2 . 1 6 6 | 7 6 7 6 6 |

7 6 7 6 6 | 1 1 3 3 5 5 | 5 3. 3 3 5 5 5 |

5·6 1 | 6 . 2 | 1·2 1 6 1 | 1 7 6 | 6 1 1 |

p

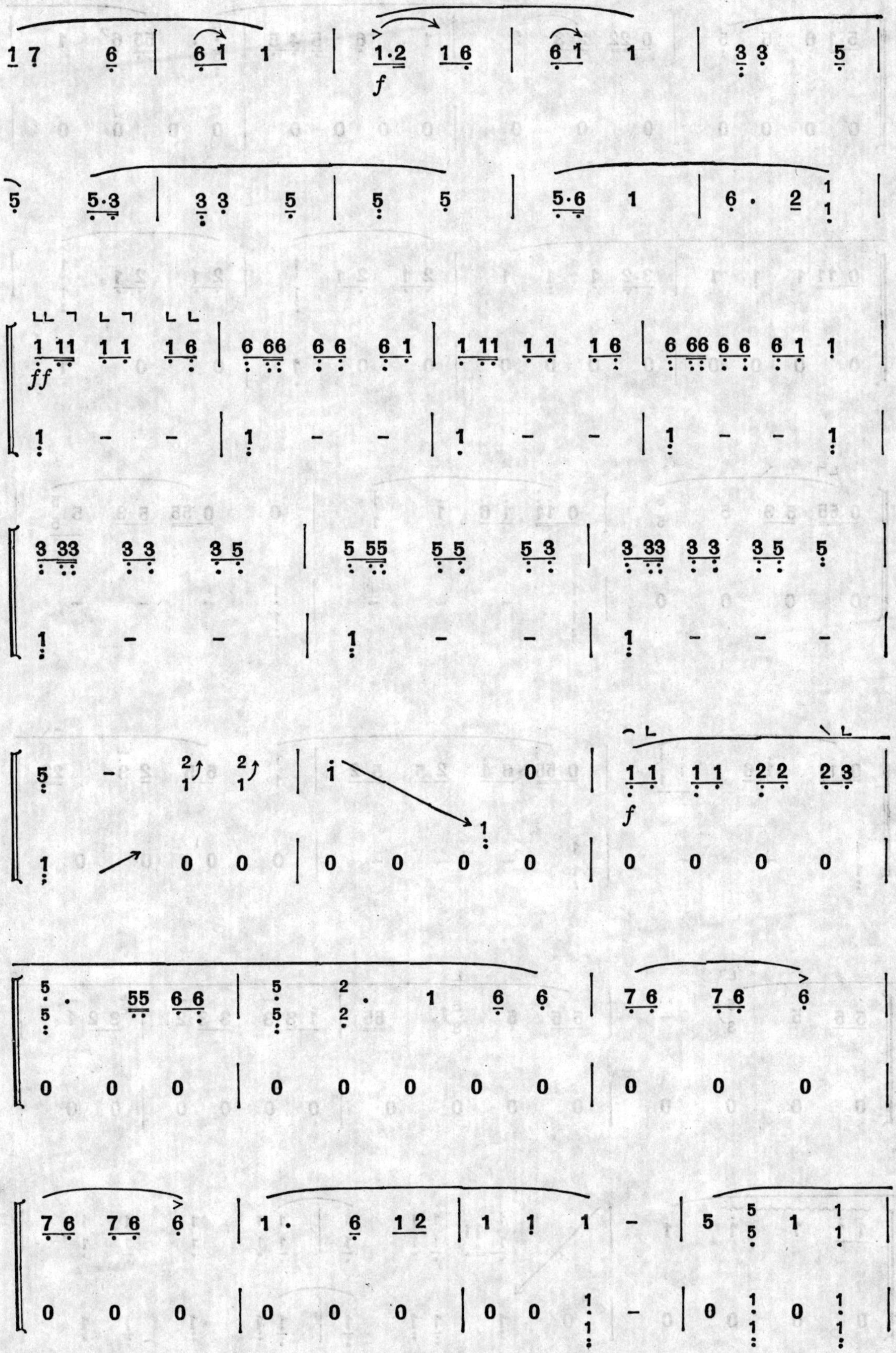

1 7 6 | 6 1 1 | 1·2 1 6 | 6 1 1 | 3 3 5 |
f

5 5·3 | 3 3 5 | 5 5 | 5·6 1 | 6 · 2 1 1 |

1 11 1 1 1 6 | 6 66 6 6 6 1 | 1 11 1 1 1 6 | 6 66 6 6 6 1 1 |
ff
1 – – | 1 – – | 1 – – | 1 – – 1 |

3 33 3 3 3 5 | 5 55 5 5 5 3 | 3 33 3 3 3 5 5 |
1 – – | 1 – – | 1 – – – |

5 – 2 1 2 1 | 1 0 | 1 1 1 1 2 2 2 3 |
f
1 0 0 | 0 0 0 0 1 | 0 0 0 0 |

5 5 · 55 6 6 | 5 5 2 2 · 1 6 6 | 7 6 7 6 6 |
0 0 0 | 0 0 0 0 0 | 0 0 0 |

7 6 7 6 6 | 1 · 6 1 2 | 1 1 1 – | 5 5 5 1 1 1 |
0 0 0 | 0 0 0 | 0 0 1 1 – | 0 1 1 0 1 1 |

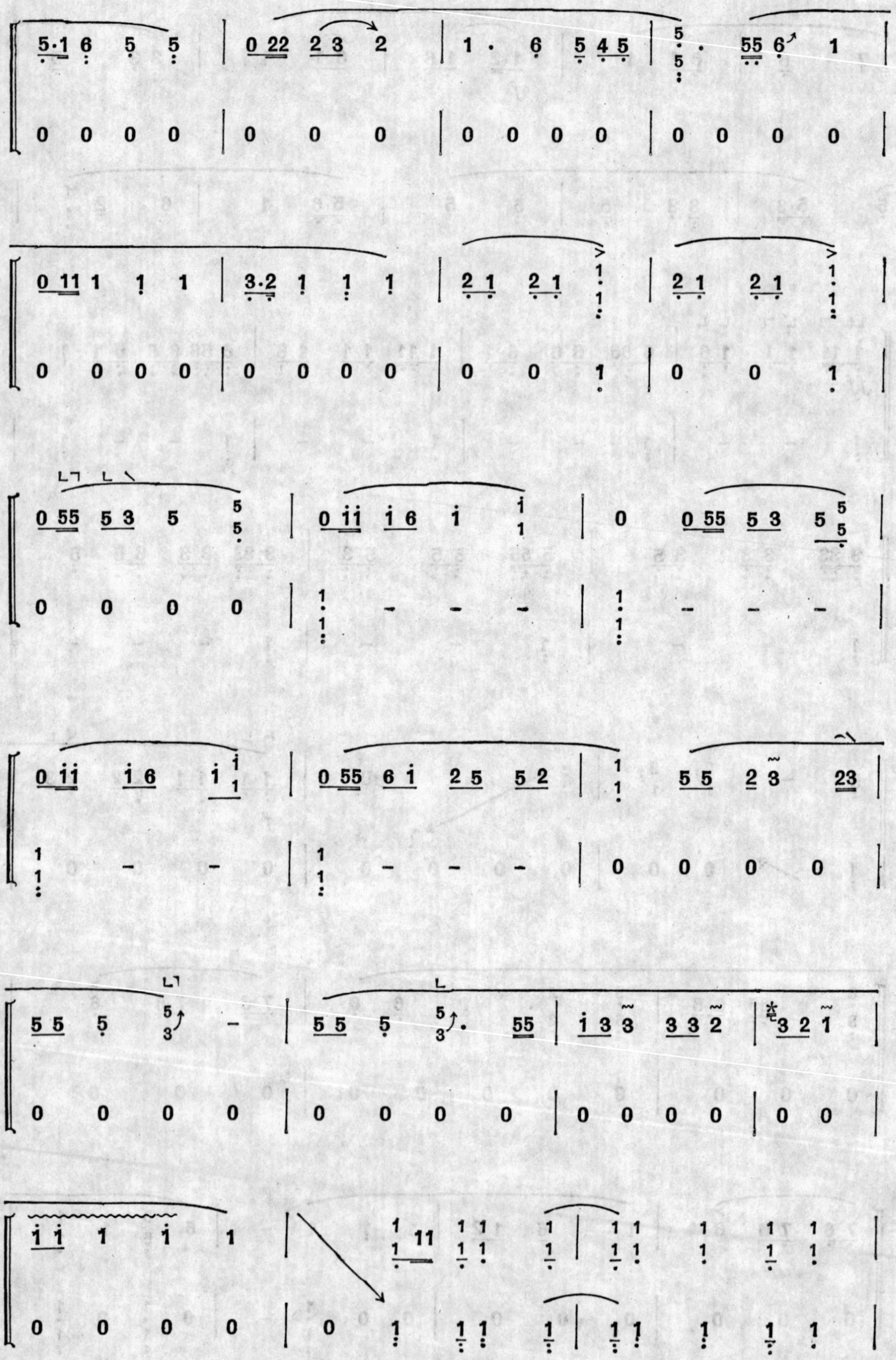

5·1 6 5 5 | 0 22 2 3 2 | 1 · 6 5 4 5 | 5/5 · 55 6 1 |
0 0 0 0 | 0 0 0 | 0 0 0 0 | 0 0 0 0 |

0 11 1 1 1 | 3·2 1 1 1 | 2 1 2 1 1/1 | 2 1 2 1 1/1 |
0 0 0 0 | 0 0 0 0 | 0 0 1 | 0 0 1 |

0 55 5 3 5 5/5 | 0 i i i 6 i i/1 | 0 0 55 5 3 5 5/5 |
0 0 0 0 | 1/1 - - - | 1/1 - - - |

0 i i i 6 i i/1 | 0 55 6 i 2 5 5 2 | 1/1 5 5 2 3 23 |
1/1 - - | 1/1 - - - | 0 0 0 0 |

5 5 5 5/3 - | 5 5 5 5/3 · 55 | i 3 3 3 3 2 | 3 2 1 |
0 0 0 0 | 0 0 0 0 | 0 0 0 0 | 0 0 |

i i 1 i 1 | 1/1 11 11/11 1/1 | 11/11 1/1 1/1 1/1 |
0 0 0 0 | 0 1 1 1 1 | 1 1 1 1 1 |

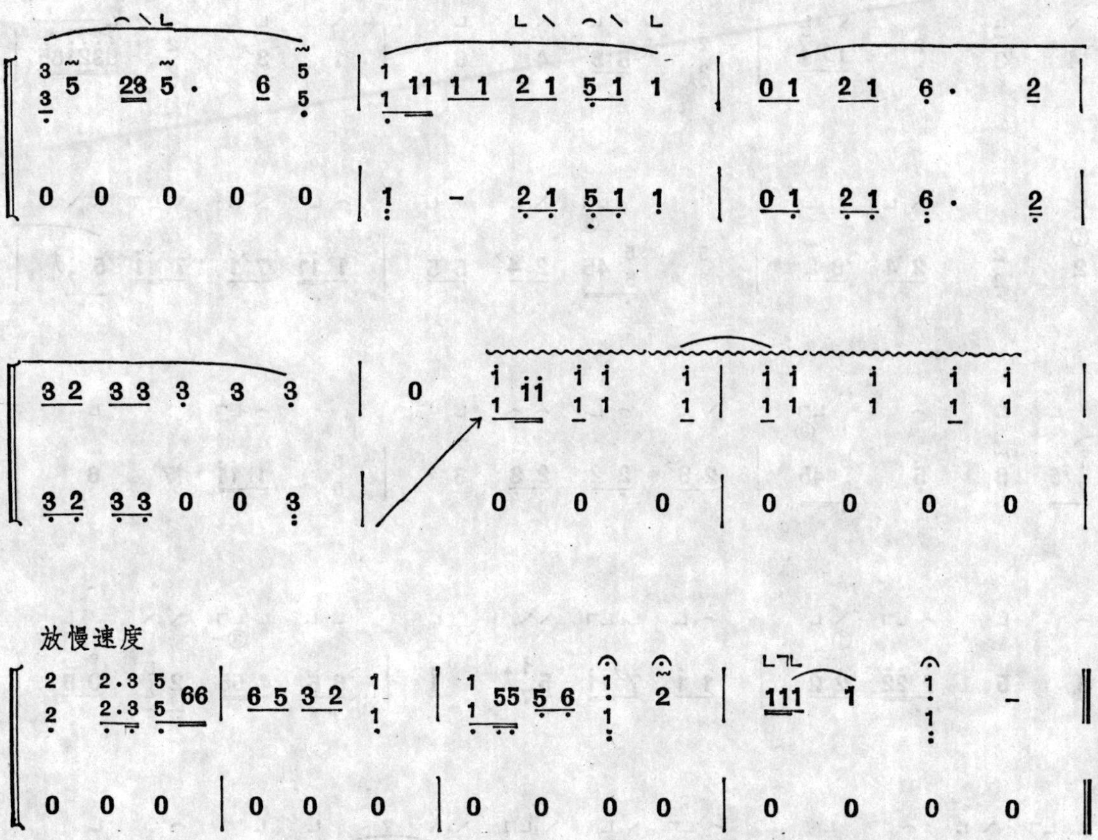

| 3 5 3 | 28 5 · 6 | 5 5 | 1 1 11 1 1 2 1 5 1 1 | 0 1 2 1 6 · 2 |
| 0 0 0 0 0 | 1 - 2 1 5 1 1 | 0 1 2 1 6 · 2 |

| 3 2 3 3 3 3 3 | 0 1 1 11 1 1 1 1 1 1 1 | 1 1 1 1 1 1 1 1 1 1 |
| 3 2 3 3 0 0 3 | 0 0 0 | 0 0 0 0 |

放慢速度

| 2 2 2.3 2.3 5 5 66 | 6 5 3 2 1 1 | 1 1 55 5 6 1 1 2 | 111 1 1 1 - ‖
| 0 0 0 | 0 0 0 | 0 0 0 0 | 0 0 0 0 ‖

汉宫秋月

1=D $\frac{4}{4}$

山东筝曲
赵玉斋传谱

| 532165 3 3 5 6 3 2 | 1 1 5 5 · 66 | 1 1 5 5 6 5 4 |

| 5 5 5 5 1 1 1 1 2 2 | 3 3 3 3 5 5 2 2 2 2 3 3 | 1 1 1 1 2 2 1 1 5 5 |

| 3 3 3 3 5 5 2 22 1 1 | b7 7 6 5 5 | 5532165 5 5 5 5 |

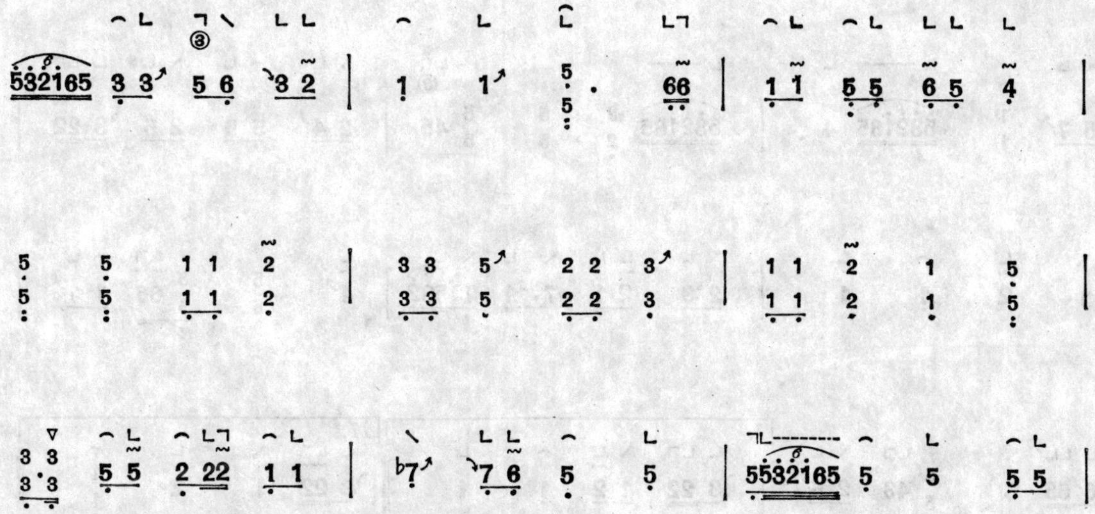

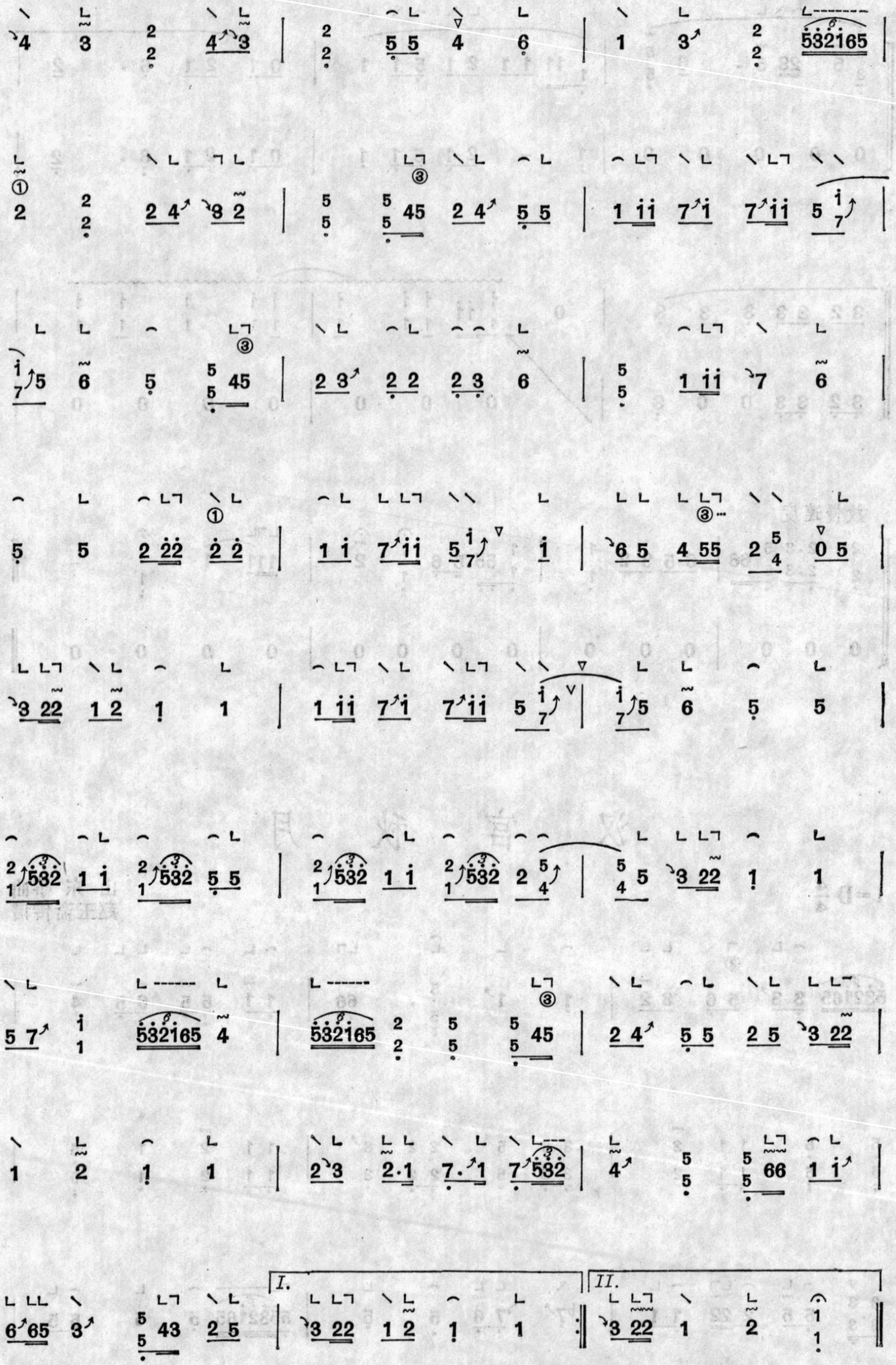

蝶　恋　花

1=G

赵开生曲
胡登跳改编

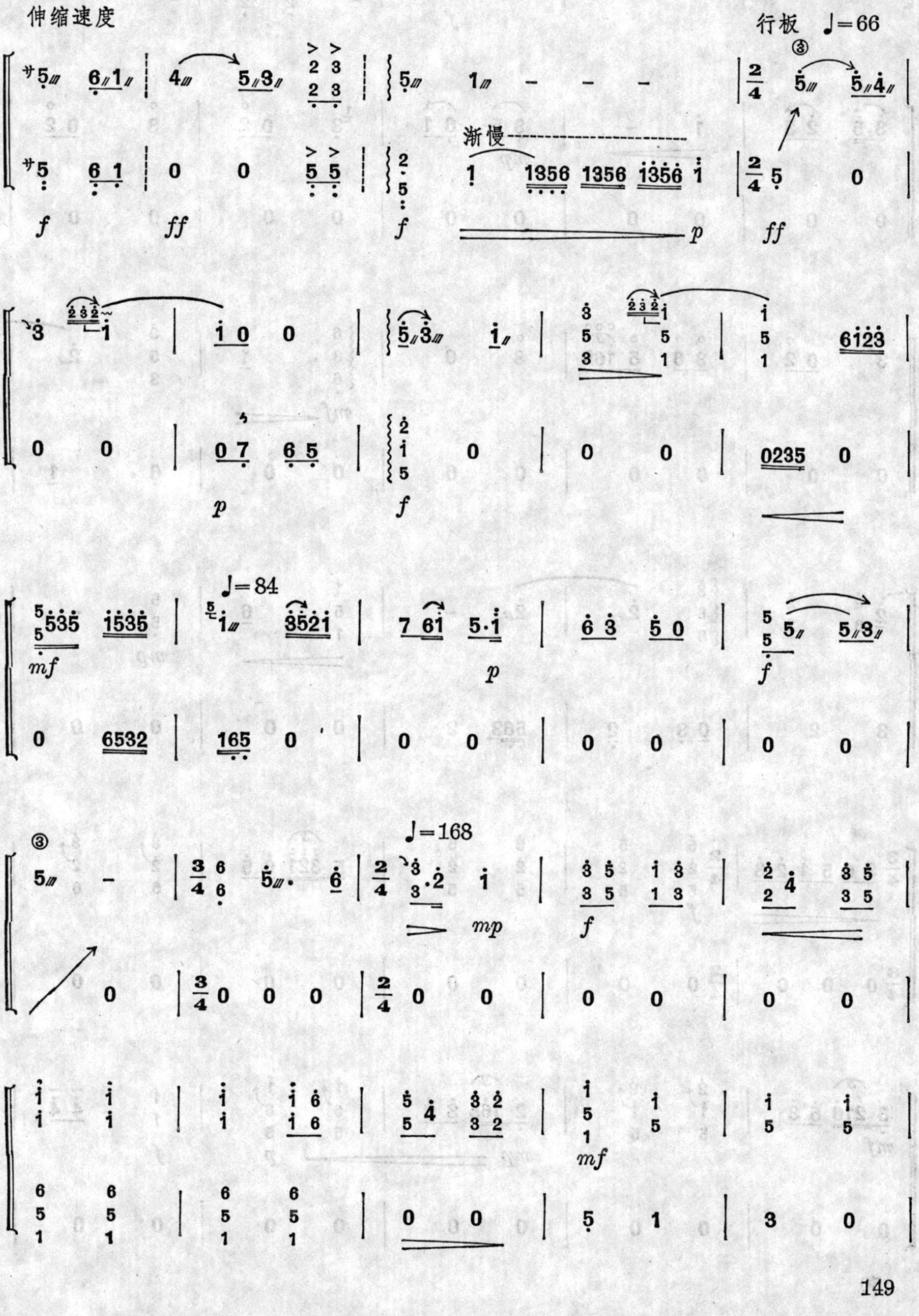

伸缩速度

行板 ♩=66

渐慢

♩=84

♩=168

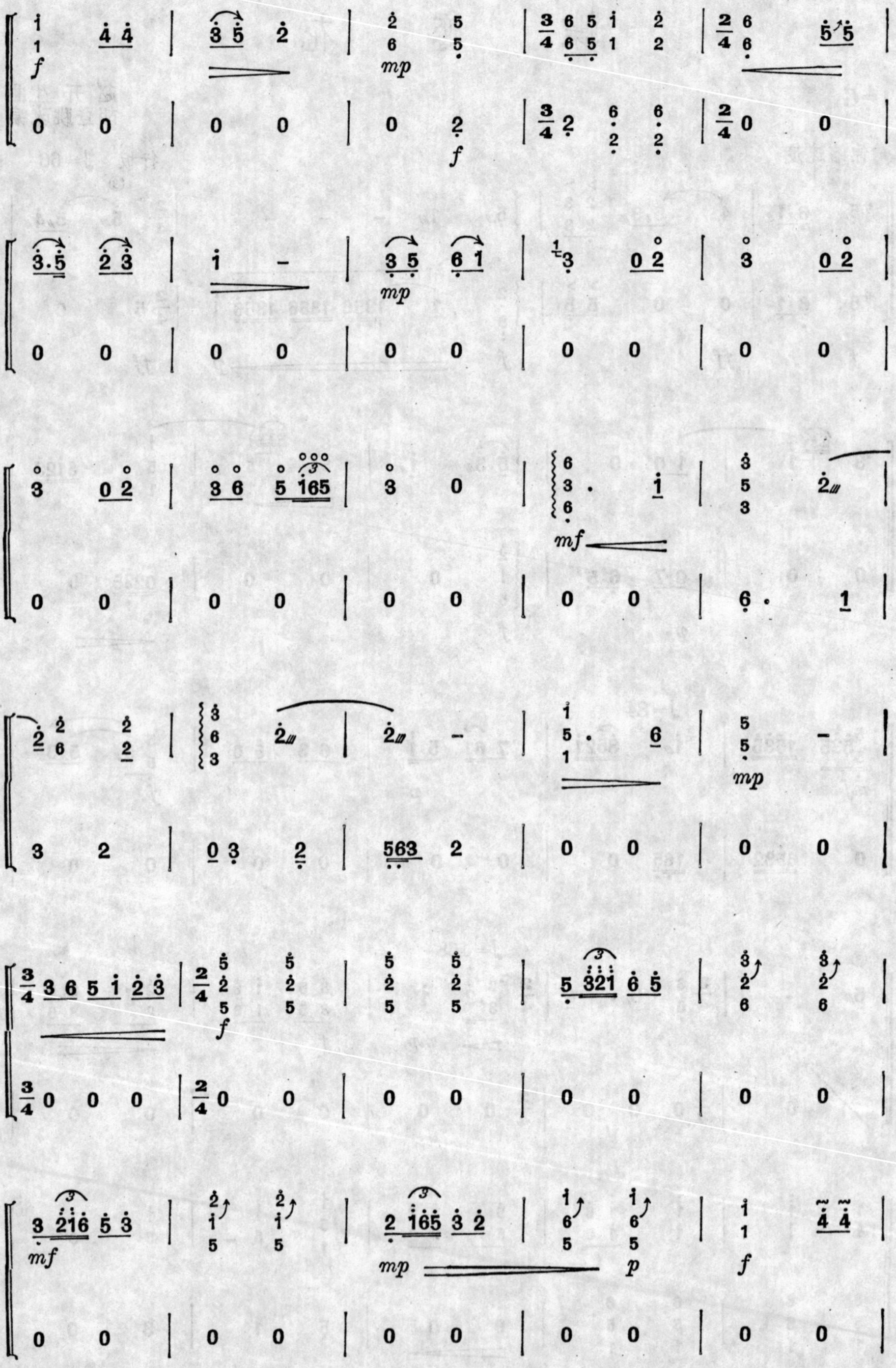

| 1̇ 1 4̇ 4̇ | 3̇ 5̇ 2̇ | 2̇ 6 5 5 | 3/4 6 5 1̇ 2̇ | 2/4 6 5̇ 5̇ |
f — mp

| 0 0 | 0 0 | 0 2 | 3/4 2 6 2 6 2 | 2/4 0 0 |
f

| 3̇·5̇ 2̇ 3̇ | 1̇ – | 3̇ 5̇ 6̇ 1̇ | 3̇ 0 2̇ | 3̇ 0 2̇ |
mp

| 0 0 | 0 0 | 0 0 | 0 0 | 0 0 |

| 3̇ 0 2̇ | 3̇ 6̇ 5̇ 1̇65 | 3̇ 0 | 6 3 6 · 1̇ | 3̇ 5 3 2̇ |
mf

| 0 0 | 0 0 | 0 0 | 0 0 | 6 · 1 |

| 2̇ 2̇ 6 2̇ 2 | 3̇ 6 3 2̇ | 2̇ – | 1̇ 5 1 · 6 | 5 5 – |
mp

| 3 2 | 0 3 2 | 563 2 | 0 0 | 0 0 |

| 3/4 3 6 5 1̇ 2̇ 3̇ | 2/4 5̇ 2̇ 5 5̇ 2̇ 5 | 5̇ 2̇ 5 5̇ 2̇ 5 | 5 3̇2̇1̇ 6̇ 5̇ | 3̇ 2̇ 6 3̇ 2̇ 6 |
f

| 3/4 0 0 0 | 2/4 0 0 | 0 0 | 0 0 | 0 0 |

| 3 2̇1̇6̇ 5̇ 3̇ | 2̇ 1̇ 5 2̇ 1̇ 5 | 2 1̇65 3̇ 2̇ | 1̇ 6 5 1̇ 6 5 | 1̇ 1 4̇ 4̇ |
mf — mp — p — f

| 0 0 | 0 0 | 0 0 | 0 0 | 0 0 |

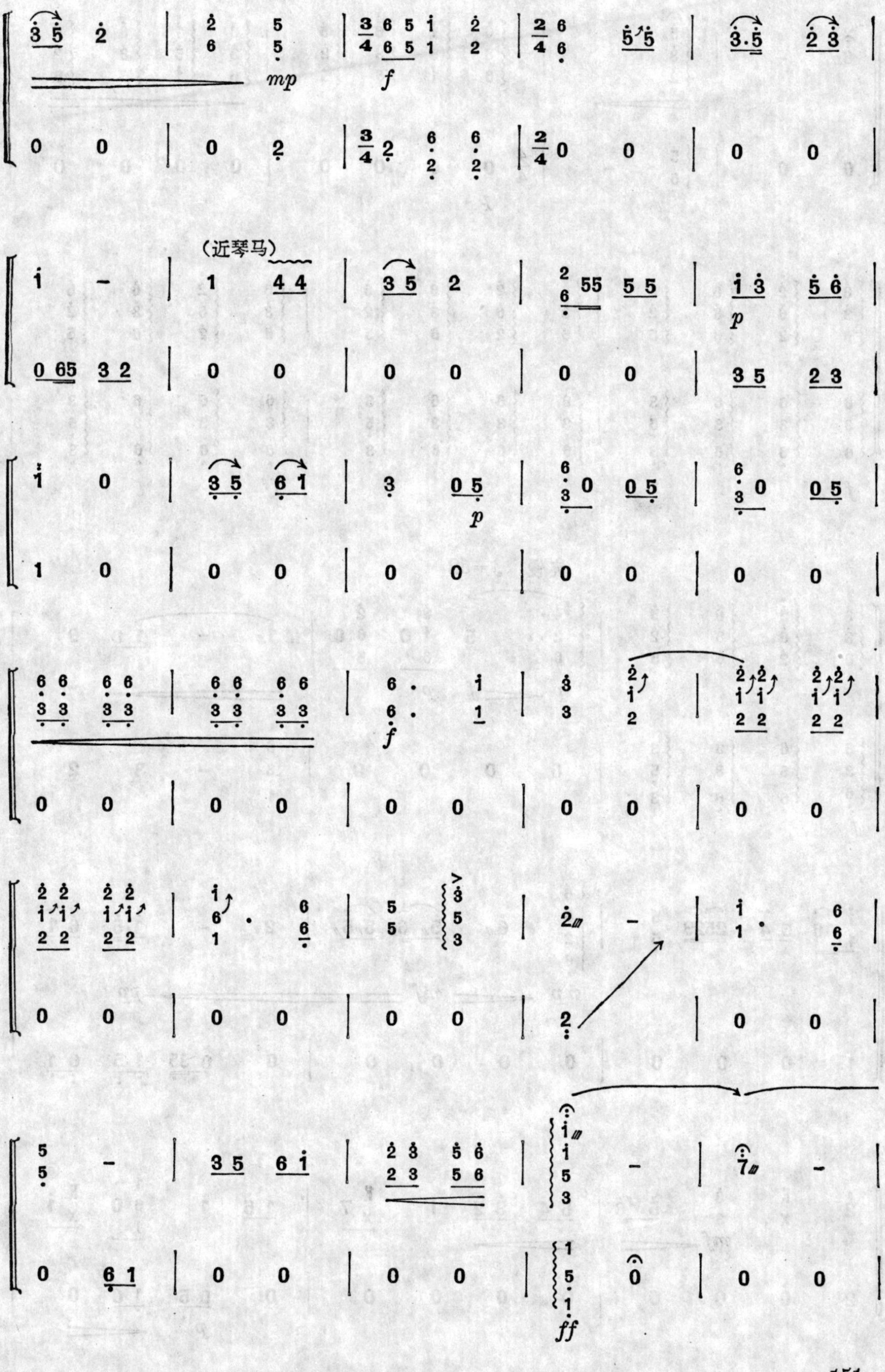

（近琴马）

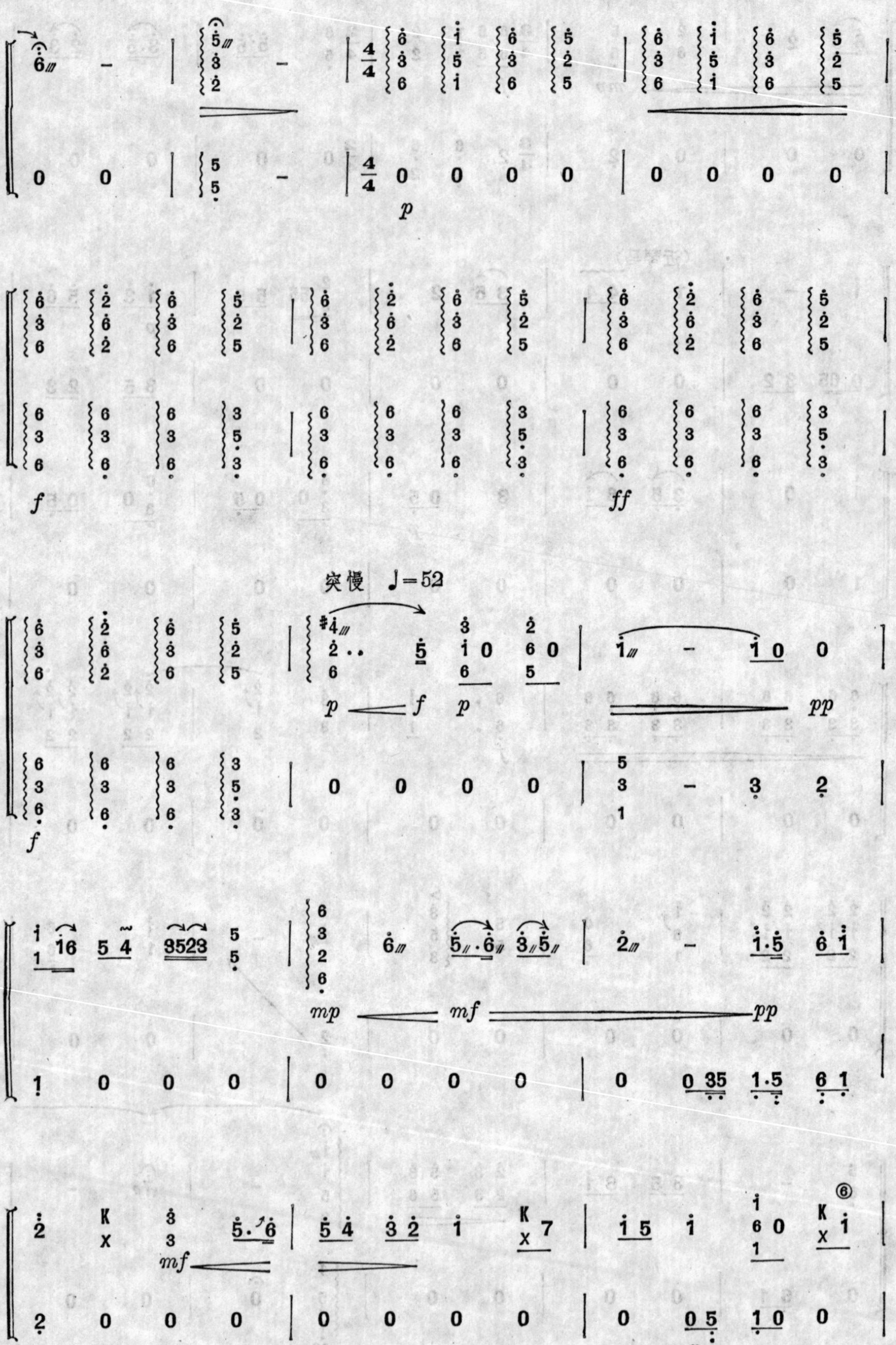

p

f

ff

突慢 ♩=52

p *f* *p* *pp*

f

mp *mf* *pp*

mf

p

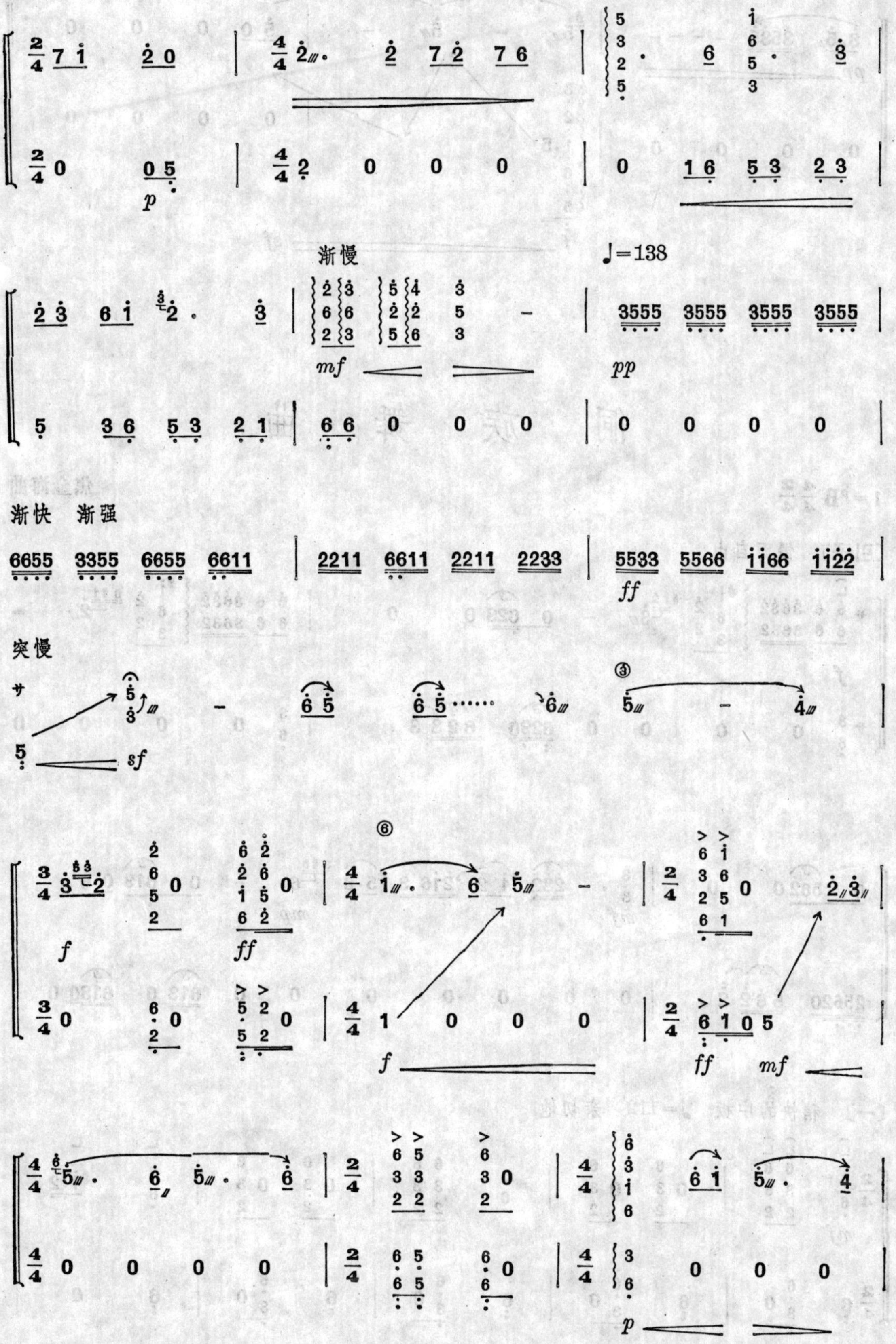

渐慢

♩=138

3555 3555 3555 3555

pp

0 0 0 0

渐快 渐强

6655 3355 6655 6611 | 2211 6611 2211 2233 | 5533 5566 i166 i122 |

ff

突慢

サ

sf

③

⑥

f

ff

mf

p

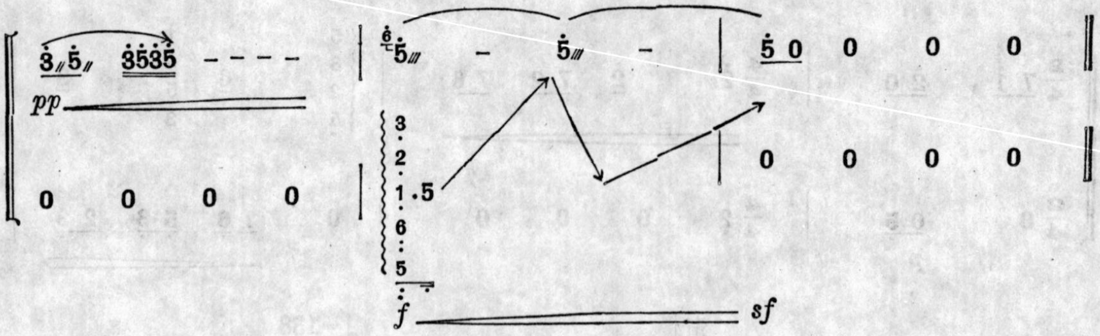

pp

f sf

侗族舞曲

1=♭B $\frac{4}{4}$ $\frac{2}{4}$

焦金海曲

〔引子〕 慢而自由

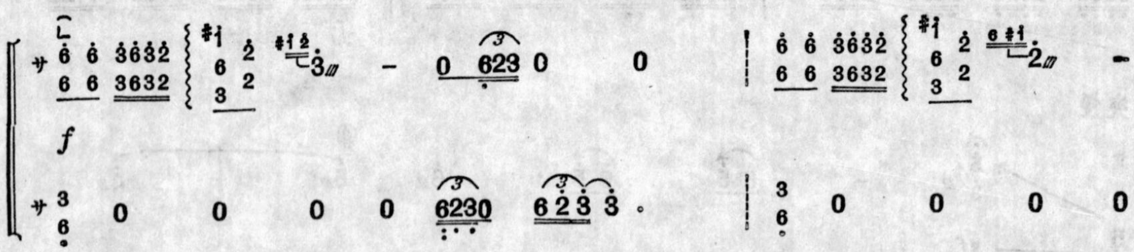

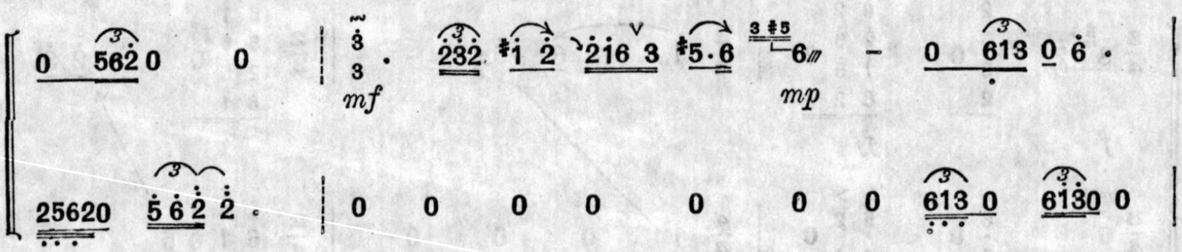

f

mf mp

〔一〕 稍快的中板 ♩=112 亲切地

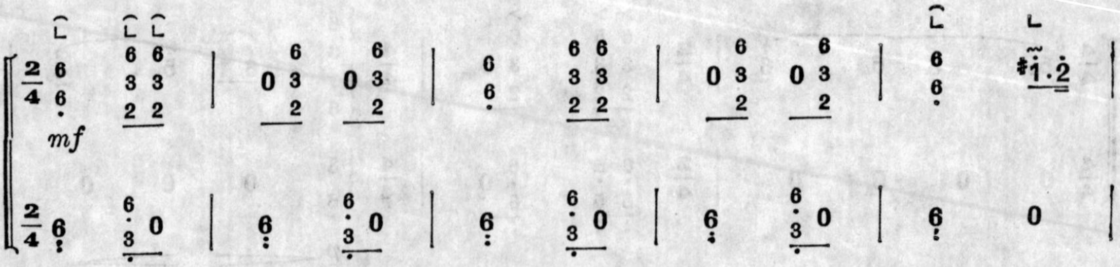

mf

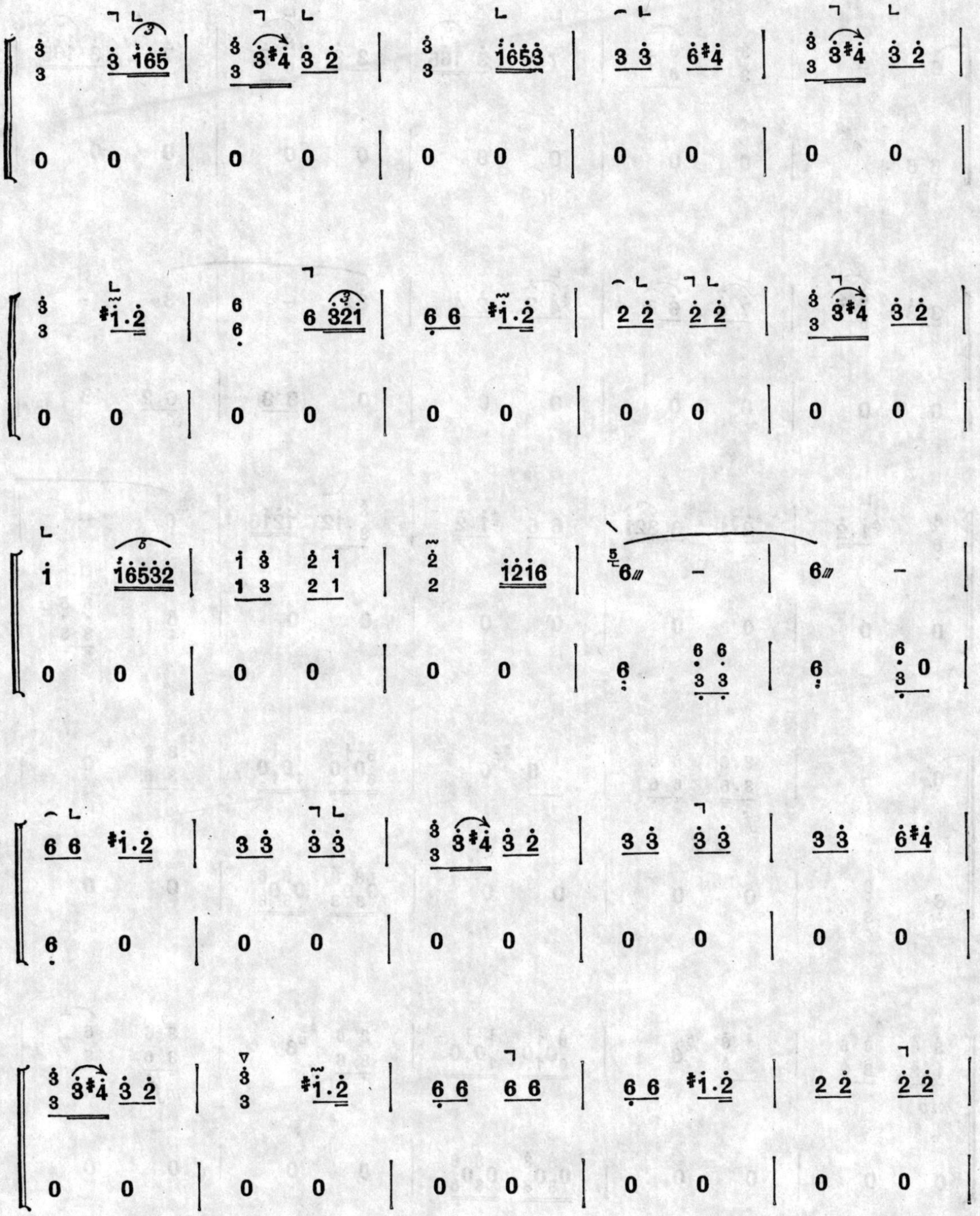

| 3/3 3 165 | 3/3 3#4 3 2 | 3/3 1653 | 3 3 6#4 | 3/3 3#4 3 2 |
| 0 0 | 0 0 | 0 0 | 0 0 | 0 0 |

| 3/3 #1·2 | 6/6 6 321 | 6 6 #1·2 | 2 2 2 2 | 3/3 3#4 3 2 |
| 0 0 | 0 0 | 0 0 | 0 0 | 0 0 |

| 1 16532 | 1/1 3/3 2/2 1/1 | 2/2 1216 | 6 – | 6 – |
| 0 0 | 0 0 | 0 0 | 6 6/3 6/3 | 6 6/3 0 |

| 6 6 #1·2 | 3 3 3 3 | 3/3 3#4 3 2 | 3 3 3 3 | 3 3 6#4 |
| 6 0 | 0 0 | 0 0 | 0 0 | 0 0 |

| 3/3 3#4 3 2 | 3/3 #1·2 | 6 6 6 6 | 6 6 #1·2 | 2 2 2 2 |
| 0 0 | 0 0 | 0 0 | 0 0 | 0 0 |

| 3/3 3#4 3 2 | 1 16532 | 1/1 3/3 2/2 1/1 | 2/2 1216 | 6 – |
| 0 0 | 0 0 | 0 0 | 0 0 | 6 6/3 6/3 |

| 6 – | 3 6 7 | 7 3 165 | 3 3 6 7 | 7 3 165 |
| 6 6 · 6 | 0 0 | 0 0 | 0 0 | 0 0 |

| 3 3 6 7 | 7 6 6 5 | #4 3 2 4 | 3 – | 3 – |
| 0 0 | 0 0 | 0 0 | 0 3 3 | 6 2 3 |

| 6 #1·2 | 2 #1 6 321 | 6 6 #1·2 | 3 12 1216 | 6 – |
| 0 0 | 0 0 | 0 0 | 0 0 | 6 6 3 |

| 6 – | 3·6 6 6 *f* | 1 6 6 | 6 0 1 0 1 0 1 0 | 3 6 6 |
| 6 6 3 | 0 0 | 0 0 | 0 3 0 3 0 3 0 6 | 0 0 |

| 1·3 3 3 *mp* | 1 5 3 6 | 6 0 1 0 1 0 1 0 | 3 6 6 | 3 6 6 3 7 *mf* |
| 0 0 | 0 0 | 0 3 0 3 0 3 0 6 | 0 0 | 0 0 |

| 7 – | 7 – | 7 · 3 | 7 3 7373 | 7 6 6 5 |
| 0 0 | 0 0 | 0 0 | 0 0 | 0 0 |

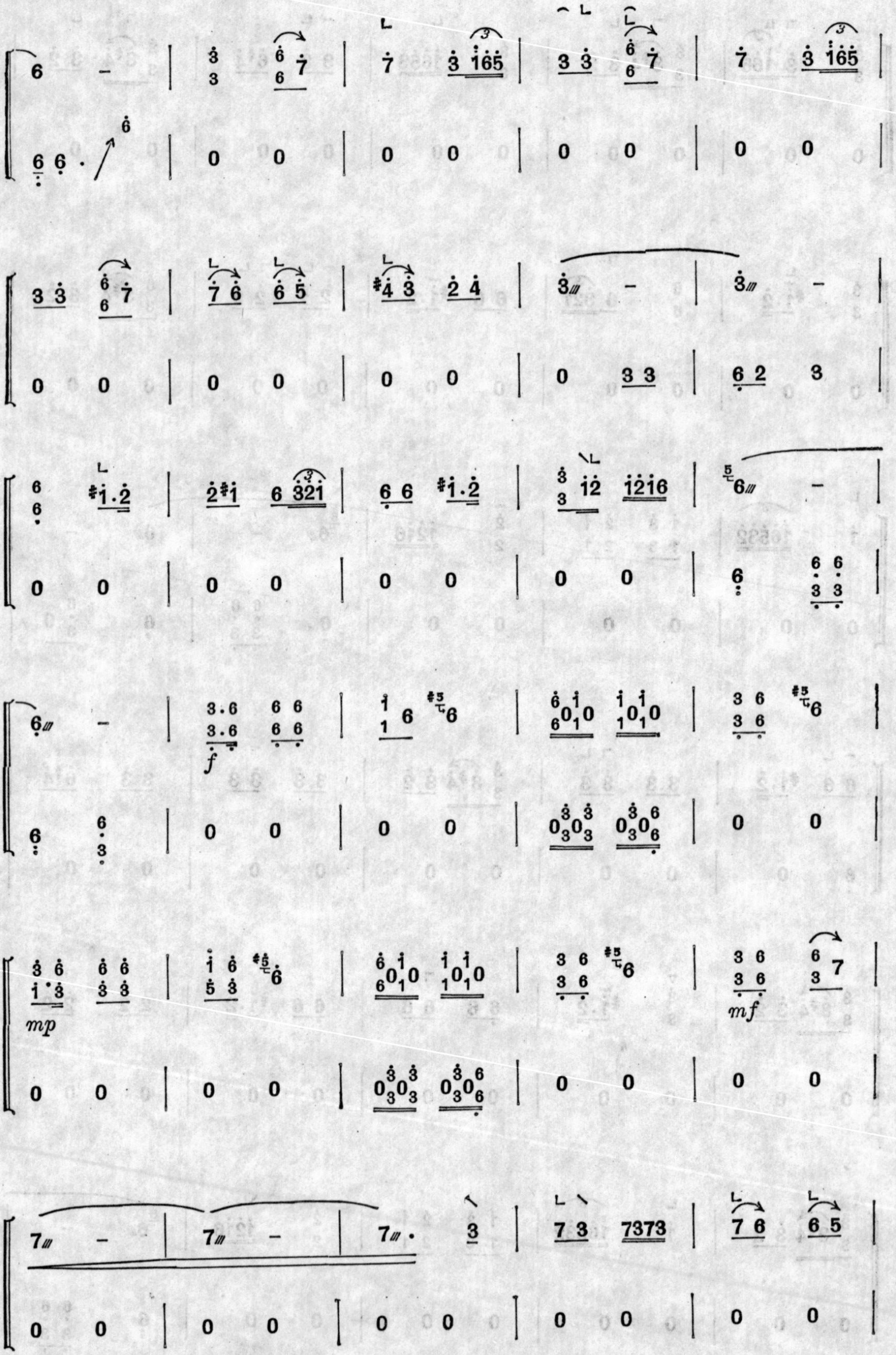

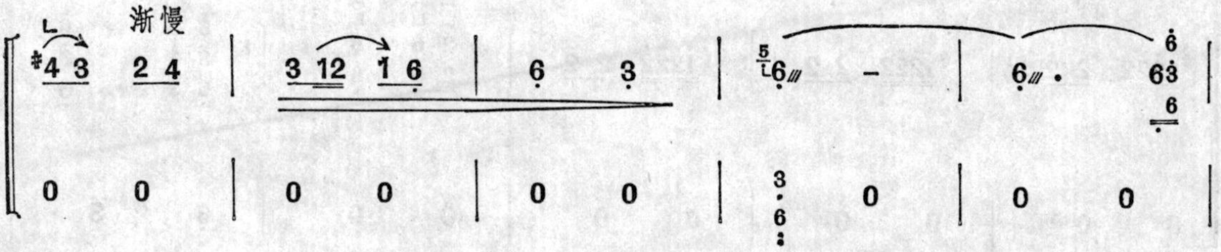

渐慢

〔二〕 快板 ♩=172 粗犷、热烈、奔放

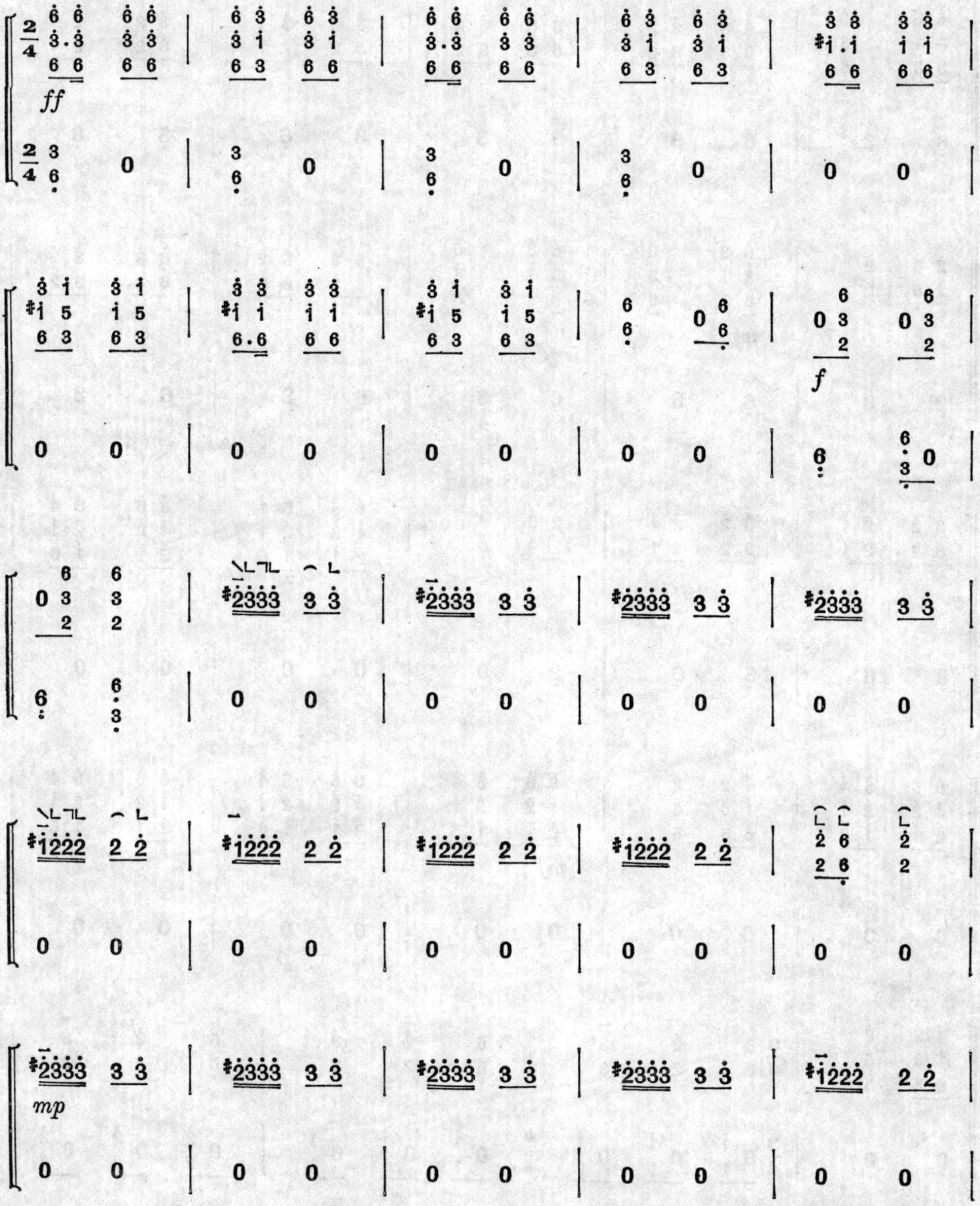

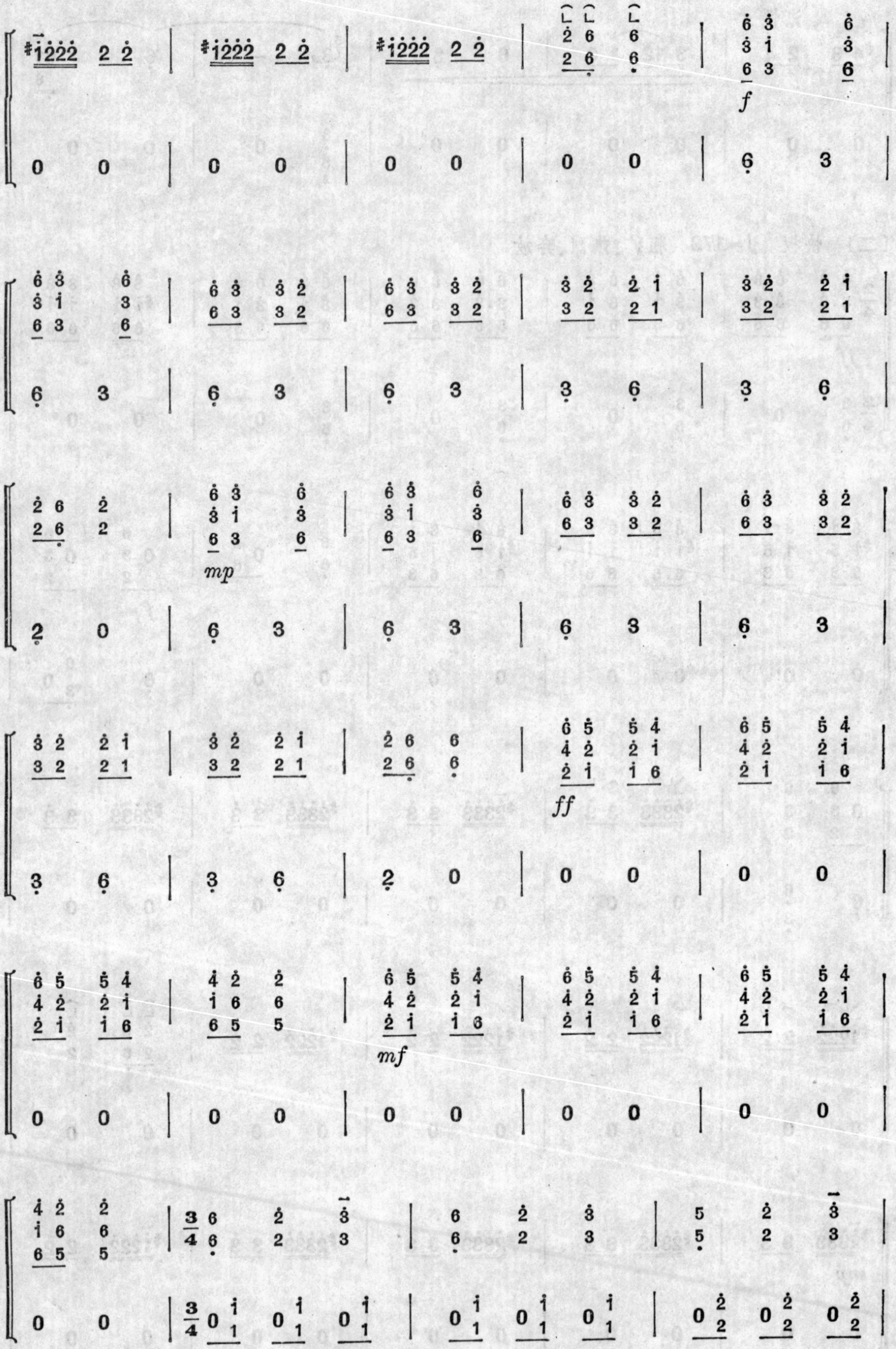

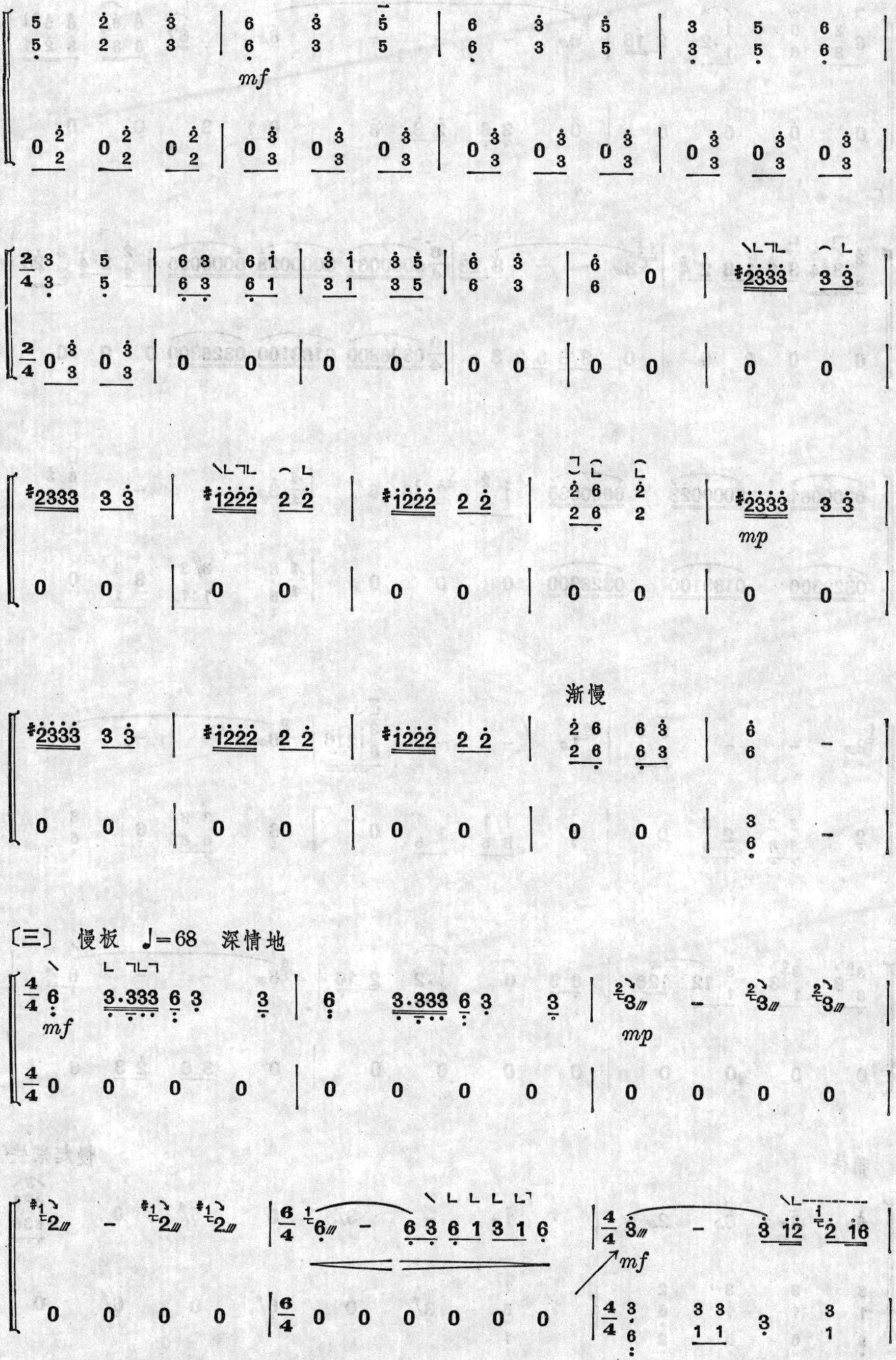

渐慢

〔三〕 慢板 ♩=68 深情地

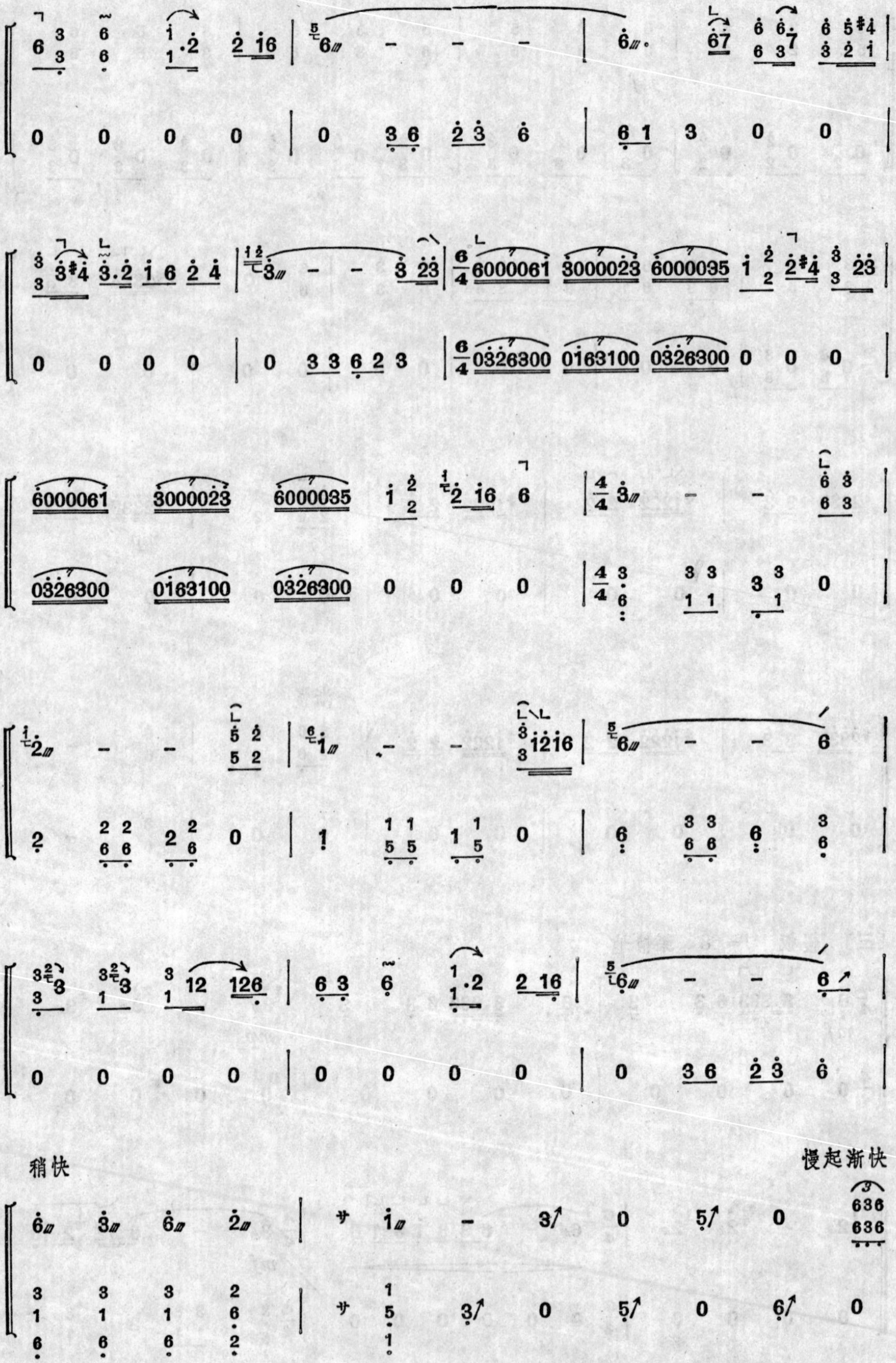

稍快

慢起渐快

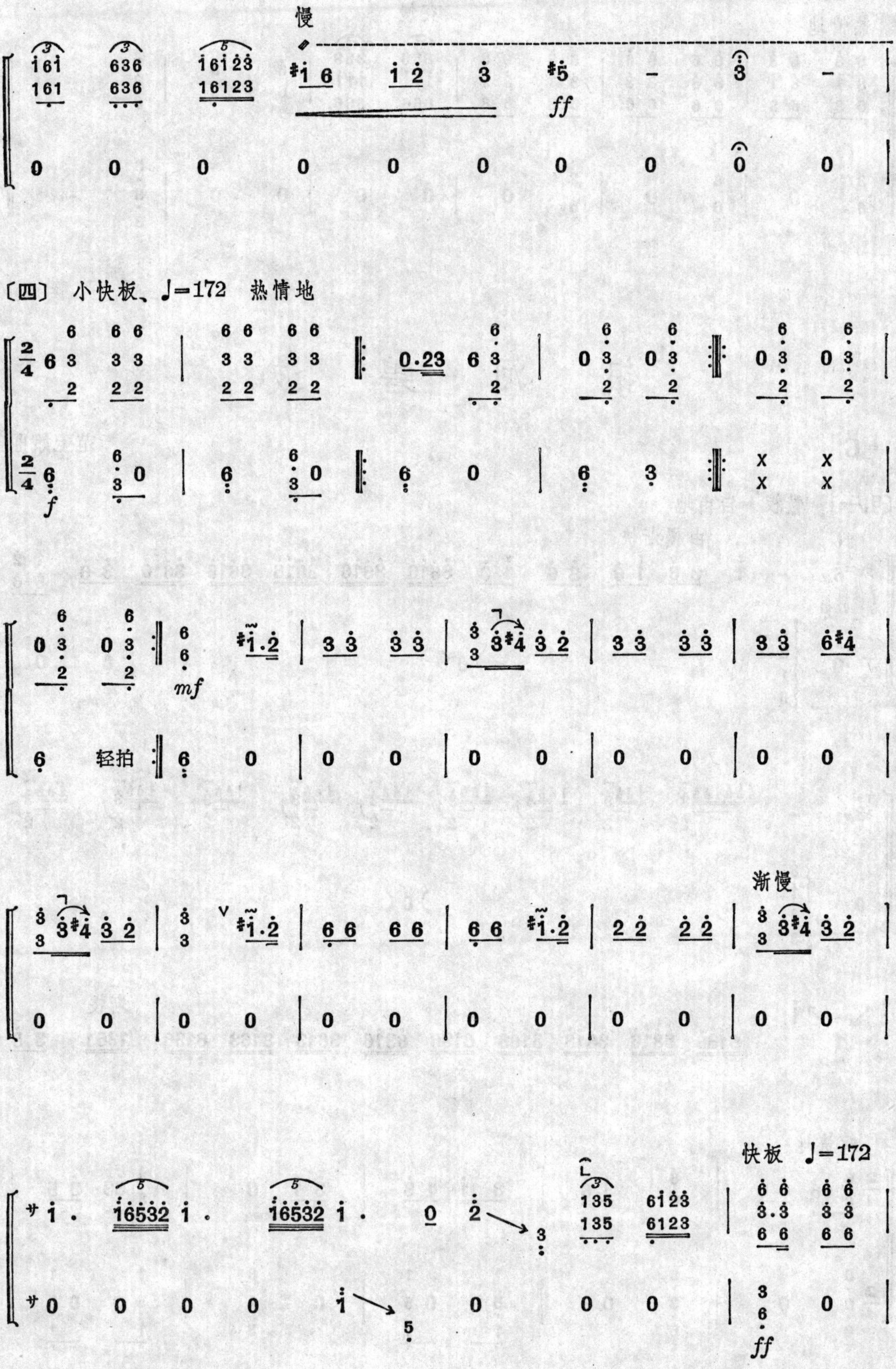

慢

161 636 16123 #16 12 3 #5 – 3 –

161 636 16123

0 0 0 0 0 0 0 0 0 0

ff

〔四〕 小快板、♩=172 热情地

2/4 6 6 6 6 | 6 6 6 6 |: 0·23 6 | 0 6 0 6 :|: 0 6 0 6 |

2/4 6 3 0 | 6 3 0 |: 6 0 | 6 3 :|: x x |

f

0 6 0 6 :| 6 #1·2 | 33 33 | 3 3#4 32 | 33 33 | 33 6#4 |

mf

6 轻拍 :| 6 0 | 0 0 | 0 0 | 0 0 | 0 0 |

渐慢

3 3#4 32 | 3 #1·2 | 66 66 | 66 #1·2 | 22 22 | 3 3#4 32 |

0 0 | 0 0 | 0 0 | 0 0 | 0 0 | 0 0 |

快板 ♩=172

サ 1· 16532 1· 16532 1· 0 2 3 135 6123 | 66 66 |

サ 0 0 0 0 1 5 0 0 0 | 3 6 0 |

ff

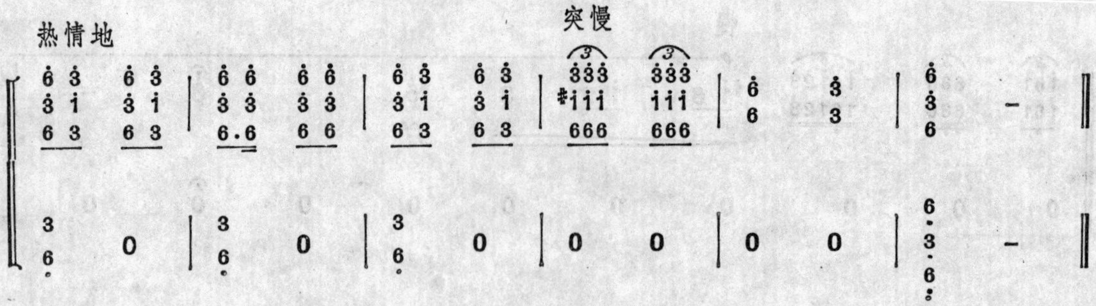

热情地

突慢

银河碧波

1=G

范上娥曲

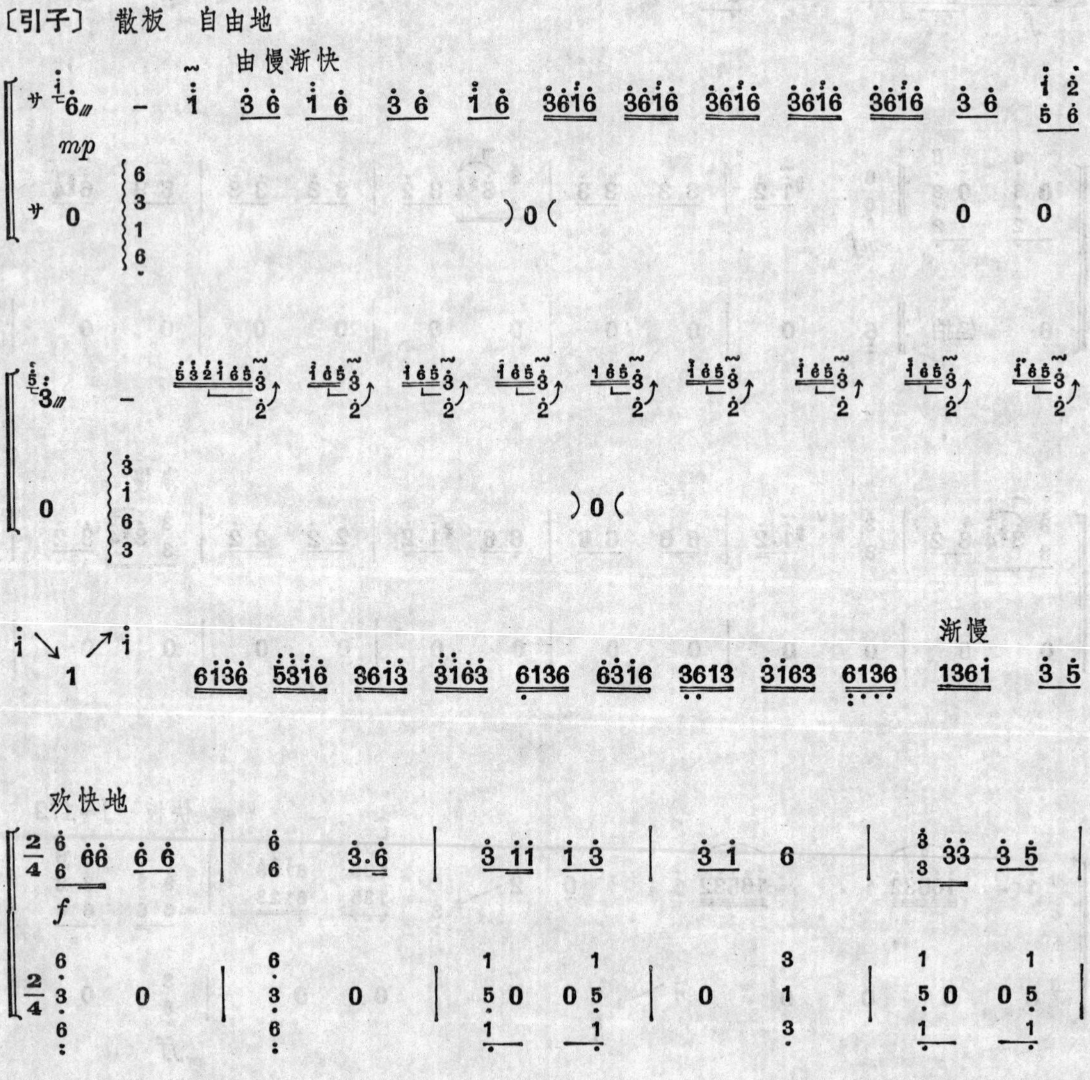

〔引子〕 散板 自由地

由慢渐快

mp

渐慢

欢快地

f

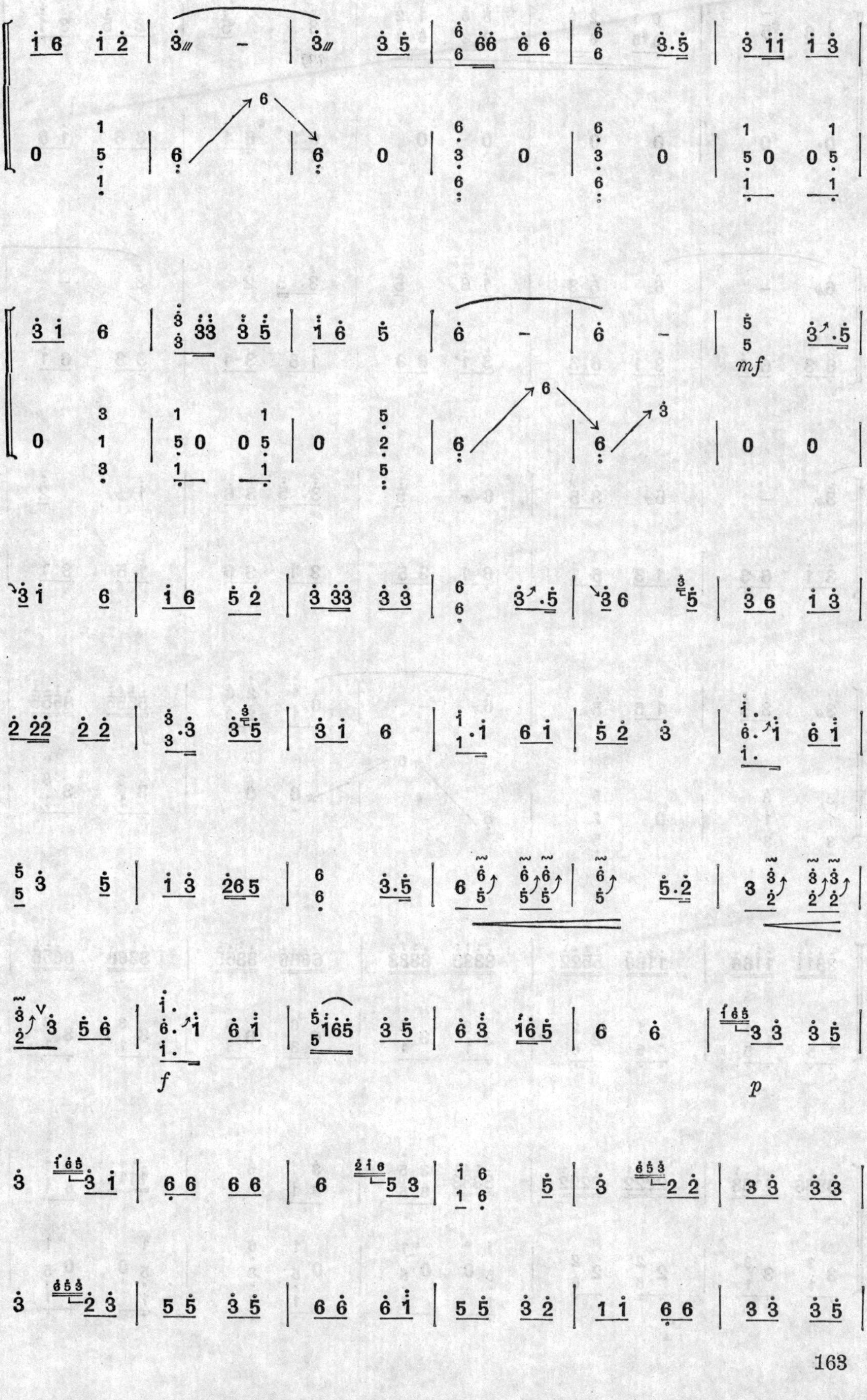

1 6 1 2 | 3 - | 3 3 5 | 6 66 6 6 | 6 3.5 | 3 11 1 3 |

0 1 5 1 | 6 6 | 6 0 | 6 3 6 0 | 6 3 6 0 | 1 5 1 0 0 1 5 1 |

3 1 6 | 3 33 3 5 | 1 6 5 | 6 - | 6 - | 5 3.5 |

mf

0 3 1 3 | 1 5 1 0 0 1 5 1 | 0 5 2 5 | 6 6 | 6 3 | 0 0 |

3 1 6 | 1 6 5 2 | 3 33 3 3 | 6 3.5 | 3 6 5 | 3 6 1 3 |

2 22 2 2 | 3 3.3 3 5 | 3 1 6 | 1 1.1 6 1 | 5 2 3 | 1. 6.1 6 1 |

5 3 5 | 1 3 265 | 6 3.5 | 6 6 5 6 5 6 5 | 6 5 5.2 | 3 3 2 3 2 3 2 |

3 2 3 5 6 | 1. 6.1 6 1 | 5 165 3 5 | 6 3 165 | 6 6 | 165 3 3 3 5 |

f *p*

3 165 3 1 | 6 6 6 6 | 6 216 5 3 | 1 6 5 | 3 653 2 2 | 3 3 3 3 |

3 653 2 3 | 5 5 3 5 | 6 6 6 1 | 5 5 3 2 | 1 1 6 6 | 3 3 3 5 |

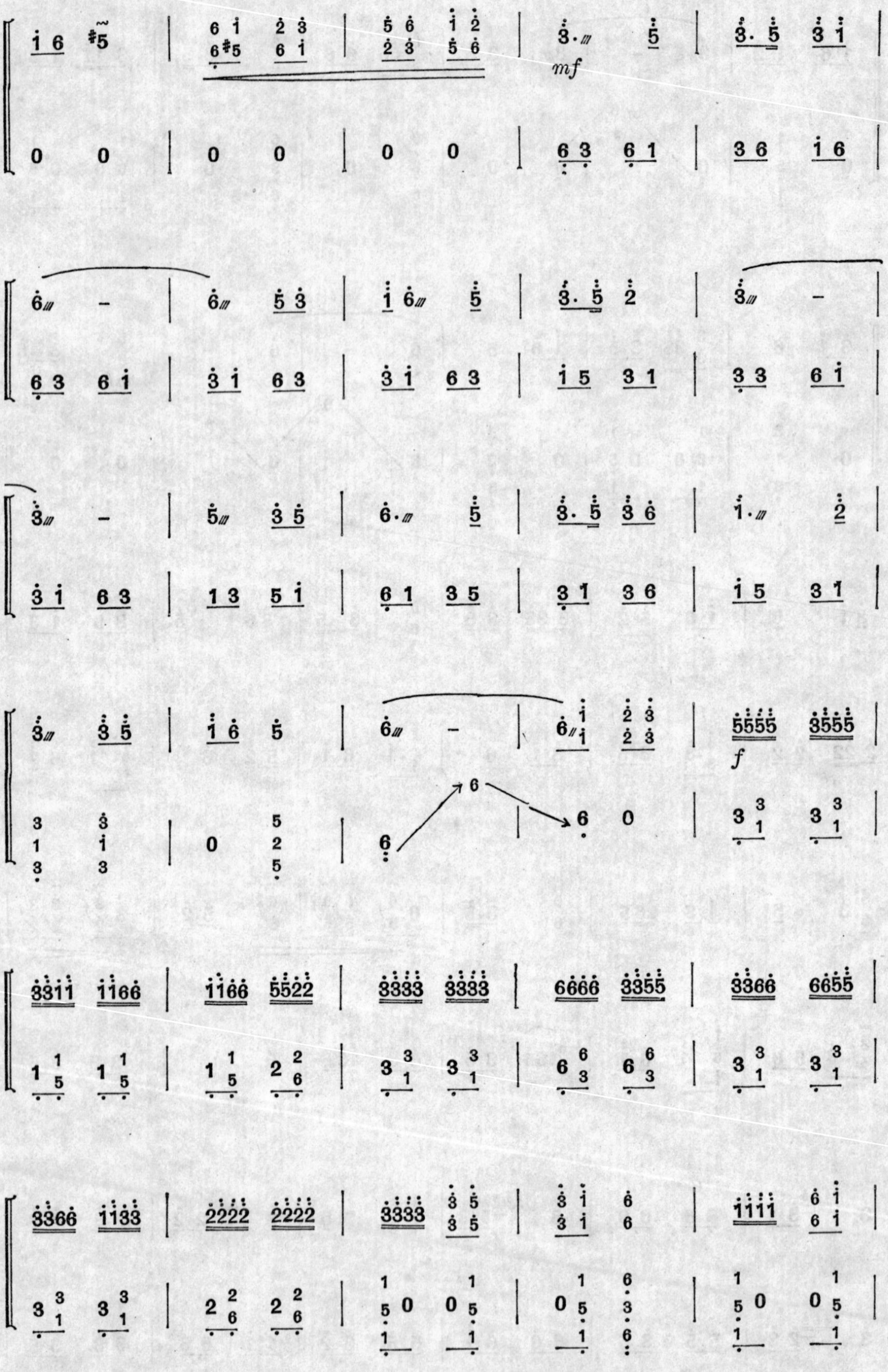

| 1 6 #5 | 6 1 2 3 / 6 #5 6 1 | 5 6 1 2 / 2 3 5 6 | 3· 5 | 3. 5 3 1 |

mf

| 0 0 | 0 0 | 0 0 | 6 3 6 1 | 3 6 1 6 |

| 6 – | 6 5 3 | 1 6 5 | 3. 5 2 | 3 – |

| 6 3 6 1 | 3 1 6 3 | 3 1 6 3 | 1 5 3 1 | 3 3 6 1 |

| 3 – | 5 3 5 | 6· 5 | 3. 5 3 6 | 1· 2 |

| 3 1 6 3 | 1 3 5 1 | 6 1 3 5 | 3 1 3 6 | 1 5 3 1 |

| 3 3 5 | 1 6 5 | 6 – | 6 1/1 2/2 3/3 | 5555 3555 |

f

| 3/1/3 3/1/3 | 0 5/2/5 | 6 6 | 6 0 | 3 3/1 3 3/1 |

| 3311 1166 | 1166 5522 | 3333 3333 | 6666 3355 | 3366 6655 |

| 1 1/5 1 1/5 | 1 1/5 2 2/6 | 3 3/1 3 3/1 | 6 6/3 6 6/3 | 3 3/1 3 3/1 |

| 3366 1133 | 2222 2222 | 3333 3/3 5/5 | 3/3 1/1 6/6 | 1111 6/6 1/1 |

| 3 3/1 3 3/1 | 2 2/6 2 2/6 | 1/5/1 0 0 1/5/1 | 0 1/5/1 6/3/6 | 1/5/1 0 0 1/5/1 |

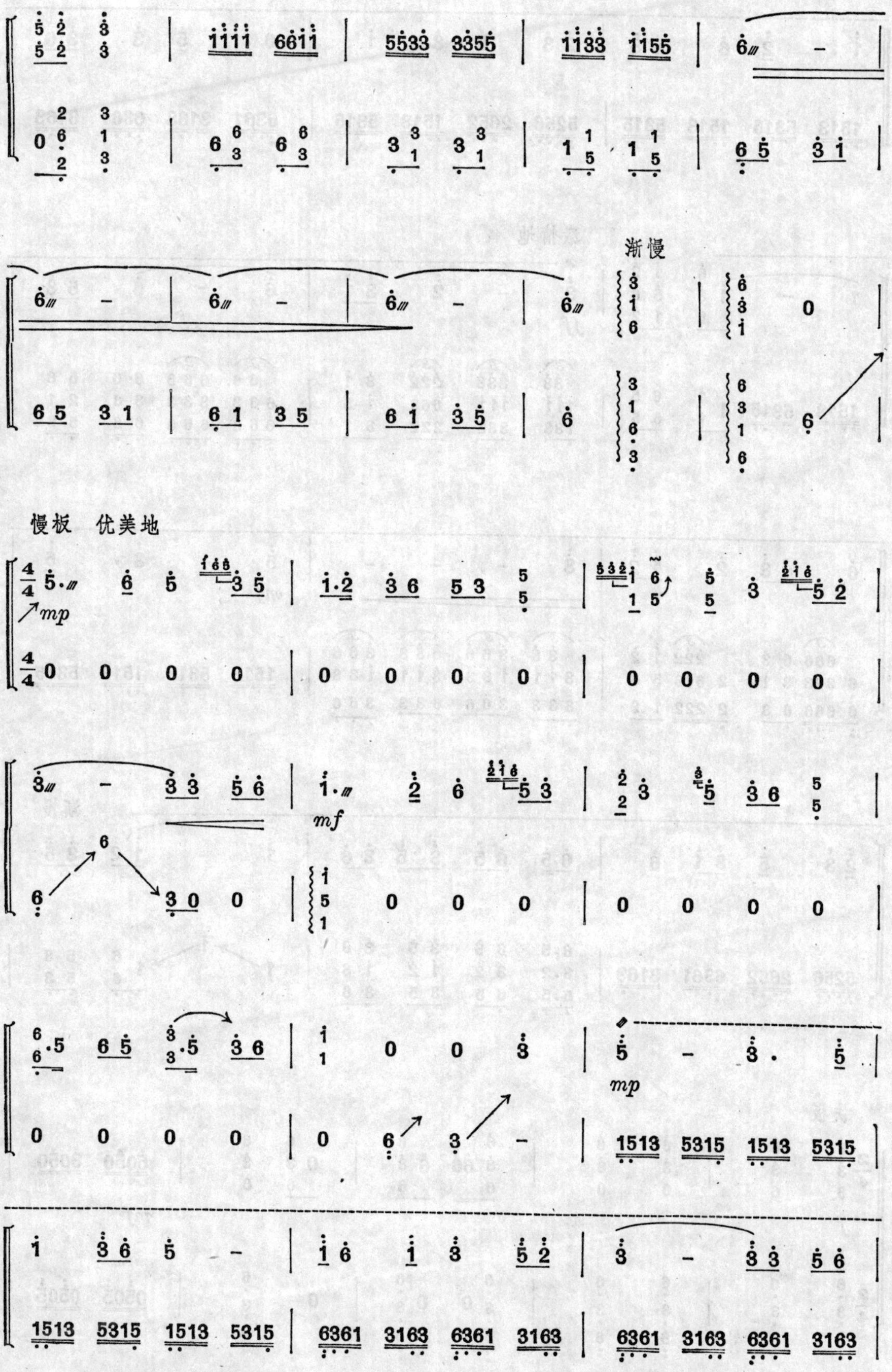

渐慢

慢板　优美地

mp

mf

mp

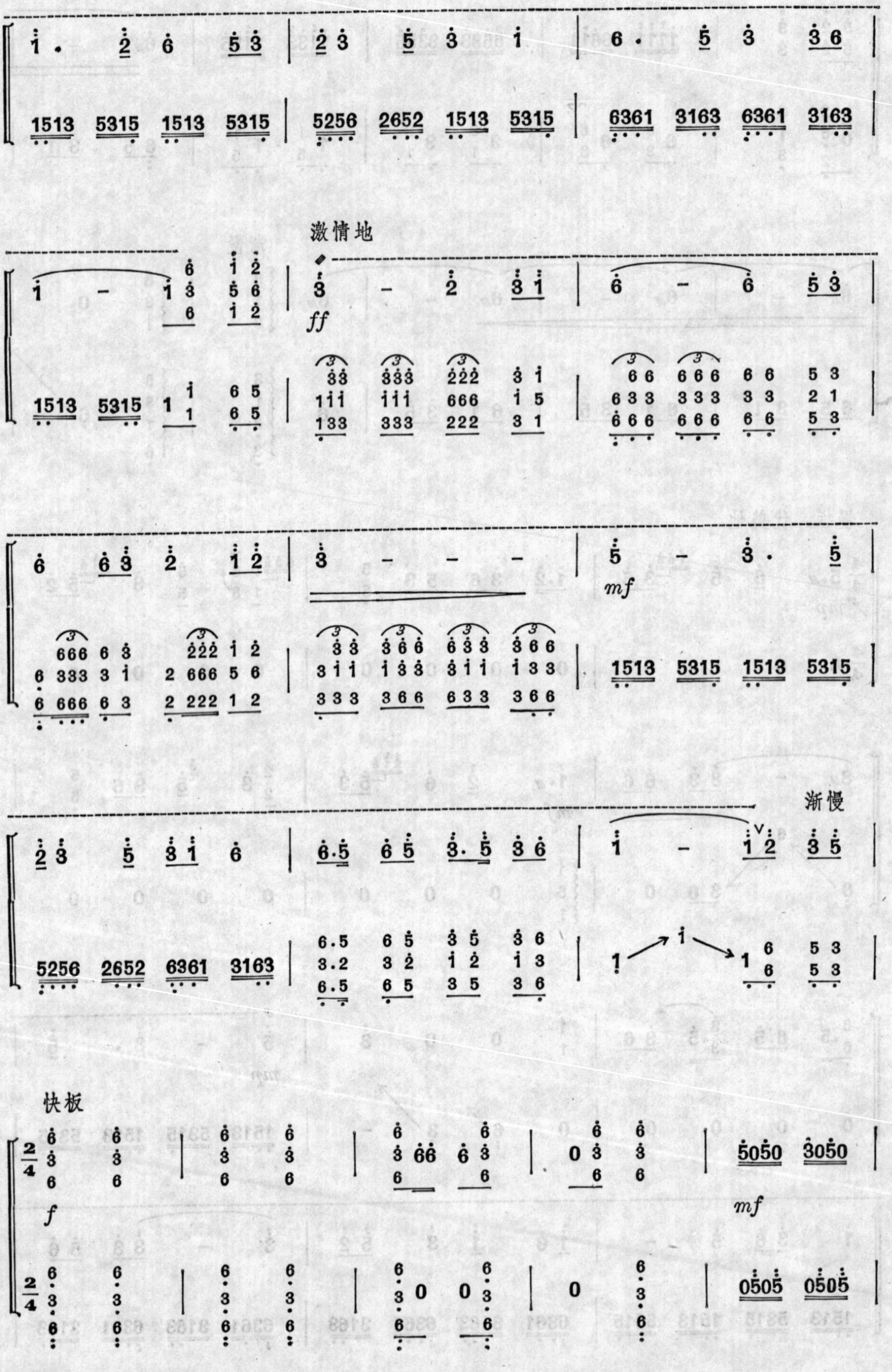

激情地

ff

mf

渐慢

快板

f

mf

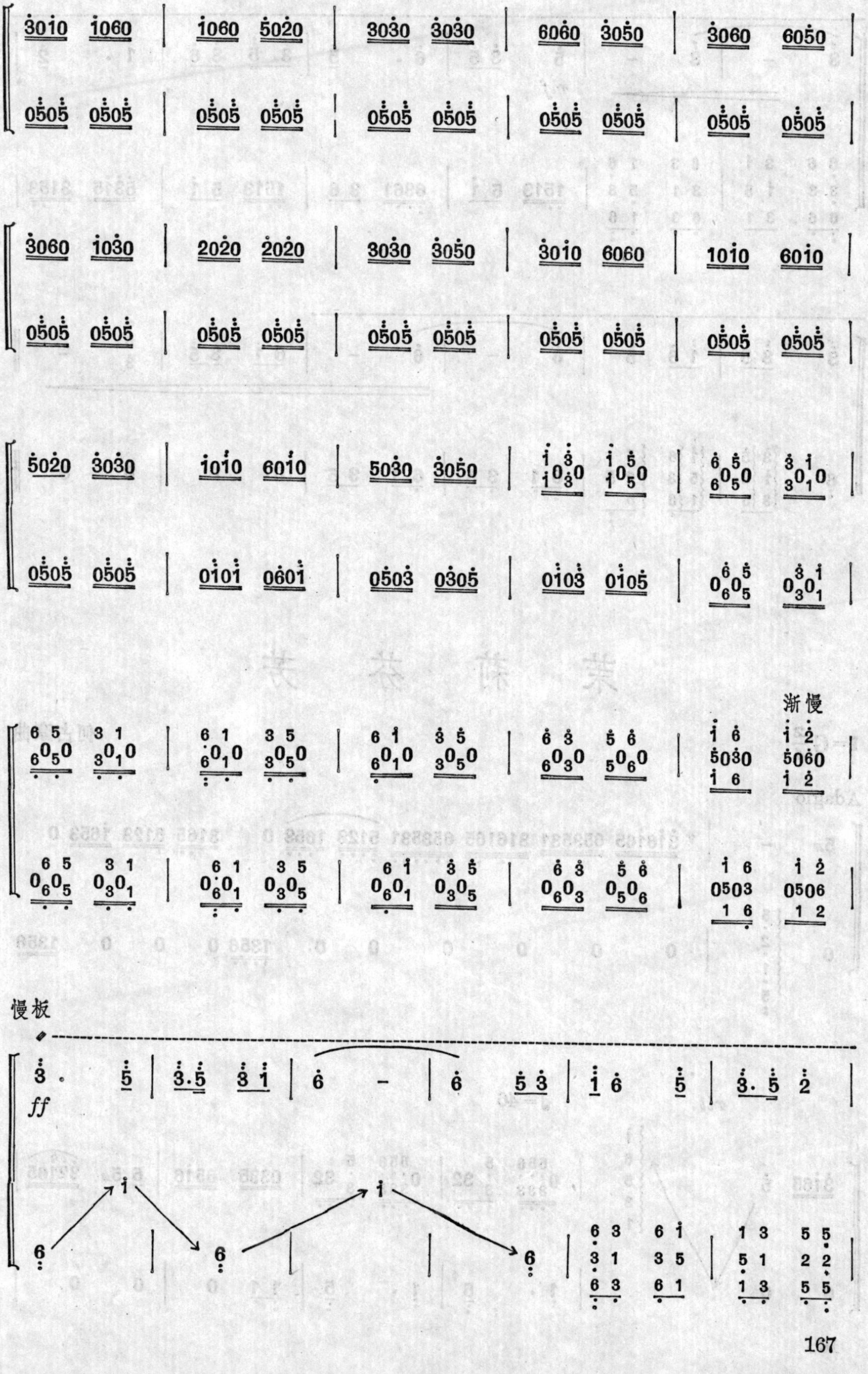

3010 1060 | 1060 5020 | 3030 3030 | 6060 3050 | 3060 6050 |
0505 0505 | 0505 0505 | 0505 0505 | 0505 0505 | 0505 0505 |

3060 1030 | 2020 2020 | 3030 3050 | 3010 6060 | 1010 6010 |
0505 0505 | 0505 0505 | 0505 0505 | 0505 0505 | 0505 0505 |

5020 3030 | 1010 6010 | 5030 3050 | 1030 1050 | 6050 3010 |
0505 0505 | 0101 0601 | 0503 0305 | 0103 0105 | 0605 0301 |

渐慢

6050 3010 | 6010 3050 | 6010 3050 | 6030 5060 | 5030 5060 |
0605 0301 | 0601 0305 | 0601 0305 | 0603 0506 | 0503 0506 |

慢板

3. 5 | 3.5 31 | 6 – | 6 53 | 16 5 | 3. 5 2 |
ff

6 1 | 6 | 1 | 6 | 63 61 | 13 55 |

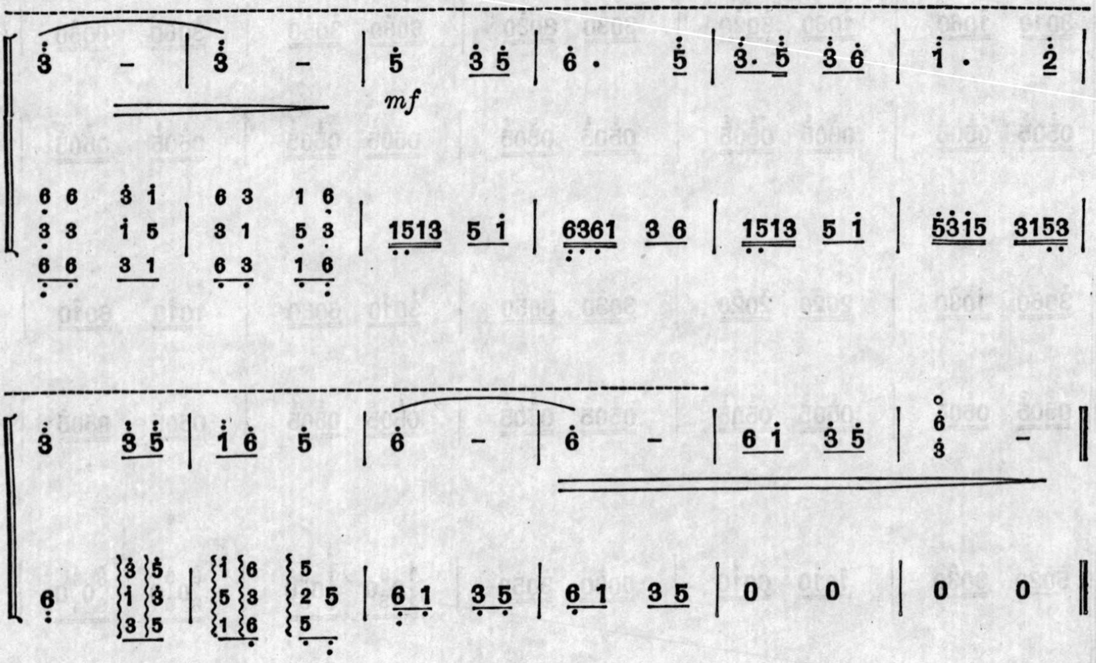

3 – | 3 – | 5 3 5 | 6 · 5 | 3· 5 3 6 | 1 · 2 |

mf

6 6 3 1 / 3 3 1 5 / 6 6 3 1 | 6 3 1 6 / 3 1 5 3 / 6 3 1 6 | 1513 5 1 | 6361 3 6 | 1513 5 1 | 5315 3153 |

3 3 5 | 1 6 5 | 6 – | 6 – | 6 1 3 5 | 6/3 – ‖

6 3 1 3 / 5 3 5 | 1 5 1 / 6 3 6 | 5 2 5 5 | 6 1 3 5 | 6 1 3 5 | 0 0 | 0 0 ‖

茉莉芬芳

1=G $\frac{2}{4}$

何占豪曲

Adagio

5 – | 316165 653531 316165 653531 5128 1653 0 3165 5123 1653 0

0 5 2 1 5 | 0 0 0 0 0 0 1356 0 0 0 1356

rit.　　♩=46

3165 5 1 6 5 3 1 | 0 556/333 5/3 32 | 0 556/333 5/3 32 | 0335 6516 | 5 5 32165 |

0 0 | 1 · 5 | 1 · 5 | 1 1 0 | 0 0 |

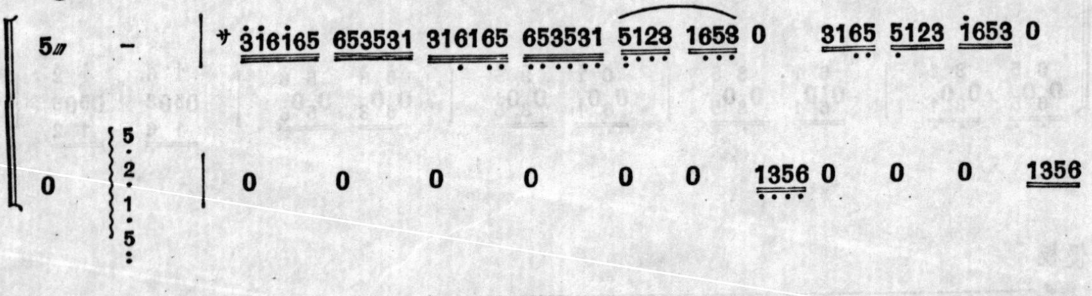

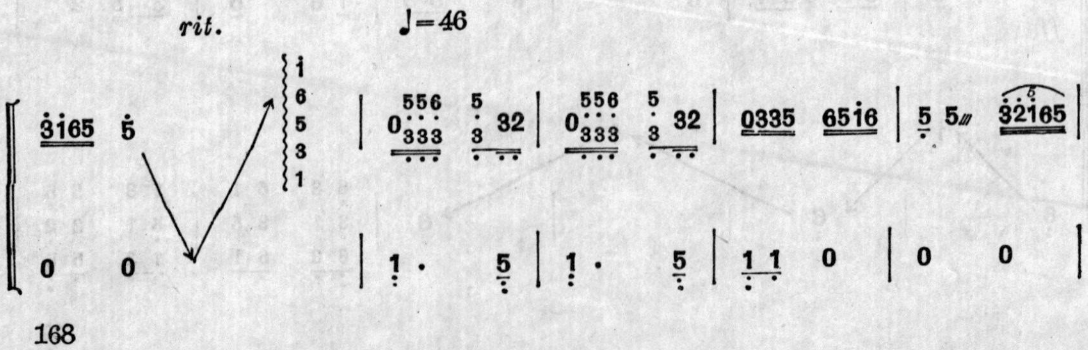

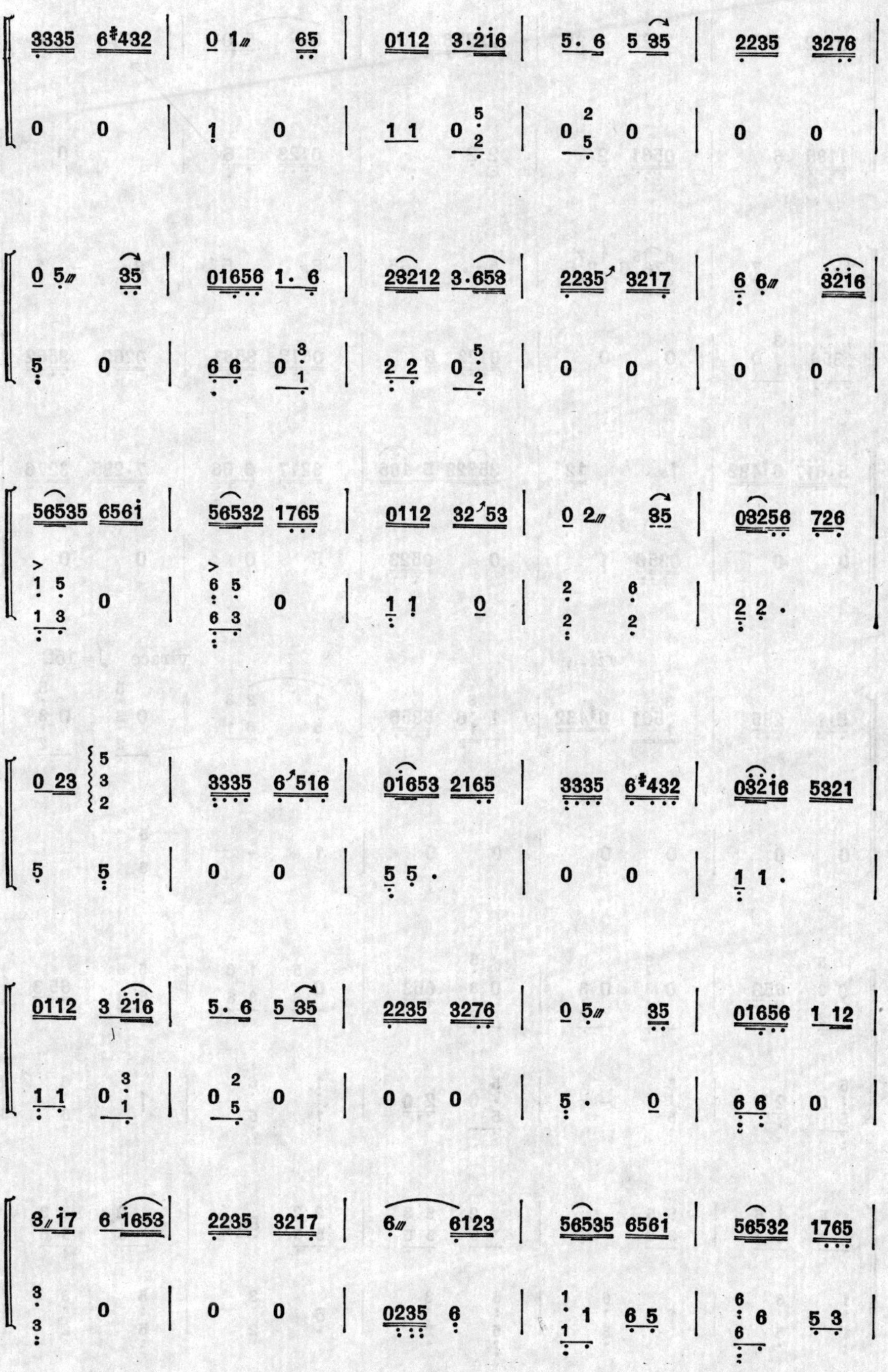

| 3335 6#432 | 0 1 65 | 0112 3·216 | 5· 6 5 35 | 2235 3276 |
| 0 0 | 1 0 | 1 1 0 5/2 | 0 2/5 0 | 0 0 |

| 0 5 35 | 01656 1· 6 | 23212 3·653 | 2235 3217 | 6 6 3216 |
| 5 0 | 6 6 0 3/1 | 2 2 0 5/2 | 0 0 | 0 0 |

| 56535 6561 | 56532 1765 | 0112 32 53 | 0 2 35 | 03256 726 |
| 1 5/1 3 0 | 6 5/6 3 0 | 1 1 0 | 2/2 6/2 | 2 2· |

| 0 23 5/3/2 | 3335 6 516 | 01653 2165 | 3335 6#432 | 03216 5321 |
| 5 5 | 0 0 | 5 5· | 0 0 | 1 1· |

| 0112 3 216 | 5· 6 5 35 | 2235 3276 | 0 5 35 | 01656 1 12 |
| 1 1 0 3/1 | 0 2/5 0 | 0 0 | 5· 0 | 6 6 0 |

| 3 17 6 1653 | 2235 3217 | 6 6123 | 56535 6561 | 56532 1765 |
| 3/3 0 | 0 0 | 0235 6 | 1/1 1 6 5 | 6/6 6 5 3 |

| 0112 3253 | 2 2 35 | 23256 726 | 5 5 0 | 5 · 6 |
| 1135 6 | 0561 2 | 2 2 · | 0123 5 5 | 0 |

| 1̇ · 7 | 376526 523̇76 | 5 · 65 | 3 · 5 | 6 · 1̇ |
| 1356 1 0 | 0 0 | 0123 5 | 0612 3561 | 0262 3562 |

| 5·61̇7 6♯432 | 1 · 12 | 35323 5 1̇65 | 3217 6 66 | 7·235 3276 |
| 0 0 | 0356 1 | 0 0523 | 5 0 | 0 0 |

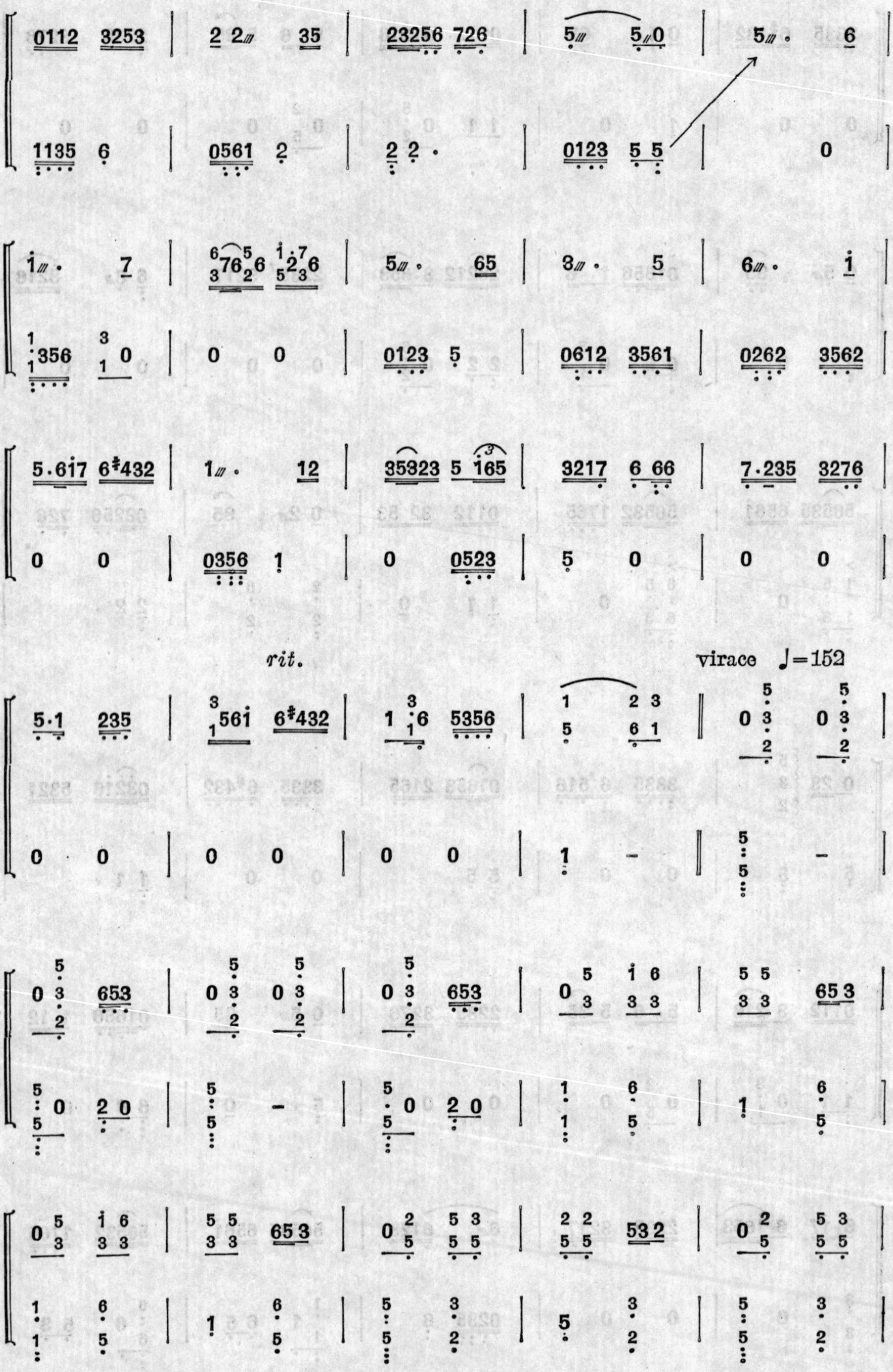

rit. virace ♩=152

| 5·1 235 | 561̇ 6♯432 | 1 6 5356 | 1 2 3 / 5 6 1 ‖ 0 532 0 532 |
| 0 0 | 0 0 | 0 0 | 1 – ‖ 5 – |

| 0 532 653 | 0 532 0 532 | 0 532 653 | 0 53 1̇3 63 | 53 53 653 |
| 5 0 2 0 | 5 – | 5 0 2 0 | 1 65 | 1 65 |

| 0 53 1̇3 63 | 53 53 653 | 0 25 55 35 | 25 25 532 | 0 25 55 35 |
| 1 65 | 1 65 | 5 32 | 5 32 | 5 32 |

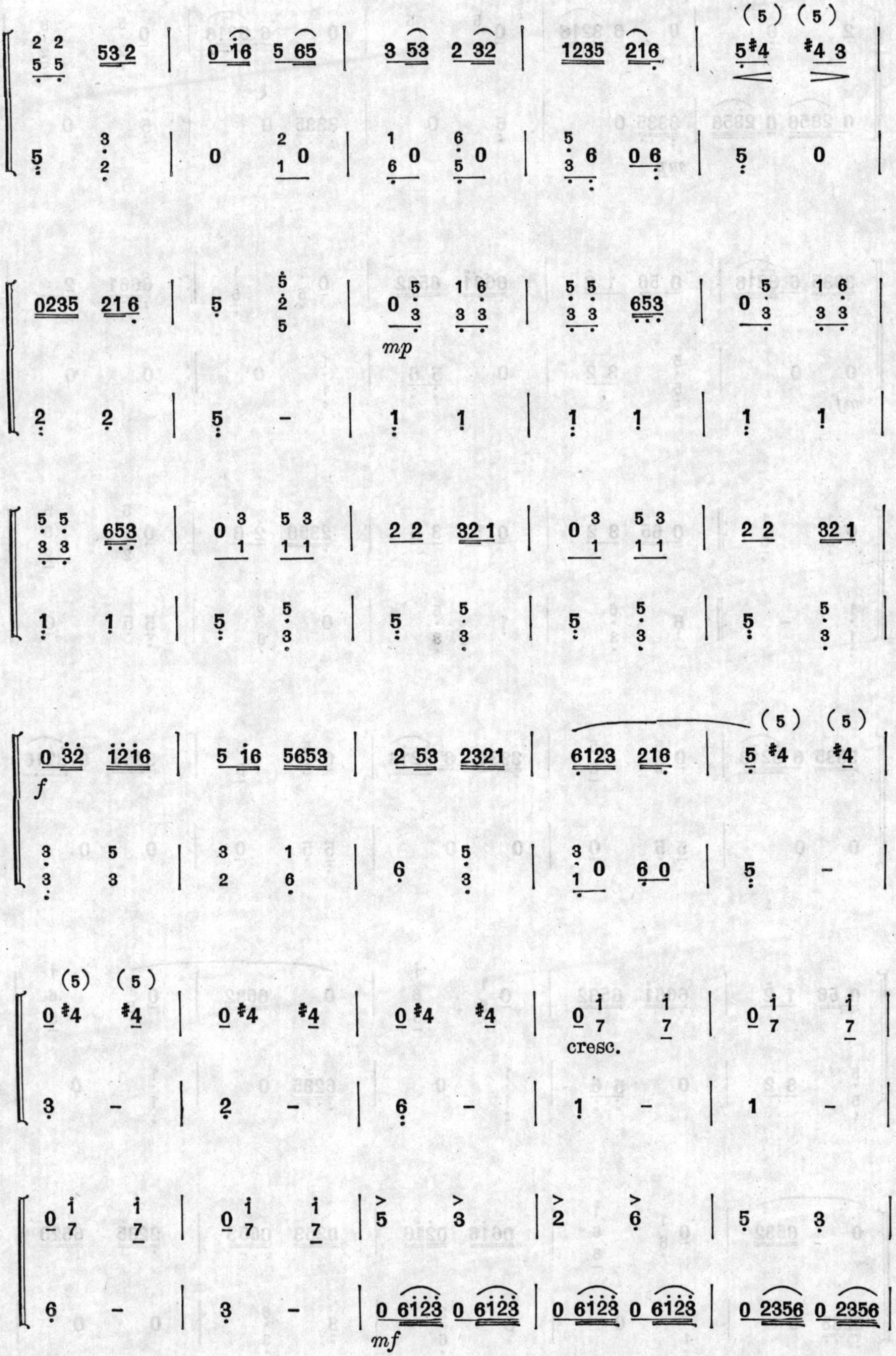

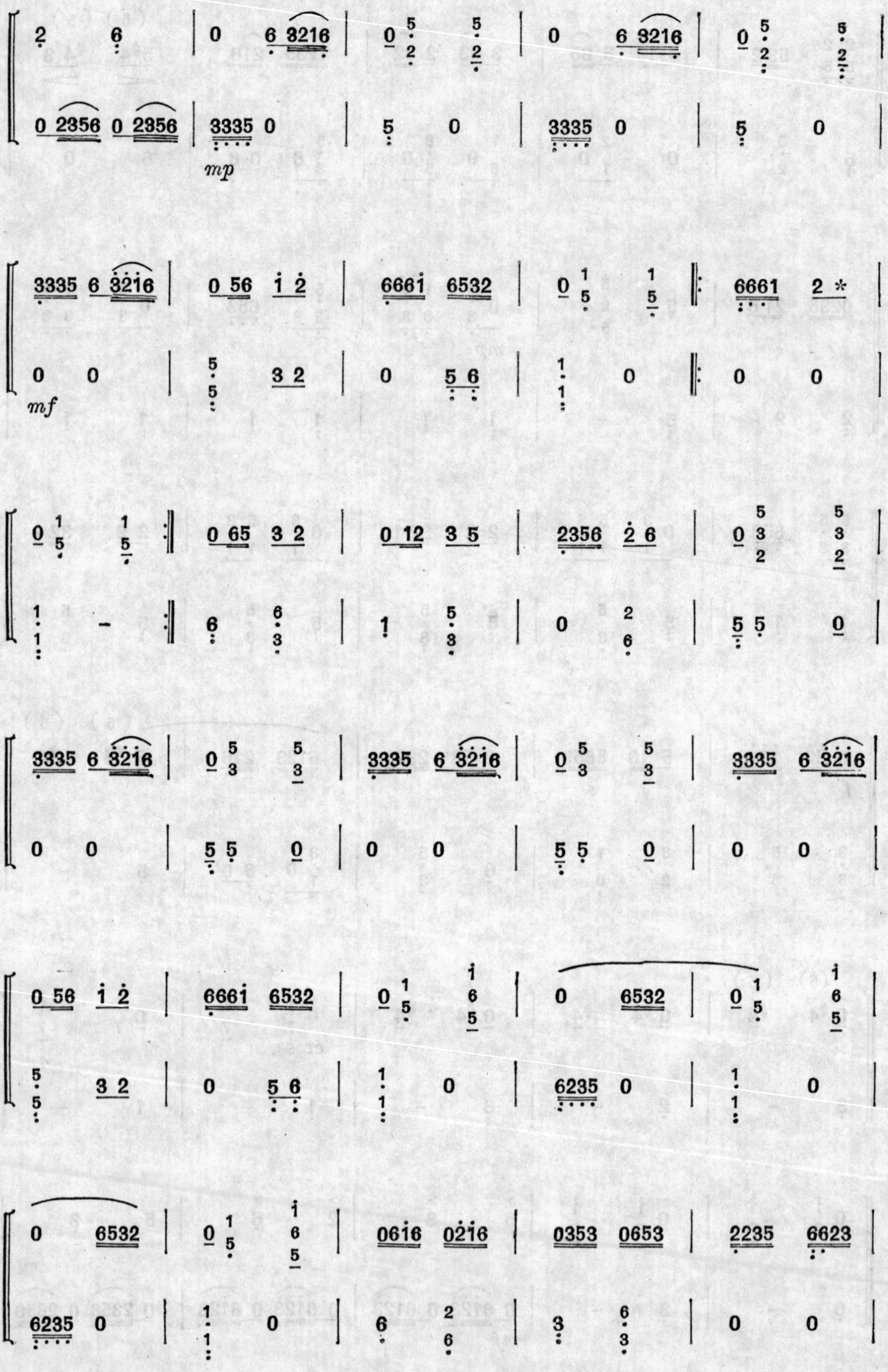

2 6 | 0 6 3216 | 0 5/2 5/2 | 0 6 3216 | 0 5/2 5/2 |

0 2356 0 2356 | 3335 0 | 5 0 | 3335 0 | 5 0 |

mp

3335 6 3216 | 0 56 1 2 | 6661 6532 | 0 1/5 1/5 :|| 6661 2 * |

0 0 | 5/5 3 2 | 0 5 6 | 1/1 0 :|| 0 0 |

mf

0 1/5 1/5 :|| 0 65 3 2 | 0 12 3 5 | 2356 2 6 | 0 5/3/2 5/3/2 |

1/1 – :|| 6 6/3 | 1 5/3 | 0 2/6 | 5 5 0 |

3335 6 3216 | 0 5/3 5/3 | 3335 6 3216 | 0 5/3 5/3 | 3335 6 3216 |

0 0 | 5 5 0 | 0 0 | 5 5 0 | 0 0 |

0 56 1 2 | 6661 6532 | 0 1/5 1/6/5 | 0 6532 | 0 1/5 1/6/5 |

5/5 3 2 | 0 5 6 | 1/1 0 | 6235 0 | 1/1 0 |

0 6532 | 0 1/5 1/6/5 | 0616 0216 | 0353 0653 | 2235 6623 |

6235 0 | 1/1 0 | 6 2/6 | 3 6/3 | 0 0 |

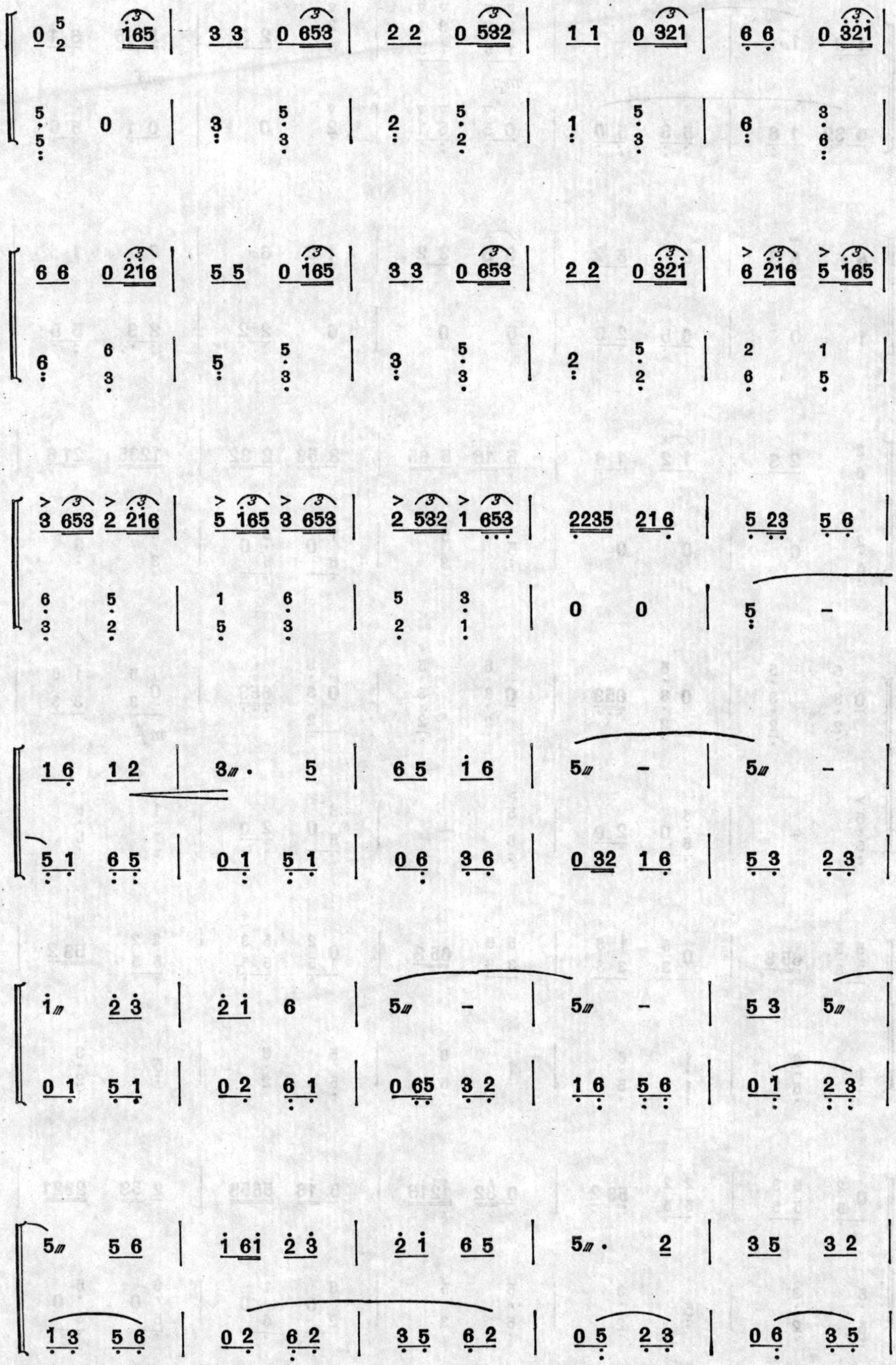

0 5/2 165 | 3 3 0 653 | 2 2 0 532 | 1 1 0 321 | 6 6 0 321 |

5/5 0 | 3 5/3 | 2 5/2 | 1 5/3 | 6 3/6 |

6 6 0 216 | 5 5 0 165 | 3 3 0 653 | 2 2 0 321 | 6 216 5 165 |

6 6/3 | 5 5/3 | 3 5/3 | 2 5/2 | 2/6 1/5 |

3 653 2 216 | 5 165 3 653 | 2 532 1 653 | 2235 216 | 5 23 5 6 |

6/3 5/2 | 1/5 6/3 | 5/2 3/1 | 0 0 | 5 - |

1 6 1 2 | 3 · 5 | 6 5 1 6 | 5 - | 5 - |

5 1 6 5 | 0 1 5 1 | 0 6 3 6 | 0 32 1 6 | 5 3 2 3 |

1 2 3 | 2 1 6 | 5 - | 5 - | 5 3 5 |

0 1 5 1 | 0 2 6 1 | 0 65 3 2 | 1 6 5 6 | 0 1 2 3 |

5 5 6 | 1 61 2 3 | 2 1 6 5 | 5 · 2 | 3 5 3 2 |

1 3 5 6 | 0 2 6 2 | 3 5 6 2 | 0 5 2 3 | 0 6 3 5 |

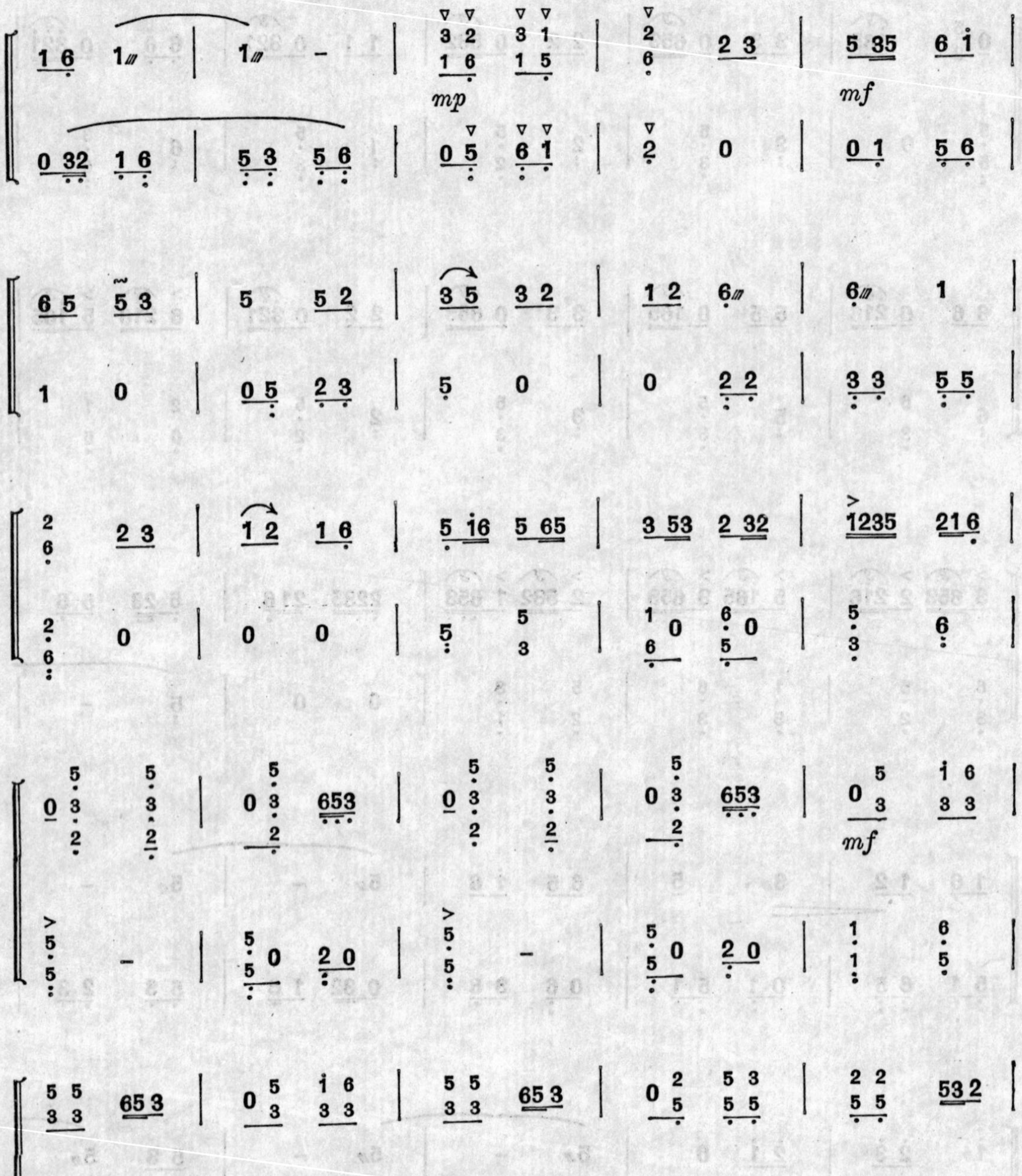

1 6 1	1 –	3 2 / 1 6 3 1 / 1 5	2 / 6 2 3	5 35 6 i
mp			mf
0 32 1 6	5 3 5 6	0 5 6 1	2 0	0 1 5 6

| 6 5 5 3 | 5 5 2 | 3 5 3 2 | 1 2 6 | 6 1 |
| 1 0 | 0 5 2 3 | 5 0 | 0 2 2 | 3 3 5 5 |

| 2 / 6 2 3 | 1 2 1 6 | 5 i6 5 65 | 3 53 2 32 | 1235 216 |
| 2 / 6 0 | 0 0 | 5 5 / 3 | 1 / 6 0 6 / 5 0 | 5 / 3 6 |

0 5 / 3 / 2 5 / 3 / 2	0 5 / 3 / 2 653	0 5 / 3 / 2 5 / 3 / 2	0 5 / 3 / 2 653	0 5 / 3 i 6 / 3 3
			mf
5 / 5 –	5 / 5 0 2 0	5 / 5 –	5 / 5 0 2 0	1 / 1 6 / 5

| 5 5 / 3 3 65 3 | 0 5 / 3 i 6 / 3 3 | 5 5 / 3 3 65 3 | 0 2 / 5 5 3 / 5 5 | 2 2 / 5 5 53 2 |
| 1 6 / 5 | 1 / 1 6 / 5 | 1 6 / 5 | 5 / 5 3 / 2 | 5 3 / 2 |

| 0 2 / 5 5 3 / 5 5 | 2 2 / 5 5 53 2 | 0 32 i2i6 | 5 i6 5653 | 2 53 2321 |
| 5 / 5 3 / 2 | 5 3 / 2 | 5 / 5 5 / 3 | 3 / 2 0 1 / 6 0 | 6 / 5 0 5 / 3 0 |

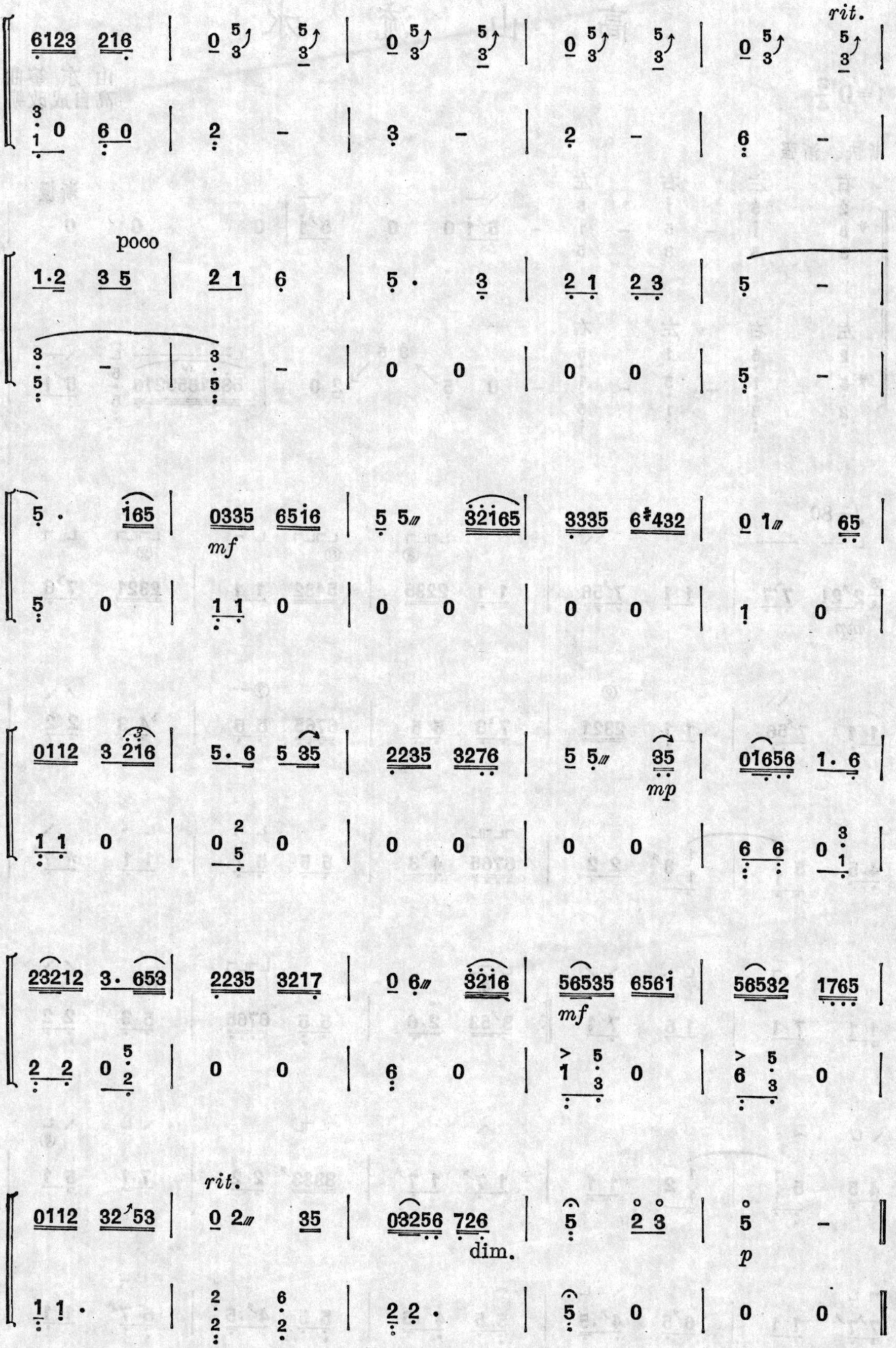

rit.

| 6123 216 | 0 ⁵⁄₃ ⁵⁄₃ | 0 ⁵⁄₃ ⁵⁄₃ | 0 ⁵⁄₃ ⁵⁄₃ | 0 ⁵⁄₃ ⁵⁄₃ |
| ³⁄₁ 0 6 0 | 2 – | 3 – | 2 – | 6 – |

poco

| 1·2 3 5 | 2 1 6 | 5 · 3 | 2 1 2 3 | 5 – |
| ³⁄₅ – | ³⁄₅ – | 0 0 | 0 0 | 5 – |

| 5 · 165 | 0335 6516 | 5 5 32165 | 3335 6#432 | 0 1 65 |
mf
| 5 0 | 1 1 0 | 0 0 | 0 0 | 1 0 |

| 0112 3 216 | 5· 6 5 35 | 2235 3276 | 5 5 35 | 01656 1· 6 |
mp
| 1 1 0 | 0 ²⁄₅ 0 | 0 0 | 0 0 | 6 6 0 ³⁄₁ |

| 23212 3· 653 | 2235 3217 | 0 6 3216 | 56535 6561 | 56532 1765 |
mf
| 2 2 0 ⁵⁄₂ | 0 0 | 6 0 | 1 ⁵⁄₃ 0 | 6 ⁵⁄₃ 0 |

rit.

| 0112 32 53 | 0 2 35 | 03256 726 | 5 2 3 | 5 – ‖
dim. p
| 1 1 · | ²⁄₂ ⁶⁄₂ | 2 2 · | 5 0 | 0 0 ‖

高　山　流　水

1=D $\frac{2}{4}$

山东筝曲
高自成改编

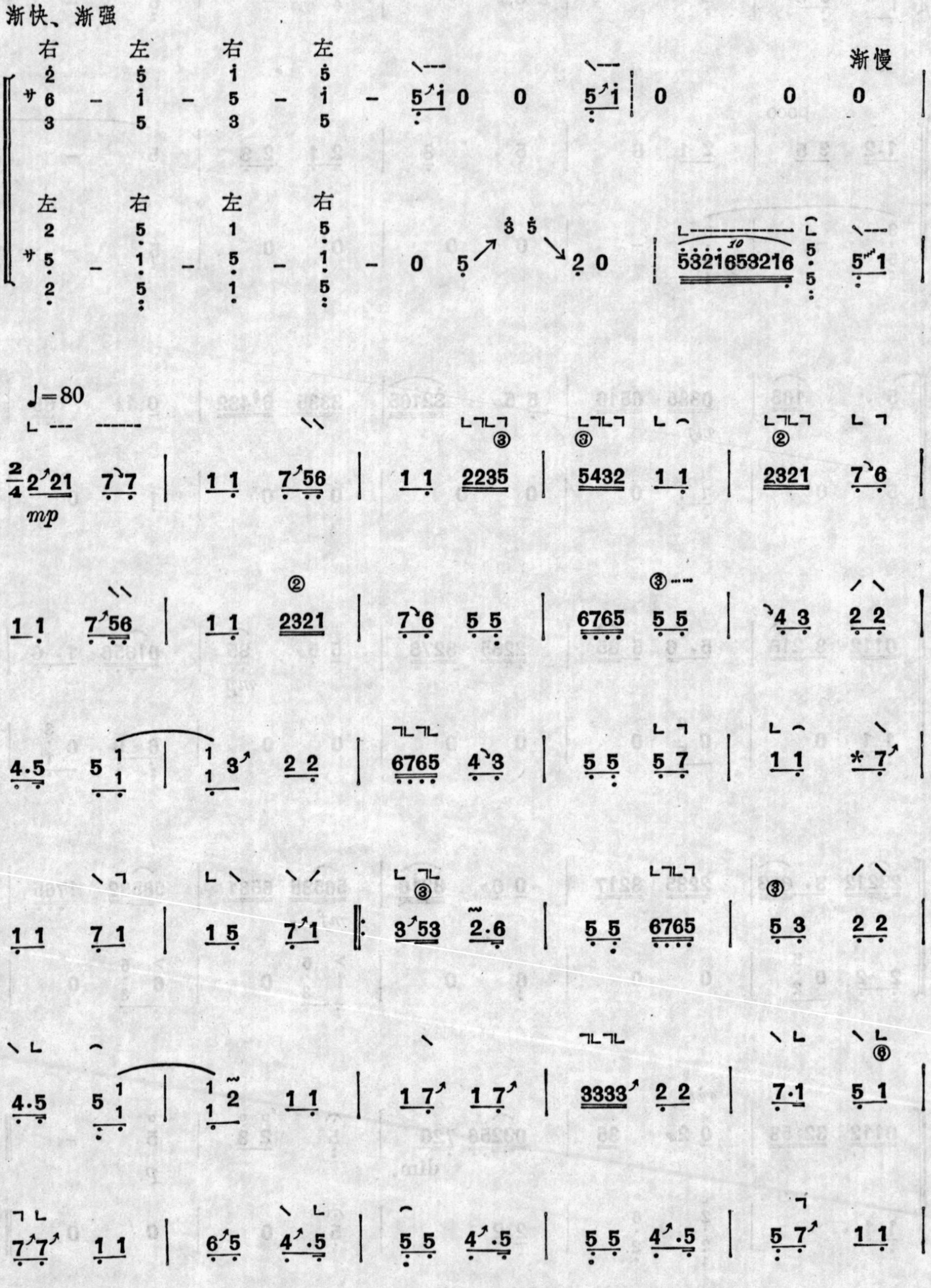

渐快、渐强

右　左　右　左

左　右　左　右

渐慢

♩=80

mp

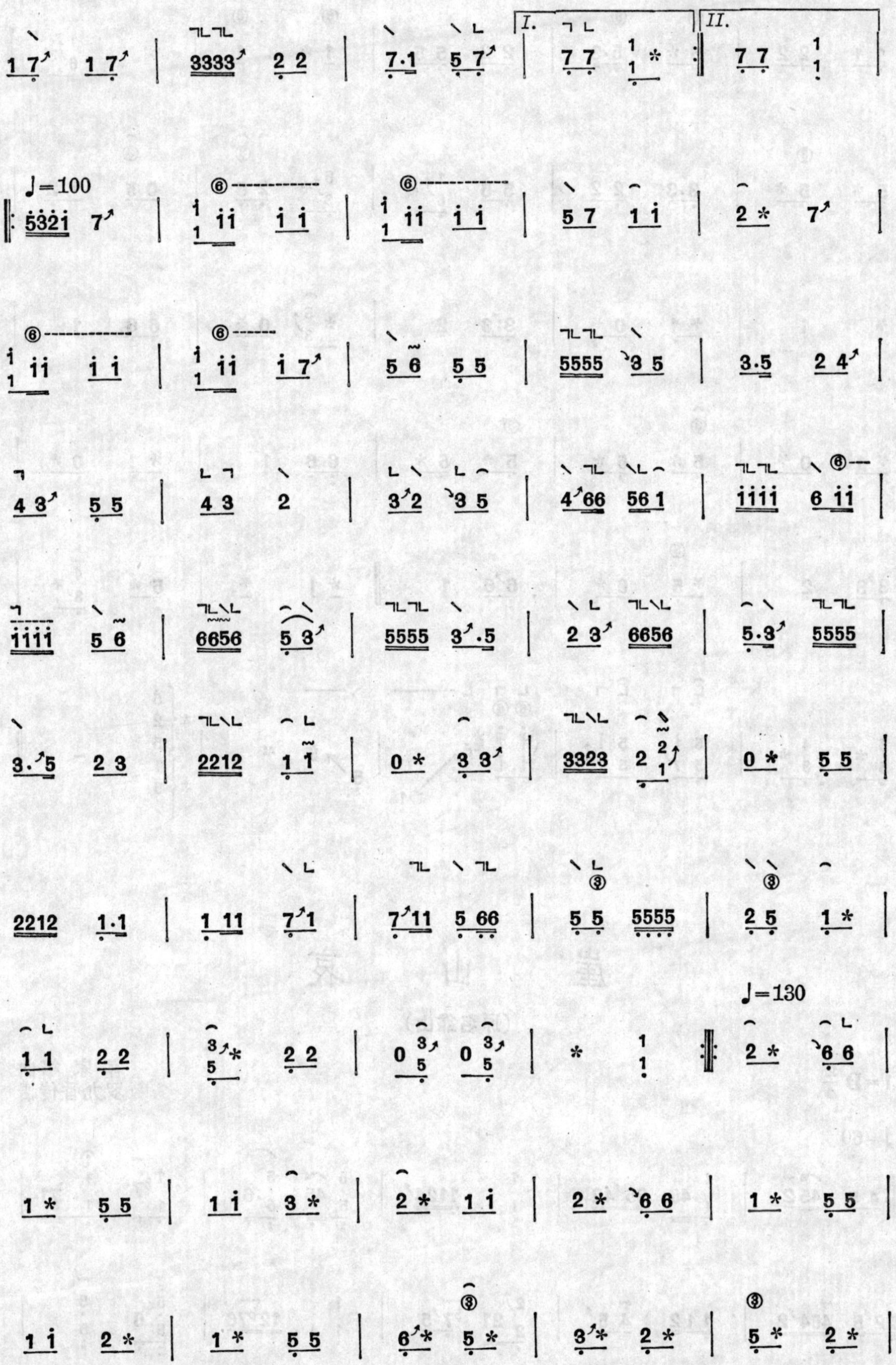

1 7 1 7 | 3333 2 2 | 7·1 5 7 | I. 7 7 1 * :‖ II. 7 7 1 |

♩=100

‖: 5321 7 | i ii i i | i ii i i | 5 7 1 i | 2 * 7 |

i ii i i | i ii i 7 | 5 6 5 5 | 5555 3 5 | 3·5 2 4 |

4 3 5 5 | 4 3 2 | 3 2 3 5 | 4 66 56 1 | iiii 6 ii |

iiii 5 6 | 6656 5 3 | 5555 3 .5 | 2 3 6656 | 5·3 5555 |

3·5 2 3 | 2212 1 1 | 0 * 3 3 | 3323 2 2/1 | 0 * 5 5 |

2212 1·1 | 1 11 7 1 | 7 11 5 66 | 5 5 5555 | 2 5 1 * |

♩=130

1 1 2 2 | 3/5 * 2 2 | 0 3/5 0 3/5 | * 1 :‖: 2 * 6 6 |

1 * 5 5 | 1 i 3 * | 2 * 1 i | 2 * 6 6 | 1 * 5 5 |

1 i 2 * | 1 * 5 5 | 6 * 5 * | 3 * 2 * | 5 * 2 * |

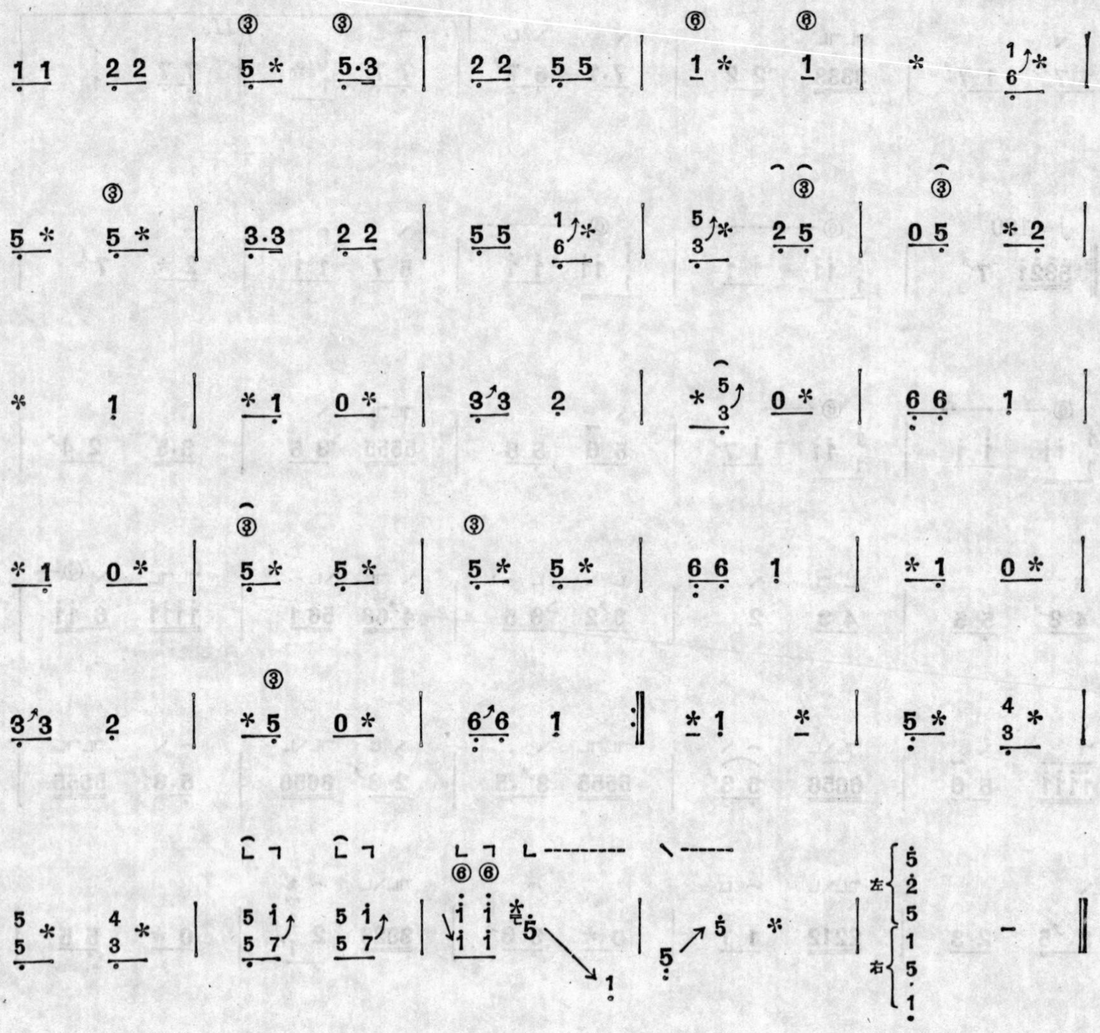

11 22 | 5 * 5·3 | 22 55 | 1 * 1 | * 6 1 * |

5 * 5 * | 3·3 22 | 55 6 1 * | 3 5 * 25 | 05 *2 |

* 1 | *1 0* | 3 3 2 | * 3 5 0* | 66 1 |

1 0 | 5* 5* | 5* 5* | 66 1 | *1 0* |

3 3 2 | *5 0* | 6 6 1 :‖ *1 * | 5* 3 4 * |

5 5 * 3 4 * | 5 7 5 1 | 5 7 5 1 | 1 1 1 1 *5 1 | 5 5 * | 左 5 2 5 右 1 5 1 — ‖

崖 山 哀

（原名靠山）

客家筝曲
罗九香传谱

1=D $\frac{2}{4}$

♩=60

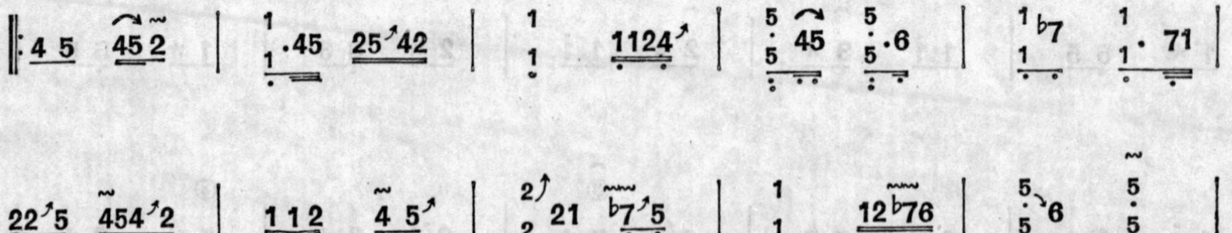

‖: 45 452 | 1 1 ·45 2542 | 1 1 1124 | 5 5 45 5 5 ·6 | 1 1 ♭7 1 1 · 71 |

225 4542 | 112 45 | 2 2 21 ♭75 | 1 1 12♭76 | 5 5 6 5 5 : |

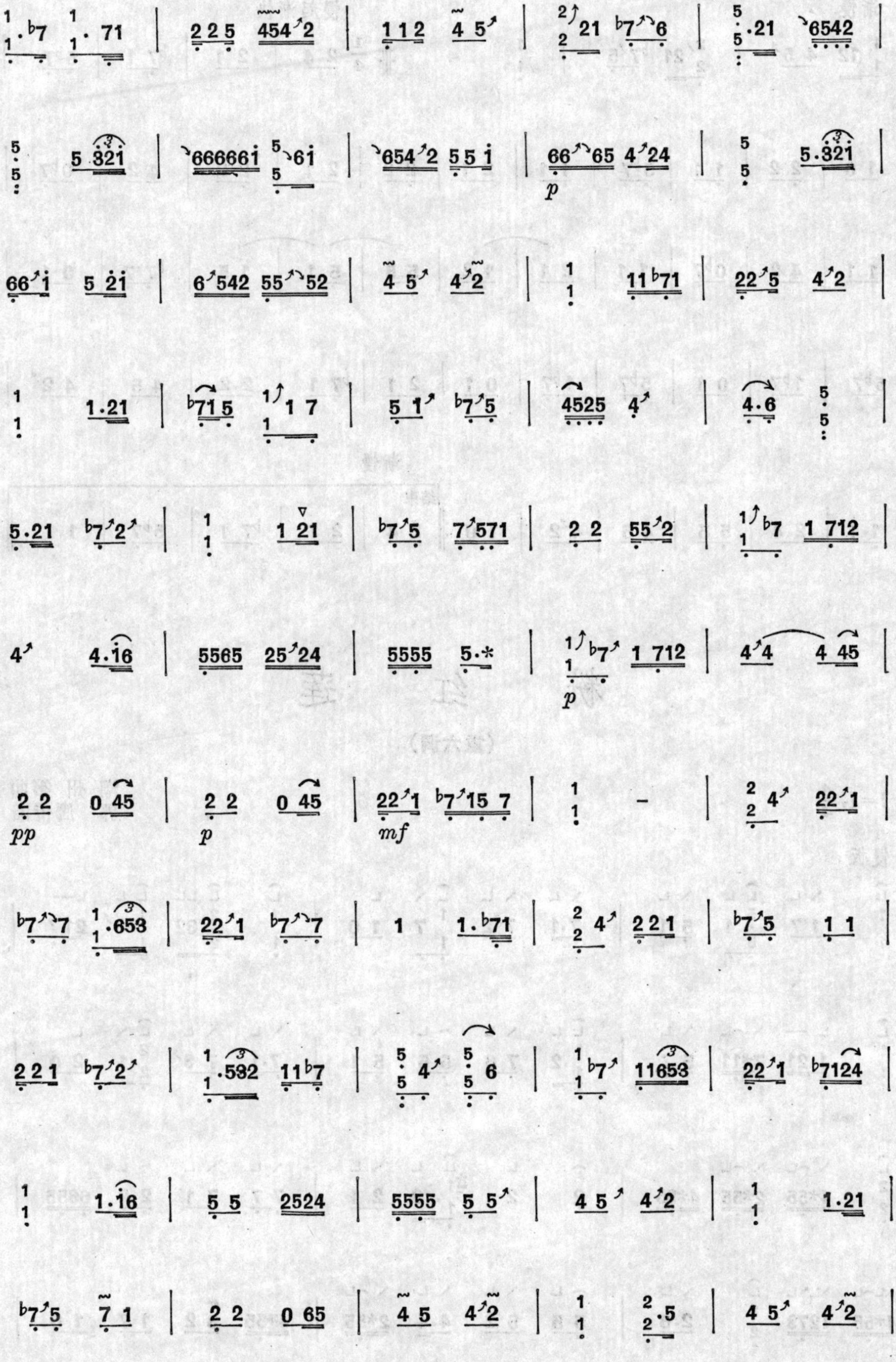

1·♭7 1·71 | 225 454 2 | 112 45 | 2 21 ♭7 6 | 5·21 6542 |

5 5 321 | 666661 5 61 | 654 2 551 | 66 65 4 24 *p* | 5 5·321 |

66 1 5 21 | 6 542 55 52 | 45 4 2 | 1 11♭71 | 22 5 4 2 |

1 1·21 | ♭715 1 17 | 51 ♭75 | 4525 4 | 4·6 5 |

5·21 ♭7 2 | 1 1 21 | ♭75 7 571 | 22 55 2 | 1♭7 1 712 |

4 4·16 | 5565 25 24 | 5555 5·* | 1 ♭7 1 712 *p* | 4 4 4 45 |

22 0 45 *pp* | 22 0 45 *p* | 22 1 ♭7 15 7 *mf* | 1 – | 2 4 22 1 |

♭7 7 1·653 | 22 1 ♭7 7 | 1 1·♭71 | 2 4 221 | ♭75 11 |

221 ♭7 2 | 1·532 11♭7 | 5 4 5 6 | 1 ♭7 11653 | 22 1 ♭7124 |

1 1·16 | 55 2524 | 5555 55 | 45 4 2 | 1 1·21 |

♭75 71 | 22 0 65 | 45 4 2 | 1 2·5 | 45 4 2 |

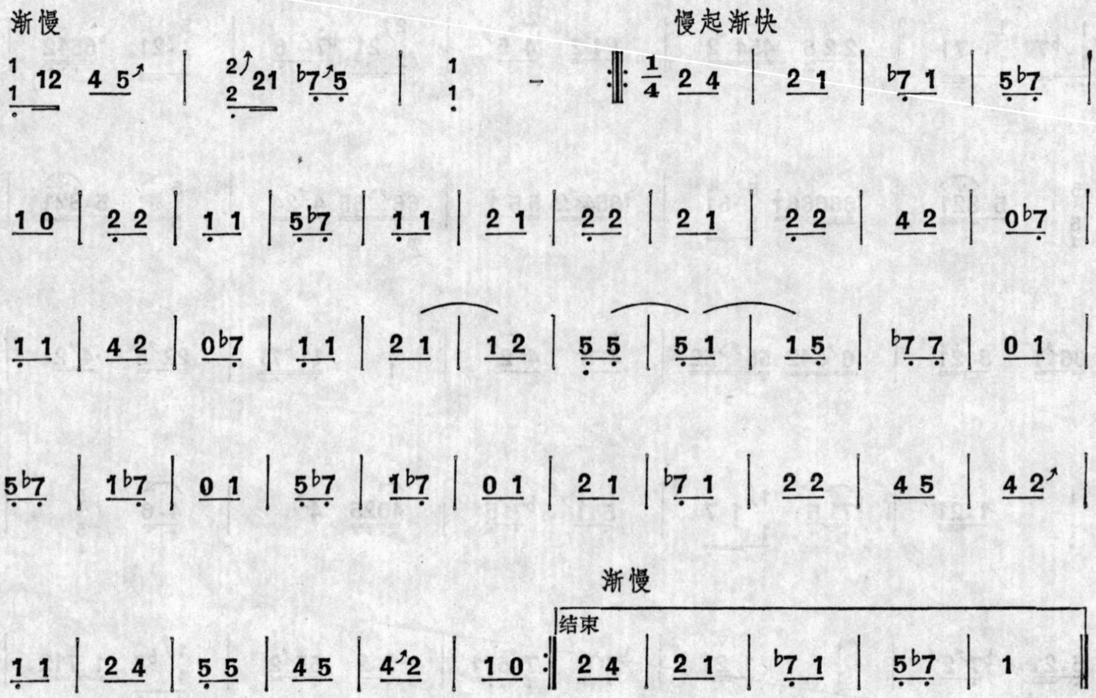

渐慢 慢起渐快

1 12 4 5 | 2 21 ♭7 5 | 1 - ‖: 1/4 2 4 | 2 1 | ♭7 1 | 5 ♭7 |

1 0 | 2 2 | 1 1 | 5 ♭7 | 1 1 | 2 1 | 2 2 | 2 1 | 2 2 | 4 2 | 0 ♭7 |

1 1 | 4 2 | 0 ♭7 | 1 1 | 2 1 | 1 2 | 5 5 | 5 1 | 1 5 | ♭7 7 | 0 1 |

5 ♭7 | 1 ♭7 | 0 1 | 5 ♭7 | 1 ♭7 | 0 1 | 2 1 | ♭7 1 | 2 2 | 4 5 | 4 2 |

渐慢

结束

1 1 | 2 4 | 5 5 | 4 5 | 4 2 | 1 0 :‖ 2 4 | 2 1 | ♭7 1 | 5 ♭7 | 1 ‖

粉 红 莲

（重六调）

1=G 4/4

潮州筝曲
郭 鹰传谱

慢板

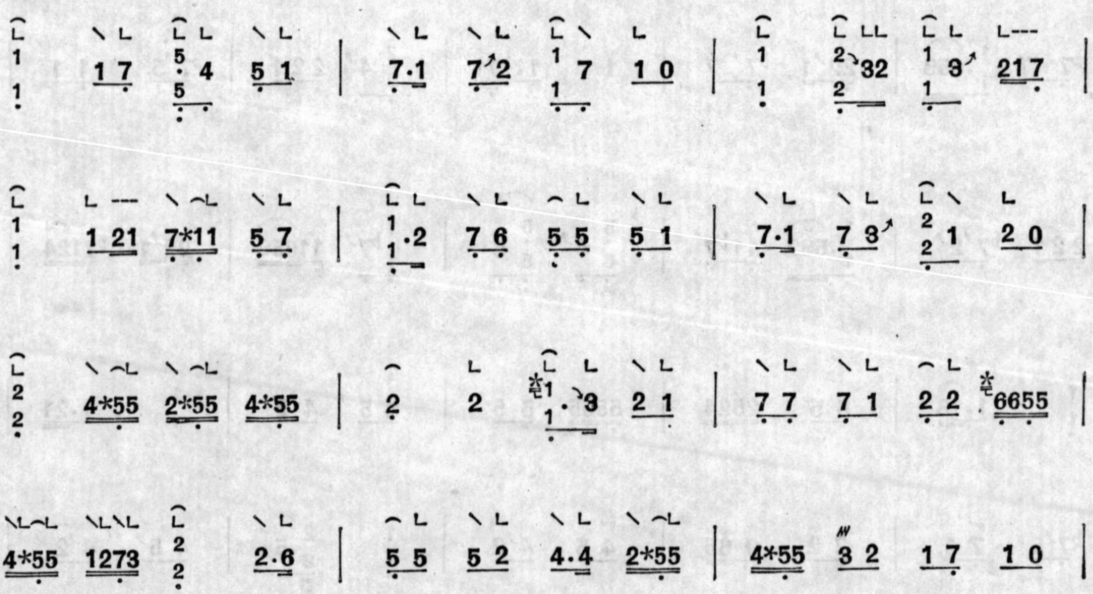

1 1 7 5·4 5 1 | 7·1 7 2 1 7 1 0 | 1 2 32 3 217 |

1 1 21 7*11 5 7 | 1·2 7 6 5 5 5 1 | 7·1 7 3 2 1 2 0 |

2 4*55 2*55 4*55 | 2 2 1·3 2 1 | 7 7 7 1 2 2 6655 |

4*55 1273 2 2·6 | 5 5 5 2 4·4 2*55 | 4*55 3 2 1 7 1 0 |

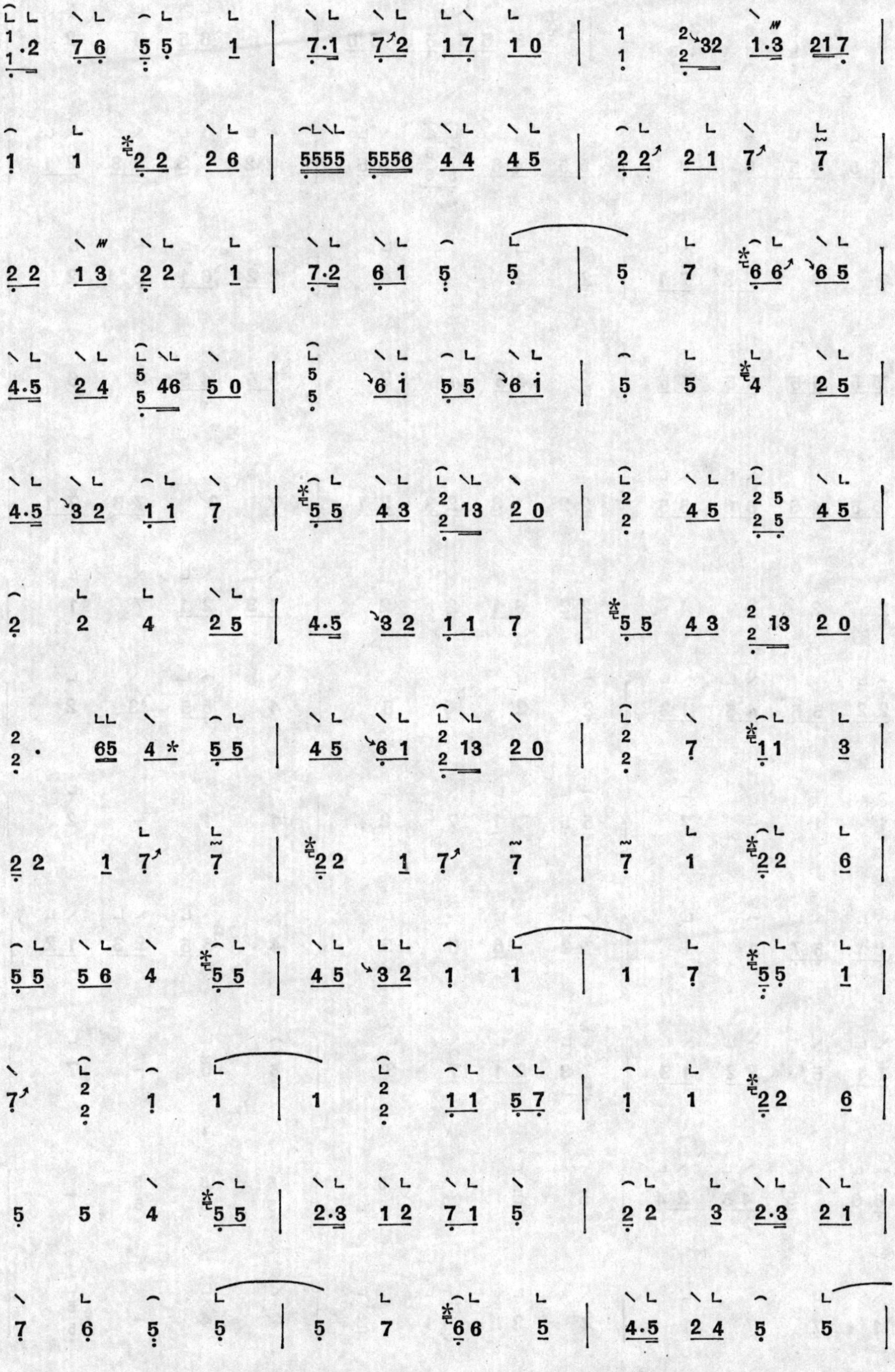

1·2 7 6 5 5 1 | 7·1 7 2 1 7 1 0 | 1 2 32 1·3 217 |

1 1 2 2 2 6 | 5555 5556 4 4 4 5 | 2 2 2 1 7 7 |

2 2 1 3 2 2 1 | 7·2 6 1 5 5 | 5 7 6 6 6 5 |

4·5 2 4 5 46 5 0 | 5 6 1 5 5 6 1 | 5 5 4 2 5 |

4·5 3 2 1 1 7 | 5 5 4 3 2 13 2 0 | 2 4 5 2 5 4 5 |

2 2 4 2 5 | 4·5 3 2 1 1 7 | 5 5 4 3 2 13 2 0 |

2· 65 4 * 5 5 | 4 5 6 1 2 13 2 0 | 2 7 1 1 3 |

2 2 1 7 7 | 2 2 1 7 7 | 7 1 2 2 6 |

5 5 5 6 4 5 5 | 4 5 3 2 1 1 | 1 7 5 5 1 |

7 2 1 1 | 1 2 1 1 5 7 | 1 1 2 2 6 |

5 5 4 5 5 | 2·3 1 2 7 1 5 | 2 2 3 2·3 2 1 |

7 6 5 5 | 5 7 6 6 5 | 4·5 2 4 5 5 |

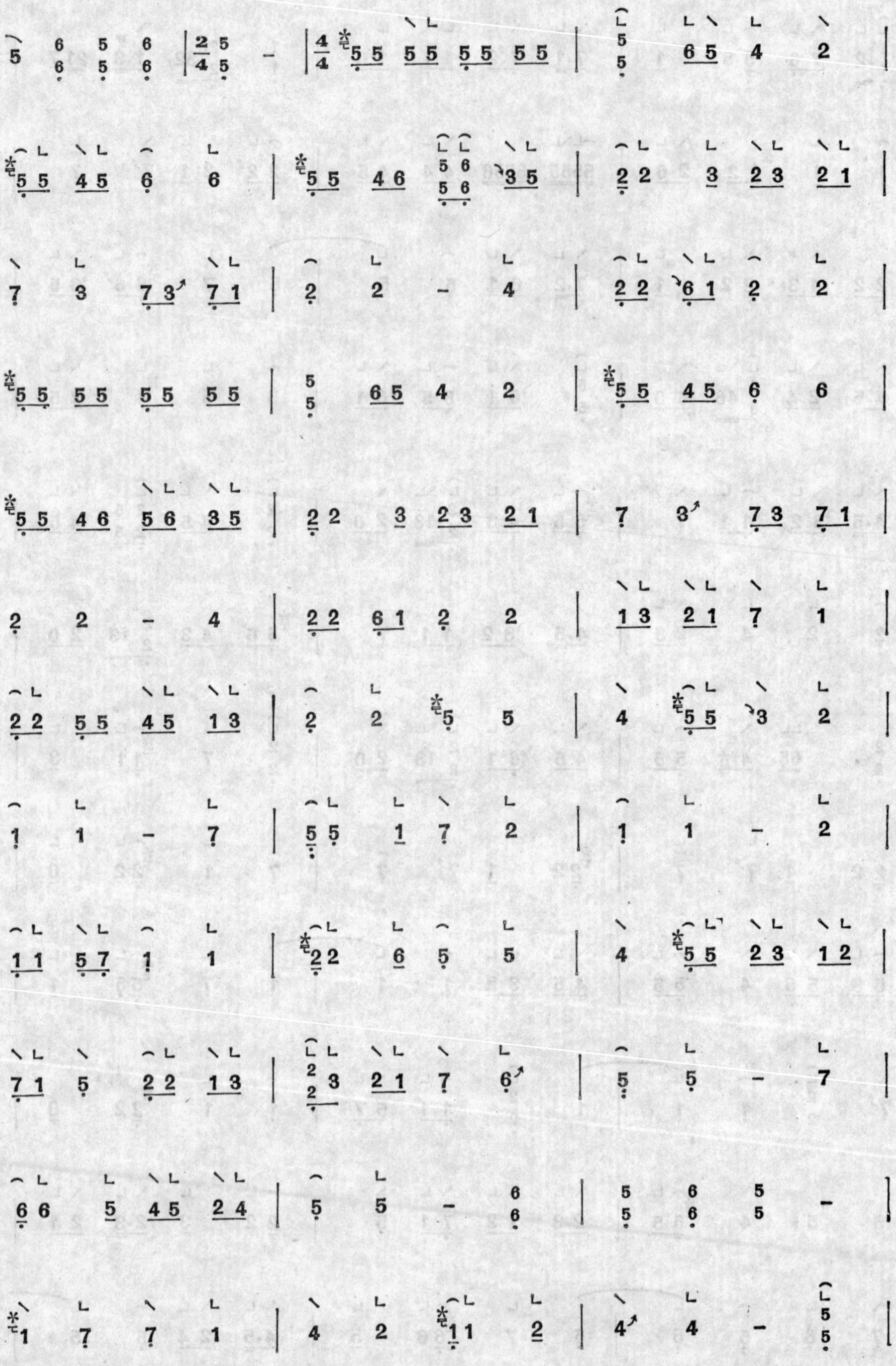

5 6/6 5/5 6/6 | 2/4 5/5 - | 4/4 55 55 55 55 | 5/5 65 4 2 |

55 45 6 6 | 55 46 5/5 6/6 35 | 22 3 23 21 |

7 3 73 71 | 2 2 - 4 | 22 61 2 2 |

55 55 55 55 | 5/5 65 4 2 | 55 45 6 6 |

55 46 56 35 | 22 3 23 21 | 7 3 73 71 |

2 2 - 4 | 22 61 2 2 | 13 21 7 1 |

22 55 45 13 | 2 2 5 5 | 4 55 3 2 |

1 1 - 7 | 55 1 7 2 | 1 1 - 2 |

11 57 1 1 | 22 6 5 5 | 4 55 23 12 |

71 5 22 13 | 2/2 3 21 7 6 | 5 5 - 7 |

66 5 45 24 | 5 5 - 6/6 | 5/5 6/6 5/5 - |

1 7 7 1 | 4 2 11 2 | 4 4 - 5/5 |

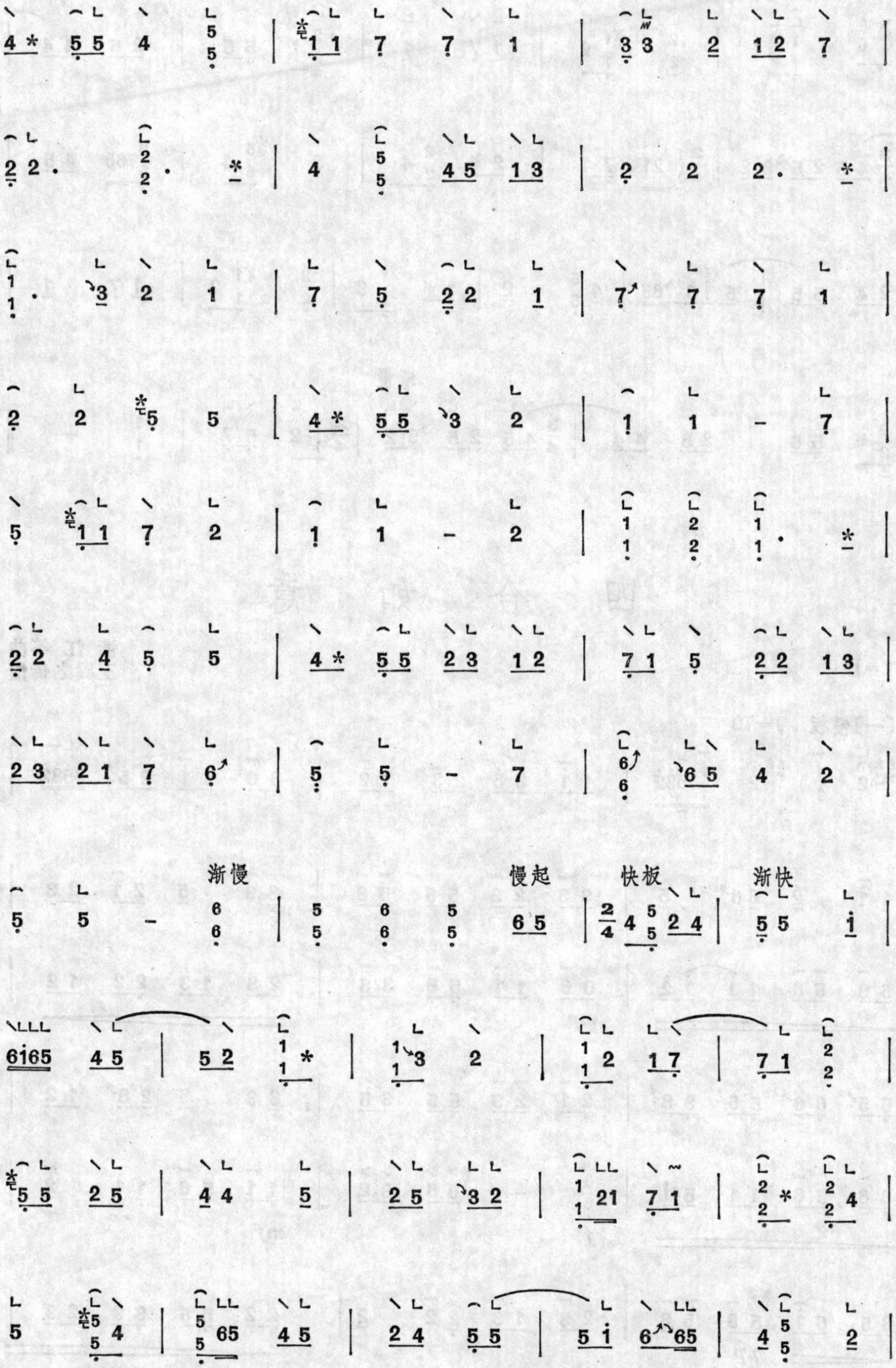

4 * 5 5 4 5/5 | 1 1 7 7 1 | 3 3 2 1 2 7 |

2 2 · 2/2 · * | 4 5/5 4 5 1 3 | 2 2 2 · * |

1/1 · 3 2 1 | 7 5 2 2 1 | 7 7 7 1 |

2 2 5 5 | 4 * 5 5 3 2 | 1 1 – 7 |

5 1 1 7 2 | 1 1 – 2 | 1/1 2/2 1/1 · * |

2 2 4 5 5 | 4 * 5 5 2 3 1 2 | 7 1 5 2 2 1 3 |

2 3 2 1 7 6 | 5 5 – 7 | 6/6 6 5 4 2 |

渐慢 慢起 快板 渐快

5 5 – 6/6 | 5/5 6/6 5/5 6 5 | 2/4 4 5/5 2 4 | 5 5 i |

6i65 4 5 | 5 2 1/1 * | 1/1 3 2 | 1/1 2 1 7 | 7 1 2/2 |

5 5 2 5 | 4 4 5 | 2 5 3 2 | 1/1 21 7 1 | 2/2 * 2/2 4 |

5 5/5 4 | 5/5 65 4 5 | 2 4 5 5 | 5 i 6 65 | 4 5/5 2 |

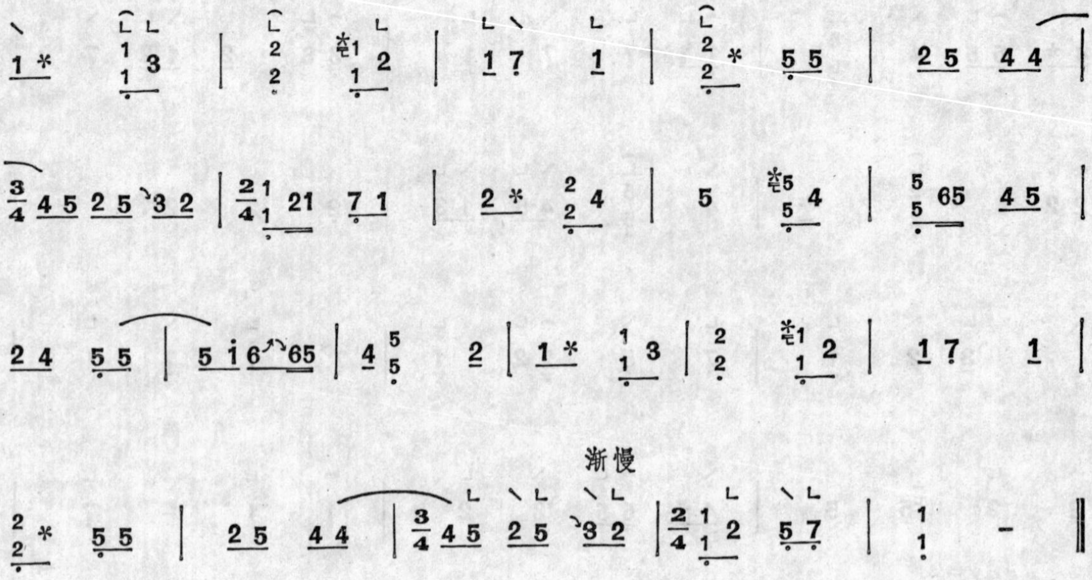

渐慢

四 合 如 意

1=D $\frac{4}{4}$

浙 江 筝曲
王巽之传谱

〔一〕慢板 ♩=72

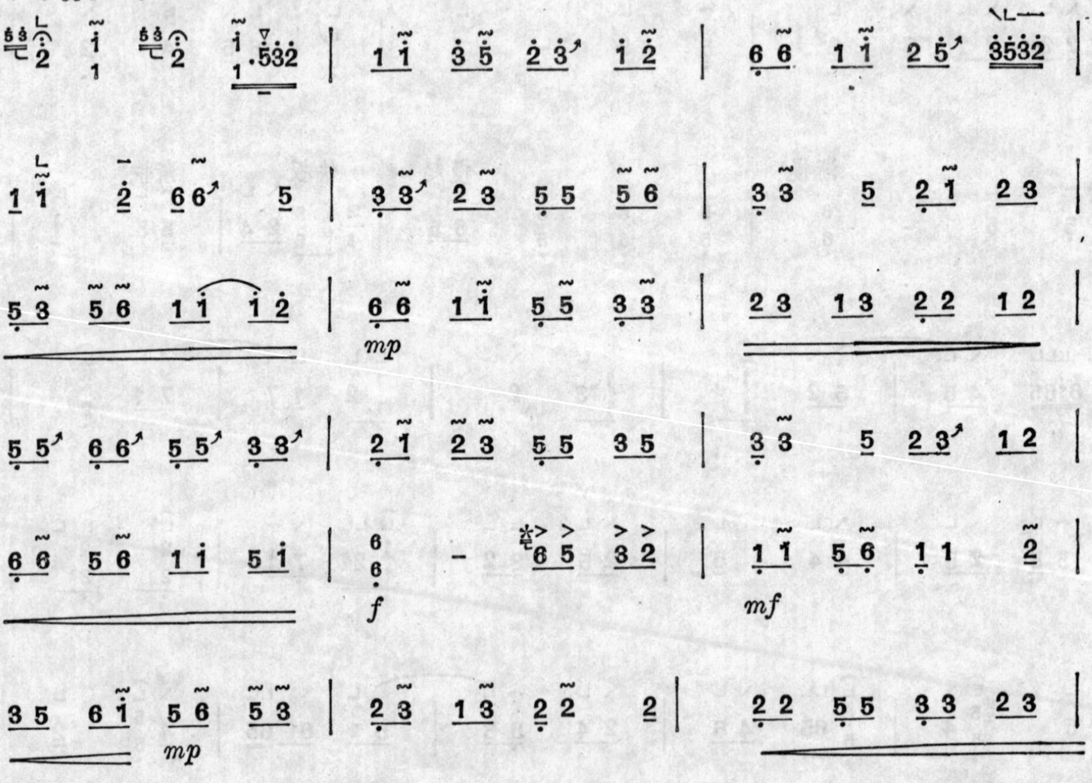

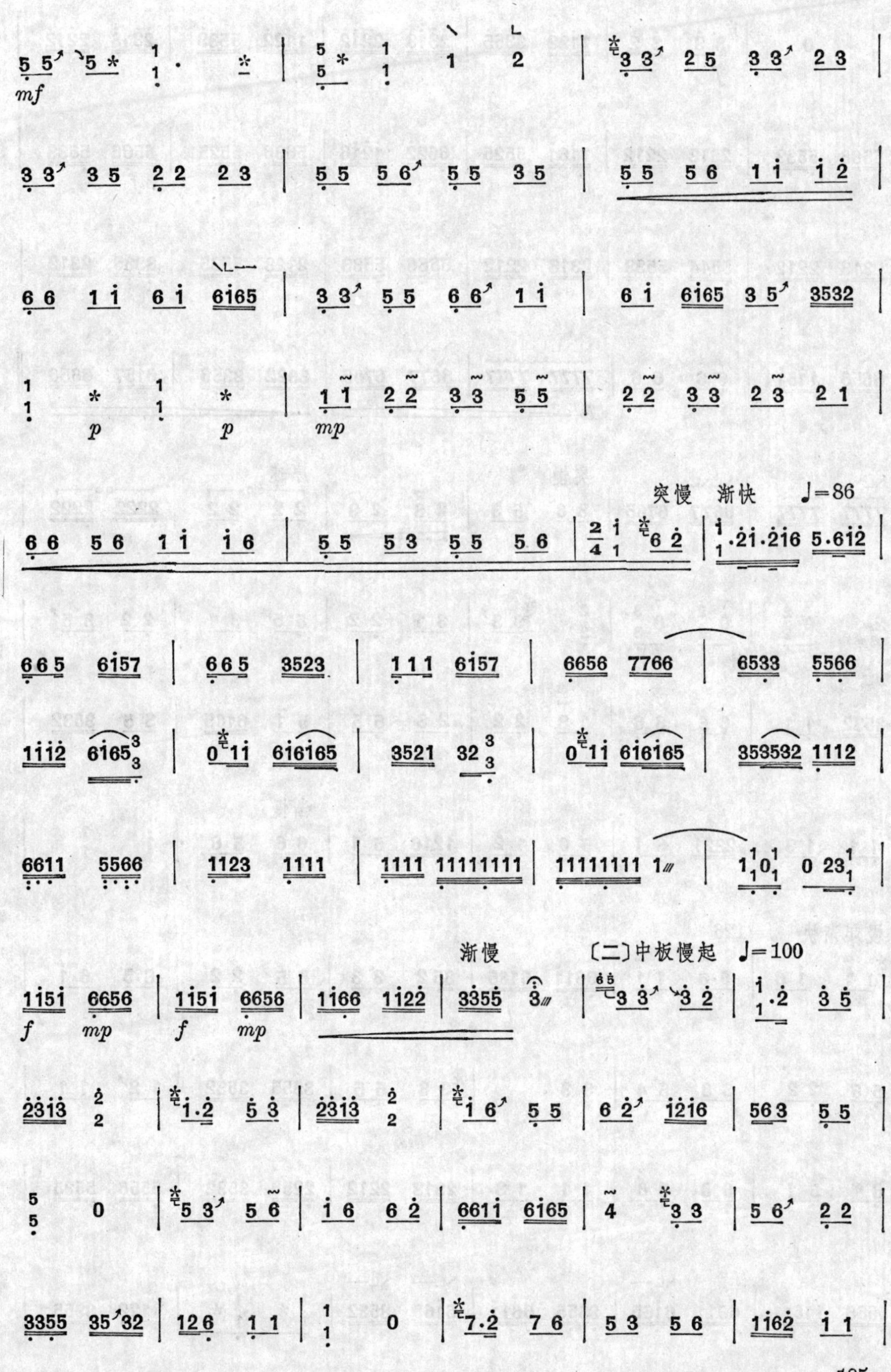

5 5 5 * 1/1 · * | 5/5 * 1/1 1 2 | 3 3 2 5 3 3 2 3 |
mf

3 3 3 5 2 2 2 3 | 5 5 5 6 5 5 3 5 | 5 5 5 6 1 1 1 2 |

6 6 1 1 6 1 6165 | 3 3 5 5 6 6 1 1 | 6 1 6165 3 5 3532 |

1/1 * 1/1 * | 1 1 2 2 3 3 5 5 | 2 2 3 3 2 3 2 1 |
p *p* *mp*

突慢 渐快 ♩=86

6 6 5 6 1 1 1 6 | 5 5 5 3 5 5 5 6 | 2/4 1/1 6 2 | 1/1 ·21·216 5·612 |

665 6157 | 665 3523 | 111 6157 | 6656 7766 | 6533 5566 |

1112 6165 3/3 | 0 11 616165 | 3521 32 3/3 | 0 11 616165 | 353532 1112 |

6611 5566 | 1123 1111 | 1111 11111111 | 11111111 1 | 1 0 0 23 |

渐慢 〔二〕中板慢起 ♩=100

1151 6656 | 1151 6656 | 1166 1122 | 3355 3 | 3 3 3 2 | 1/1·2 3 5 |
f *mp* *f* *mp*

2313 2/2 | 1·2 5 3 | 2313 2/2 | 1 6 5 5 | 6 2 1216 | 563 5 5 |

5/5 0 | 5 3 5 6 | 1 6 6 2 | 6611 6165 | 4 3 3 | 5 6 2 2 |

3355 35 32 | 126 1 1 | 1/1 0 | 7·2 7 6 | 5 3 5 6 | 1162 1 1 |

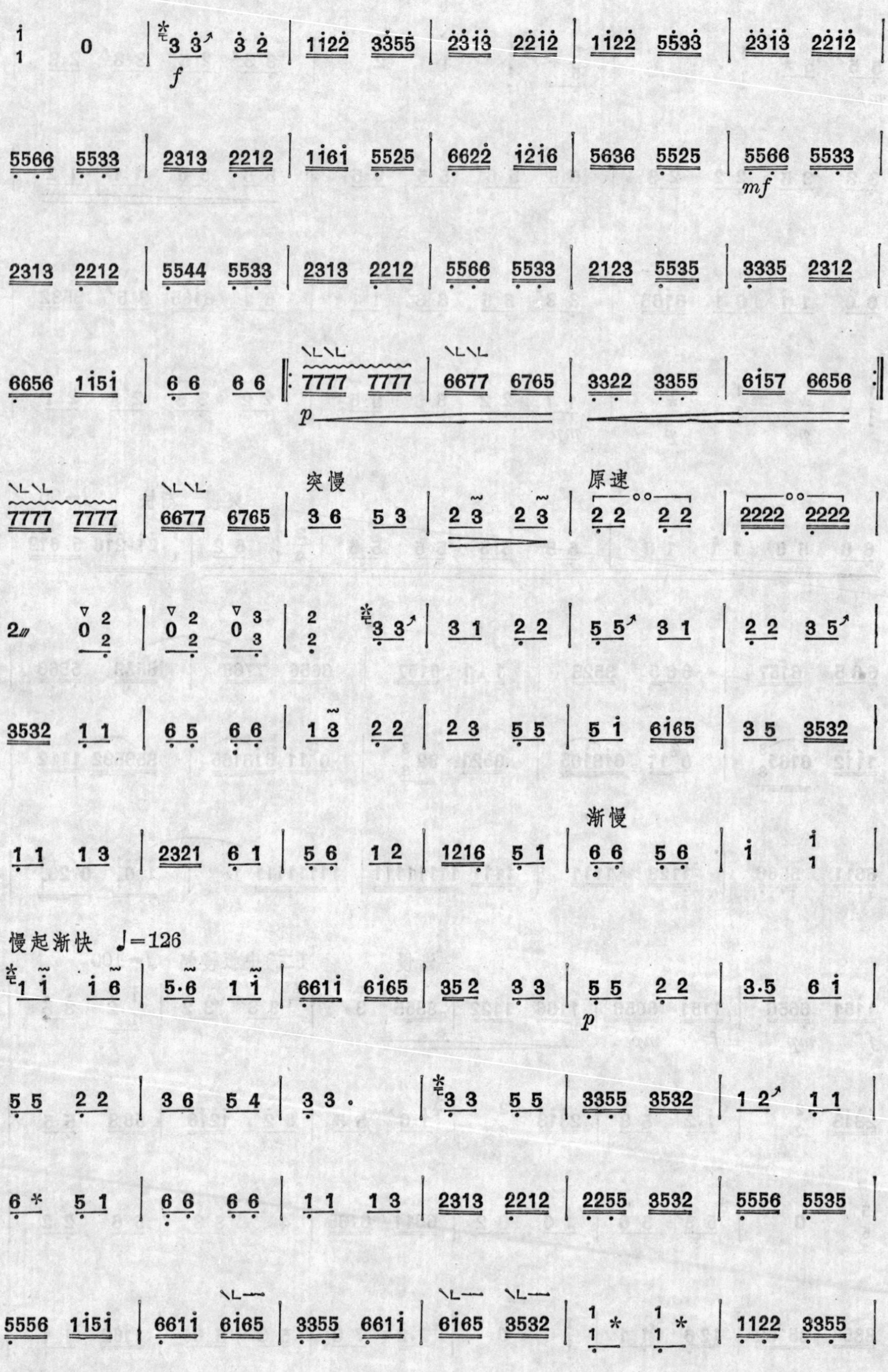

突慢

原速

渐慢

慢起渐快 ♩=126

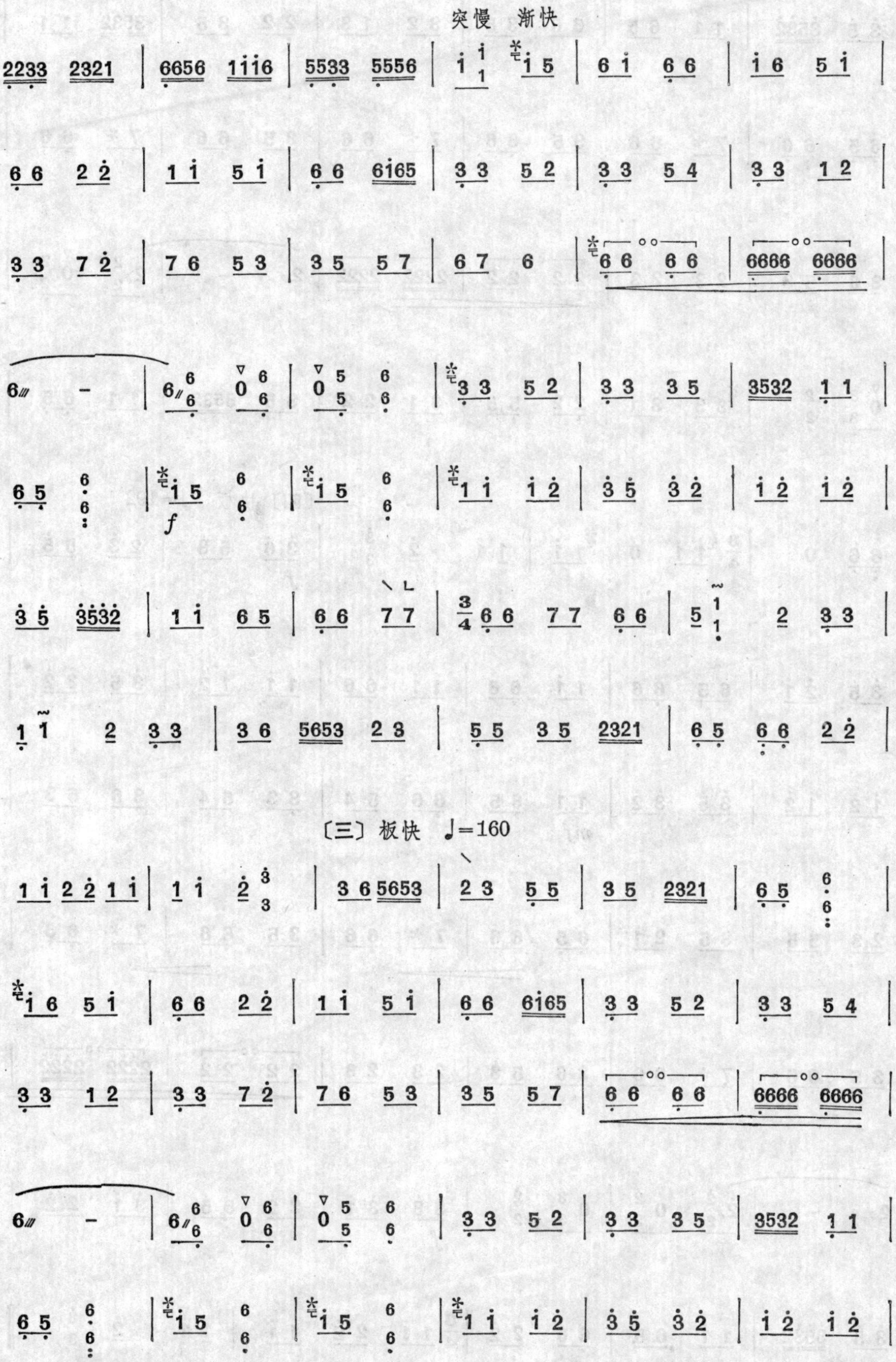

突慢 渐快

2233 2321 | 6656 1i̇i̇6 | 5533 5556 | i̇ 1 i̇5 | 6i̇ 66 | i̇6 5i̇ |

66 22̇ | 1i̇ 5i̇ | 66 6i̇65 | 33 52 | 33 54 | 33 12 |

33 72̇ | 76 53 | 35 57 | 67 6 | 66 66 | 6666 6666 |

6 - | 6 6 6 | 0 6 6 | 0 5 5 6 6 | 33 52 | 33 35 | 3532 11 |

65 6 6 | i̇5 6 6 | i̇5 6 6 | 1i̇ i̇2̇ | 3̇5̇ 3̇2̇ | i̇2̇ i̇2̇ |

f

3̇5̇ 3̇5̇3̇2̇ | 1i̇ 65 | 66 77 | 3/4 66 77 66 | 5 1 1 2 33 |

1 1 2 33 | 36 5653 23 | 55 35 2321 | 65 66 22̇ |

〔三〕板快 ♩=160

1i̇ 22̇ 1i̇ | 1i̇ 2̇ 3 3 | 36 5653 | 23 55 | 35 2321 | 65 6 6 |

i̇6 5i̇ | 66 22̇ | 1i̇ 5i̇ | 66 6i̇65 | 33 52 | 33 54 |

33 12 | 33 72̇ | 76 53 | 35 57 | 66 66 | 6666 6666 |

6 - | 6 6 6 0 6 6 | 0 5 5 6 6 | 33 52 | 33 35 | 3532 11 |

65 6 6 | i̇5 6 6 | i̇5 6 6 | 1i̇ i̇2̇ | 3̇5̇ 3̇2̇ | i̇2̇ i̇2̇ |

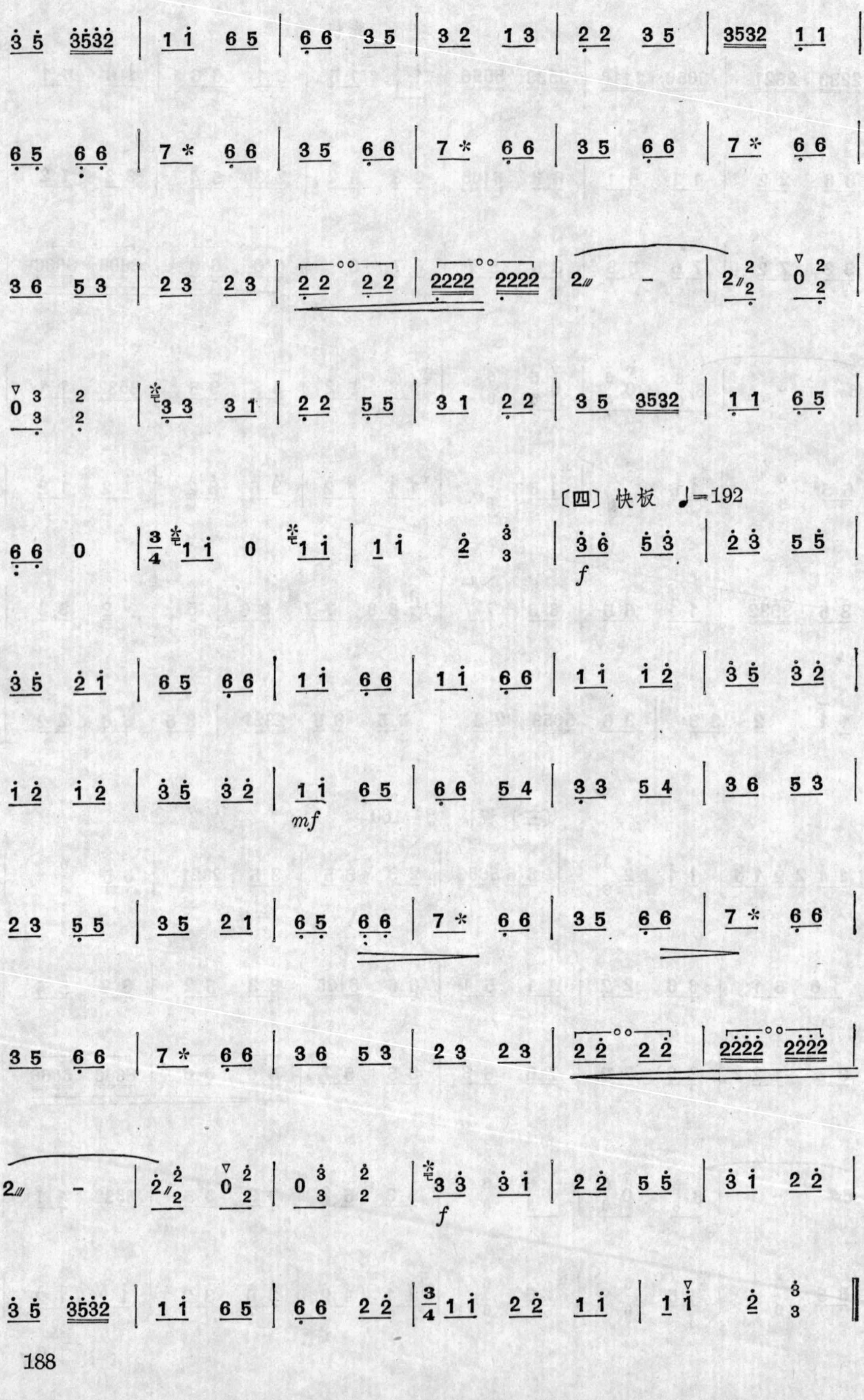

3 5 3532 | 1 1 6 5 | 6 6 3 5 | 3 2 1 3 | 2 2 3 5 | 3532 1 1 |

6 5 6 6 | 7 * 6 6 | 3 5 6 6 | 7 * 6 6 | 3 5 6 6 | 7 * 6 6 |

3 6 5 3 | 2 3 2 3 | 2 2 2 2 | 2222 2222 | 2 – | 2 2 0 2 |

0 3 2 | 3 3 3 1 | 2 2 5 5 | 3 1 2 2 | 3 5 3532 | 1 1 6 5 |

〔四〕快板 ♩=192

6 6 0 | 3/4 1 1 0 1 1 | 1 1 2 3 | 3 6 5 3 | 2 3 5 5 |

f

3 5 2 1 | 6 5 6 6 | 1 1 6 6 | 1 1 6 6 | 1 1 1 2 | 3 5 3 2 |

1 2 1 2 | 3 5 3 2 | 1 1 6 5 | 6 6 5 4 | 3 3 5 4 | 3 6 5 3 |

mf

2 3 5 5 | 3 5 2 1 | 6 5 6 6 | 7 * 6 6 | 3 5 6 6 | 7 * 6 6 |

3 5 6 6 | 7 * 6 6 | 3 6 5 3 | 2 3 2 3 | 2 2 2 2 | 2222 2222 |

2 – | 2 2 0 2 | 0 3 2 | 3 3 3 1 | 2 2 5 5 | 3 1 2 2 |

f

3 5 3532 | 1 1 6 5 | 6 6 2 2 | 3/4 1 1 2 2 1 1 | 1 1 2 3 ‖

庆 丰 年

1=D

赵玉斋曲

速度较自由

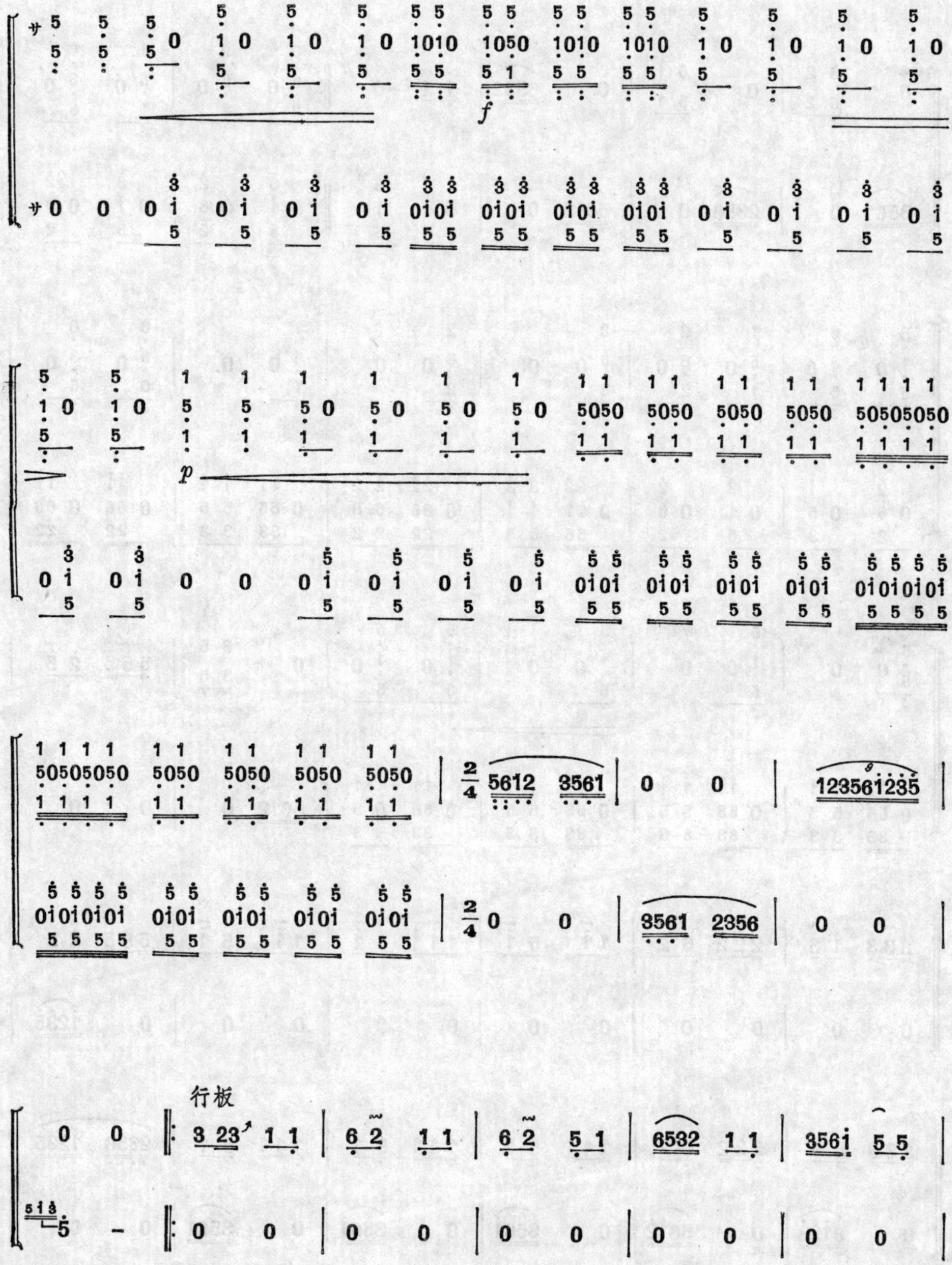

f

p

行板

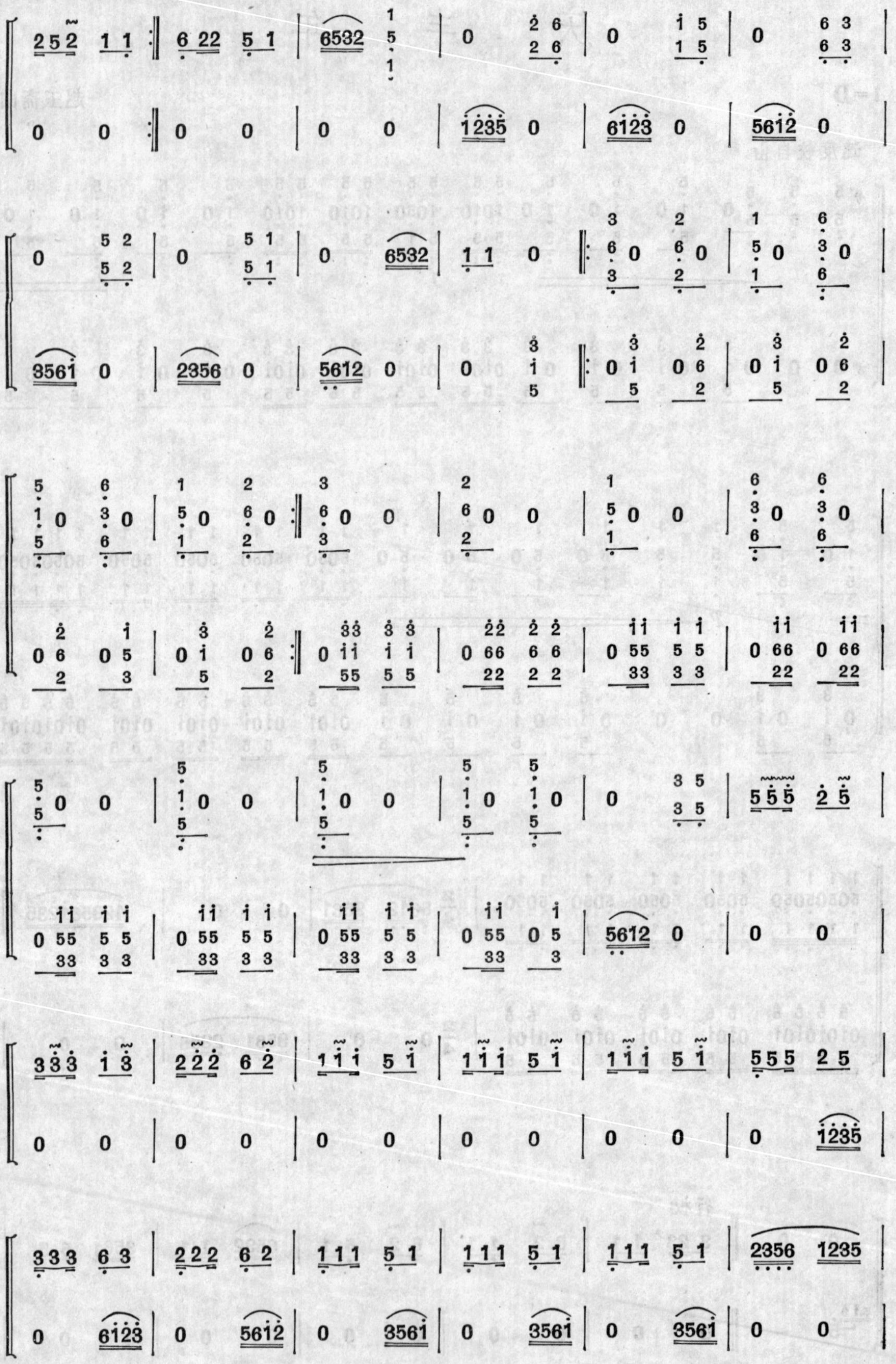

2 5 2 1 1 :‖ 6 22 5 1 | 6532 1 5 1 | 0 2 6 2 6 | 0 1 5 1 5 | 0 6 3 6 3 |
0 0 :‖ 0 0 | 0 0 | 1235 0 | 6123 0 | 5612 0 |

0 5 2 5 2 | 0 5 1 5 1 | 0 6532 | 1 1 0 ‖: 3 6 3 0 | 2 6 2 0 | 1 5 1 0 | 6 3 6 0 |
3561 0 | 2356 0 | 5612 0 | 0 3 1 5 ‖: 0 3 1 5 | 0 2 6 2 | 0 3 1 5 | 0 2 6 2 |

5 1 5 0 6 3 6 0 | 1 5 1 0 2 6 2 0 :‖ 3 6 3 0 0 | 2 6 2 0 0 | 1 5 1 0 0 | 6 3 6 0 6 3 6 0 |
0 2 6 2 0 1 5 3 | 0 3 1 5 0 2 6 2 :‖ 0 33 11 55 3 3 1 1 5 5 | 0 22 66 22 2 2 6 6 2 2 | 0 11 55 33 1 1 5 5 3 3 | 0 11 66 22 0 11 66 22 |

5 5 0 0 | 5 1 5 0 0 | 5 1 5 0 0 | 5 1 5 0 5 1 5 0 | 0 3 5 3 5 | 555 2 5 |
0 11 55 33 1 1 5 5 3 3 | 0 11 55 33 1 1 5 5 3 3 | 0 11 55 33 1 1 5 5 3 3 | 0 11 55 33 0 1 5 3 | 5612 0 | 0 0 |

333 1 3 | 222 6 2 | 111 5 1 | 111 5 1 | 111 5 1 | 555 2 5 |
0 0 | 0 0 | 0 0 | 0 0 | 0 0 | 0 1235 |

333 6 3 | 222 6 2 | 111 5 1 | 111 5 1 | 111 5 1 | 2356 1235 |
0 6123 | 0 5612 | 0 3561 | 0 3561 | 0 3561 | 0 0 |

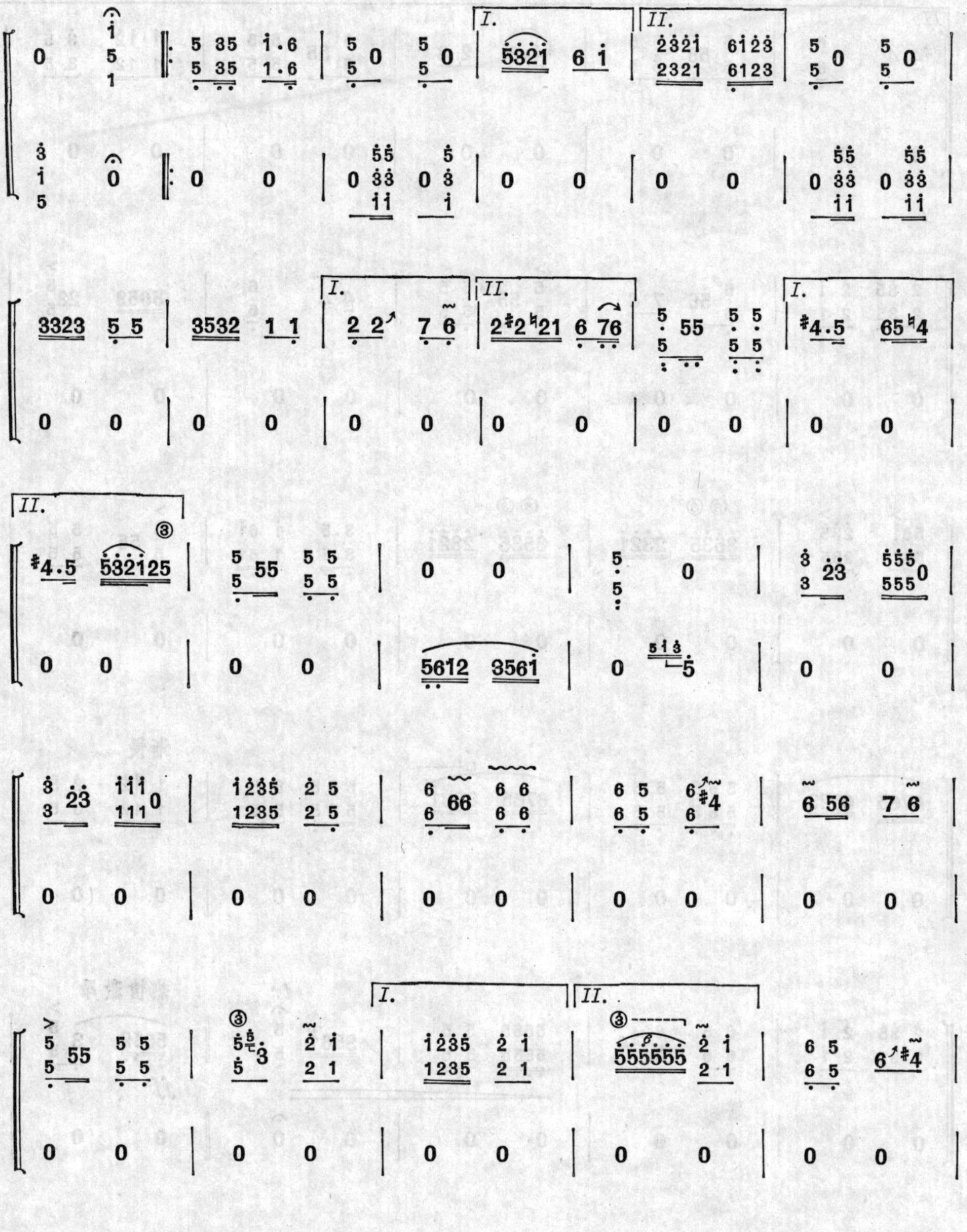

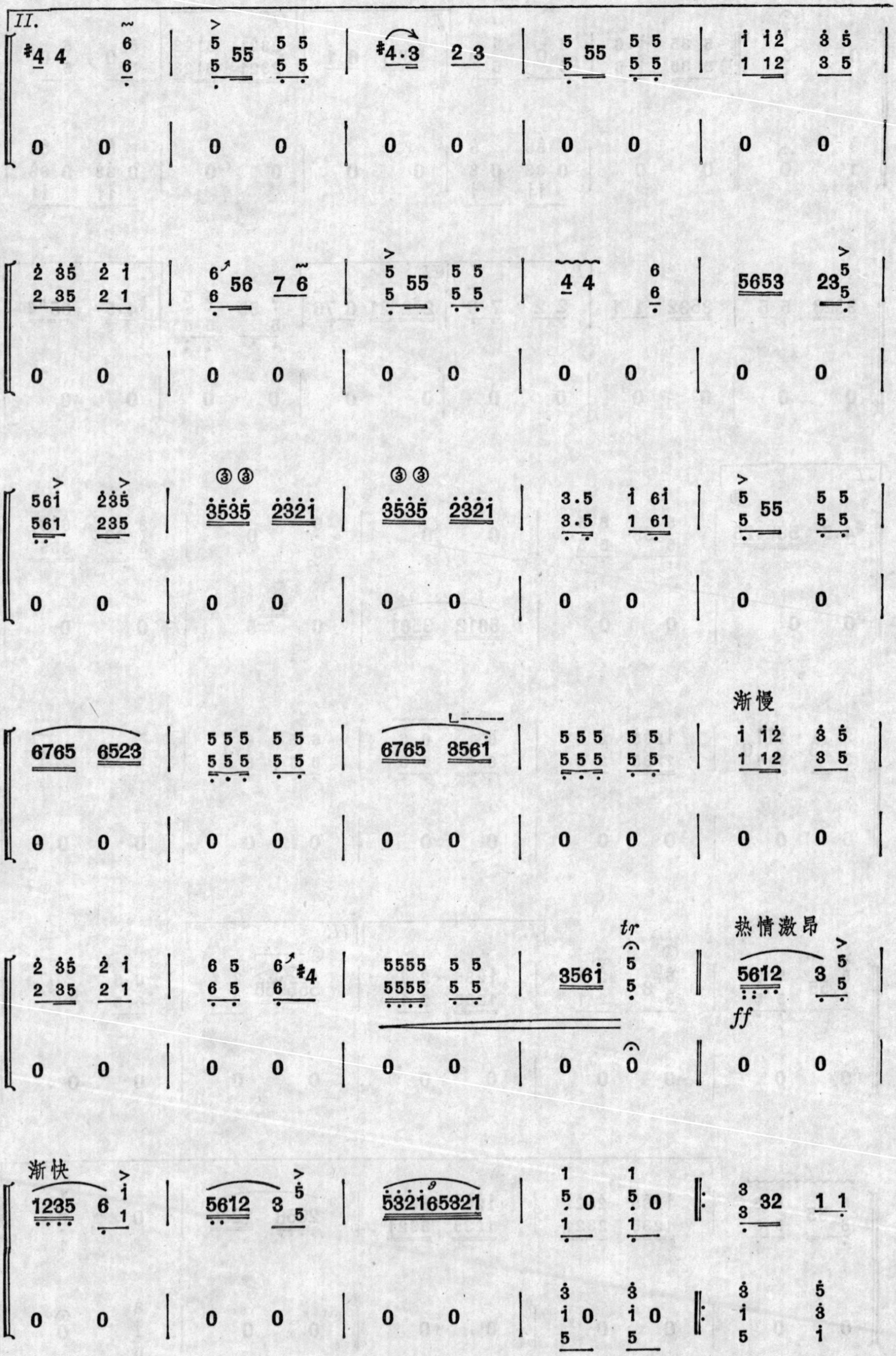

II.

| ♯4 4 6 | 5 55 5 5 | ♯4·3 2 3 | 5 55 5 5 | 1 12 3 5 |
| 0 0 | 0 0 | 0 0 | 0 0 | 0 0 |

| 2 35 2 1 | 6 56 7 6 | 5 55 5 5 | 4 4 6 | 5653 23 5 |
| 0 0 | 0 0 | 0 0 | 0 0 | 0 0 |

| 561 235 | ③③ 3535 2321 | ③③ 3535 2321 | 3.5 1 61 | 5 55 5 5 |
| 0 0 | 0 0 | 0 0 | 0 0 | 0 0 |

渐慢

| 6765 6523 | 555 5 5 | 6765 3561 | 555 5 5 | 1 12 3 5 |
| 0 0 | 0 0 | 0 0 | 0 0 | 0 0 |

热情激昂

| 2 35 2 1 | 6 5 6 ♯4 | 5555 5 5 | 3561 *tr* 5 ‖ 5612 3 5 |
| 0 0 | 0 0 | 0 0 | 0 0 ‖ *ff* 0 0 |

渐快

| 1235 6 1 | 5612 3 5 | 532165321 | 5 0 5 0 ‖: 3 32 1 1 |
| 0 0 | 0 0 | 0 0 | 1 0 1 0 ‖: 1 3 |

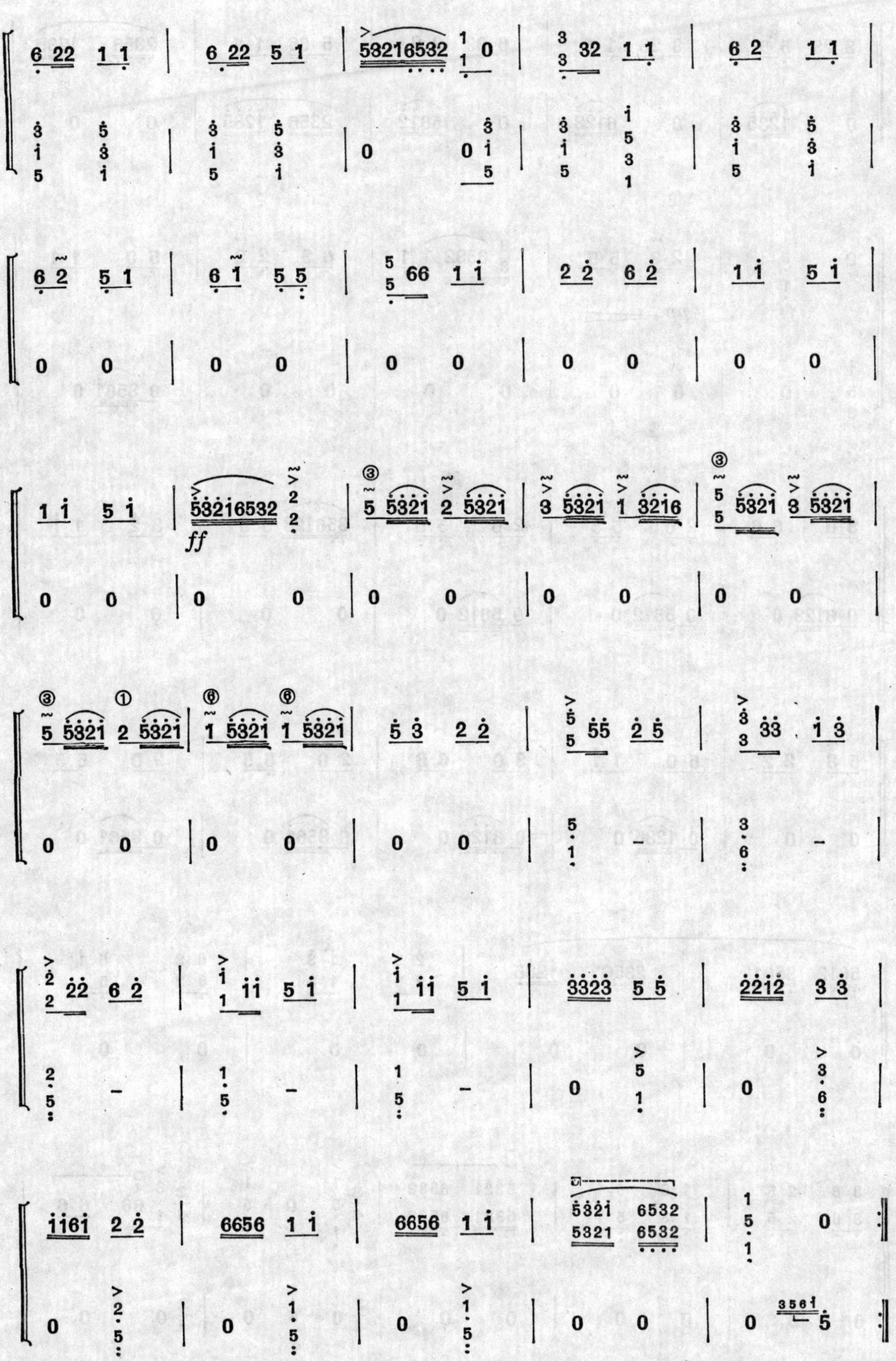

6 22 1 1 | 6 22 5 1 | 53216532 1 0 | 3 32 1 1 | 6 2 1 1 |

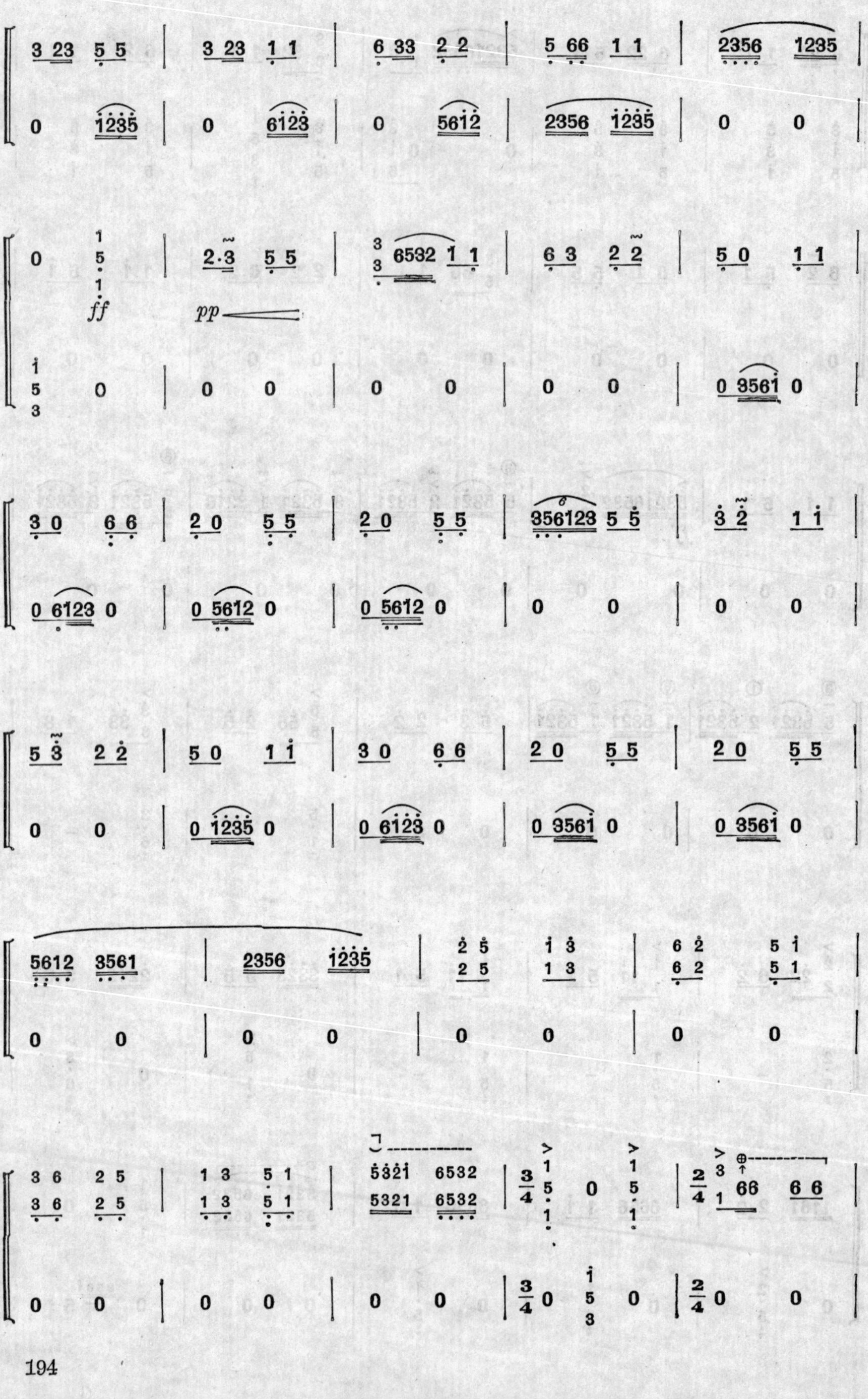

3 23 5 5	3 23 1 1	6 33 2 2	5 66 1 1	2356 1235
0 1235	0 6123	0 5612	2356 1235	0 0

0 1 5 1 *ff*	2·3 5 5 *pp*	3 3 6532 1 1	6 3 2 2	5 0 1 1
1 5 3 0	0 0	0 0	0 0	0 3561 0

3 0 6 6	2 0 5 5	2 0 5 5	356123 5 5	3 2 1 1
0 6123 0	0 5612 0	0 5612 0	0 0	0 0

5 3 2 2	5 0 1 1	3 0 6 6	2 0 5 5	2 0 5 5
0 0	0 1235 0	0 6123 0	0 3561 0	0 3561 0

5612 3561	2356 1235	2 5 2 5 1 3 1 3	6 2 6 2 5 1 5 1
0 0	0 0	0 0	0 0

3 6 3 6 2 5 2 5	1 3 1 3 5 1 5 1	5321 6532 5321 6532	3/4 1 5 1 0 1 5 1	2/4 3 1 66 6 6
0 0	0 0	0 0	3/4 0 1 5 3 0	2/4 0 0

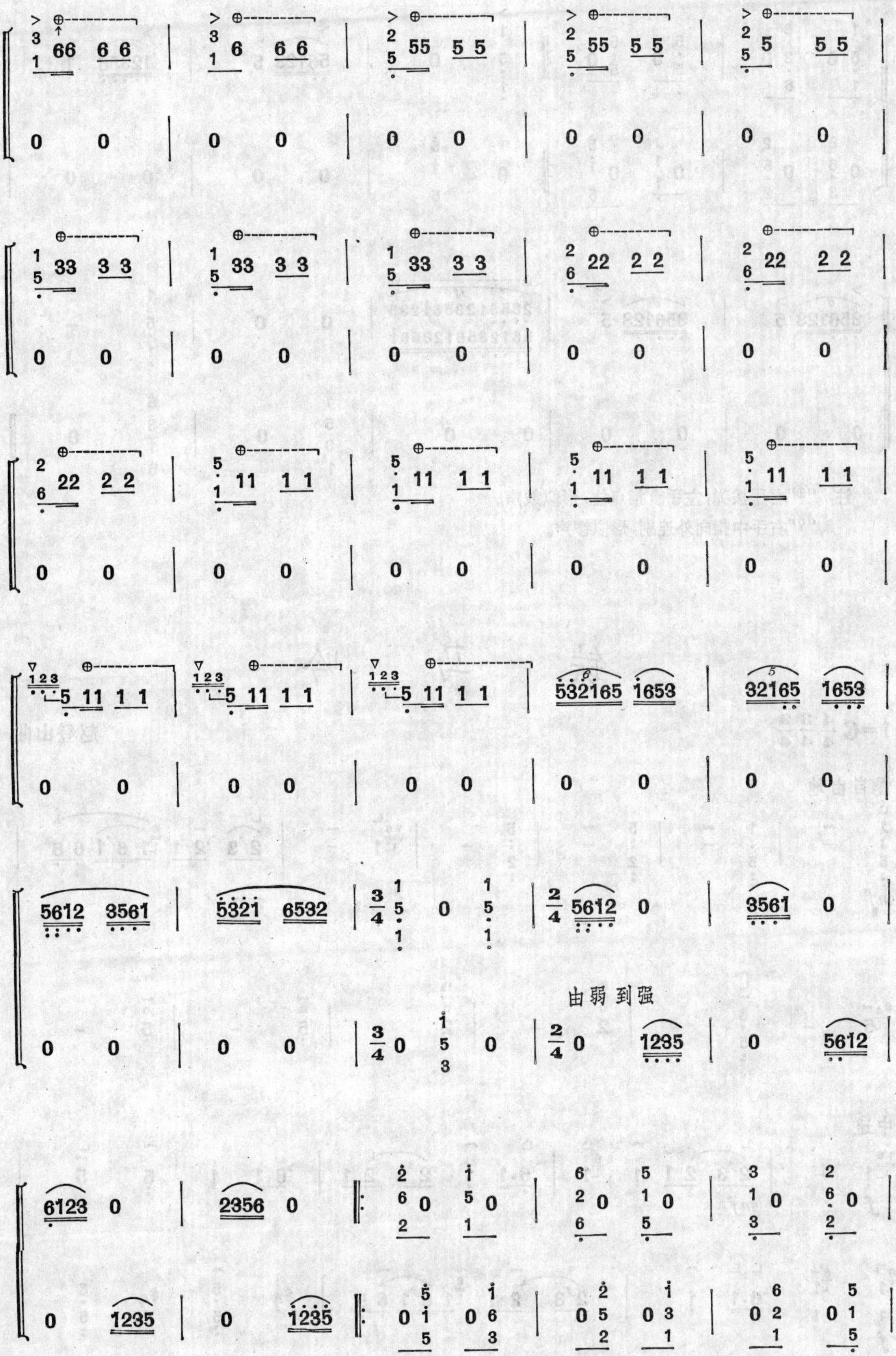

由弱到强

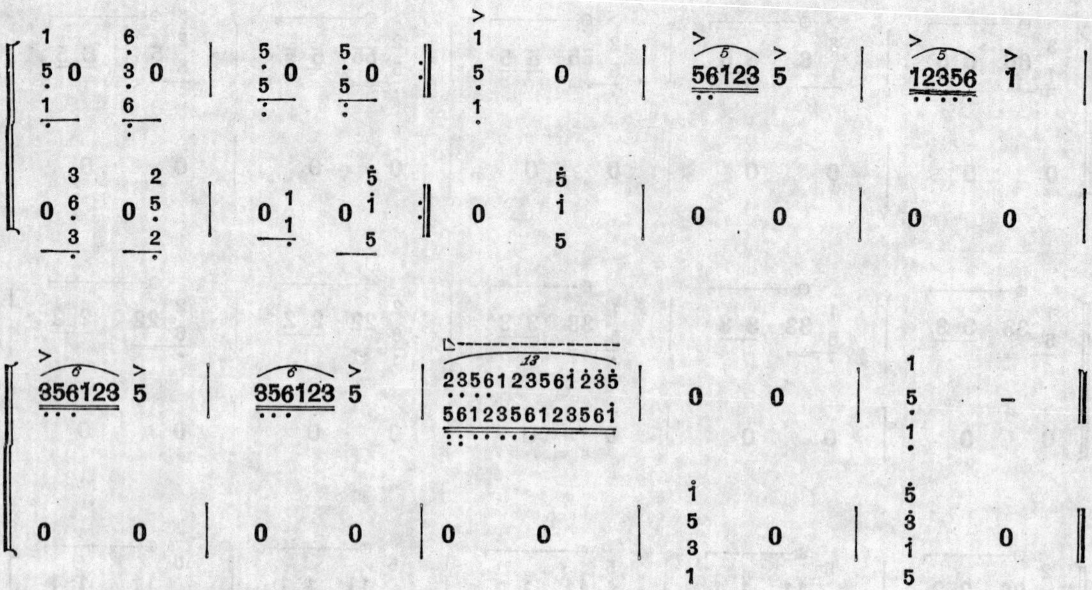

| 1 5 0 1 | 6 3 0 6 | 5 5 0 | 5 5 0 :‖ | 1 5 1 | 0 | 56123 5 | 12356 1 |
| 0 3 6 3 | 0 2 5 2 | 0 1 1 | 0 5 1 5 :‖ | 0 5 1 5 | 0 0 | 0 0 |

| 356123 5 | 356123 5 | 2356123561235 / 5612356123561 | 0 0 | 1 5 1 – ‖ |
| 0 0 | 0 0 | 0 0 | 1 5 3 1 0 | 5 3 1 5 0 ‖ |

注："⊕"右手拨弹，左手食指点柱，形似鼓声。

"▽"右手中指向外连剔，形似锣声。

铁马吟

1=G $\frac{4}{4}$ $\frac{3}{4}$ $\frac{2}{4}$

赵登山曲

慢自由地

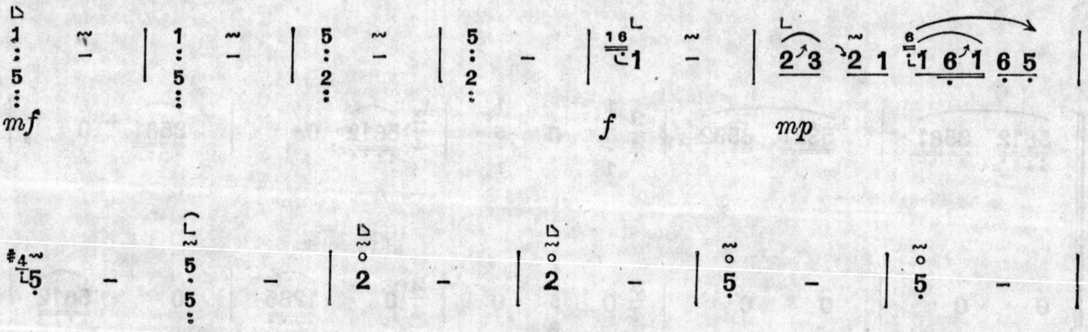

| 1 5 – | 1 5 – | 5 2 – | 5 2 – | 1 – | 2 3 2 1 1 6 1 6 5 |

mf *f* *mp*

| 5 – 5 5 – | 2 – | 2 – | 5 – | 5 – |

中速

| 1 – | 2 3 2 1 1 1 | 6·1 1 2 3 2 1 | 6·1 1 5 5 |

f *mf*

| 1 1 1 1 6·1 1 | 2 3 2 1 1 6 1 6 5 | #4 5 5 #4 5 5 |

f

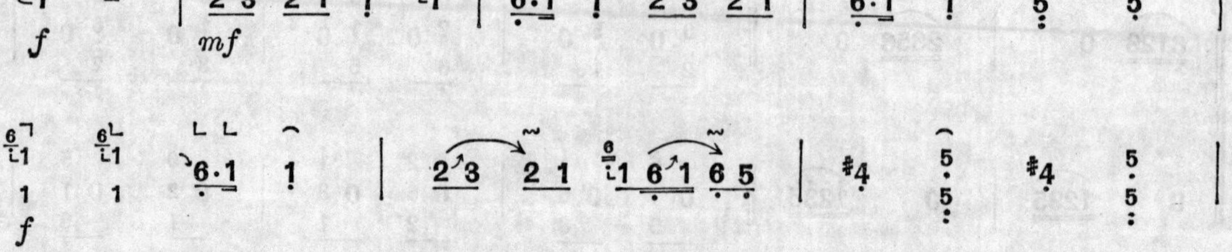

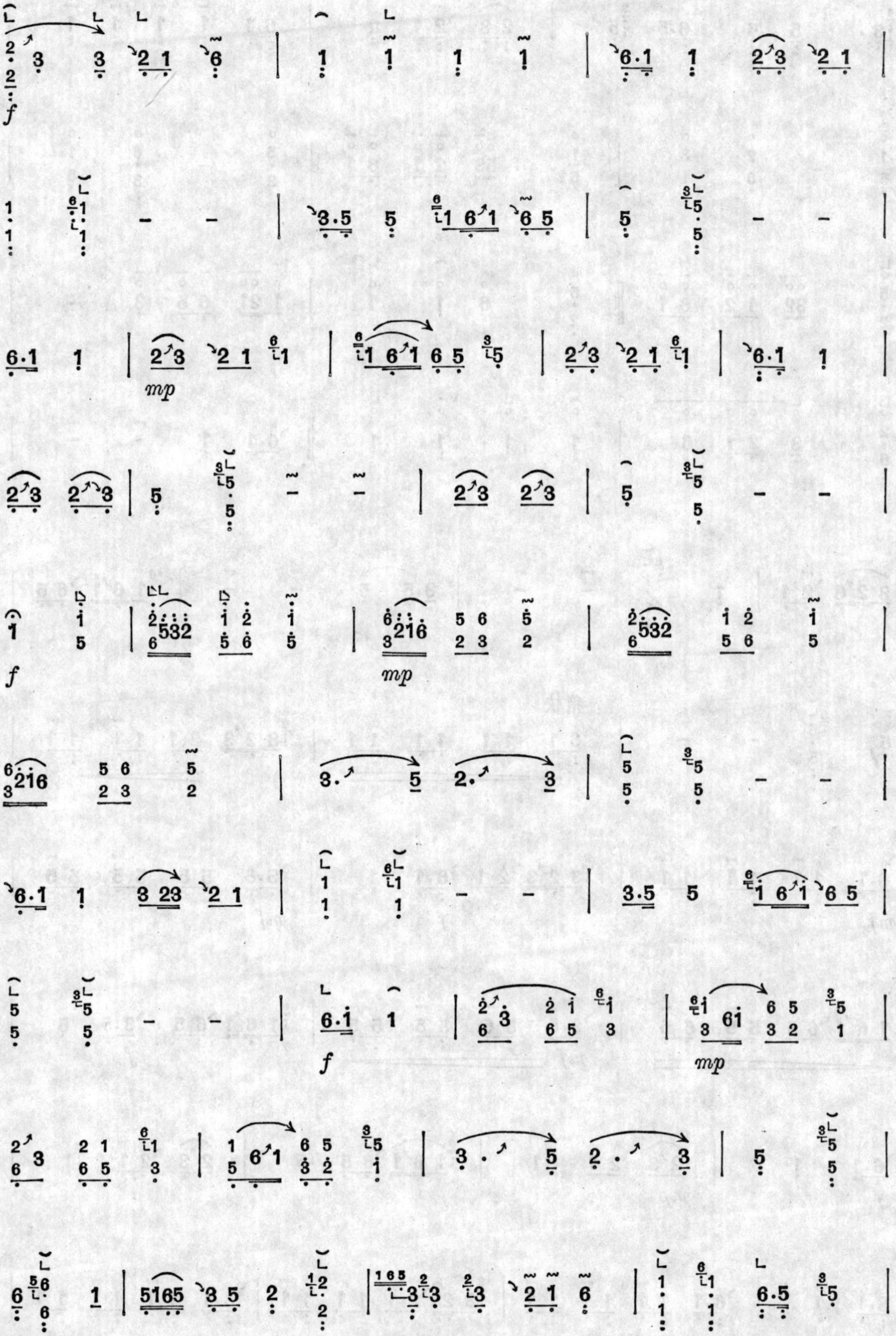

2/2 3 3 2 1 6 | 1 1 1 1 | 6·1 1 2 3 2 1 |
f

1/1 1/1 – – | 3·5 5 1 6 1 6 5 | 5 5/5 – – |

6·1 1 | 2 3 2 1 1 | 1 6 1 6 5 5 | 2 3 2 1 1 | 6·1 1 |
mp

2 3 2 3 | 5 5/5 – – | 2 3 2 3 | 5 5/5 – – |

1 1/5 | 2532/6 1 2/5 6 1/5 | 6216/3 5 6/2 3 5/2 | 2532/6 1 2/5 6 1/5 |
f *mp*

6216/3 5 6/2 3 5/2 | 3. 5 2. 3 | 5/5 5/5 – – |

6·1 1 3 23 2 1 | 1/1 1/1 – – | 3·5 5 1 6 1 6 5 |

5/5 5/5 – – | 6·1 1 | 2 3/6 2 1/6 5 1/3 | 1/3 61 6 5/3 2 5/1 |
f *mp*

2 3/6 2 1/6 5 1/3 | 1/5 6 1 6 5/3 2 5/1 | 3 · 5 2 · 3 | 5 5/5 |

6 6/6 1 | 5165 3 5 2 2/2 | 3 3 3 2 1 6 | 1/1 1/1 6·5 5 |
f

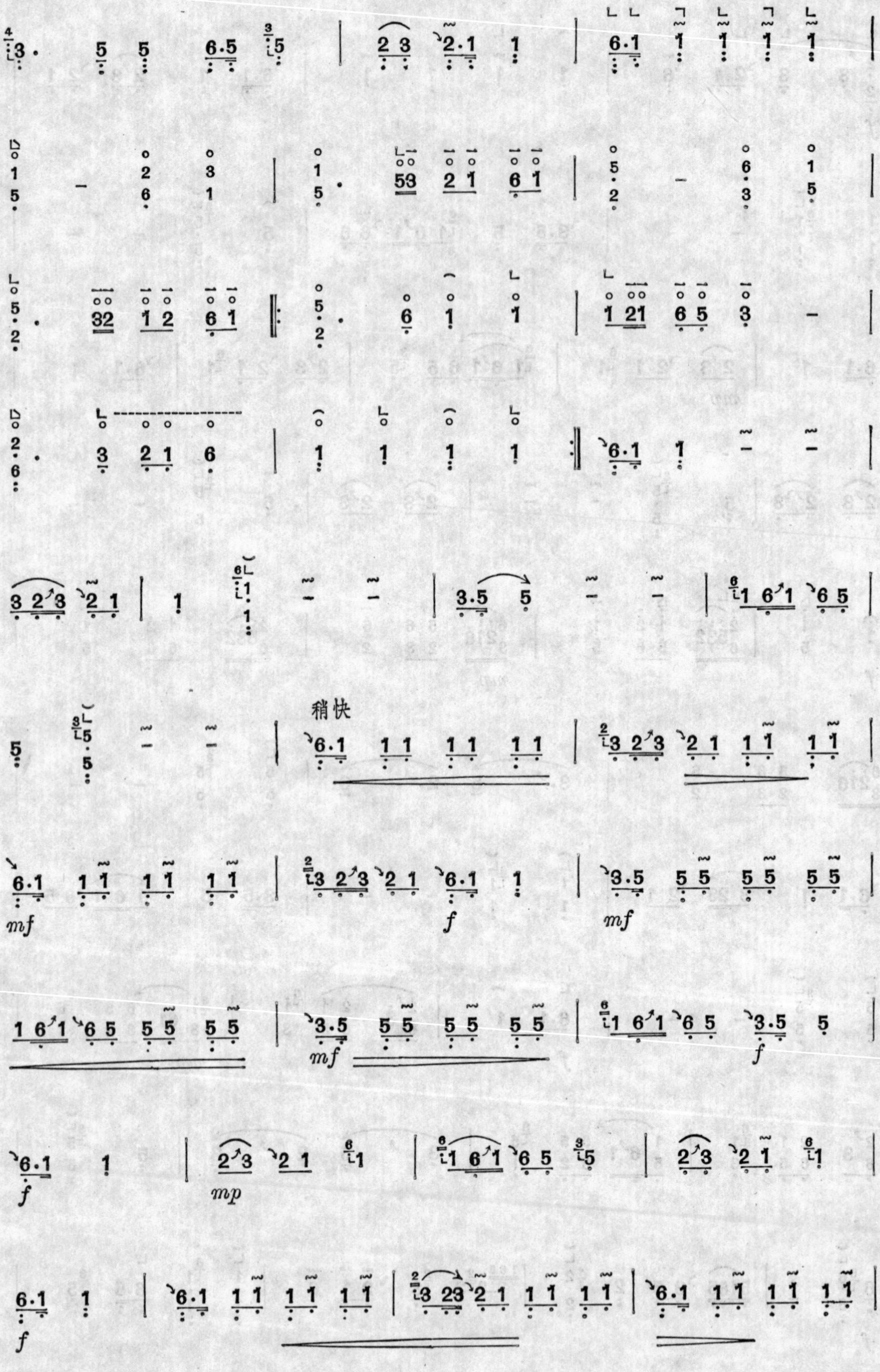

稍快

mf *f* *mf*

mf *f*

f *mp*

f

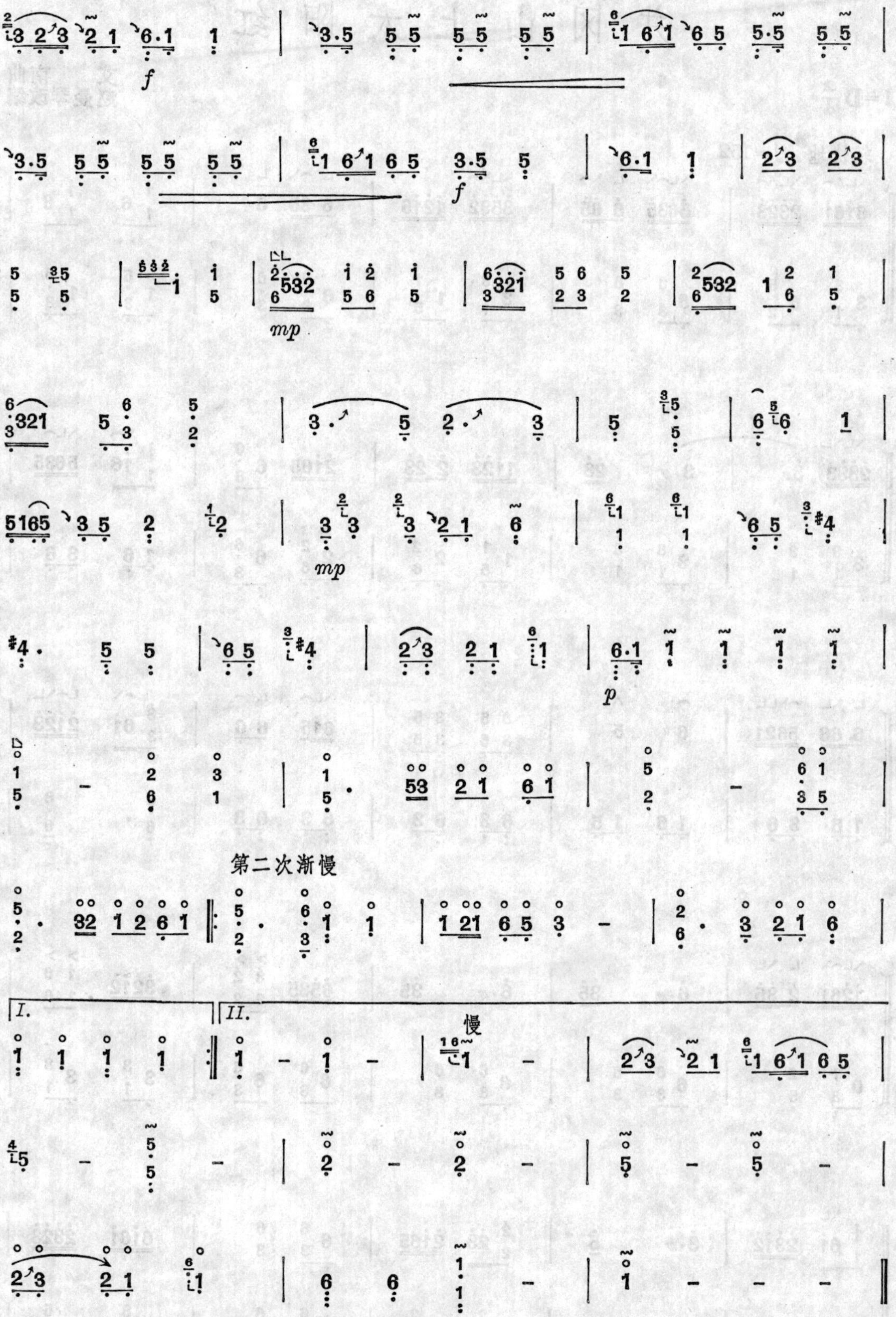

f

f

mp

mp

p

第二次渐慢

I.

II.

慢

注：21 弦筝定 G 调(5—5̇)，35 小节处可降低八度弹奏。

井冈山上太阳红

艾　南曲
赵曼琴改编

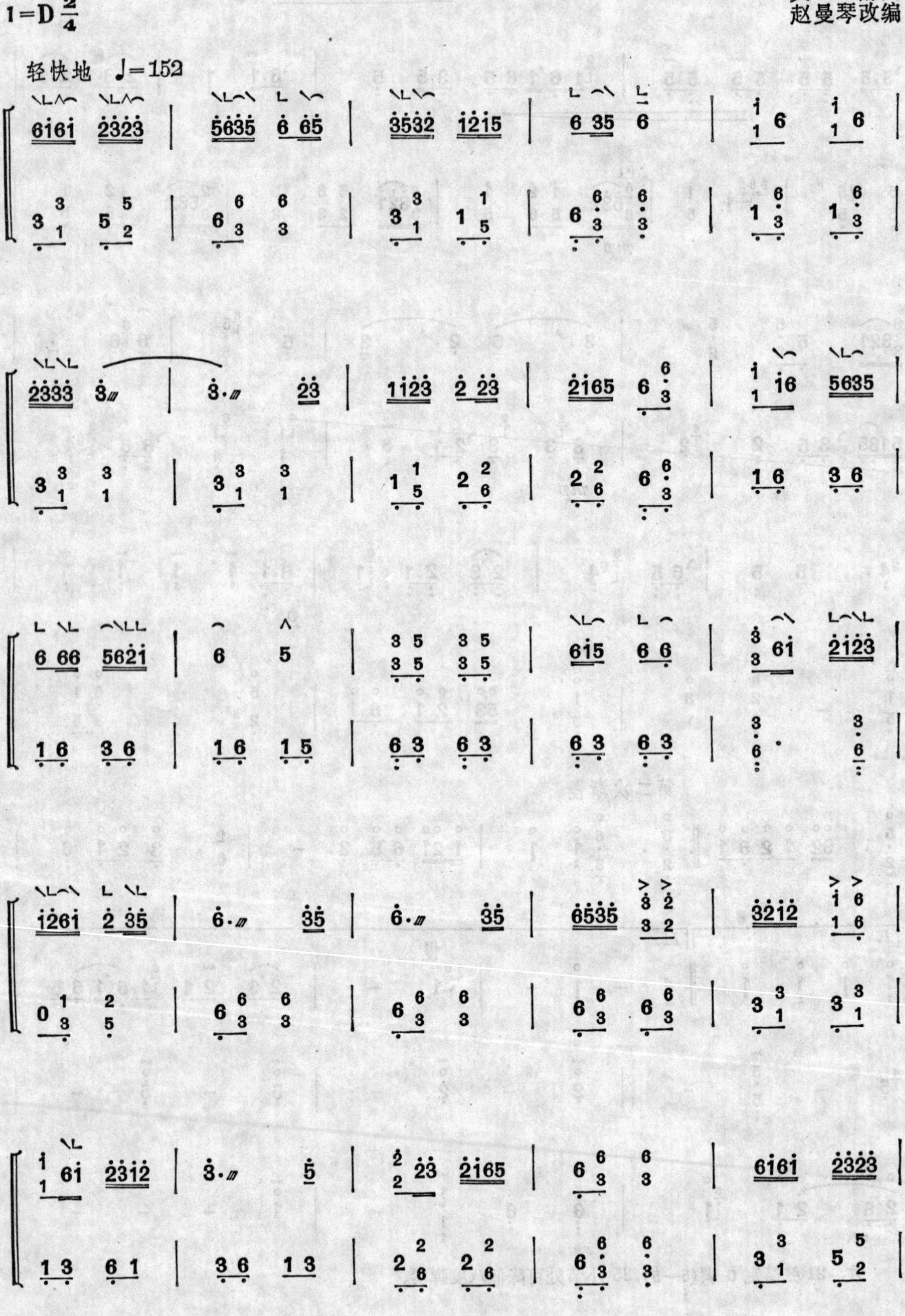

1=D $\frac{2}{4}$

轻快地　♩=152

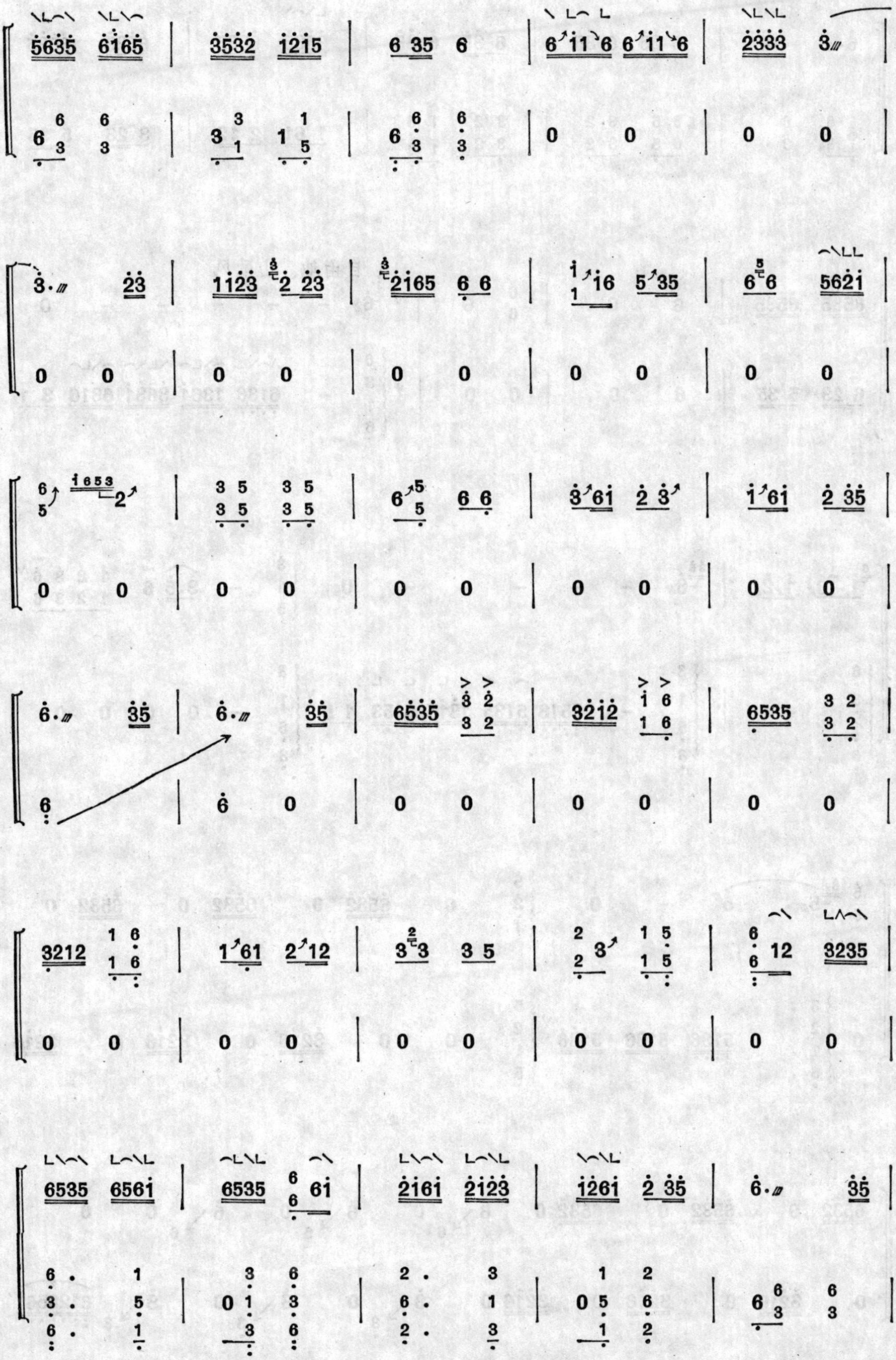

| 5635 6165 | 3532 1215 | 6 35 6 | 6 11 6 6 11 6 | 2333 3 |
| 6 3 6 3 | 3 1 1 5 | 6 6 3 6 3 | 0 0 | 0 0 |

| 3· 23 | 1123 2 23 | 2165 6 6 | 1 16 5 35 | 6 6 5621 |
| 0 0 | 0 0 | 0 0 | 0 0 | 0 0 |

| 6 5 1653 2 | 35 35 35 35 | 6 5 5 6 6 | 3 61 2 3 | 1 61 2 35 |
| 0 0 | 0 0 | 0 0 | 0 0 | 0 0 |

| 6· 35 | 6· 35 | 6535 3 2 3 2 | 3212 1 6 1 6 | 6535 3 2 3 2 |
| 6 | 6 0 | 0 0 | 0 0 | 0 0 |

| 3212 1 6 1 6 | 1 61 2 12 | 3 3 3 5 | 2 2 3 1 5 1 5 | 6 6 12 3235 |
| 0 0 | 0 0 | 0 0 | 0 0 | 0 0 |

| 6535 6561 | 6535 6 6 61 | 2161 2123 | 1261 2 35 | 6· 35 |
| 6 3 6 1 5 1 | 0 1 3 3 6 3 6 | 2 6 2 3 1 3 | 0 5 1 1 2 6 2 | 6 6 3 6 3 |

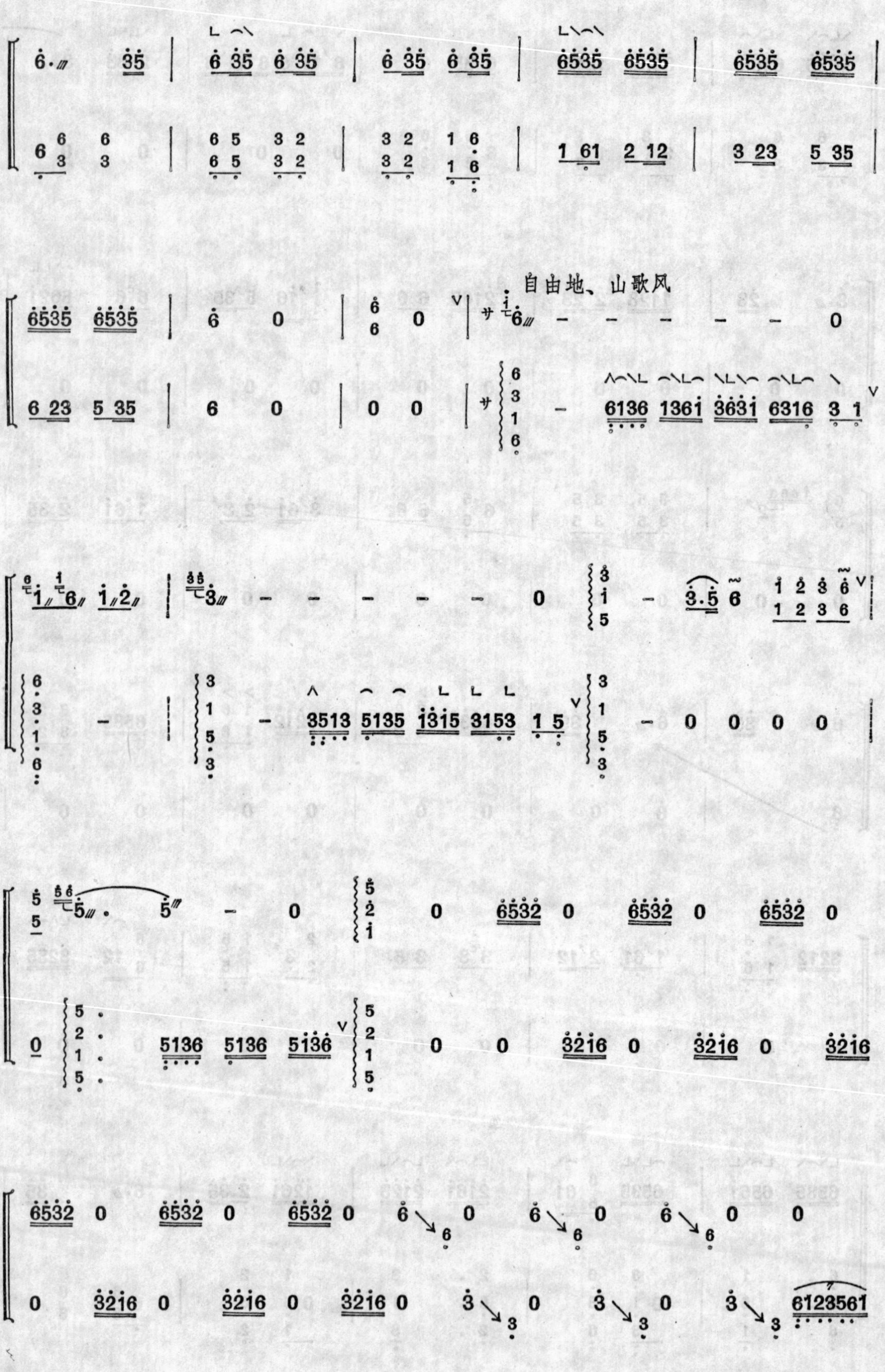

自由地、山歌风

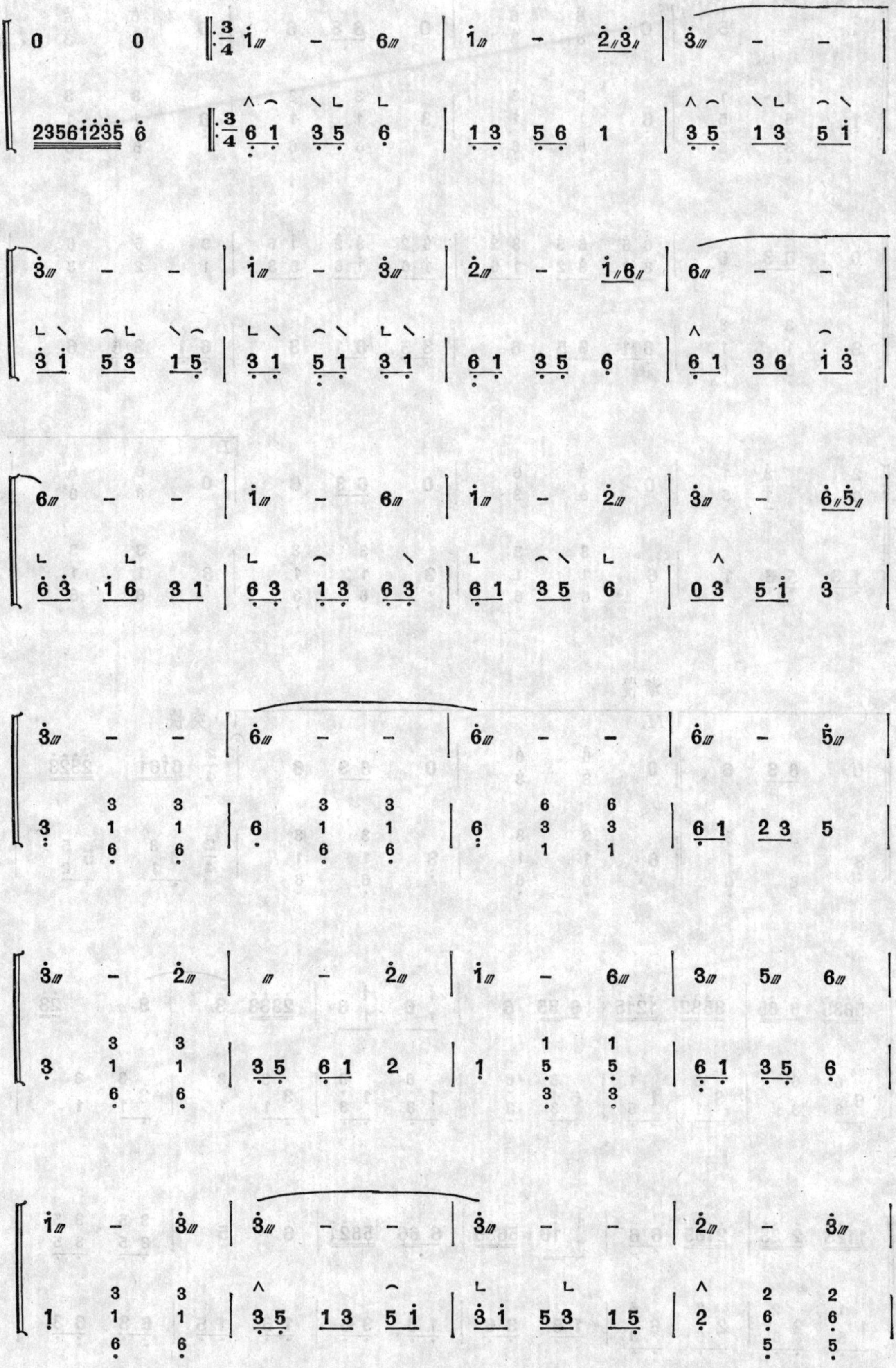

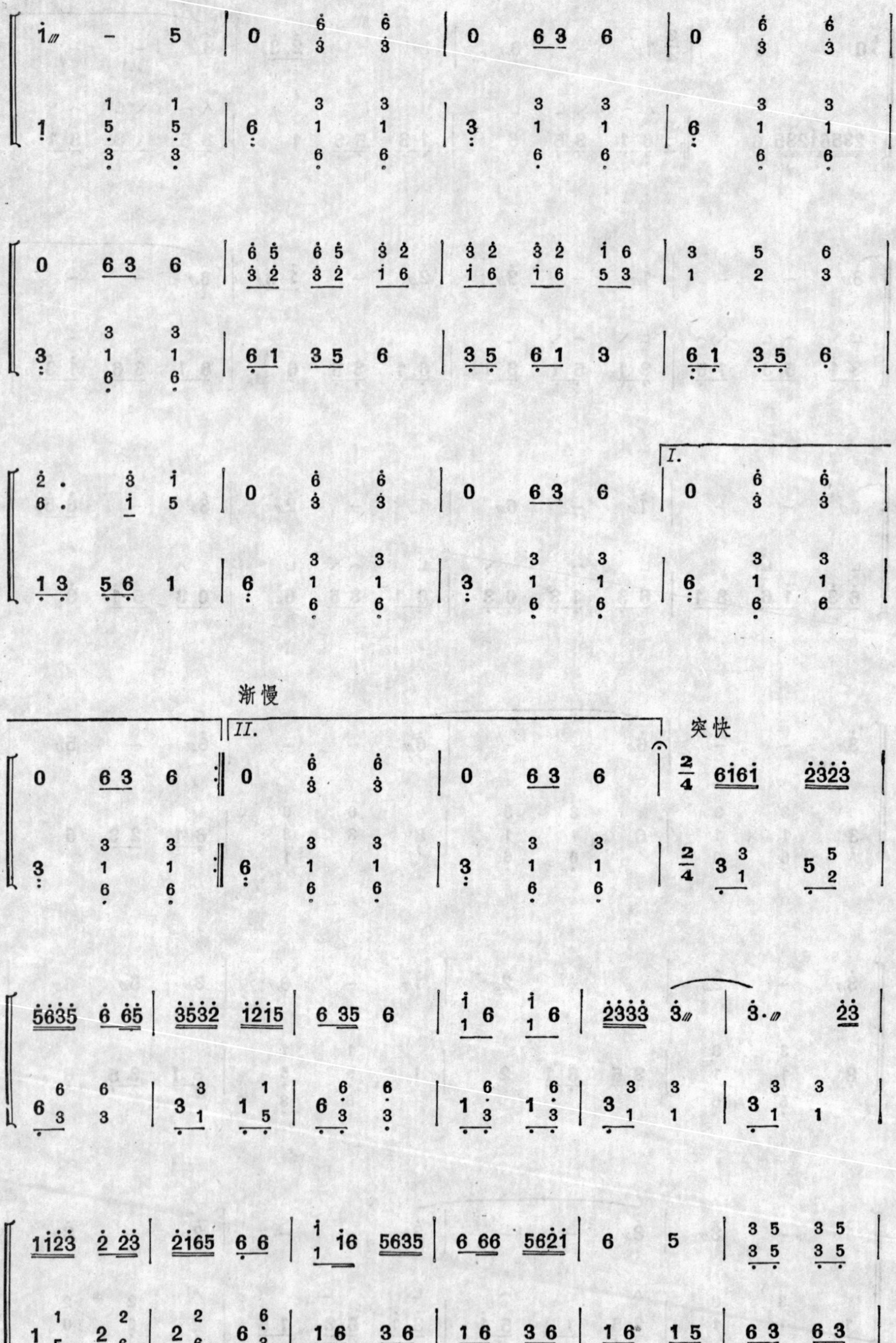

渐慢

突快

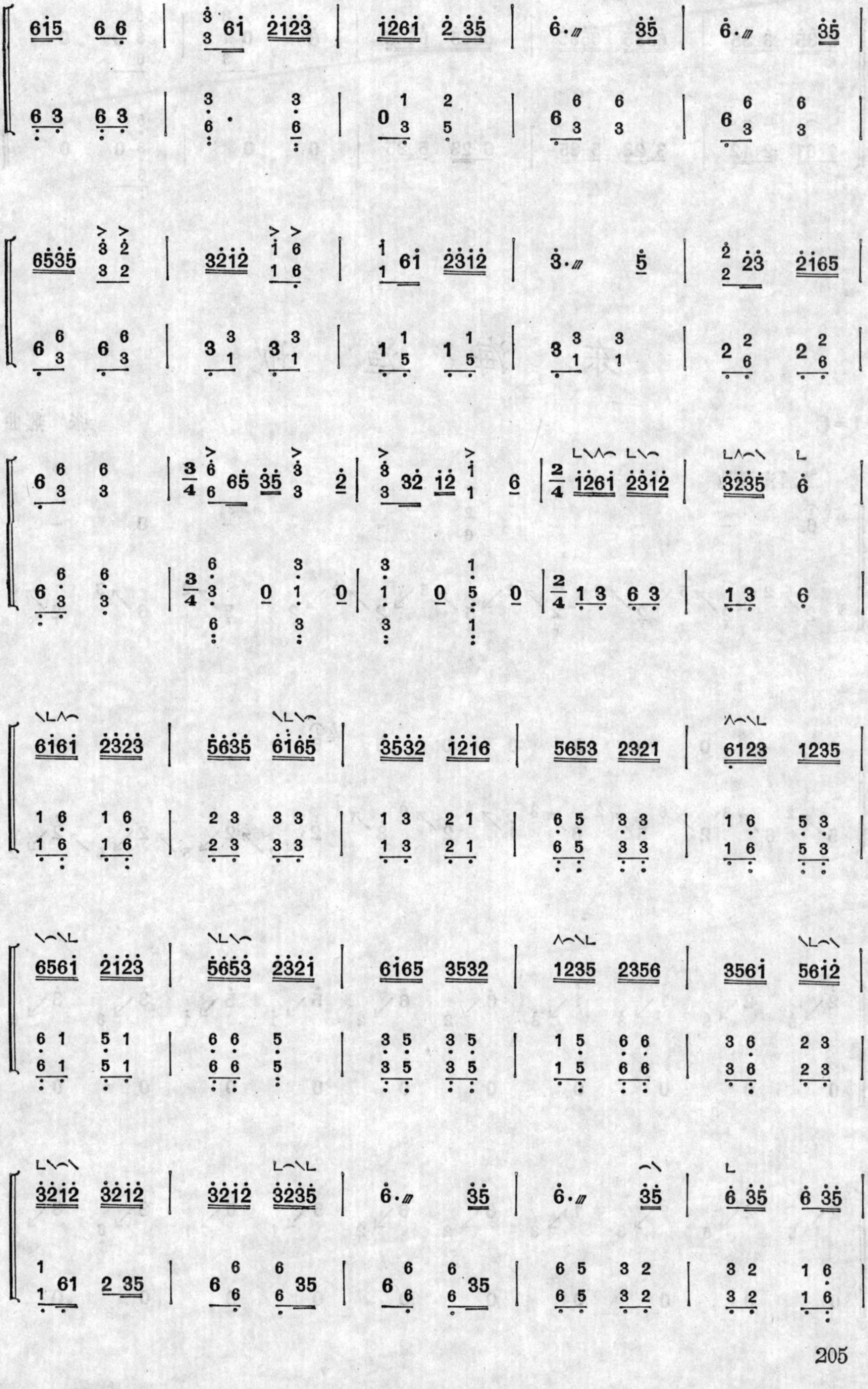

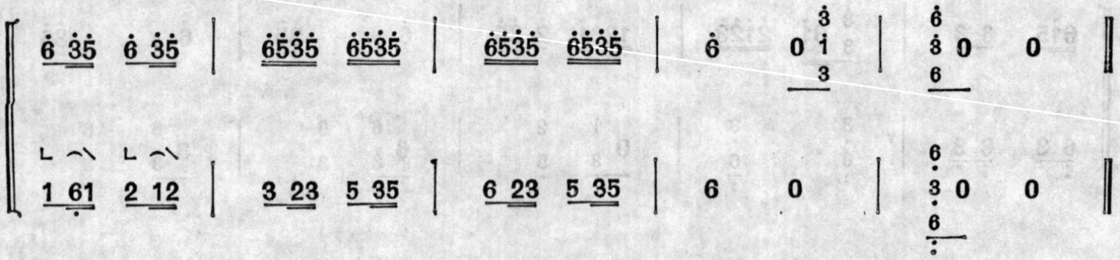

东 海 渔 歌

1=C

张 燕曲

汹涌澎湃地

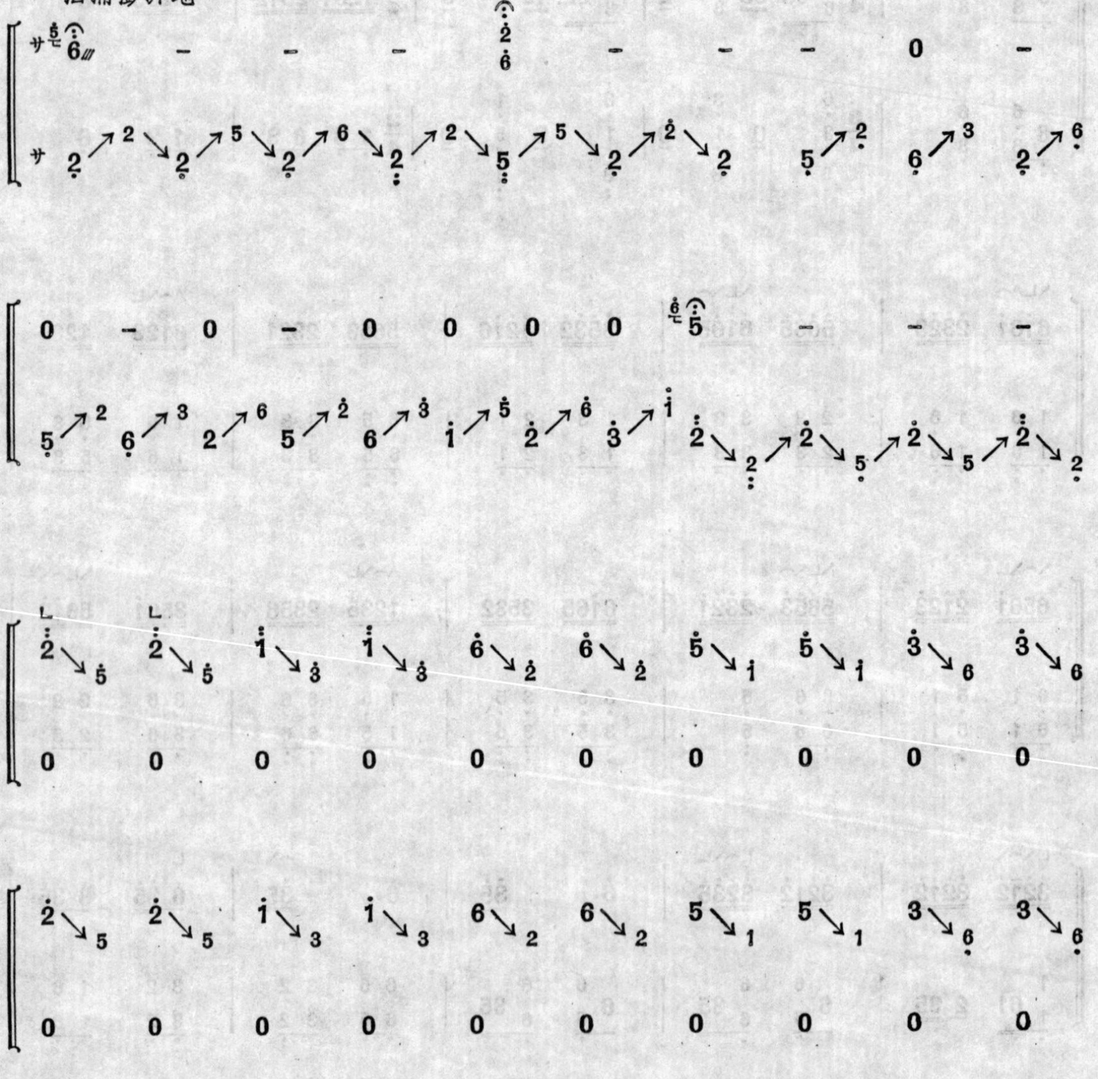

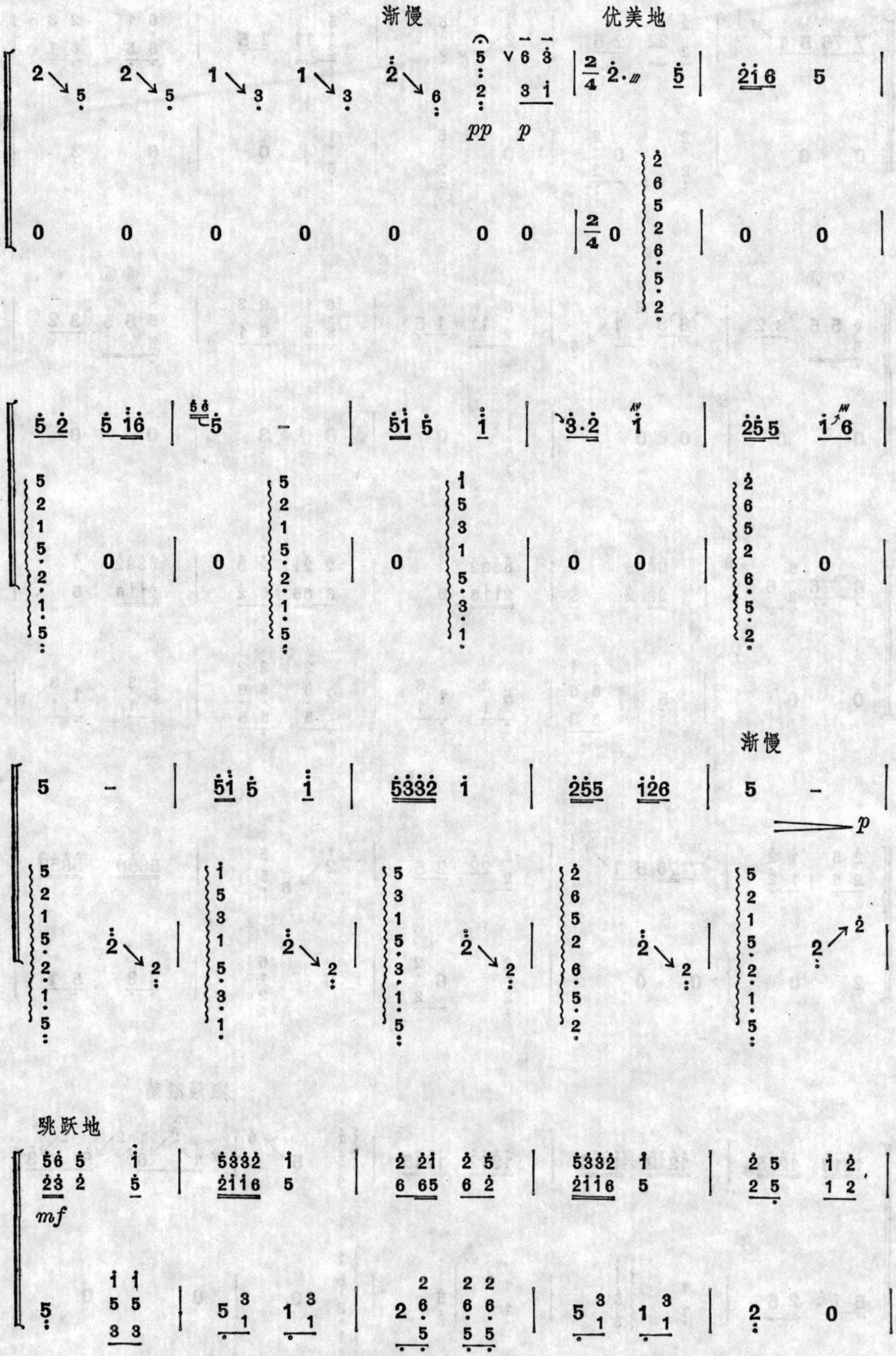

渐慢 优美地

pp *p*

渐慢

p

跳跃地

mf

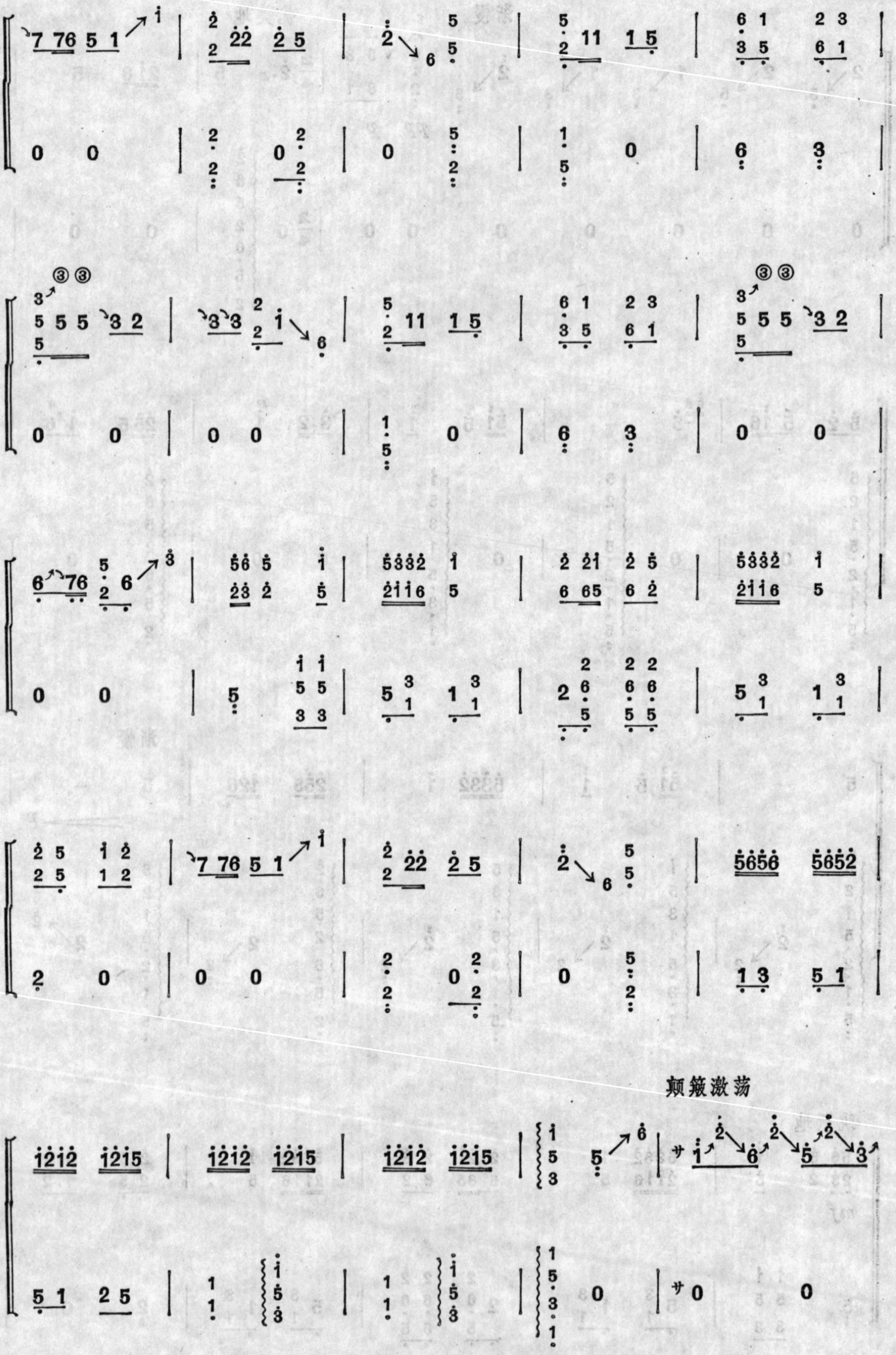

颤簸激荡

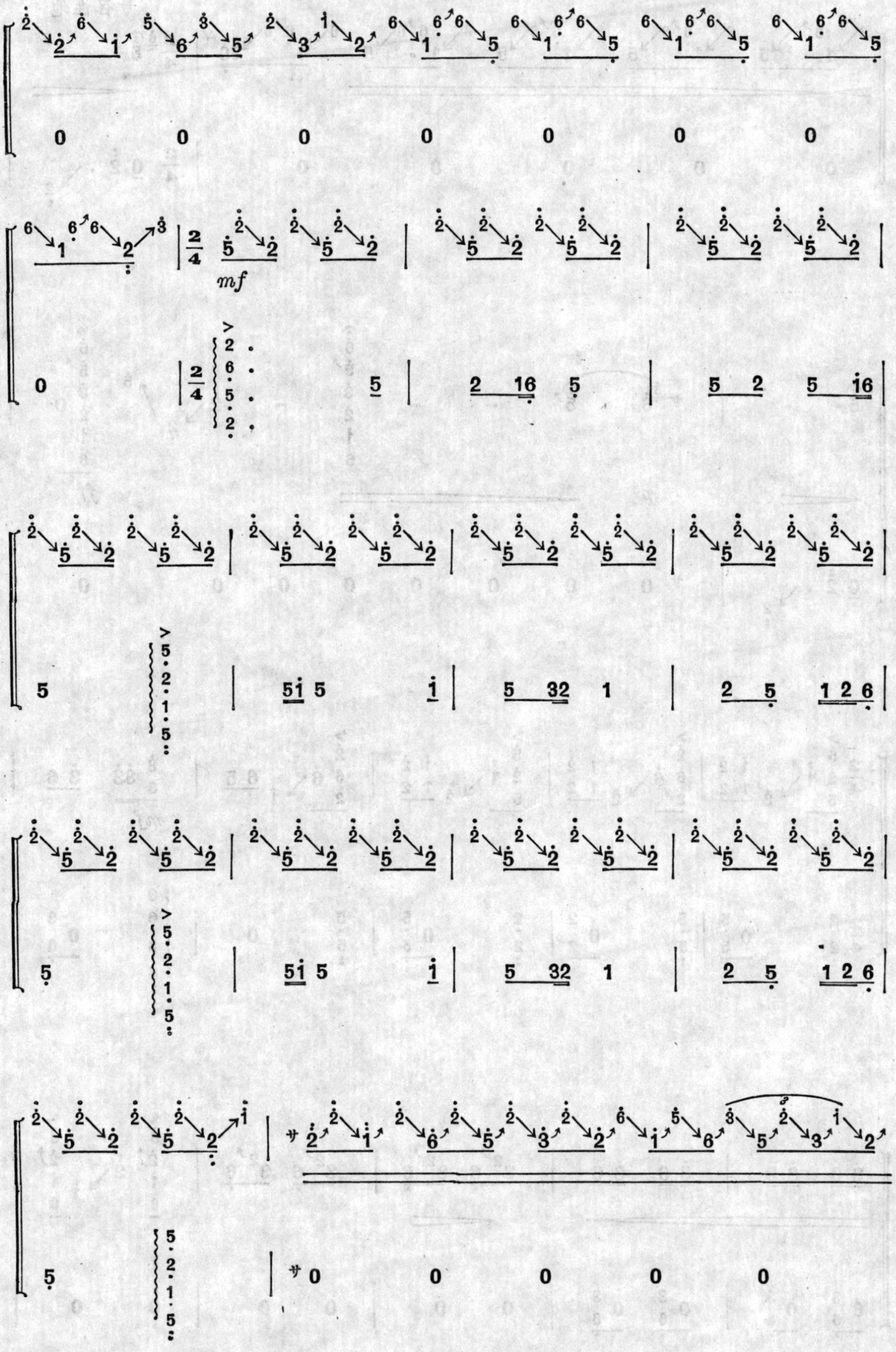

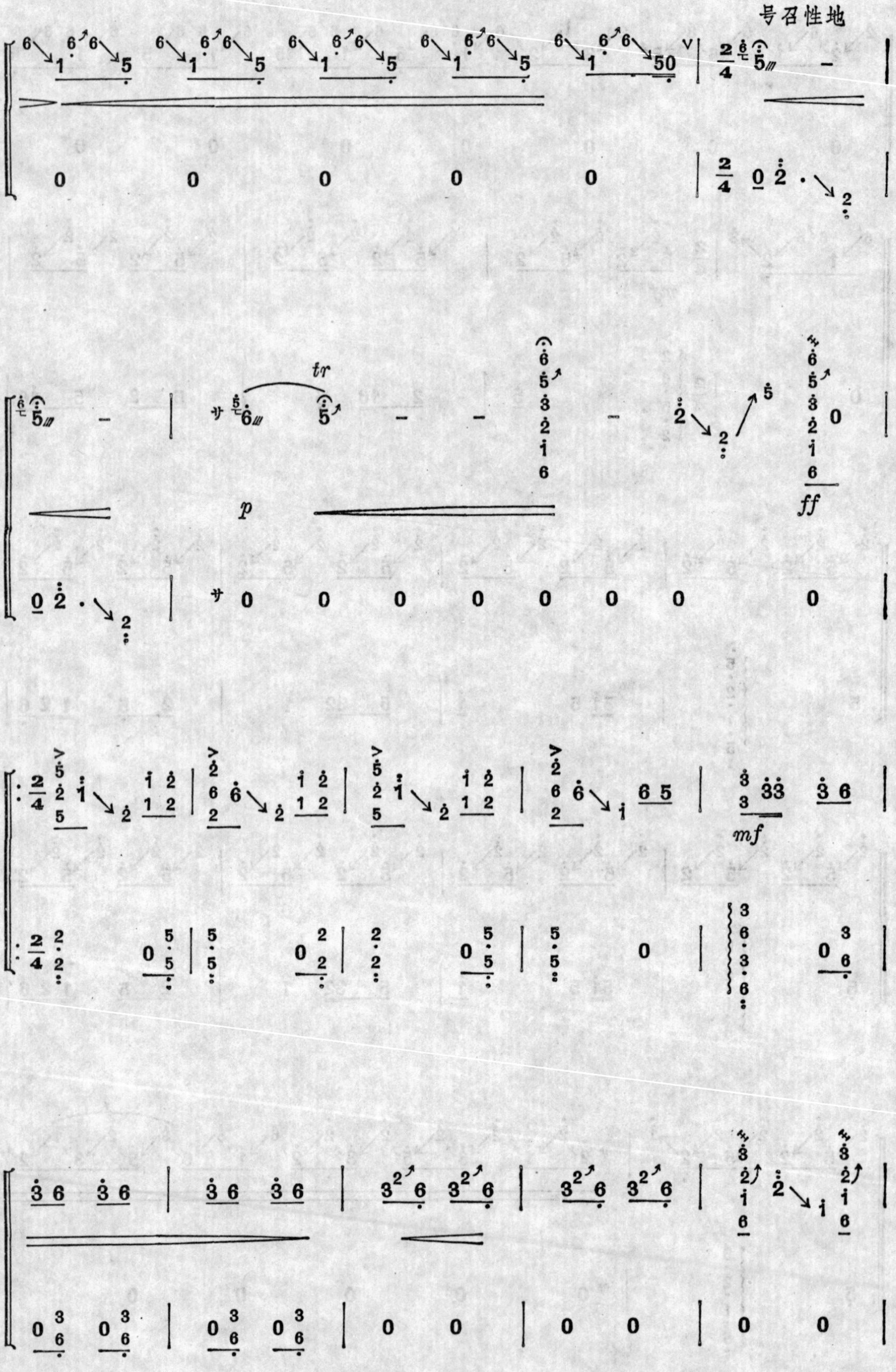

号召性地

tr

p

ff

mf

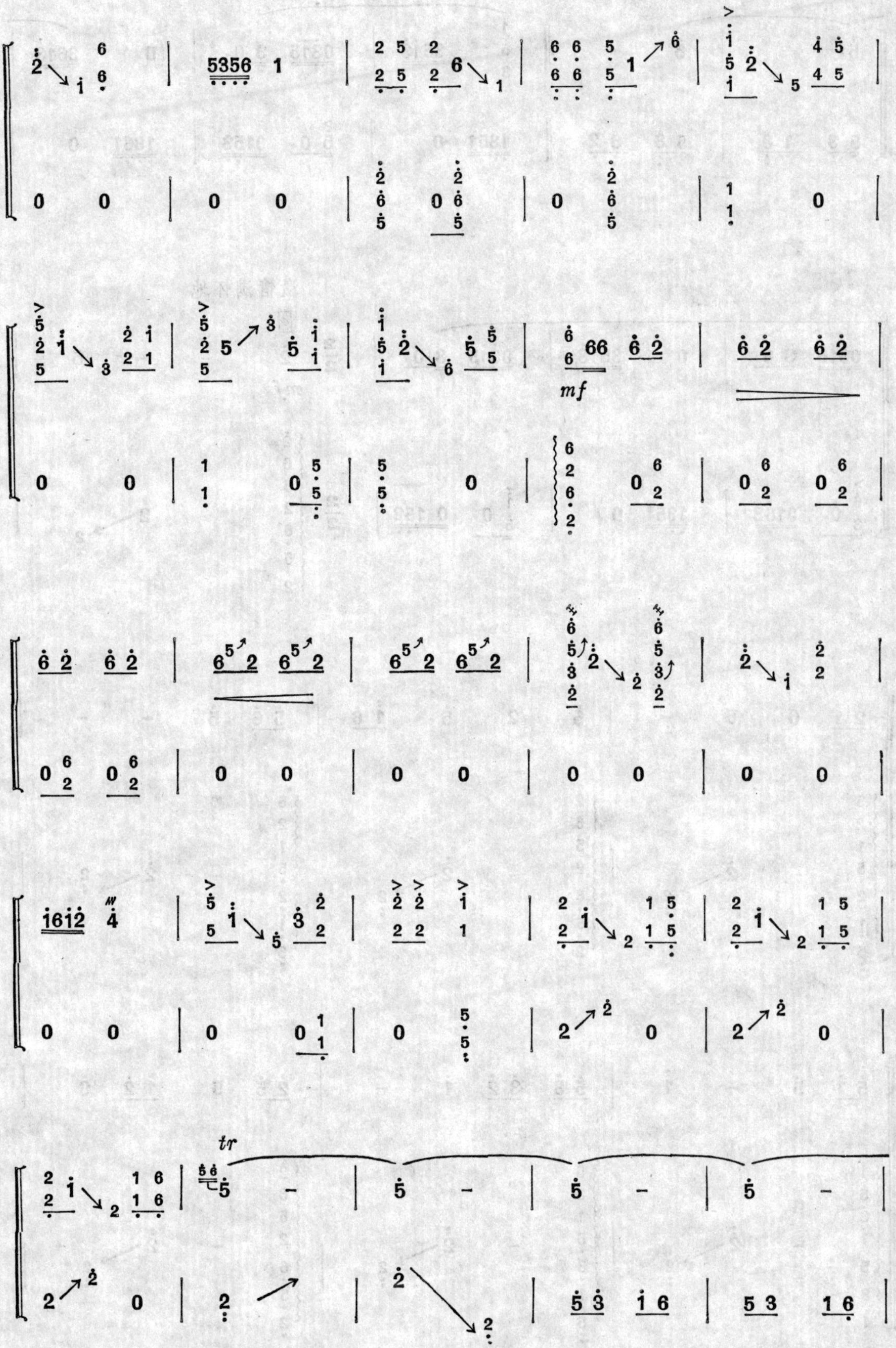

mf

tr

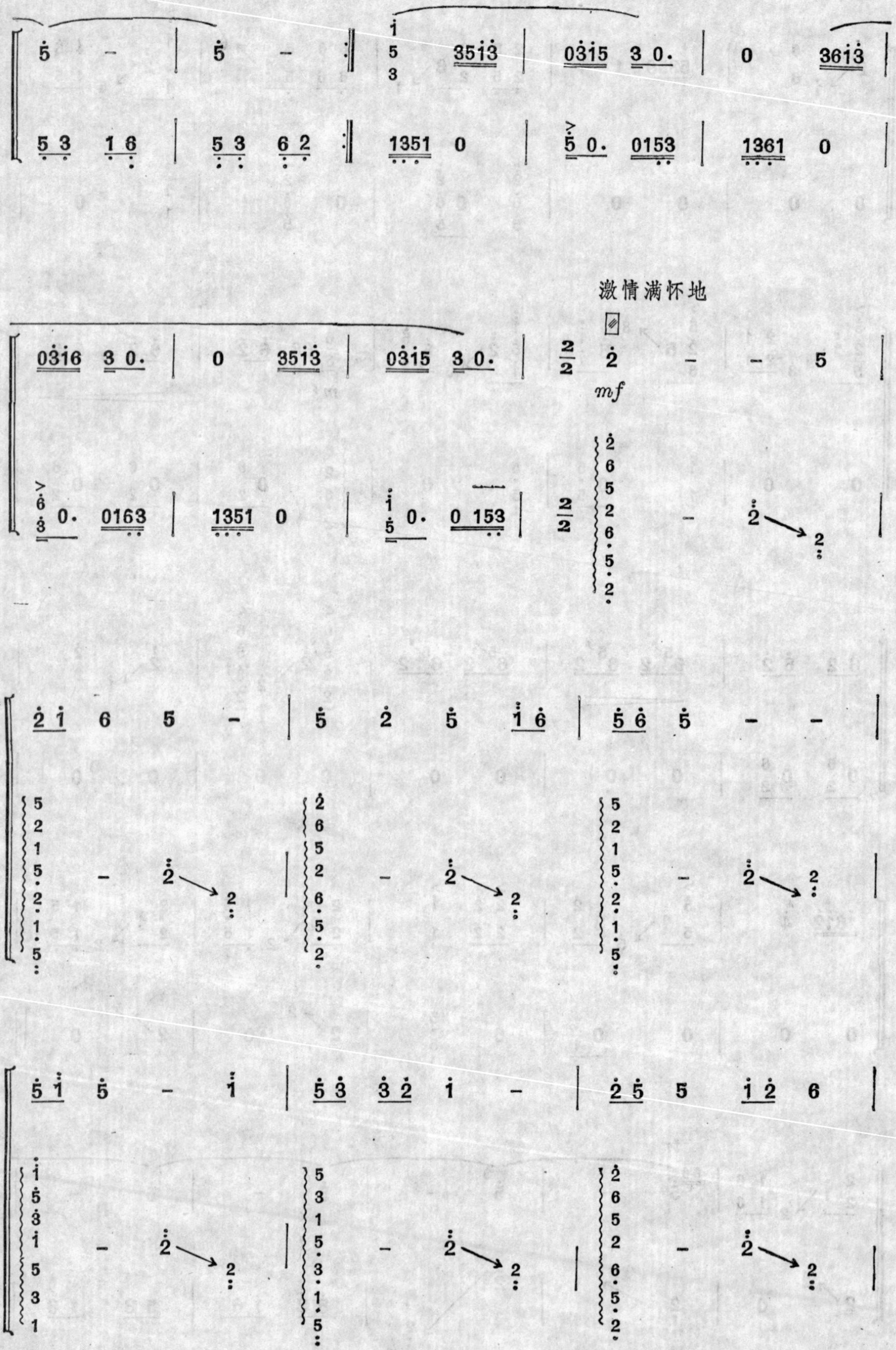

激情满怀地

mf

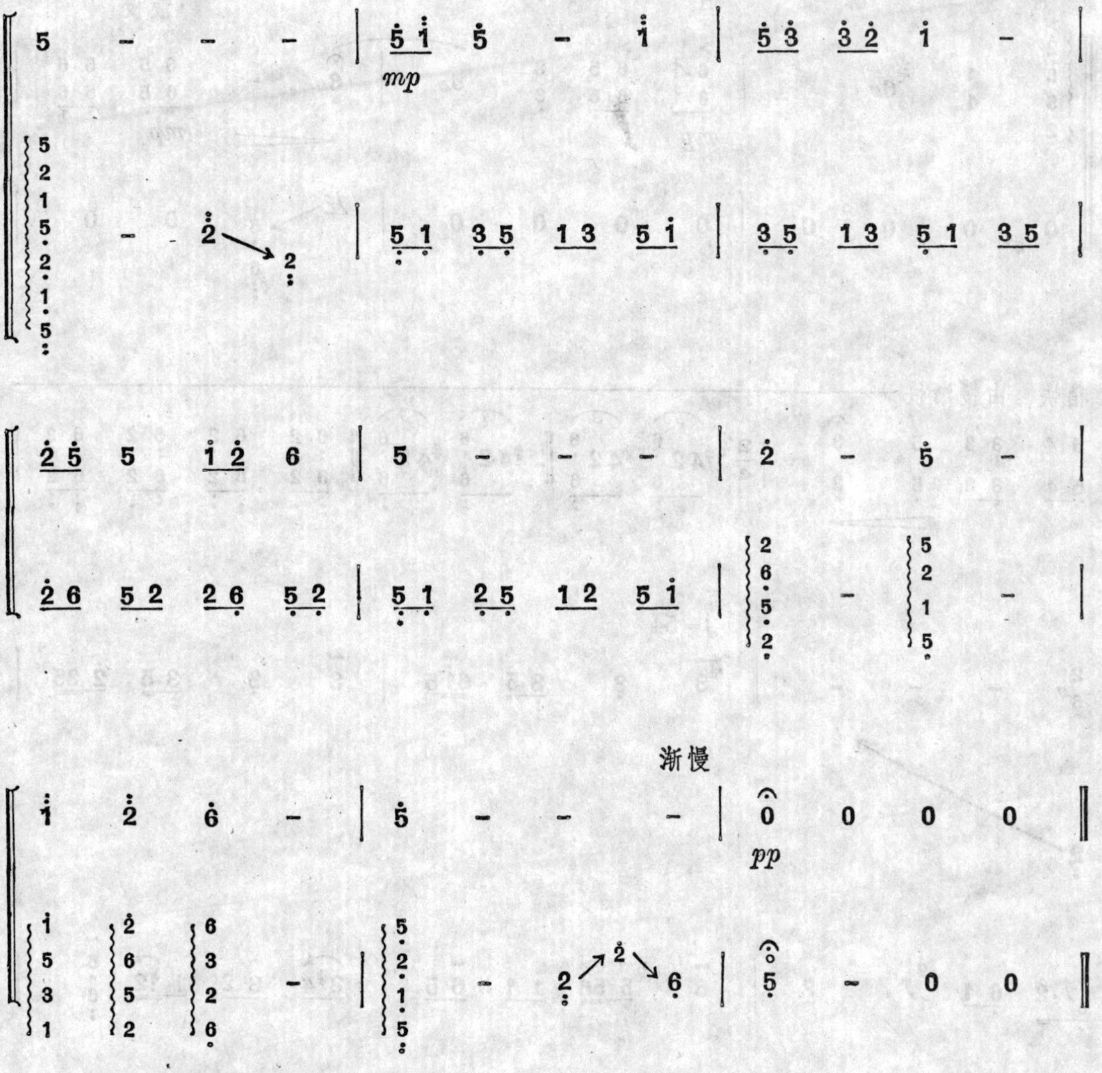

mp

渐慢

pp

月 儿 高

1=G $\frac{4}{4}$

浙江 筝曲
王巽之传谱

♩=50

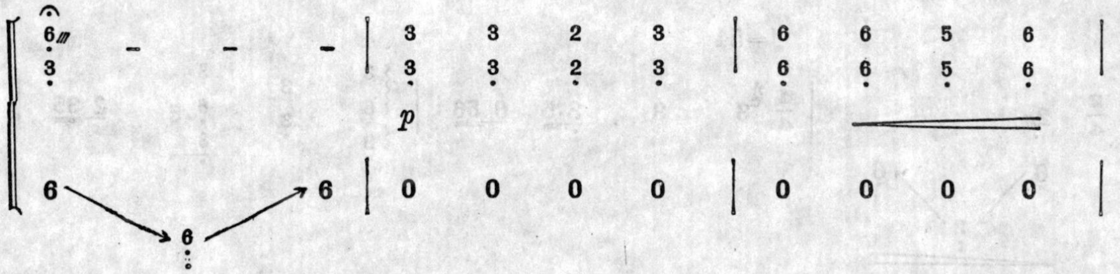

p

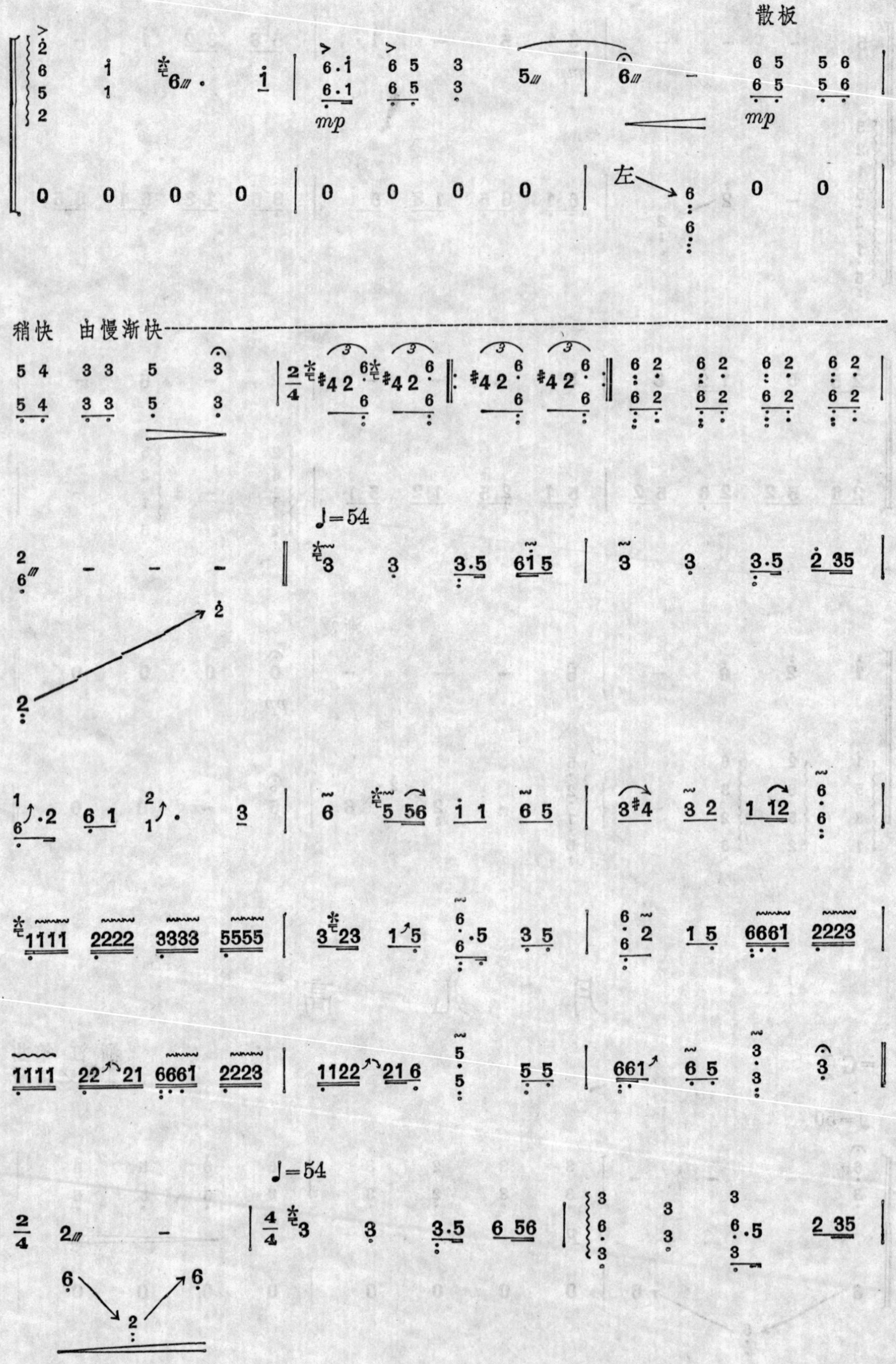

散板

稍快　由慢渐快

♩=54

♩=54

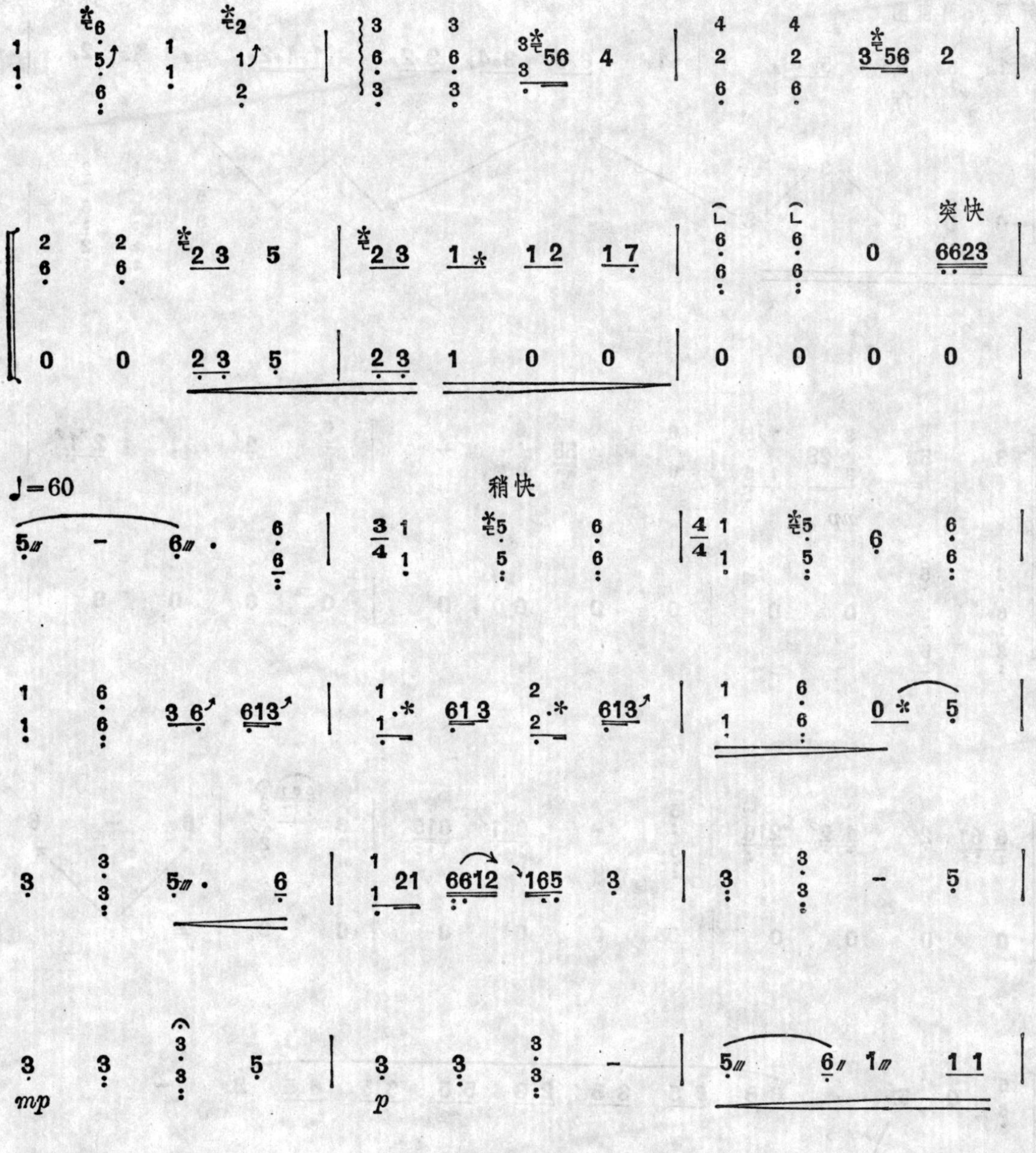

突快

♩=60

稍快

mp

p

左

左

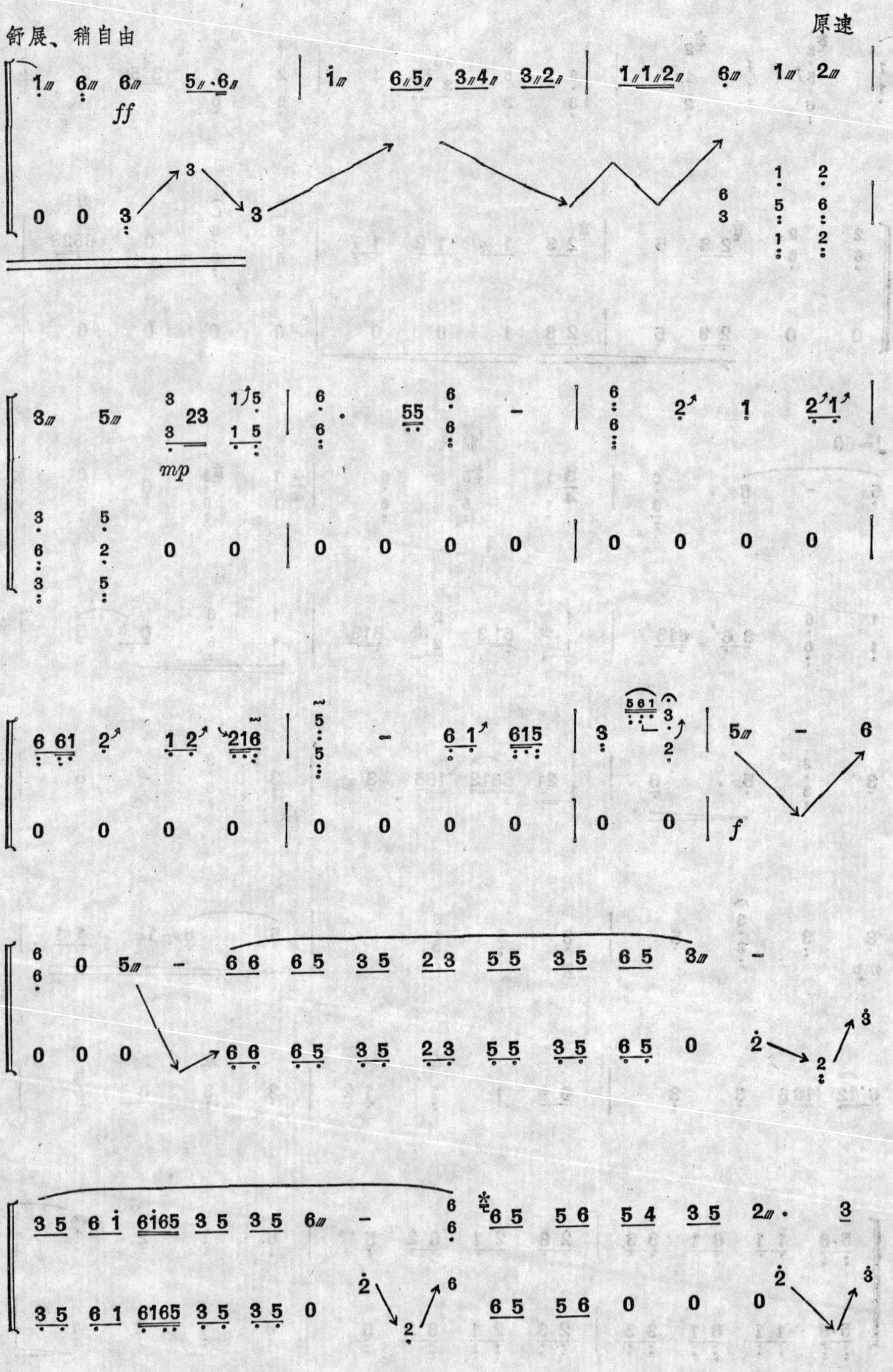

舒展、稍自由

原速

ff

mp

f

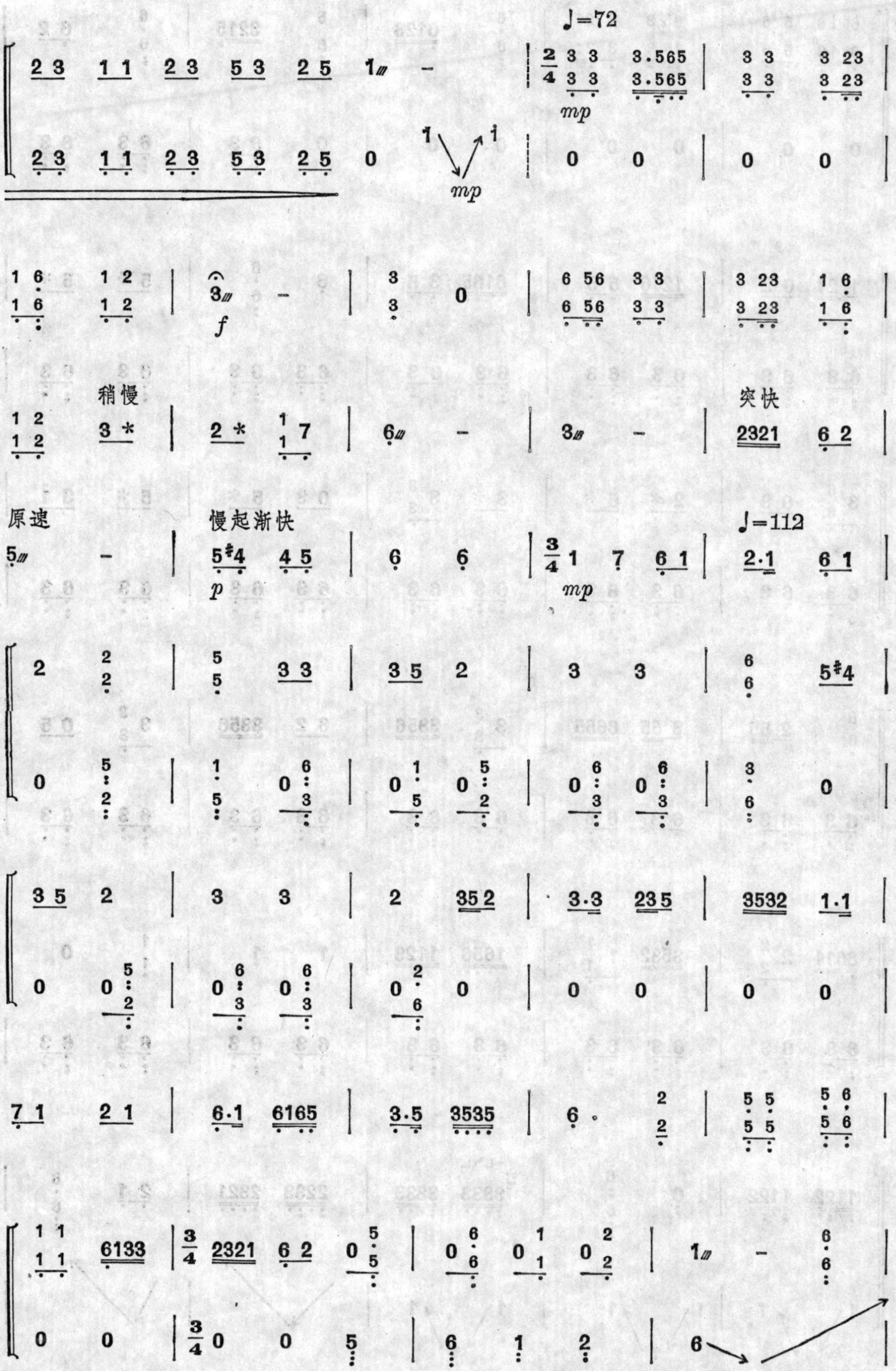

♩=72
mp
mp
f
稍慢
突快
原速
慢起渐快
p
mp
♩=112

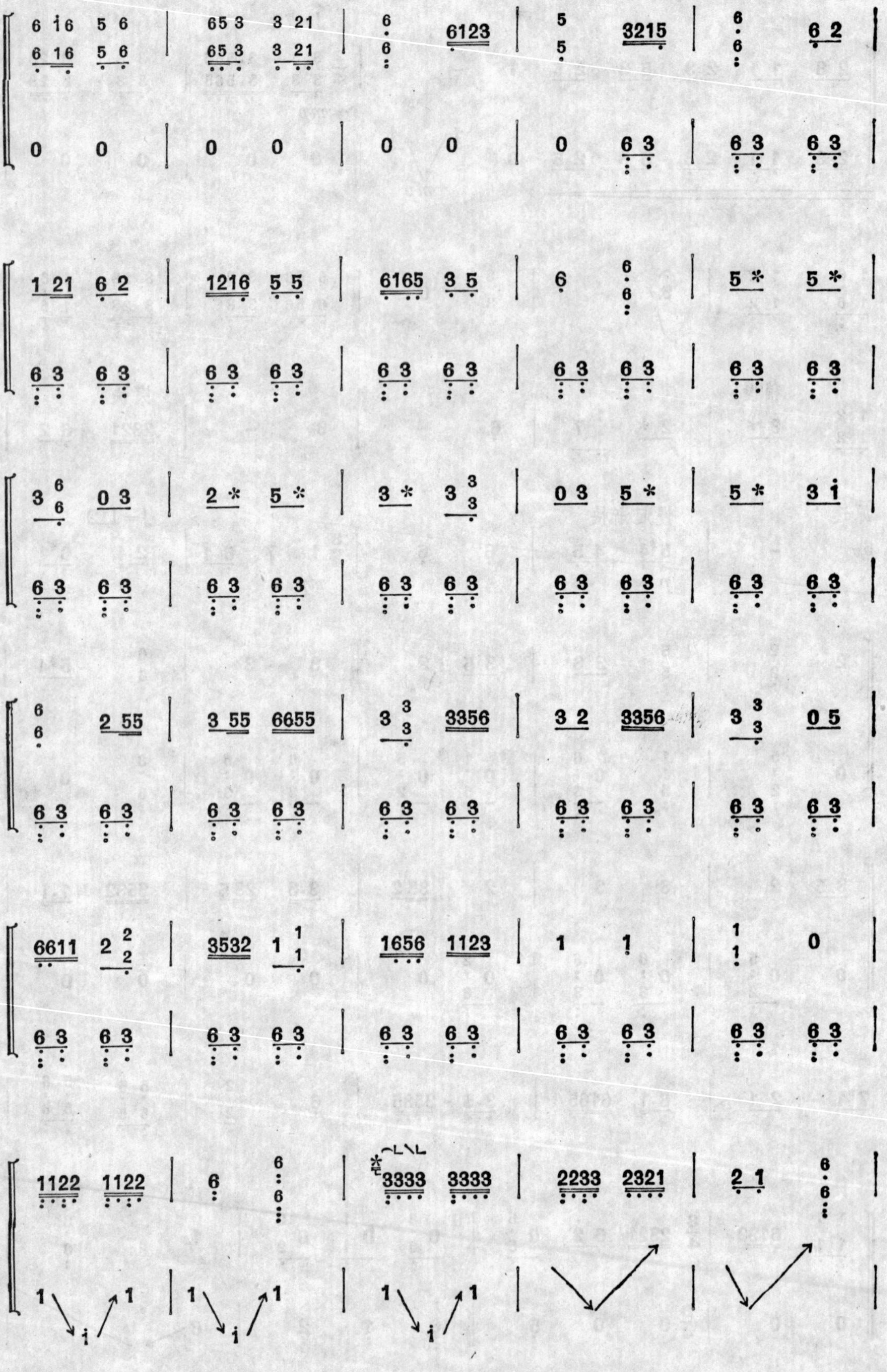

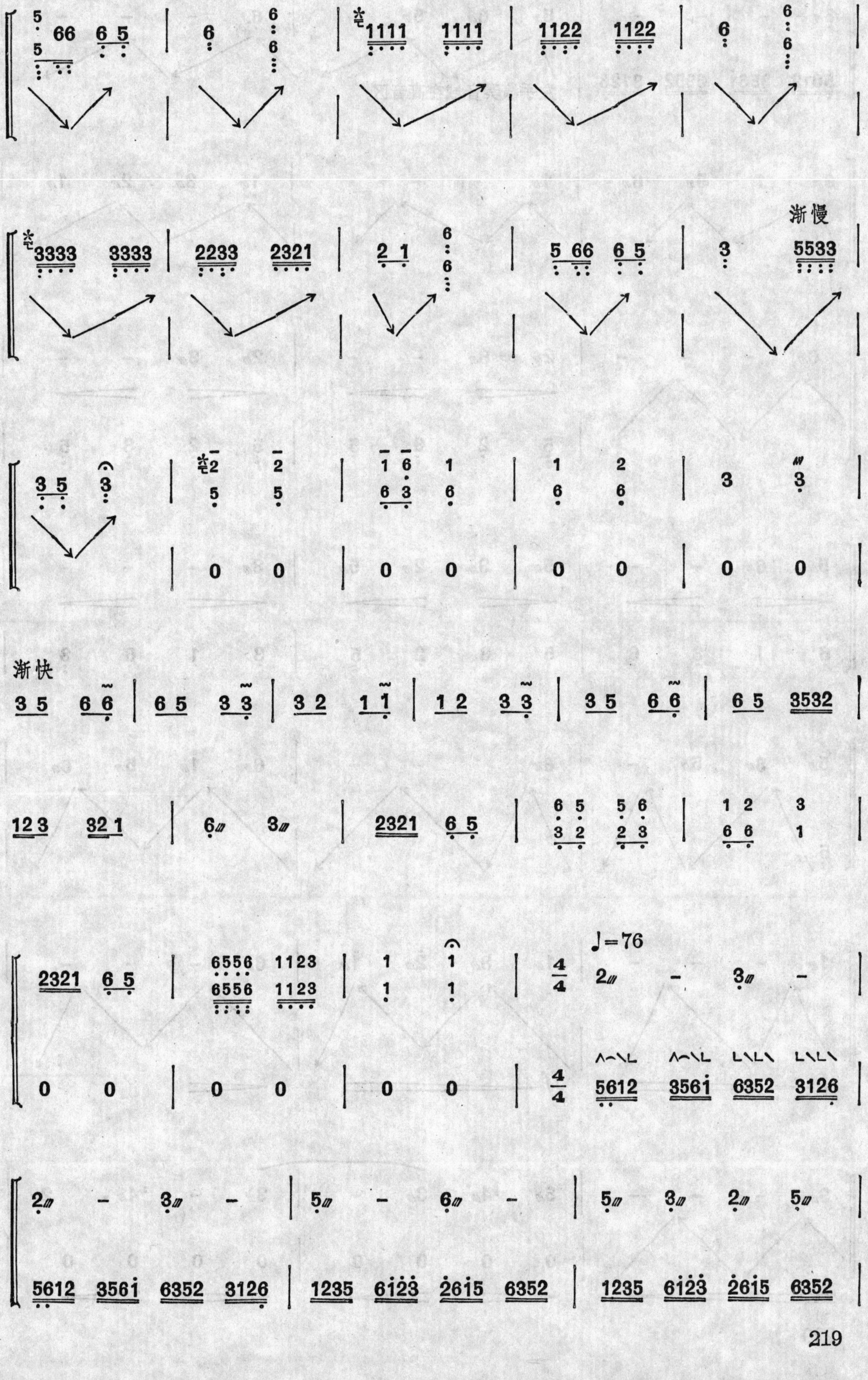

渐慢

渐快

♩=76

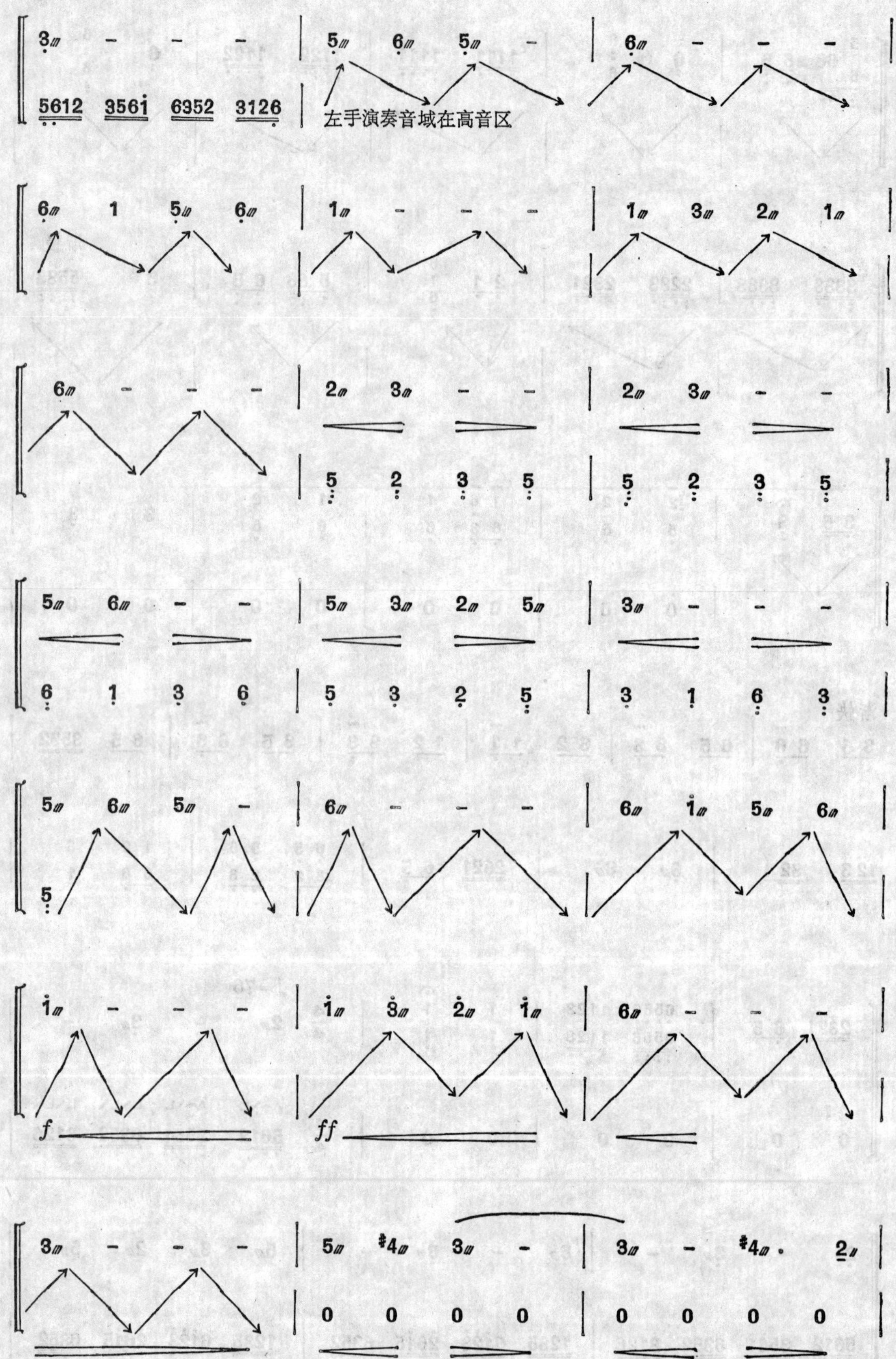
左手演奏音域在高音区
f
ff

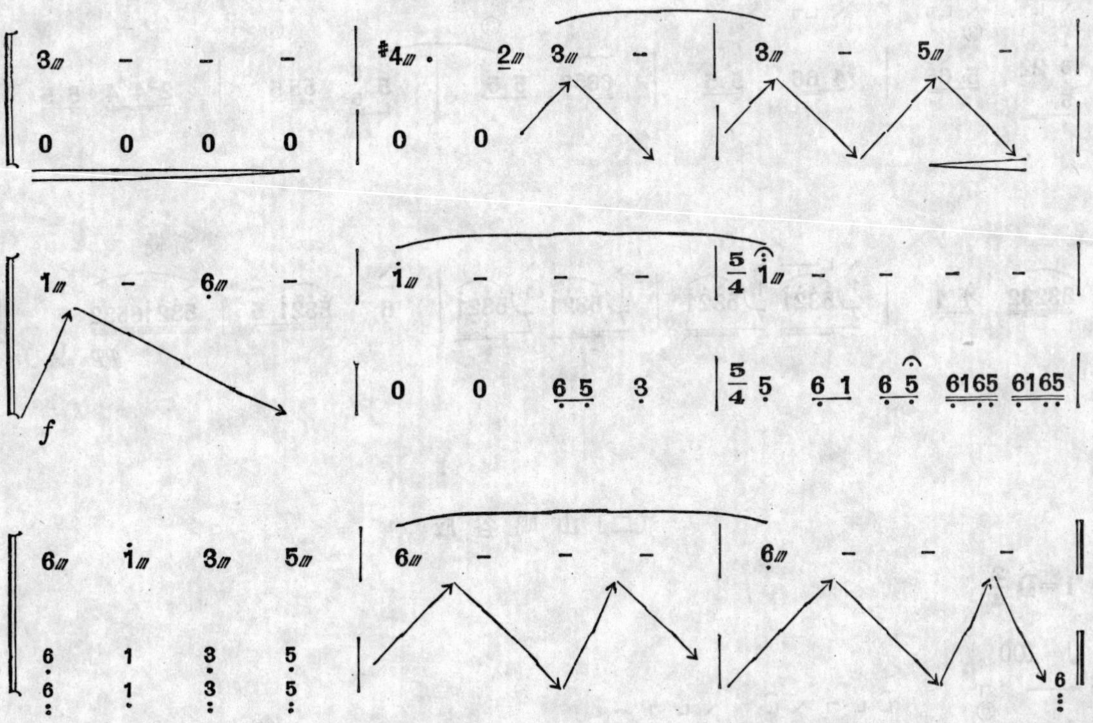

四 段 锦

〔一〕清风弄竹

山东筝曲
赵玉斋编曲

1=D $\frac{2}{4}$

♩=84

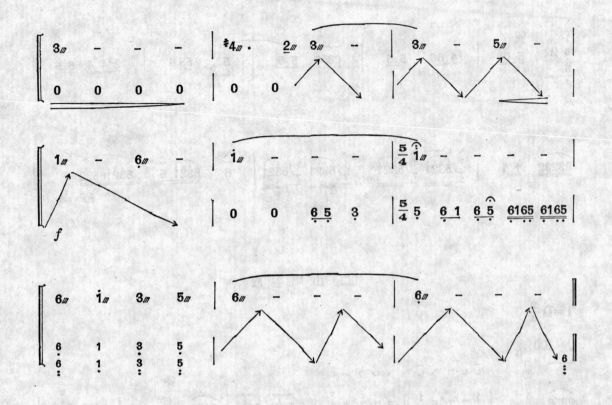

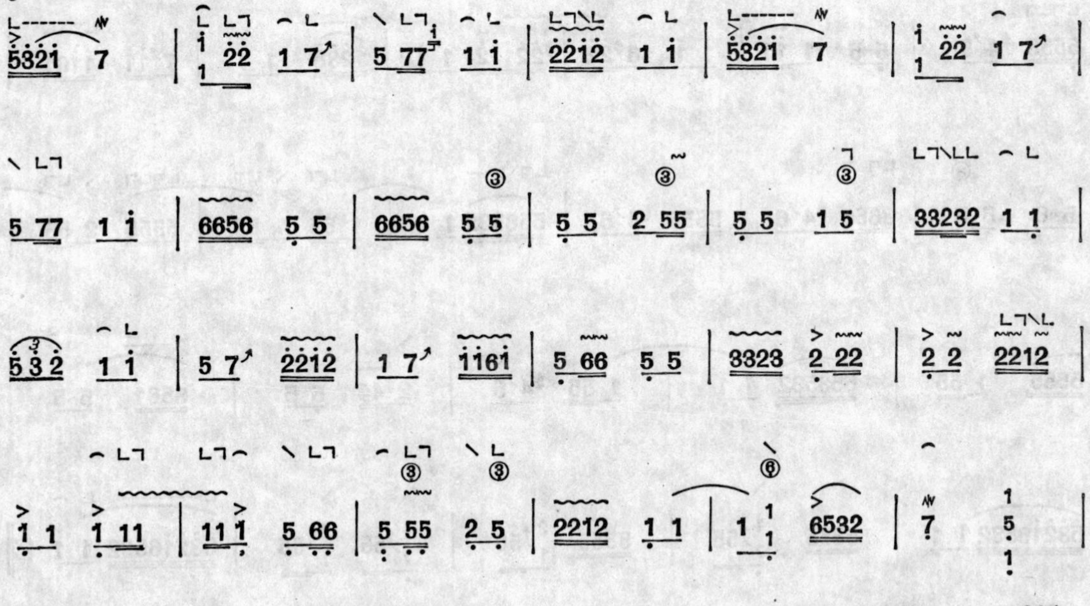

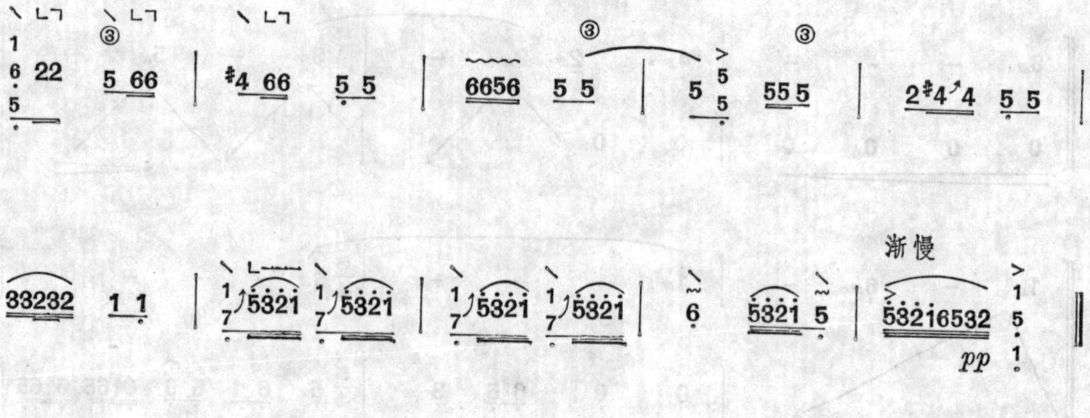

渐慢

pp

〔二〕山鸣谷应

1=D $\frac{2}{4}$

♩=100

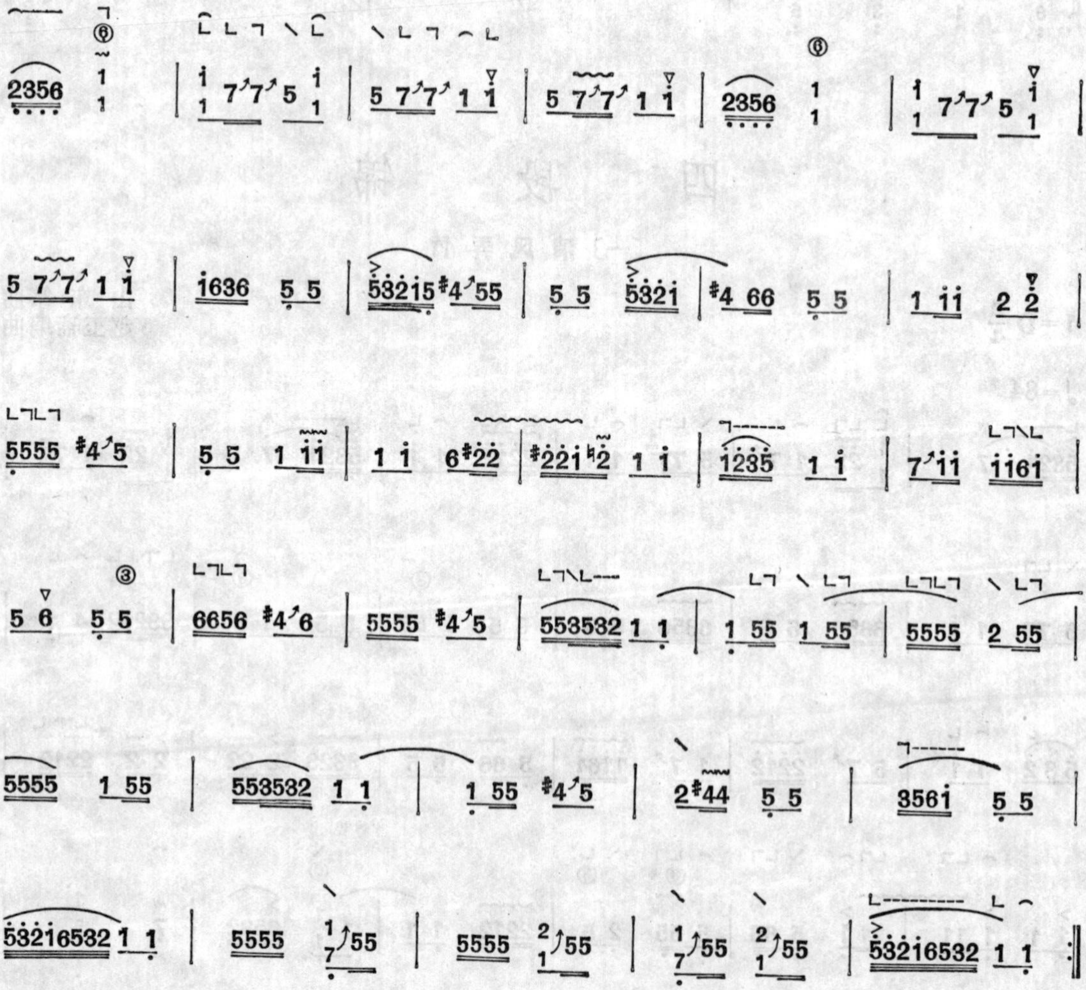

〔三〕小溪流水

1=D $\frac{2}{4}$

♩=92

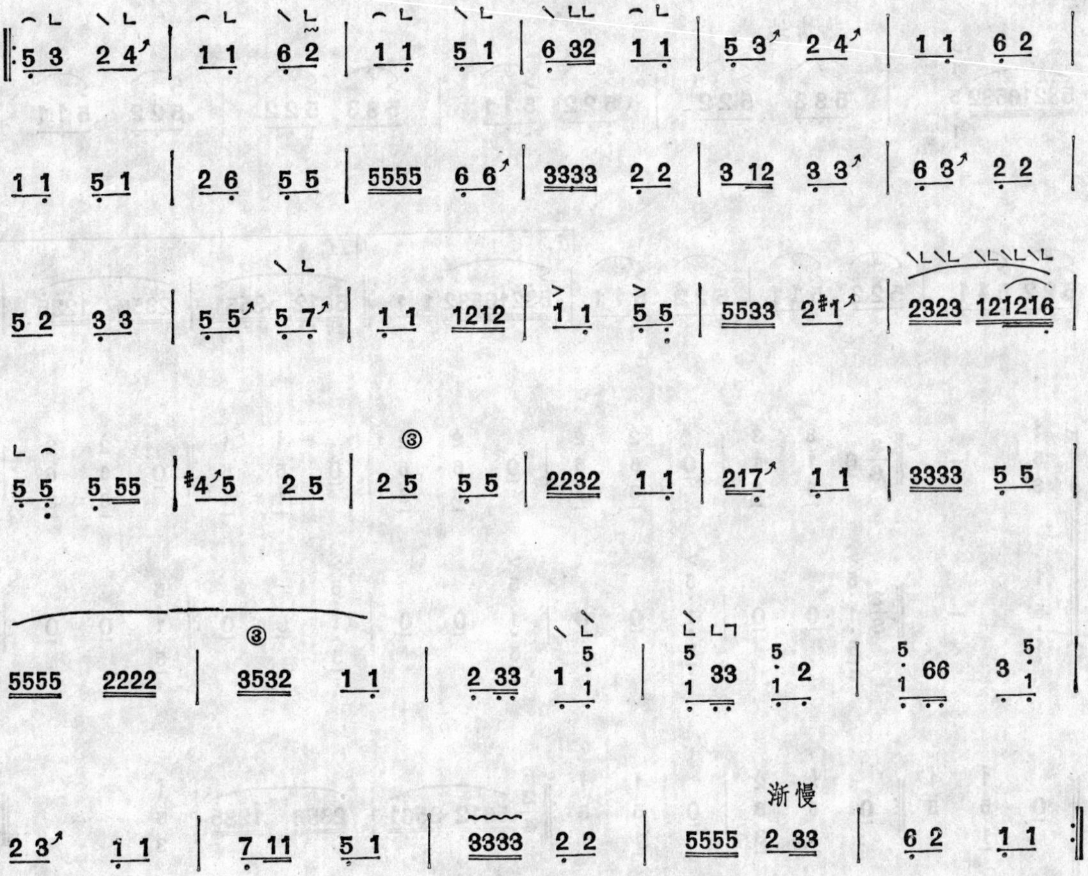

渐慢

〔四〕普天同庆

1=D $\frac{2}{4}$

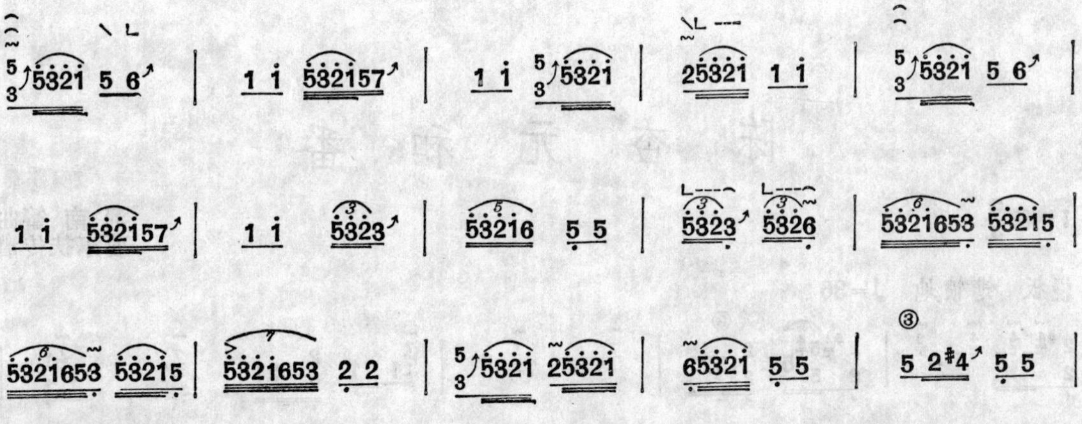

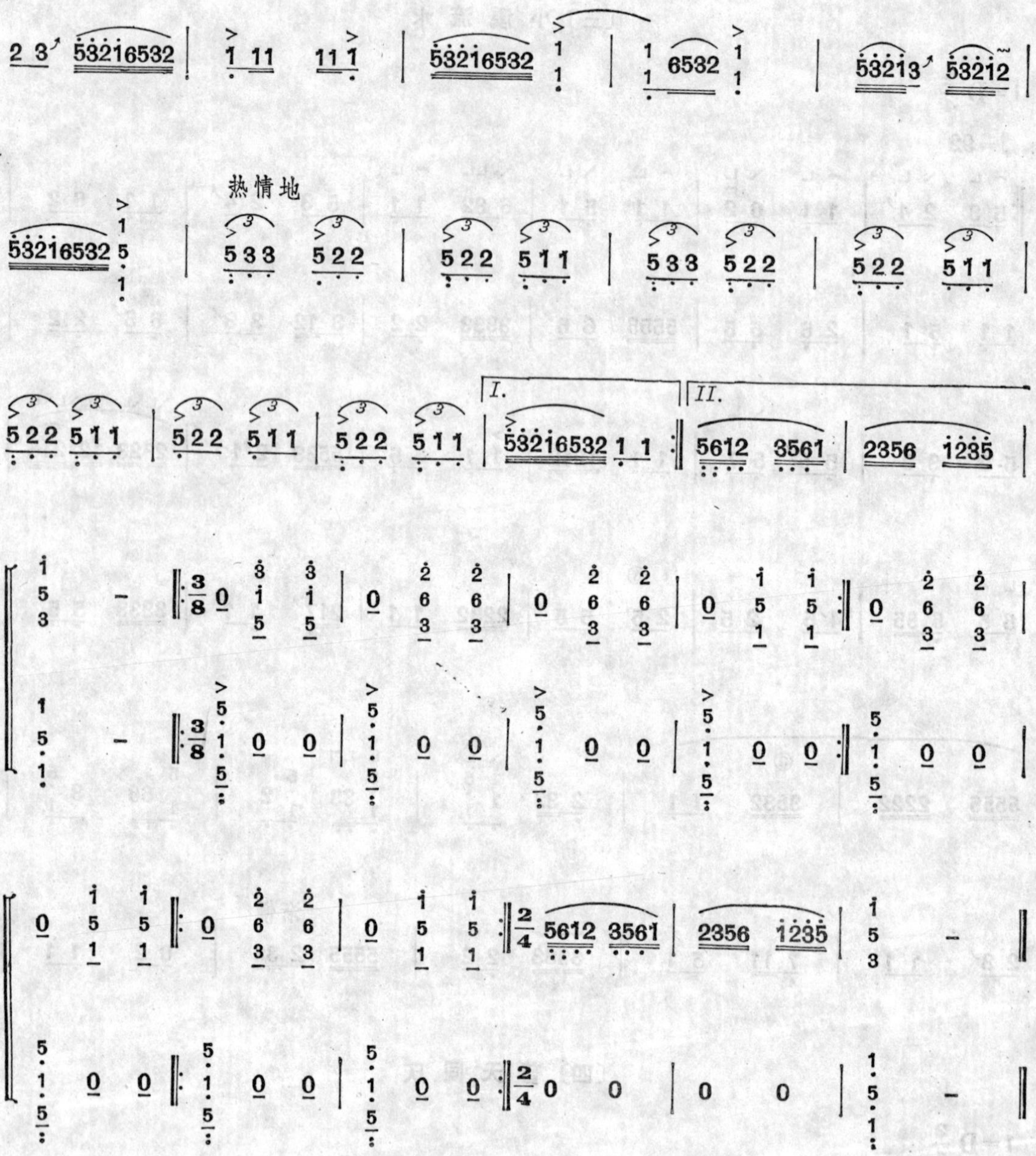

热情地

I.

II.

陈杏元和番

1=G $\frac{2}{4}$

河南 筝曲
曹东扶传谱

慢板 悲愤地 ♩=36

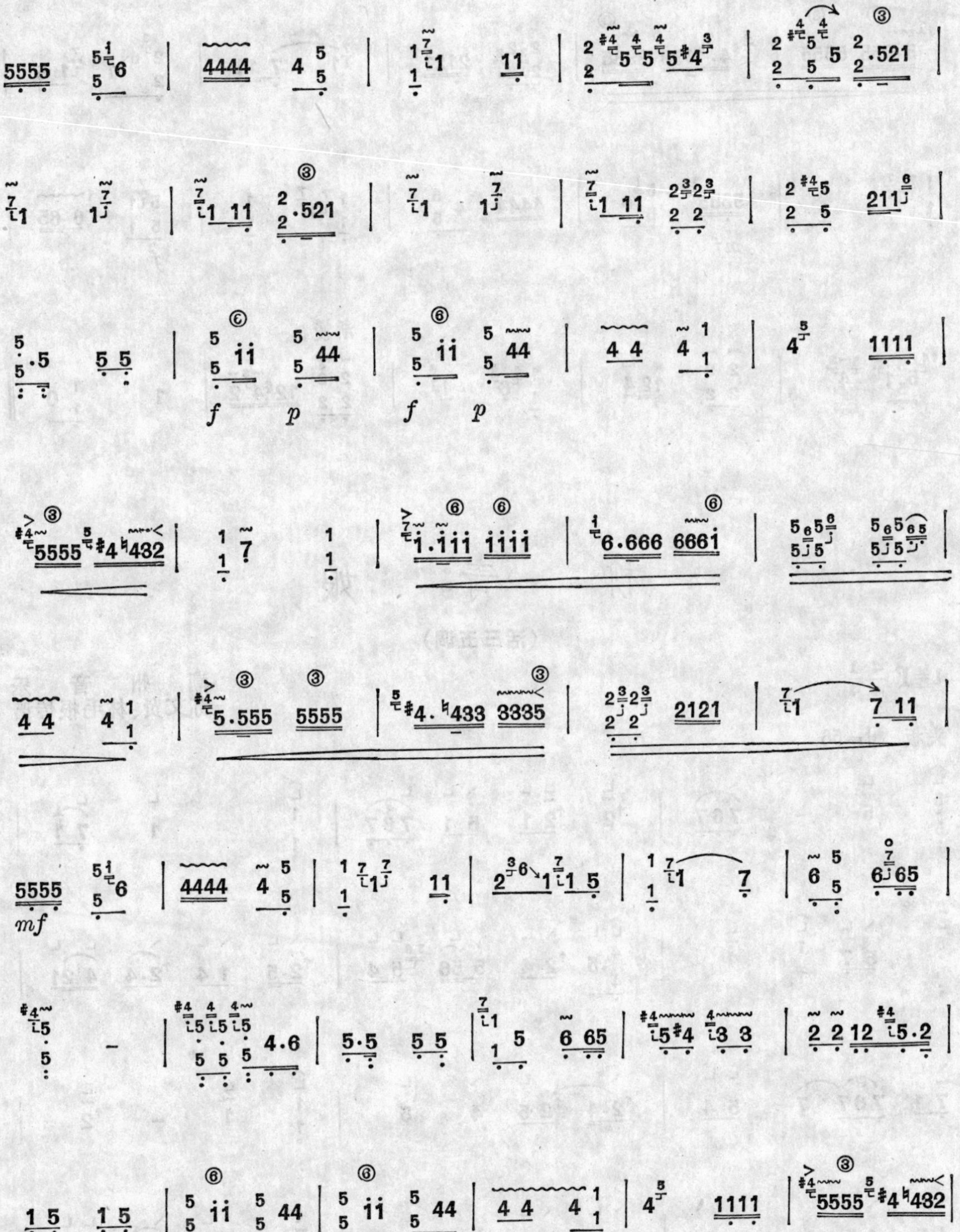

5555 5 6 | 4444 4 5 | 1 1 11 | 2 5 5 5 #4 | 2 5 5 2.521 |

1 1 | 1 11 2.521 | 1 1 | 1 11 2 2 | 2 5 211 |

5.5 5 5 | 5 ii 5 44 | 5 ii 5 44 | 4 4 4 1 | 4 1111 |

f *p* *f* *p*

5555 #4 ♮432 | 1 7 1 | 1.iii iiii | 6.666 6661 | 5 5 5 5 |

4 4 4 1 | 5.555 5555 | #4. ♮433 3335 | 2 2 2121 | 1 7 11 |

5555 5 6 | 4444 4 5 | 1 1 11 | 2 6 1 1 5 | 1 1 7 | 6 5 6 65 |

mf

5 – | 5 5 5 4.6 | 5.5 5 5 | 1 5 6 65 | 5 #4 3 3 | 2 2 12 5.2 |

1 5 1 5 | 5 ii 5 44 | 5 ii 5 44 | 4 4 4 1 | 4 1111 | 5555 #4 ♮432 |

f *p* *f* *p*

1 1 1 | i.iii iiii | 7.♭766 6661 | 5 5 5 5 | 4.545 4512 |

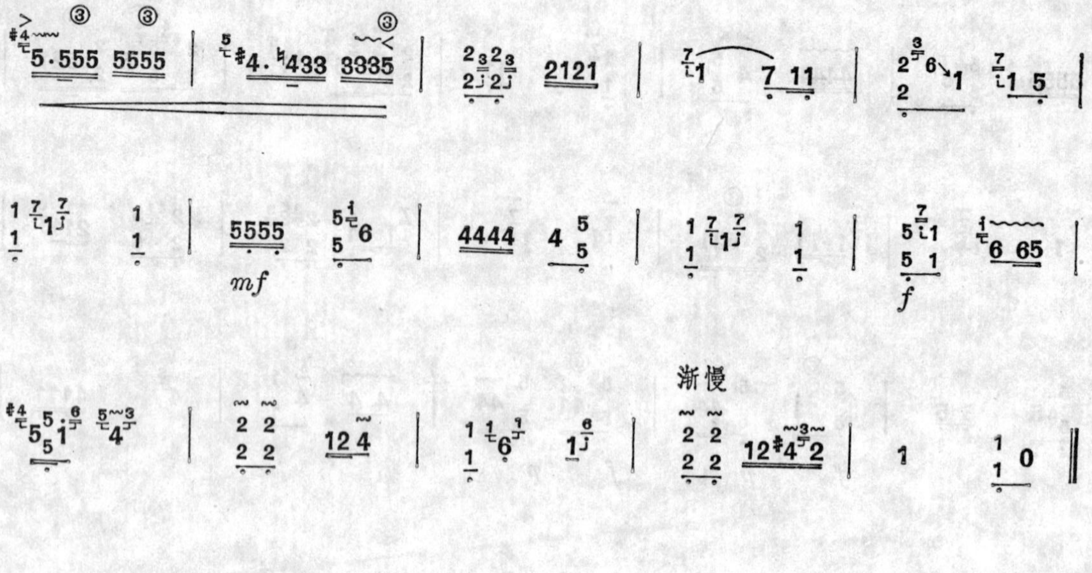

③ ③ ③

| 5·555 5555 | 4.433 3335 | 2 2 2121 | 1 7 11 | 2 6 1 1 5 |

| 1 1 1 | 5555 5 6 | 4444 4 5 | 1 1 1 | 5 1 6 65 |

mf f

渐慢

| 5 1 4 | 2 2 124 | 1 6 1 | 2 2 12 4 2 | 1 1 0 ‖

柳青娘

（活三五调）

1=F $\frac{4}{4}$ $\frac{1}{4}$

潮州音乐
苏文贤、林毛根传谱

头板 ♩=56

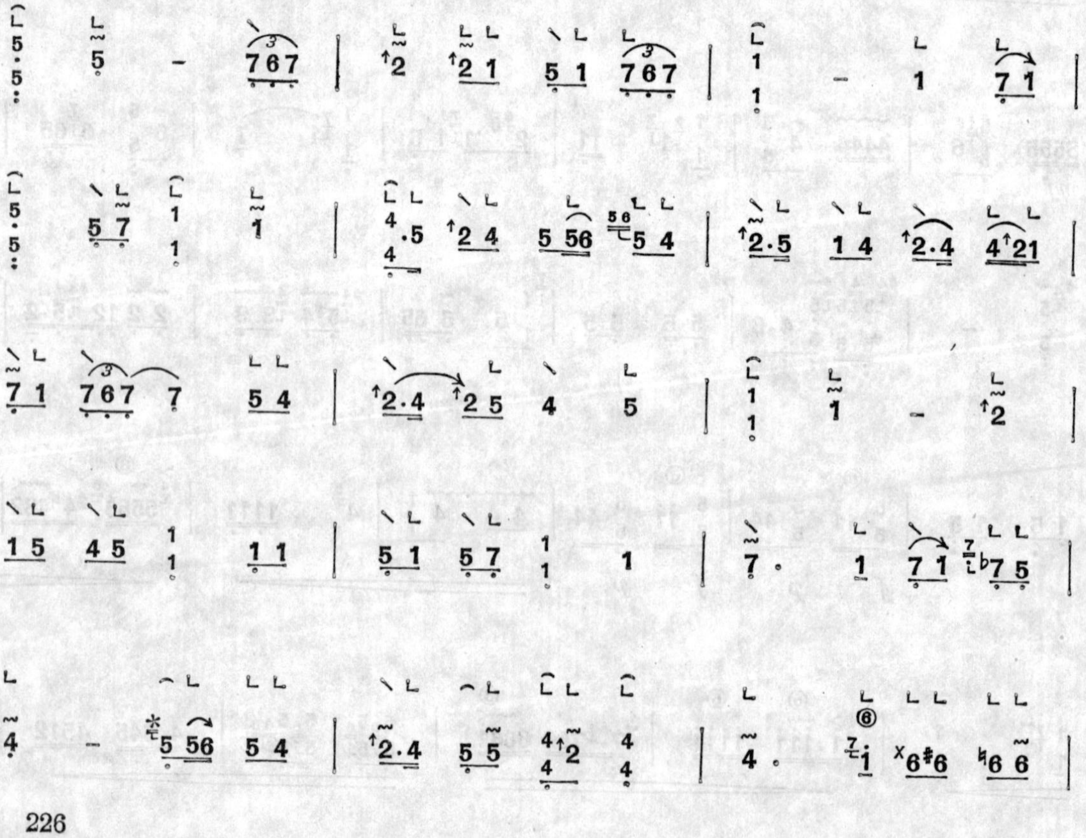

| 5· 5 – 767 | 2 21 51 767 | 1 – 1 71 |

| 5· 57 1 1 | 4 .5 24 5 56 5 4 | 2.5 14 2·4 4 21 |

| 71 767 7 54 | 2·4 25 4 5 | 1 1 – 2 |

| 15 45 1 11 | 51 57 1 1 | 7· 1 71 75 |

| 4 – 5 56 54 | 2·4 55 4 2 4 | 4· 1 6 6 6 6 |

⑥

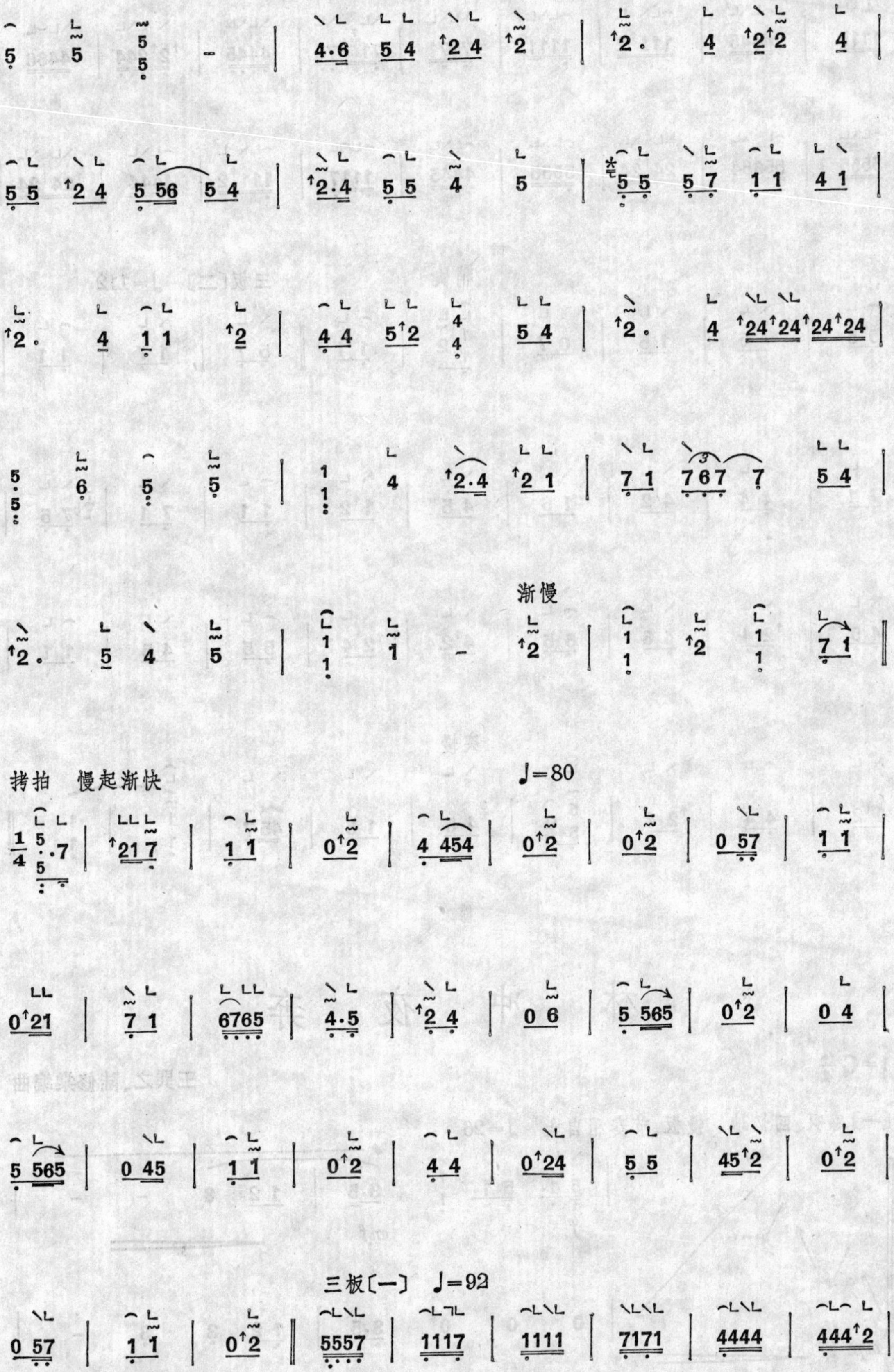

渐慢

搒拍　慢起渐快　♩=80

三板〔一〕　♩=92

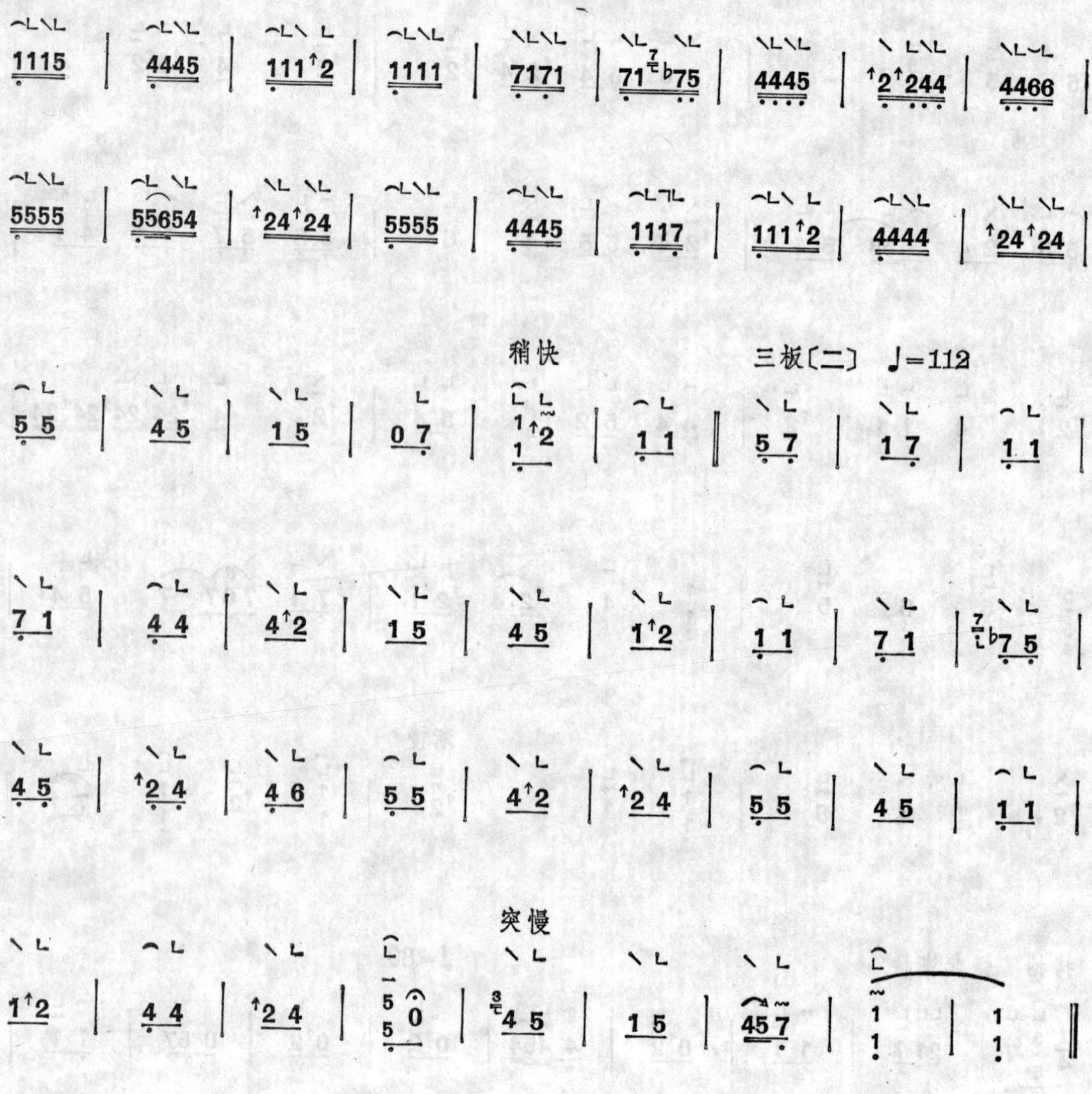

稍快

三板〔二〕 ♩=112

突慢

林冲夜奔

1=C $\frac{4}{4}$

王巽之、陆修棠编曲

〔一〕感叹、回忆地 慢板、节奏稍自由 ♩=26

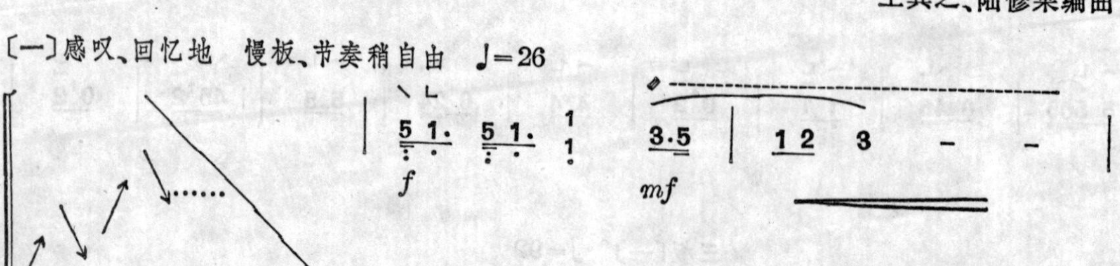

f *mf*

右 *mp*

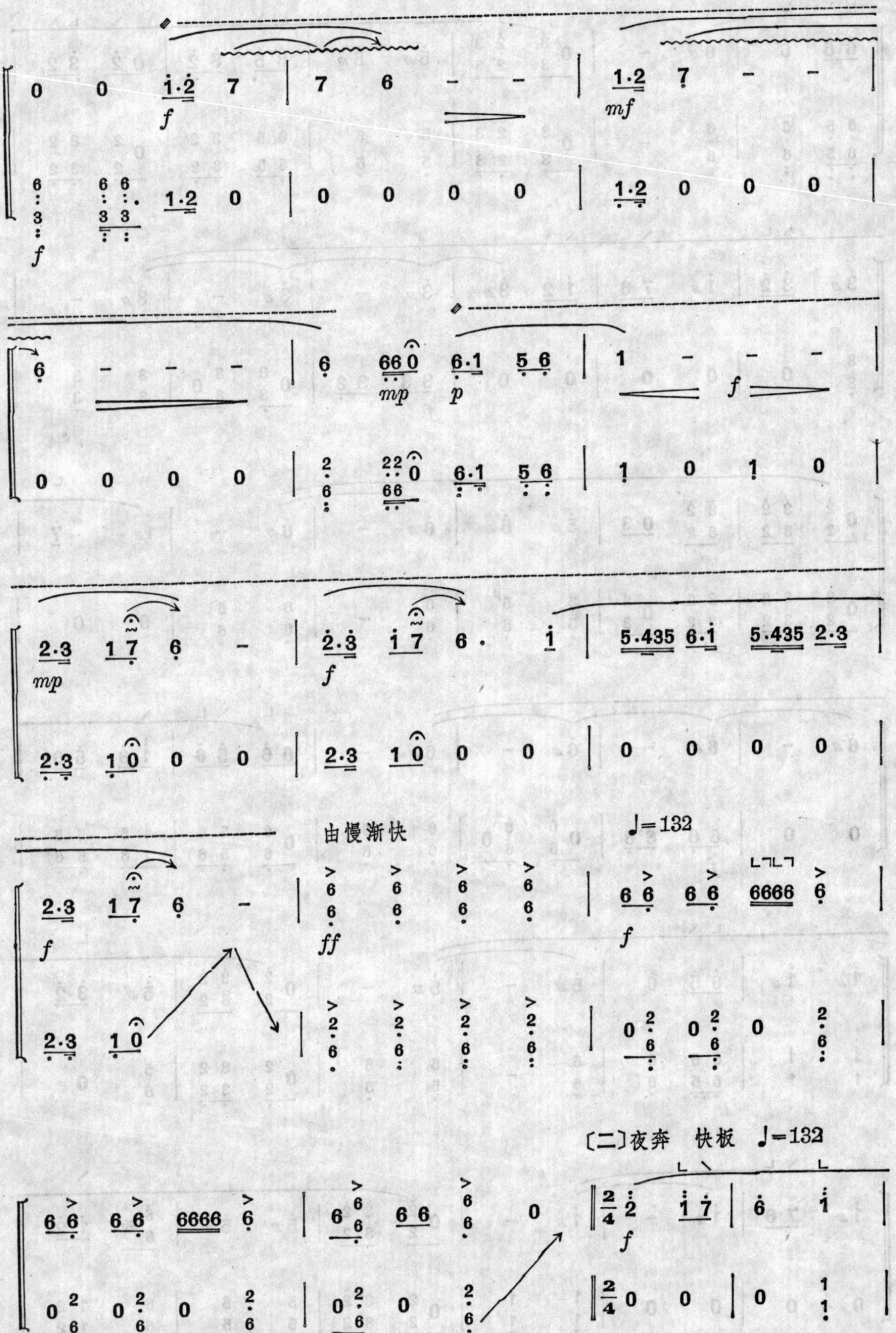

由慢渐快

♩=132

〔二〕夜奔　快板　♩=132

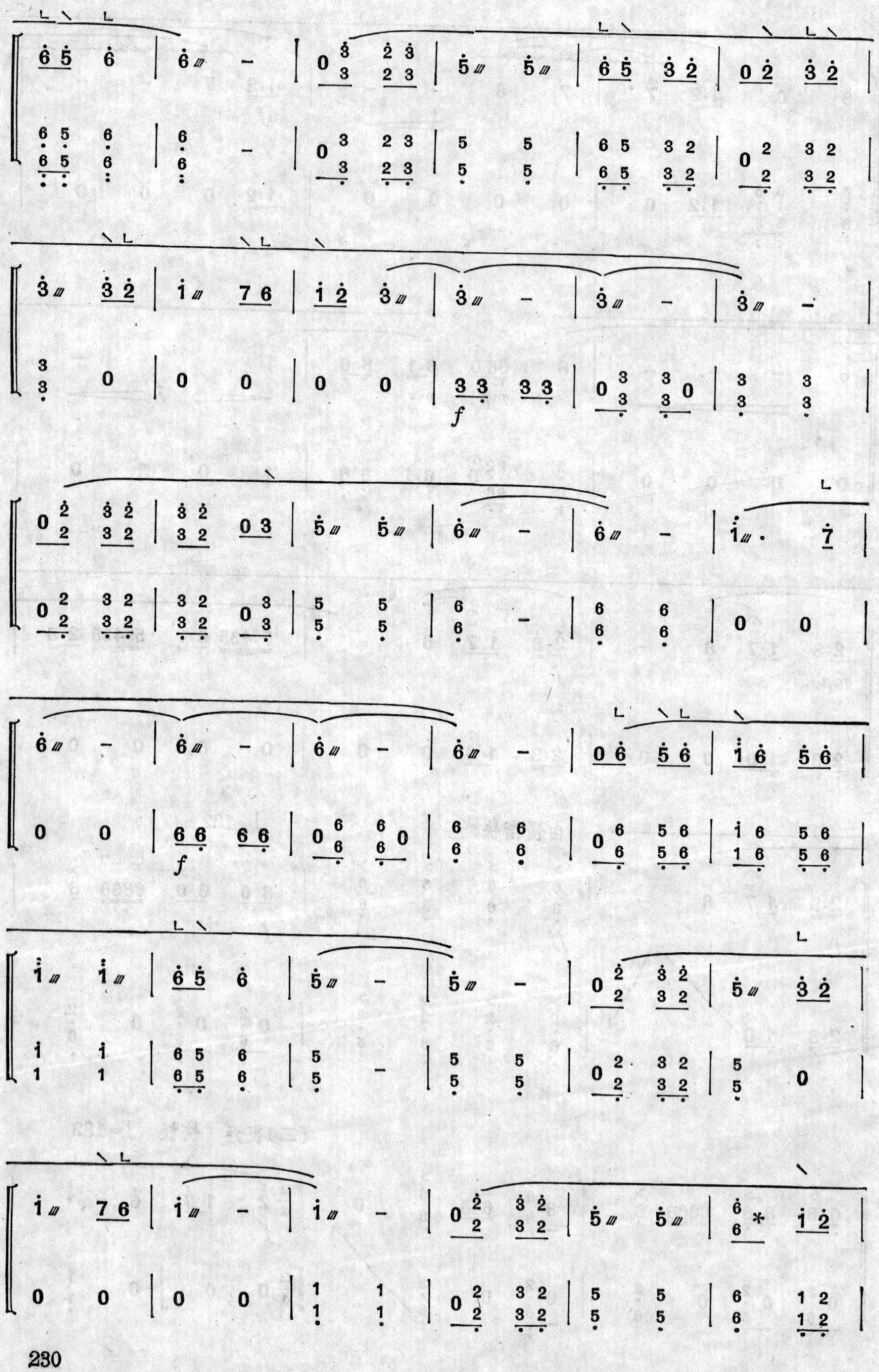

| 6 5 6 | 6 - | 0 3 2 3 | 5 5 | 6 5 3 2 | 0 2 3 2 |
| 6 5 6 | 6 - | 0 3 2 3 | 5 5 | 6 5 3 2 | 0 2 3 2 |

| 3 3 2 | 1 7 6 | 1 2 3 | 3 - | 3 - | 3 - |
| 3 0 | 0 0 | 0 0 | 3 3 3 3 | 0 3 3 0 | 3 3 |
f

| 0 2 3 2 | 3 2 0 3 | 5 5 | 6 - | 6 - | 1 · 7 |
| 0 2 3 2 | 3 2 0 3 | 5 5 | 6 - | 6 6 | 0 0 |

| 6 - | 6 - | 6 - | 6 - | 0 6 5 6 | 1 6 5 6 |
| 0 0 | 6 6 6 6 | 0 6 6 0 | 6 6 | 0 6 5 6 | 1 6 5 6 |
f

| 1 1 | 6 5 6 | 5 - | 5 - | 0 2 3 2 | 5 3 2 |
| 1 1 | 6 5 6 | 5 - | 5 5 | 0 2 3 2 | 5 0 |

| 1 7 6 | 1 - | 1 - | 0 2 3 2 | 5 5 | 6 * 1 2 |
| 0 0 | 0 0 | 1 1 | 0 2 3 2 | 5 5 | 6 1 2 |

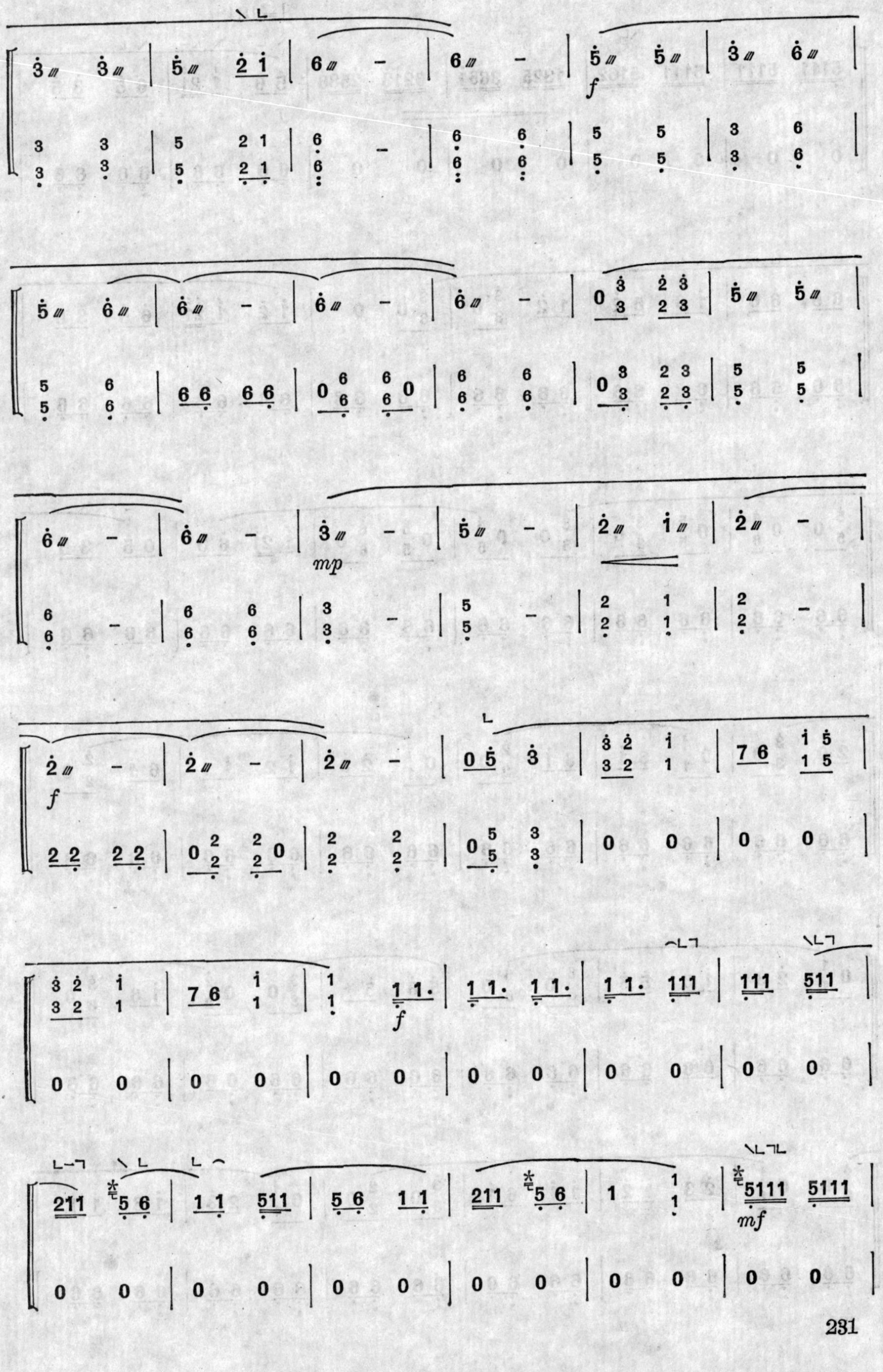

3̇ 3̇ | 5̇ 2̇ i | 6 – | 6 – | 5̇ 5̇ | 3̇ 6̇ |

3 3 | 5 2 1 | 6 – | 6 6 | 5 5 | 3 6 |

5̇ 6̇ | 6̇ – | 6̇ – | 6̇ – | 0 3̇ 2̇ 3̇ | 5̇ 5̇ |

5 6 | 6 6 6 6 | 0 6 6 0 | 6 6 | 0 3 2 3 | 5 5 |

6̇ – | 6̇ – | 3̇ – | 5̇ – | 2̇ i | 2̇ – |

6 – | 6 6 | 3 – | 5 – | 2 1 | 2 – |

2̇ – | 2̇ – | 2̇ – | 0 5̇ 3̇ | 3̇ 2̇ i | 7 6 i 5̇ |

2 2 2 2 | 0 2 2 0 | 2 2 | 0 5 3 | 0 0 | 0 0 |

3̇ 2̇ i | 7 6 i | i 1 1· | 1 1· 1 1· | 1 1· 111 | 111 511 |

0 0 | 0 0 | 0 0 | 0 0 | 0 0 | 0 0 |

211 5 6 | 1 1 511 | 5 6 1 1 | 211 5 6 | 1 1 | 5111 5111 |

0 0 | 0 0 | 0 0 | 0 0 | 0 0 | 0 0 |

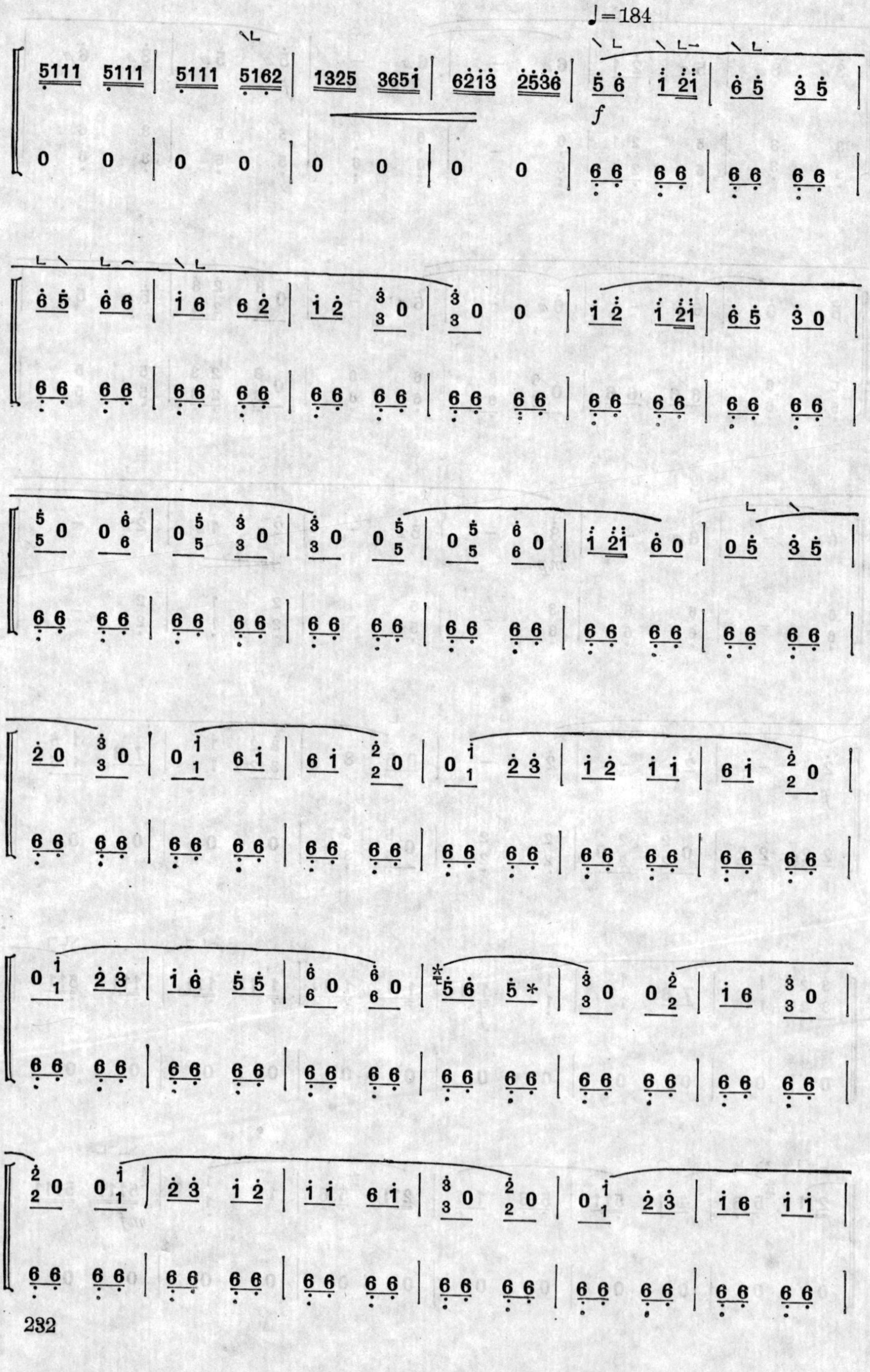

♩=184

5111 5111 | 5111 5162 | 1325 3651 | 6213 2536 | *f* 5 6 1 21 | 6 5 3 5 |
0 0 | 0 0 | 0 0 | 0 0 | 66 66 | 66 66 |

6 5 6 6 | 1 6 6 2 | 1 2 3/3 0 | 3/3 0 0 | 1 2 1 21 | 6 5 3 0 |
66 66 | 66 66 | 66 66 | 66 66 | 66 66 | 66 66 |

5/5 0 0 6/6 | 0 5/5 3/3 0 | 3/3 0 0 5/5 | 0 5/5 6/6 0 | 1 21 6 0 | 0 5 3 5 |
66 66 | 66 66 | 66 66 | 66 66 | 66 66 | 66 66 |

2 0 3/3 0 | 0 1/1 6 1 | 6 1 2/2 0 | 0 1/1 2 3 | 1 2 1 1 | 6 1 2/2 0 |
66 66 | 66 66 | 66 66 | 66 66 | 66 66 | 66 66 |

0 1/1 2 3 | 1 6 5 5 | 6/6 0 6/6 0 | 5 6 5 * | 3/3 0 0 2/2 | 1 6 3/3 0 |
66 66 | 66 66 | 66 66 | 66 66 | 66 66 | 66 66 |

2/2 0 0 1/1 | 2 3 1 2 | 1 1 6 1 | 3/3 0 2/2 0 | 0 1/1 2 3 | 1 6 1 1 |
66 66 | 66 66 | 66 66 | 66 66 | 66 66 | 66 66 |

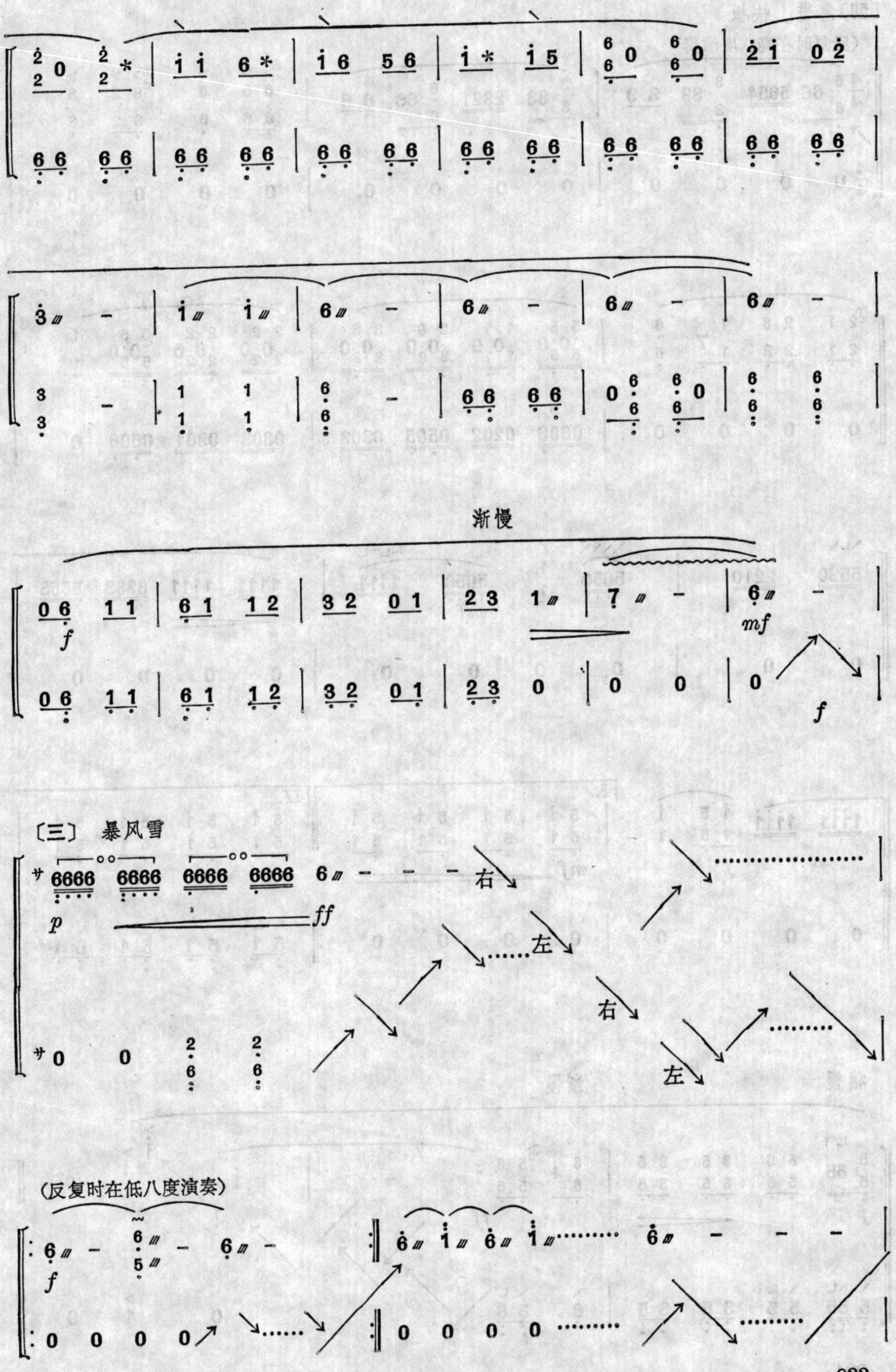

渐慢

f

mf

f

〔三〕 暴风雪

p

ff

右

左

右

左

（反复时在低八度演奏）

f

〔四〕急进、快板

（反复时在高八度演奏）

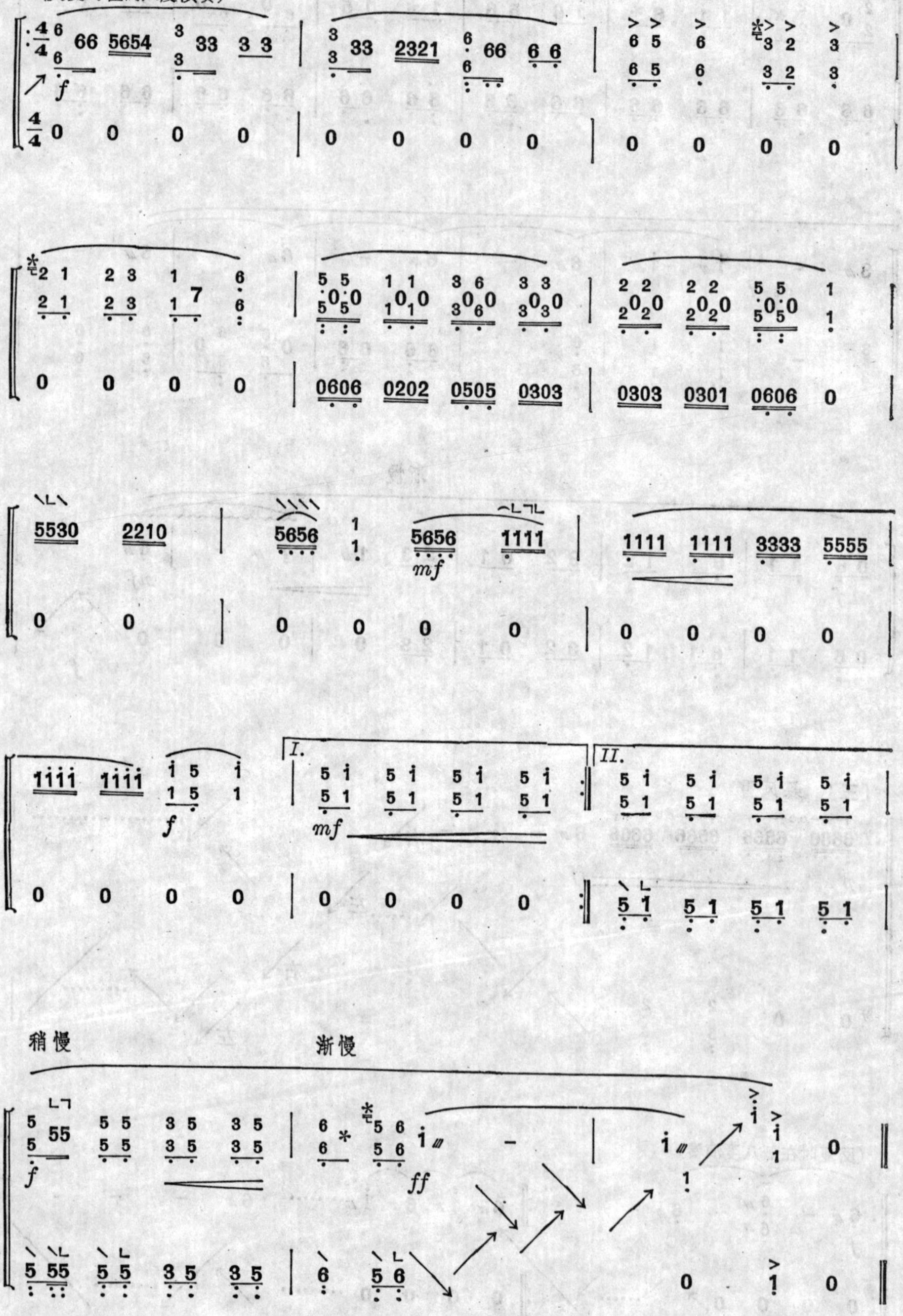

稍慢

渐慢

草原英雄小姐妹

吴　应　炬原曲
刘起超、张　燕改编

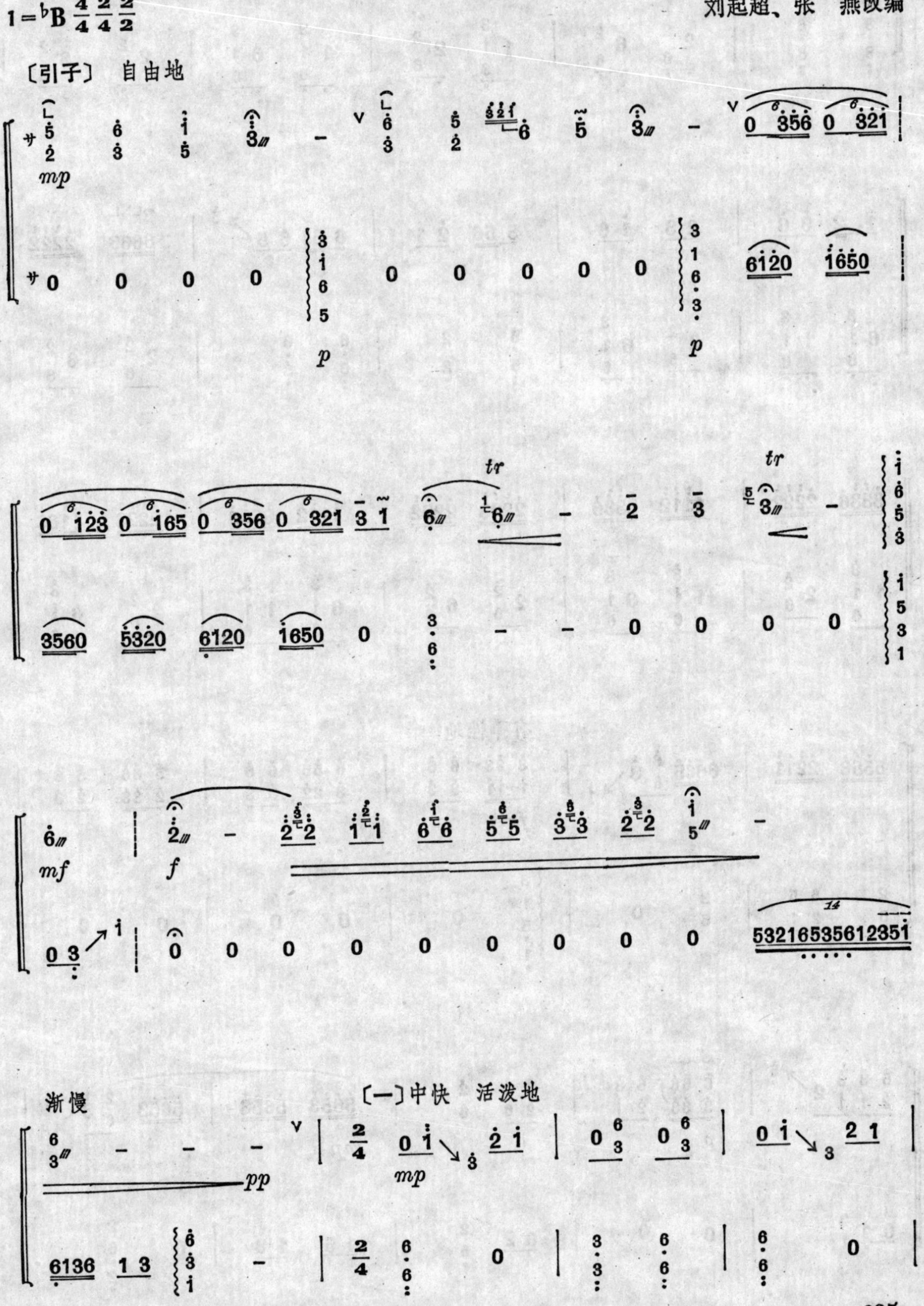

1＝♭B $\frac{4}{4}$ $\frac{2}{4}$ $\frac{2}{2}$

〔引子〕 自由地

mp　p　p

tr　tr

mf　f

渐慢　pp

〔一〕中快　活泼地

mp

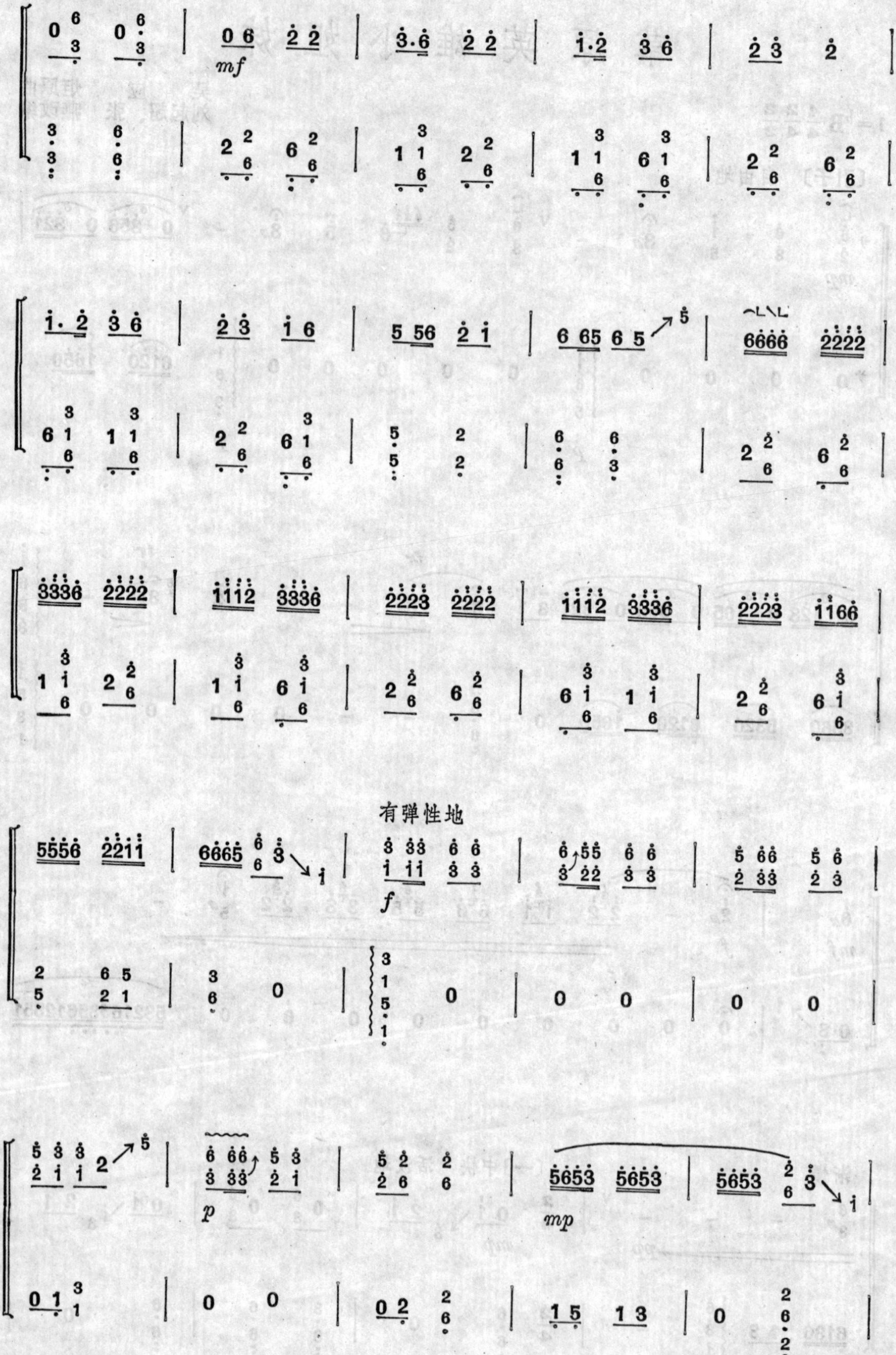

有弹性地

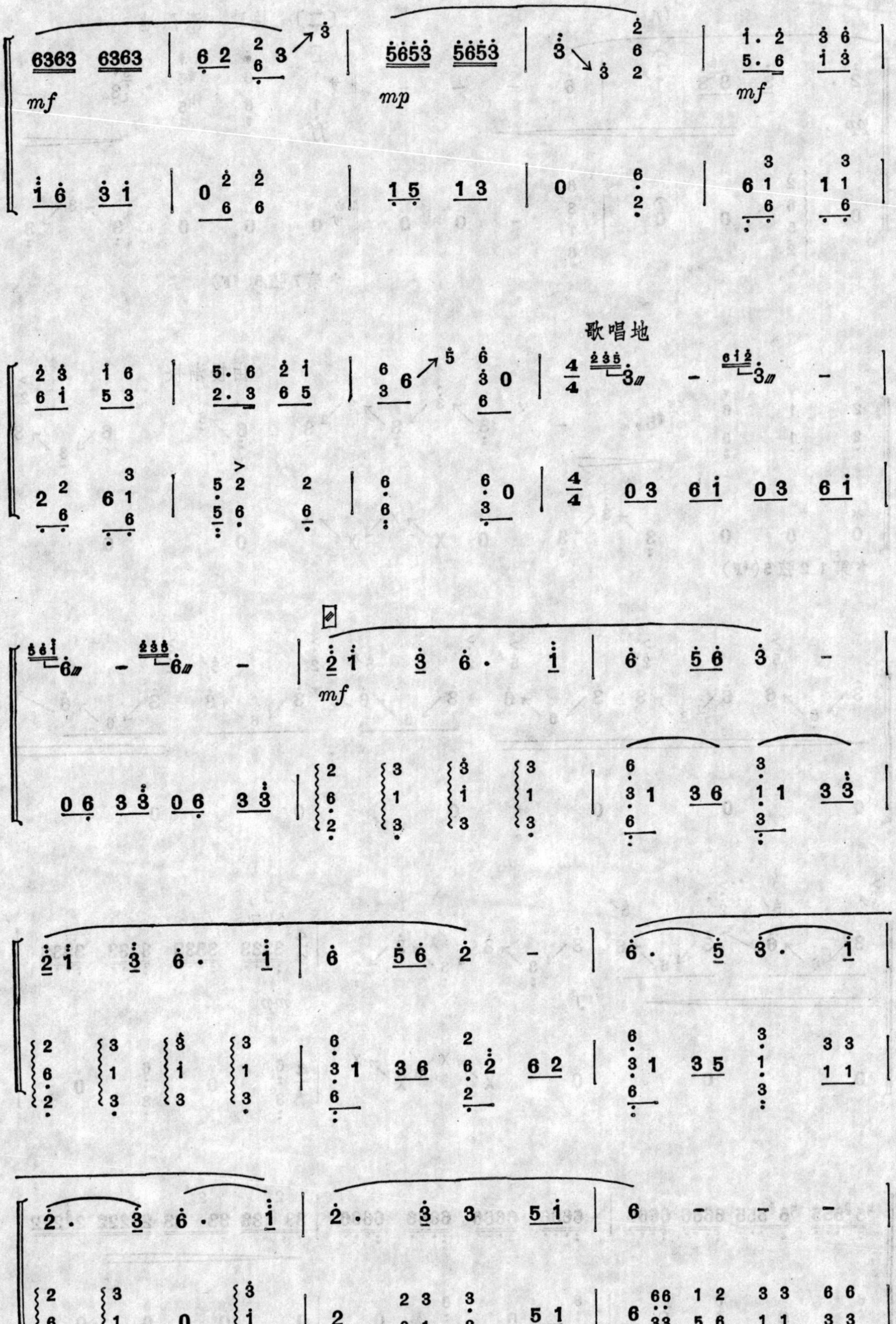

mf *mp* *mf*

歌唱地

$\frac{4}{4}$

mf

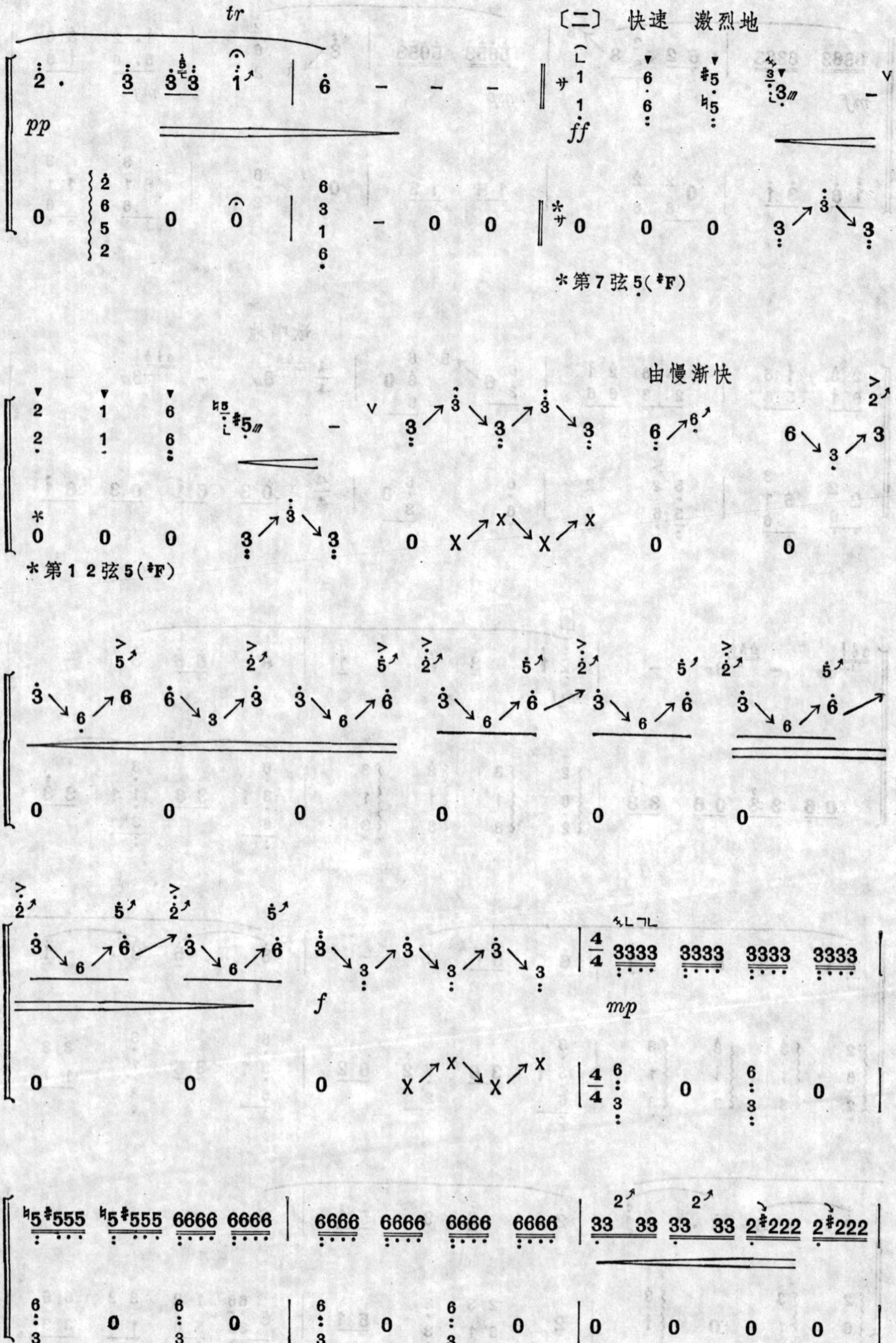

tr

pp

〔二〕 快速　激烈地

ff

*第7弦5(#F)

由慢渐快

*第1 2弦5(#F)

f

mp

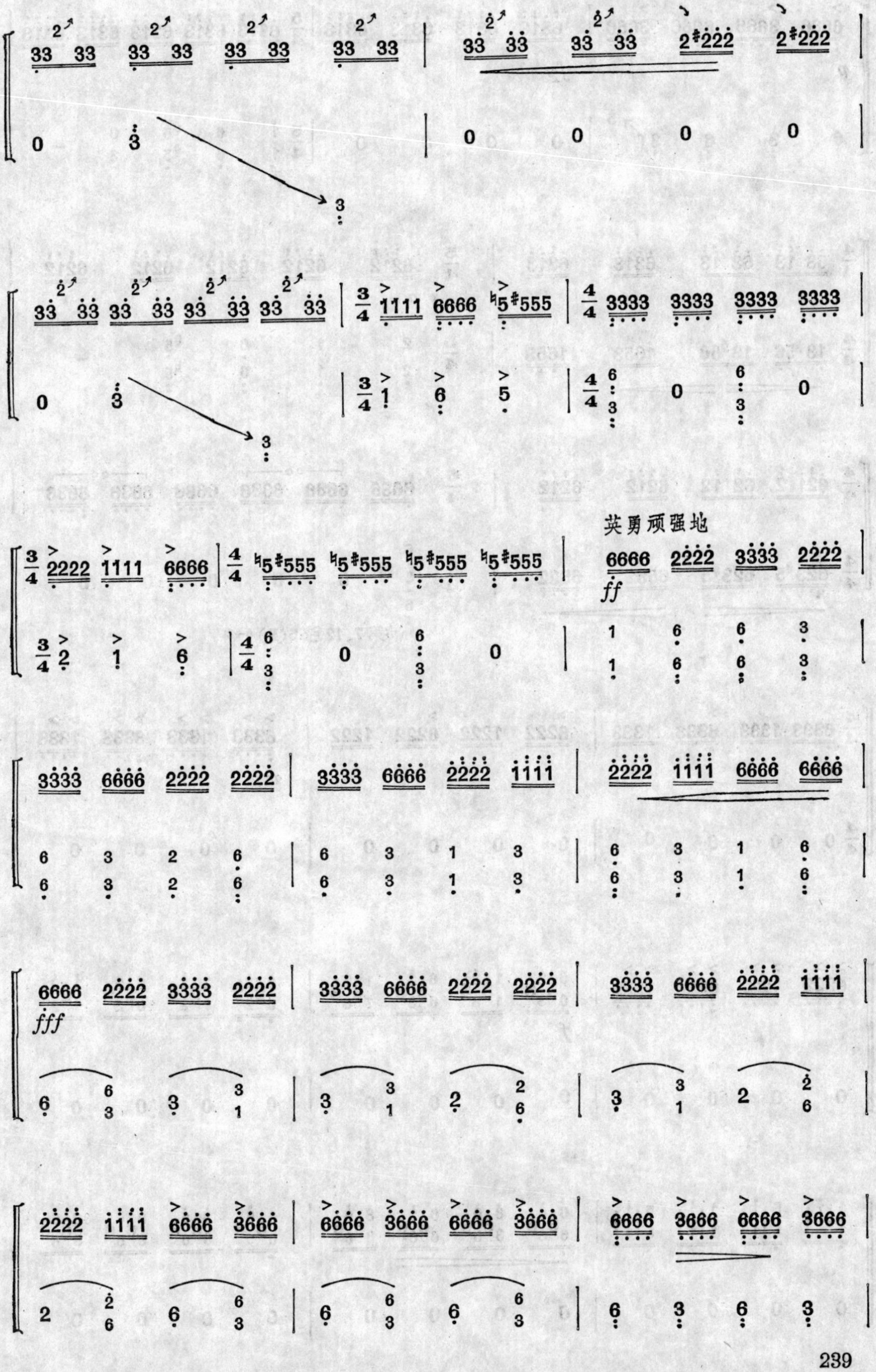

英勇顽强地

ff

fff

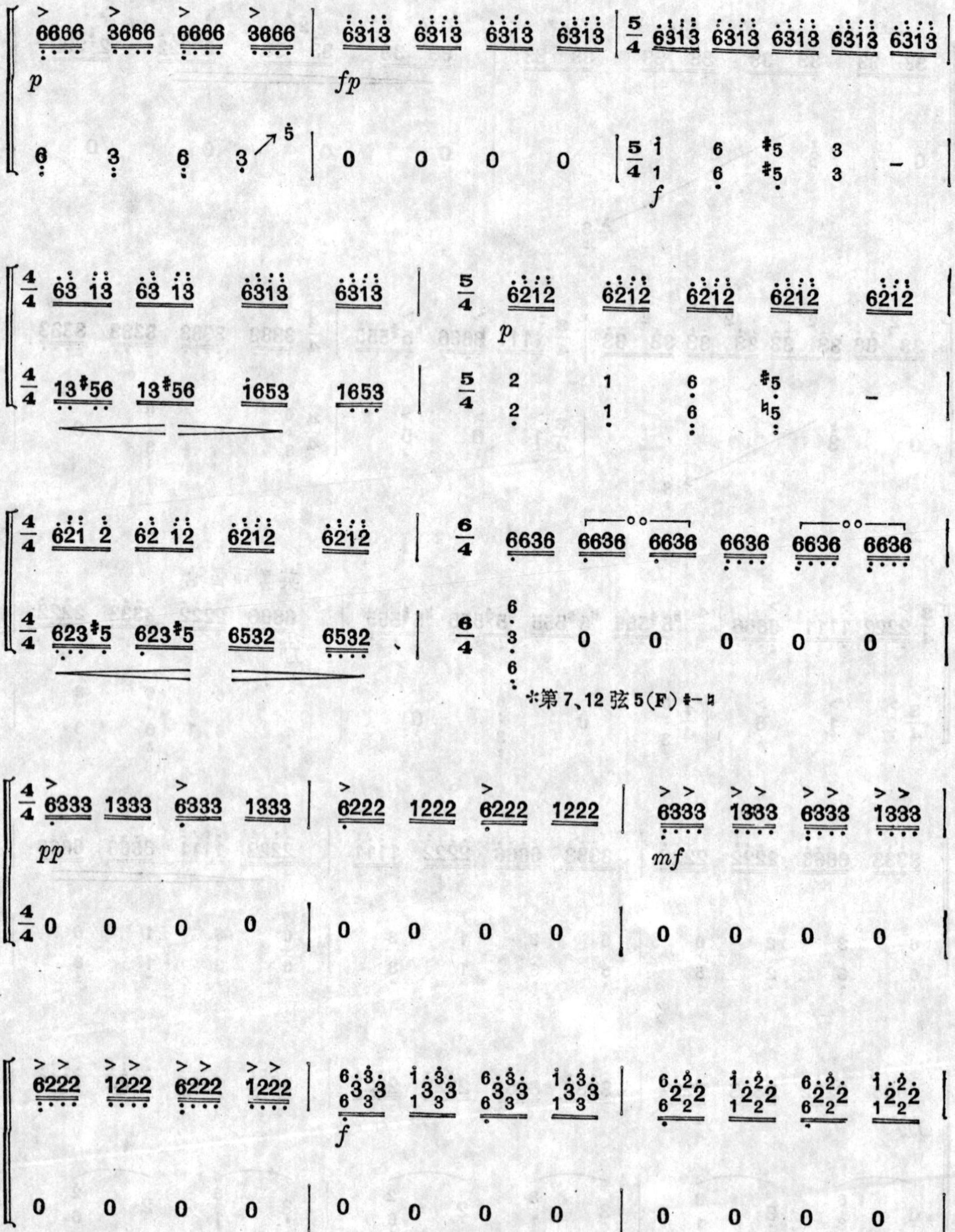

*第7、12弦5(F)♯-♮

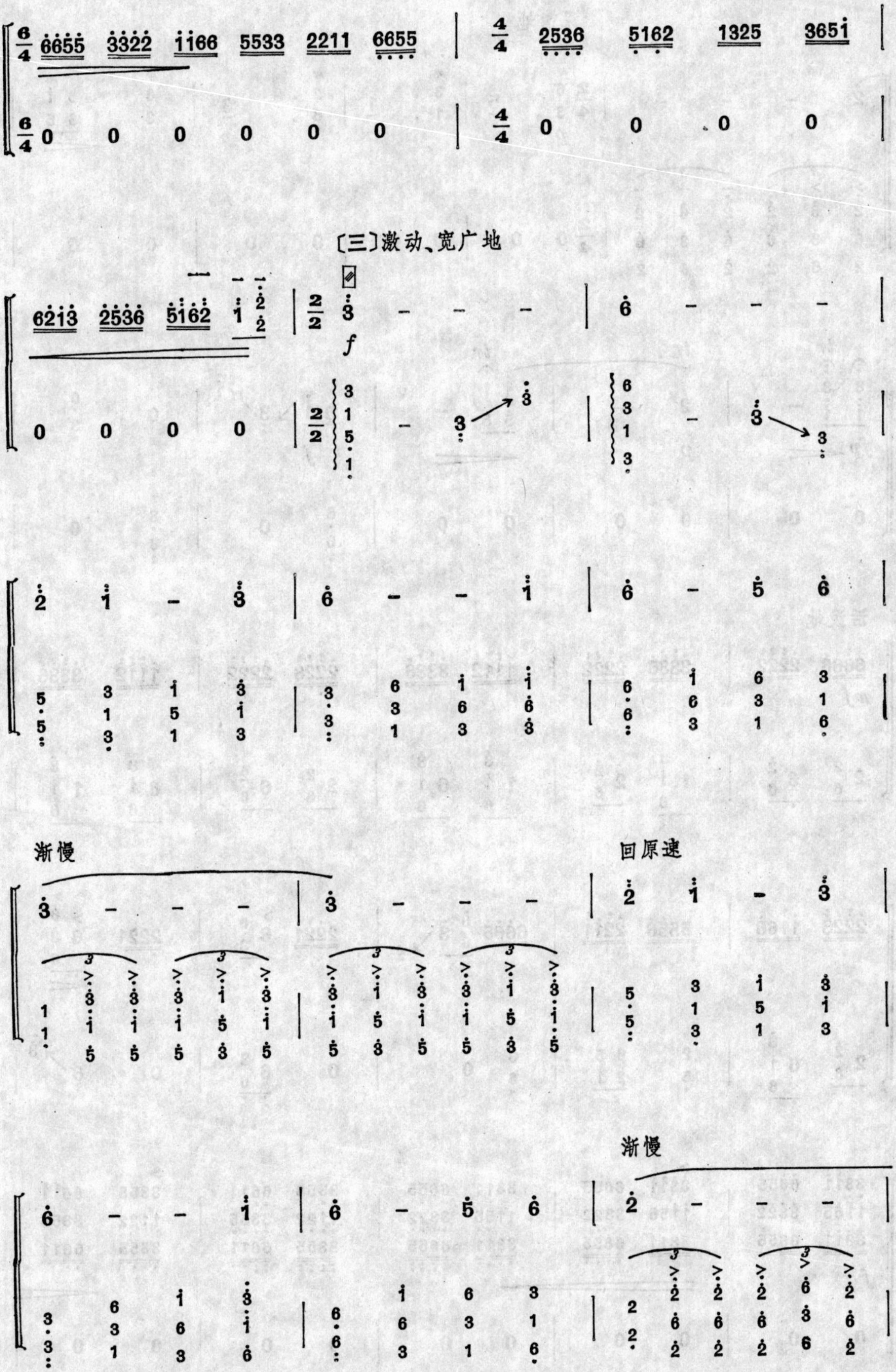

6/4 6655 3322 1166 5533 2211 6655 | 4/4 2536 5162 1325 3651 |

6/4 0 0 0 0 0 0 | 4/4 0 0 0 0 |

〔三〕激动、宽广地

6213 2536 5162 1 2 2 | 2/2 3 – – – | 6 – – – |

f

0 0 0 0 | 2/2

2 1 – 3 | 6 – – 1 | 6 – 5 6 |

渐慢

3 – – – | 3 – – – |

回原速

2 1 – 3 |

6 – – 1 | 6 – 5 6 |

渐慢

2 – – – |

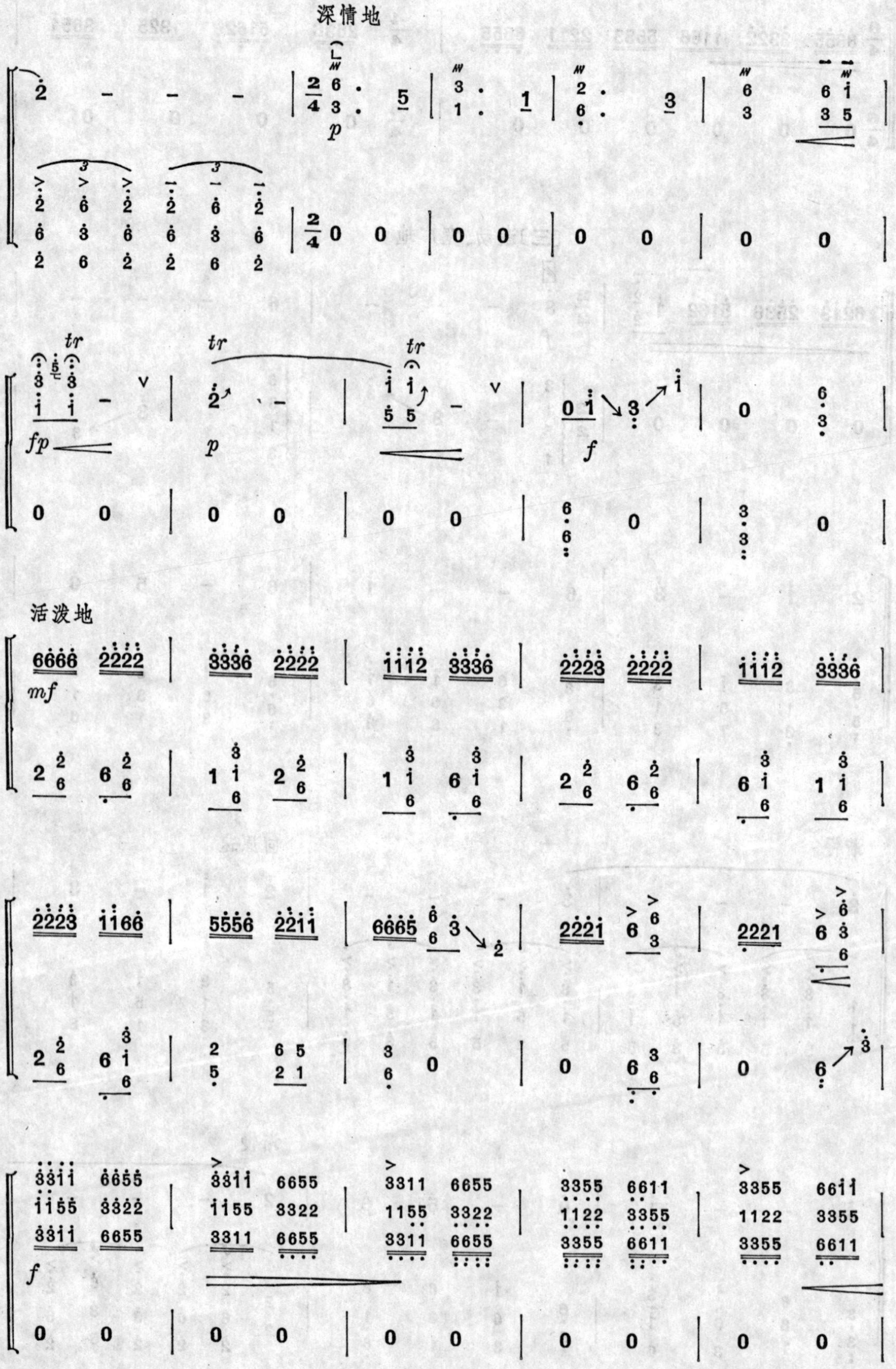

深情地

$\frac{2}{4}$

p

fp *p* *f*

活泼地

mf

f

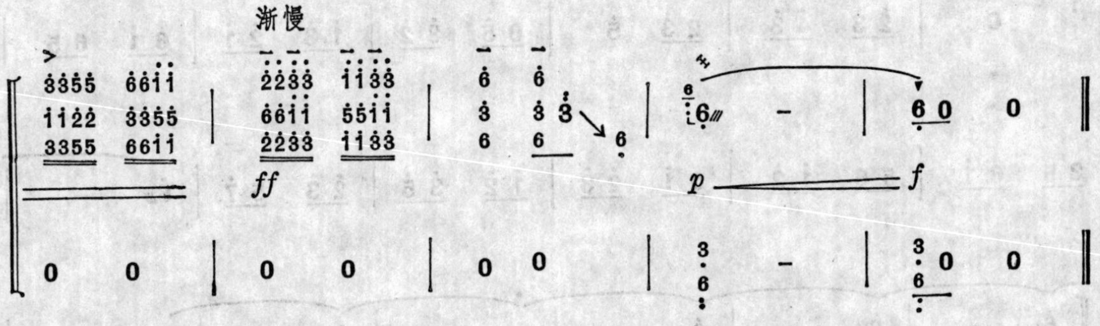

渐慢

ff

p *f*

打虎上山

京剧《智取威虎山》选段

上海京剧院《智取威虎山》剧组创作
赵 曼 琴改编

1=D $\frac{2}{4}$

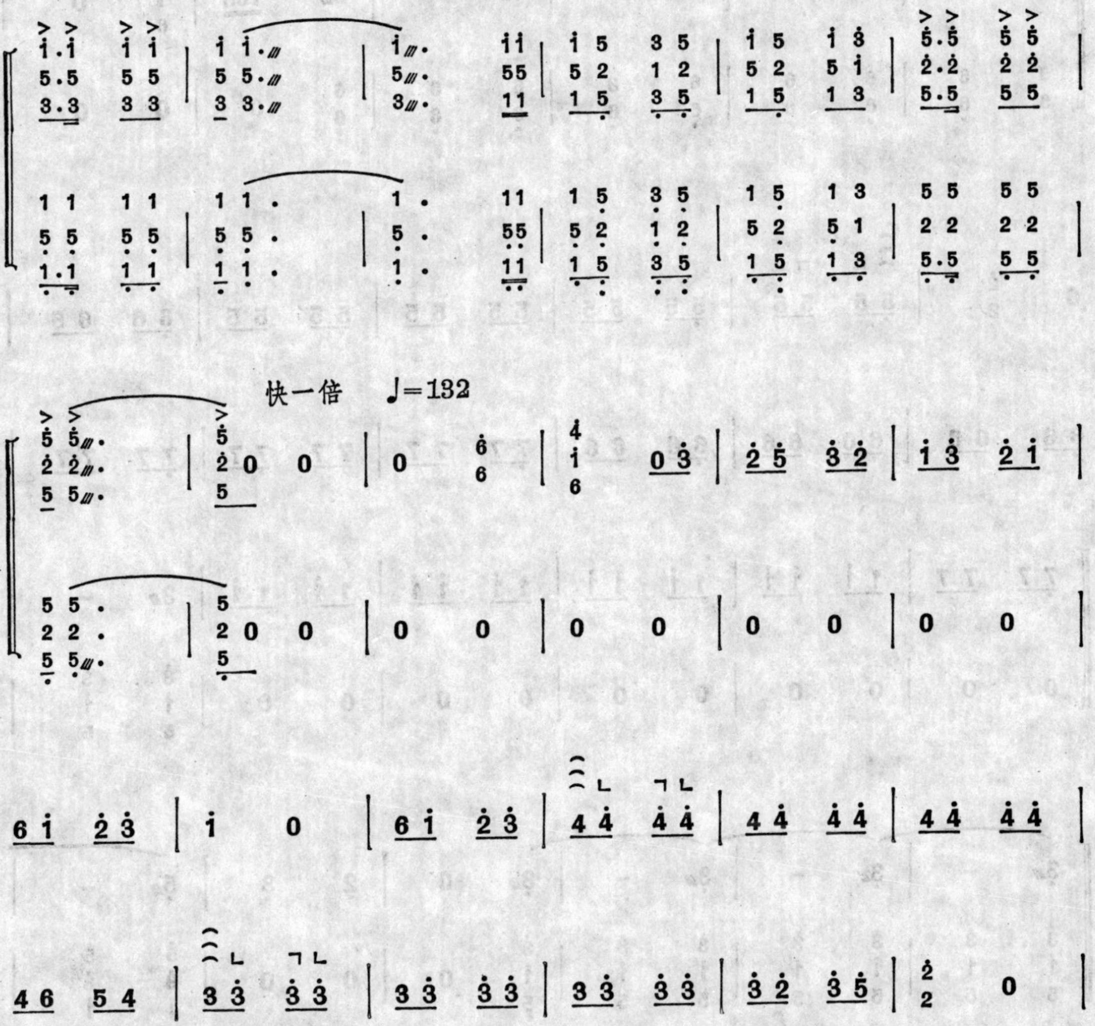

快一倍 ♩=132

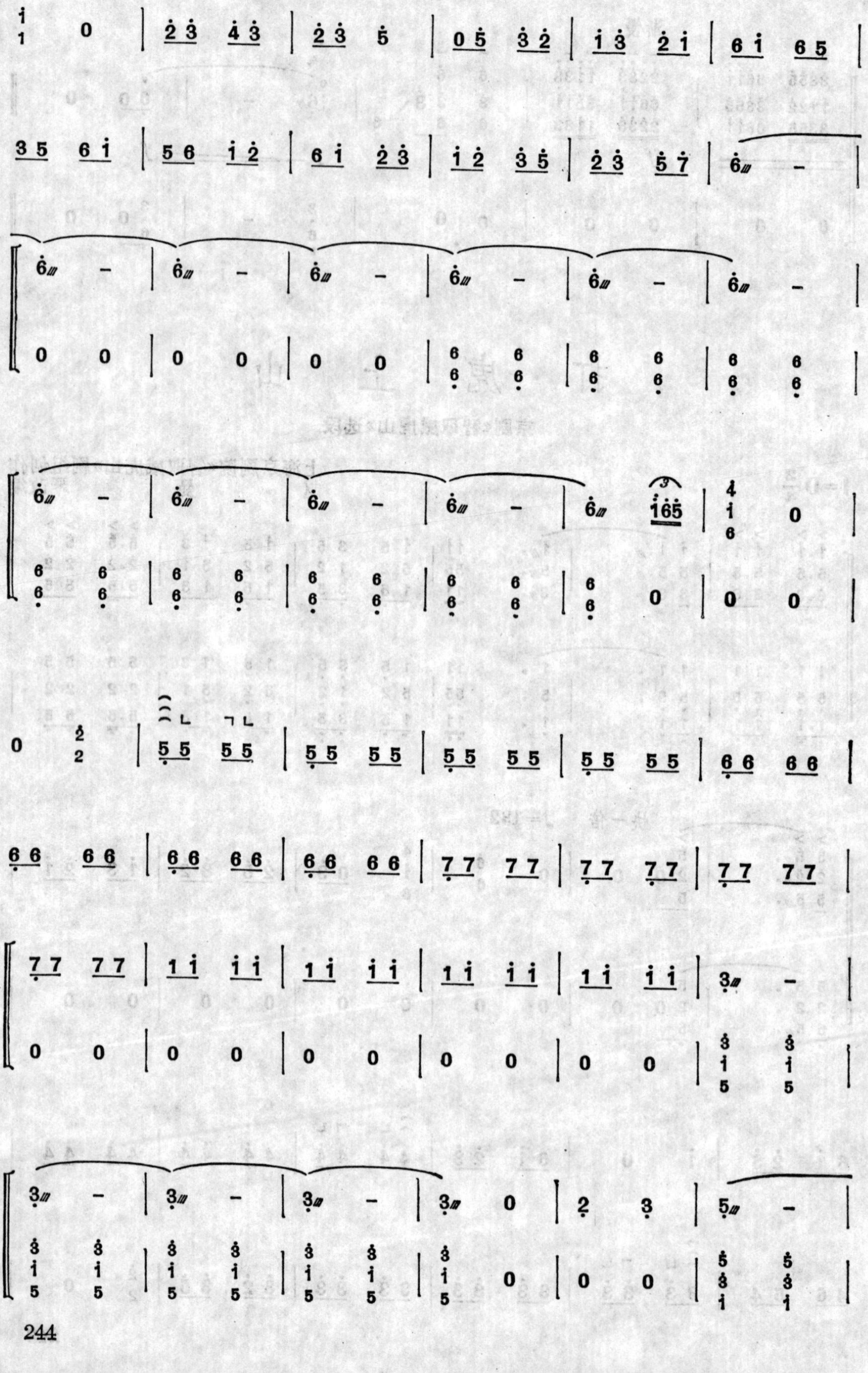

1/1 0 | 2 3 4 3 | 2 3 5 | 0 5 3 2 | 1 3 2 1 | 6 1 6 5 |

3 5 6 1 | 5 6 1 2 | 6 1 2 3 | 1 2 3 5 | 2 3 5 7 | 6 – |

6 – | 6 – | 6 – | 6 – | 6 – | 6 – |
0 0 | 0 0 | 0 0 | 6/6 6/6 | 6/6 6/6 | 6/6 6/6 |

6 – | 6 – | 6 – | 6 – | 6 165 | 4/1/6 0 |
6/6 6/6 | 6/6 6/6 | 6/6 6/6 | 6/6 6/6 | 6/6 0 | 0 0 |

0 2/2 | 5 5 5 5 | 5 5 5 5 | 5 5 5 5 | 5 5 5 5 | 6 6 6 6 |

6 6 6 6 | 6 6 6 6 | 6 6 6 6 | 7 7 7 7 | 7 7 7 7 | 7 7 7 7 |

7 7 7 7 | 1 1 1 1 | 1 1 1 1 | 1 1 1 1 | 1 1 1 1 | 3 – |
0 0 | 0 0 | 0 0 | 0 0 | 0 0 | 3/1/5 3/1/5 |

3 – | 3 – | 3 – | 3 0 | 2 3 | 5 – |
3/1/5 3/1/5 | 3/1/5 3/1/5 | 3/1/5 3/1/5 | 3/1/5 0 | 0 0 | 5/3/1 5/3/1 |

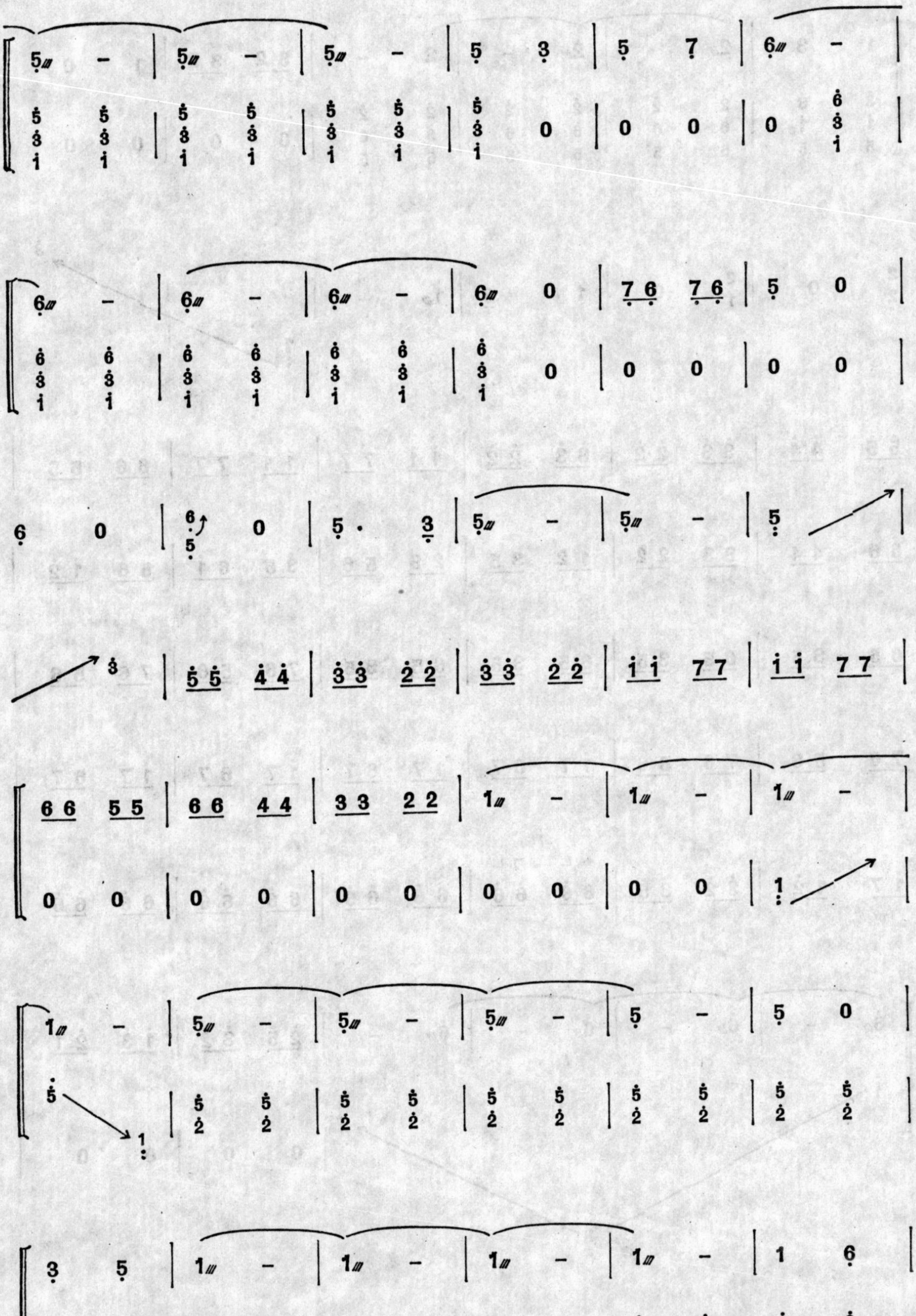

| 5 - | 5 - | 5 - | 5 3 | 5 7 | 6 - |
| 5 3 1 5 3 1 | 5 3 1 5 3 1 | 5 3 1 5 3 1 | 5 3 1 0 | 0 0 | 0 6 3 1 |

| 6 - | 6 - | 6 - | 6 0 | 7 6 7 6 | 5 0 |
| 6 3 1 6 3 1 | 6 3 1 6 3 1 | 6 3 1 6 3 1 | 6 3 1 0 | 0 0 | 0 0 |

6 0 | 6 5 0 | 5 · 3 | 5 - | 5 - | 5

3 | 5 5 4 4 | 3 3 2 2 | 3 3 2 2 | 1 1 7 7 | 1 1 7 7 |

| 6 6 5 5 | 6 6 4 4 | 3 3 2 2 | 1 - | 1 - | 1 - |
| 0 0 | 0 0 | 0 0 | 0 0 | 0 0 | 1 |

| 1 - | 5 - | 5 - | 5 - | 5 - | 5 0 |
| 5 1 | 5 2 5 2 | 5 2 5 2 | 5 2 5 2 | 5 2 5 2 | 5 2 5 2 |

| 3 5 | 1 - | 1 - | 1 - | 1 - | 1 6 |
| 5 2 5 2 | 3 1 5 3 1 5 | 3 1 5 3 1 5 | 3 1 5 3 1 5 | 3 1 5 3 1 5 | 3 1 5 3 1 5 |

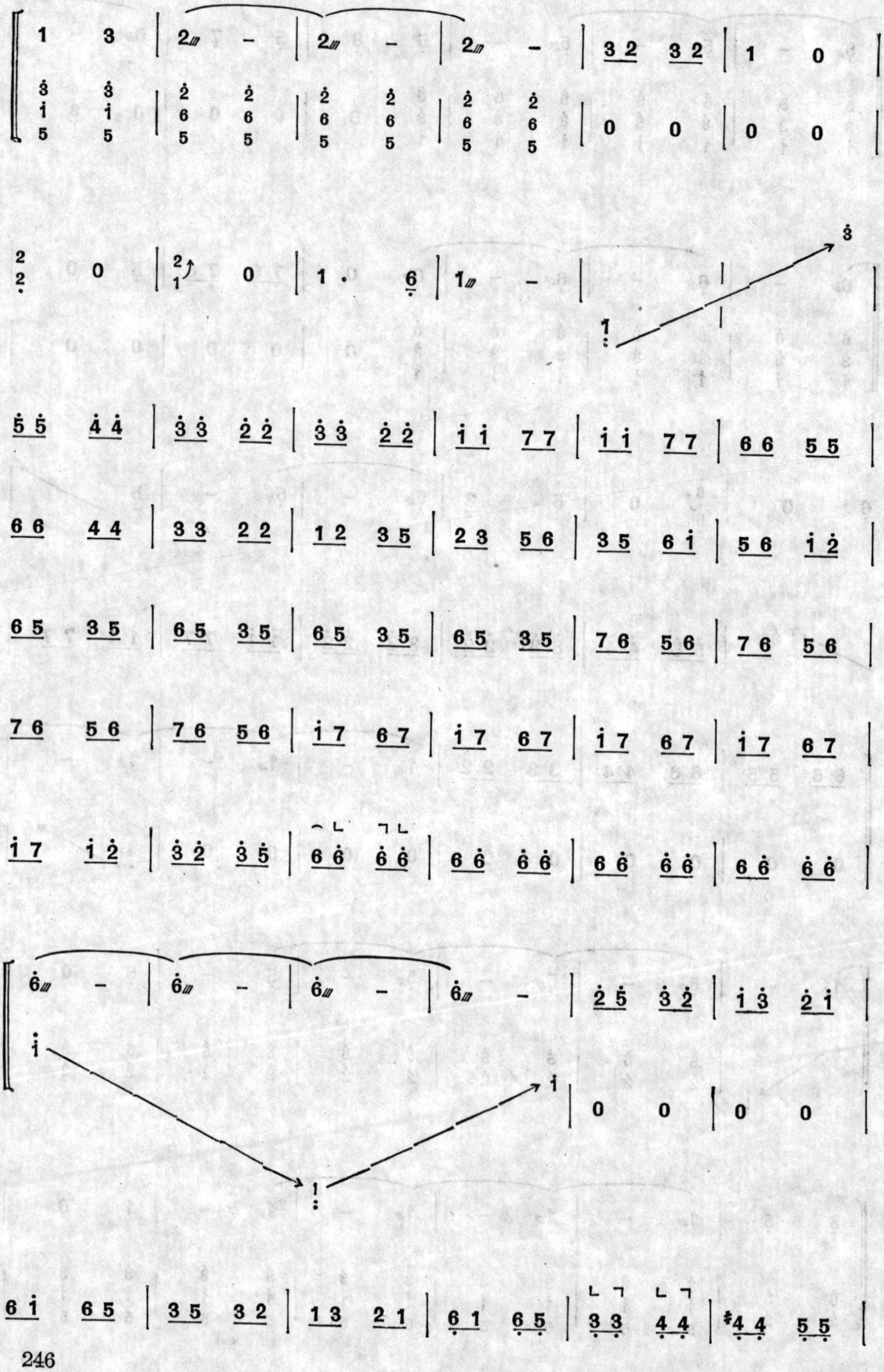

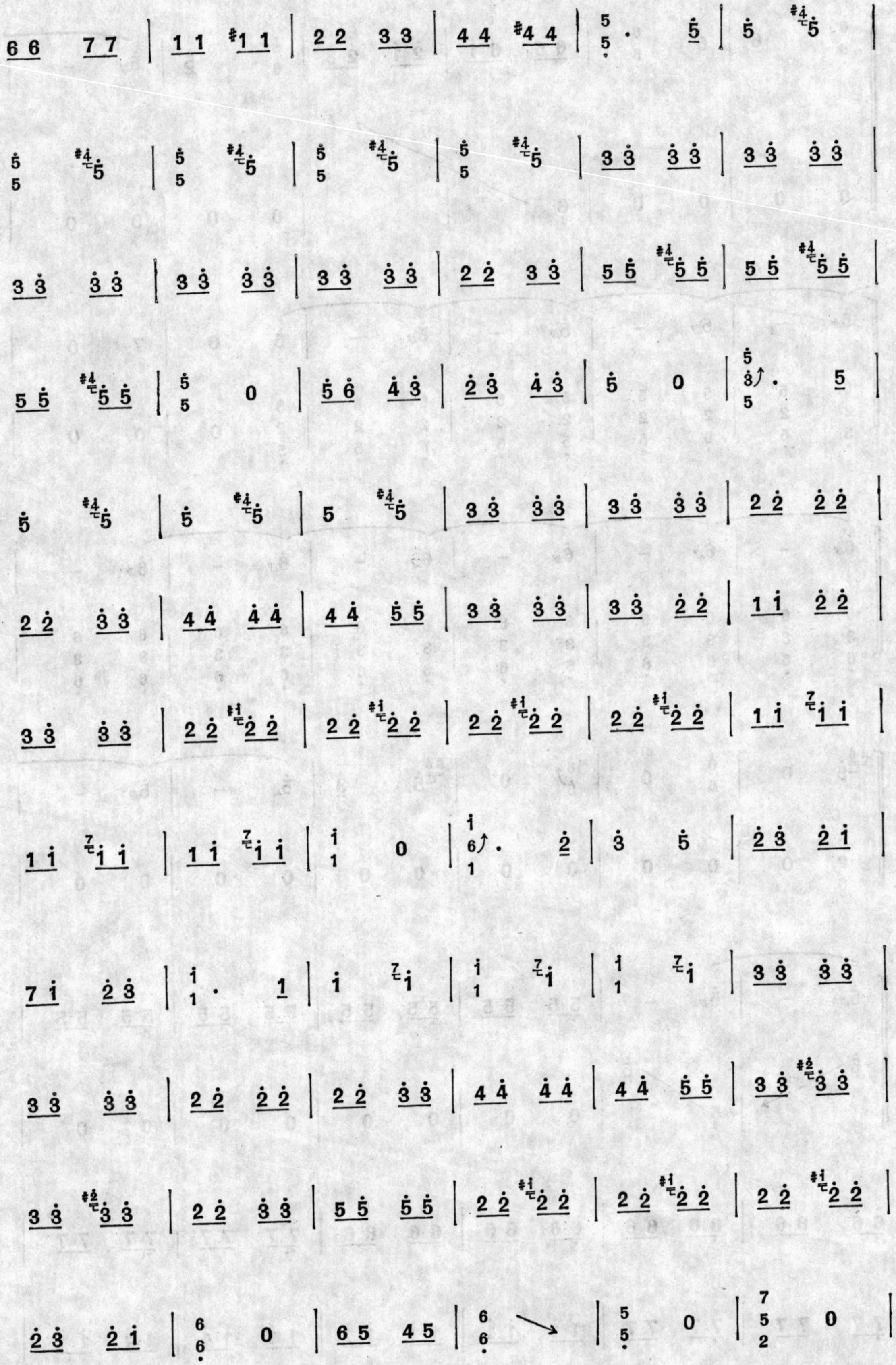

66 77 | 11 #11 | 22 33 | 44 #44 | 5/5 · 5 | 5 #4 5 |

5/5 #4 5 | 5/5 #4 5 | 5/5 #4 5 | 5/5 #4 5 | 33 33 | 33 33 |

33 33 | 33 33 | 33 33 | 22 33 | 55 #4 55 | 55 #4 55 |

55 #4 55 | 5/5 0 | 56 43 | 23 43 | 5 0 | 5/3/5 · 5 |

5 #4 5 | 5 #4 5 | 5 #4 5 | 33 33 | 33 33 | 22 22 |

22 33 | 44 44 | 44 55 | 33 33 | 33 22 | 11 22 |

33 33 | 22 #1 22 | 22 #1 22 | 22 #1 22 | 22 #1 22 | 11 7 11 |

11 7 11 | 11 7 11 | 1/1 0 | 1/6/1 · 2 | 3 5 | 23 21 |

71 23 | 1/1 · 1 | 1 7 1 | 1/1 7 1 | 1/1 7 1 | 33 33 |

33 33 | 22 22 | 22 33 | 44 44 | 44 55 | 33 #2 33 |

33 #2 33 | 22 33 | 55 55 | 22 #1 22 | 22 #1 22 | 22 #1 22 |

23 21 | 6/6 0 | 65 45 | 6/6 → | 5/5 0 | 7/5/2 0 |

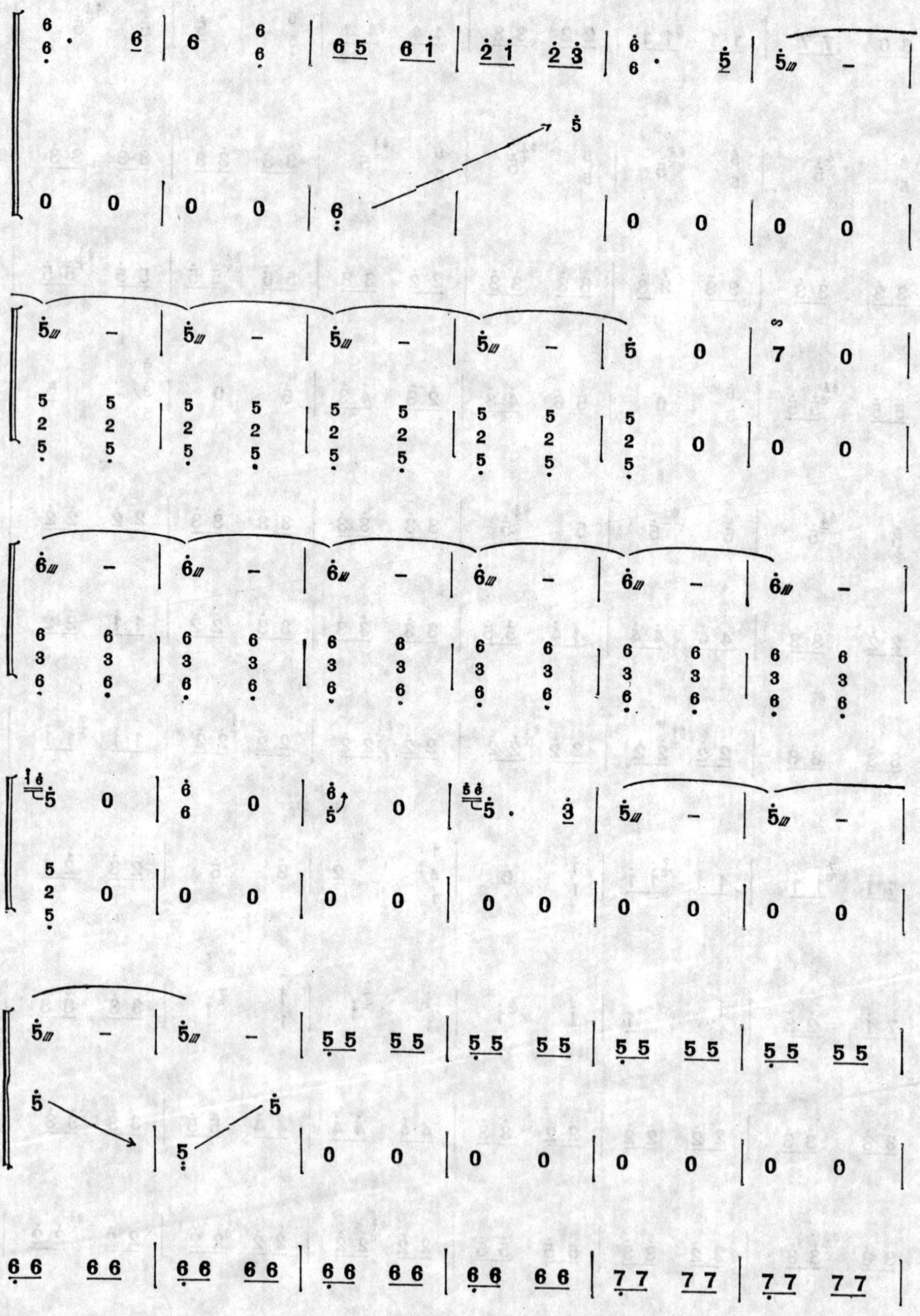

6 6 · 6 | 6 6 6 | 6 5 6 i | 2 i 2 3 | 6 6 · 5 | 5 – |

5

0 0 | 0 0 | 6 | | 0 0 | 0 0 |

5 – | 5 – | 5 – | 5 – | 5 0 | 7 0 |

5 2 5 5 2 5 | 5 2 5 5 2 5 | 5 2 5 5 2 5 | 5 2 5 5 2 5 | 5 2 5 0 | 0 0 |

6 – | 6 – | 6 – | 6 – | 6 – | 6 – |

6 3 6 6 3 6 | 6 3 6 6 3 6 | 6 3 6 6 3 6 | 6 3 6 6 3 6 | 6 3 6 6 3 6 | 6 3 6 6 3 6 |

i 6 5 0 | 6 6 0 | 6 5 0 | 5 6 5 · 3 | 5 – | 5 – |

5 2 5 0 | 0 0 | 0 0 | 0 0 | 0 0 | 0 0 |

5 – | 5 – | 5 5 5 5 | 5 5 5 5 | 5 5 5 5 | 5 5 5 5 |

5 5 | 5 | 0 0 | 0 0 | 0 0 | 0 0 |

6 6 6 6 | 6 6 6 6 | 6 6 6 6 | 6 6 6 6 | 7 7 7 7 | 7 7 7 7 |

7 7 7 7 | 7 7 7 7 | 1 i i i | 1 i i i | 1 i i i | 1 i i i |

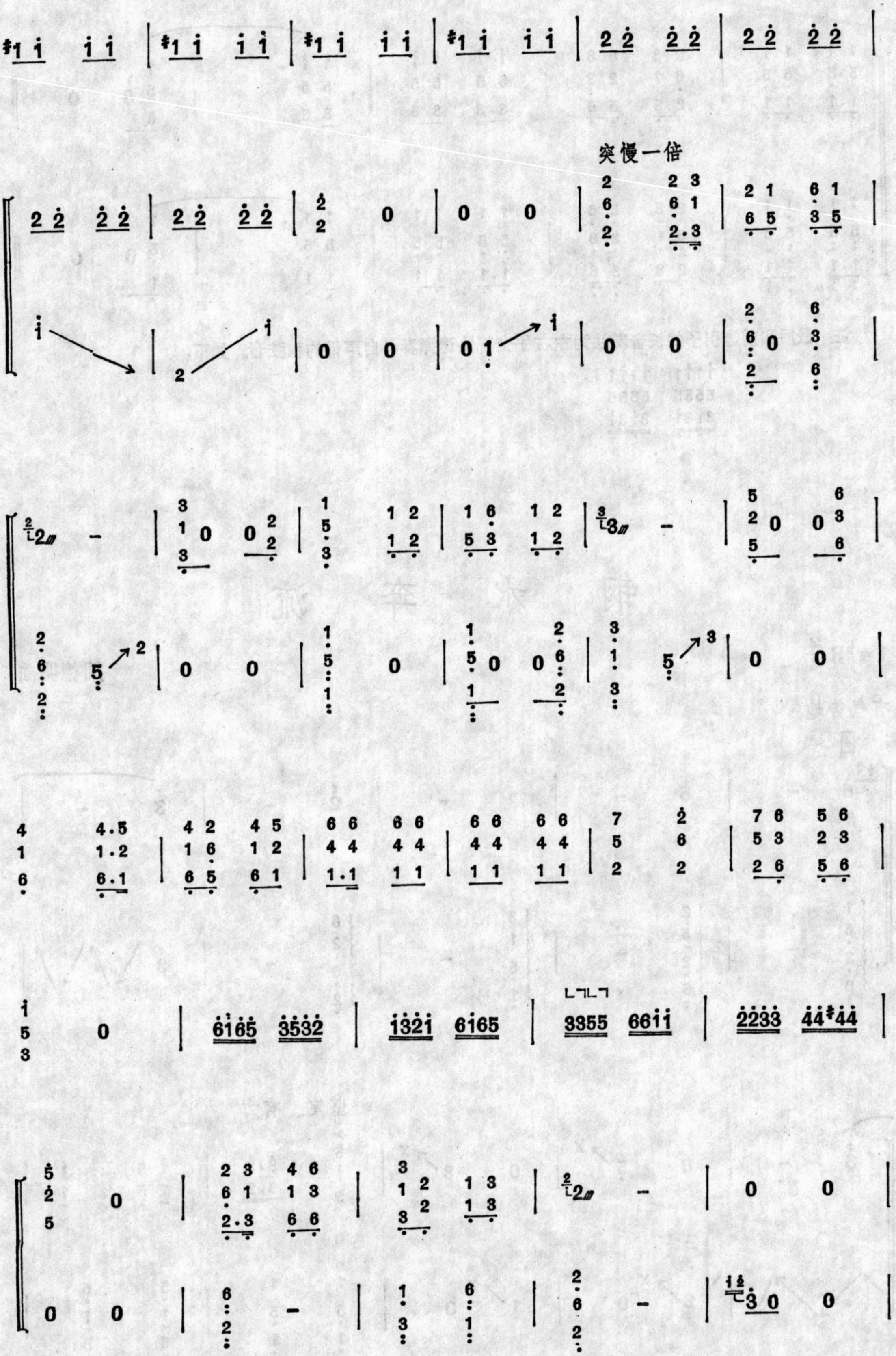

#1 i i i | #1 i i i | #1 i i i | #1 i i i | 2 2 2 2 | 2 2 2 2 |

突慢一倍

i 5 3 0 | 6165 3532 | i321 6165 | 3355 66ii | 2233 44#44 |

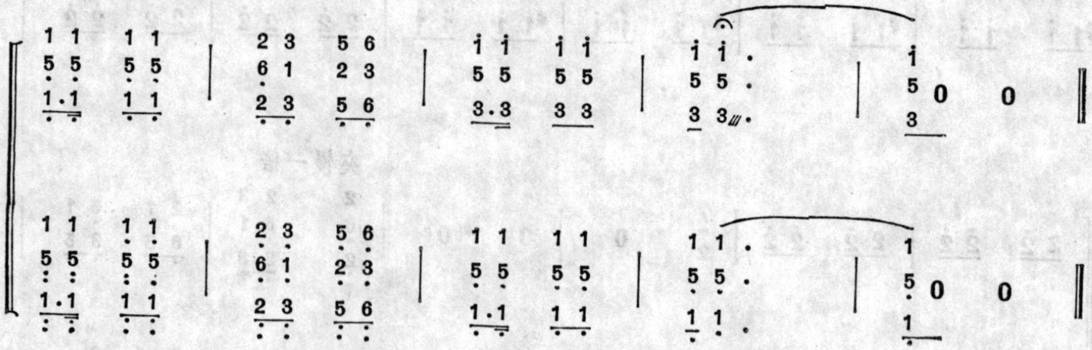

注：最后和前边引子的长音奏法为左右手交替快速弹奏各自声部的和弦音。如下：

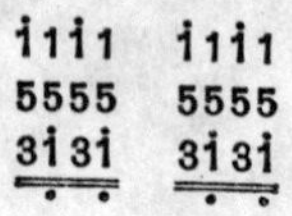

钢　水　奔　流

1=^{b}B $\frac{2}{4}$

周德明曲

有气势地

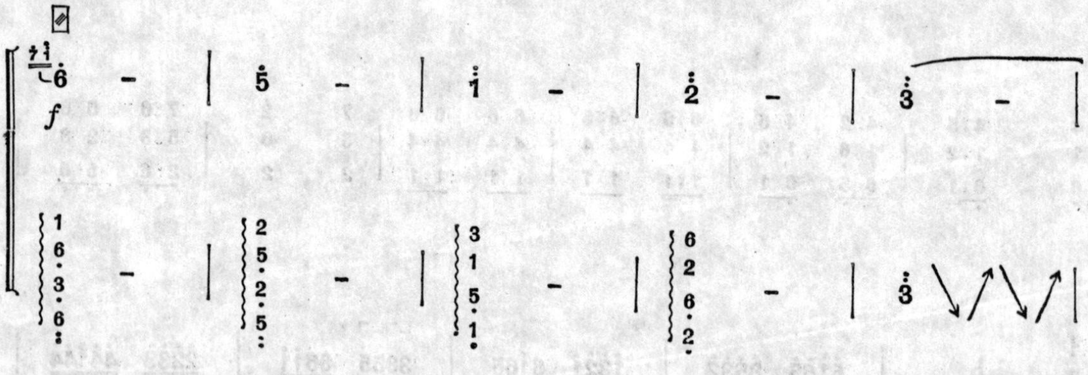

f

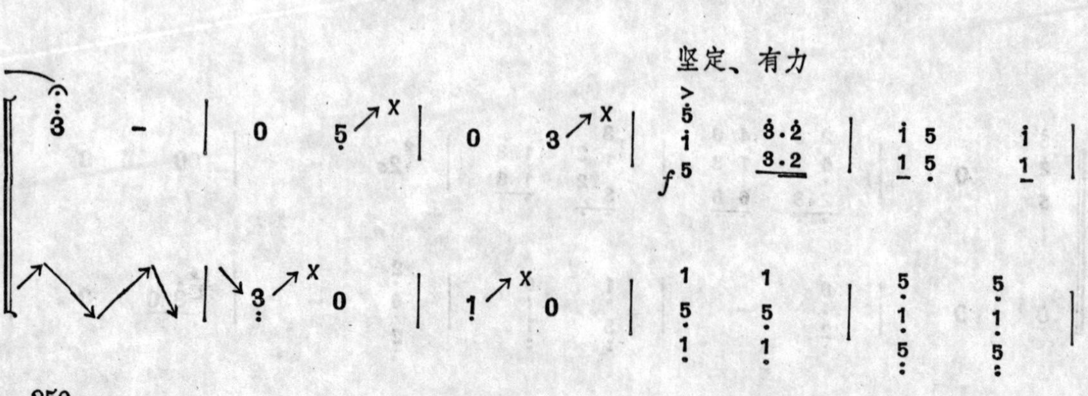

坚定、有力

f

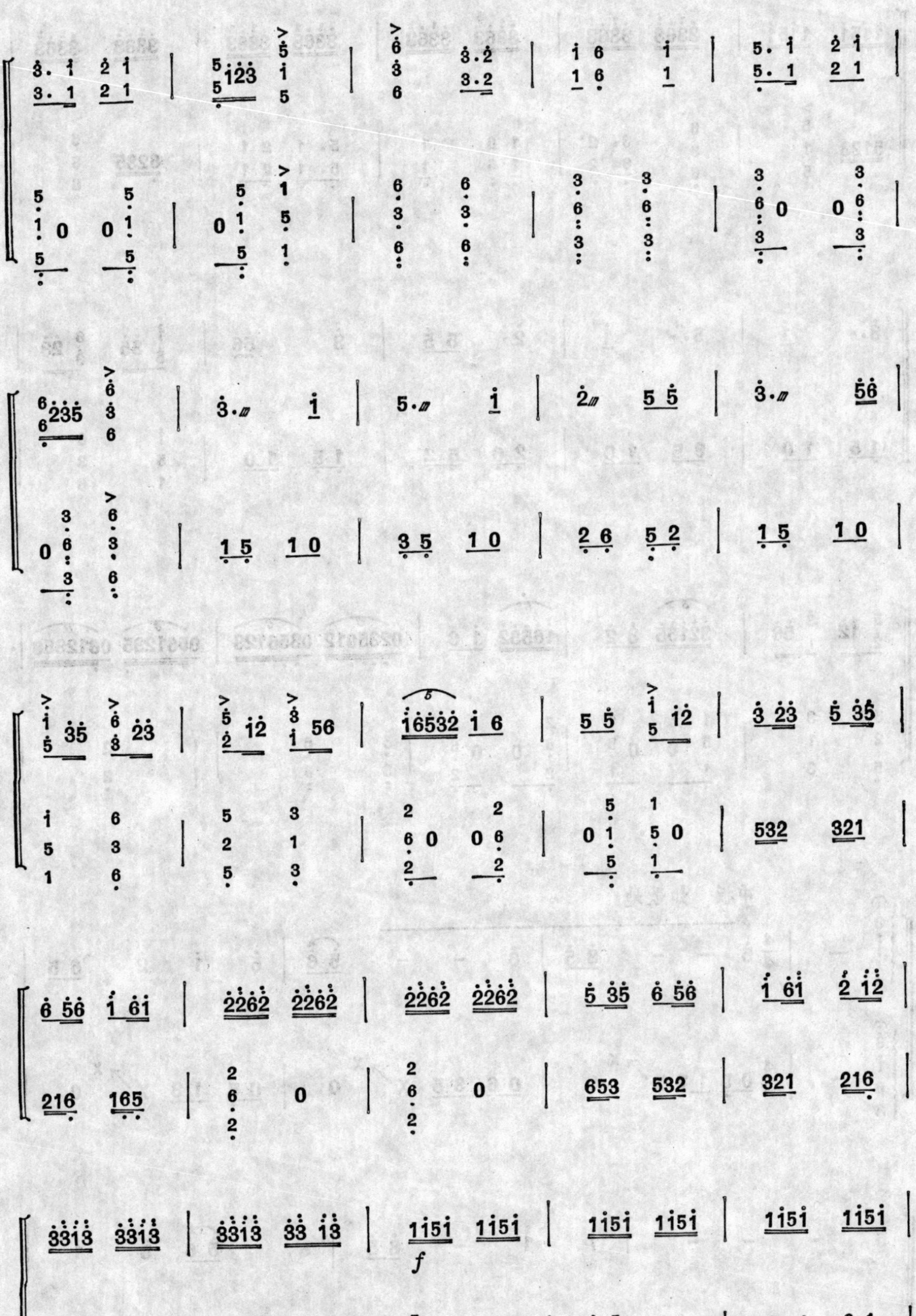

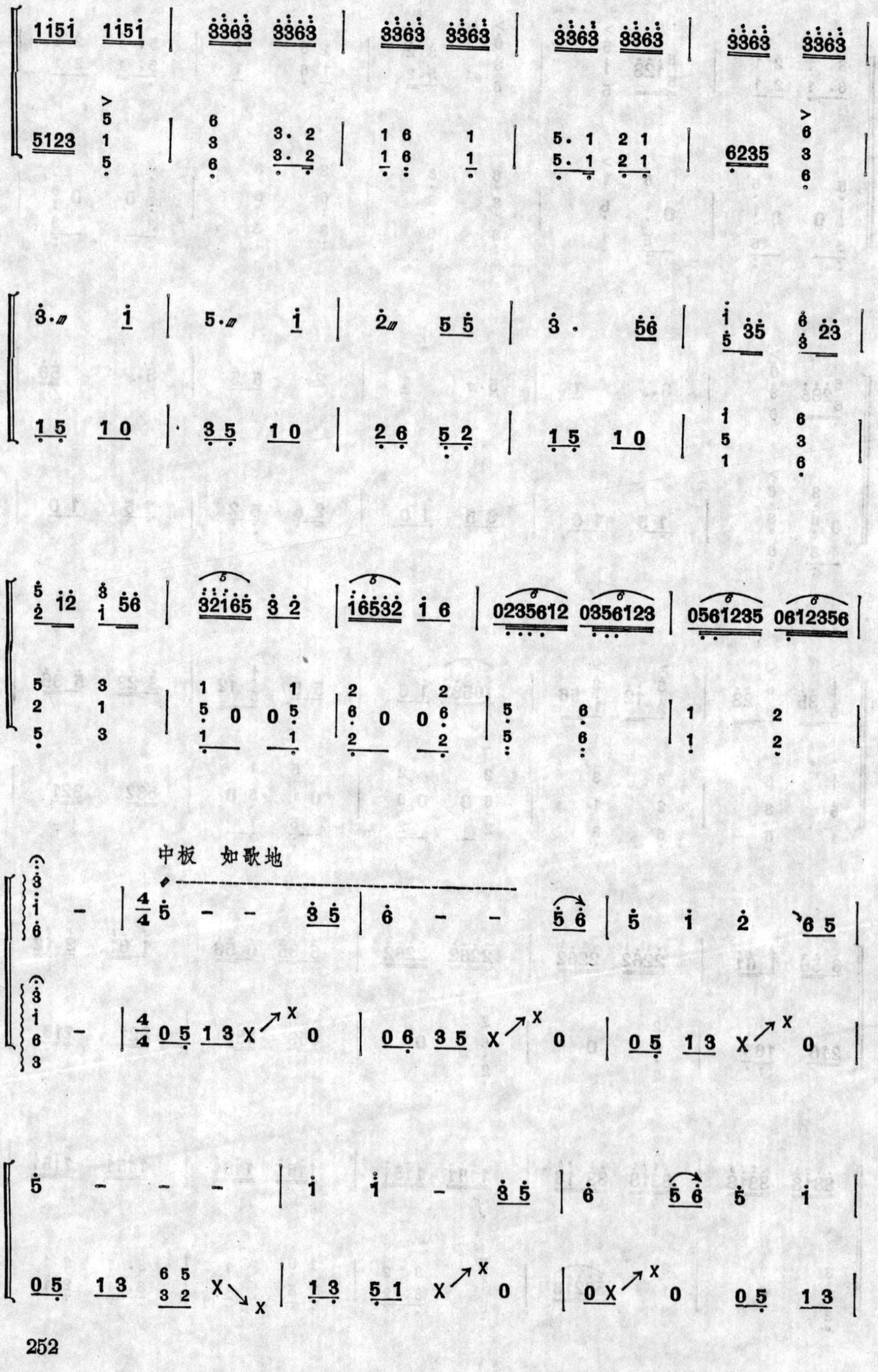

中板　如歌地

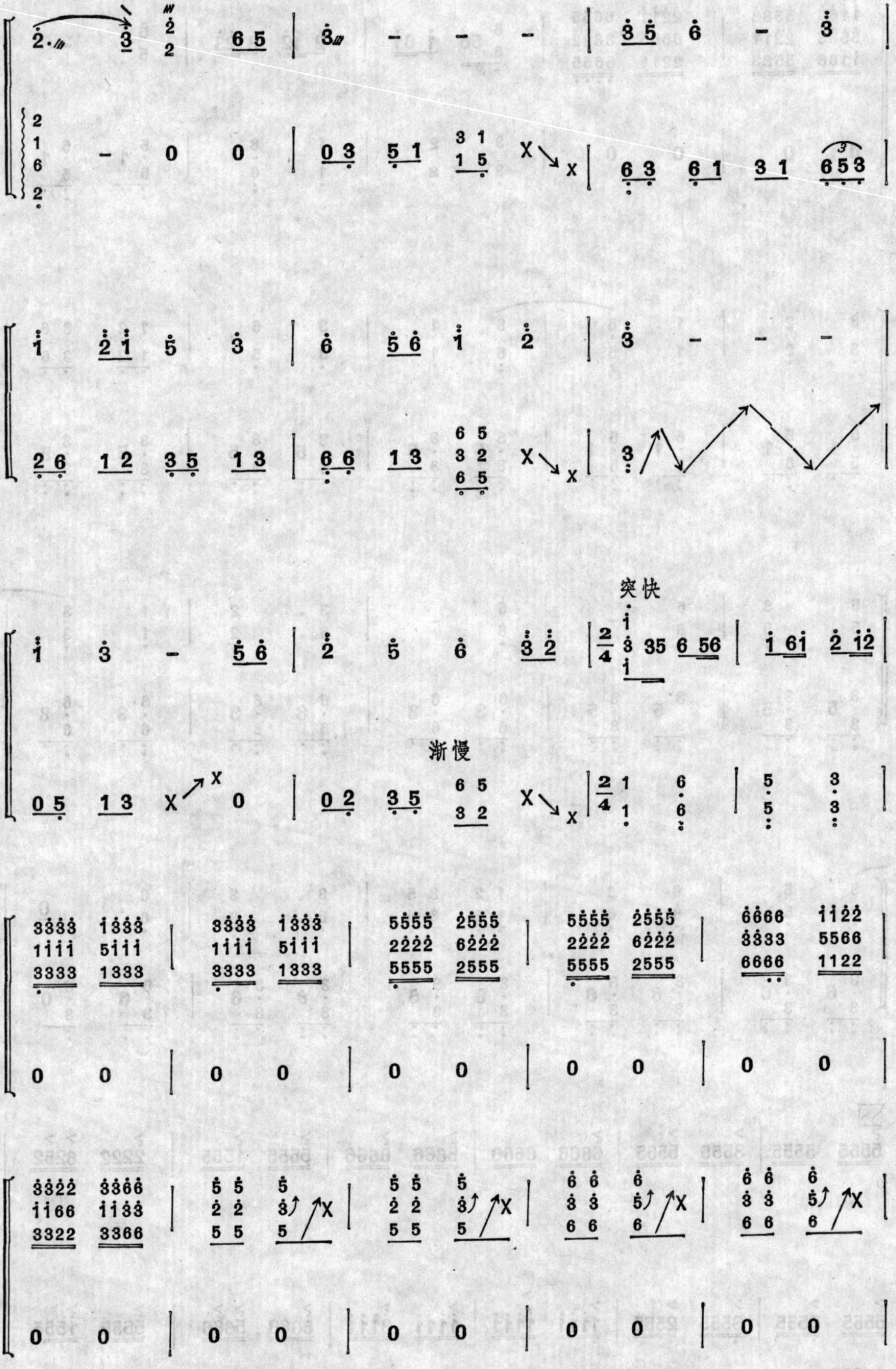

突快

渐慢

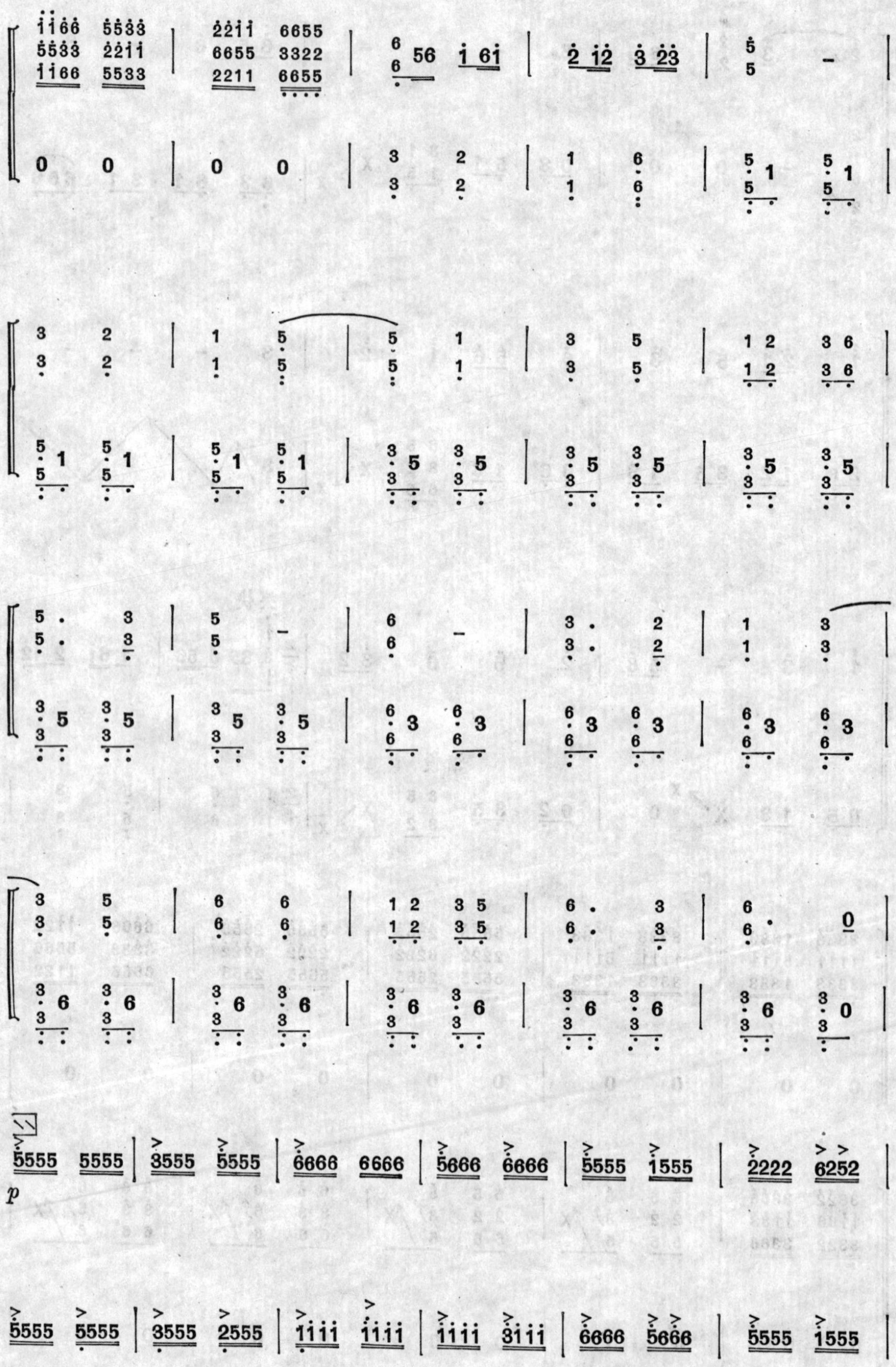

i i 6 6 5 5 3 3 | 2 2 1 1 6 6 5 5 | 6 56 1 61 | 2 12 3 23 | 5 - |
5 5 3 3 2 2 1 1 | 6 6 5 5 3 3 2 2 | 6 | | 5 |
1 1 6 6 5 5 3 3 | 2 2 1 1 6 6 5 5 | | | |

0 0 | 0 0 | 3 2 | 1 6 | 5 1 5 1 |
| | 3 2 | 1 6 | 5 5 |

3 2 | 1 5 | 5 1 | 3 5 | 1 2 3 6 |
3 2 | 1 5 | 5 1 | 3 5 | 1 2 3 6 |

5 1 5 1 | 5 1 5 1 | 3 5 3 5 | 3 5 3 5 | 3 5 3 5 |
5 5 | 5 5 | 3 3 | 3 3 | 3 3 |

5 · 3 | 5 - | 6 - | 3 · 2 | 1 3 |
5 · 3 | 5 | 6 | 3 · 2 | 1 3 |

3 5 3 5 | 3 5 3 5 | 6 3 6 3 | 6 3 6 3 | 6 3 6 3 |
3 3 | 3 3 | 6 6 | 6 6 | 6 6 |

3 5 | 6 6 | 1 2 3 5 | 6 · 3 | 6 0 |
3 5 | 6 6 | 1 2 3 5 | 6 · 3 | 6 · |

3 6 3 6 | 3 6 3 6 | 3 6 3 6 | 3 6 3 6 | 3 6 3 0 |
3 3 | 3 3 | 3 3 | 3 3 | 3 3 |

p
5555 5555 | 3555 5555 | 6666 6666 | 5666 6666 | 5555 1555 | 2222 6252 |

5555 5555 | 3555 2555 | 1111 1111 | 1111 3111 | 6666 5666 | 5555 1555 |

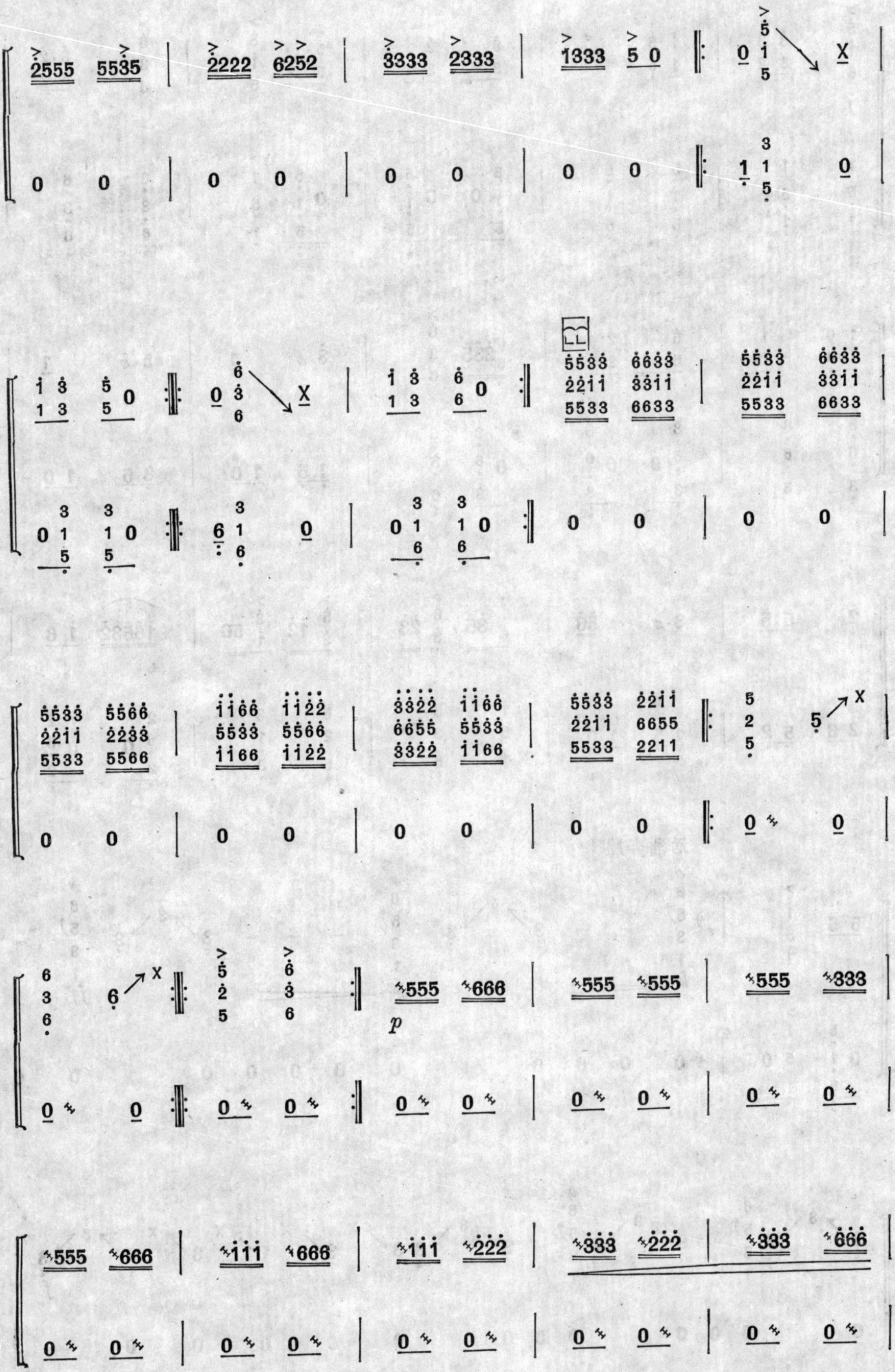

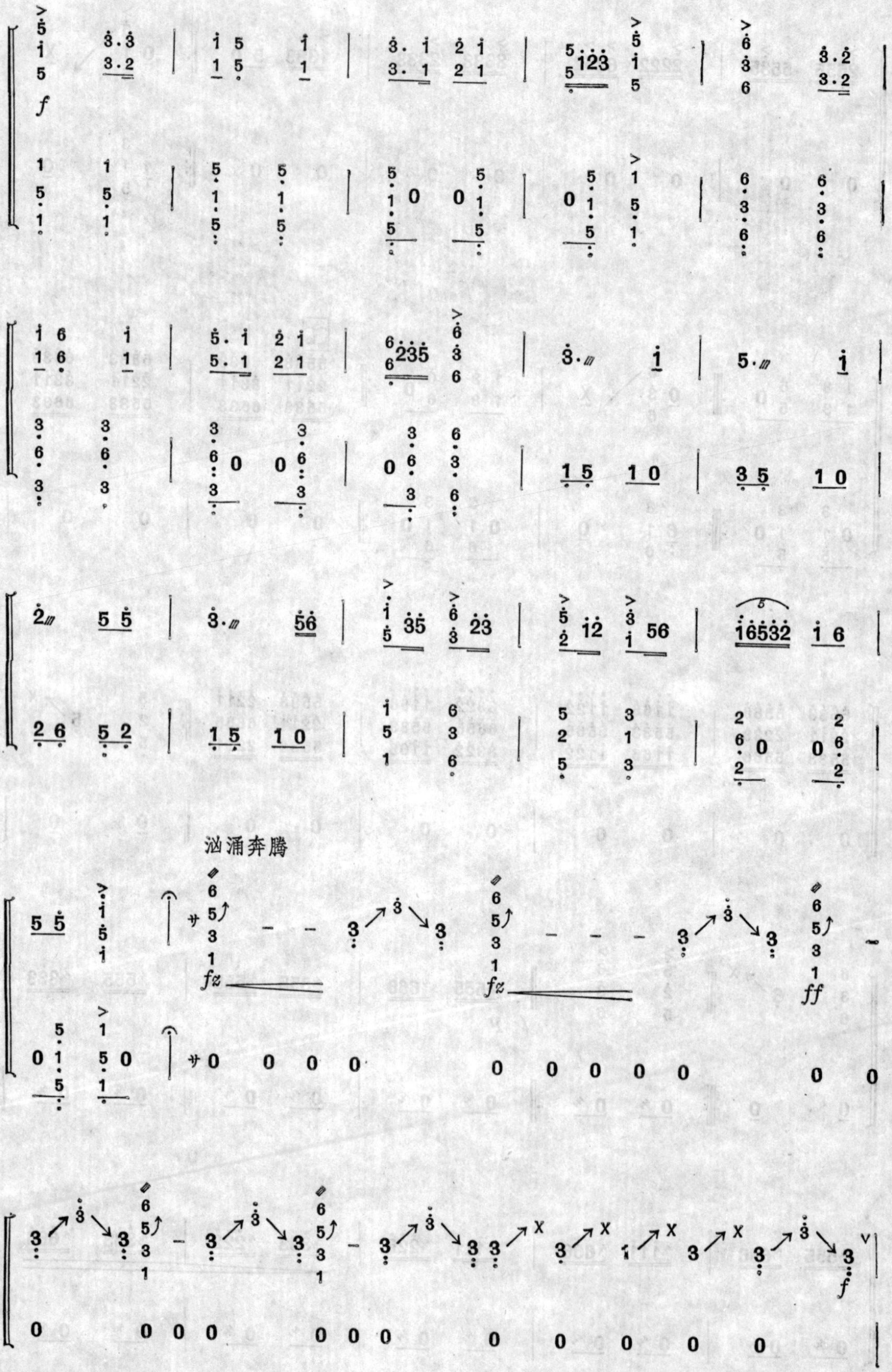

汹涌奔腾

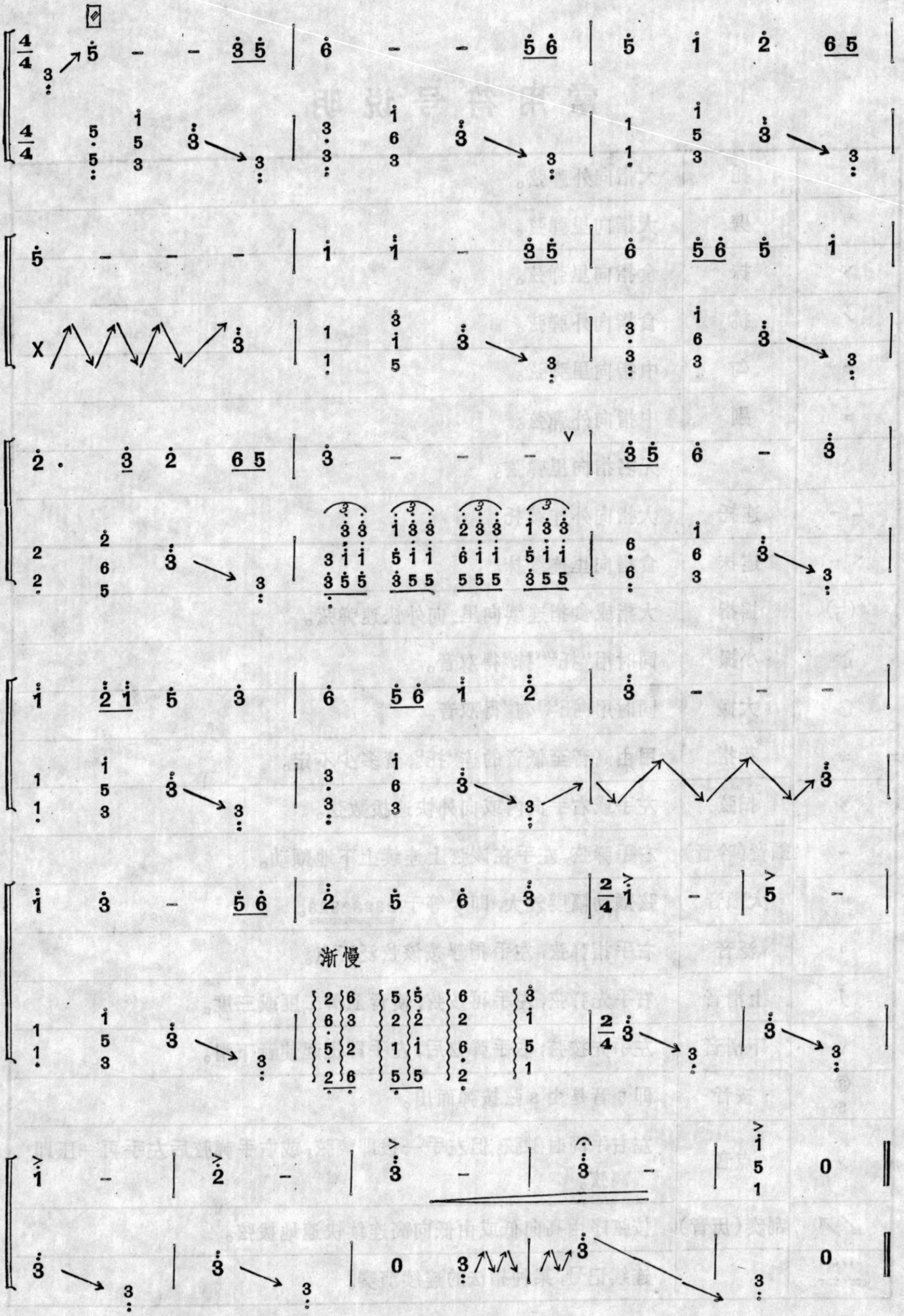

渐慢

注: 555 即中指扫低音弦后再弹托劈托或劈托劈。

常用符号说明

㇄	托	大指向外弹弦。
㇕	劈	大指向里弹弦。
＼	抹	食指向里弹弦。
／	挑	食指向外弹弦。
⌒	勾	中指向里弹弦。
‿	剔	中指向外弹弦。
∧		无名指向里弹弦。
㇄ －	连托	大指向外连续托。
＼ －	连抹	食指向里连续抹。
///(ㄣ)	摇指	大指或食指连续向里、向外快速弹弦。
＼ ㇄	小撮	同时用“托”“抹”得双音。
⌒ ㇄	大撮	同时用“托”“勾”得双音。
*	花指	用由高音至低音的连“托”，音多少不定。
⧣	扫弦	左手或右手向内或向外快速拨数弦。
～	颤音(吟音)	右手弹弦，左手在该弦上连续上下地颤动。
≋	大颤音	弦颤动幅度较大，即 $\overset{≋}{2}$ 等于 $\underline{\underline{23232323}}$。
○	泛音	右手指弹弦，左手指浮按该弦泛音点。
↗	上滑音	右手先弹弦，左手再按弦，使音上滑二度或三度。
↘	下滑音	左手先按弦，右手弹弦后，左手即提起使音下滑。
③ 5	按音	即 5 音是由 3 弦按弹而出。
▽	点音	左右手同时触弦，但左手一拨即离弦；或右手弹弦后左手再一压即离弦。
↙ ↗	刮奏(历音)	按弦序由高向低或由低向高连续快速地拨弦。
…… ------		连续记号，某种指法的连续演奏。

注：乐曲若用两行记谱，则上面一行谱由右手演奏，下面一行谱由左手演奏。

责任编辑：郭燕红
封面设计：麦荣邦

中国古筝考级曲集
上海筝会 编
上海音乐出版社出版、发行
地址：上海绍兴路74号
电子邮件：cslcm@publicl.sta.net.cn
网　址：www.slcm.com
新华书店经销　吴县文艺印刷厂印刷
开本 787×1092　1/16　印张 16.75　插页 2　曲谱 257 面
1996年4月第1版　1999年1月第7次印刷
印数：27,001—32,000 册
ISBN 7-80553-602-3/J·501　　定价：17.00元